A LÓGICA DA PESQUISA CIENTÍFICA

KARL R. POPPER

A LÓGICA DA PESQUISA CIENTÍFICA

Tradução de
LEONIDAS HEGENBERG
e
OCTANNY SILVEIRA DA MOTA

Editora
Cultrix
SÃO PAULO

Título original: *The Logic of Scientific Discovery.*

A primeira edição deste livro foi coeditada com a EDITORA DA UNIVERSIDADE DE SÃO PAULO.

1ª edição 1975.
2ª edição 2013.
7ª reimpressão 2023.

Projeto gráfico e editoração eletrônica: Ponto Inicial Estúdio Gráfico
Revisão: Débora Sandrini

CIP-BRASIL. CATALOGAÇÃO NA PUBLICAÇÃO
SINDICATO NACIONAL DOS EDITORES DE LIVROS, RJ

P866L
2. ed.

Popper, Karl Raimund, Sir, 1902-1994
A lógica da pesquisa científica / Karl R. Popper ; tradução Leonidas Hegenberg , Octanny Silveira da Mota. - 2. ed. - São Paulo : Cultrix, 2013.

Tradução de: The logic of scientific discovery
Apêndice
Índice de assuntos
ISBN 978-85-316-1250-3

1. Ciência - Metodologia. 2. Lógica. I. Título.

13-05758 CDD: 501.8
CDU: 501

Direitos de tradução para a língua portuguesa adquiridos com exclusividade pela
EDITORA PENSAMENTO-CULTRIX LTDA., que se reserva a
propriedade literária desta tradução.
Rua Dr. Mário Vicente, 368 - 04270-000 - São Paulo - SP
Fone: (11) 2066-9000
E-mail: atendimento@editoracultrix.com.br
http://www.editoracultrix.com.br
Foi feito o depósito legal.

SUMÁRIO

APÊNDICES

NOVOS APÊNDICES

OUTROS APÊNDICES

NOTA DOS TRADUTORES

Na condição de estudioso dos problemas da Lógica e da metodologia da ciência, tive a oportunidade de trocar algumas cartas com o professor Popper. Quando a Editora Cultrix e a Editora da Universidade de São Paulo me encarregaram de traduzir — em colaboração com o professor Octanny Silveira da Mota — a obra *The Logic of Scientific Discovery*, de *Sir* Popper, esse tema, naturalmente, foi assunto de uma de minhas cartas. Em resposta, recebi do professor Popper um exemplar da última edição alemã de seu livro e uma carta em que escreveu:

"*The Logic of Scientific Discovery*, 6th impression, 1972.

Logik der Forschung, funfte Auflage, 1973.

I have just checked the German and English translations.

(1) The German translation contains some new Prefaces (pp. xxiii-xxvi) not contained in the English translation.

(2) The German translation contains eight "Zusätze" on pp. 76, 96, 105, 226, 308, 338, 411.

Similar Addenda were added to the later English editions, of 1968 and 1972, on pages where there were space for the additions, pp. 111, 135, 145, 281 f., 358 * 362, 377, 386, 419, 441. Some of these Addenda are more explicit, some are less explicit than the parallel Zusätze.

(3) New Appendices *iv and *v, are considerably fuller in the German edition than in the English edition.

(*) p. 358: There is no corresponding Zusatz on p. 308 of the German edition, because:

The whole Neue Anhang *v (S. 268-308) is *in many places revised in the German edition:* these revisions were not made in the English editions because they would have led to *re-setting the print.*

Essa manifestação levou os tradutores à cautela de ter em conta, a todo instante, as duas versões da obra — a inglesa e a alemã. A presente edição brasileira tem por base o que registra a edição alemã de 1973 (*Logik der Forschung*, 5ª edição, reimpressão da 4ª edição, revista, J. C. B. Mohr (Paul Siebeck), Tubingen); entretanto, observando as recomendações do Autor, algumas alterações foram introduzidas à vista do texto inglês (*The Logic of Scientific Discovery*, 6ª impressão, revista, 1972, Hutchinson & Co. Ltd. Londres). A tradução dos apêndices *iv e *v foi feita diretamente do alemão.

Podemos acreditar, assim, que esta versão, além de mais completa — mais completa que as congêneres, entenda-se — reflete com fidelidade maior a atual posição do Autor.

♦ ♦ ♦

Algumas observações parecem oportunas.

a) O título inglês dado ao livro (indicado acima) sempre nos pareceu inadequado como indicação breve de conteúdo: o termo alemão "Forschung" corresponde a "pesquisa", a "investigação", mas não a *"discovery"*. Folgamos, pois, ao ver observação no mesmo sentido ser feita por outros estudiosos, como, por exemplo, em carta que nos enviou, o prof. R. Munster, da Georgia State University — daí o título em português.

b) Os tradutores sentiram-se compelidos, mais de uma vez, a criar ou a adaptar palavras e inclinaram-se, neste ou naquele passo, a empregar vocabulário não consagrado. Eis alguns exemplos:

"Testabilidade" — é palavra que os dicionários não registram, mas de significado transparente, cujo uso pareceu impor-se.

"Acarretamento" — vocábulo usado para traduzir o inglês *entailment*, no sentido de "consequência lógica".

"Abrangência", "âmbito" — utilizou-se, em função do contexto, ora um ora outro desses vocábulos, para traduzir o inglês *range*, que se usa no lugar do alemão *Spielraum*.

"Aleatoriedade" — é palavra que os dicionários não consignam, mas cujo uso evita longos torneios de frase, que só transmitiriam de maneira menos apropriada a ideia que "aleatoriedade" parece veicular com clareza.

"Casualoide" — expressão usada para indicar o caráter aleatório de certas sequências, foi aquela a que se recorreu para traduzir o inglês *chance-like* ou o alemão *Zufallartig*.

"Condições delimitantes" — pareceu a melhor maneira de traduzir *Rahmenbedingungen;* note-se que *não* são "condições de contorno" (o inglês registrando *frame conditions*, não *boundary conditions)*.

"Intensional" — não é palavra vernácula, mas já vem sendo acolhida no linguajar técnico da Filosofia; empregamo-la, entendendo que se torna expressiva e de sentido claro em oposição a "extensional".

"Estringência" (de "estringir", isto é, "apertar, circundar estreitamente") — pareceu termo conveniente para exprimir a ideia contida no inglês *strictness* (posto em correspondência com o termo *Gesetzmäsigkeitsgrad*, do alemão, quando se fala do *degree of strictness)*.

Sem pretender alongar estes apontamentos, assinalemos que a versão espanhola da obra de Popper *(La lógica de la investigación científica,* Madrid, Tecnos, 19) não foi, em qualquer momento, consultada — tentando-se evitar que uma terminologia, talvez similar, influenciasse a escolha dos vocábulos do português.

♦ ♦ ♦

Os tradutores gostariam, enfim, de fazer uma última anotação. Em outra ocasião, foram criticados por não haverem empregado palavras técnicas de uso consagrado em nosso idioma. Entendem, porém, que o crítico, naquela oportunidade, ignorou o fato de uma palavra ou expressão do texto original *obrigar,* por vezes, o tradutor a escolher termos ou frases que podem parecer impróprios. Ilustremos o ponto, lembrando que, neste livro, Popper alude, em vários momentos, a uma previsão cuja precisão se torna *"Verschmiert"* — em inglês, *"smeared, or blurred"*. Essas palavras, tanto em alemão quanto em inglês, aparecem entre aspas *(cf.,* p. ex., nota *1 da seção 76 e apêndice *v). A própria passagem do alemão, em que só aparece *Vershmiert,* para o inglês, onde surgem *smeared or blurred,* já indica a dificuldade de tradução. Em português, usamos, no interesse da fidelidade à feição própria do original, as palavras "toldado" ou "anuviado". Dirão os críticos que existiria vocábulo técnico mais adequado para descrever a situação (própria da mecânica quântica)?

Terminando, cabe lembrar que alguns senões da edição inglesa foram eliminados, graças ao cotejo permanente com a edição alemã. Trechos onde as diferenças se mostraram dignas de registro foram indicados com notas de pé de página, preparadas pelos tradutores.

L. H.
agosto, 1974

Recebendo autorização do professor Popper, julguei oportuno apresentar o filósofo ao leitor brasileiro. É o que se faz na nota biográfica a seguir, que me foi possível escrever graças à gentil cooperação do professor Eugene Freeman, que me enviou, já no início de 1972, a autobiografia de Popper, elaborada para o livro *The* Philosophy *of Karl Popper,* organ. por P. A. Schilpp — para a série "The Library of Living Philosophers", obra que só agora, em junho de 1974, chegou a ser lançada.

Todavia, o leitor poderá ter ideia mais geral dos trabalhos de Popper lendo o livro *Popper,* de B. Magee, lançado pela Editora Cultrix em coedição com a Editora da USP no início do corrente ano, com o título *As Ideias de Popper* (também traduzido por mim e pelo professor O. S. da Mota).

L. H.
setembro, 1974

DADOS BIOGRÁFICOS DE KARL POPPER

I

Karl Raimund Popper nasceu aos 28 de julho de 1902, em Himmelhof, um distrito de Viena, faleceu no dia 17 de setembro de 1994 em Londres, Reino Unido.

Popper tornou-se conhecido em quase todo o mundo, vendo suas obras traduzidas para diversos idiomas — inclusive o português, em que se encontra o seu livro *A Sociedade Democrática e seus Inimigos,* título que a Editora Itatiaia deliberou atribuir ao *The open society and its ennemies* (de 1945), divulgado no Brasil em 1959, em tradução de Milton Amado, calcada na edição de 1957.

Sua fama decorre de seus livros e artigos, muitos dos quais polêmicos e estimulantes, em que se revela um dos pensadores mais fecundos de nosso tempo, digno sucessor de Kant e Russell, e que só tem uns poucos rivais de nota, como Carnap e Quine, autores de obras igualmente estimulantes.

♦ ♦ ♦

Popper cresceu num ambiente "livresco". Seu pai, doutor em direito, apreciava a filosofia e se dedicava a obras de caráter assistencial, auxiliando famílias pobres e crianças órfãs. Graças à influência que sofreu de seu amigo Arthur Arndt, Popper preocupou-se com os assuntos sociais, estudando, em especial, aspectos da guerra e suas consequências. Arndt associou-se aos "Monistas", adeptos de discípulos de Ernst Mach, que debatiam questões de epistemologia e de ciência, discutindo problemas que hoje são incluídos na filosofia da ciência. O jovem Karl, nesse tempo, preocupa-se também com algumas questões de ordem filosófica — a infinitude do espaço, a origem da vida e o "significado real" das palavras. Chegou, na ocasião, à conclusão de que não são as palavras e seus significados que devem ser estudados, mas as questões de fato: as teorias e os problemas que elas colocam e resolvem. Uma de suas curiosas observações — que ele endossaria ainda hoje, presumivelmente — é a de que "A teologia nasce da falta de fé".

Em 1917, Popper foi obrigado a deixar a escola por algum tempo, detido em casa por questões de saúde. Retornando às aulas, constatou que o progresso havido durante sua ausência fora desprezível. Desiludido, deliberou deixar a escola e estudar por sua própria iniciativa. Matriculou-se como ouvinte na Universidade de Viena e, no ano seguinte, prestou os exames de praxe e ali ingressou como aluno regular.

Em 1919 e 1920, Karl passou a viver numa parte abandonada de um velho hospital de guerra, transformada pelos universitários em verdadeira "casa de estudantes". Pretendia, assim, aliviar os pais de maiores despesas, pois que os fundos da família se haviam perdido com a inflação reinante.

Popper trabalhou na clínica "Alfred Adler", para orientação de crianças, mas sua fonte de renda, ocasional, eram aulas particulares que dava a jovens estudantes norte-americanos, matriculados na Universidade.

Popper continuou acompanhando cursos que despertaram sua curiosidade, particularmente os de matemática (ministrados por Hans Hahn), porque via nessa disciplina a fonte de certos "padrões de verdade" e a possibilidade de sua aplicação nas questões da física.

Os estudantes, sob o efeito da guerra, não cogitavam propriamente de uma carreira e estudavam pelo simples prazer de aprender. O próprio Karl não era exceção à regra e, se tinha alguma ideia do que fazer no futuro, ela estava nebulosamente associada à criação de uma escola em que o ensino deixasse de ser tarefa entediante e monótona.

Todavia, as questões políticas eram debatidas com entusiasmo. Popper simpatizou, a princípio, com os ideais comunistas — tornando-se, porém, logo a seguir, antimarxista. Apresentou suas ideias aos amigos, mas não as divulgou, particularmente porque "antimarxismo", naquele tempo, seria tomado como sinônimo de "fascismo", ideologia que repugnava ao jovem Karl. Mas Popper também viu, em Marx, um dogmatismo que achou intolerável para os seus arroubos críticos de um moço de 17 anos.

De 1922 a 1924, Popper — imbuído de ideais socialistas — entregou-se a uma atividade obreira, tornando-se aprendiz de marceneiro (entalhador). Seu trabalho na marcenaria foi entremeado de discussões filosóficas, mantidas com seu patrão, pessoa simples e sem qualquer cultura especializada, mas que deixaram nele uma grande curiosidade pelos problemas de conhecimento.

Em 1923, Popper submeteu-se a exame de licenciatura, que o habilitou a lecionar em escolas primárias.

Em 1924, abandonou seu trabalho de entalhador e se dedicou à assistência social, auxiliando crianças necessitadas. Iniciou, também, seu trabalho docente e começou a escrever, registrando suas ideias, mas sem plano de publicá-las.

Em 1925, no município de Viana, criou-se o "Instituto de Pedagogia" — anexo à Universidade, mas com autonomia administrativa. Os cursos de Psicologia dados na Universidade eram obrigatórios. Outros cursos, no entanto, tinham caráter opcional. O Instituto visava a uma reforma do ensino de primeiro e segundo graus e admitia, como estagiários, alguns assistentes sociais.

Popper foi admitido nessa condição e passou a estudar as teorias educacionais alemãs (sobretudo as de G. Kerschensteiner) e norte-americanas (especialmente as de Dewey). Foi neste Instituto que Popper conheceu sua esposa — com quem se casaria em 1930 — e que seria um dos fatores de maior estímulo para a produção de sua grande obra.

Popper leu muito, estudou e escreveu — mas ainda sem qualquer plano de publicação. Não lhe pareceram muito produtivos os cursos acompanhados no Instituto, exceto, possivelmente, o de psicologia, ministrado por Karl Buhler, um dos primeiros a defender a teoria da Gestalt. Conheceu, em 1926, Julius Kraft, o primeiro filósofo profissional com quem manteve contato, discutindo com ele vários problemas epistemológicos — discussão que se prolongaria até 1956 ou 58 (pouco antes da morte de Kraft, ocorrida em 1960).

♦ ♦ ♦

Popper preparou sua tese de doutoramento e defendeu-a em 1928. A tese, que havia exigido muita preparação, foi redigida às pressas, contendo o introito (de caráter metodológico) do trabalho preliminarmente concebido e preparado. Popper foi examinado por Buhler e Moriz Schlick e ficou agradavelmente surpreendido ao receber notícia de aprovação, pois se mostrava pessimista quanto à qualidade da tese e ao êxito obtido na arguição.

Em 1929 Popper submeteu-se a novo exame de licenciatura, obtendo permissão para lecionar matemática e física nas escolas secundárias. Sua dissertação de habilitação abordou a axiomatização da geometria — incluindo alguns tópicos de geometria não euclidiana.

Casando-se, em 1930, Popper imaginou que sua carreira estava delineada e que iria dedicar-se ao magistério secundário. Essa decisão seria, entretanto, alterada, alguns anos depois, com a publicação de seu primeiro livro (1934), que o levaria, em 1937, à condição de filósofo profissional.

♦ ♦ ♦

Popper entrou em contato com o Círculo de Viena entre 1926 e 27, através de um panfleto escrito por seu mestre Hans Hahn, de uma conferência pronunciada em Viena por Otto Neurath e das obras de Carnap e Wittgenstein.

Interessando-se pelas questões discutidas nas obras desses autores, Popper debateu-as com Gomperz, que lê seus manuscritos e o apresenta a Victor Kraft (não tem parentesco, ao que se saiba, com Julius Kraft). Victor Kraft também ouviu os comentários de Popper e se impressionou com algumas críticas que fez ao neopositivismo de Viena.

Conhecendo Herbert Feigl, encontrou nele um grande incentivo para divulgar suas ideias em letra de imprensa. Gomperz e o pai de Popper se opuseram à ideia, temendo este que o filho viesse a transformar-se em jornalista — profissão que não via com bons olhos. Apesar disso, Karl escreve "Die beiden Grundprobleme der Erkenntnistheorie", em que examina os problemas da demarcação e da indução e as relações que elas mantêm entre si.

Popper leu seu trabalho ao amigo Robert Lammer — crítico impiedoso, cujas observações serviram, no dizer do próprio Popper, de guia permanente para todos os trabalhos que veio a escrever depois.

Em seguida, Popper manteve contatos com as principais figuras do Círculo de Viena (Waissman, Zielzel, Kraft, Hahn, Frank, Menger, Feigl e von Mises), em reuniões realizadas na casa de Zielzel e no seminário conduzido por Menger. Em 1932 redigiu o primeiro volume do seu livro, amplamente discutido pelos integrantes do Círculo. Feigl e Frank aceitaram-no para publicação e, em 1934, em forma reduzida (por exigência dos editores Springer), saiu, enfim, *Logik der Forschung* — uma das obras-mestras de nosso tempo.

♦ ♦ ♦

Em 1935, Popper seguiu para Londres, a convite de Susan Stebbing, para proferir, ali, algumas palestras. Permaneceu nove meses na Inglaterra, fazendo várias conferências e entrando em contato com os grandes vultos da filosofia da época — Ayer, Schrödinger (que se achava lá, na ocasião), Langford, Ryle e Russell. Em 1936, visitou Kopenhagen, tendo ocasião de conhecer Niels Bohr.

Apesar do clima de guerra, Popper retornou a Viena. Todavia, sentiu que precisaria deixar a Europa continental e acabou aceitando oferta (que lhe foi feita por intermédio de Walter Adams, o diretor da London School of Economics) para lecionar no Canterbury College, em Christchurch, Nova Zelândia. Partiu para a Nova Zelândia e lá chegou em março de 1937.

♦ ♦ ♦

Seus anos de Christchurch não foram exatamente risonhos, pois — como único professor de filosofia — teve uma carga de ensino elevada e se viu absorvido pelas tarefas rotineiras, desestimulado de pesquisar pelas próprias autoridades do Canterbury College. Todavia, Popper não deixou de ler e estudar. Sua primeira conferência, pronunciada nas terras novas, transformou-se no capítulo 15 de seu livro *Conjectures and Refutations*, publicado em 1963.

Tendo Hitler invadido a Áustria, Popper sentiu-se na obrigação de dedicar-se aos antigos projetos de estudo de questões sociais. Trabalhou febrilmente e dessa atividade resultaram os livros *Poverty of historicism* e *The open society and its ennemies*, a propósito dos quais voltaremos a falar adiante.

Em 1945, Popper foi convidado a transferir-se para a Austrália. Contudo, declinou do convite ao saber que havia ali uma espécie de luta contra a ideia de contratação de pessoal estrangeiro. Quase ao término da guerra, Popper recebeu convite de Hayek, que o levaria à posição de "lecturer" na London School of Economics. Popper chegou à Inglaterra em janeiro de 1946 e se apaixonou pelo seu trabalho na escola — instituição pequena, mas com bons mestres e alunos muito dedicados e inteligentes, entre os quais John Watkins, que se transformaria no sucessor de Popper, na cadeira por este ocupada.

Nos anos seguintes, Popper estudou lógica, metodologia das ciências sociais e probabilidades. Realizou numerosas palestras, escreveu artigos e preparou livros novos, revendo, ainda, para publicação em língua inglesa, o seu Logik der Forschung.

♦ ♦ ♦

Popper visitou os Estados Unidos da América em 1949, para realizar algumas palestras em Harvard. Teve, aí, ocasião de rever velhos amigos e conhecer outras figuras ilustres — W. O. Quine, C. I. Lewis, M. White, P. C. Bidgeman, R. von Mises, Julius Kraft, James Conant e outros.

Em Princeton, teve oportunidade de conversar demoradamente com Einstein e com Bohr.

⬩ ⬩ ⬩

Após a publicação de *The Poverty of Historicism,* em 1945, a esposa de Popper insistiu em que ele desse nova forma ao *Logik* (1934), publicando o livro em inglês. Popper trabalhou intensamente, escrevendo não apenas a versão inglesa, ampliada, do Logik, mas ainda *Postscript: after twenty years.* As duas obras foram encaminhadas para as casas publicadoras em 1956. A revisão tipográfica do *Logic of scientific discovery* pôde ser completada e o livro foi dado a público em 1959. Submetendo-se, porém, a operações nas duas vistas, não lhe foi possível aprontar a segunda obra, que continua inédita — com apenas algumas passagens divulgadas, embora o livro tenha sido lido por alunos e colegas de Popper.

Em *Postscript,* Popper retoma alguns tópicos de *Logik.* Em particular, acentua que não se chega a justificar uma teoria — o que se faz (e se pode fazer) é criticá-la. Reforça, pois, a atitude tomada em *Open Society,* onde frisou que a racionalidade se identifica à crítica (racional).

Popper estudou questões de cunho metafísico, examinando noções como a de *tempo* (e entropia) e estudando, mais de perto, a teoria da evolução, encarada como "programa de pesquisa, de caráter metafísico". Mantendo-se no âmbito das ideias de Darwin, sustentou que a teoria da evolução é uma espécie de quadro geral de referência, de onde poderão surgir outras teorias passíveis de teste — mas que ela própria não é uma teoria, porém, um "programa de ação", incapaz de explicar questões como, digamos, a da origem da vida.

Em tempos mais recentes, Popper trabalhou em mais dois livros, o primeiro deles publicado no fim de 1972 pela Clarendon Press, de Londres: *Objective knowledge: an evolutionary approach* e Philosophy *and physics.* Escreveu, além disso, a sua autobiografia — que surge no *The* Philosophy *of Karl R. Popper,* organ. por Schilpp, na "Library of living philosophers", bem como os "Replies", para o mesmo volume.

Aposentando-se, Popper deixou Londres, para passar a viver num pequeno subúrbio — Buckinghamshire — onde, segundo suas próprias palavras, se sente feliz, "o mais feliz dos filósofos que conheci".

Desde então, Popper vem se dedicando aos estudos, em ambiente de calma e certa euforia, visitando com alguma frequência, outras terras, onde vem deixando as sementes fecundas de seu pensamento.

⬩ ⬩ ⬩

É oportuno concluir estas anotações acerca da vida de Popper salientando que lecionou na London School of Economics de 1945 a 1949, como *reader*, e de 1950 a 1969 como "catedrático"; a partir dessa data, foi eleito "professor emérito" da Universidade de Londres.

É membro de muitas associações de renome, como a British Society for the Philosophy of Science, a Aristotelian Society e muitas outras: foi presidente de várias sociedades científicas e filosóficas; editor de revistas e membro do conselho de redação de várias delas; colaborador regular de muitas revistas especializadas, devotadas à filosofia da ciência.

Recebeu o título de "Sir" em 1964.

Leonidas Hegenberg

Para minha esposa,
responsável pelo renascimento deste livro.

As hipóteses são redes: só quem as lança
colhe alguma coisa.

Novalis

PREFÁCIO À PRIMEIRA EDIÇÃO, 1934

A alegação de que, afinal de contas, o homem resolveu seus mais complexos problemas... é pequeno consolo para o estudioso de questões filosóficas, pois que ele não pode impedir-se de temer que a Filosofia jamais chegue a colocar um problema genuíno.

M. Schlick (1930)

De minha parte, sustento a opinião contrária e afirmo que sempre que se tenha prolongado uma disputa, especialmente no campo filosófico, havia, em suas raízes, não um simples problema de palavras, mas um problema genuíno acerca de coisas.

Kant (1786)

Um cientista empenhado em pesquisa — digamos que no campo da física — pode atacar diretamente o problema que enfrenta. Pode penetrar, de imediato, no cerne da questão, isto é, no cerne de uma estrutura organizada. Com efeito, conta sempre com a existência de uma estrutura de doutrinas científicas já existentes e com uma situação-problema que é reconhecida como problema nessa estrutura. Essa a razão por que pode entregar a outros a tarefa de adequar sua contribuição ao quadro geral do conhecimento científico.

O filósofo vê-se em posição diversa. Ele não se coloca diante de uma estrutura organizada, mas, antes, em face de algo que semelha um amontoado de ruínas (embora, talvez, haja tesouros ocultos). Não lhe é dado apoiar-se no fato de existir uma situação-problema, geralmente reconhecida como tal, pois não existir algo semelhante é possivelmente o fato geralmente reconhecido. Com efeito, tornou-se agora questão frequente, nos círculos filosóficos, saber se a Filosofia chegará a colocar um problema genuíno.

Apesar de tudo, há quem acredite que a Filosofia possa colocar problemas genuínos acerca das coisas, e quem, portanto, ainda tenha a esperança de ver esses problemas discutidos, e afastados aqueles monólogos desalentadores que hoje passam por discussão filosófica. Se, por acaso, se julgam incapazes de aceitar qualquer das orientações existentes, tudo o que lhes resta fazer é começar de novo, desde o princípio.

Viena, outono de 1934.

Nada é mais necessário ao investigador do que saber alguma coisa acerca da história (de uma disciplina) e acerca da lógica da pesquisa: ... a maneira de descobrir o erro, o uso de hipóteses, o uso da imaginação, o modo de efetuar testes.

Lorde Acton

Parte I

INTRODUÇÃO À LÓGICA DA CIÊNCIA

CAPÍTULO I

COLOCAÇÃO DE ALGUNS PROBLEMAS FUNDAMENTAIS

Um cientista, seja teórico ou experimental, formula enunciados ou sistemas de enunciados e verifica-os um a um. No campo das ciências empíricas, para particularizar, ele formula hipóteses ou sistemas de teorias, e submete-os a teste, confrontando-os com a experiência, através de recursos de observação e experimentação.

A tarefa da lógica da pesquisa científica, ou da lógica do conhecimento, é, segundo penso, proporcionar uma análise lógica desse procedimento, ou seja, analisar o método das ciências empíricas.

Que são, entretanto, esses "métodos das ciências empíricas"? A que damos o nome de "ciência empírica"?

1. O PROBLEMA DA INDUÇÃO

Segundo concepção amplamente aceita — a ser contestada neste livro —, as ciências empíricas caracterizam-se pelo fato de empregarem os chamados "métodos indutivos". De acordo com essa maneira de ver, a lógica da pesquisa científica se identificaria com a Lógica Indutiva, isto é, com a análise lógica desses métodos indutivos.

É comum dizer-se "indutiva" uma inferência, caso ela conduza de *enunciados singulares* (por vezes denominados também enunciados "particulares"), tais como descrições dos resultados de observações ou experimentos, para *enunciados universais,* tais como hipóteses ou teorias.

Ora, está longe de ser óbvio, de um ponto de vista lógico, haver justificativa no inferir enunciados universais de enunciados singulares, independentemente de quão numerosos sejam estes; com efeito, qualquer conclusão colhida desse modo sempre pode revelar-se falsa: independentemente de quantos casos de cisnes brancos possamos observar, isso não justifica a conclusão de que *todos* os cisnes são brancos.

A questão de saber se as inferências indutivas se justificam e em que condições é conhecida como *o problema da indução.*

O problema da indução também pode ser apresentado como a indagação acerca da validade ou verdade de enunciados universais que encontrem base na experiência, tais como as hipóteses e os sistemas teóricos das ciências empíricas. Muitas pessoas acreditam, com efeito, que a verdade desses enunciados universais é *"conhecida através da experiência*"; contudo, está claro que a descrição de uma experiência — de uma observação ou do resultado de um experimento — só pode ser um enunciado singular e não um enunciado universal. Nesses termos, as pessoas que dizem que é com base na experiência que conhecemos a verdade de um enunciado universal querem normalmente dizer que a verdade desse enunciado universal pode, de uma forma ou de outra, reduzir-se à verdade de enunciados singulares e que, por experiência, sabe-se serem estes verdadeiros. Equivale isso a dizer que o enunciado universal baseia-se em inferência indutiva. Assim, indagar se há leis naturais sabidamente verdadeiras é apenas outra forma de indagar se as inferências indutivas se justificam logicamente.

Se desejarmos estabelecer um meio de justificar as inferências indutivas, deveremos, antes de tudo, procurar determinar um *princípio de indução.* Tal princípio seria um enunciado capaz de auxiliar-nos a ordenar as inferências indutivas em forma logicamente aceitável. Aos olhos dos defensores da Lógica Indutiva, um princípio de indução é de extrema importância para o método científico: "... esse princípio", diz Reichenbach, "determina a verdade das teorias científicas. Eliminá-lo da Ciência significaria nada menos que privá-la do poder de decidir quanto à verdade ou falsidade de suas teorias. Sem ele, a Ciência perderia indiscutivelmente o direito de separar suas teorias das criações fantasiosas e arbitrárias do espírito do poeta."[1]

Ora, o princípio de indução não pode ser uma verdade puramente lógica, tal como uma tautologia ou um enunciado analítico. De fato, se existisse algo assim como um princípio puramente lógico de indução, não haveria problema de indução, pois, em tal caso, todas as inferências indutivas teriam de ser encaradas como transformações puramente lógicas ou tautológicas, exatamente como as inferências no campo da Lógica Dedutiva. Assim sendo, o princípio de indução há de constituir-se num enunciado sintético, ou seja, enunciado cuja negação não se mostre contraditória, mas logicamente possível. Dessa maneira, surge a questão de saber por que tal princípio deveria merecer aceitação e como poderíamos justificar-lhe a aceitação em termos racionais.

Alguns dos que acreditam na Lógica Indutiva apressam-se a assinalar, acompanhando Reichenbach, que "o princípio de indução é aceito sem reservas pela totalidade da Ciência e homem algum pode colocar seriamente em dúvida a aplicação desse princípio também na vida cotidiana".[2] Contudo, ainda admitindo que assim fosse — pois, afinal, "a totalidade da Ciência" poderia estar errada —, eu continuaria a sustentar que um princípio de indução é supérfluo e deve conduzir a incoerências lógicas.

Que incoerências podem surgir facilmente, com respeito ao princípio da indução, é algo que a obra de Hume deveria ter deixado claro.[*1] E também que as incoerências só serão evitadas, se puderem sê-lo, com dificuldade. Pois o princípio da indução tem de ser, por sua vez, um enunciado universal. Assim, se tentarmos considerar sua

1 Reichenbach, ibid., p. 67.

2 Reichenbach, ibid., p. 67.

*1 As páginas mais importantes de Hume são lembradas no apêndice *vii, texto que acompanha as notas 4, 5 e 6; ver, ainda, a nota 2. da seção 81, mais adiante.

verdade como decorrente da experiência, surgirão de novo os mesmos problemas que levaram à sua formulação. Para justificá-lo, teremos de recorrer a inferências indutivas e, para justificar estas, teremos de admitir um princípio indutivo de ordem mais elevada, e assim por diante. Dessa forma, a tentativa de alicerçar o princípio de indução na experiência malogra, pois conduz a uma regressão infinita.

Kant procurou vencer a dificuldade admitindo que o princípio de indução (que ele apresentou como "princípio da causação universal") é "válido *a priori*". Não creio que essa engenhosa tentativa de proporcionar uma justificação *a priori* para os enunciados sintéticos tenha alcançado êxito.

Meu ponto de vista é o de que as várias dificuldades da Lógica Indutiva aqui esboçadas são intransponíveis. O mesmo acontece, temo eu, com as dificuldades inerentes à doutrina, tão em curso hoje em dia, segundo a qual a inferência indutiva, embora não "estritamente válida", *pode atingir algum grau de "confiabilidade" ou probabilidade.* Conforme essa doutrina, as inferências indutivas apresentam-se como "inferências prováveis".[3] "Para nós", diz Reichenbach, "o princípio de indução é o meio pelo qual a Ciência decide acerca da verdade. Mais precisamente, deveríamos dizer que ele serve para decidir acerca da probabilidade, pois não é dado à Ciência chegar seja à verdade, seja à falsidade (...) mas os enunciados científicos só podem atingir graus sucessivos de probabilidade, cujos inatingíveis limites, superior e inferior, são a verdade e a falsidade".[4]

A esta altura, sinto-me autorizado a deixar de considerar o fato de os adeptos da Lógica Indutiva aceitarem uma ideia de probabilidade, que rejeitarei posteriormente, por considerá-la assaz insatisfatória justamente para os propósitos que eles têm em vista (ver n. 80, adiante). Parece-me procedente agir assim, porque as dificuldades mencionadas em nada diminuem se falarmos em probabilidade. Pois, se se deve atribuir grau de probabilidade a enunciados que se fundamentam em inferência indutiva, esta terá de ser justificada pela invocação de um novo princípio de indução, convenientemente alterado. E surgirá a necessidade de justificar esse novo princípio, e assim por diante. Nada se ganha, aliás, tomando o princípio da indução não como "verdadeiro", mas apenas como "provável". Em resumo, como todas as outras formas de Lógica Indutiva, a lógica da inferência provável, ou "lógica da probabilidade", conduz ou a uma regressão infinita ou à doutrina do *apriorismo.*[*2]

A teoria a ser desenvolvida nas páginas seguintes opõe-se frontalmente a todas as tentativas de utilizar as ideias da Lógica Indutiva. Ela poderia ser chamada de teoria do *método dedutivo de prova,* ou de concepção segundo a qual uma hipótese só admite prova empírica — e tão somente *após* haver sido formulada.

---

3 Cf. J. M. Keynes, *A Treatise on Probability,* 1921; O. Kulpe, *Vorlesungen uber Logik* (organ. por Selz, 1923); Reichenbach (que se vale da expressão "implicações probabilísticas"), *Axiomatik der Wahrscheinlichkeitsrechnung,* in *Mathem. Zeitschr.,* v. 34, 1932; e outros.

4 Reichenbach, *Erkenntnis,* v. I, 1930, p. 186.

*2 Ver, ainda, o capítulo X deste livro, especialmente a nota 2, da seção 81, e o capítulo *ii de *Postscript,* para um enunciado mais claro desta crítica.

Antes de passar a elaborar essa concepção (que se poderia chamar de "dedutivismo", em oposição a "indutivismo"),[5] devo primeiramente deixar clara a distinção entre a *psicologia do conhecimento*, que se ocupa de fatos empíricos, e a *lógica do conhecimento*, que se preocupa exclusivamente com relações lógicas. Pois a crença na Lógica Indutiva deve-se em grande parte a uma confusão entre problemas psicológicos e problemas epistemológicos. Importa assinalar, de passagem, que essa confusão traz dificuldades não apenas para a lógica do conhecimento, mas também para a psicologia do conhecimento.

2. ELIMINAÇÃO DO PSICOLOGISMO

Afirmei anteriormente que o trabalho do cientista consiste em elaborar teorias e pô-las à prova.

O estágio inicial, o ato de conceber ou inventar uma teoria, parece-me não reclamar análise lógica, nem ser dela suscetível. A questão de saber como uma ideia nova ocorre ao homem — trate-se de um tema musical, de um conflito dramático ou de uma teoria científica — pode revestir-se de grande interesse para a psicologia empírica, mas não interessa à análise lógica do conhecimento científico. Esta última diz respeito não a questões de fato (o *quid facti?* de Kant), mas apenas a questões de *justificação* ou *validade* (o *quid juris?* de Kant). Suas indagações são do tipo seguinte: pode um enunciado ser justificado? Em caso afirmativo, como? É suscetível de prova? Depende logicamente de certos outros enunciados? Ou talvez os contradiga? Para que um enunciado possa ser examinado logicamente sob esse aspecto, deve ter-nos sido apresentado previamente. Alguém deve tê-lo formulado e submetido a exame lógico.

Por conseguinte, distinguirei nitidamente entre o processo de conceber uma ideia nova e os métodos e resultados de seu exame sob um prisma lógico. Quanto à tarefa que toca à lógica do conhecimento — em oposição à psicologia do conhecimento —, partirei da suposição de que ela consiste apenas em investigar os métodos empregados nas provas sistemáticas a que toda ideia nova deve ser submetida para que possa ser levada em consideração.

Objetariam alguns que seria mais adequado considerar como tarefa da Epistemologia a de proporcionar o que se tem chamado *"reconstrução racional"* das fases que conduziram o cientista à descoberta — ao encontro de alguma verdade nova. A questão é, porém, a seguinte: o que, precisamente, desejamos reconstruir? Se forem os processos envolvidos na estimulação e produção de uma inspiração, devo recusar-me a considerá-los como tarefa da lógica do conhecimento. Esses processos

5 Liebig (na obra *Induktion und Deduktion*, 1865) foi, possivelmente, o primeiro autor a rejeitar o método indutivo em Ciência Natural; seu ataque volta-se contra Bacon. De sua parte, Duhem (em *La théorie physique, son objet et sa structure*, 1906; versão inglesa de P. P. Wiener, *The Aim and Structure of Physical Theory*, Princeton, 1954) defende posições pronunciadamente dedutivistas. (* Não obstante, a obra de Duhem também sublinha, em algumas ocasiões, as posições indutivistas; isto se dá, por exemplo, na parte primeira do capítulo 3, onde se registra que apenas a experimentação, a indução e a generalização produziram a lei de Descartes, relativa à refração; cf. p. 34 da versão inglesa.) V. Kraft, em *Die Grundformen der Wissenschaftlichen Methoden*, 1925, também acentua o dedutivismo. Ver, ainda, Carnap, *Erkenntnis*, v. 2, 1932, p. 440.

interessam à Psicologia Empírica, não à Lógica. Será outro o caso se desejarmos reconstruir racionalmente as *provas posteriores* pelas quais se descobriu que a inspiração era uma descoberta ou veio a ser reconhecida como conhecimento. Na medida em que o cientista aprecie criticamente, altere ou rejeite sua própria inspiração, poderemos, se o desejarmos, encarar a análise metodológica levada a efeito como um tipo de "reconstrução racional" dos correspondentes processos mentais. Sem embargo, essa reconstrução não apresentaria tais processos como realmente ocorrem — ela pode apenas dar um esqueleto lógico do processo de prova. Contudo, talvez seja isso o que pretendem dizer aqueles que falam de uma "reconstrução racional" das maneiras pelas quais adquirimos conhecimento.

Meus argumentos neste livro independem inteiramente desse problema. Todavia, a visão que tenho do assunto, valha o que valer, é a de que não existe um método lógico de conceber ideias novas ou de reconstruir logicamente esse processo. Minha maneira de ver pode ser expressa na afirmativa de que toda descoberta encerra um "elemento irracional" ou "uma intuição criadora", no sentido de Bergson. De modo similar, Einstein fala da "busca daquelas leis universais (...) com base nas quais é possível obter, por dedução pura, uma imagem do universo. Não há caminho lógico", diz ele, "que leve a essas (...) leis. Elas só podem ser alcançadas por intuição, alicerçada em algo assim como um amor intelectual *(Einfuhlung)* aos objetos de experiência".[1]

3. PROVA DEDUTIVA DE TEORIAS

De acordo com a concepção que aqui será apresentada, o método de submeter criticamente à prova as teorias, e de selecioná-las conforme os resultados obtidos, acompanha sempre as linhas expostas a seguir. A partir de uma ideia nova, formulada conjecturalmente e ainda não justificada de algum modo — antecipação, hipótese, sistema teórico ou algo análogo — podem-se tirar conclusões por meio de dedução lógica. Essas conclusões são em seguida comparadas entre si e com outros enunciados pertinentes, de modo a descobrir-se que relações lógicas (equivalência, dedutibilidade, compatibilidade ou incompatibilidade) existem no caso.

Poderemos, se quisermos, distinguir quatro diferentes linhas ao longo das quais se pode submeter à prova uma teoria. Há, em primeiro lugar, a comparação lógica das conclusões umas às outras, com o que se põe à prova a coerência interna do sistema. Há, em segundo lugar, a investigação da forma lógica da teoria, com o objetivo de determinar se ela apresenta o caráter de uma teoria empírica ou científica, ou se é, por exemplo, tautológica. Em terceiro lugar, vem a comparação com outras teorias, com o objetivo sobretudo de determinar se a teoria representará um avanço de ordem científica, no caso de passar satisfatoriamente as várias provas.

1 Comunicação, por ocasião do 60º aniversário de Max Planck. A passagem citada principia com as palavras "A tarefa máxima do físico é a de buscar leis de grande universalidade..." (citação retirada de A. Einstein, *Mein Weltbild,* 1934, p. 168; versão inglesa de A. Harris, *The World as I see* It, 1935, p. 125). Ideias semelhantes já se encontram em Liebig, op. cit.. Ver, também, Mach, *Principien der Wärmelehre,* 1896, pp. 443 e ss. * A palavra alemã Einfuhlung é de difícil tradução; Harris a traduz por "compreensão simpática da experiência".

Finalmente, há a comprovação da teoria por meio de aplicações empíricas das conclusões que dela se possam deduzir.

A finalidade desta última espécie de prova é verificar até que ponto as novas consequências da teoria — quaisquer que sejam os aspectos novos que esta apresente no que assevera — respondem às exigências da prática, suscitada quer por experimentos puramente científicos quer por aplicações tecnológicas práticas. Aqui também o processo de prova mostra seu caráter dedutivo. Com o auxílio de outros enunciados previamente aceitos, certos enunciados singulares — que poderíamos denominar "predições" — são deduzidos da teoria; especialmente predições suscetíveis de serem submetidas facilmente à prova ou predições aplicáveis na prática. Dentre os enunciados referidos, selecionam-se os que não sejam deduzíveis da teoria vigente e, em particular, os que essa teoria contradiga. A seguir, procura-se chegar a uma decisão quanto a esses (e outros) enunciados deduzidos, confrontando-os com os resultados das aplicações práticas e dos experimentos. Se a decisão for positiva, isto é, se as conclusões singulares se mostrarem aceitáveis ou *comprovadas,* a teoria terá, pelo menos provisoriamente, passado pela prova: não se descobriu motivo para rejeitá-la. Contudo, se a decisão for negativa, ou, em outras palavras, se as conclusões tiverem sido *falseadas,* esse resultado falseará também a teoria da qual as conclusões foram logicamente deduzidas.

Importa acentuar que uma decisão positiva só pode proporcionar alicerce temporário à teoria, pois subsequentes decisões negativas sempre poderão constituir-se em motivo para rejeitá-la. Na medida em que a teoria resista a provas pormenorizadas e severas, e não seja suplantada por outra, no curso do progresso científico, poderemos dizer que ela "comprovou sua qualidade" ou foi *"corroborada"*[*1] pela experiência passada.

Nada que lembre a lógica indutiva aparece no processo aqui esquematizado. Nunca suponho que possamos sustentar a verdade de teorias a partir da verdade de enunciados singulares. Nunca suponho que, por força de conclusões "verificadas", seja possível ter por "verdadeiras" ou mesmo por meramente "prováveis" quaisquer teorias.

Neste livro, pretendo apresentar uma análise mais minuciosa dos métodos de prova dedutiva. Tentarei mostrar que, dentro da estrutura dessa análise, podem-se enfrentar todos os problemas normalmente chamados *"epistemológicos"*. Em particular, os problemas a que a Lógica Indutiva dá origem podem ser eliminados sem que, em seu lugar, surjam outros.

4. O PROBLEMA DA DEMARCAÇÃO

Dentre as muitas objeções que se podem fazer à concepção aqui exposta, a mais séria é, talvez, a que refiro em seguida. Com rejeitar o método de indução, — poder-se-ia dizer — privo a ciência empírica daquilo que constitui, aparentemente, sua característica mais importante; isto quer dizer que afasto as barreiras a separar

*1 Quanto a este vocábulo, ver nota *1, precedendo a seção 79, bem como a seção *29 do meu *Postscript.*

a ciência da especulação metafísica. Minha resposta a tal objeção é a de que a razão principal de eu rejeitar a Lógica Indutiva consiste, precisamente, em ela não proporcionar *conveniente sinal diferençador* do caráter empírico, não-metafísico, de um sistema teorético; em outras palavras, consiste em ela não proporcionar *adequado "critério de demarcação"*.

Denomino *problema de demarcação*[1] o problema de estabelecer um critério que nos habilite a distinguir entre as ciências empíricas, de uma parte, e a Matemática e a Lógica, bem como os sistemas "metafísicos", de outra.

Esse problema foi abordado por Hume, que tentou resolvê-lo.[2] Com Kant, tornou-se o problema central da teoria do conhecimento. Se, acompanhando Kant, chamarmos ao problema da indução "problema de Hume", poderíamos chamar ao "problema de Kant" o problema da demarcação.

Desses dois problemas — fonte de quase todos os outros problemas da teoria do conhecimento — o da demarcação é, a meu ver, o mais importante. Pois, a principal razão por que os epistemologistas de tendências empiricistas propendem para o "método de indução" está, aparentemente, em crerem que só tal método pode oferecer um critério adequado de demarcação. Isso se aplica, de maneira especial, aos empiristas que seguem a bandeira do "Positivismo".

Os velhos positivistas só desejavam admitir como científicos ou legítimos os *conceitos* (ou noções, ou ideias) que, como diziam, "derivassem da experiência", ou seja, os conceitos que acreditavam ser logicamente redutíveis a elementos da experiência sensorial, tais como sensações (ou dados sensoriais), impressões, percepções, lembranças visuais ou auditivas, e assim por diante. Os positivistas modernos têm condição de ver mais claramente que a Ciência não é um sistema de conceitos, mas, antes, um sistema de *enunciados*.[*1] Nesses termos, desejam admitir como científicos, ou legítimos, tão somente os enunciados redutíveis a enunciados elementares (ou "atômicos") da experiência — a "juízos de percepção", ou "proposições atômicas", ou "sentenças protocolares" (e que mais?)[*2] . Claro está que o critério implícito de demarcação é idêntico à exigência de uma Lógica Indutiva.

---

1 Compare-se, relativamente ao que aqui se diz (e se volta a dizer nas seções de 1 a 6, bem como nas seções de 13 a 24), com o que foi dito em minha nota publicada em *Erkenntnis,* v. 3, 1933, p. 426. * O trecho está reproduzido neste livro, como apêndice *i.

2 Cf. a última sentença do livro *Enquiry Concerning Human Understanding.* * Compare-se o próximo parágrafo (e minha alusão aos epistemologistas) com o que diz Reichenbach no texto a que se refere a nota 1 da seção I.

*1 Ao escrever este parágrafo — noto-o agora — superestimei os "positivistas modernos". Eu devia ter-me lembrado de que, *sob esse prisma,* o promissor começo do *Tractatus,* de Wittgenstein — "O mundo é a totalidade dos fatos, não das coisas" — foi anulado pelo final, em que se denuncia o homem que não havia dado significado a certos signos de suas proposições". Ver, ainda, meu *Open Society and its Ennemies,* cap. II, seção ii, bem como o capítulo *i de meu *Postscript,* particularmente as seções *II (nota 5) *24 (últimos cinco parágrafos) e *25.

*2 Nada depende, é claro, de nomes. Quando introduzi a nova expressão "enunciado básico" (ou "proposição básica"; ver adiante, seções 7 e 28), pensava em termos que não estivessem já comprometidos, a sugerir enunciados de percepção. A expressão, todavia, foi logo em seguida adotada por outros autores, que infelizmente passaram a usá-la para traduzir precisamente a espécie de significado que eu pretendia evitar. Cf. meu *Postscript,* *29.

Já que rejeito a Lógica Indutiva devo também rejeitar todas essas tentativas de resolver o problema da demarcação. Com essa rejeição, o problema ganha em importância na investigação presente. Encontrar um critério aceitável de demarcação deve constituir-se em tarefa básica para qualquer Epistemologia que não aceite a Lógica Indutiva.

Os positivistas normalmente interpretam o problema da demarcação de maneira *naturalista;* interpretam-no como se ele fosse um problema de ciência natural. Em vez de tomá-lo como razão que os leve a empenhar-se em propor uma convenção adequada, acreditam estar obrigados a descobrir uma diferença decorrente da natureza das coisas, por assim dizer, entre ciência empírica, de um lado, e metafísica, de outro. Estão constantemente procurando mostrar que a Metafísica, por sua própria natureza, nada mais é que tagarelice vazia — "sofistaria e ilusão", como diz Hume, que devemos "lançar ao fogo".[*3]

Se, com as palavras "vazia" ou "sem sentido", desejarmos, por definição, expressar não mais que "não pertencente à ciência empírica", então se tornaria trivial a caracterização da Metafísica em termos de absurdo sem sentido; em verdade, a Metafísica tem sido repetidamente definida como não empírica. Contudo, os positivistas, naturalmente, acreditam ser possível dizer acerca da Metafísica muito mais do que serem não empíricos alguns de seus enunciados. As expressões "sem sentido" ou "absurdo", traduzem e pretendem traduzir uma posição depreciativa; e não há dúvida de que o que os positivistas realmente desejam não é tanto uma bem sucedida demarcação, mas a derrubada total[3] e a aniquilação da Metafísica. Seja como for, verificamos que toda vez que os positivistas tentaram esclarecer melhor o que pretendiam dizer com "significativo", a tentativa conduziu ao mesmo resultado - a uma definição de "sentença significativa" (em contraposição a "pseudossentença, sem significado") que simplesmente reiterou o critério de demarcação de sua *Lógica Indutiva.*

Isso "evidencia-se" muito claramente no caso de Wittgenstein, para quem toda proposição significativa há de ser *logicamente redutível*[4] a proposições elementares (ou atômicas), por ele caracterizadas como descrições ou "afigurações da realidade",[5] caracterização, aliás, que abrange todas as proposições significativas. Podemos ver, dessa maneira, que o critério de significatividade, de Wittgenstein, coincide com o critério de demarcação dos indutivistas, contanto que se substitua as palavras "científico" ou "legítimo" por "significativo". E é precisamente com respeito ao problema da indução que vem a malograr essa tentativa de resolver o problema da demarcação: os positivistas, em sua ânsia de aniquilar a Metafísica, aniquilam, com ela, a Ciência Natural. De fato, as leis científicas também não

*3 Hume, como Sextus, também condenou seu *Enquiry,* na última página; exatamente como Wittgenstein condenou seu *Tractatus,* também com o que registrou na última página. (Ver nota 2 da seção 10.)

3 Carnap, *Erkenntnis,* v. 2, 1932, pp. 219 e ss. Mill já havia usado a expressão "sem sentido" *(meaningless)* de maneira similar, * sem dúvida sob a influência de Comte; *cf.* Comte, *Early Essays on Social Philosophy,* editados por H. D. Hutton, 1911, p. 223. Ver também meu *Open Society,* nota 51, do capítulo II.

4 Wittgenstein, *Tractatus Logico-Philosophicus* (1918 e 1922), proposição 5. * Recordando que esta passagem foi escrita em 1934, estou, é claro, tratando *apenas* do *Tractatus.*

5 Wittgenstein, *op. cit.,* Proposições 4.01; 4.03 e 2.221.

podem ser logicamente reduzidas a enunciados elementares de experiência. Se coerentemente aplicado, o critério de significatividade, proposto por Wittgenstein, leva a rejeitar como desprovidas de sentido as leis naturais, cuja busca, em palavras de Einstein,[6] constitui "o trabalho mais elevado de um físico", elas nunca podem ser aceitas como enunciados genuínos ou legítimos. A tentativa feita por Wittgenstein, no sentido de denunciar o problema da indução como um pseudo-problema vazio, foi apresentada por Schlick[*4] da maneira seguinte: "o problema da indução consiste em buscar uma justificação lógica dos *enunciados universais* acerca da realidade... Reconhecemos, com Hume, que essa justificação lógica não existe: não pode haver justificação alguma, simplesmente porque os enunciados universais *não são* enunciados *genuínos*".[7]

Isso mostra que o critério indutivista de demarcação falha no traçar uma linha divisória entre sistemas científicos e metafísicos e porque esse critério deve atribuir a ambos status igual; com efeito, o veredito decorrente do dogma positivista relativo ao significado é o de que ambos são sistemas de pseudoenunciados, destituídos de sentido. Assim, em vez de afastar a Metafísica das ciências empíricas, os positivistas levam à invasão do reino científico, pela Metafísica.[8]

Contrastando com esses estratagemas antimetafísicos — antimetafísicos em intenção, quero dizer — meu objetivo, tal como o vejo, não é o de provocar a derrocada da Metafísica. É, antes, o de formular uma caracterização aceitável da ciência empírica ou de definir os conceitos "ciência empírica" e "metafísica" de maneira tal que, a propósito de determinado sistema de enunciados, possamos dizer se seu estudo mais aprofundado coloca-se ou não no âmbito da ciência empírica.

Meu critério de demarcação deve, portanto, ser encarado como *proposta para que se consiga um acordo ou se estabeleça uma convenção.* As opiniões podem variar quanto à oportunidade de uma convenção desse gênero. Todavia, uma discussão razoável dos temas em pauta só é viável se os interlocutores têm um objetivo comum.

---

6 *Cf.* a nota I, da seção 2.

*4 Schlick atribui a Wittgenstein a ideia de tratar as leis científicas como se fossem pseudoproposições — resolvendo, assim, o problema da indução. (*Cf.* meu *Open Society,* notas 46 e 51 e s., no capítulo II.) Esta ideia, porém, é muito mais antiga; é parte da tradição instrumentalista, que remonta a *Berkeley*, e mesmo a autores que o precederam. (Ver, por exemplo, meu artigo "Three Views Concerning Human Knowledge", *in Contemporary British Philosophy,* 1956; e "A Note on *Berkeley* as a Precursor of Mach", *in The British Journal for the* Philosophy *of Science,* v. 4, 1953, pp. 26 e ss., artigo incluído em meu *Conjectures and Refutations,* 1959. Outras referências: nota *1, antecedendo a seção 12. O problema é examinado, ainda, em meu *Postscript,* seções de *11 a *14, e de *19 a *26.

7 Schlick, em *Naturwissenschaften,* v. 19, 1931, p. 156 (grifo meu). Quanto às leis naturais, Schlick escreve (p. 151): "Tem-se dito, com frequência, que, a rigor, nunca se pode falar de uma verificação absoluta de uma lei, já que, por assim dizer, nós sempre afirmamos que ela pode ser alterada diante de novas experiências. Se me permitem, entre parênteses", prossegue Schlick, "acrescentar algumas palavras acerca da situação lógica, o fato mencionado acima quer dizer que uma lei natural, em princípio, não tem o caráter de um enunciado, mas, antes, o de uma prescrição para a formação de enunciados." * (A palavra "formação", aqui, pretendia, sem dúvida, incluir a transformação ou derivação.) Schlick assevera que a ideia se devia a Wittgenstein, que a teria transmitido em comunicação pessoal. Ver, ainda, seção *12 do meu *Postscript.*

8 *Cf.* seção 78 (por exemplo, a nota I). * Ver, também, o meu *Open Society,* notas 46, 51 e 52, capítulo II, bem como o artigo "The Demarcation between Science and Metaphysics", que foi minha contribuição para o volume dedicado a Carnap, na série *Library of Living Philosophers,* organizada por P. A. Schilpp; esse artigo acha-se também em meu *Conjectures and Refutations,* 1963 e 1965.

A determinação desse objetivo é, em última análise, uma questão de tomada de decisão, ultrapassando, por conseguinte, a discussão racional.[*5]

As pessoas que consideram ser o propósito da Ciência a obtenção de enunciados absolutamente certos, irrevogavelmente verdadeiros,[9] rejeitarão, sem dúvida, as propostas que apresentarei. O mesmo acontecerá com os que consideram estar "a essência da Ciência... em sua dignidade", que associam à sua "inteireza" e à sua "real verdade e essencialidade".[10] Essas pessoas dificilmente estarão preparadas para atribuir tal dignidade à Física teórica moderna — onde eu vejo (como outros) a mais cabal concretização até hoje conseguida do que eu considero "ciência empírica".

Os objetivos da Ciência, no meu entender, são diferentes dos citados acima. Não procuro justificá-los, todavia, alegando que sejam os verdadeiros e essenciais objetivos da Ciência. Isso equivaleria a uma distorção e a um retorno ao dogmatismo positivista. Só existe *um* meio, até onde me é dado ver, de defender racionalmente as minhas propostas. Consiste, em suma, em analisar-lhe as consequências lógicas: exibir-lhe a fertilidade, ou seja, o poder que as propostas adquirem, quando se trata de elucidar questões da teoria do conhecimento.

Admito, com sinceridade que, ao formular minhas propostas, fui guiado por juízos de valor e por algumas predileções de ordem pessoal. Mas espero que as propostas se tornem aceitáveis para os que apreciam não só o rigor lógico, mas também a ausência de dogmatismos; para os que se importam com as aplicações práticas, mas se interessam ainda mais pelas aventuras da ciência, pelas descobertas que, uma após outra, nos acareiam com novas e inesperadas perguntas, obrigando-nos a tentar encontrar respostas novas e insuspeitadas.

O fato de juízos de valor permearem minhas propostas não quer dizer que estou incidindo no erro de que acusei os positivistas — o de procurar matar a Metafísica, desconsiderando-a. Não chego nem mesmo a asseverar que a Metafísica careça de importância para a ciência empírica. Com efeito, é impossível negar que, a par de ideias metafísicas que dificultaram o avanço da Ciência, têm surgido outras — tais como as relativas ao atomismo especulativo — que o favoreceram. Encarando a matéria do ponto de vista psicológico, inclino-me a pensar que as descobertas científicas não poderiam ser feitas sem fé em ideias de cunho puramente especulativo e, por vezes, assaz nebulosas, fé que, sob o ponto de vista científico, é completamente destituída de base e, em tal medida, é "metafísica".[11]

Apesar de eu haver feito todas essas advertências, continuo a considerar que a primeira tarefa da lógica do conhecimento é a de elaborar um *conceito de ciência*

---

*5 Creio que uma discussão razoável é sempre possível quando os interlocutores se interessam pela verdade e estão dispostos a dar atenção ao que dizem as várias pessoas que se manifestam. (Cf. meu *Open Society,* capítulo 24.)

9 Esta é a posição de Dingler; cf. nota I da seção 19.

10 É o que sustenta O. Spann, em *Kategorienlehre,* 1924.

11 *Cf.* ainda, Planck, *Positivismus und reale Aussenwelt* (1931), bem como Einstein, *Die Religiosität der Forschung,* em *Mein Weltbild,* 1934, p. 43; versão inglesa de A. Harris, *The World as I see It,* 1935, pp. 23 e ss. * Ver ainda a seção 85 de meu *Postscript.*

empírica, de maneira a tornar tão definida quanto possível uma terminologia até agora algo incerta, e de modo a traçar uma clara linha de demarcação entre Ciência e ideias metafísicas — ainda que essas ideias possam ter favorecido o avanço da Ciência através de sua história.

5. A EXPERIÊNCIA COMO MÉTODO

Formular uma definição aceitável de "ciência empírica" é tarefa que encerra dificuldades. Algumas dessas dificuldades decorrem do *fato de que devem existir muitos sistemas teóricos* cuja estrutura lógica é similar à estrutura lógica do sistema aceito, em um particular instante da História, como sistema de ciência empírica. Esse fato é descrito, algumas vezes, afirmando-se que há grande número — presumivelmente infinito — de "mundos logicamente possíveis". Entretanto, o sistema que se denomina "ciência empírica" pretende representar apenas *um* mundo: o "mundo real", ou o "mundo de nossa experiência".[*1]

A fim de tornar a ideia um pouco mais precisa, podemos distinguir três itens que nosso sistema teórico deverá satisfazer. Em primeiro lugar, ele deve ser *sintético,* de modo que possa representar um mundo não contraditório, isto é, um *mundo possível.* Em segundo lugar, deve satisfazer o critério de demarcação *(cf.* seções 6 e 21), ou seja, deve ser não metafísico, isto é, deve representar um mundo de *experiência possível.* Em terceiro lugar, deve ser diferente, de alguma forma, de outros sistemas semelhantes como o único representativo de *nosso* mundo de experiência.

Contudo, como identificar o sistema que representa nosso mundo de experiência? Resposta: pelo fato de ele ter sido submetido à provas e ter resistido a essas provas. Isso quer dizer que o sistema deve ser identificado pelo fato de ele admitir a aplicação do método dedutivo que me proponho analisar e descrever.

A "experiência", neste caso, apresenta-se como um *método* peculiar por via do qual é possível distinguir um sistema teórico de outros; assim, a ciência empírica parece caracterizar-se não apenas por sua forma lógica, mas, além disso, por seu *método* peculiar. (Esse, naturalmente, também é o modo de ver dos indutivistas, que tentam caracterizar a ciência empírica pelo fato de ela usar o método indutivo.)

A teoria do conhecimento, cujo objetivo é a análise do método ou processo próprio da ciência empírica, pode, nesses termos, ser descrita como uma teoria do método empírico — *uma teoria daquilo que usualmente é chamado "experiência".*

6. A FALSEABILIDADE COMO CRITÉRIO DE DEMARCAÇÃO

O critério de demarcação inerente à Lógica Indutiva — isto é, o dogma positivista do significado — equivale ao requisito de que todos os enunciados da ciência empírica (ou todos os enunciados "significativos") devem ser suscetíveis de serem,

---

*1 *Cf.* apêndice *x.

afinal, julgados com respeito à sua verdade *e* falsidade; diremos que eles devem ser *"conclusivamente julgáveis"*. Isso quer dizer que sua forma deve ser tal que se torne logicamente possível *verificá-los e falsificá-los*. Schlick diz: "... um enunciado genuíno deve ser passível de *verificação conclusiva*";[1] Waismann é ainda mais claro: "Se não houver meio possível de *determinar se um enunciado é verdadeiro*, esse enunciado não terá significado algum, pois o significado de um enunciado confunde-se com o método de sua verificação".[2]

Ora, a meu ver, não existe a chamada indução."[*1] Nestes termos, inferências que levam a teorias, partindo-se de enunciados singulares "verificados por experiência" (não importa o que isto possa significar) são logicamente inadmissíveis. Consequentemente, as teorias *nunca* são empiricamente verificáveis. Se quisermos evitar o erro positivista de eliminar, por força de critério de demarcação que estabeleçamos, os sistemas teóricos de ciência natural,[*2] deveremos eleger um critério que nos permita incluir, no domínio da ciência empírica, até mesmo enunciados insuscetíveis de verificação.

Contudo, só reconhecerei um sistema como empírico ou científico se ele for passível de comprovação pela experiência. Essas considerações sugerem que deve ser tomado como critério de demarcação, não a *verificabilidade*, mas a *falseabilidade* de um *sistema*.[*3] Em outras palavras, não exigirei que um sistema científico seja suscetível de ser dado como válido, de uma vez por todas, em sentido positivo; exigirei, porém, que sua forma lógica seja tal que se torne possível validá-lo através de recurso a provas empíricas, em sentido negativo: *deve ser possível refutar, pela experiência, um sistema científico empírico*.[3]

(Assim, o enunciado "Choverá ou não choverá aqui, amanhã", não será considerado empírico, simplesmente porque não admite refutação, ao passo que será considerado empírico o enunciado "Choverá aqui, amanhã".)

---

1 Schlick, *Naturwissenschaften*, v. 19, 1931, p. 150.

2 Waismann, *Erkenntnis*, v. 1, 1930, p. 229.

*1 Não estou levando em conta, é claro, a chamada "indução matemática". O que nego é a existência de algo como a indução nas chamadas "ciências indutivas : nego que existam "processos indutivos" ou "inferências indutivas".

*2 Em seu *Logical Syntax* (1937, pp. 321 e ss.), Carnap admitiu que isso estava errado — reportando-se à minha crítica; admitiu-o mais claramente ainda em "Testability and Meaning" *(Philosophy of Science*, v. 4, 1937, p. 27), onde reconhece o fato de não serem as leis universais apenas "convenientes", mas "essenciais" para a ciência. Todavia, Carnap volta a abraçar uma posição muito semelhante à que estou criticando, em seu livro de cunho indutivista, *Logical Foundations of Probability* (1950), onde assevera que as leis universais têm probabilidade zero (p. 511) e é compelido a dizer, em vista disso, que a Ciência, embora não possa eliminar essas leis, pode muito bem passar sem elas (p. 575).

*3 Note-se bem que eu apresento o critério de falseabilidade como critério de demarcação, mas *não como critério de significado*. Observe-se, ainda, que já critiquei de modo incisivo (seção 4) o uso da ideia de significado como critério de demarcação, e que volto a atacar o dogma do significado, ainda mais incisivamente, na seção 9. Trata-se, pois, de simples mito (embora várias refutações de minhas teorias se tenham baseado nesse mito), a ideia de que eu teria proposto a falseabilidade como critério de significado. A falseabilidade separa duas classes de enunciados perfeitamente significativos: os falseáveis e os não falseáveis; traça uma linha divisória no seio da linguagem dotada de significado e não em volta dela. Ver também o apêndice *i e o capítulo *i de meu *Postscript*, particularmente as seções *17 e *19, bem como o meu *Conjectures and Refutations*, caps. I e II.

3 Ideias correlatas podem ser encontradas, por exemplo, em Frank, *Die Kausalität und ihre Grenzen*, 1931, cap. I, parág. 10 (pp. 15 e s.); e em Dubislav, *Die Definition* (3ª ed., 1931), pp. 100 e ss. (Cf. também a nota I da seção 4, acima.)

Várias objeções podem ser levantadas contra o critério de demarcação aqui proposto. Antes de tudo, poderá parecer teimosia sugerir que a Ciência de que, supõe-se, devemos esperar informações positivas, seja caracterizada pela obediência a um requisito negativo, como a refutabilidade. Contudo, mostrarei, nas seções de número 31 a 46, que tal objeção é de pouco peso, pois a quantidade de informação positiva acerca do mundo, veiculada por um enunciado científico, é tanto maior, em razão de seu caráter lógico, quanto mais conflitos gere com possíveis enunciados singulares. (Nem é por acaso que chamamos "leis" às leis da natureza: quanto mais proíbem, mais dizem.)

Pode-se tentar voltar contra mim meus próprios argumentos críticos acerca do critério indutivista de demarcação; com efeito, pode parecer cabível levantar contra a falseabilidade, como critério de demarcação, objeções similares às que levantei contra a verificabilidade.

O ataque não me perturbará. Minha posição está alicerçada numa *assimetria* entre verificabilidade e falseabilidade, assimetria que decorre da forma lógica dos enunciados universais.[*4] Estes enunciados nunca são deriváveis de enunciados singulares, mas podem ser contraditados pelos enunciados singulares. Consequentemente, é possível, através de recurso a inferências puramente dedutivas, (com auxílio do *modus tollens*, da lógica tradicional), concluir acerca da falsidade de enunciados universais a partir da verdade de enunciados singulares. Essa conclusão acerca da falsidade dos enunciados universais é a única espécie de inferência estritamente dedutiva que atua, por assim dizer, em "direção indutiva", ou seja, de enunciados singulares para enunciados universais.

Uma terceira objeção poderia parecer mais séria. Caberia afirmar que, admitida embora a assimetria, continua a ser impossível, por motivos diversos, que todo sistema teorético sempre possa ser conclusivamente falseado. Isto porque sempre é viável encontrar alguma forma de evitar a falsificação, introduzindo, por exemplo, uma hipótese auxiliar *ad hoc* ou alterando, *ad hoc,* uma definição. É mesmo possível, sem incoerência lógica, adotar a posição de simplesmente recusar reconhecimento a qualquer experiência falseadora. Por certo, habitualmente, os cientistas não procedem dessa maneira, mas, do ponto de vista lógico, tal processo é possível e esse fato, poder-se-ia asseverar, torna dúbio o valor lógico do critério de demarcação por mim proposto, para dizer o mínimo.

Devo admitir a procedência dessa crítica, mas nem por isso estou obrigado a retirar minha sugestão de adotar a falseabilidade como critério de demarcação. Com efeito, irei propor (nas seções 20 e seguintes) que o *método empírico* seja caracterizado como um método que exclui exatamente aquelas maneiras de evitar a falseabilidade que, tal como insiste corretamente meu imaginário crítico, são logicamente possíveis. Segundo minha proposta, aquilo que caracteriza o método empírico é sua maneira de expor à falsificação, de todos os modos concebíveis, o sistema a ser submetido à prova. Seu objetivo não é o de salvar a vida de sistemas insustentáveis,

*4 Esta assimetria é agora mais minuciosamente discutida na seção *22 do meu *Postscript.*

mas, pelo contrário, o de selecionar o que se revele, comparativamente, o melhor, expondo-os todos à mais violenta luta pela sobrevivência.

O critério de demarcação proposto leva-nos, ainda, à solução do problema da indução, tal como colocado por Hume — do problema da validez das leis naturais. A raiz desse problema está na aparente contradição entre o que pode ser chamado de "tese fundamental do empirismo" — tese segundo a qual só a experiência pode decidir acerca da verdade ou falsidade de um enunciado científico — e o fato de Hume se ter dado conta da inadmissibilidade de argumentos indutivos. Essa contradição só se manifesta se se presumir que todos os enunciados científicos empíricos devam ser "conclusivamente decisíveis", isto é, se se admitir que sua verificação e falsificação devem ser, em princípio, possíveis. Se rejeitarmos esse requisito e admitirmos como empíricos também os enunciados decisíveis apenas num sentido — unilateralmente decisíveis e, mais especialmente, falseáveis — e que são suscetíveis de comprovação através de tentativas sistemáticas de falseá-los, então a contradição desaparecerá: o método de falsificação não pressupõe inferência indutiva, mas apenas as transformações tautológicas da lógica dedutiva, cuja validade não está em questão.[4]

7. O PROBLEMA DA "BASE EMPÍRICA"

Se a falseabilidade puder ser utilizada como critério de demarcação, deverão existir enunciados singulares que sirvam como premissas das inferências falseadoras. Aparentemente, portanto, nosso critério apenas desloca o problema — leva-nos outra vez da questão do caráter empírico das teorias para a questão do caráter empírico dos enunciados singulares.

Apesar disso, contudo, algo se ganha. Com efeito, na prática da pesquisa científica, a demarcação é, por vezes, de urgência imediata, em face de sistemas teóricos, ao passo que, em face de enunciados singulares, raramente surge dúvida quanto a apresentarem caráter empírico. É certo que ocorrem erros de observação e que estes podem dar origem a enunciados singulares falsos, mas o cientista raramente tem ocasião de apresentar um enunciado singular como não empírico ou metafísico.

Os problemas da base empírica — ou seja, os problemas concernentes ao caráter empírico dos enunciados singulares e à maneira de submetê-los à prova — desempenham, assim, dentro da lógica da ciência, um papel que difere, até certo ponto, do que é desempenhado pela maioria dos outros problemas que nos preocuparão. Pois a maioria desses últimos mantém relação estreita para com a *prática* da pesquisa, enquanto a questão da base empírica pertence, de maneira quase exclusiva, à *teoria* do conhecimento. Não obstante, terei de me ocupar deles, já que eles provocaram o aparecimento de muitas questões obscuras. Isso é especialmente verdade no que respeita à relação entre *experiências perceptuais e enunciados básicos.* (Chamo de "enunciado básico" ou "proposição básica" um enunciado que pode atuar como premissa numa falsificação empírica; em suma, o enunciado de um fato singular.)

---

4 Acerca desse ponto, ver meu artigo citado em nota 1 da seção 4, * agora também estampado aqui, no apêndice *1; e ver, também, meu *Postscript*, particularmente a seção *2.

Frequentemente, são as experiências perceptuais encaradas como passíveis de fornecer uma espécie de justificação para os enunciados básicos. Sustentou-se que tais enunciados se "baseiam" nessas experiências; que sua verdade se torna "manifesta por inspeção" através dessas experiências; ou que se torna "evidente" por força de tais experiências, e assim por diante. Todas essas expressões traduzem a tendência perfeitamente razoável de dar ênfase à estreita conexão entre enunciados básicos e nossas experiências perceptuais. Contudo, sentiu-se também, corretamente, que *enunciados só podem ser logicamente justificados por enunciados.* Assim, a conexão entre percepções e enunciados permanecia obscura e era descrita por expressões igualmente obscuras que nada elucidavam, mas que contornavam as dificuldades ou, quando muito, anuviavam-nas com metáforas.

Aqui, ainda uma vez, segundo me parece, é possível chegar a uma solução, caso separemos os aspectos psicológicos do problema de seus aspectos lógicos e metodológicos. Precisamos distinguir, de uma parte, *nossas experiências subjetivas ou nosso sentimento de convicção,* que jamais podem justificar qualquer enunciado (embora possam tornar-se objetos de investigação psicológica) e, de outra parte, as *relações lógicas objetivas,* que se manifestam entre os vários sistemas de enunciados científicos e dentro de cada um deles.

Os problemas relacionados com a base empírica serão examinados, com algum pormenor, nas seções de números 25 a 30. Por ora, convirá que nos voltemos para o problema da objetividade científica, de vez que os termos "objetivo" e "subjetivo", que usei acima, reclamam elucidação.

8. OBJETIVIDADE CIENTÍFICA E CONVICÇÃO SUBJETIVA

As palavras "objetivo" e "subjetivo" são termos filosóficos pesadamente onerados por uma tradição de usos contraditórios e de discussões intermináveis e inconcludentes.

O uso que faço dos termos "objetivo" e "subjetivo" não difere do de Kant. Ele usa a palavra "objetivo" para indicar que o conhecimento científico deve ser *justificável,* independentemente de capricho pessoal; uma justificação será "objetiva" se puder, em princípio, ser submetida à prova e compreendida por todos. "Se algo for válido", escreve Kant, "para todos os que estejam na posse da razão, seus fundamentos serão objetivos e suficientes".[1]

Ora, eu sustento que as teorias científicas nunca são inteiramente justificáveis ou verificáveis, mas que, não obstante, são suscetíveis de se verem submetidas à prova. Direi, consequentemente, que a *objetividade* dos enunciados científicos reside na circunstância de eles poderem ser *intersubjetivamente submetidos a teste.*[*1]

1 *Kritik der reinen Vernunft,* Methodenlehre; 2, Haupstuck; 3, Abschnitt (2ª ed., p. 848; versão inglesa de N. Kemp Smith, 1933, *Critique of Pure Reason,* The Transcendental Doctrine of Method, cap. ii, sec. 3, p. 645).

*1 Generalizei, depois disso, a formulação; com efeito, o *teste* intersubjetivo é um mero aspecto importante da ideia mais geral de *crítica* intersubjetiva, ou, em outras palavras, da ideia de controle racional mútuo, por via da discussão crítica. Essa ideia mais geral, apresentada com minúcias em meu *Open Society,* caps. 23 e 24, e em meu *Poverty of Historicism,* sec. 32, também é discutida em meu *Postscript,* particularmente nos caps. *i, *ii e *vi.

Kant aplica a palavra "subjetivo" a nossos sentimentos de convicção (de variados graus).[2] Saber como surgem esses sentimentos é tarefa da Psicologia. Podem surgir, por exemplo, "de acordo com as leis de associação".[3] Razões objetivas também podem atuar como "*causas* subjetivas de juízo",[4] na medida em que possamos refletir acerca dessas razões, deixando-nos convencer de seu caráter cogente.

Kant foi, talvez, o primeiro a reconhecer que a objetividade dos enunciados científicos está estreitamente relacionada com a elaboração de teorias — com o uso de hipóteses e de enunciados universais. Só quando certos acontecimentos se repetem segundo regras ou regularidades, tal como é o caso dos experimentos passíveis de reprodução, podem as observações ser submetidas à prova — em princípio — por qualquer pessoa. Não tomamos muito seriamente nem mesmo nossas próprias observações e não as vemos como observações científicas, até as havermos repetido e submetido à prova. Somente por meio de tais repetições podemos chegar a convencer-nos de não estar frente a uma simples "coincidência" isolada, mas diante de acontecimentos que, por força de sua regularidade e possibilidade de reiteração, colocam-se, em princípio, como intersubjetivamente suscetíveis de prova.[5]

Todo físico experimental conhece os surpreendentes e inexplicáveis "efeitos" aparentes que, no laboratório, podem talvez reproduzir-se por algum tempo, mas que ao final desaparecem sem deixar traço. Nenhum físico, naturalmente, dirá que num desses casos ele realizou uma descoberta científica, embora possa tentar dar nova fisionomia aos experimentos, de modo a tornar o efeito suscetível de repetição. O *efeito físico*, cientificamente significativo, pode ser definido como passível de ser regularmente repetido por qualquer pessoa que realize o experimento adequado, segundo o modo prescrito. Nenhum físico de peso daria divulgação, em termos de descoberta científica, a qualquer desses "efeitos ocultos", como proponho chamá-los — experimentos para cuja reprodução não seria viável oferecer instruções. A "descoberta" seria de pronto rejeitada como quimérica, simplesmente porque tentativas de submetê-la a testes conduziriam a resultados negativos.[6] (Daí decorre que

2 Ibid.

3 *Kritik der reinen Vernunft,* Transcendentale Elementarlehre, parág. 19 (2ª ed., p. 142; versão inglesa de N. Kemp Smith, 1933, *Critique of Pure Reason,* Transcendental Doctrine of Elements, parág. 19, p. 159).

4 Cf. *Kritik der reinen Vernuft,* Methodenlehre, 2. Haupstuck; 3. Abschnitt (2ª ed., p. 849; versão inglesa, cap. ii, sec. 3, p. 646).

5 Kant compreendeu que da requerida objetividade dos enunciados científicos decorre que eles devem ser intersubjetivamente testáveis, a qualquer momento, e que precisam, por isso, tomar a forma de leis universais ou teorias. Kant formulou essa descoberta de maneira um tanto obscura, valendo-se do seu "princípio de sucessão temporal, segundo a lei da causalidade" (princípio que ele acreditava poder estabelecer *a priori,* utilizando o raciocínio aqui indicado). Não tomo como postulado qualquer princípio semelhante (*cf.* seção 12); concordo, porém, em que os enunciados científicos, já que devem ser submetidos a teste intersubjetivamente, devem ter sempre o caráter de hipóteses universais. * Ver ainda, nota *1, da seção 22.

6 As obras de Física registram casos de relatórios (feitos por investigadores competentes) que descrevem a ocorrência de efeitos que não puderam ser repetidos, porquanto testes posteriores conduziram a resultados negativos. Bem conhecido exemplo, dos tempos modernos, é o inexplicado resultado positivo no experimento de Michelson, constatado por Miller (1921-1926), no observatório de Mount Wilson, depois de o próprio Miller (e Morley) haverem reproduzido o resultado negativo de Michelson. Como novos testes, realizados posteriormente, conduziram outra vez a resultados negativos, é comum considerar estes últimos testes como decisivos, explicando o resultado anômalo de Miller como fruto de "fontes desconhecidas de erro". * Ver, também, a seção 22, particularmente a nota *1.

qualquer controvérsia em torno da questão de saber se ocorrem eventos, em princípio únicos e insuscetíveis de repetição, não pode ser decidida pela ciência; tratar-se-ia de uma controvérsia metafísica.)

Voltemos, agora, a um ponto que assinalei na seção anterior — a minha tese de que uma experiência subjetiva, ou um sentimento de convicção, jamais pode justificar um enunciado científico e de que, dentro dos quadros da ciência, ele não desempenha papel algum, exceto o de objeto de uma investigação empírica (psicológica). Por mais intenso que seja um sentimento de convicção, ele jamais pode justificar um enunciado. Assim, posso estar inteiramente convencido da verdade de um enunciado, estar certo da evidência de minhas percepções; tomado pela intensidade de minha experiência, toda dúvida pode parecer-me absurda. Mas estaria aí uma razão qualquer para a ciência aceitar meu enunciado? Pode qualquer enunciado encontrar justificativa no fato de K. R. P. estar totalmente convencido de sua verdade? A resposta é "não", e qualquer outra resposta se mostraria incompatível com a ideia de objetividade científica. Mesmo o fato — para mim tão firmemente estabelecido — de que estou experimentando esse sentimento de convicção não pode colocar-se dentro do campo da ciência objetiva, a não ser sob forma de uma *hipótese psicológica* que deve, naturalmente, ser objeto de teste intersubjetivo: da conjectura de que experimento esse sentimento de convicção, o psicólogo pode deduzir, com o auxílio de teorias psicológicas e outras, certas predições a respeito de meu comportamento; essas predições ver-se-ão confirmadas ou refutadas no decurso dos testes experimentais. Entretanto, do ponto de vista epistemológico, é irrelevante ser intenso ou fraco meu sentimento de convicção; provir ele de uma impressão forte e até mesmo irresistível de certeza indubitável ("autoevidência") ou apenas de uma duvidosa suposição. Nada disso tem qualquer importância para o problema de como devem ser justificados os enunciados científicos.

Considerações análogas a essas, é claro, não dão uma resposta para o problema da base empírica, mas, pelo menos, ajudam-nos a conhecer sua dificuldade principal. Ao exigir objetividade para os enunciados básicos, assim como para outros enunciados científicos, afastamos quaisquer meios lógicos por via dos quais poderíamos esperar reduzir a verdade dos enunciados científicos a experiências pessoais. Mais ainda, impedimo-nos de outorgar qualquer *status* favorável a enunciados que descrevam experiências, tais como os que descrevem nossas percepções (e que são, por vezes, denominados "sentenças protocolares"). Em ciência eles só podem ocorrer como enunciados psicológicos, ou seja, como hipóteses de um tipo cujos padrões de teste intersubjetivo (considerando o estado atual da Psicologia) não são, por certo, muito elevados.

Qualquer que possa ser nossa resposta final à questão da base empírica, um ponto deve ser deixado claro: se concordarmos com a nossa exigência de que enunciados científicos devem ser objetivos, então os enunciados que se refiram à base empírica da ciência deverão também ser objetivos, isto é, suscetíveis de teste intersubjetivo. A possibilidade de teste intersubjetivo implica em que outros enunciados suscetíveis de teste possam ser deduzidos dos enunciados que devam ser submetidos a teste. Assim, se os enunciados básicos devem ser, por sua vez, suscetíveis de teste intersubjetivo, *não podem existir enunciados definitivos em ciência* — não pode haver, em Ciência, enunciado insuscetível de teste e, consequentemente, enunciado que não admita, em princípio, refutação pelo falseamento de algumas das conclusões que dele possam ser deduzidas.

Chegamos, dessa maneira, à seguinte concepção: sistemas de teorias são submetidos a testes, deles se deduzindo enunciados de nível menor de universalidade; tais enunciados, como devem ser suscetíveis de teste intersubjetivo, hão de, por sua vez, mostrar-se suscetíveis de teste — e assim *ad infinitum.*

Caberia pensar que essa concepção leva a uma regressão infinita, sendo, pois, insustentável. Na seção 1, quando fiz a crítica da indução, levantei a objeção de que ela poderia conduzir a uma regressão infinita: e poderia parecer, agora, que a mesma objeção pode ser feita contra o processo de teste dedutivo por mim advogado. Contudo, isso não ocorre. O método dedutivo de teste não pode estabelecer ou justificar os enunciados sob teste; nem pretende fazê-lo. Dessa forma, não há perigo de uma regressão infinita. Importa reconhecer, entretanto, que a situação para a qual chamei a atenção — suscetibilidade de teste *ad infinitum* e ausência de enunciados últimos que não requeiram teste — cria um problema. É claro, com efeito, que os testes não podem ser realizados *ad infinitum:* mais cedo ou mais tarde teremos de parar. Sem discutir pormenorizadamente este problema a esta altura, desejo simplesmente assinalar que o fato de os testes não poderem prolongar-se indefinidamente não conflita com a exigência por mim feita de que todo enunciado científico seja suscetível de teste. Pois não exijo que todo enunciado científico *tenha sido efetivamente submetido a teste* antes de merecer aceitação. Quero apenas que todo enunciado científico se mostre *capaz* de ser submetido a teste. Em outras palavras, recuso-me a aceitar a concepção de que, em ciência, existam enunciados que devamos resignadamente aceitar como verdadeiros, simplesmente pela circunstância de não parecer possível, devido a razões lógicas, submetê-los a teste.

Capítulo II

O PROBLEMA DA TEORIA DO MÉTODO CIENTÍFICO

De acordo com proposta por mim feita anteriormente, a Epistemologia ou lógica da pesquisa científica deve ser identificada com a teoria do método científico. A teoria do método, na medida em que se projeta para além da análise puramente lógica das relações entre enunciados científicos, diz respeito à *escolha de métodos* — a decisões acerca da maneira de manipular enunciados científicos. Naturalmente, tais decisões dependerão, por seu turno, do *objetivo* que selecionemos dentre os numerosos objetivos possíveis. A decisão aqui proposta para chegar ao estabelecimento de regras adequadas ao que denomino "método empírico" está estreitamente ligada a meu critério de demarcação: proponho que se adotem as regras que assegurem a possibilidade de submeter à prova os enunciados científicos, o que equivale a dizer a possibilidade de aferir sua falseabilidade.

9. POR QUE SÃO INDISPENSÁVEIS AS DECISÕES METODOLÓGICAS

Que são regras de método científico e por que necessitamos delas? Pode existir uma teoria de tais regras, uma metodologia?

A maneira de se responder a essas indagações dependerá amplamente da atitude que se tome diante da Ciência. Aqueles que, à semelhança dos positivistas, encaram a ciência empírica em termos de um sistema de enunciados que satisfaz certos critérios lógicos — tais como significatividade ou verificabilidade — darão uma resposta. Uma resposta muito diferente será dada por aqueles que tendem a admitir (é o meu caso) como característica distintiva dos enunciados empíricos a circunstância de estes serem suscetíveis de revisão: o fato de poderem ser criticados e substituídos por enunciados mais adequados; e aqueles que encaram como tarefa que lhes é própria analisar a capacidade característica de a Ciência progredir e a maneira peculiar de decidir, em casos cruciais, entre sistemas teóricos conflitantes.

Estou pronto a admitir que se impõe uma análise puramente lógica das teorias, análise que não leve em conta a maneira como essas teorias se alteram e se desenvolvem. Contudo, esse tipo de análise não elucida aqueles aspectos das ciências empíricas que eu prezo muito. Um sistema como o da Mecânica clássica poderá ser "científico" tanto quanto se queira; mas os que o afirmam dogmaticamente — acreditando, talvez, que lhes cabe defender da crítica um sistema de tanto êxito, enquanto não for ele *refutado de modo conclusivo* — estão-se colocando em atitude oposta à atitude crítica, a meu ver adequada ao cientista. Em verdade, jamais pode ser apresentada uma refutação conclusiva de certa teoria, pois sempre será possível afirmar que os resultados experimentais não são dignos de crédito ou que as discrepâncias que se afirma existirem entre os resultados experimentais e a teoria são apenas aparentes e desaparecerão com o avanço de nossa compreensão. (Na luta contra Einstein, esses argumentos foram usados com frequência, em defesa da mecânica newtoniana, e argumentos similares são comuns no campo das Ciências Sociais.) Caso alguém insista em prova estrita (ou estrita refutação)[*1] em ciências empíricas, esse alguém jamais se beneficiará da experiência e jamais saberá como está errado.

Consequentemente, se caracterizarmos a ciência empírica tão somente pela estrutura lógica ou formal de seus enunciados, não teremos como excluir dela aquela dominante forma de Metafísica proveniente de se elevar uma teoria científica obsoleta ao nível de verdade incontestável.

Minhas razões para propor que a ciência empírica seja caracterizada por seus métodos são: nossa maneira de manipular sistemas científicos, aquilo que fazemos com eles e aquilo que fazemos a eles. Assim, tentarei estabelecer as regras ou, se preferirem, as normas que orientam o cientista empenhado na pesquisa ou na descoberta — nos termos aqui fixados.

10. A ABORDAGEM NATURALISTA DA TEORIA DO MÉTODO

A sugestão que adiantei na seção anterior, a respeito da bem estabelecida diferença entre minha posição e a dos positivistas, reclama algum desenvolvimento.

O positivista desaprova a ideia de que possam existir problemas significativos fora do campo da ciência empírica "positiva" — problemas a serem enfrentados por meio de uma teoria filosófica genuína. O positivista não aprova a ideia de que deva existir uma teoria genuína do conhecimento, uma epistemologia ou metodologia.[*1] Ele inclina-se a ver, em todos os problemas ditos filosóficos, meros "pseudoproblemas" ou "charadas". Ora, essa inclinação — que, digamos de passagem, ele nunca expressa em termos de desejo ou de proposta, mas em termos de enunciado de fato[*2] — sempre pode ser satisfeita. Com efeito, nada mais fácil do que apresentar um problema como "destituído de significado" ou como "pseudoproblema". Tudo o que se faz necessário é estabelecer uma significação convenientemente restrita para "significação" e dentro em pouco haverá como dizer, a propósito de qualquer

---

*1 Acrescentei, agora, em colchetes, "demonstração estrita da negação" porque (a) essa expressão é implicada pelo que foi dito imediatamente antes ("nunca se pode apresentar demonstração conclusiva da negação de uma teoria") e (b) tenho sido constantemente mal interpretado, afirmando-se que defendo um critério (que se pensa ser de *significado* e não de *demarcação)* que se assenta em falseabilidade "completa" ou "conclusiva".

*1 Nos dois anos que precederam a publicação desta obra, minhas ideias eram criticadas pelos adeptos do Círculo de Viena, afirmando-se impossível uma teoria do método que não fosse nem ciência empírica nem pura Lógica — pois o que saísse desses dois campos era totalmente sem sentido. (Essa mesma posição era mantida por Wittgenstein ainda em 1948; cf. meu artigo "The nature of Philosophical Problems", *The British Journal for the Philosophy of Science,* v. 3, 1952, nota da p. 128.) Mais tarde, a crítica-padrão passou a assentar-se na lenda de que eu havia proposto a substituição do critério de verificabilidade por um critério de falseabilidade *do significado.* Ver meu *Postscript,* especialmente seções de números *19 a *22.

*2 Alguns positivistas alteraram sua atitude, depois disso. Ver nota 6, abaixo.

questão inconveniente, que não há como nela vislumbrar qualquer significação. Mais ainda: se não admitirmos como significativos quaisquer problemas, a não ser os relativos à ciência natural,[1] qualquer debate em torno do conceito de "significação" mostrar-se-á sem significação.[2] O dogma da significação, uma vez acolhido, paira acima de qualquer disputa. Não pode mais ser atacado. Torna-se (em palavras de Wittgenstein) "inexpugnável e definitivo".[3]

A controvertida questão de saber se a Filosofia existe ou tem qualquer direito de existir é quase tão antiga quanto a própria Filosofia. Repetidamente têm surgido movimentos filosóficos novos que conceituam os velhos problemas filosóficos, dando-os como pseudoproblemas; e que contrapõem o pernicioso absurdo da Filosofia à procedência da ciência significativa, positiva, empírica. Repetidamente, os desprezados defensores da "Filosofia tradicional" buscam explicar aos orientadores do último ataque positivista que o problema central da Filosofia é o da análise crítica do apelo à autoridade da "experiência"[4] — precisamente a experiência que todo último descobridor do Positivismo está, sem qualquer engenho, como sempre, dando qual coisa assentada. A essas objeções, entretanto, o positivista apenas responde com um gesto de enfado: nada significam, para ele, pois não pertencem à ciência empírica, que é a única significativa. A "experiência", para ele, é um programa e não um problema (a não ser quando estudada pela psicologia empírica).

Não creio que os positivistas se disponham a responder diferentemente às minhas tentativas de analisar a "experiência", que eu interpreto em termos de método da ciência empírica. Para eles, só existem duas espécies de enunciados: tautologias lógicas e enunciados empíricos. Se a metodologia não é lógica, concluirão eles que deve ser um ramo de alguma ciência empírica — da ciência, digamos, do comportamento dos cientistas atuantes.

Essa concepção, segundo a qual a metodologia é uma ciência empírica — estudo do comportamento efetivo dos cientistas ou do processo efetivo da "Ciência" — pode ser rotulada de "*naturalista*". Sem dúvida, a metodologia naturalista (por vezes denominada "teoria indutiva da Ciência")[5] tem seu valor. Um estudioso de lógica da ciência pode interessar-se por ela e aprender muito. Contudo, aquilo que denomino "metodologia" não deve ser considerado uma ciência empírica. Não acredito ser possível decidir, usando métodos de ciência empírica, questões controvertidas como a de saber se a ciência realmente usa ou não o princípio da indução. Minhas dúvidas aumentam quando me dou conta de que será sempre questão de decisão ou de convenção saber o que deve ser denominado "ciência" e quem deve ser chamado "cientista".

---

1 Wittgenstein, *Tractatus Logico-Philosophicus,* proposição 6.53.

2 Wittgenstein, ao final do *Tractatus* (onde explica o conceito de significado), assevera: "Minhas proposições são elucidativas por isto: quem me compreende, acaba reconhecendo que são destituídas de significado..." (Cf. Sextus Adv. Log. ii, 481, Loeb, ed. ii, 488.)

3 Wittgenstein, *op. cit.*. ao final do Prefácio.

4 H. Gomperz *(Weltanschauungslehre I,* 1905, p. 35) escreve: "Se lembrarmos quão infinitamente problemático é o conceito de *experiência*... talvez sejamos forçados a acreditar que... afirmações entusiásticas, no que concerne à experiência, são muito menos apropriadas... do que uma crítica cuidadosa e resguardada. ..."

5 Dingler, *Physik und Hypothesis,* Versuch einer induktiven Wissenschaftslehre, 1921; analogamente, V. Kraft, *Die Grundformen der wissenschaftlichen Methoden,* 1925.

Entendo que as questões desse gênero reclamam tratamento diferente. Podemos, por exemplo, examinar e comparar dois diferentes sistemas de regras metodológicas, um com, e outro sem, um princípio de indução. Caberá, em seguida, examinar se, uma vez introduzido, esse princípio pode ser aplicado sem dar origem a incongruências, se ele é útil, se é realmente necessário. É esse tipo de investigação que me leva a prescindir do princípio de indução: não porque tal princípio jamais tenha sido, em verdade, empregado pela Ciência, mas porque acho que ele é desnecessário, que ele não nos ajuda e que chega mesmo a dar origem a incongruências.

Assim, rejeito a concepção naturalista. Ela não é crítica. Seus defensores não chegam a perceber que, sempre que julgam ter descoberto um fato, eles apenas propõem uma convenção.[6] Consequentemente, a convenção pode converter-se num dogma. Essa crítica por mim dirigida contra a concepção naturalista diz respeito não apenas ao critério de significação por ela admitido, mas também à sua concepção de ciência e, portanto, à sua concepção de método empírico.

11. REGRAS METODOLÓGICAS APRESENTADAS COMO CONVENÇÕES

As regras metodológicas são aqui vistas como *convenções.* Poderiam ser apresentadas como as regras do jogo da ciência empírica. Elas diferem das regras da Lógica pura, como destas diferem as regras do xadrez, que poucos encarariam como parte da lógica *pura.* Se as regras da lógica pura governam transformações de fórmulas linguísticas, o resultado de um estudo a propósito das regras do xadrez poderia, talvez, intitular-se "Lógica do Xadrez", mas dificilmente "Lógica", pura e simples. (Analogamente, o resultado de uma investigação a respeito das regras do jogo da Ciência — ou seja, da pesquisa científica — pode intitular-se "Lógica da Pesquisa Científica".)

Cabe oferecer dois exemplos simples de regras metodológicas. Eles bastarão para mostrar que não seria adequado colocar uma investigação a propósito de método no mesmo nível de uma investigação puramente lógica.

(1) O jogo da Ciência é, em princípio, interminável. Quem decida, um dia, que os enunciados científicos não mais exigem prova, e podem ser vistos como definitivamente verificados, retira-se do jogo.

(2) Uma vez proposta e submetida à prova a hipótese e tendo ela comprovado suas qualidades,[*1] não se pode permitir seu afastamento sem uma "boa razão".

---

6 (Adendo de 1934, quando este livro achava-se em provas) A concepção — aqui apenas esboçada — segundo a qual é uma questão de decisão o que se vai chamar de "enunciado genuíno" e o que se vai chamar de "pseudoenunciado destituído de significado", é uma concepção que venho defendendo há vários anos. (Bem assim a ideia de que a exclusão da Metafísica é também uma questão de decisão.) Sem embargo, a crítica ora dirigida ao Positivismo (e à posição naturalista) não mais se aplica, até onde me é dado ver, à *Logische Syntax der Sprache,* 1934, de Carnap — onde ele também advoga a ideia de que todas essas questões se assentam em decisões (o "princípio de tolerância"). Segundo Carnap, no prefácio da obra, Wittgenstein teria defendido posição análoga em obras não publicadas. (* Ver, porém, nota *1, acima.) A *Logische Syntax,* de Carnap, apareceu quando este livro achava-se na tipografia. Lamento não ter podido discutir suas ideias aqui.

*1 No que concerne à tradução de "demonstrar suas qualidades" (no inglês, *to prove one's mettle)* para *"sich bewähren"*, ver a primeira nota apensa ao capítulo X *(Corroboração)*, adiante.

Uma "boa razão" será, por exemplo, sua substituição por outra hipótese, que resista melhor às provas, ou o falseamento de uma consequência da primeira hipótese. (O conceito de "maior resistência às provas" será mais amplamente analisado adiante.)

Esses dois exemplos mostram a feição das regras metodológicas. Elas são muito diversas das regras geralmente chamadas de "lógicas". Embora a lógica possa, talvez, estabelecer critérios para decidir se um enunciado é suscetível de prova, ela certamente não se preocupa com a questão de saber se alguém se disporá a fazer a prova.

Na seção 6 procurei definir a ciência empírica recorrendo ao auxílio do critério de falseabilidade; contudo, obrigado a admitir a procedência de certas objeções, prometi um suplemento metodológico à minha definição. Assim como o xadrez pode ser definido em função de regras que lhe são próprias, a Ciência pode ser definida por meio de regras metodológicas. Cabe proceder ao estabelecimento dessas regras de maneira sistemática. Coloca-se, de início, uma regra suprema, que serve como uma espécie de norma para decidir a propósito das demais regras e que é, por isso, uma regra de tipo superior. É a regra que afirma que as demais regras do processo científico devem ser elaboradas de maneira a não proteger contra o falseamento qualquer enunciado científico.

Dessa forma, as regras metodológicas relacionam-se estreitamente a outras regras metodológicas e ao nosso critério de demarcação. Não se trata, porém, de uma relação estritamente dedutiva ou lógica.[1] Antes, resulta do fato de as regras serem elaboradas com o objetivo de assegurar a aplicabilidade de nosso critério de demarcação; assim, a formulação e a aceitação dessas regras ocorre de acordo com uma regra prática de tipo mais elevado. Um exemplo disso foi dado acima (conforme regra 1): teorias que decidíssemos não submeter a quaisquer outros testes não mais seriam falseáveis. É essa relação sistemática entre as regras que torna cabível falar numa *teoria* do método. Reconhecidamente, os pronunciamentos dessa teoria são, na maior parte, e como o demonstram nossos exemplos, convenções de uma espécie mais ou menos óbvia. Não se deve esperar verdades profundas da parte da metodologia.[*2] Não obstante, em muitos casos, ela pode auxiliar-nos a ver mais claramente a situação lógica e mesmo a resolver alguns problemas de longo alcance, que até agora se revelaram insuscetíveis de tratamento. Um desses problemas é, por exemplo, o de decidir se um enunciado de probabilidade deve ser aceito ou rejeitado (cf. seção 68).

Muitas vezes foi posto em dúvida o fato de os vários problemas da teoria do conhecimento manterem, entre si, relação sistemática e também o de admitirem tratamento sistemático. Espero mostrar, neste livro, que tais dúvidas são improcedentes. O ponto é de alguma importância. O único motivo que tenho para propor meu

---

1 Cf. K. Menger, *Moral, Wille und Weltgestaltung*, 1934, pp. 58 e ss.

*2 Continuo a pensar ao longo dessas linhas, embora alguns teoremas possam parecer, talvez, inesperados ou mais delicados. Entre esses teoremas, está o que assevera "grau de corroboração ≠ probabilidade" e o que alude ao "conteúdo-verdade"; (no que concerne a esses teoremas, ver Feigl *Festschrift: Mind, Matter, and Method*, obra organizada por P. K. Feyerabend e G. Maxwell, 1966. pp. 343-353).

critério de demarcação é o de ele ser proveitoso; com seu auxílio, muitas questões podem ser esclarecidas e explicadas. "As definições são dogmas; só as conclusões delas retiradas nos permitem alguma visão nova", diz Menger.[2] Isto é certamente verdadeiro com referência à definição do conceito de "ciência". Só a partir das consequências de minha definição de ciência empírica e das decisões metodológicas dela dependentes poderá o cientista perceber até que ponto ela se conforma com a ideia intuitiva que tem acerca do objetivo de suas atividades.[*3]

O filósofo, por sua vez, só aceitará minha definição como útil se puder aceitar-lhe as consequências. Temos de dar-lhe garantia de que essas consequências nos habilitam a identificar incongruências e inadequações em teorias mais antigas do conhecimento e a relacioná-las aos pressupostos e convenções fundamentais em que elas têm suas raízes. Mas também temos de dar-lhe garantia de que nossas propostas não se acham ameaçadas pelo mesmo tipo de dificuldades. Esse método de identificação e resolução de contradições aplica-se também dentro do campo da Ciência, mas revela-se de particular importância na teoria do conhecimento. É por esse método — se existe método para isso — que as convenções metodológicas podem justificar-se e revelar seu interesse.[3]

Será muito de duvidar, penso eu, que os filósofos venham a encarar essas investigações metodológicas como algo que se coloca no campo da Filosofia, mas isso não tem realmente grande importância. Não obstante, talvez convenha mencionar, em relação a este ponto, que não poucas doutrinas metafísicas — e, assim, certamente filosóficas — poderiam ser interpretadas como típicas formas de hipóstase de regras metodológicas. Um exemplo disso, sob a forma do que é chamado "princípio da causalidade", merecerá exame na próxima seção. Outro problema com que já nos defrontamos é o da objetividade. Pois o requisito de objetividade científica também pode ser interpretado em termos de regra metodológica: regra segundo a qual só esses enunciados devem ser introduzidos em ciência, por serem intersubjetivamente passíveis de prova (ver seções 8, 20, 27 e outras). Pode-se, sem dúvida, dizer que a maioria dos problemas de filosofia teórica, e os mais interessantes, podem, ao longo dessas linhas, ser reinterpretados como problemas de método.

---

2 K. Menger, *Dimensionstheorie,* 1928, p. 76.

*3 Ver, ainda, seção *15, "The Aim of Science", em meu *Postscript.*

3 Releguei a segundo plano, na presente obra, o método crítico — ou "dialético", se preferirem — de resolução de contradições, porque me preocupei com a tentativa de desenvolver os aspectos metodológicos práticos de minhas concepções. Em outra obra, ainda não publicada, tentei percorrer a trilha crítica; e procurei mostrar que os problemas da teoria do conhecimento (seja a teoria clássica, seja a moderna, de Hume a Russell e Whitehead, via Kant) podem ser reduzidos ao problema da demarcação, isto é, ao problema de encontrar critério que determine o caráter empírico da Ciência.

Parte II

ALGUNS COMPONENTES ESTRUTURAIS DE UMA TEORIA DA EXPERIÊNCIA

Capítulo III

TEORIAS

As ciências empíricas são sistemas de teorias. A lógica do conhecimento científico pode, portanto, ser apresentada como uma teoria de teorias.

As teorias científicas são enunciados universais. Como todas as representações linguísticas, são sistemas de signos ou símbolos. Não me parece conveniente expressar a diferença entre teorias universais e enunciados singulares, dizendo que estes últimos são "concretos", ao passo que as teorias são *simplesmente* fórmulas simbólicas ou esquemas simbólicos, pois pode-se dizer exatamente o mesmo, inclusive dos enunciados mais "concretos".[*1]

As teorias são redes lançadas para capturar aquilo que denominamos "o mundo": para racionalizá-lo, explicá-lo, dominá-lo. Nossos esforços são no sentido de tornar as malhas da rede cada vez mais estreitas.

12. CAUSALIDADE, EXPLICAÇÃO E DEDUÇÃO DE PREDIÇÕES

Oferecer uma *explicação causal* de certo acontecimento significa deduzir um enunciado que o descreva, utilizando, como premissas da dedução, uma ou mais *leis universais*, combinadas com certos enunciados singulares, as *condições iniciais*. Podemos, por exemplo, dizer que demos explicação causal do rompimento de um fio se asseverarmos que o fio tem uma resistência à ruptura igual a um quilo, e que se prendeu nele um peso de dois quilos. Se analisarmos essa explicação causal, poderemos distinguir várias partes constitutivas. De um lado, coloca-se a hipótese: "sempre que um fio é levado a suportar um peso que excede aquele que caracteriza a sua resistência à ruptura, ele se romperá". Esse enunciado apresenta o caráter de uma lei universal da natureza. De outro lado, deparamos com

*1 Trata-se de um comentário crítico a uma concepção que eu, mais tarde, chamaria de *"instrumentalismo"* — cujos defensores, em Viena, eram Mach, Wittgenstein e Schlick (cf. notas *4 e 7, na seção 4; e nota 5, na seção 27). Trata-se da concepção para a qual a teoria *nada mais é* que um instrumento ou ferramenta para a predição. Critiquei essa concepção ao analisá-la em meus artigos "A Note on Berkeley as a Precursor of Mach", *British Journal for the Philosophy of Science,* v. 6, 1953, pp. 26 e ss.; "Three Views Concerning Human Knowledge", in *Contemporary British Philosophy,* iii, 1956, obra organizada por H. D. Lewis, pp. 355 e ss.; crítica mais desenvolvida acha-se em meu *Postscript,* seções *11 a *15 e *19 a *26. Em poucas palavras, entendo que nossa linguagem comum está cheia de teorias; que a observação é sempre uma *observação à luz de teorias;* que só o preconceito indutivista leva as pessoas a pensarem em uma possível linguagem fenomênica, livre de teorias, distinguível de uma "linguagem teórica"; e, enfim, que o estudioso está interessado em explicações, ou seja, em teorias passíveis de prova, dotadas de poder explicativo: aplicações e predições interessam-no apenas por motivos teóricos — porque podem ser utilizadas como provas de teorias. Veja-se, ainda, o novo apêndice *x.

enunciados singulares (no caso, dois desses enunciados) que se aplicam apenas ao evento específico em pauta: "o peso característico deste fio é de um quilo" e "o peso preso a este fio foi de dois quilos".[*1]

Temos, assim, duas diferentes espécies de enunciados, colocando-se ambas como ingredientes necessários de uma explicação causal completa. Trata-se de (1) *enunciados universais,* isto é, hipóteses com o caráter de leis naturais; e (2) de *enunciados singulares,* que se aplicam ao evento específico em pauta, e que chamarei de "condições iniciais". Da conjunção de enunciados universais e condições iniciais *deduzimos* o enunciado singular "este fio se romperá". A esse enunciado denominamos *predição* específica ou singular.[*2]

As condições iniciais descrevem aquilo que, habitualmente, é chamado de "*causa*" do evento em questão. (O fato de um peso de dois quilos ter sido preso a um fio que apresentava resistência à ruptura igual a um quilo foi a "causa" de seu rompimento.) A predição descreve aquilo que é normalmente chamado de "*efeito*". Evitarei ambos os termos. Em Física, o emprego da expressão "*explicação causal*" é, via de regra, feito apenas no caso especial em que as leis universais assumem a forma de leis de "ação por contato" ou, mais precisamente, a forma de leis de "*ação a uma distância que tende a zero*", expressada por meio de equações diferenciais. Essa restrição não será levada em conta neste contexto. Além disso, não farei qualquer asseveração geral quanto à aplicabilidade universal desse método dedutivo de explicação teórica. Não afirmarei, pois, qualquer "*princípio de causalidade*" (ou "princípio de causação universal").

O "princípio da causalidade" é a asseveração de que todo e qualquer evento *pode* ser causalmente explicado — de que *pode* ser dedutivamente previsto. De acordo com a maneira como se interprete a palavra "pode", na asserção acima, esta será tautológica (analítica) ou uma asserção acerca da realidade (sintética). Se "pode" quiser dizer que é sempre logicamente possível elaborar uma explicação causal, a asserção será tautológica, pois para toda e qualquer predição poderemos, sempre, indicar enunciados universais e condições iniciais de que a predição é deduzível. (Se esses enunciados universais foram ou não submetidos à prova e confirmados, em outros casos, isso, naturalmente, é um problema diferente.) Se, entretanto, "pode" quiser dizer que o mundo é governado por leis rígidas, que ele é construído de tal forma que todo evento específico é exemplo de uma regularidade universal ou lei, a asserção será, reconhecidamente, sintética. Em tal caso, porém, ela será *não falseável,* como veremos adiante, na seção 78. Consequentemente, não adoto nem rejeito o "princípio da causalidade"; contento-me, simplesmente, com excluí-lo da esfera da ciência, dando-o por "metafísico".

---

*1 Análise mais clara do exemplo — em que comparecem *duas* leis e duas condições iniciais — seria esta: "A cada fio de determinada estrutura S (determinada pelo tipo de material, de espessura, etc.) corresponde um peso característico *w* tal que o fio se rompe se um peso maior do que *w é* preso a ele." — "A cada fio de estrutura S_1 corresponde um peso característico w_1 de um quilo." Estas seriam as duas leis universais. As condições iniciais seriam "Este é um fio de estrutura S_1" e "O peso colocado no fio é igual a 2 quilos".

*2 O termo "predição", tal como é aqui empregado, abrange enunciados a respeito do passado ("retrodições") e mesmo enunciados "dados", que se procura explicar *("explicanda");* cf. meu *Poverty of Historicism,* 1945, p. 133 da edição de 1957, bem como a seção *15 do meu *Postscript.*

Proporei, contudo, uma regra metodológica que corresponde tão proximamente ao "princípio da causalidade" que este pode ser encarado como sua versão metafísica. Trata-se da regra simples de que não devemos abandonar a busca de leis universais e de um coerente sistema teórico, nem abandonar, jamais, nossas tentativas de explicar causalmente qualquer tipo de evento que possamos descrever.[1] Essa regra orienta o investigador em seu trabalho. A concepção segundo a qual os mais recentes desenvolvimentos no campo da Física exigem renúncia a essa regra, ou de que a Física, pelo menos em determinado setor, considera inútil continuar a busca de leis, não é acolhida neste contexto.[2] A questão será examinada na seção 78.[*3]

13. UNIVERSALIDADE ESTRITA E NUMÉRICA

Cabe distinguir duas espécies de enunciados sintéticos universais: o "estritamente universal" e o "numericamente universal". Foram os enunciados *estritamente universais* que tive em mente, até agora, ao falar de enunciados universais — de teorias ou leis naturais. A outra espécie, os enunciados numericamente universais, são, em verdade, equivalentes a certos enunciados singulares ou a conjunções de enunciados singulares e, como enunciados singulares serão aqui classificados.

Compare-se, por exemplo, os dois enunciados seguintes: (a) É verdade, acerca de todos os osciladores harmônicos, que sua energia nunca desce abaixo de certo nível mínimo (a saber, $h\, v\, /\, 2$); e (b) É verdade, acerca de todos os seres humanos, que habitam atualmente a Terra, que eles nunca ultrapassam certa altura máxima (digamos, 2,50 m). A lógica formal (inclusive a lógica simbólica), que se preocupa tão somente com a teoria da dedução, trata esses dois enunciados de modo semelhante, como enunciados universais (implicações "formais" ou

---

1 A ideia de encarar o princípio da causalidade como expressão de uma regra ou de uma decisão é devida a H. Gomperz, *Das Problem der Willensfreiheit,* 1907. Cf. Schlick, *Die Kausalität in der gegenwartigen Physik, Naturwissenschaften,* v. 19, 1931, p. 154.

* Penso que me cabe dizer, de modo mais explícito, que a decisão de buscar explicações causais é que leva o cientista a caracterizar seu objetivo - ou o objetivo da ciência teórica. O objetivo é o de encontrar *teorias explicativas* (se possível, teorias explicativas *verdadeiras);* em outras palavras, teorias que descrevam certas propriedades estruturais do mundo e que nos permitam deduzir, com auxílio de condições iniciais, os efeitos que se pretende explicar. O propósito desta seção era o de esclarecer, ainda que de modo breve, o que entendemos por explicação causal. O assunto voltará à tona, mais minuciosamente, no apêndice *x; e é tratado, ainda, na seção *15 do meu *Postscript.* Minha explanação acerca da explicação foi adotada por alguns positivistas ou "instrumentalistas", que nela viram forma de eliminar a explicação - como asserção de que as teorias explicativas *não passam de* premissas que permitem a dedução de predições. Desejo, pois, deixar bem claro que considero o interesse do estudioso pela *explicação* (isto é, pela descoberta de teorias explicativas) como algo que não se reduz ao interesse prático e tecnológico pela dedução de predições. O interesse que o teórico manifesta pelas *predições,* de outra parte, é entendido em função de seu interesse pelo problema da verdade das teorias que formula; em outras palavras, é entendido pelo seu interesse em submeter as teorias à prova - com o fito de verificar se é possível mostrar que elas são falsas. Ver, ainda, apêndice *x, nota 4, e o texto correspondente.

2 A concepção que aqui se combate é defendida, entre outros, por M. Schlick; ele escreve, *op. cit.,* p. 155: "... essa impossibilidade..." (e ele está aludindo à impossibilidade de predições exatas, sustentada por Heisenberg) "... significa: é impossível *buscar* essa fórmula." (Ver, ainda, nota 1 da seção 78.)

*3 Ver, porém, os capítulos *iv a *vi do meu *Postscript.*

"gerais").[1] Julgo, porém, necessário sublinhar a diferença que existe entre eles. O enunciado (a) pretende ser verdadeiro para qualquer tempo e qualquer local. O enunciado (b) refere-se apenas a uma classe finita de elementos específicos, dentro de uma finita região individual (ou particular) do espaço-tempo. Enunciados desta última espécie podem, em princípio, ser substituídos por uma conjunção de enunciados singulares; com efeito, concedido tempo suficiente, é possível *enumerar* todos os elementos da classe (finita) em pauta. Esta a razão por que, nesses casos, falamos em universalidade numérica. Em contraste, o enunciado (a), a propósito dos osciladores, não pode ser substituído por uma conjunção de número finito de enunciados singulares acerca de uma definida região do espaço-tempo; ou antes, só poderia admitir semelhante substituição presumindo que o mundo é limitado no tempo, não existindo nele mais que um número finito de osciladores. Não formulamos, entretanto, esse pressuposto; em particular, não formulamos esse pressuposto ao definir os conceitos da Física. Ao contrário, encaramos um enunciado de tipo (a) como um *enunciado-todos*, isto é, uma asserção universal acerca de ilimitado número de indivíduos. Interpretado dessa forma, ele não pode, é claro, ser substituído por uma conjunção de número finito de enunciados singulares.

O uso que faço do conceito de enunciado estritamente universal (ou enunciado-todos) opõe-se à concepção de que todo enunciado universal sintético deve, em princípio, admitir tradução numa conjunção de número finito de enunciados singulares. Aqueles que adotam essa concepção[2] insistem em que os por mim chamados "enunciados estritamente universais" nunca podem ser verificados e, em consequência, rejeitam-nos, com base ou no critério de significado, por eles acolhido, e que reclama verificabilidade, ou com base em alguma consideração similar.

É claro que, admitida uma concepção de leis naturais que ignora a distinção entre enunciados singulares e universais, o problema da indução poderá parecer resolvido, pois, obviamente, tornam-se perfeitamente admissíveis inferências que levam a enunciados apenas numericamente universais a partir de enunciados singulares. Contudo, é igualmente claro que o problema da indução, sob seu ângulo metodológico, não é tocado por esta solução. Em verdade, a verificação de uma lei natural só pode ser levada a efeito se se estabelecer empiricamente cada um dos eventos singulares a que a lei poderia aplicar-se e se se verificar que cada um desses eventos se conforma efetivamente com a lei — tarefa evidentemente impossível.

De qualquer forma, a questão de saber se as leis da Ciência são estritamente ou numericamente universais não pode ser resolvida através da argumentação.

---

1 A lógica tradicional (e, analogamente, a lógica simbólica, ou "logística") estabelece uma tricotomia: enunciados universais, particulares e singulares. Um enunciado universal faz alusão a *todos* os elementos de uma classe; um enunciado particular alude a alguns desses elementos; um enunciado singular se refere a apenas um objeto — um indivíduo. Essa classificação dos enunciados não tem base em motivos que importem para a teoria do conhecimento; foi criada com vistas voltadas para a técnica da inferência. Consequentemente, nossos "enunciados universais" não podem ser identificados nem aos enunciados universais da Lógica tradicional nem às implicações "gerais" ou "formais" da logística (cf. nota 6 da seção 14). * Ver, agora, também, o apêndice *x e, no meu *Postscript*, a seção *15.

2 Ver, por exemplo, F. Kaufmann, *Bemerkungen zum Grundlagenstreit in Logik und Mathematik*, in *Erkenntnis*, v. 2, 1931, p. 274.

Trata-se de uma dessas questões que só podem ser resolvidas por acordo ou convenção. Tendo em vista a situação metodológica referida, considero útil e frutífero encarar as leis naturais como enunciados sintéticos e estritamente universais ("enunciados-todos"). Isso equivale a encará-los como enunciados não verificáveis, que podem ser apresentados sob a forma seguinte: "de todos os pontos do espaço e do tempo (ou em todas as regiões do espaço e do tempo) é verdadeiro que...". Em contraste, chamo de enunciados "específicos" ou "singulares" os enunciados que dizem respeito apenas a certas regiões finitas do espaço e do tempo.

A distinção entre enunciados estritamente universais e enunciados apenas numericamente universais (que são realmente uma espécie de enunciado singular) será aplicada tão somente a enunciados sintéticos. Devo, entretanto, mencionar a possibilidade de aplicar essa distinção também a enunciados analíticos (a certos enunciados matemáticos, por exemplo).[3]

14. CONCEITOS UNIVERSAIS E CONCEITOS INDIVIDUAIS

A distinção entre *enunciados* universais e singulares prende-se estreitamente à distinção entre *conceitos ou nomes universais e individuais.*

É comum elucidar essa distinção recorrendo a exemplo do tipo seguinte: "ditador", "planeta", "H_2O" são nomes ou conceitos universais. "Napoleão", "Terra", "o Atlântico" são conceitos ou nomes singulares ou individuais. Nesses exemplos, os conceitos ou nomes individuais parecem caracterizar-se ou por serem nomes próprios ou por terem de ser definidos por meio de nomes próprios; ao passo que os conceitos ou nomes universais podem ser definidos sem o uso de nomes próprios.

Considero de fundamental importância a distinção entre conceitos ou nomes universais e individuais. Toda aplicação da Ciência assenta-se numa inferência de casos singulares a partir de hipóteses científicas (que são universais); isto é, baseia-se na dedução de predições singulares. Em todo enunciado singular devem ocorrer conceitos ou nomes individuais.

Os nomes individuais que ocorrem nos enunciados singulares da ciência aparecem, frequentemente, sob feição de coordenadas espaço-temporais. Isso se compreende facilmente, bastando considerar que a *aplicação* de um sistema espaço-temporal de coordenadas sempre envolve referência a nomes individuais. Temos, com efeito, de fixar-lhe os pontos de origem e só podemos fazê-lo empregando nomes próprios (ou seus equivalentes). O uso dos nomes "Greenwich" e "o ano de nascimento de Cristo", ilustra o que pretendo dizer. Por esse método, um número arbitrariamente grande de nomes individuais pode ser reduzido a uns poucos.[1] Expressões

---

3 Exemplos: (a) Todo número natural tem um sucessor, (b) Excetuando os números 11, 13, 17 e 19, todos os números situados entre 10 e 20 são divisíveis. [N. T.: entenda-se, são divisíveis por números diversos da unidade e do próprio número; isto é, não são números primos.]

1 As unidades de medida do sistema de coordenadas, antes estabelecidas por meio de nomes individuais (a rotação da Terra; o metro-padrão, localizado em Paris), podem ser definidas, em princípio, através de nomes universais por meio, digamos, do comprimento de onda ou da frequência de uma luz monocromática, emitida por certos tipos de átomos submetidos a determinado tratamento.

vagas e gerais, tais como "esta coisa", "aquela coisa", e assim por diante, podem por vezes ser empregadas como nomes individuais, talvez acompanhadas de algum tipo de gesto. Em resumo, podemos utilizar signos que não são nomes próprios, mas que, em determinada medida, são passíveis de substituição por nomes próprios ou coordenadas individuais. Todavia, também os conceitos universais podem ser indicados, mesmo que apenas vagamente, com o auxílio de gestos. Assim, podemos apontar para certas coisas (ou eventos) individuais e então enunciar por uma frase como "e outras semelhantes" (ou "e assim por diante") nossa intenção de encarar tais indivíduos apenas como representantes de alguma classe que em termos próprios deveria receber um nome universal. Não há dúvida de que *aprendemos o uso* de palavras universais, ou seja, sua *aplicação* a indivíduos, por meio de gestos e recursos similares. A base lógica de aplicações desse tipo está em que os conceitos individuais podem ser conceitos não apenas de elementos, mas também de classes, e está em que podem representar conceitos universais não apenas numa relação correspondente à de um elemento para uma classe, mas ainda numa relação correspondente à de uma subclasse para uma classe. Exemplificando, meu cão Lux não é apenas um elemento da classe dos cães vienenses, o que é um conceito individual, mas é, ainda, um elemento da classe (universal) dos mamíferos, o que é um conceito universal. Os cães vienenses, por sua vez, não são apenas uma subclasse da classe (individual) dos cães austríacos, mas também uma subclasse da classe (universal) dos mamíferos.

O emprego da palavra "mamíferos", como exemplo de um nome universal, pode levar a mal-entendidos. Palavras como "mamífero", "cão", etc., não estão, em seu uso ordinário, livres de ambiguidade. Ao serem essas palavras encaradas como nomes de classes individuais ou como nomes de classes universais depende das intenções que tenhamos: depende de desejarmos falar de uma raça de animais que vive em nosso planeta (um conceito individual) ou de uma espécie de corpos físicos, dotados de propriedades que podem ser descritas em termos universais. Ambiguidades análogas surgem com respeito ao uso de conceitos como "pasteurizado" e "latinismo", na medida em que se torna possível eliminar os nomes próprios a que esses conceitos aludem (ou em que se torna possível definir esses conceitos com auxílio desses nomes próprios).[*1]

Os exemplos e explicações acima devem ter deixado claro o que significará neste livro "conceitos universais" e "conceitos individuais". Se nos pedissem definições, teríamos provavelmente de dizer como antes: "um conceito individual é um conceito para cuja definição fazem-se indispensáveis nomes próprios (ou signos equivalentes); se for possível eliminar completamente qualquer alusão a nomes próprios, o conceito será um conceito universal". Uma definição desse

*1 "Pasteurizado" se define por "Tratado segundo as indicações de Louis Pasteur" (ou algo semelhante) ou por "Aquecido até 80 graus centígrados e conservado nessa temperatura durante dez minutos". A primeira definição torna "pasteurizado" um conceito individual; a segunda, um conceito universal. Mas veja-se, ainda, a nota 4, logo a seguir.

gênero, contudo, seria de pequeno interesse, pois tudo o que a definição permite é reduzir a ideia de um conceito ou nome individual à de um nome próprio (no sentido de nome de uma coisa física individual).

Creio que o uso por mim proposto corresponde muito proximamente ao uso costumeiro que se faz das expressões "universal" e "individual". Seja ou não assim, considero a distinção aqui traçada indispensável, a fim de que não se prejudique a correspondente distinção entre enunciados universais e singulares (há total analogia entre o problema dos universais e o problema da indução). A tentativa de identificar uma coisa individual *simplesmente* por suas propriedades e relações universais — que pareçam pertencer a ela apenas, e a nada mais — está condenada ao fracasso. Esse procedimento descreveria não uma coisa individual única, mas a classe universal de todos os indivíduos a que essas propriedades e relações se aplicam. Nem mesmo o uso de um sistema espaço-temporal de coordenadas traria qualquer alteração.[2] Permanecerá sempre como questão aberta saber se há coisas individuais que correspondam a uma descrição por meio do uso de nomes universais; e, no caso afirmativo, saber quantas são essas coisas.

Do mesmo modo, está condenada a falhar qualquer tentativa de definir nomes universais com o auxílio de nomes individuais. Esse fato tem sido ignorado com certa frequência e, de modo geral, acredita-se ser possível passar de conceitos individuais para conceitos universais através de um processo denominado "abstração". Essa concepção lembra a Lógica Indutiva e a passagem de enunciados singulares para enunciados universais. Logicamente, esses processos são também impraticáveis.[3] É certo que dessa maneira se pode chegar a classes de indivíduos, mas tais classes continuarão a ser conceitos individuais — conceitos definidos com o auxílio de nomes próprios. (Exemplos desses conceitos-classe individuais são "generais de Napoleão" e "os habitantes de Paris".) Vê-se, desse modo, que a distinção por mim traçada entre nomes ou conceitos universais e nomes ou conceitos individuais nada tem a ver com a distinção entre classes e elementos. Tanto nomes universais como nomes individuais podem ocorrer como nomes de algumas classes e também como nomes de elementos de algumas classes.

Não é portanto possível abolir a distinção entre conceitos individuais e conceitos universais por meio de argumentos como o seguinte, de Carnap: "... essa distinção não se justifica", diz ele, porque "... todo conceito pode ser encarado como conceito individual ou conceito universal, dependendo do ponto de vista adotado". Carnap procura justificar-se com a afirmação de que "... (quase) *todos os assim chamados conceitos individuais são* (nomes de) *classes*, à semelhança dos conceitos

2 Não "espaço" e "tempo" em geral, mas determinações individuais (espaciais, temporais ou outras), assentadas em nomes próprios, é que são "princípios de individuação".

3 De modo análogo, o "método da abstração", utilizado na Lógica Simbólica, também é incapaz de passar dos nomes individuais para os nomes universais. Se a classe definida por meio de abstração é definida extensionalmente com o auxílio de nomes individuais, ela se torna, por sua vez, um conceito individual.

universais".[4] Esta última asserção é correta, tal como demonstrei, mas nada tem a ver com a distinção em tela.

Outras pessoas dedicadas ao campo da Lógica Simbólica (em certa ocasião chamada "logística") confundiram, também, a distinção entre nomes universais e nomes individuais com a distinção entre as classes e seus elementos.[5] É admissível, por certo, usar a expressão "nome universal" como sinônima de "nome de uma classe" e a expressão "nome individual" como sinônima de "nome de um elemento"; mas pouco se pode dizer em prol de tal uso. Recorrendo a esse uso, não se resolvem problemas; por outro lado, recorrer a ele pode impedir a visão desses problemas. Esta situação em muito se assemelha à que encontramos anteriormente ao examinarmos a distinção entre enunciados universais e singulares. Os instrumentos da Lógica Simbólica não são mais adequados para a manipulação do problema dos universais do que para a manipulação do problema da indução.[6]

15. ENUNCIADOS ESTRITAMENTE UNIVERSAIS E ENUNCIADOS EXISTENCIAIS

Não basta, naturalmente, caracterizar os enunciados universais como enunciados onde não ocorrem nomes individuais. Se a palavra "corvo" for usada como nome universal, o enunciado "Todos os corvos são negros" será, é claro, um

---

4 Carnap, *Der logische Aufbau der Welt,* p. 213. (Adendo de 1934, quando o livro estava em provas.) Carnap parece não ter considerado, em sua *Logical Syntax of Language* (1934; ed. inglesa de 1937), a distinção entre nomes individuais e nomes universais; nem parece possível expressar essa distinção na "linguagem de coordenadas" que ele constrói. Talvez se pudesse imaginar que as "coordenadas", na qualidade de signos de tipo inferior (cf. pp. 12 e s.), seriam interpretadas como *nomes individuais* (e que Carnap usa um sistema de coordenadas definido à custa de indivíduos). Mas essa maneira de encarar a situação não contorna as dificuldades, já que Carnap afirma (p. 87; ver, ainda, p. 12 da ed. ing. e p. 97, parág. 4) que, na linguagem por ele utilizada "... todas as expressões de tipo inferior são expressões numéricas", no sentido de que denotam aquilo que se coadunaria com o "número" primitivo, indefinido, de Peano. (Cf. pp. 31 e 33.) Isso torna claro que os signos numéricos, apresentados como coordenadas, não devem ser encarados como nomes próprios ou de coordenadas individuais, mas como universais. (Eles são "indivíduos" apenas em sentido muito esotérico; cf. nota 3 (b) da seção 13.)

5 A distinção que Russell e Whitehead estabelecem entre indivíduos (ou particulares) e universais nada tem a ver com a distinção aqui feita entre nomes individuais e nomes universais. Segundo a terminologia de Russell, na sentença "Napoleão é um general francês", "Napoleão" é (tal como no meu esquema) um indivíduo; mas "general francês" é um universal. Em oposição, na sentença "Nitrogênio é um não-metal", temos "não-metal", que é um universal (exatamente como no meu esquema), e temos "nitrogênio", dado como um indivíduo. Acresce que a chamada "descrição" de Russell, não corresponde aos meus "nomes individuais", uma vez que, para exemplificar, a classe dos "pontos geométricos limitados pelo meu corpo" é um conceito individual, no meu entender, mas não pode ser representada por meio de uma "descrição". *Cf.* Russell e Whitehead, *Principia Mathematica,* 2ª ed., 1925, v. 1; introdução à 2ª edição, II I, pp. xix e s.

6 A distinção entre enunciados singulares e universais também não pode ser traçada no sistema de Russell-Whitehead. Não é verdade que as chamadas implicações "formais" ou "gerais" devam ser enunciados universais. Pois todo enunciado singular pode assumir a forma de uma implicação geral. Por exemplo: o enunciado "Napoleão nasceu na Córsega", pode ser expresso sob a forma $(x)\ (x = N \rightarrow \phi x)$; em palavras, é verdadeiro, para todos os valores de *x* que, se *x é* idêntico a Napoleão, então *x* nasceu na Córsega.
Uma *implicação geral* se expressa por "$(x)\ (\phi x \rightarrow fx)$", onde o "operador universal", "(x)" pode ser lido assim "é verdade para todos os valores de x"; "ϕx" *e* "fx" são *funções proposicionais: (e. g.* "*x* nasceu na Córsega", sem se dizer quem é *x;* uma função proposicional não pode ser verdadeira nem falsa). "$\rightarrow$" representa: "se é verdade que... então é verdade que...". A função proposicional ϕx precedendo "$\rightarrow$" pode ser chamada de *função proposicional antecedente* ou *condicionante* e *fx função proposicional consequente* ou *predicação;* a *implicação geral* $(x)\ (\phi x \rightarrow fx)$ assevera que todos os valores de *x* que satisfazem ϕ também satisfazem *f.*

enunciado estritamente universal. Todavia, em muitos outros enunciados, tais como "Muitos corvos são negros" ou, talvez, "Alguns corvos são negros" ou "Há corvos negros", etc., só ocorrem nomes universais e, contudo, por certo, não poderíamos apresentar esses enunciados como enunciados universais.

Enunciados em que só ocorrem nomes universais e não ocorrem nomes individuais serão aqui denominados "estritos" ou "puros". Os mais importantes dentre eles são os enunciados *estritamente universais* que já apresentei. Além deles, estou especialmente interessado em enunciados da forma "Há corvos negros", que podem ser tomados como significando o mesmo que "Há pelo menos um corvo negro". Esses enunciados serão denominados enunciados *estritamente ou puramente existenciais* (ou *enunciados-há).*

A negação de um enunciado estritamente universal equivale sempre a um enunciado estritamente existencial, e vice-versa. Exemplificando, "Nem todos os corvos são negros" expressa o mesmo que "Existe um corvo que não é negro" ou "Há corvos não negros".

As teorias da Ciência Natural e, em particular, aquilo que denominamos leis naturais, têm a forma lógica de enunciados estritamente universais; podem, assim, ser expressas sob forma de negações de enunciados estritamente existenciais ou, caberia dizer, sob a forma de enunciados de *não existência* (ou enunciados-não-há). A lei da conservação da energia, por exemplo, admite ser expressa sob a forma: "Não há máquina de movimento perpétuo"; a hipótese da carga elétrica elementar pode ser traduzida dizendo-se: "Não há carga elétrica diversa de um múltiplo da carga elétrica elementar."

Em consonância com essa formulação, vemos que as leis naturais poderiam ser comparadas a "proscrições" ou "proibições". Elas não asseveram que algo exista ou ocorra; negam-no. Insistem na não existência de certas coisas ou estados de coisas, proscrevendo ou proibindo, por assim dizer, essas coisas ou estados de coisas; afastam-nos. Precisamente por agirem nesse sentido é que são *falseáveis.* Se aceitarmos como verdadeiro um enunciado singular que infringe a proibição, asseverando a existência de uma coisa (ou a ocorrência de um evento) não admitido por uma lei, essa lei está refutada. (Um exemplo seria: "Em tal e tal lugar há um aparelho que é uma máquina de movimento perpétuo.")

Os enunciados estritamente existenciais, em oposição a esses, não podem ser falseados. Nenhum enunciado singular (quer dizer, nenhum "enunciado básico", nenhum enunciado de evento observado) pode contradizer o enunciado existencial "Há corvos brancos". Só um enunciado universal poderia fazê-lo. Com base no critério de demarcação aqui adotado, terei, portanto, de tratar os enunciados estritamente existenciais como não empíricos ou "metafísicos". Essa caracterização parecerá, talvez, dúbia, a um primeiro olhar, e não muito de acordo com a prática da ciência empírica. Como objeção, caberia asseverar (com justiça) que, no campo da Física, inclusive, há teorias que se apresentam sob a forma de enunciados estritamente existenciais. Um exemplo seria um enunciado deduzível do sistema periódico dos elementos químicos, asseverando a existência de elementos de certos números atômicos. Todavia, se a hipótese de que um elemento de certo número atômico existe vier a ser formulada de maneira a tornar-se suscetível de prova, nesse caso se requererá muito mais do que um enunciado puramente existencial. Por exemplo, o elemento com número atômico 72 (Hafnio) não foi descoberto com base apenas num enunciado isolado, puramente existencial. Pelo contrário, todas as tentativas no sentido de identificá-lo foram vãs até que Bohr alcançou êxito no predizer várias de suas propriedades, deduzindo-as da teoria por ele construída. Contudo, a teoria de Bohr e as conclusões dela tiradas — importantes para o elemento Hafnio e ocasionadoras de sua descoberta — estão longe de ser enunciados isolados, puramente existenciais.[*1] São enunciados estritamente universais. Minha decisão de encarar os enunciados estritamente existenciais como não empíricos — por não serem falseáveis — é útil, e se coloca de acordo com o uso comum, tal como se verá de sua aplicação a enunciados de probabilidade e ao problema de comprová-los empiricamente *(cf.* seções 66-68).

Enunciados estritos ou puros, sejam universais, sejam existenciais, não sofrem restrições quanto a espaço e tempo. Não se referem a uma região individual, limitada, espaço-temporal. Essa a razão por que enunciados estritamente existenciais não são falseáveis. Não podemos investigar o mundo inteiro a fim de determinar que algo não existe, nunca existiu e nunca existirá. Precisamente pela mesma razão, os enunciados estritamente universais não são verificáveis. Não podemos investigar o mundo inteiro para ter a certeza de que nada existe proibido pela lei. Contudo, ambas as espécies de enunciados estritos — estritamente existenciais e estritamente universais — são, em princípio, empiricamente decisíveis. Decisíveis, porém, *num sentido apenas:* são *unilateralmente decisíveis.* Comprovado que algo existe aqui ou ali, um enunciado existencial pode, por esse meio, ser verificado, do mesmo modo que um enunciado universal pode ser falseado.

A assimetria aqui descrita, e sua consequência, a falseabilidade unilateral dos enunciados universais da Ciência empírica, talvez possa agora parecer menos dúbia do que anteriormente (na seção 6). Vemos, agora, que não está envolvida nenhuma assimetria de qualquer relação puramente *lógica.* Pelo contrário, as relações lógicas mostram simetria. Enunciados universais e existenciais são construídos simetricamente. Só[*2] a linha traçada por nosso critério de demarcação produz uma assimetria.

---

*1 A palavra "isolados" foi inserida para evitar má interpretação do trecho, embora seu propósito, penso eu, esteja suficientemente claro: um enunciado existencial *isolado* nunca é falseável; contudo, se tomado *no contexto* de outros enunciados, um enunciado existencial pode, *em certos casos,* contribuir para o conteúdo empírico de todo o contexto: pode enriquecer a teoria a que ele integra e pode elevar seu grau de falseabilidade ou de suscetibilidade a prova. Nesse caso, o sistema teórico que inclui o enunciado existencial em pauta deve ser apresentado como científico, e não como um sistema de cunho metafísico.

*2 A palavra "só" não deve, aqui, ser tomada demasiado a sério. A situação é simples. Se é característica da Ciência empírica ver os enunciados *singulares* como enunciados-teste, então a assimetria surge do fato de, *relativamente a enunciados singulares,* os enunciados universais serem apenas falseáveis e os enunciados existenciais apenas verificáveis. Ver, também, seção *22 de meu *Postscript.*

16. SISTEMAS TEÓRICOS

As teorias científicas estão em perpétua mutação. Não se deve isso ao mero acaso, mas isso seria de esperar, tendo em conta nossa caracterização da Ciência empírica.

Talvez seja essa a razão pela qual, geralmente, apenas *ramos* da Ciência — e estes apenas em caráter temporário — chegam a adquirir a forma de um sistema de teorias elaborado e logicamente bem construído. A despeito disso, um sistema apresentado em termos de tentativa pode, normalmente, ser examinado em seu todo, com todas as suas importantes consequências. Isto se impõe como uma necessidade, pois o teste severo de um sistema pressupõe que ele esteja, na ocasião, suficientemente definido e acabado, sob aspectos formais, de modo a tornar impossível que novos pressupostos sejam clandestinamente introduzidos nele. Em outras palavras, o sistema deve ser formulado de maneira suficientemente clara e completa, de sorte a tornar qualquer novo pressuposto prontamente reconhecido pelo que ele é: uma modificação e, portanto, uma *revisão* do sistema.

Tal, entendo eu, é o motivo por que objetiva-se conseguir a forma de um sistema rigoroso. Essa é a forma do chamado *"sistema axiomatizado"* — a forma que Hilbert, por exemplo, pôde dar a certos setores da Física teórica. Tenta-se reunir todos os pressupostos necessários — e não mais — para formar o ápice do sistema. Os pressupostos são normalmente chamados "axiomas" (ou "postulados" ou "proposições primitivas"; nenhuma pretensão de verdade está implícita no termo "axioma" tal como aqui usado). Os axiomas são selecionados de maneira tal que todos os outros enunciados pertencentes ao sistema teórico possam ser derivados desses axiomas por meio de transformações puramente lógicas ou matemáticas.

Pode-se dizer que um sistema teórico foi axiomatizado caso se tenha formulado um conjunto de enunciados (os axiomas) que satisfaça os quatro requisitos fundamentais seguintes; (a) o sistema de axiomas deve estar *livre de contradição* (seja a autocontradição, seja a mútua contradição). Isso equivale a exigir que não seja possível deduzir, dos axiomas, todos os enunciados arbitrariamente escolhidos;[1] (b) o sistema deve ser *independente,* isto é, não conter qualquer axioma deduzível dos demais axiomas. (Em outras palavras, um enunciado só será denominado axioma se não for deduzível, junto com o resto do sistema.) Essas duas condições dizem respeito ao sistema axiomático como tais; no que concerne à relação do sistema axiomático para com o todo da teoria, os axiomas devem ser (c) *suficientes* para a dedução de todos os enunciados pertencentes à teoria a ser axiomatizada e (d) *necessários,* para o mesmo propósito; o que significa que eles não devem incluir pressupostos supérfluos.[2]

Numa teoria assim axiomatizada é possível investigar a mútua dependência das várias partes do sistema. Podemos, por exemplo, investigar se determinada parte da teoria é derivável de alguma parte dos axiomas. Investigações desse gênero (e a

1 *Cf.* seção 24.

2 Com respeito a essas quatro condições, e também à seção seguinte, ver, por exemplo, a versão algo diferente em *Abriss der Logistik,* de R. Carnap, 1927, pp. 70 e ss.

esse respeito mais se dirá nas seções 63 e 64 e nas seções de 75 a 77) têm importante reflexo sobre o problema da falseabilidade. Elas tornam clara por que a falsificação de um enunciado logicamente deduzido pode, por vezes, não afetar todo o sistema, porém apenas parte dele, que será dada como falseada. Isso é possível porque, embora as teorias da física não sejam, em geral, inteiramente axiomatizadas, as conexões entre suas várias partes podem revelar-se suficientemente claras para habilitar-nos a decidir quais de seus subsistemas se encontram afetados por alguma particular observação falseadora.[*1]

17. ALGUMAS POSSIBILIDADES DE INTERPRETAÇÃO DE UM SISTEMA DE AXIOMAS

A concepção do nacionalismo clássico, segundo a qual os "axiomas" de certos sistemas, como, por exemplo, os da geometria euclidiana, devem ser encarados como imediata ou intuitivamente certos, ou autoevidentes, não será aqui examinada. Direi apenas que não partilho dessa concepção. Considero admissíveis duas diferentes interpretações de qualquer sistema de axiomas. Os axiomas podem ser tidos (i) como *convenções* ou ser encarados (ii) como *hipóteses* empíricas ou científicas.

(i) Se os axiomas forem vistos como *convenções,* restringirão o uso ou significado das ideias fundamentais (ou termos primitivos ou conceitos) que os axiomas introduzem; determinarão o que pode e o que não pode ser dito acerca dessas ideias fundamentais. Os axiomas, por vezes, são apresentados como *"definições implícitas"* das ideias que introduzem. Essa concepção se elucidará, talvez, se recorrermos a uma analogia entre um sistema axiomático e um sistema de equações (compatíveis e solúveis).

Os valores admissíveis para as "incógnitas" (ou "variáveis") que aparecem num sistema de equações, de um ou de outro modo, são determinados pelo sistema. Ainda que o sistema de equações admita mais de uma solução, não admitirá que as "incógnitas" ("variáveis") sejam substituídas por qualquer combinação de valores concebível. Pelo contrário, o sistema de equações caracteriza como admissíveis certas combinações de valores ou sistemas de valores; e dá outras combinações por inadmissíveis. O sistema distingue a classe dos sistemas de valores admissíveis da classe dos sistemas de valores inadmissíveis. De maneira análoga, sistemas de conceitos podem ser classificados em admissíveis ou inadmissíveis, por meio do que procederia chamar de "equação-enunciado". Uma equação-enunciado surge a partir de uma função proposicional, ou função-enunciado (*cf.* nota 6 da seção 14); este é um enunciado incompleto, no qual se apresentam um ou mais "claros". Dois exemplos dessas funções proposicionais ou funções-enunciado são:

"Um isótopo do elemento *x* tem o peso atômico 65"; ou

"$x + y = 12$".

*1 Este ponto é mais amplamente examinado em meu *Postscript,* particularmente na seção *22.

Toda função-enunciado transforma-se em *enunciado*, preenchidos os claros por certos valores, *x* e *y*. O enunciado resultante será verdadeiro ou falso, na dependência dos valores (ou combinação de valores) introduzidos. Assim, no primeiro exemplo, a substituição de "*x*" pela palavra "cobre" ou "zinco" leva a um enunciado verdadeiro, enquanto outras substituições conduziriam a enunciados falsos. Ora, aquilo que eu chamo de "equação-enunciado" se obtém se decidirmos, com respeito a alguma função-enunciado, admitir apenas os valores que, introduzidos, tornam essa função um *enunciado verdadeiro*. Por meio dessa equação--enunciado define-se uma classe determinada de sistemas de valor admissíveis, ou seja, a classe dos que a satisfazem. A analogia com uma equação matemática é clara. Se nosso segundo exemplo foi interpretado não como uma função-enunciado, mas como uma equação-enunciado, tornar-se-á uma equação no sentido comum (matemático).

Como suas ideias fundamentais não definidas, ou termos primitivos, podem ser consideradas como *claros*, um sistema axiomático, em primeiro lugar, pode ser tratado como um sistema de funções-enunciado. Contudo, se deliberarmos que nele só podem ser introduzidos os sistemas ou combinações de valores que o satisfaçam, então ele se tornará um sistema de equações-enunciados. Como tal, ele define implicitamente uma classe de (admissíveis) sistemas de conceitos. Todo sistema de conceitos que satisfaz um sistema de axiomas pode ser chamado de *modelo desse sistema de axiomas*.[*1]

A interpretação de um sistema axiomático, na condição de sistema de (convenções ou) definições implícitas, pode também ser expressa dizendo-se que ela equivale à decisão: só modelos podem ser admitidos como substitutos.[*2] Entretanto, introduzido um modelo, o resultado será um sistema de enunciados analíticos (pois o sistema se tornará verdadeiro por convenção). Interpretado dessa maneira, um sistema axiomático não pode, portanto, ser visto como um sistema de hipóteses empíricas ou científicas (no sentido que lhes damos) porque não pode ser refutado, por falsificação de suas consequências; estas terão também o caráter de analíticas.

(ii) Cabe perguntar: como pode um sistema axiomático ser interpretado em termos de sistema de *hipóteses* empíricas ou científicas? Usualmente se diz que os termos primitivos presentes num sistema axiomático não devem ser encarados como implicitamente definidos, mas como "constantes extralógicas". Exemplificando: conceitos como "linha reta" e "ponto", que ocorrem em todo sistema axiomático de geometria, podem ser interpretados entendendo-se que equivalem a "raio luminoso" e "interseção de raios luminosos". Dessa maneira, admite-se, os enunciados do sistema axiomático se transformam em enunciados acerca de objetos empíricos, ou seja, em enunciados sintéticos.

---

*1 Ver nota *2.

*2 Hoje, devo distinguir claramente entre os *sistemas de objetos* que satisfazem um sistema axiomático e o *sistema de nomes desses objetos*, que podem ser incluídos nos axiomas (tornando-os verdadeiros); só ao primeiro sistema chamo de "modelo". Assim, devo agora escrever: só nomes de objetos que constituem um modelo podem ser considerados para efeito de substituição nos claros dos axiomas.

À primeira vista, essa maneira de focalizar o assunto pode parecer perfeitamente satisfatória. Ela, porém, leva a dificuldades que se relacionam com o problema da base empírica. Pois de maneira alguma é claro o que seria um *modo empírico de definir um conceito.* Costuma-se falar de "definições ostensivas". Isso quer dizer que um significado empírico definido é atribuído a um conceito, *correlacionando-o* com certos objetos que pertencem ao mundo real. Passa ele, então, a ser visto como símbolo desses objetos. Importa deixar claro, porém, que somente nomes ou conceitos individuais podem ser fixados por ostensiva referência a "objetos reais" — apontando-se, digamos, para certa coisa e enunciando um nome, ou apondo-lhe um rótulo com o respectivo nome. Contudo, os conceitos a serem usados no sistema axiomático devem corresponder a nomes universais, que não podem ser definidos por indicações empíricas, como a de apontar, etc. Eles só podem ser definidos (se puderem sê-lo) explicitamente *com o auxílio de outros nomes universais;* do contrário, hão de permanecer indefinidos. É inevitável, portanto, que alguns nomes universais devam permanecer indefinidos, e aqui está a dificuldade, pois esses conceitos indefinidos sempre podem ser usados em sentido não empírico (i), isto é, como se fossem conceitos implicitamente definidos. Esse uso, não obstante, leva inevitavelmente à destruição do caráter empírico do sistema. Entendo que essa dificuldade só pode ser contornada se nos valermos de uma decisão metodológica. Nessas condições, adotarei a regra de não usar conceitos indefinidos como se fossem implicitamente definidos (esse ponto será tratado adiante, na seção 20).

A esta altura, convirá, talvez, acrescentar que, em geral, torna-se possível correlacionar os conceitos primitivos de um sistema axiomático, tal como a Geometria, a conceitos de outro sistema, *e.g.*, a Física, ou interpretá-los à luz destes. Essa possibilidade mostra-se particularmente importante quando, no curso da evolução de uma ciência, um sistema de enunciados está sendo *explicado* através de recurso a um sistema novo — e mais geral — de hipóteses, que permite a dedução não apenas dos enunciados que integram o primeiro sistema, como, ainda, de enunciados que se incluem em outros sistemas. Em casos assim, pode haver possibilidade de definir os conceitos fundamentais do novo sistema com auxílio de conceitos originalmente usados em alguns dos sistemas anteriores.

18. NÍVEIS DE UNIVERSALIDADE. O MODUS TOLLENS

Dentro de um sistema teórico, é possível distinguir enunciados que pertencem a vários níveis de universalidade. Os enunciados de mais alto nível de universalidade são os axiomas; deles podem ser deduzidos enunciados de níveis mais baixos. Enunciados empíricos de nível mais alto revestem sempre o caráter de hipóteses, relativamente aos enunciados de nível mais baixo, deles deduzíveis: eles podem ser falseados pela falsificação desses enunciados menos universais. Contudo, em qualquer sistema dedutivo hipotético, estes enunciados menos universais continuam a ser enunciados estritamente universais, no sentido aqui fixado. Assim, também eles devem revestir o caráter de *hipóteses* — fato que tem sido frequentemente ignorado, quando se trata de enunciados universais de nível mais baixo. Mach, por exemplo, chama[1] a teoria de condução do calor, elaborada por Fourier, "uma teoria física modelo", pela curiosa razão de que "essa teoria se baseia *não em uma hipótese,* mas *num jato observável*". Todavia, o "fato observável" a que Mach se refere é por ele descrito através de um enunciado: "A velocidade com que se igualam as diferenças de temperatura, contanto que essas diferenças sejam reduzidas, é proporcional às mesmas diferenças" — um enunciado-todos, cujo caráter hipotético deveria ser suficientemente claro.

Mesmo a propósito de alguns enunciados singulares, direi que eles são hipotéticos, uma vez que deles (com auxílio de um sistema teórico) possam ser deduzidas conclusões tais que a falsificação dessas conclusões poderia falsear os enunciados singulares em pauta.

O modo falseador de inferência aqui referido — a maneira como o falseamento de uma conclusão acarreta o falseamento do sistema de que ela deriva — corresponde ao *modus tollens* da Lógica tradicional. Ele pode ser descrito da maneira seguinte:[*1]

Seja p a conclusão de um sistema t de enunciados, que pode consistir de teorias e condições iniciais (por amor à simplicidade, não distinguirei entre umas e outras). Simbolizaremos a relação de deduzibilidade (implicação analítica) de p, a partir de t, usando "$t \rightarrow p$", que pode-se ler "p decorre de t". Admitamos que p seja falsa, o que se pode expressar escrevendo "$\overline{p}$", que se lê "não-p". Dada a relação de deduzibilidade, $t \rightarrow p$ e o pressuposto $\overline{p}$, podemos inferir $\overline{t}$ (leia-se "não-t"); ou seja, encaramos t como falseado. Se denotarmos a conjunção (asserção simultânea) de dois enunciados pela colocação de um ponto entre os símbolos que os representam, poderemos também escrever a inferência falseadora da seguinte maneira:

$$((t \rightarrow p) \,.\, \overline{p}) \rightarrow \overline{\mathrm{t}}$$

ou, em palavras: "Se p é deduzível de t e se p é falsa, então t também é falso."

Por esse modo de inferência, falseamos *todo o sistema* (teoria e condições iniciais) que se fazia necessário para deduzir o enunciado p, isto é, o enunciado falseado. Assim, não se pode asseverar, de qualquer enunciado do sistema, que ele seja ou não especificamente atingido pelo falseamento. Só no caso de p ser independente

1 Mach, *Principien der Wärmelehre,* 1896, p. 115.

*1 Tendo em vista a presente passagem e dois trechos posteriores (*cf.* notas *1 da seção 35 e *1 da seção 36), nos quais faço uso do símbolo "→", desejo registrar que, ao escrever o livro, eu me encontrava ainda em estado de confusão acerca da forma de distinguir um enunciado condicional (enunciado-se-então, por vezes denominado, de maneira talvez enganadora, "implicação material") de um enunciado acerca da deduzibilidade (ou enunciado asseverador de que algum enunciado condicional é logicamente verdadeiro ou analítico, ou de que seu antecedente acarreta seu consequente) — distinção que me foi ensinada por Alfred Tarski alguns meses após a publicação do livro. A questão não é de maior relevo, no contexto deste volume; sem embargo, a confusão deve ser assinalada. (Esses problemas são mais extensamente examinados, por exemplo, em meu trabalho publicado em *Mind,* v. 56, 1947, pp. 193 e ss.)

de alguma parte do sistema é que poderemos dizer que essa parte não está envolvida no falseamento.[2] A essa possibilidade prende-se a seguinte: podemos, em alguns casos, talvez considerando os *níveis de universalidade*, atribuir o falseamento a alguma hipótese definida — por exemplo, a uma hipótese recentemente introduzida. Isso poderá ocorrer se uma teoria bem corroborada, e que continua a receber corroboração adicional, foi dedutivamente explicada por uma hipótese nova, de nível mais alto. Deverá ser feita uma tentativa de submeter à prova essa nova hipótese, considerando algumas de suas consequências, que não foram ainda objeto de comprovação. Se algumas dessas consequências chegarem a ser falseadas, poderemos atribuir o falseamento apenas à nova hipótese. Procuraremos, então, para substituí-la, outras generalizações de nível alto, mas não deveremos nos sentir obrigados a encarar o sistema anterior, e de menor generalidade, como tendo sido falseado. *(Cf.*, ainda, as observações a respeito da "quase indução", na seção 85.)

2 Assim, não podemos saber, de início, qual, dentre os vários enunciados do subsistema remanescente, *t'* (do qual *p* não é independente), cabe responsabilizar pela falsidade de *p;* qual desses enunciados devemos alterar e quais deles devemos manter. (Não estou aqui discutindo enunciados intercambiáveis.) Com frequência, é apenas o instinto científico do investigador (influenciado, naturalmente, pelos resultados do testar e repetir os testes) que o leva a fazer conjecturas a respeito de quais os enunciados de *t'* deve ele considerar inócuos e quais deve encarar como reclamando modificações. Contudo, convém lembrar que, frequentes vezes, é a modificação daquilo que nos sentimos inclinados a encarar como obviamente inócuo (porque em completa concordância com nossos hábitos normais de pensamento) o fator capaz de levar a avanços decisivos. Notável ilustração desse ponto é a modificação do conceito de simultaneidade, feita por Einstein.

Capítulo IV

FALSEABILIDADE

A questão de saber se existe um enunciado singular (ou "enunciado básico") falseável será examinada adiante. Aqui admitirei resposta afirmativa para essa questão e examinarei até que ponto meu critério de demarcação é aplicável a sistemas teoréticos — se o for. Uma discussão crítica de uma posição habitualmente denominada "convencionalismo" fará surgir, de início, alguns problemas de método, a serem enfrentados mediante a tomada de certas *decisões metodológicas*. Tentarei, em seguida, caracterizar as propriedades lógicas desses sistemas de teorias que sejam falseáveis — isto é, falseáveis se nossas propostas metodológicas forem acolhidas.

19. ALGUMAS OBJEÇÕES DOS CONVENCIONALISTAS

É de se esperar que sejam levantadas objeções contra minha proposta de adotar a falseabilidade como critério para decidir se um sistema teorético pertence ou não ao campo da Ciência empírica. Essas objeções serão levantadas, por exemplo, por aqueles que se encontram sob a influência da escola de pensamento conhecida como "convencionalismo".[1] Algumas destas objeções já foram mencionadas nas seções 6, 11 e 17; elas serão agora examinadas mais de perto.

A fonte da Filosofia convencionalista parece residir no espanto diante da *simplicidade* austeramente bela *do mundo*, tal como se revela nas leis da Física. Os convencionalistas parecem achar que esta simplicidade seria incompreensível e, em verdade, miraculosa, se nos inclinássemos a crer, com os realistas, que as leis da natureza nos revelam uma simplicidade interior estrutural do mundo, sob sua aparência exterior de exuberante multiplicidade. O idealismo de Kant procurou explicar esta simplicidade afirmando que nosso intelecto é que impõe suas leis sobre a natureza. De maneira análoga, porém ainda mais arrojadamente, o convencionalista vê a simplicidade como nossa própria criação. Para ele, entretanto, não se trata do efeito de leis que nosso intelecto imponha à natureza, tornando-a simples — ele

1 Os principais representantes da escola são Poincaré e Duhem (cf.. *La théorie physique, son objet et sa structure*, 1906; trad. ingl. de P. P. Wiener, *The Aim and Structure of Physical Theory*, Princeton, 1954). Adepto recente é H. Dingler (entre suas numerosas obras, podem ser mencionadas: *Das Experiment* e *Der Zusammenbruch der Wissenschaft und das Primat der Philosophie*, 1926). * O alemão Hugo Dingler não deve ser confundido com o inglês Herbert Dingle. O principal representante do convencionalismo no mundo de fala inglesa é Eddington. Procede mencionar que Duhem nega (trad. ingl., p. 188) a possibilidade de experimentos cruciais, porque considera-os como verificações, ao passo que eu afirmo a possibilidade de experimentos cruciais *falseadores*. Cf., ainda, meu artigo "Three views concerning human knowledge", em *Contemporary British Philosophy*, iii, 1956, e meu *Conjectures and Refutations*, 1959.

não acredita, em verdade, que a natureza seja simples. Simples são, apenas, as *"leis da natureza"*; e estas, sustenta o convencionalista, são nossas livres criações, nossas invenções, nossas decisões e convenções arbitrárias. Para o convencionalista, a ciência teorética natural não é um retrato da natureza, mas apenas uma construção lógica. Não são as propriedades do mundo que determinam essa construção; pelo contrário, é essa construção que determina as propriedades de um mundo artificial: um mundo de conceitos, implicitamente definidos por leis naturais escolhidas por nós. É *desse mundo* apenas que fala a ciência.

Segundo esse modo de ver convencionalista, as leis da natureza não são falseáveis por observação; com efeito, são elas que se tornam necessárias para determinar o que sejam a observação e, mais especialmente, a mensuração científica. São essas leis, por nós estabelecidas, que formam a base indispensável para o acerto de nossos relógios, a correção das chamadas escalas de medida "exatas". Só dizemos que um relógio está "certo" ou que uma escala de medida é "exata" se os movimentos medidos com auxílio desses instrumentos satisfizerem os axiomas da mecânica que decidimos adotar.[2]

A filosofia do convencionalismo é digna de grande crédito, pela maneira como ajudou a esclarecer as relações existentes entre teoria e experimento. Ela reconheceu a importância, tão pouco notada pelos indutivistas, da parte desempenhada pelas nossas ações e operações — planejadas de acordo com raciocínios dedutivos e convenções — na condução e interpretação de nossos descobrimentos científicos. Eu vejo o convencionalismo como um sistema autossuficiente e defensável. Não é de supor que tenham êxito as tentativas de nele apontar incoerências. Contudo, e apesar disso, considero-o um sistema positivamente inaceitável. Apoia-se ele numa ideia de Ciência, de seus objetivos e propósitos, inteiramente diversa da minha. Enquanto da Ciência não peço qualquer certeza final, (e, consequentemente, não chego a ela), o convencionalista procura na Ciência "um sistema de conhecimento alicerçado em bases definitivas", para usar a frase de Dingler. Essa meta pode ser atingida, pois é possível interpretar qualquer dado sistema científico como um sistema de definições implícitas. E períodos em que a Ciência se desenvolve lentamente proporcionarão pouca oportunidade para o surgimento de conflito — a não ser que este seja puramente acadêmico — entre cientistas adeptos do Convencionalismo e outros que possam favorecer visão semelhante à que advogo. Coisa muito diversa

---

2 Essa concepção também pode ser encarada como tentativa de resolver o problema da indução. Com efeito, o problema desapareceria se as leis naturais fossem definições e, portanto, tautologias. Assim, de acordo com a maneira de ver de Cornelius (cf. "Zur Kritik der wissenschaftlichen Grundbegriffe", *Erkenntnis,* v. 2, 1931, n. 4), o enunciado "O ponto de fusão do chumbo está em torno de 335 graus C." é parte da definição do conceito "chumbo" (sugerido por experiência indutiva), não podendo, consequentemente, ser refutado. Uma substância que, por outros aspectos, se assemelhasse ao chumbo, apresentando, porém, diferente ponto de fusão, simplesmente não seria chumbo. Segundo minha concepção, entretanto, o enunciado a respeito do ponto de fusão do chumbo é, *qua* enunciado científico, sintético. Ela assevera, entre outras coisas, que um elemento com dada estrutura atômica (número atômico 82), tem sempre aquele ponto de fusão, seja qual for o nome que dermos a esse elemento.
(Adendo, durante as provas tipográficas) Ajdukiewicz parece estar de acordo com Cornelius *(cf. Erkenntnis,* v. 4, 1934, pp. 100 e s., bem como a obra ali citada, *Das Weltbild und die Begriffsapparatur*); ele chama sua posição de "convencionalismo radical".

ocorrerá numa época de crise. Sempre que o sistema "clássico" do dia for ameaçado pelos resultados de experimentos novos, passíveis de serem interpretados como falseamentos, segundo meu ponto de vista, o sistema permanecerá inabalado aos olhos do convencionalista. Ele afastará as incoerências que possam ter surgido, aludindo, talvez, ao fato de não dominarmos suficientemente o sistema. Ou eliminará as incoerências, sugerindo a adoção de certas hipóteses auxiliares *ad hoc* ou, talvez, de certas correções nos instrumentos de medida.

Nestes tempos de crise, esse conflito a propósito dos objetivos da Ciência se tornará agudo. Nós, e aqueles que partilham de nossa posição, esperamos efetuar descobertas novas e esperamos ser auxiliados, nesse trabalho, por um sistema científico que acaba de aparecer. Teremos, por isso, o maior interesse pelo experimento falseador. Saudá-lo-emos como um êxito, por ele ter aberto horizontes novos num mundo de experiências novas. Saudá-lo-emos ainda que essas novas experiências nos forneçam argumentos novos contra as nossas mais recentes teorias. Mas esta estrutura que surge, cuja audácia de concepção admiramos, é vista pelo convencionalismo como um monumento ao "total colapso da ciência", na expressão de Dingler. Segundo o convencionalista, só um princípio nos pode auxiliar a selecionar um sistema, que se torna o eleito dentre todos os sistemas possíveis: é o princípio de seleção do sistema mais simples, o mais simples sistema de definições implícitas, o que, na prática, significa o sistema "clássico" em voga. (Quanto à questão da simplicidade, ver seções 41-45 e, especialmente, a 46.)

Nos termos expostos, meu conflito com os convencionalistas não é um conflito que possa ser dirimido, em última instância, por uma discussão teórica. É possível, contudo, segundo penso, extrair do estilo de pensamento convencionalista alguns argumentos interessantes contra o critério de demarcação por mim proposto; entre esses argumentos, estaria o seguinte: admito — poderia dizer um convencionalista — que os sistemas teoréticos das ciências naturais não são verificáveis, mas assevero que também não são falseáveis. Com efeito, sempre existe a possibilidade de "... atingir, através de algum sistema axiomático escolhido, aquilo que é chamado "sua correspondência com a realidade";[3] e isso pode ser feito de numerosas maneiras (algumas das quais sugerimos acima). Podemos, por exemplo, introduzir hipóteses *ad hoc* ou modificar as chamadas "definições ostensivas" (ou as "definições explícitas" que podem substituí-las, tal como foi mostrado na seção 17). Ou adotar atitude cética no que se refere à confiabilidade do experimentador, cujas observações — que ameaçam nosso sistema — podemos excluir da Ciência, dizendo-as insuficientemente alicerçadas, não científicas, não objetivas ou mesmo pela afirmativa de que o experimentador adulterava os dados. (Essa é a espécie de atitude que o físico pode tomar, algumas vezes muito corretamente, em relação a supostos fenômenos ocultos.) Como último recurso, é sempre possível lançar dúvida sobre a perspicácia do investigador (por exemplo, se ele não acredita, como Dingler, que dia virá em que a teoria da eletricidade seja deduzida da teoria da gravitação de Newton).

---

3 Carnap, Uber die Aufgabe der Physik", in *Kantstudien*, v. 28, 1923, p. 100.

Assim, de acordo com a concepção convencionalista, não é possível dividir os sistemas e teorias em falseáveis e não falseáveis; melhor dizendo, essa distinção será ambígua. Como consequência, o critério de falseabilidade por nós proposto tornar-se-á inútil como critério de demarcação.

20. REGRAS METODOLÓGICAS

Essas objeções de um convencionalista imaginário parecem-me incontestáveis, tal como a própria Filosofia convencionalista. Admito que meu critério de falseabilidade não conduz a uma classificação isenta de ambiguidade. Contudo, é impossível decidir, por análise de sua forma lógica, se um sistema de enunciados é um sistema convencional de definições implícitas irrefutáveis ou se é um sistema empírico, no sentido que empresto a essa palavra, ou seja, um sistema refutável. Isso mostra, apenas, que meu critério de demarcação não pode ser de imediato aplicado a um *sistema de enunciados* — fato a que já aludi nas seções 9 e 11. É, portanto, mal posta a questão de saber se determinado *sistema* deve ser encarado como sistema convencionalista ou como sistema empírico. *Somente com respeito a métodos aplicados* a um sistema teórico torna-se possível indagar se estamos diante de uma teoria convencionalista ou empírica. O único meio de evitar o convencionalismo é tomar uma *decisão:* a decisão de não aplicar-lhe o método. Decidimos que, se nosso sistema sofrer ameaça, nunca procuraremos preservá-lo recorrendo a qualquer espécie de *estratagema convencionalista.* Assim evitaremos explorar a sempre aberta possibilidade, há pouco referida, de " ... atingir, através de algum sistema... escolhido, aquilo que é chamado 'sua correspondência com a realidade'" .

Uma visão clara daquilo que pode ser ganho (e perdido) por métodos convencionalistas foi expressa, cem anos antes de Poincaré, por Black, que registrou: "Uma conveniente adaptação de condições fará com que praticamente qualquer hipótese concorde com os fenômenos. Isso agradará a imaginação, mas não fará avançar nosso conhecimento."[1]

Para formular as regras metodológicas que nos impeçam de adotar estratagemas convencionalistas, devemos familiarizar-nos com as várias formas de que esses estratagemas podem se revestir, de modo a enfrentar cada qual delas com o adequado contramovimento anticonvencionalista. Quando verificarmos que um sistema foi salvo graças ao uso de um estratagema convencionalista, devemos dispor-nos a submetê-lo a novas provas e rejeitá-lo, se as circunstâncias assim o exigirem.

Os quatro estratagemas convencionalistas principais já foram relacionados ao fim da seção anterior. A lista não pretende ser completa. Caberá ao investigador, especialmente nos campos da Sociologia e da Psicologia (o físico dificilmente necessitaria dessa advertência) prevenir-se constantemente contra a tentação de empregar novos estratagemas convencionalistas — tentação a que os psicanalistas, por exemplo, sucumbem com frequência.

---

1 J. Black, *Lectures on the Elements of Chemistry,* vol. I, Edinburgh, 1803, p. 193.

Com respeito às *hipóteses auxiliares,* propomos assentar a regra de que somente serão aceitáveis aquelas cuja introdução não reduza o grau de falseabilidade ou testabilidade do sistema em causa, mas que, ao contrário, o eleve. (Nas seções de número 31 a 40 explicaremos como apreciar os graus de falseabilidade. Se o grau de falseabilidade aumenta, a introdução da hipótese corresponde, em verdade, a um reforço da teoria: o sistema agora rejeita mais do que rejeitava anteriormente; ele proíbe mais. Podemos apresentar o mesmo ponto sob esta forma: a introdução de uma hipótese auxiliar deve sempre ser encarada como uma tentativa de construir um sistema novo; e esse sistema novo deve sempre ser julgado sob o prisma de saber se, adotado, corresponde a um real avanço do conhecimento acerca do mundo. Um exemplo de uma hipótese auxiliar claramente aceitável é, neste sentido, o princípio da exclusão, de Pauli (*cf.* seção 38). Um exemplo de hipótese auxiliar insatisfatória seria a hipótese de contração de Fitzgerald e Lorentz, que não apresentava consequências falseáveis, mas que simplesmente[*1] servia para restaurar a concordância entre teoria e experimento — sobretudo considerando as descobertas de Michelson e Morley. Um avanço quanto a essa questão só foi conseguido pela teoria da relatividade, que previu consequências novas, novos efeitos físicos e, assim, abriu possibilidades insuspeitadas para a comprovação e para o falseamento da teoria. Nossa regra metodológica pode ser ressalvada pela observação de que não é preciso rejeitar como convencionalista qualquer hipótese auxiliar que deixe de satisfazer os padrões colocados. Há, em particular, enunciados *singulares* que realmente não se integram ao sistema teórico. São por vezes denominados "hipóteses auxiliares" e, embora introduzidos para auxiliar a teoria, são inofensivos. (Um exemplo seria a admissão de que certa observação ou medida, que não podem ser repetidas, ter-se-iam devido a erro. (*Cf.* nota 6 da seção 8 e seções 27 e 68.)

Na seção 17 mencionei as *definições explícitas,* por via das quais os conceitos de um sistema axiomático recebem significado em termos de um sistema de nível menor de universalidade. Alterações dessas definições são permissíveis, caso se mostrem úteis; mas devem ser vistas como alterações do sistema que, em seguida, há de ser reexaminado como se fosse novo. No que respeita aos nomes universais não definidos, importa distinguir duas possibilidades: (1) existem alguns conceitos não definidos que só aparecem em enunciados do mais alto nível de universalidade e cujo emprego se fixa por sabermos quais os tipos de relações lógicas são estabelecidos entre eles e outros conceitos. É possível eliminá-los ao longo da dedução (um exemplo seria a "energia").[2] (2) Existem outros conceitos não definidos que ocorrem também em enunciados de menores níveis de universalidade e cujo significado se estabelece por força do uso *(e.g.,* "movimento", "ponto-massa", "posição"). Com

---

*1 *Isso é um engano,* como bem ressaltou A. Grunbaum, B. J. P. S., v. 10, 1959, pp. 48 e ss. Todavia, como a hipótese é menos passível de prova do que a relatividade especial, ela pode ilustrar um grau de caráter *ad hoc.*

2 Veja-se, por exemplo, Hahn, "Logik, Mathematik, und Naturerkennen", in *Einheitswissenschaft,* v. 2, 1933, pp. 22 e ss. No que diz respeito a esse ponto, desejo apenas frisar que, para mim, termos "constitutivos" (isto é, empiricamente definíveis) absolutamente não existem. Uso, em substituição a eles, nomes universais não definíveis, que se determinam apenas por uso linguístico. Ver, também, fim da seção 25.

respeito a estes, proibiremos alterações subrreptícias de uso e, no que se refere ao mais, procederemos de conformidade com nossas decisões metodológicas, tal como antes ficou assentado.

Quanto aos dois pontos remanescentes (concernentes à competência do experimentador ou estudioso teórico) adotaremos regras semelhantes: experimentos intersubjetivamente suscetíveis de prova serão aceitos ou rejeitados à luz de contra-experimento. O apelo simples às deduções lógicas, a serem descobertas no futuro, pode não merecer consideração.

21. INVESTIGAÇÃO LÓGICA DA FALSEABILIDADE

Só há necessidade de prevenir-nos contra estratagemas convencionalistas quando for o caso de sistemas que seriam falseáveis se tratados de acordo com nossas regras de método empírico. Admitamos ter conseguido afastar com êxito, graças a nossas regras, esses estratagemas; cabe, agora, pedir uma caracterização *lógica* desses sistemas falseáveis. Procuraremos caracterizar a falseabilidade de uma teoria recorrendo às relações lógicas vigentes entre a teoria e a classe de enunciados básicos.

O caráter dos enunciados singulares, que denomino "enunciados básicos", será examinado mais amplamente no próximo capítulo, onde estudaremos, ainda, a questão de saber se eles, por sua vez são falseáveis. A esta altura admitirei que existem enunciados básicos falseáveis. Deve-se ter em mente que, falando em "enunciados básicos", não me estou referindo a um sistema de enunciados *aceitos.* O sistema de enunciados básicos, tal como uso a expressão, inclui, antes, *todos os enunciados singulares autocompatíveis* de certa forma lógica — por assim dizer, todos os enunciados de fato concebíveis e singulares. Assim, o sistema de todos os enunciados básicos incluirá muitos enunciados mutuamente incompatíveis.

Como primeira tentativa, poder-se-ia chamar de "empírica" uma teoria sempre que dela coubesse deduzir enunciados singulares. Essa tentativa falha, porém, porque para deduzir enunciados singulares de uma teoria sempre se fazem necessários outros enunciados singulares — as condições iniciais, que nos informam acerca de como substituir as variáveis da teoria. Como segunda tentativa, poder-se-ia procurar chamar de "empírica" uma teoria caso dela sejam deriváveis enunciados singulares através de recurso a outros enunciados singulares que atuem como condições iniciais. Entretanto, isso também não satisfaz; com efeito, mesmo uma teoria não empírica, como, por exemplo, uma teoria tautológica, permite que derivemos alguns enunciados singulares de outros enunciados singulares. (Segundo as regras da Lógica, podemos, por exemplo, dizer: da conjunção de "dois vezes dois são quatro" e "aqui está um corvo negro" segue-se, entre outras coisas, "aqui está um corvo".) Não bastaria, inclusive, exigir que da conjunção da teoria com algumas condições iniciais pudéssemos deduzir *mais* do que poderíamos deduzir apenas das condições iniciais. Essa exigência excluiria, sem dúvida, as teorias tautológicas, mas não excluiria os enunciados metafísicos sintéticos.

(Por exemplo, de "toda ocorrência tem uma causa" e "aqui ocorreu uma catástrofe", podemos deduzir "esta catástrofe tem uma causa".)

Ao longo dessa linha, somos levados a requerer que a teoria nos permita deduzir, grosseiramente falando, mais enunciados singulares *empíricos* do que poderíamos deduzir apenas a partir das condições iniciais.[*1] Isso quer dizer que devemos alicerçar nossa definição numa classe especial de enunciados singulares, e esse é o propósito para o qual necessitamos de enunciados básicos. Confessando que não seria muito fácil expor, em pormenor, a maneira como um complexo sistema teórico auxilia na dedução de enunciados singulares ou básicos, proponho a seguinte definição: uma teoria será chamada de "empírica" ou "falseável" sempre que, sem ambiguidade, dividir a classe de todos os possíveis enunciados básicos nas seguintes duas subclasses não vazias:

> primeiro, a classe de todos os enunciados básicos com os quais é incompatível (ou que rejeita, ou proíbe): — a essa classe chamamos de classe dos *falseadores potenciais* da teoria; e segundo, a classe de enunciados básicos que ela não contradiz (ou que ela "permite").

Mais resumidamente, poderíamos apresentar o ponto dizendo: uma teoria é falseável se não estiver vazia a classe de seus falseadores potenciais.

Cabe acrescentar que uma teoria só faz asserções acerca de seus falseadores potenciais. (Assevera-lhes a falsidade.) Acerca dos enunciados básicos "permitidos", nada diz a teoria. Em particular, não afirma que eles sejam verdadeiros. [*2]

---

*1 Formulações equivalentes à apresentada aqui têm sido sugeridas como critérios de *significatividade* de *sentenças* (mais do que como critérios de *demarcação*, aplicáveis a *sistemas* teoréticos), após a publicação de meu livro, até mesmo por críticos que ridicularizaram meu critério de falseabilidade. Contudo, facilmente se vê que, se usada como critério de *demarcação*, a formulação presente equivale à falseabilidade. Com efeito, se o enunciado básico b_2 não deflui de b_1, mas de b_1 em conjunção com a teoria t (tal é a presente formulação), isso corresponde a dizer que a conjunção de b_1 com a negação de b_2 contradiz a teoria t. Ocorre, porém, que a conjunção de b_1 com a negação de b_2 *é* um enunciado básico *(cf.* seção 28). Assim, nosso critério requer a existência de um enunciado básico falseador, isto é, exige, precisamente no mesmo sentido, a falseabilidade (ver, ainda, nota *1 da seção 82).
Como critério de significado (ou de "verificabilidade fraca"), ele deixa de satisfazer, entretanto, por várias razões. Em primeiro lugar, porque as negações de alguns enunciados significativos se destituiriam de significado, nos termos desse critério. Em segundo lugar, porque a conjunção de um enunciado significativo com uma "pseudossentença sem significado" tomar-se-ia significativa — o que é igualmente absurdo.
Se agora tentarmos aplicar essas duas críticas a nosso critério de *demarcação*, ambas se revelarão inofensivas. Quanto à primeira, ver seção 15, acima, especialmente a nota *2 (e seção *22 de meu *Postscript).* Quanto à segunda, teorias empíricas (tal como a de Newton) podem incluir elementos "metafísicos". Estes, porém, não são suscetíveis de eliminação por uma regra rígida e imediata; contudo, se houver um meio de apresentarmos a teoria de forma a ela colocar-se como combinação de uma parte suscetível de prova e uma parte não suscetível de prova, saberemos, naturalmente, ser então possível eliminar um de seus componentes metafísicos.
O parágrafo anterior desta nota pode ser tomado como ilustração de outra *regra de método (cf.* fim da nota *5, da seção 80): depois de haver feito alguma crítica a uma teoria rival, devemos empenhar-nos numa séria tentativa de aplicar a mesma crítica, ou crítica similar, à nossa própria teoria.

*2 Em verdade, muitos dos enunciados básicos "permitidos" se contradirão mutuamente, em presença da teoria (cf. seção 38). Por exemplo, a lei universal "todos os planetas movem-se em círculos" (isto é, "qualquer conjunto de posições de qualquer planeta é cocircular") é "exemplificada" trivialmente por qualquer conjunto de não mais que três posições de um planeta; contudo, duas dessas "exemplificações", em conjunto, contradirão a lei, na maioria dos casos.

22. FALSEABILIDADE E FALSIFICAÇÃO

Importa distinguir claramente entre falseabilidade e falsificação. Introduzimos a falseabilidade apenas como um critério aplicável ao caráter empírico de um sistema de enunciados. Quanto à falsificação, deveremos introduzir regras especiais que determinarão em que condições um sistema há de ser visto como falseado.

Dizemos que uma teoria está falseada somente quando dispomos de enunciados básicos aceitos que a contradigam (cf. seção 11, regra 2). Essa condição é necessária, porém não suficiente; com efeito, vimos que ocorrências particulares não suscetíveis de reprodução carecem de significado para a Ciência. Assim, uns poucos enunciados básicos dispersos, e que contradigam uma teoria, dificilmente nos induzirão a rejeitá-la como falseada. Só a diremos falseada se descobrirmos um *efeito suscetível de reprodução* que refute a teoria. Em outras palavras, somente aceitaremos o falseamento se uma hipótese empírica de baixo nível, que descreva esse efeito, for proposta e corroborada. A essa espécie de hipótese cabe chamar de *hipótese falseadora.*[1] A exigência de que a hipótese falseadora seja empírica e, portanto, falseável, significa apenas que ela deve colocar-se em certa relação lógica para com possíveis enunciados básicos; contudo, essa exigência apenas diz respeito à forma lógica da hipótese. O requisito de que a hipótese deva ser corroborada refere-se a testes a que ela tenha sido submetida — testes que a confrontam com enunciados básicos aceitos.[*1]

Dessa maneira, os enunciados básicos desempenham dois papéis diferentes. De uma parte, utilizamos o sistema de todos os enunciados básicos, *logicamente possíveis,* para, com o auxílio deles, conseguir a caracterização lógica por nós procurada — a da forma dos enunciados empíricos. De outra parte, os enunciados básicos

1 A hipótese falseadora pode ser de nível de universalidade bem baixo (obtida, por assim dizer, através da generalização das coordenadas individuais de um resultado de observação; como exemplo, eu poderia citar o assim chamado "fato" de Mach, a que aludi na seção 18). Ainda que a hipótese falseadora deva ser intersubjetivamente suscetível de teste, não é preciso que se constitua em enunciado estritamente universal. Assim, para falsear o enunciado "todos os corvos são negros", bastaria o enunciado intersubjetivamente suscetível de teste de que, no jardim zoológico de Nova Iorque existe uma família de corvos brancos.

* Tudo isso mostra a urgência de substituir uma hipótese falseada por outra melhor. Na maioria dos casos, antes de falsear uma hipótese, dispomos de outra, pois o experimento falseador é, normalmente, um *experimento crucial,* destinado a decidir entre as duas. Em outras palavras, ele é sugerido pela circunstância de as duas hipóteses diferirem sob algum aspecto; e recorre a essa diferença para refutar (pelo menos) uma delas.

*1 Essa referência a enunciados básicos aceitos pode parecer incluir os germes de uma regressão infinita. Com efeito, nosso problema atual é o seguinte: desde que uma hipótese seja falseada pela *aceitação* de um enunciado básico, tornam-se necessárias *regras metodológicas para a aceitação de enunciados básicos.* Ora, como essas regras se referem, por sua vez, a enunciados básicos aceitos, podemos ver-nos envolvidos em uma regressão infinita. A essa observação respondo dizendo que as regras de que precisamos são simples regras de aceitação dos enunciados básicos que falseiam uma hipótese submetida a teste e que se mostra, até o momento, satisfatória; e não é necessário que os enunciados básicos aceitos, a que a regra recorre, tenham esse caráter. Além disso, a regra apresentada no texto está longe de ser exaustiva; ela menciona apenas um importante aspecto, relacionado com a aceitação de enunciados básicos que falseiam uma hipótese sob outros aspectos satisfatória. A questão será aprofundada no capítulo v, especialmente na seção 29.

O professor J. H. Woodger, em comunicação pessoal, levantou a questão: com que frequência um efeito deve ser realmente reproduzido para que seja um *"efeito reproduzível"* (ou uma *"descoberta")?* A resposta é: em alguns casos, *nem mesmo uma vez.* Se afirmo que há uma família de corvos brancos no zoológico de Nova Iorque, assevero algo que, *em princípio,* pode ser objeto de prova. Se alguém quiser efetuar a prova e for informado de que a família de corvos pereceu, ou que dela jamais se ouviu falar, cabe a essa pessoa aceitar ou rejeitar meu enunciado básico falseador. Em geral, ela terá meios de formar uma opinião, através do exame de testemunhas, documentos, etc., ou seja, apelando para outros fatos reproduzíveis e intersubjetivamente comprováveis (cf. seções 27-30).

aceitos constituem o fundamento da corroboração de hipóteses. Se os enunciados básicos aceitos contradisserem uma teoria, só os tomaremos como propiciadores de apoio suficiente para o falseamento da teoria caso eles, concomitantemente, corroborarem uma hipótese falseadora.

23. OCORRÊNCIAS, EVENTOS

O requisito de falseabilidade — que de início mostrava-se um tanto vago — dividiu-se agora em duas porções. A primeira, o postulado metodológico (*cf.* seção 20), dificilmente poderá assumir feição precisa. A segunda, o critério lógico, torna-se definido tão logo se torna claro a que enunciados denominar "básicos" (*cf.* seção 28). Esse critério lógico foi até agora apresentado, de maneira algo formal, como uma relação lógica entre enunciados — entre a teoria e os enunciados básicos. Talvez as questões se esclareçam e se tornem mais intuitivas caso eu expresse agora meu critério em linguagem mais "realista". Embora exprimi-lo nessa linguagem seja equivalente a exprimi-lo de maneira formal, talvez esteja mais perto da linguagem comum.

Segundo esse ângulo "realista", podemos dizer que um enunciado singular (um enunciado básico) descreve uma *ocorrência*. Em vez de falar de enunciados básicos que são rejeitados ou proibidos por uma teoria, podemos dizer que a teoria rejeita certas ocorrências possíveis e que ela se falseará caso essas possíveis ocorrências de fato se manifestarem.

O uso dessa expressão vaga, "ocorrência", talvez exponha-se a crítica. Tem-se dito algumas vezes[1] que expressões tais como "ocorrência" ou "evento" deveriam ser completamente banidas do discurso epistemológico e que não deveríamos falar de "ocorrências" ou "não ocorrências", ou da "manifestação" de "eventos", mas falar da verdade ou falsidade de enunciados. Prefiro, contudo, conservar a expressão "ocorrência". É fácil definir-lhe o uso, de modo a não se levantarem objeções, pois usá-la de maneira tal que, ao referir uma ocorrência, poderíamos, em vez disso, estar referindo alguns dos enunciados singulares a ela correspondentes.

Ao definir "ocorrência" podemos lembrar o fato de ser natural afirmar que dois enunciados singulares *logicamente equivalentes* (isto é, mutuamente dedutíveis) descrevem a mesma ocorrência. Isso sugere a seguinte definição: seja p_k um enunciado singular (o índice "*k*" refere-se a nomes ou coordenadas individuais que ocorrem em p_k). Então chamamos de ocorrência P_k a classe de todos os enunciados equivalentes a p_k. Diremos, por exemplo, que é uma ocorrência *o fato de agora estar trovejando aqui*. Podemos encarar essa ocorrência como a classe dos enunciados "agora está trovejando aqui"; "está trovejando no décimo terceiro distrito de Viena, no dia 10 de junho de 1933, às 5 e 15 da tarde" e de todos os outros enunciados equivalentes a este. A formulação realista "o enunciado p_k representa a ocorrência

1 Especialmente em obras de autores que escreveram acerca da probabilidade; cf. Keynes, *A Treatise on Probability*, 1921, p. 5. Keynes refere-se a Ancillon como o primeiro a propor o "modo formal de expressão"; refere-se, também, a Boole, Czuber e Stumpf. * Conquanto eu continue a encarar minhas definições ("sintáticas") de *"ocorrência"* e *"evento"*, atrás referidas, como adequadas *para o propósito que tenho em vista*, não acredito mais que elas sejam intuitivamente adequadas, ou seja, não acredito que representem apropriadamente nosso uso ou nossas intenções. Foi Alfred Tarski quem me levou a reconhecer (em Paris, 1935) que se fazia necessária uma definição "semântica" em substituição à definição "sintática".

P_k" pode ser então vista como significando o mesmo que o enunciado algo trivial "o enunciado p_k é um elemento da classe P_k de todos os enunciados que lhe são equivalentes". Analogamente, encaramos o enunciado "a ocorrência P_k manifestou-se" (ou "se está manifestando") como significando o mesmo que "p_k *e* todos os enunciados a ele equivalentes são verdadeiros".

O objetivo dessas regras de tradução não é o de asseverar que todos quantos usem o modo realista de expressão, ao usarem a palavra "ocorrência", estejam pensando numa classe de enunciados; o propósito que perseguem é, simplesmente, o de conferir interpretação ao modo realista de expressão, que torna inteligível aquilo que se pretende significar dizendo, por exemplo, que uma ocorrência P_k contradiz a teoria *t*. Esse enunciado significará, agora, e apenas, que todo enunciado equivalente a p_k contradiz a teoria *t* e é, portanto, um falseador potencial dessa teoria.

Outro termo será agora introduzido, o termo "evento", para denotar o que pode apresentar-se como *típico ou universal* acerca de uma ocorrência, ou aquilo que, numa ocorrência, pode ser descrito com o auxílio de nomes universais. (Assim, não entendemos constitua evento uma ocorrência complexa ou talvez dilatada, seja o que for o que o uso comum possa sugerir.) Definimos: sejam P_k, P_l, ... elementos de uma classe de ocorrências que *somente* diferem com respeito aos indivíduos (posições ou regiões espaço-temporais) em pauta; a essa classe chamamos de "o evento (P)". De acordo com essa definição, diremos, por exemplo, deste enunciado, "acabou de ser derramado um copo d'água aqui", que a classe de enunciados a ele equivalentes é um elemento do evento "derramamento de um copo d'água".

Fazendo alusão ao enunciado singular p_k, que representa uma ocorrência P_k, cabe dizer, usando a expressão realista, que esse enunciado afirma a ocorrência do evento *(P)* na posição espaço-temporal *k*. Admitimos que isso quer dizer o mesmo que "a classe P_k de enunciados singulares equivalentes a p_k *é* um elemento do evento *(P)*".

Apliquemos agora essa terminologia[2] ao problema de que nos estamos ocupando. Procede dizer, a propósito de uma teoria, contanto que ela se mostre falseável, que ela rejeita ou proíbe não apenas uma ocorrência, mas sempre *pelo menos um evento.* Assim, a classe dos enunciados básicos proibidos, isto é, dos potenciais falseadores da teoria, conterá sempre, se não for vazia, um número ilimitado de enunciados básicos, pois uma teoria não se refere a indivíduos como tais. Podemos denominar "homotípicos" os enunciados básicos singulares que pertencem a *um* evento. Desse modo assinala-se a analogia entre enunciados *equivalentes* que descrevem *uma* ocorrência, de um lado, e enunciados *homotípicos* que descrevem *um* evento (típico), de outro lado. Cabe, então, dizer que toda classe não vazia de falseadores potenciais de uma teoria inclui pelo menos uma classe não vazia de enunciados básicos homotípicos.

2 Importa frisar que, embora os enunciados singulares *representem* ocorrências, os enunciados universais não representam eventos: *excluem-nos*. Estabelecendo analogia com o conceito de ocorrência, pode-se definir "uniformidade" ou "regularidade" dizendo que os enunciados universais *representam* uniformidades. Aqui, porém, não necessitamos desse conceito, uma vez que estamos apenas interessados naquilo que os enunciados universais *excluem*. Por esse motivo, questões tais como a de saber se uniformidades ("estados de coisas" universais) existem, não nos preocupam. * Essas questões, contudo, são examinadas na seção 79 e agora também no apêndice *x e na seção *15 do *Postscript.*(**1*) A ilustração será usada mais especialmente nas seções 31 e seguintes, adiante.

Imaginemos agora que a classe de todos os enunciados básicos possíveis seja representada por uma área circular. A área do círculo pode ser encarada como representando algo semelhante à totalidade dos *possíveis mundos de experiência* ou dos possíveis mundos empíricos. Imaginemos ainda que cada evento *é* representado por um dos raios (ou, mais precisamente, por uma estreita área ou estreito setor ao longo de um dos raios) e que quaisquer duas ocorrências, envolvendo as mesmas coordenadas (ou indivíduos), se localizam à mesma distância do centro e, assim, no mesmo círculo concêntrico. Poderemos agora ilustrar o postulado da falseabilidade exigindo que para cada teoria empírica exista pelo menos *um raio* (ou um setor extremamente estreito) em nosso diagrama que seja proibido pela teoria.

Essa ilustração pode mostrar-se útil no exame de vários de nossos problemas,[*1] tal como o do caráter metafísico de enunciados puramente existenciais (brevemente mencionado na seção 15). É claro que a cada um desses enunciados corresponderá um evento (um raio) tal que os vários enunciados básicos pertencentes a esse evento comprovarão cada qual o enunciado puramente existencial. Contudo, a classe de seus falseadores potenciais está vazia; portanto, de enunciados existenciais nada se segue que diga respeito aos possíveis mundos de experiência. (Os enunciados existenciais não excluem ou proíbem quaisquer dos raios.) O fato de, reciprocamente, um enunciado puramente existencial poder ser deduzido a partir de cada enunciado básico, não serve de ponto de apoio para emprestar caráter empírico aos enunciados existenciais. Com efeito, cada tautologia também decorre de cada enunciado básico — pois as tautologias são deduzíveis de quaisquer enunciados.

Neste momento é oportuno dizer alguma coisa acerca dos enunciados autocontraditórios.

Enquanto as tautologias, os enunciados puramente existenciais e outros enunciados não falseáveis não afirmam *quase nada* (por assim dizer) a respeito da classe dos possíveis enunciados básicos, os enunciados autocontraditórios afirmam *demais*. Qualquer enunciado pode ser legitimamente deduzido de um enunciado autocontraditório.[*2] Consequentemente, a classe de seus falseadores potenciais é

---

*1 A ilustração será usada mais especialmente nas seções 31 e seguintes, adiante.

*2 Dez anos depois da publicação do presente livro, esse fato não era, de modo geral, compreendido. É possível resumir o ponto dizendo: um enunciado factualmente falso "implica materialmente" qualquer enunciado (mas não acarreta logicamente qualquer enunciado). Um enunciado logicamente falso implica logicamente — ou acarreta — qualquer enunciado. Faz-se, portanto, essencial distinguir de maneira clara entre enunciado (sintético), apenas *factualmente falso*, e enunciado *logicamente falso*, ou *incompatível*, ou *autocontraditório*, ou seja, um enunciado de que se pode deduzir um enunciado da forma $p \, . \, \overline{p}$.
É possível mostrar da seguinte forma que um enunciado incompatível tem como consequência qualquer enunciado.
Das "proposições primitivas" de Russell podemos retirar, de imediato
(1) $p \rightarrow (p \vee q)$
e, substituindo "p" por "$\overline{p}$" e, em seguida, "$\overline{p} \vee q$" por "$p \rightarrow q$" tem-se
(2) $\overline{p} \rightarrow (p \rightarrow q)$
o que leva, pelo princípio de "importação", a
(3) $\overline{p} \cdot p \rightarrow q$
Ora, (3) permite-nos deduzir, recorrendo ao *modus ponens*, *qualquer* enunciado q de qualquer enunciado da forma "$\overline{p} \, . \, p$", ou "$p \, . \, \overline{p}$". (Ver, ainda, minha nota em *Mind*, v. 52, 1943, pp. 47 e ss.) O fato de tudo ser deduzível de um conjunto de premissas incompatíveis é corretamente tratado por P. P. Wiener *(The Philosophy of Bertrand Russell*, organ. por P. A. Schilpp, 1944, p. 264); surpreendentemente, porém, Russell contestou esse fato em sua réplica a Wiener (pp. 695 e s. da mesma obra), falando, porém, de "proposições *falsas*", onde Wiener falava de "premissas *incompatíveis*". *Cf.* minha *Conjectures and refutations*, 1963, 1965, pp. 317 e ss.

idêntica à classe de todos os possíveis enunciados básicos: o enunciado autocontraditório é falseado por qualquer enunciado. (Talvez se pudesse dizer que esse fato ilustra a vantagem de nosso método, isto é, nossa insistência em falseadores potenciais e não em possíveis "verificadores". Com efeito, se pudéssemos verificar um enunciado por meio da verificação de suas consequências lógicas, ou se pudéssemos torná-lo provável através dessa verificação das consequências, então seria cabível esperar que, mediante aceitação de qualquer enunciado básico, se confirmasse ou verificasse ou pelo menos se tornasse provável qualquer enunciado autocontraditório.)

24. FALSEABILIDADE E COMPATIBILIDADE

A condição da compatibilidade desempenha papel especial entre as várias condições que devem ser satisfeitas por um sistema teórico ou um sistema axiomático. Trata-se da condição primeira — condição que deve ser satisfeita por quaisquer sistemas, empíricos ou não empíricos.

A fim de pôr em evidência a importância fundamental dessa condição, não basta mencionar o fato óbvio de que um sistema autocontraditório deve ser rejeitado porque é "falso". Com frequência, manipulamos enunciados que, embora efetivamente falsos, propiciam resultados convenientes para certos propósitos.[*1] (Um exemplo disso é a aproximação de Nernst para a equação do equilíbrio dos gases.) Contudo, a importância da condição de compatibilidade tornar-se-á patente se nos dermos conta de que um sistema autocontraditório é não informativo. E assim ocorre porque dele podemos deduzir qualquer conclusão que desejemos. Dessa maneira, nenhum enunciado é particularizado como incompatível ou como derivável, pois todos são deriváveis. Um sistema compatível, por outro lado, divide em dois o conjunto de todos os enunciados possíveis: os que ele contradiz e aqueles com os quais é compatível. (Dentre estes últimos, colocam-se as conclusões que podem ser deduzidas do sistema.) Esse o motivo por que a compatibilidade se coloca na condição de o mais geral requisito a ser preenchido por um sistema, seja ele empírico ou não empírico, se esse sistema pretender alguma utilidade.

Além de ser compatível, um sistema empírico deve satisfazer uma condição adicional: deve ser *falseável*. As duas condições, em larga medida, são análogas.[1] Os enunciados que não satisfazem a condição de compatibilidade não podem permitir o estabelecimento de diferença entre dois enunciados quaisquer, dentro da totalidade dos enunciados possíveis. Os enunciados que não satisfazem a condição de falseabilidade não podem permitir o estabelecimento de diferença entre dois enunciados quaisquer, dentro da totalidade dos possíveis enunciados básicos empíricos.

---

*1 *Cf.* meu *Postscript*, seção *3 (minha réplica à "segunda proposta"); e seção *12, ponto (2).

1 *Cf.* minha nota em *Erkenntnis*, v. 3, 1933, p. 426. * Faz agora parte do apêndice *i, adiante.

Capítulo V

O PROBLEMA DA BASE EMPÍRICA

A questão da falseabilidade das teorias está, agora, reduzida à da falseabilidade dos enunciados singulares a que chamei de enunciados básicos. Que espécie de enunciados singulares são, entretanto, esses enunciados básicos? Como podem eles ser falseados? Para quem se dedica à pesquisa prática, esses assuntos podem ser de pequeno interesse. Contudo, as obscuridades e mal-entendidos que rodeiam o problema tornam conveniente examiná-lo com algum pormenor.

25. EXPERIÊNCIAS PERCEPTUAIS COMO BASE EMPÍRICA: PSICOLOGISMO

A doutrina segundo a qual as ciências empíricas são redutíveis a percepções sensórias e, consequentemente, a nossas experiências, é por muitos aceita como óbvia. Todavia, essa doutrina é acolhida ou rejeitada na dependência de aceitarmos ou não a Lógica Indutiva; aqui a rejeitamos, porque rejeitamos a Lógica Indutiva. Não desejo negar a existência de um grão de verdade na concepção de que a Matemática e a Lógica se alicerçam no pensamento, ao passo que as ciências factuais se fundamentam em percepções sensórias. O que há de verdadeiro nessa concepção tem, não obstante, pouca relação com o problema epistemológico. E sem dúvida seria difícil encontrar, no terreno da epistemologia, um problema que se tenha ressentido mais severamente da confusão entre Psicologia e Lógica do que esse problema da base dos enunciados da experiência.

Poucos pensadores se perturbaram tão profundamente com o problema da base da experiência quanto Fries.[1] Ensinou ele que, se não cabe aceitar *dogmaticamente* os enunciados da Ciência, devemos ter como *justificá-los.* Se exigirmos justificação através de argumento que desenvolva razões, no sentido lógico, seremos levados à concepção segundo a qual *enunciados só podem ser justificados por enunciados.* A exigência de que todos os enunciados devam ser logicamente justificados (a que Fries se refere falando em "predileção por demonstrações") tende, portanto, a conduzir a uma *regressão infinita.* Ora, se quisermos evitar o perigo do dogmatismo, ao mesmo tempo que a regressão infinita, aparentemente não restará outro recurso que não o *psicologismo,* isto é, a doutrina de acordo com a qual enunciados podem encontrar justificação não apenas em enunciados,

1 J. F. Fries, *Neue oder anthropologische Kritik der Vernunft,* 1828 a 1831.

mas também na experiência perceptual. Diante desse *trilema* — dogmatismo vs. regressão infinita vs. psicologismo — Fries, e com ele quase todos os epistemologistas que desejavam explicar nosso conhecimento empírico, optaram pelo psicologismo. Na experiência sensória, ensinou ele, encontramos "conhecimento imediato":[2] através desse conhecimento imediato podemos justificar nosso "conhecimento mediato" — conhecimento expresso no simbolismo de alguma linguagem. E esse conhecimento mediato inclui, naturalmente, os enunciados da Ciência.

Habitualmente a questão não é conduzida até este ponto. Nas epistemologias do sensualismo e do positivismo dá-se por admitido que os enunciados científicos empíricos "falam de nossas experiências".[3] Com efeito, como poderíamos atingir qualquer conhecimento dos fatos, se não através da percepção sensória? Recorrendo apenas ao pensamento um homem nada pode acrescentar ao seu conhecimento do mundo. Assim, a experiência perceptual deve constituir-se na única "fonte do conhecimento" de todas as ciências empíricas. Tudo o que sabemos acerca do mundo dos fatos deve, pois, ser suscetível de expressão sob a forma de enunciados *acerca de nossas experiências.* Só podemos chegar à conclusão de que esta mesa é azul ou verde consultando nossa experiência sensorial. Pelo imediato sentimento de convicção que ela nos transmite, podemos distinguir o enunciado verdadeiro, aquele cujos termos estão em concordância com a experiência, do enunciado falso, aquele cujos termos não concordam com a experiência. A Ciência não passa de uma tentativa de classificar e descrever esse conhecimento perceptual, essas experiências imediatas, de cuja verdade não podemos duvidar; ela é *a apresentação sistemática de nossas convicções imediatas.*

Essa doutrina, na minha opinião, apoia-se nos problemas da indução e dos universais. Efetivamente, não há como emitir um enunciado científico sem ultrapassar, de muito, aquilo que pode ser conhecido de maneira incontestável, "com base na experiência imediata". (A esse fato é cabível aludir como a "transcendência inerente a qualquer descrição".) Toda descrição usa nomes (ou símbolos, ou ideias) *universais;* todo enunciado tem o caráter de uma teoria, de uma hipótese. O enunciado "aqui está um copo com água" não admite verificação por qualquer experiência observacional. A razão está no fato de os *universais* que nele ocorrem não poderem ser correlacionados com qualquer experiência sensorial específica. (Uma "experiência imediata" é "imediatamente dada" *apenas uma vez;* ela é única.) Usando a palavra "copo", indicamos corpos físicos, que exigem certo comportamento *legaloide,* e o mesmo cabe dizer com respeito à palavra "água". Os universais não admitem redução a classes de experiências; não podem ser "constituídos".[4]

---

2 *Cf.*, por exemplo, J. Kraft, *Von Husserl zu Heidegger,* 1932, pp. 102 e s. (* 2ª ed., 1957, pp. 108 e s.)

3 Acompanho, aqui, quase literalmente, as exposições feitas por P. Frank *(cf.* seção 27, nota 4) e H. Hahn *(cf.* seção 27, nota 1).

4 *Cf.* o texto e a nota 2, da seção 20. * "Constituído" é termo cunhado por Carnap.

26. A PROPÓSITO DAS CHAMADAS "SENTENÇAS PROTOCOLARES"

A concepção a que chamei de "psicologismo", discutida na seção anterior, está subjacente, segundo me parece, a uma das teorias modernas da base empírica, muito embora seus defensores não falem de experiências nem de percepções, mas, em vez disso, de "sentenças" — sentenças que traduzem experiências. São as chamadas *sentenças protocolares* de Neurath[1] e Carnap.[2]

Teoria semelhante havia sido sustentada anteriormente pelo filósofo Reininger. Seu ponto de partida foi a indagação: onde reside a correspondência ou concordância entre um enunciado e o fato ou estado de coisas por ele descrito? Reininger chegou à conclusão de que enunciados só podem ser comparados a enunciados. Segundo ele, a correspondência de um enunciado com um fato nada mais é que a correspondência lógica entre enunciados pertencentes a diferentes níveis de universalidade: é[3] "...a correspondência de enunciados de nível superior com enunciados de conteúdo similar e, em última análise, com enunciados que registram experiências"; (estes são, algumas vezes, chamados "enunciados elementares", na terminologia de Reininger).[4]

Carnap parte de uma questão algo diversa. Sua tese é a de que todas as investigações filosóficas se referem a "formas de expressão".[5] À lógica da ciência cabe investigar "as formas da linguagem científica".[6] Essa linguagem não fala de "objetos" (físicos), mas de palavras; não de fatos, mas de sentenças. Em oposição a esse *"modo formal de expressão"*, correto, Carnap coloca o modo ordinário, ou, como diz ele, o "modo material de expressão". Para fugir à confusão, o modo material de expressão só deveria ser usado quando fosse possível traduzi-lo no modo formal correto de expressão.

Ora, essa concepção — com a qual me ponho de acordo — leva Carnap (assim como Reininger) a asseverar que não devemos dizer, no campo da Lógica da Ciência, que as sentenças são submetidas à prova através da comparação com estados de coisas ou com experiências; só podemos dizer que elas são suscetíveis de prova por meio da comparação com outras *sentenças*. Carnap, apesar de tudo, está conservando as ideias fundamentais da abordagem psicologística do problema; tudo o que faz é traduzi-las para o "modo formal de expressão". Diz ele que as sentenças da Ciência são submetidas à prova "através do auxílio de sentenças protocolares".[7] Uma vez, porém, que estas são apresentadas como enunciados ou sentenças "que não exigem confirmação, mas servem de base para todas as outras sentenças da

---

1 O termo foi proposto por Neurath; cf., por ex., *Soziologie, in Erkenntnis,* v. 2, 1932, p. 393.

2 Carnap, *Erkenntnis,* v. 2, 1932, pp. 432 e ss.; vol. 3, 1932, pp. 107 e ss.

3 R. Reininger, *Metaphysik der Wirklichkeit,* 1931, p. 134.

4 Reininger, *op. cit.,* p. 132.

5 Carnap, *Erkenntnis,* v. 2, 1932, p. 435, *"These der Metalogik".*

6 Carnap, *Erkenntnis,* v. 3, 1933, p. 228.

7 Carnap, *Erkenntnis,* v. 2, 1932, p. 437.

Ciência", isso equivale a dizer — no modo ordinário, "material" da expressão — que as sentenças protocolares referem-se ao "dado": aos dados sensoriais. Descrevem elas (como diz o próprio Carnap) "os conteúdos da experiência imediata, ou os fenômenos; e, assim, os fatos mais simples suscetíveis de conhecimento".[8] Isso mostra, de maneira suficientemente clara, que a teoria das sentenças protocolares não passa de psicologismo traduzido no modo formal de expressão. Coisa muito semelhante pode ser afirmada acerca da concepção de Neurath:[9] quer ele que, nas sentenças protocolares, palavras tais como "perceber", "ver", etc., devam ocorrer acompanhadas do nome completo do autor da sentença protocolar. Sentenças protocolares, como a expressão indica, devem ser *registros ou protocolos de observações imediatas ou de percepções.*

Tal como Reininger,[10] Neurath sustenta que os enunciados perceptuais que registram experiências — isto é, as "sentenças protocolares" — não são irrevocáveis, podendo, por vezes, admitir rejeição. Opõe-se ele[11] à concepção de Carnap (depois revista por ele),[12] segundo a qual as sentenças protocolares são definitivas e *não exigem confirmação.* Enquanto, porém, Reininger apresenta um método de submeter à prova seus enunciados "elementares", em caso de dúvida, através de recurso a outros enunciados, — este é o método de deduzir e submeter conclusões à prova — Neurath não oferece qualquer método semelhante. Observa apenas que podemos ou "rejeitar" uma sentença protocolar que contradiz um sistema "... ou aceitá-la e modificar o sistema, de maneira tal que, incluída a sentença, ele permaneça compatível".

A doutrina de Neurath, de acordo com a qual as sentenças protocolares não são invioláveis, corresponde, a meu ver, a notável avanço. Contudo, desconsiderada a substituição das percepções por enunciados-percepção, — mera tradução para o modo formal de expressão — a doutrina de que as sentenças protocolares admitem revisão é seu único progresso relativamente à teoria (de Fries) acerca da imediateidade do conhecimento perceptual. Trata-se de um passo na direção certa; mas que a nada conduz, se não for acompanhado de outro passo: faz-se necessário um conjunto de regras para limitar a arbitrariedade na "rejeição" (ou "aceitação") de uma sentença protocolar. Neurath não nos apresenta essas regras e, assim, involuntariamente, compromete o empirismo. Com efeito, sem essas regras, os enunciados empíricos deixam de ser distinguíveis de qualquer outra espécie de enunciado. Se a todos se permitir (como se permite, segundo Neurath) simplesmente "rejeitar" uma sentença protocolar que se mostre inconveniente, qualquer sistema torna-se defensável. Dessa maneira

---

8 Carnap, *Erkenntnis*, v. 2, 1932, p. 438.

9 Otto Neurath, *Erkenntnis*, v. 3, 1933, pp. 205 e ss. Neurath oferece-nos o seguinte exemplo: "Um enunciado protocolar completo poderia apresentar-se desta maneira: {Protocolo de Otto, às 15 h e 17 min. [O pensamento verbal de Otto ocorreu às 15 h e 16 min: (na sala, às 15 h e 15 min, havia uma prancheta que foi observada por Otto)]}."

10 Reininger, *op. cit.*, p. 133.

11 Neurath, *op. cit.*, pp. 209 e s.

12 Carnap, *Erkenntnis*, v. 3, 1933, pp. 215 e ss.; *cf.* nota 1, da seção 29.

torna-se possível salvar qualquer sistema, à semelhança do convencionalismo; mais do que isso, dado o número elevado de sentenças protocolares, seria possível confirmar o sistema recorrendo ao depoimento de testemunhas que tenham atestado ou protocolado o que viram ou ouviram. Neurath evita uma forma de dogmatismo, porém abre caminho para que qualquer sistema arbitrário tenha pretensões à "Ciência empírica".

Assim, não é muito fácil perceber que parte se reserva às sentenças protocolares no sistema de Neurath. Segundo a concepção anterior de Carnap, o sistema das sentenças protocolares era a pedra de toque com base na qual haveria de ser apreciada toda a asserção de uma Ciência empírica. Essa é a razão por que elas deviam ser "irrefutáveis", pois só a elas cabia afastar as sentenças — naturalmente, sentenças não protocolares. Entretanto, se as sentenças protocolares se veem despidas dessa função, podendo elas próprias ser afastadas pela ação de teorias, para que servirão? Como Neurath não tenta solucionar o problema da demarcação, sua ideia de sentenças protocolares parece mero resíduo — lembrança remanescente da concepção tradicional, defensora de que a Ciência se origina da percepção.

27. A OBJETIVIDADE DA BASE EMPÍRICA

Proponho-me a contemplar a Ciência de modo ligeiramente diverso do advogado pelas várias escolas psicológicas: pretendo *distinguir nitidamente entre Ciência objetiva, de um lado, e "nosso conhecimento", de outro.*

Admito, de bom grado, que somente a observação pode proporcionar-nos um "conhecimento concernente aos fatos" e que (como diz Hahn) "só tomamos consciência dos fatos pela observação".[1] Mas essa consciência, esse nosso conhecimento, não justifica nem estabelece a verdade de qualquer enunciado. Não creio, consequentemente, que a Epistemologia deva indagar "... sobre que se apoia nosso *conhecimento?*... ou, mais exatamente, como posso eu, tendo tido a *experiência F*, justificar a descrição que dela faço e preservá-la da dúvida?".[2] Isso não pode ser feito, ainda que substituamos o termo "experiência" por "sentença protocolar". A meu ver, o que a Epistemologia deve indagar é antes: como submeter a testes enunciados científicos, considerando suas consequências dedutivas?[*1] E *que espécie* de consequências devemos selecionar para esse objetivo, se elas, por sua vez, hão de ser suscetíveis de teste intersubjetivo?

Atualmente, esse tipo de abordagem objetiva e não psicológica é geralmente aceito, quando estão em causa enunciados lógicos ou tautológicos. Contudo, há não muito tempo sustentava-se que a Lógica era uma Ciência que manipula os

---

1 H. Hahn, *Logik, Mathematik und Naturerkennen,* in *Einheitswissenchaft,* v. 2, 1933, pp. 19 e 24.

2 *Cf.* Carnap, por exemplo *Scheinprobleme in der Philosophie,* 1928, p. 15 (o original não aparece grifado).

*1 Presentemente, eu formularia a questão desta maneira: de que modo proceder para melhor *criticar* nossas teorias (nossas hipóteses, nossas conjecturas), em vez de defendê-las contra a dúvida? É claro que a *prova* sempre constituiu, no meu entender, parte da *Crítica. (Cf.* meu *Postscript,* seções *7, texto entre notas 5 e 6, e fim da seção *52.)

processos mentais e suas leis — as leis de nosso pensamento. Sob esse prisma, não se podia encontrar outra justificação para a Lógica, a não ser na alegação de que não nos é dado pensar de outra maneira. Uma inferência lógica parecia justificar-se pelo fato de ser sentida como uma necessidade de pensamento, um sentimento de que somos compelidos a pensar ao longo de certas linhas. No campo da Lógica, talvez se possa dizer que essa espécie de psicologismo é, hoje, coisa do passado. Ninguém sonharia em justificar a validade de uma inferência lógica, ou em defendê-la contra possíveis dúvidas, escrevendo ao lado, na margem, a seguinte sentença protocolar "protocolo: revendo essa cadeia de inferências, no dia de hoje, experimentei forte sensação de convicção".

A posição torna-se diferente quando passamos aos *enunciados empíricos da Ciência*. Aqui, todos acreditam que esses enunciados, tal como a percepção, fundamentam-se em experiências; ou, passando para o modo formal de expressão, em sentenças protocolares. A maioria reconhecerá que qualquer tentativa de alicerçar os enunciados lógicos em sentenças protocolares traduz inclinação para o psicologismo. Curiosamente, porém, quando se passa aos enunciados empíricos, o mesmo fenômeno recebe hoje o nome de "fisicalismo". Ora, estejam em causa enunciados da Lógica ou enunciados da Ciência empírica, entendo que a resposta deva ser a mesma: nosso *conhecimento*, que pode ser descrito, em termos vagos, como um sistema de *disposições*, e que talvez interesse à Psicologia, pode, em ambos os casos, prender-se a sentimentos de crença ou de convicção; no primeiro caso, prender-se, talvez, ao sentimento de que somos compelidos a pensar de certa maneira; no outro, prender-se, talvez, ao sentimento de "segurança perceptual". Tudo isso, contudo, só interessa ao psicólogo. Nem sequer relaciona-se com problemas como os de conexões lógicas entre enunciados científicos, que só interessam ao epistemologista.

(Há uma ampla crença de que o enunciado "Vejo que esta mesa é branca" possui alguma vantagem misteriosa, do ponto de vista da Epistemologia, sobre o enunciado "Esta mesa é branca". Todavia, do ponto de vista da apreciação de seus testes objetivos possíveis, o primeiro enunciado, referindo-se a mim, não parece mais seguro que o segundo enunciado, que, no caso, refere-se à mesa.)

Só existe um meio de assegurar a validade de uma cadeia de arrazoados lógicos. É colocá-la na forma que a torne mais facilmente suscetível de teste: quebramo-la em muitas porções, cada uma passível de fácil verificação por qualquer pessoa que tenha aprendido a técnica lógica ou matemática de transformar sentenças. Se, depois disso, ainda houver quem levante dúvidas, a única coisa que podemos fazer é pedir-lhe que aponte um erro nas fases de demonstração ou que reflita mais aprofundadamente acerca da questão. No que se refere às ciências empíricas, a situação é semelhante. Todo enunciado científico empírico pode ser apresentado (através da descrição de arranjos experimentais, etc.) de maneira tal que todos quantos dominem a técnica adequada possam submetê-lo à prova. Se, como resultado, houver rejeição do enunciado, não basta que a pessoa nos fale acerca de seu sentimento de dúvida ou a propósito de seu sentimento de convicção, no que se refere às suas percepções. O que essa pessoa deve fazer é formular uma asserção que contradiga a nossa, fornecendo-nos indicações para submetê-la à prova. Se ela deixa de agir assim, só nos resta pedir-lhe que faça novo e mais cuidadoso exame de nosso experimento e que reflita mais demoradamente.

Uma asserção que, devido à sua forma lógica, não seja suscetível de prova, atuará, no campo da Ciência, quando muito, como um estímulo: pode sugerir um problema. No campo da Lógica e da Matemática, isso pode ser exemplificado pelo problema de Fermat; no campo da História Natural, digamos, pelos relatórios acerca de serpentes marinhas. Em casos dessa ordem, a Ciência não diz que sejam infundados os relatórios, que Fermat estava errado ou que são mentirosos todos os registros de serpentes marinhas observadas, mas deixa para mais tarde seu julgamento.[3]

A Ciência pode ser encarada sob vários prismas e não apenas sob o ângulo da Epistemologia; podemos encará-la, por exemplo, como um fenômeno biológico ou sociológico. Nesses termos, caberia descrevê-la como ferramenta ou instrumento, comparável, talvez, a alguns que integram nosso aparelhamento industrial. A Ciência pode ser olhada como um meio de produção — como a última palavra em "produção indireta".[4] Mesmo desse ponto de vista, a Ciência não se relaciona mais estreitamente com a "nossa experiência" do que outros instrumentos ou meios de produção. E, ainda que a vejamos como uma forma de satisfação de nossas necessidades intelectuais, sua relação para com nossas experiências não difere, em princípio, da relação que se manifesta para com qualquer outra estrutura objetiva. Reconhecidamente, não há incorreção em dizer que a Ciência é "... um instrumento" cujo propósito está em "... predizer, com base em experiências dadas ou imediatas, experiências posteriores e, tanto quanto possível, submetê-las a controle".[5] Não creio, porém, que essas alusões a experiências tragam esclarecimento. Elas dificilmente encerram maior procedência do que, digamos, a não incorreta caracterização de uma torre de poço de petróleo pela asseveração de que seu objetivo é proporcionar-nos certas experiências: não o petróleo, mas a vista e o cheiro do petróleo; não dinheiro, mas a sensação de ter dinheiro.

28. ENUNCIADOS BÁSICOS

Já foi resumidamente indicado o papel que os enunciados básicos desempenham no campo da teoria epistemológica por mim defendida. Precisamos deles para decidir se uma teoria pode ser chamada de falseável, isto é, de empírica. *(Cf.* seção 21.) Precisamos deles, ainda, para corroboração de hipóteses falseadoras e, assim, para o falseamento de teorias *(cf.* seção 22).

Os enunciados básicos, consequentemente, devem satisfazer as seguintes condições: (a) De um enunciado universal, desacompanhado de condições iniciais,

---

3 *Cf.* minha anotação acerca de "efeitos ocultos", na seção 8.

4 A expressão se deve a Böhm-Bawerk *(Produktionsumweg).*

5 Frank, *Das Kausalgesetz und seine Grenzen,* 1932, p. 1. * Acerca do instrumentalismo, ver nota *1, antes da seção 12, e meu *Postscript,* especialmente as seções de *12 a **15.*

não se pode deduzir um enunciado básico.[*1] Por outro lado, (b) pode haver contradição recíproca entre um enunciado universal e um enunciado básico. A condição (b) somente estará satisfeita se for possível deduzir a negação de um enunciado básico da teoria que ele contradiz. Dessa condição, e da condição (a), segue-se que um enunciado básico deve ter uma forma lógica tal que sua negação não possa, por seu turno, constituir-se em enunciado básico.

Já deparamos com enunciados cuja forma lógica difere da forma de suas negações. Eram os enunciados universais e os enunciados existenciais: eles são negações um do outro e diferem em sua forma lógica. Os enunciados *singulares* admitem interpretação análoga. O enunciado "Há um corvo na região espaço-tempo *k*" difere, em forma lógica, — e não apenas em forma linguística — do enunciado "não há corvo na região espaço-tempo *k*". Um enunciado da forma "Há um isto ou aquilo na região *k*" ou "Tal ou qual evento está ocorrendo na região *k*" *(cf.* seção 23) pode ser denominado "enunciado existencial *singular* " ou "enunciado de existência *singular*". O enunciado que resulta de negá-lo, isto é, "Não há um isto ou aquilo na região *k*" ou "Nenhum evento do tipo tal e qual está ocorrendo na região *k*" pode ser denominado "enunciado de não existência, *singular*" ou "enunciado-não-há *singular*".

Estamos, agora, habilitados a estabelecer a seguinte regra concernente a enunciados básicos: *enunciados básicos têm a forma de enunciados existenciais singulares.* Essa regra quer dizer que os enunciados básicos satisfarão a condição (a), pois um enunciado existencial singular nunca pode ser deduzido de um enunciado

---

*1 Ao escrever esta passagem, eu acreditava ser perfeitamente claro que da teoria de Newton apenas, sem condições iniciais, não é possível deduzir qualquer coisa que tenha a natureza de um enunciado observacional (e, por conseguinte, não é possível deduzir enunciados básicos). Infelizmente, esse fato e suas consequências para o problema dos enunciados de observação, ou "enunciados básicos", não foi apreciado por alguns críticos de minha obra. Posso, pois, acrescentar, aqui, algumas anotações.

Em primeiro lugar, nada observável deflui de qualquer enunciado-todos puro — digamos, "Todos os cisnes são brancos". Isto se percebe com facilidade ao constatarmos o fato de que "Todos os cisnes são brancos" e "Todos os cisnes são negros" não se contradizem, como é óbvio, mas tão somente implicam, em conjunto, que inexistem cisnes — o que, naturalmente, não é um enunciado observacional, e nem mesmo um enunciado passível de "verificação". (Um enunciado unilateralmente falseável, como "Todos os cisnes são brancos", por exemplo — diga-se de passagem — tem a mesma forma lógica de "Não existem cisnes", já que é equivalente a "Não existem cisnes não brancos".)

Admitido esse ponto, nota-se, de imediato, que os enunciados singulares que *podem* ser deduzidos de enunciados puramente universais não são enunciados básicos. Tenho em mente enunciados da forma: "Se há um cisne, localizado em *k*, então há um cisne branco localizado em *k*". (Ou: "No ponto *k*, não há cisne, ou há um cisne branco".) Percebemos agora, de imediato, por que esses enunciados "de especificação" (como poderíamos denominá-los) não são enunciados básicos. A razão está em que esses enunciados de especificação *não podem desempenhar o papel de enunciados de prova* (ou de falseadores potenciais), que é precisamente o papel que compete aos enunciados básicos. Se aceitássemos enunciados de especificação como enunciados de prova, seria possível obter um número considerável de verificações para qualquer teoria (e, pois, tanto para "Todos os cisnes são brancos" como para "Todos os cisnes são negros"); aliás, o número de verificações seria infinito, uma vez aceito o fato de que uma apreciável parte do mundo é vazia de cisnes.

Como os "enunciados de especificação" são deduzíveis de enunciados universais, suas negações devem ser falseadores potenciais e, portanto, *podem* ser enunciados básicos (uma vez satisfeitas as condições indicadas a seguir, no texto). Enunciado de especificação, reciprocamente, terão, pois, a forma de enunciados básicos negados (ver, ainda, seção 80, nota *4). É interessante notar que os enunciados básicos (demasiado fortes para serem deduzidos apenas de leis universais) terão conteúdo informativo maior do que suas negações de especificação; isto quer dizer que *o conteúdo dos enunciados básicos excede a sua probabilidade lógica* (de vez que deve superar 1/2).

Estas eram algumas das considerações que ficaram subjacentes à minha teoria da forma lógica dos enunciados básicos. (Ver meu *Conjectures and Refutations,* 1963, pp. 386 e s.)

estritamente universal, isto é, de um enunciado de não existência, estrito; satisfarão, também, a condição (b), como pode ser visto considerando-se o fato de que de todo enunciado existencial singular pode-se deduzir um enunciado puramente existencial, pela simples omissão de qualquer alusão a uma região espaço-tempo individual; e, como vimos, um enunciado puramente existencial está em condições de contraditar uma teoria.

Importa sublinhar que a conjunção de dois enunciados básicos, *p e r*, que não se contradigam reciprocamente, constitui, por sua vez, um enunciado básico. Por vezes, podemos chegar a um enunciado básico combinando um enunciado básico a outro enunciado que não seja básico. Por exemplo, cabe conjugar o enunciado básico *r*, "Há um ponteiro no lugar *k*", com o enunciado de não existência, singular $\overline{p}$, "Não há um ponteiro em movimento no lugar *k*". Com efeito, como é claro, a conjunção $r \, . \, \overline{p}$ *("r-e-não-p")* dos dois enunciados, equivale ao enunciado existencial singular "Há um ponteiro em repouso no lugar *k*". Daqui decorre a consequência: se tivermos uma teoria *t* e as condições iniciais *r*, de onde deduzimos a predição, *p*, então o enunciado $r \, . \, \overline{p}$ colocar-se-á como falseador da teoria e, portanto, como um enunciado básico. (De outra parte, o enunciado condicional "$r \rightarrow p$", isto é, "se *r*, então *p*", não é mais básico do que a negação $\overline{p}$, pois equivale à negação de um enunciado básico, ou seja, à negação de $r \, . \, \overline{p}$ *.)*

Tais são os requisitos formais dos enunciados básicos; veem-se eles satisfeitos por todos os enunciados existenciais singulares. Além desses requisitos, um enunciado básico deve satisfazer, ainda, um requisito de cunho material — requisito concernente ao evento que, tal como expressa o enunciado básico, está ocorrendo no lugar *k*. Deve tratar-se de um evento *"observável"*, ou seja, os enunciados básicos hão de ser suscetíveis de teste, intersubjetivamente, com base em "observação". Como se trata de enunciados singulares, esse requisito, naturalmente, só se pode referir a observadores adequadamente colocados no espaço e no tempo — ponto que não aprofundarei.

Não há dúvida de que poderá parecer agora que, exigindo observabilidade, eu afinal permiti que o psicologismo se insinuasse sub-repticiamente em minha teoria. Isso, todavia, não ocorre. Claro está que é possível interpretar o conceito de *evento observável* em sentido psicologístico. Estou, entretanto, empregando esse conceito em sentido tal que admitiria substituição por "um evento que envolve posição e momento de corpos físicos macroscópicos". Poderíamos dizer, com mais precisão, que todo enunciado básico há de ser um enunciado acerca de posições relativas de corpos físicos, ou deve equivaler a algum enunciado básico dessa espécie "mecanista" ou "materialista". (Ser essa estipulação praticável é circunstância que se relaciona ao fato de uma teoria que admite testes intersubjetivos admitir, ainda, testes intersensoriais.[1] Equivale isso a dizer que testes que envolvem a percepção de um de nossos sentidos admitem, em princípio, substituição por testes que envolvem outros sentidos.) Assim, a acusação de que, apelando para a observabilidade, eu readmiti, clandestinamente, o psicologismo, não teria mais força do que a acusação

1 Carnap, *Erkenntnis*, v. 2, 1932, p. 445.

de que admiti o mecanismo ou o materialismo. Isso mostra que minha teoria é realmente neutra e que nenhum desses rótulos pode ser-lhe aposto. Digo tudo isso para livrar o termo "observável", na forma em que o emprego, do estigma de psicologismo. (Observações e percepções podem ser psicológicas, mas a observabilidade não o é.) Não tenho intenção de *definir* o termo "observável" ou "evento observável", embora me disponha a elucidá-lo, seja por meio de exemplos mecanistas ou psicologísticos. Entendo que deva ser introduzido como termo não definido, que se torna suficientemente preciso com o uso: como conceito primitivo, cujo emprego o epistemologista tem de aprender, muito à semelhança de como tem de aprender o termo "símbolo", ou como o físico tem de aprender o termo "ponto-massa".

Os enunciados básicos são, portanto, — no modo material da expressão — enunciados asseveradores de que um evento observável está ocorrendo em certa região individual do espaço e do tempo. Os vários termos usados nessa definição, exceto o termo primitivo "observável", receberam explicação mais precisa na seção 23. "Observável" é não definido, mas pode também ser esclarecido de modo muito preciso, como vimos aqui.

29. A RELATIVIDADE DOS ENUNCIADOS BÁSICOS. RESOLUÇÃO DO TRILEMA DE FRIES

Toda prova de uma teoria, resulte em sua corroboração ou em seu falseamento, há de deter-se em algum enunciado básico que *decidimos aceitar.* Se não chegarmos a qualquer decisão e não aceitarmos este ou aquele enunciado básico, a prova terá conduzido a nada. Contudo, considerada de um ponto de vista lógico, a situação nunca é tal que nos obrigue a interromper a feitura de provas quando chegados a este enunciado básico particular e não àquele; nem é tal que nos obrigue a abandonar completamente a prova. Com efeito, qualquer enunciado básico pode, por sua vez, ser novamente submetido à provas, usando-se como pedra de toque os enunciados básicos suscetíveis de serem dele deduzidos, com auxílio de alguma teoria — seja a teoria em causa, seja uma outra. Esse processo não tem fim.[1] Dessa maneira, se a prova há de levar-nos a alguma conclusão, nada resta a fazer senão interromper o processo num ponto ou noutro e dizer que, por ora, estamos satisfeitos.

É muito fácil perceber que desse modo chegamos a um processo segundo o qual só nos detemos numa espécie de enunciado particularmente suscetível de prova. Isso quer dizer que estamos nos detendo em enunciados acerca de cuja

1 Cf. Carnap, *Enkenntnis,* v. 3, 1933, p. 224. Posso aceitar o que Carnap afirma acerca de minha teoria, exceto no que diz respeito a alguns pormenores não muito importantes. Entre eles, em primeiro lugar, está a sugestão de que os enunciados básicos (que Carnap chama de "enunciados protocolares") constituem os pontos a partir dos quais se erige o edifício da Ciência; em segundo lugar, está a observação (p. 225) segundo a qual um enunciado protocolar poderia ser confirmado "com tal ou qual grau de certeza"; em terceiro lugar, está a afirmação de que "os enunciados acerca da percepção" constituem "elos igualmente legítimos da cadeia" e de que é a tais enunciados de percepção que "recorremos em casos críticos". *Cf.* a citação que acompanha o texto, junto à próxima nota. Uso do ensejo para agradecer as palavras amáveis com que Carnap se refere ao meu trabalho (que ainda não havia sido publicado, naquela data) — palavras que estão registradas nesse artigo.

aceitação ou rejeição é de esperar que os vários investigadores se ponham de acordo. Se eles não concordarem, simplesmente darão prosseguimento às provas ou as reiniciarão. Se isso também não conduzir a qualquer resultado, diremos que os enunciados em pauta não eram intersubjetivamente suscetíveis de prova, ou que não estávamos, afinal, manipulando eventos observáveis. Caso, algum dia, não seja mais possível, aos observadores científicos, chegar a um acordo acerca de enunciados básicos, equivaleria isso a uma falha da linguagem como veículo de comunicação universal. Equivaleria a uma nova "Babel": a descoberta científica ver-se-ia reduzida ao absurdo. Nessa nova Babel, o imponente edifício da ciência logo se transformaria em ruínas.

Assim como uma prova lógica assumiu feição satisfatória, depois de terminado o trabalho difícil, proporcionando fácil verificação, assim também a ciência, depois de ter realizado sua tarefa de dedução ou de explicação, leva a enunciados básicos facilmente passíveis de teste. Enunciados a propósito de experiências pessoais — isto é, sentenças protocolares — é claro, *não* se filiam a essa espécie; dessa forma, não se mostram adequados para servir como enunciados em que nos detenhamos. Valemo-nos de registros, ou de protocolos, tais como os certificados de teste, emitidos por um departamento de pesquisa científica e industrial. Esses registros e protocolos serão, se necessário, reexaminados. Talvez se torne preciso, por exemplo, submeter a teste os tempos de reação dos técnicos que realizaram a experiência (isto é, determinar suas equações pessoais). Contudo, de modo geral, e especialmente "... em casos críticos", detemo-nos em enunciados facilmente suscetíveis de prova e *não,* como recomenda Carnap, em sentenças protocolares ou de percepção. *Não* "... nos detemos nestas... porque a prova intersubjetiva de enunciados relativos a percepções... é, até certo ponto, complexa e difícil".[2]

Qual a nossa posição agora, com respeito ao trilema de Fries, escolha entre dogmatismo, regressão infinita ou psicologismo? *(Cf.* seção 25.) Os enunciados básicos em que nos detemos, que decidimos aceitar como satisfatórios e como suficientemente aprovados pelas provas, têm, reconhecidamente, o caráter de *dogmas,* mas apenas na medida em que desistirmos de justificá-los por argumentos outros (ou por outras provas). Essa espécie de dogmatismo é, todavia, inócua, pois que, surgida a necessidade, os enunciados podem ser facilmente submetidos a provas complementares. Admito, em princípio, que isso torna infinita a cadeia de deduções. Contudo, essa espécie de *regressão infinita* é também inócua, uma vez que, em nossa teoria, não se coloca empenho em tentar provar, por meio dela, qualquer enunciado. Finalmente, no que concerne ao *psicologismo,* admito que a decisão de aceitar um enunciado básico e dá-lo por satisfatório está causalmente relacionada com nossas experiências — em especial, a nossas *experiências perceptuais.* Não tentamos, porém, *justificar* enunciados básicos através de recurso a essas experiências. As experiências podem *motivar uma decisão* e, consequentemente, a aceitação ou

2 *Cf.* a nota anterior. * Esse artigo de Carnap contém o primeiro registro impresso acerca da minha teoria da prova de hipóteses; a concepção citada no texto, retirada do artigo, foi erroneamente considerada como a por mim advogada.

rejeição de um enunciado, mas um enunciado básico não pode ver-se *justificado* por elas — não mais do que por um murro na mesa.[3]

30. TEORIA E EXPERIMENTO

Os enunciados básicos são aceitos como resultado de uma decisão ou concordância; nessa medida, são convenções. As decisões são tomadas de acordo com um processo disciplinado por normas. Dentre elas, é de particular importância a que nos recomenda não aceitar *enunciados básicos dispersos* — isto é, logicamente desconexos — mas tão somente enunciados básicos que surjam no decorrer do processo de teste de *teorias*. A regra aconselha, ainda, que proponhamos, acerca dessas teorias, questões minuciosas, a serem respondidas pelo acolhimento dos enunciados básicos.

Nessas condições, a situação real difere muito da visualizada pelo empirista ingênuo ou pelo adepto da Lógica Indutiva. Acreditam eles que partimos da reunião e acomodação de nossas experiências e que dessa maneira ascendemos na escala da Ciência. Ou, para usar um modo de expressão mais formal, dizem que, se desejarmos elaborar uma ciência, havemos de, previamente, reunir sentenças protocolares. Contudo, se me disserem: "Registre o que está experimentando agora", dificilmente saberei como obedecer a essa ordem ambígua. Devo registrar que estou escrevendo; que estou ouvindo um sino tocar; um menino gritar; um alto-falante zumbir; ou devo, talvez, registrar que esses ruídos me irritam? E, ainda que a ordem pudesse ser cumprida: por mais rica que seja a coleção de enunciados reunidos dessa maneira, ela nunca poderia equivaler a uma *ciência*. Uma ciência requer pontos de vista e problemas teóricos.

A concordância quanto à aceitação ou rejeição de enunciados básicos é alcançada, geralmente, na ocasião de *aplicar* uma teoria; a concordância, em verdade, é parte de uma aplicação que expõe a teoria à prova. Chegar à concordância acerca de enunciados básicos e, como outras formas de aplicação, realizar uma ação intencional, orientada por diversas considerações teóricas.

Estamos agora, julgo eu, em posição de resolver problemas tais como o de Whitehead: por que razão o jantar táctil vem sempre acompanhado do jantar visual, e o *Times* táctil do visível e audivelmente farfalhante?[*1] O lógico indutivo, acreditando que toda ciência se origina de percepções elementares dispersas, deve sentir-se perturbado por essas coincidências reiteradas; elas devem parecer-lhe "inteiramente acidentais". Ele está impedido de explicar a regularidade por meio de teorias, pois aceitou a concepção de que teorias não são mais do que enunciados de coincidência constante.

---

3 Parece-me que a concepção aqui sustentada mais se aproxima das concepções da escola "crítica" (ou kantiana) — talvez como representada por Fries, do que das concepções do Positivismo. Fries, em sua teoria a propósito de nossa "predileção pelas demonstrações", enfatiza que as relações (lógicas) entre enunciados diferem muito das relações vigentes entre enunciados e experiências sensórias. O Positivismo, de sua parte, procura, de hábito, abolir a distinção: ou bem toda a Ciência é tornada parte do meu saber, de "minha" experiência sensória (monismo dos dados sensórios); ou bem as experiências sensórias se tornam parte da rede científica objetiva de argumentos — na forma de enunciados protocolares (monismo de enunciados).

*1 A. N. Whitehead, *An Enquiry Concerning the Principles of Natural Knowledge*, (1919), 1925, p. 194.

Todavia, de acordo com a posição aqui estabelecida, as conexões entre nossas várias experiências são explicáveis e deduzíveis em termos de *teorias* que nos empenhamos em submeter à prova. (Nossas teorias não nos levam a esperar que a lua visível se acompanhe de uma lua táctil; nem a esperar que sejamos perturbados por um pesadelo auditivo.) Uma pergunta, por certo, permanece — pergunta que obviamente não pode ser respondida por qualquer teoria falseável, e que é, portanto, "metafísica": como explicar que tão frequentemente alcançamos êxito com as teorias por nós elaboradas — como explicar que existam "leis naturais"?[*2]

Todas essas considerações são de importância para a *teoria do experimento,* vista do ângulo epistemológico. O teórico propõe certas questões bem delimitadas ao experimentador e este, através de experimento, tenta chegar a uma resposta decisiva para essas questões, e não para outras. Todas as outras ele se empenha por excluir. (Neste ponto, a relativa independência dos subsistemas de uma teoria pode ganhar relevo.) Assim, ele faz a prova com respeito à uma questão única, "... tão atento quanto possível a ela, mas tão insensível quanto possível a todas as demais questões conexas... Parte desse trabalho consiste em afastar todas as possíveis fontes de erro".[1] Seria erro, porém, supor que um experimentador procede assim "para lançar luz sobre o trabalho do teórico"[2] ou, talvez, para oferecer ao teórico base em que apoiar generalizações indutivas. Ao contrário, o teórico deve ter, muito antes, realizado o seu trabalho, ou, pelo menos, a parte mais importante desse trabalho: deve ter formulado, tão claramente quanto possível, sua pergunta. Desse modo, é ele quem mostra o caminho ao experimentador. E o próprio experimentador não está principalmente empenhado em fazer observações exatas; seu trabalho é, também, em grande parte, de natureza teórica. A teoria domina o trabalho experimental, desde o seu planejamento inicial até os toques finais, no laboratório.[*3]

O ponto é bem ilustrado por casos em que o teórico alcança êxito no predizer um efeito observável posteriormente conseguido de forma experimental. Talvez o mais interessante exemplo disso seja a predição feita por Broglie acerca do caráter ondulatório da matéria, pela primeira vez confirmada experimentalmente por Davisson e Germer.[*4] Ilustração talvez ainda melhor é dada por casos em que os experimentos exercem decidida influência sobre o progresso da teoria. O que, nesses

---

*2 Essa questão será examinada na seção 79 e no apêndice *x; ver, ainda, meu *Postscript,* particularmente as seções *15 e *16.

1 H. Weyl, *Philosophie der Mathematik und Naturwissenschaft,* 1927, p. 113; edição em inglês: *Philosophy of Mathematics and Natural Science,* Princeton, 1949, p. 116.

2 Weyl, *ibid.*

*3 Penso agora que eu deveria ter enfatizado, neste local, uma concepção que é discutida em outras partes do livro (por exemplo, no quarto e no último parágrafos da seção 19). Refiro-me à ideia de que as observações e, com mais forte razão, os enunciados de observação e enunciados que registram resultados experimentais, são sempre *interpretações* dos fatos observados — são *interpretações à luz de teorias.* Aí está um dos principais motivos pelos quais sempre se torna ilusoriamente fácil encontrar *verificações* de uma teoria e que explica por que devemos adotar uma atitude *altamente crítica,* em relação a nossas teorias, se não quisermos raciocinar em círculo — porque, em suma, devemos adotar a atitude de *refutação* frente às teorias.

*4 O incidente é relatado, de modo breve, mas excelente, por Max Born, no ensaio que preparou para *Albert Einstein, Philosopher-Scientist,* obra organizada por P. A. Schilpp, 1949, p. 174. Há exemplos mais curiosos, como a descoberta de Netuno (por Adams e Leverrier) e a das ondas hertzianas.

casos, compele o teórico a buscar um aperfeiçoamento da teoria é, quase sempre, o *falseamento* de uma teoria aceita e corroborada até esse momento: trata-se, ainda uma vez, de resultados de testes orientados pela teoria. Exemplos famosos são os experimentos de Michelson-Morley, que levaram à teoria da relatividade, e o falseamento, por Lummer e Pringsheim, da fórmula de radiação de Rayleigh e Jeans, e da fórmula de Wien, o que levou à teoria quântica. Ocorrem, ainda, é claro, descobertas acidentais, mas estas são relativamente raras. Quanto a esses casos, Mach[3] fala, procedentemente, de uma "correção de opiniões científicas, por circunstâncias acidentais" (reconhecendo, assim, a despeito de si mesmo, a significação das teorias).

Torna-se agora possível responder à pergunta: como e por que aceitamos esta teoria, de preferência a outras?

A preferência não se deve, por certo, a algo que se aproxime de uma justificação experiencial dos enunciados que compõem a teoria; não se deve a uma redução lógica da teoria à experiência. Optamos pela teoria que melhor se mantém, no confronto com as demais; aquela que, por seleção natural, mostra-se a mais capaz de sobreviver. Ela será não apenas a que já foi submetida a severíssimas provas, mas também a que é suscetível de ser submetida a provas da maneira mais rigorosa. Uma teoria é um instrumento que submetemos à prova pela aplicação e que julgamos, quanto à capacidade, pelos resultados das aplicações.[*5]

Sob um prisma lógico, o teste de uma teoria depende de enunciados básicos, cuja aceitação ou rejeição depende, por sua vez, de nossas *decisões*. Dessa forma, são as *decisões* que estabelecem o destino das teorias. Até este ponto, a resposta que dou à pergunta "como escolhemos uma teoria?" lembra a dada pelo convencionalista; e, como ele, digo que essa escolha, em parte, se vê determinada por considerações de utilidade. A despeito disso, entretanto, há enorme diferença entre minhas concepções e as do convencionalista. Com efeito, sustento que o método empírico caracteriza-se tão somente por isto: a convenção ou decisão não determina, de maneira imediata, nossa aceitação de enunciados *universais*, mas, ao contrário, influi em nossa aceitação de enunciados *singulares*, ou seja, de enunciados básicos.

Para o convencionalista, a aceitação de enunciados universais é governada pelo princípio da simplicidade: ele escolhe o mais simples dos sistemas. Eu, diferentemente, proponho que o primeiro fator a tomar em consideração seja o rigor das provas. (Há estreita relação entre o que denomino "simplicidade" e o rigor das provas; contudo, minha concepção de simplicidade difere, em muito, da acolhida pelo convencionalista; ver seção 46.) Sustento que, em última instância, decide-se do destino de uma teoria pelo resultado de uma prova, isto é, pela concorrência acerca de enunciados básicos. Como o convencionalista, afirmo que a escolha de qualquer teoria particular é um ato, uma questão prática. Contudo, a meu ver, a escolha é decisivamente influenciada pela aplicação da teoria e pela aceitação dos enunciados básicos ligados a essa aplicação; para o convencionalista, motivos estéticos são decisivos.

---

3 Mach, *Die Prinzipien der Wärmelehre,* 1896, p. 438.

*5 Para uma crítica da concepção "instrumentalista", ver as referências reunidas junto à nota *1, antes da seção 12, e no adendo da nota 1 da mesma seção 12.

Dessa forma, discordo do convencionalista por sustentar que os enunciados acolhidos em consequência de um acordo *não são universais, mas singulares.* Discordo do positivista por sustentar que os enunciados básicos não são justificáveis através de recurso a nossas experiências imediatas, mas que, do ponto de vista lógico, eles são aceitos por um ato, por uma decisão livre. (Sob o prisma psicológico, isso equivalerá, talvez, a uma reação intencional e adequada.)

Essa importante distinção entre uma *justificação* e uma *decisão* — uma decisão alcançada segundo um procedimento governado por normas — se esclarecerá, talvez, com o auxílio de uma analogia: o velho processo de julgamento por um júri.

O *veredito* do júri *(vere dictum* = dito verdadeiro), tal como o do experimentador, é uma resposta a uma questão de fato *(quid facti)* que deve ser apresentada ao júri da maneira mais clara e definida. Contudo, a indagação feita e a maneira como é feita dependerão grandemente da situação legal, isto é, do sistema de direito penal prevalecente (que corresponde a um sistema de teorias). Decidindo, o júri aceita, por concordância, um enunciado acerca de uma ocorrência factual — um enunciado básico, por assim dizer. O significado dessa decisão reside no fato de que dela, combinada com os enunciados universais do sistema (de direito penal), podem ser deduzidas certas consequências. Em outras palavras, a decisão forma a base para a *aplicação* do sistema; o veredito desempenha o papel de um "enunciado de fato verdadeiro". Claro está, porém, que o enunciado não precisa ser verdadeiro apenas pela circunstância de ter sido aceito pelo júri. Essa circunstância é reconhecida pela norma, que permite a revogação ou revisão do veredito.

Chega-se ao veredito de acordo com um processo que é governado por normas. Essas normas baseiam-se em certos princípios fundamentais, que se propõem, sobretudo, se não exclusivamente, a conduzir à descoberta da verdade objetiva. Por vezes, eles deixam campo não apenas para as convicções subjetivas, mas até mesmo para tendenciosidades subjetivas. Todavia, ainda que afastemos esses aspectos especiais do velho processo, e imaginemos um processo apoiado apenas no propósito de promover a descoberta da verdade objetiva, continuaria a dar-se que o veredito do júri nunca justificasse ou fornecesse base para a verdade do que viesse a asseverar.

Não se pode sustentar que as convicções subjetivas dos jurados justifiquem a decisão tomada; há, naturalmente, uma estreita relação causal entre elas e a decisão tomada — conexão que pode ser traduzida em leis psicológicas. Assim, essas convicções podem ser chamadas de "os motivos" da decisão. O fato de as convicções não serem justificações prende-se à circunstância de que o procedimento do júri pode ser regulado por diferentes normas (por exemplo, maioria simples ou qualificada). Isso mostra que as relações entre as convicções dos jurados e o veredito podem variar grandemente.

Em contraste com o veredito do júri, o *julgamento* do juiz é "racional"; requer e contém uma justificação. O juiz tenta justificá-lo a partir de outros enunciados, ou deduzi-lo logicamente desses enunciados — enunciados do sistema legal, combinados com o veredito, que desempenha o papel desempenhado pelas condições iniciais. Essa é a razão por que o julgamento pode ser contestado com apelo a argumentos lógicos. A decisão do júri, de outra parte, só pode ser contestada questionando-se ter ela sido alcançada de acordo com as regras aceitas de procedimento; isto é, ela pode ser contestada formalmente, mas não quanto a seu conteúdo. (A justificação do conteúdo de uma decisão é, significativamente, denominada "declaração de motivos" e não "relatório logicamente justificado".)

A analogia entre o processo referido e aquele pelo qual decidimos acerca dos enunciados básicos é clara. Põe-lhes em evidência, por exemplo, a relatividade e o modo como dependem de questões provocadas pela teoria. No caso do julgamento por júri, seria impossível *aplicar* a "teoria", a não ser que se houvesse chegado, por decisão, a um primeiro veredito; contudo, o veredito há de ser alcançado mediante um processo que se conforma com uma parte do código legal geral e, portanto, a põe em prática. Coisa análoga sucede com os enunciados básicos. Aceitá-los é parte da aplicação de um sistema teorético; e só essa aplicação torna possíveis subsequentes aplicações do sistema teorético.

A base empírica da ciência objetiva nada tem, portanto de "absoluto"[4]. A ciência repousa em pedra firme. A estrutura de suas teorias levanta-se, por assim dizer, num pântano. Semelha-se a um edifício construído sobre pilares. Os pilares são enterrados no pântano, mas não em qualquer base natural ou dada. Se deixamos de enterrar mais profundamente esses pilares, não o fazemos por termos alcançado terreno firme. Simplesmente nos detemos quando achamos que os pilares estão suficientemente assentados para sustentar a estrutura — pelo menos por algum tempo.

Adendo (1968)[*]

Alguns pontos deste capítulo foram mal interpretados.

(1) A palavra "base", como em especial se pode notar na última seção do capítulo, adquire um tom irônico: *die Basis schwankt* (a base vacila). [N. T.: *schwank* significa "facécia", "farsa"; *schwanken é* "vacilar", "oscilar".]

4 Weyl, *op. cit.*, p. 83 (ou p. 116, da versão inglesa) escreve: "... este par de opostos, *absoluto-subjetivo* e *relativo--objetivo*, parece-me encerrar uma das mais profundas verdades epistemológicas que podem ser alcançadas mediante o estudo da natureza. Quem deseja o absoluto precisa dar, em troca, a subjetividade (o egocentrismo); e quem anseia por objetividade não pode evitar a questão do relativismo". Pouco antes, encontramos isto: "Aquilo que é experimentado de modo imediato é *subjetivo e absoluto*...; o mundo objetivo, de outra parte, que a ciência natural almeja obter como precipitado, em forma cristalina pura... é relativo." Born expressa--se de maneira semelhante *(Die Relativitätstheorie Einsteins und ihre physicalischen Grundlagen,* 3ª ed., 1922, introdução). Basicamente, essa concepção aproxima-se da teoria da objetividade, elaborada por Kant, coerentemente desenvolvida por ele (cf. seção 8 e nota 5 desta seção). Também Reininger alude à situação. Em *Das Psycho-Physische Problem*, 1916, p. 29, Reininger escreve: "A metafísica é impossível *como ciência*... porque, embora o absoluto seja efetivamente experimentado e, por esse motivo, possa ser intuitivamente sentido, ele furta-se a uma representação em palavras. De fato, "*Spricht* die Seele, so spricht, ach! schon die *Seele* nicht mehr". (Se *fala* a alma, então, oh!, não é mais a *alma* que fala.)

* Este adendo encontra-se na edição alemã (5ª ed., 1973, com alterações em relação à ed. anterior, de 1971). A versão inglesa contém um adendo, escrito em 1972 (que se acha logo a seguir). A versão inglesa é de 1972 (6ª imp., rev.). O Professor Popper remeteu-nos as duas edições, indicando os locais em que havia certas diferenças nos dois textos. As diferenças devem-se ao desejo dos editores de conservar a paginação das edições precedentes — o que acarretou abreviação, ora do escrito em alemão, ora do escrito em inglês, para que se acomodassem nos claros deixados sem perturbar a paginação. Os tradutores não julgaram oportuna a fusão das duas versões e preferiram incluí-las na íntegra, apesar de algumas repetições se tornarem, assim, inevitáveis (N. T.).

(2) O capítulo assenta um *robusto realismo* e revela que ele é compatível com um empirismo novo, não dogmático e não subjetivo. Esse realismo orienta-se contra as teorias do conhecimento que se assentam em *experiências ou percepções subjetivas* — contra, pois, o empirismo (subjetivista) clássico, o idealismo, o positivismo, o fenomenalismo, o sensualismo e o psicologismo (inclusive na forma behaviorista e o assim chamado "monismo neutro"). Procuro substituir a clássica ideia de experiência (observação) pelo exame crítico objetivo — e a experienciação (observabilidade) por uma testabilidade objetiva. (Ver capítulo VI.)

(3) Nossa linguagem está impregnada de teorias: *não existem enunciados de pura observação.* ("Transcendência da descrição", seção 25.) Até mesmo numa chamada linguagem "fenomenalista", que autorizaria sentença do tipo "aqui, agora, vermelho", o vocábulo "agora" deixaria implícita uma teoria do tempo (ainda que rudimentar), assim como "aqui" deixaria implícita uma teoria do espaço, e "vermelho" deixaria implícita uma teoria das cores.

(4) *Não existem observações puras*: elas estão impregnadas pelas teorias e são orientadas pelos problemas e acompanhadas pelas teorias.

(5) "Enunciados básicos" são (a) enunciados objetivos de teste, passíveis de crítica; (b) hipóteses transcendentes, tais como os enunciados universais (ver, também, apêndice *x); e (c) enunciados básicos serão utilizados, no próximo capítulo, com o objetivo de introduzir a noção de *graus de testabilidade* (ou de *conteúdo empírico).*

Adendo (1972)[**]

(1) Meu termo "base" tem conotações irônicas: trata-se de base que *não é firme.* (2) Endosso um ponto de vista realista e objetivo: procuro substituir a *percepção* (como "base") pelo teste crítico. (3) Nossas experiências observacionais nunca estão para além do teste, e estão impregnadas de teorias. (4) "Enunciados básicos" são "enunciados de teste": eles, como de resto toda a linguagem, estão imersos em teorias. (Até uma linguagem "fenomenalista", em que seria admissível um enunciado do tipo "agora, aqui, vermelho", estaria impregnada por teorias acerca do tempo, do espaço e das cores.)

** Como foi referido em nota anterior, este adendo é o da edição inglesa, de 1973.

Capítulo VI

GRAUS DE TESTABILIDADE

As teorias podem ser submetidas a testes de maior ou menor severidade, ou seja, são falseáveis com maior ou menor intensidade. O grau de testabilidade que apresentam é de importância para a seleção de teorias.

No presente capítulo, compararei os vários graus de testabilidade ou falseabilidade das teorias comparando-lhes as classes de falseadores potenciais. Essa investigação independe da questão de saber se é ou não possível distinguir, de maneira absoluta, teorias falseáveis de teorias não falseáveis. Em verdade, caberia dizer, deste capítulo, que ele "relativiza" o requisito de falseabilidade, mostrando que ela se reduz a uma questão de grau.

31. UM PROGRAMA E UMA ILUSTRAÇÃO

Tal como vimos na seção 23, uma teoria será falseável se existir pelo menos uma classe não vazia de enunciados básicos homotípicos por ela proibidos, ou seja, se a classe de seus falseadores potenciais não for vazia. Se, como fizemos na seção 23, representarmos a classe de todos os enunciados básicos possíveis por uma área circular, e representarmos os possíveis eventos pelos raios do círculo, poderemos dizer: pelo menos *um* raio — ou, o que é talvez melhor, um estreito setor, cuja amplitude representaria o fato de o evento ser "observável" — deve mostrar-se incompatível com a teoria e ser por ela proibido. Caberia, pois, representar os falseadores potenciais das várias teorias por setores de diferentes amplitudes. De acordo com a maior ou menor amplitude dos setores por elas rejeitados, diríamos que as teorias têm maior ou menor número de falseadores potenciais. (A questão de saber se é viável dar maior precisão a esses "maior número" ou "menor número" não será considerada neste momento.) Seria possível dizer também que, se a classe de falseadores potenciais de uma teoria é "maior" do que a de outra, ampliam-se as oportunidades de a primeira teoria ser refutada pela experiência; assim, comparada com a segunda, essa primeira teoria será "falseável num grau mais elevado". Isso quer dizer, ainda, que a primeira teoria *diz mais* acerca do mundo da experiência do que a segunda, pois afasta uma classe mais ampla de enunciados básicos. Embora, com isso, a classe de enunciados permitidos se torne mais reduzida, nosso argumento não é atingido, pois vimos que a teoria nada assevera acerca dessa classe. De tal maneira, cabe afirmar que a quantidade de informação empírica veiculada por uma teoria, ou seja, seu *conteúdo empírico,* cresce com seu grau de falseabilidade.

Imaginemos, agora, que nos é apresentada uma teoria e que o setor que representa os enunciados básicos por ela proibidos torna-se crescentemente mais amplo. Ao fim, os enunciados básicos *não* proibidos pela teoria serão representados por um estreito setor remanescente. (Se a teoria é compatível, algum setor permanecerá.) Uma teoria desse gênero seria, obviamente, fácil de falsear, pois que ela só concede ao mundo empírico uma gama estreita de possibilidades, de vez que afasta quase todos os eventos concebíveis, isto é, logicamente possíveis. Ela afirma tanto a propósito do mundo da experiência, é tão grande seu conteúdo empírico, que há, por assim dizer, pouca oportunidade de ela escapar à falsificação.

Ora, a ciência teorética busca sobretudo chegar a teorias que sejam facilmente falseáveis nesse sentido. Ela objetiva restringir a um mínimo a gama de eventos permitidos e, se isso for factível, a um grau tal que qualquer restrição posterior levaria a uma efetiva falsificação empírica da teoria. Se fosse possível obter uma teoria como essa, tal teoria descreveria "nosso mundo particular" tão precisamente quanto é dado a uma teoria, pois distinguiria, com a maior precisão atingível, o mundo de "nossa experiência" da classe de todos os mundos de experiência logicamente possíveis — e isso, com a maior precisão de que é capaz a ciência teorética. Todos os eventos ou classes de ocorrências que efetivamente encontramos e observamos — e apenas esses — se caracterizariam como "permitidos".[*1]

32. COMO COMPARAR CLASSES DE FALSEADORES POTENCIAIS?

As classes de falseadores potenciais são classes infinitas. O "mais" e o "menos" intuitivos, que podem ser aplicados sem cautelas especiais às classes finitas, não podem ser aplicados a classes infinitas de modo análogo.

Não é fácil contornar essa dificuldade; nem mesmo se, ao invés dos enunciados básicos ou *ocorrências* proibidos, considerarmos, para efeito de comparação, classes de *eventos* proibidos, com o propósito de determinar qual deles contém "mais" eventos proibidos. Pois o número de eventos proibidos por uma teoria empírica é também infinito, como se pode depreender do fato de ser a conjunção de um evento proibido com qualquer outro evento (seja proibido ou não) também um evento proibido.

Considerarei três maneiras de dar um significado preciso, mesmo no caso de classes infinitas, aos termos "mais" ou "menos" intuitivos, a fim de determinar se qualquer deles pode ser utilizado para o fim de comparar classes de eventos proibidos.

(1) O conceito de *cardinalidade (ou potência) de uma classe.* Esse conceito não nos pode auxiliar na solução do problema, pois é fácil demonstrar que as classes de falseadores potenciais apresentam o mesmo número cardinal, para todas as teorias.[1]

---

*1 Para observações adicionais, relativas aos objetivos da Ciência, ver apêndice *x e seção *15 do *Postscript,* além de meu trabalho "The aim of science". *Ratio,* v. 1, 1957, pp. 24-35.

1 Tarski demonstrou que, admitindo certos pressupostos, toda classe de enunciados é enumerável *(cf. Monatshefte f. Mathem. u. Physik,* v. 40, 1933, p. 100, nota 10). * O conceito de medida é, por motivos similares, inaplicável (isto é, porque o conjunto de todos os enunciados de uma linguagem é enumerável).

(2) *O conceito de dimensão.* A vaga ideia intuitiva de que um cubo, de alguma forma, contém mais pontos do que, digamos, uma linha reta, pode ser claramente formulada em termos logicamente inatacáveis, usando-se o conceito de *dimensão*, tal como se apresenta em termos de conceitos da teoria dos conjuntos. Isso caracteriza as classes ou conjuntos de pontos segundo a riqueza das "relações de vizinhança" entre seus elementos: conjuntos de maior dimensão têm relações de vizinhança mais abundantes. O conceito de dimensão, que nos permite comparar classes de "maior" e "menor" dimensão, será aqui usado para equacionar o problema da comparação de graus de testabilidade. Isso é possível porque enunciados básicos, combinando-se por conjunção com outros enunciados básicos, produzem ainda enunciados básicos que são, entretanto, "mais altamente compósitos" do que seus componentes; e esse grau de composição de enunciados básicos pode ser associado ao conceito de dimensão. Contudo, não é a composição dos eventos proibidos, mas a dos permitidos que terá de ser usada. A razão está em que os eventos proibidos por uma teoria são passíveis de revestir qualquer grau de composição; de outra parte, alguns dos enunciados permitidos são permitidos apenas por causa de sua forma ou, falando com mais precisão, porque seu grau de composição é demasiado baixo para habilitá-los a contradizer a teoria em exame; e esta circunstância pode ser utilizada para a comparação de dimensões.[*1]

(3) A *relação de subclasse.* Sejam todos os elementos de uma classe α também elementos da classe β, de sorte que α é uma subclasse de β (em símbolos, $\alpha \subset \beta$). Então, ou todos os elementos de β são também, por sua vez, elementos de α — caso em que dizemos que as duas classes têm a mesma extensão, ou são idênticos, — ou há elementos de β que não pertencem a α. Neste último caso, os elementos de β que não pertencem a α constituem "a classe-diferença" ou o *complemento* de α em relação a β; e α é uma *subclasse própria* de β. A relação de subclasse corresponde muito bem ao "mais" e ao "menos" intuitivos, mas apresenta a desvantagem de que só pode ser usada para comparar duas classes se uma incluir a outra. Consequentemente, se duas classes de falseadores potenciais admitem intersecção não vazia, sem que uma delas se inclua na outra, ou se elas não apresentam elementos comuns, então o grau de falseabilidade das teorias correspondentes não admite comparação com base na relação de subclasse: as teorias são não comparáveis com respeito a essa relação.

33. GRAUS DE FALSEABILIDADE COMPARADOS POR MEIO DA RELAÇÃO DE SUBCLASSE

Em caráter provisório, introduziremos as definições abaixo, que serão aperfeiçoadas mais adiante, ao longo de nosso exame das dimensões de teorias.[**1]

(1) Diz-se que um enunciado *x é* "falseável em maior grau" ou "mais suscetível de teste" do que um enunciado y, ou, em símbolos, $Fsv(x) > Fsv(y)$, se e somente

---

*1 A palavra alemã *komplex* foi traduzida, nesta e em passagens análogas, por *"compósito"* e não por "complexo". A razão está em que ela *não* denota, tal como o faz a palavra inglesa "complex", o oposto de "simples". O antônimo de "simples" *("einfach") é* denotado pela palavra alemã "kompliziert". *(Cf.* primeiro parágrafo da seção 41, onde *kompliziert é* traduzida por "complexo".) Dado que *grau de simplicidade é* um dos temas de maior relevo de que se ocupa este livro, teria sido impróprio falar, aqui (e na seção 38), de *grau de complexidade.* Decidi, consequentemente, usar a expressão "grau de composição", que parece adequar-se bem ao contexto.

**1 Ver seção 38 e os apêndices i, *vii e *viii.

se a classe de falseadores potenciais de *x* incluir a classe de falseadores potenciais de *y* como *subclasse própria.*

(2) Se as classes de falseadores potenciais dos dois enunciados *x* e *y* forem idênticas, eles terão o mesmo grau de falseabilidade, isto é, *Fsv(x)* = *Fsv*(y).

(3) Se nenhuma das classes de falseadores potenciais dos dois enunciados incluir a outra, como subclasse própria, então os dois enunciados terão graus não comparáveis de falseabilidade *(Fsv(x)* || *Fsv*(y)).

Se (1) for aplicável, haverá sempre uma classe complementar não vazia. No caso de enunciados universais, essa classe complementar há de ser infinita. Não é possível, portanto, que duas teorias (estritamente universais) difiram pelo fato de uma delas proibir um número finito de ocorrências singulares permitidas pela outra.

As classes de falseadores potenciais de todos os enunciados tautológicos e metafísicos são vazias. De acordo com (2) são, consequentemente, idênticas. (Com efeito, classes vazias são subclasses de qualquer classe e, por isso, também de classes vazias, de modo que todas as classes vazias são idênticas, o que pode ser expressado dizendo-se que existe apenas *uma* classe vazia.) Se denotarmos um enunciado empírico por "*e*" e uma tautologia ou um enunciado metafísico (e.g., um enunciado puramente existencial) por "*t*" ou "*m*", respectivamente, poderemos atribuir a enunciados tautológicos e metafísicos um grau zero de falseabilidade e estaremos habilitados a escrever: *Fsv(t)* = *Fsv(m)* = *0* e *Fsv(e)* > 0.

Podemos dizer que um enunciado autocontraditório (que denotamos por "*c*") tem a classe de todos os enunciados básicos logicamente possíveis como classe de seus falseadores potenciais. Isso quer dizer que qualquer enunciado é comparável a um enunciado autocontraditório no que respeita a seu grau de falseabilidade. Temos *Fsv(c)* > *Fsv(e)* > *0.*[*2] Se arbitrariamente fizermos *Fsv(c)* = 1, isto é, atribuirmos arbitrariamente o número um (1) ao grau de falseabilidade de um enunciado autocontraditório, então poderemos definir um enunciado empírico *e* pela condição 1 > *Fsv(e)* > *0.* De acordo com essa fórmula, *Fsv(e)* sempre se colocará num intervalo entre zero e um, excluídos esses limites, isto é, se colocará no "intervalo aberto", cujas fronteiras são esses números. Excluídas a contradição e a tautologia (bem como os enunciados metafísicos), a fórmula exprime, a um só tempo, *os requisitos de compatibilidade e de falseabilidade.*

34. ESTRUTURA DA RELAÇÃO DE SUBCLASSE. PROBABILIDADE LÓGICA

Definimos a comparação de grau de falseabilidade de dois enunciados com o auxílio da relação de subclasse; esse grau partilha, pois, de todas as propriedades estruturais desta relação. A questão de comparabilidade pode ser elucidada com auxílio de um diagrama (Figura 1), no qual certas relações de subclasse são apresentadas à esquerda, figurando as correspondentes relações de testabilidade à direita.

---

*2 Convém consultar, agora, o apêndice *vii.

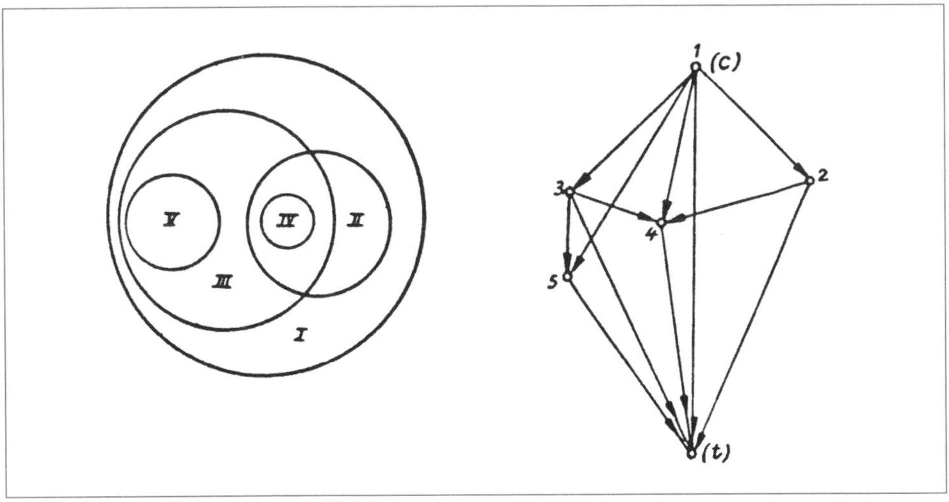

FIGURA 1

Os numerais arábicos da direita correspondem aos numerais romanos da esquerda, de maneira tal que um numeral romano denota a classe dos falseadores potenciais do enunciado que é denotado pelo correspondente numeral arábico. As setas do diagrama, traduzindo os graus de testabilidade, orientam-se dos enunciados mais suscetíveis de prova, ou mais falseáveis, para os que são menos suscetíveis de prova. (Correspondem, portanto, com alguma precisão, às setas que indicam deduzibilidade; ver seção 35.)

Vê-se, no diagrama, que várias sequências de subclasses podem ser identificadas e acompanhadas, como, por exemplo, a sequência I-II-IV ou I-III-V, e que essas sequências podem tornar-se "mais densas" pela introdução de classes intermediárias novas. Todas essas sequências começam, no caso particular que examinamos, em I e terminam com a classe vazia, de vez que esta se acha incluída em qualquer classe. (A classe vazia não pode ser representada em nosso diagrama da esquerda, exatamente porque é uma subclasse de todas as classes e, desse modo, teria de figurar em todos os locais.) Se decidirmos identificar a classe I com a classe de todos os enunciados básicos possíveis, então I se tornará a contradição *(c)*; e *0* (correspondente à classe vazia) poderá, então, denotar a tautologia *(t)*. É possível, por vários caminhos, passar de I para a classe vazia ou de *(c)* para *(t)*; alguns desses caminhos, tal como se vê no diagrama da direita, podem cruzar-se. Cabe dizer, portanto, que a estrutura da relação é a de um reticulado (um "reticulado de sequências", ordenado pela seta ou relação de subclasse). Há pontos nodais *(e.g.*, os enunciados 4 e 5) onde o reticulado é parcialmente unido. A relação só é totalmente unida na classe universal e na classe vazia, correspondendo à contradição *(c)* e à tautologia *(t)*.

Será possível dispor os graus de falseabilidade dos vários enunciados numa escala, isto é, correlacionar, aos vários enunciados, números que os ordenem de acordo com a sua falseabilidade? É claro que não se torna possível ordenar todos os enunciados dessa maneira,[*1] pois, se o fizéssemos, estaríamos tornando arbitrariamente comparáveis enunciados não comparáveis. Nada nos impede, entretanto, de escolher uma das sequências do reticulado, indicando, por números, a ordem de seus enunciados. Se agirmos assim, deveremos proceder de maneira tal que um enunciado mais próximo da contradição (c) receba sempre um número maior do que o número atribuído a um enunciado mais próximo da tautologia (t). Como já atribuímos os números zero e um à tautologia e à contradição, respectivamente, teremos de atribuir *números fracionários próprios* aos enunciados empíricos da sequência empírica.

Não pretendo, entretanto, particularizar uma das sequências. A atribuição de números aos enunciados da sequência seria inteiramente arbitrária. Não obstante, o fato de ser possível atribuir esses números fracionários aos enunciados é de grande interesse, especialmente porque esclarece a conexão entre grau de falseabilidade e a ideia de *probabilidade.* Sempre que se torna possível comparar os graus de falseabilidade de dois enunciados, podemos dizer que o menos falseável é também o mais provável, em razão de sua forma lógica. A essa probabilidade denomino[*2] *"probabilidade lógica".*[1] Importa não confundi-la com probabilidade numérica, que é usada na teoria dos jogos de azar e em estatística. *A probabilidade lógica de um enunciado é complementar de seu grau de falseabilidade:* aumenta com a redução do grau de falseabilidade. A probabilidade lógica I corresponde ao grau zero de falseabilidade, e vice-versa. O enunciado mais suscetível de teste, isto é, aquele com maior grau de falseabilidade é, logicamente, o menos provável; e o enunciado menos suscetível de teste é o logicamente mais provável.

Tal como se verá na seção 72, a probabilidade *numérica* pode ser relacionada à probabilidade lógica e, assim, com o grau de falseabilidade. É possível interpretar a probabilidade numérica como aplicável a uma subsequência (retirada da relação de probabilidade lógica). para a qual cabe definir um *sistema de medida,* com base em estimativas de frequência.

---

*1 Continuo a pensar que a tentativa de tornar comparáveis todos os enunciados, através da introdução de uma dada *métrica,* há de incluir, necessariamente, um elemento arbitrário, extralógico. Isso é óbvio no caso de enunciados tais como "Todos os homens adultos têm mais de 50 cm de altura" (ou "Todos os homens adultos têm menos de 3 m de altura"), ou seja, de enunciados cujos predicados aludem a uma propriedade mensurável. Com efeito, é possível demonstrar que a métrica de conteúdo ou de falseabilidade teria de colocar-se como função da métrica do predicado; e esta última sempre inclui um elemento arbitrário ou, de qualquer modo, extralógico. Claro está que podemos construir linguagens artificiais, para as quais estabeleçamos determinada métrica. Contudo, a medida resultante não será puramente lógica, por mais óbvia que possa parecer, enquanto se admitirem apenas predicados discretos, qualitativos, do tipo sim-ou-não (em oposição a predicados quantitativos, mensuráveis). Ver, também, apêndice *ix, segunda e terceira notas.

*2 Atualmente (desde 1938, *cf.* apêndice *ii), uso a expressão "probabilidade lógica absoluta" em vez de "probabilidade lógica" para distingui-la da "probabilidade lógica" relativa (ou "probabilidade lógica e condicionada"). Ver apêndices *iv, *vii a *ix.

1 A essa ideia de probabilidade lógica (testabilidade inversa) corresponde a ideia de validade, elaborada por Bolzano, especialmente quando ele a aplica à *comparação de enunciados.* Exemplificando, ele descreve as proposições mais importantes de uma relação de derivabilidade como enunciados de validade menor, os consequentes como os enunciados de validade maior (*Wissenschaftslehre,* 1837, v. 2, § 157, n. 1). A relação entre o conceito de validade e o de probabilidade é explicada por Bolzano em *op. cit.,* § 147. *Cf.,* ainda, Keynes, *A Treatise on Probability,* 1921, p. 224. Os exemplos aí apresentados mostram que minha comparação de probabilidades lógicas é idêntica à "comparação das probabilidades que *a priori* atribuímos a uma generalização", segundo Keynes. Ver também notas (1) da seção 36 e (1) da seção 83.

Essas observações a propósito de comparação de graus de falseabilidade não valem apenas para enunciados universais ou para sistemas de teorias; elas podem ser estendidas para se aplicar a enunciados singulares. Valem, por exemplo, para teorias conjugadas a condições iniciais. Nesse caso, a classe de falseadores potenciais não deve ser confundida com uma classe de eventos — uma classe de enunciados básicos homotípicos — pois trata-se de uma classe de ocorrências. (Essa observação tem algum reflexo sobre a conexão entre probabilidade lógica e numérica, o que será objeto de análise na seção 72.)

35. CONTEÚDO EMPÍRICO, ACARRETAMENTO E GRAU DE FALSEABILIDADE

Foi dito, na seção 31, que o por mim chamado *conteúdo empírico* de um enunciado aumenta com seu grau de falseabilidade: quanto mais um enunciado proíbe, mais ele diz acerca do mundo da experiência *(cf.* seção 6). O que denomino "conteúdo empírico" relaciona-se estreitamente com, mas não é idêntico ao conceito de "conteúdo", tal como é definido, por exemplo, por Carnap.[1] Para designar este último, usarei a expressão "conteúdo lógico", a fim de distingui-lo de "conteúdo empírico".

Defino o *conteúdo empírico* de um enunciado *p* como a classe de seus falseadores potenciais *(cf.* seção 31). O *conteúdo lógico* é definido, com o auxílio do conceito de deduzibilidade, como a classe de todos os enunciados não tautológicos deduzíveis do enunciado em pauta. (Pode-se chamá-lo de sua "classe de consequências".) Assim, o conteúdo lógico de *p* é *pelo menos igual* (isto é, maior do que ou igual) ao de um enunciado *q*, se *q* for deduzível de *p* (ou, em símbolos, se "$p \rightarrow q$").[*1] Se a deduzibilidade for mútua (em símbolos, "$p \leftrightarrow q$"),[*1] diz-se que *p* e *q* encerram igual conteúdo.[2] Se *q* for deduzível de *p*, mas não *p* de *q*, então a classe das consequências de *q* deve corresponder a um adequado subconjunto da classe das consequências de *p*; e *p* possui, portanto, uma classe mais ampla de consequências e, em razão disso, maior conteúdo lógico (ou maior força lógica).[*2]

Uma decorrência da definição de *conteúdo empírico* por mim proposta é a de que a comparação entre os conteúdos lógico e empírico de dois enunciados *p* e *q* leva a resultados idênticos, se os enunciados comparados não contêm elementos metafísicos. Colocaremos, pois, os requisitos seguintes: (a) dois enunciados de igual conteúdo lógico devem também apresentar igual conteúdo empírico; (b)

1 Carnap, *Erkenntnis,* v. 2, 1932, p. 458.

*1 "$p \rightarrow q$" significa, de acordo com essa explicação, que o enunciado condicional de antecedente *p* e consequente *q é tautológico,* ou logicamente verdadeiro. (Ao tempo de redação do texto, eu não via claramente este ponto, nem compreendia a significação do fato de que uma asserção acerca de deduzibilidade é uma asserção metalinguística. Ver, ainda, nota *1, na seção 18, acima.) Assim, "$p \rightarrow q$" pode ser lida: "*p acarreta q*".

2 Carnap, *op. cit.*, escreve: "A expressão metalógica 'igual, em conteúdo', define-se como 'mutuamente derivável'." A *Logische Syntax der Sprache,* 1934, de Carnap, e seu *Die Aufgabe der Wissenschaftslogik,* de 1934, foram publicados demasiado tarde para serem aqui examinados.

*2 Se o conteúdo lógico de *p* exceder o de *q*, diremos também que *p* é *logicamente mais forte* do que *q*, ou que sua *força lógica* supera a de *q*.

um enunciado *p*, cujo conteúdo lógico seja superior ao de outro enunciado *q*, deve também possuir conteúdo empírico maior ou, pelo menos, igual ao deste segundo enunciado *q*; e, finalmente, (c) se o conteúdo empírico de um enunciado *p* for maior do que o de um enunciado *q*, seu conteúdo lógico será maior do que o conteúdo lógico de *q* — ou, alternativamente, *p* e *q* não são comparáveis quanto a esse conteúdo lógico. Foi necessário incluir em (b) a ressalva "ou, pelo menos, igual" (conteúdo empírico), porque *p* poderia, por exemplo, corresponder a uma conjunção de *q* com algum enunciado puramente existencial ou com alguma outra espécie de enunciado metafísico, ao qual se imporia atribuir certo conteúdo lógico; nesse caso, o conteúdo empírico de *p* não seria maior que o de *q*. Considerações análogas tornaram necessário acrescentar a (c) a ressalva "ou, alternativamente, *p* e *q* não são comparáveis".[*3]

Comparando graus de testabilidade ou de conteúdo empírico, chegaremos, portanto, em geral — isto é, no caso de enunciados puramente empíricos — aos mesmos resultados que seriam obtidos pela comparação de conteúdos lógicos ou de relações de deduzibilidade. Será assim possível, em larga medida, basear a comparação de grau de falseabilidade em relações de deduzibilidade. Essas comparações e estas relações apresentam a forma de reticulados totalmente unidos na autocontradição e na tautologia (cf. seção 34). O ponto pode ser expresso dizendo-se que uma autocontradição acarreta qualquer enunciado e que uma tautologia é acarretada por qualquer enunciado. Ademais, enunciados *empíricos*, tal como vimos, podem ser caracterizados como aqueles cujo grau de falseabilidade coloca-se dentro do intervalo aberto, de que são extremidades os graus de falseabilidade das autocontradições, por um lado, e os graus de falseabilidade das tautologias, por outro. Analogamente, enunciados *sintéticos*, em geral (inclusive os não empíricos), colocam-se, por força da relação de acarretamento, no intervalo aberto entre a autocontradição e a tautologia.

Para a tese positivista, segundo a qual todos os enunciados não empíricos (metafísicos) são "sem significado", corresponderia a tese de que é supérflua a distinção que estabeleço entre enunciados *empíricos* e *sintéticos* ou entre *conteúdo empírico* e *conteúdo lógico;* de fato, para a tese positivista, todos os enunciados sintéticos haveriam de ser empíricos — isto é, todos os enunciados sintéticos genuínos, os que não fossem meros pseudoenunciados. Contudo, esse modo de empregar as palavras, embora cabível, parece-me que antes perturba do que esclarece a questão.

Encaro, pois, a comparação entre o conteúdo empírico de dois enunciados como equivalendo à comparação entre seus graus de falseabilidade. Isso dá lugar à regra metodológica de que se deve preferir as teorias capazes de serem submetidas à provas mais rigorosas *(cf.* as regras anticonvencionalistas que figuram na seção 20), o que equivale a adotar uma regra pela qual se dá preferência a teorias que encerram o mais alto conteúdo empírico possível.

*3 Ver, de novo, apêndice *vii.

36. NÍVEIS DE UNIVERSALIDADE E GRAUS DE PRECISÃO

Há outras exigências metodológicas suscetíveis de se verem reduzidas à exigência do maior conteúdo empírico possível. Duas delas são relevantes: a exigência do mais alto nível (ou grau) de *universalidade* possível de atingir e a exigência do mais alto grau de *precisão* possível de atingir.

Com isso em mente, examinemos as seguintes imagináveis leis naturais:

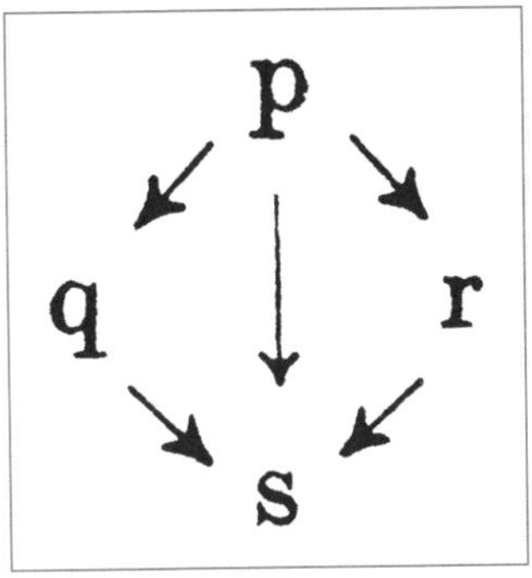

p: Todos os corpos celestes que se movem em órbitas fechadas movem-se em círculos; ou, de modo mais resumido: Todas as *órbitas de corpos celestes* são *circulares.*

q: Todas as *órbitas dos planetas* são *circulares.*

r: Todas as *órbitas dos corpos celestes* são *elípticas.*

s: Todas as *órbitas de planetas* são *elípticas.*

As relações de deduzibilidade vigentes entre esses quatro enunciados são, no diagrama, indicadas pelas setas. De *p* decorrem todas as outras; de *q* decorre *s,* que também decorre de *r;* assim, *s* decorre de todas as demais.

Se passarmos de *p* para *q,* decresce o *grau de universalidade; q* diz menos que *p,* porque as órbitas dos planetas formam uma subclasse própria das órbitas dos corpos celestes. Consequentemente, *p* pode ser mais facilmente falseada do que *q:* se *q* for falseada, *p* também o será, mas não reciprocamente. Se passarmos de *p* para *r,* decresce o *grau de precisão* (do predicado): os círculos são uma subclasse própria das elipses; se *r* for falseada, *p* também o será, mas não vice-versa. Observações análogas aplicam-se às outras passagens; passando de *p* para *s,* decrescem tanto o grau de precisão como o de universalidade; passando de *q* para *s,* decresce a precisão; e passando de *r* para *s,* decresce a universalidade. A um grau mais alto de universalidade *ou* precisão, corresponde um conteúdo empírico (ou lógico) maior; consequentemente, um grau mais alto de testabilidade.

Tanto os enunciados universais quanto os singulares podem ser expressos sob a forma de um "enunciado condicional universal" (ou de "implicação geral", como habitualmente se diz). Se dermos essa forma a nossas quatro leis, talvez possamos perceber mais fácil e acuradamente como comparar os graus de universalidade e os graus de precisão de dois enunciados.

Um enunciado condicional universal (*cf.* nota 6, da seção 14) pode ser expresso sob a forma: "(x) $(\varphi x \rightarrow fx)$" ou, em palavras: "todos os valores de x que satisfazem a função-enunciado φx, satisfazem também a função-enunciado fx". O enunciado *s* de nosso diagrama fornece o seguinte exemplo: "*(x) (x* é a órbita de um planeta $\rightarrow$ *x é* uma elipse)" o que significa "seja *x* o que for, se *x* for a órbita de um planeta, então *x* será uma elipse". Sejam *p* e *q* dois enunciados escritos dessa forma "normal"; caberá dizer que *p* é de maior universalidade do que *q* se a função-enunciado antecedente de *p* (que pode ser denotada por "$\varphi_p x$") for tautologicamente implicada — ou acarretada — pela função antecedente correspondente de *q* (que pode ser denotada por " 9*qx*") sem ser a ela equivalente. Dito de outra maneira, isso ocorre se "$(x)\ (\varphi_q x \rightarrow \varphi_p x)$" for uma *tautologia* (ou um enunciado logicamente verdadeiro). Em termos similares, diremos que *p* tem precisão maior do que *q*, se "$(x)\ (f_p x \rightarrow f_q x)$" for tautológica, ou seja, se o predicado (ou consequente função-enunciado) de *p* for menos amplo do que o predicado de *q*, significando isso que o predicado de *p* acarreta o predicado de *q*.[*1]

Essa definição pode ser ampliada a funções-enunciado com mais de uma variável. Transformações lógicas elementares conduzem dela às relações de deduzibilidade que estabelecemos e que podem ser expressas pela regra seguinte:[1] se dois enunciados forem suscetíveis de comparação quanto à universalidade *e* à precisão, o menos universal ou menos preciso será deduzível do mais universal ou mais preciso. Isso não se aplica, naturalmente, ao caso de um dos enunciados ser mais universal e o outro ser mais preciso (como se dá em relação a *q* e *r* no diagrama anterior).[2]

Podemos agora dizer que nossa decisão metodológica — por vezes interpretada metafisicamente como equivalendo ao princípio da causalidade — consiste em nada deixar inexplicado, isto é, em sempre tentar deduzir enunciados de outros enunciados de mais alta universalidade.

Essa decisão decorre da exigência do mais alto grau de universalidade e precisão atingíveis e pode ser reduzida à exigência ou regra de se preferirem as teorias suscetíveis de se verem submetidas às provas mais severas.[*2]

37. ABRANGÊNCIAS LÓGICAS. NOTAS A PROPÓSITO DA TEORIA DA MEDIÇÃO

Se um enunciado *p* for mais fácil de falsear do que um enunciado *q*, em virtude de apresentar mais alto nível de universalidade ou de precisão, a classe de enunciados básicos permitidos por *p* será uma subclasse própria da classe dos enunciados básicos permitidos por *q*. A relação de subclasse vigente entre classes de enunciados permitidos é o oposto da vigente entre classes de enunciados proibidos (por falseadores potenciais): é possível dizer que as duas relações são inversas (ou, talvez, complementares). À classe de enunciados básicos permitidos por um

---

*1 Veremos que, na presente seção, em oposição ao que se faz nas seções 18 e 35, a seta é usada para traduzir uma relação condicional e não a relação de acarretamento; cf. também nota *1 da seção 18.

1 Podemos escrever $[(\phi_q x \rightarrow \phi_p x) . (f_p x \rightarrow f_q x)] \rightarrow [(\phi_p x \rightarrow f_p x) \rightarrow (\phi_q x \rightarrow f_q x)]$ ou, abreviadamente, $[(\phi_q \rightarrow \phi_p) . (f_p \rightarrow f_q)] \rightarrow (p \rightarrow q)$. *O caráter elementar dessa fórmula, asseverado no texto, torna-se claro quando escrevemos: "$[(a \rightarrow b) . (c \rightarrow d)] \rightarrow [(b \rightarrow c) \rightarrow (a \rightarrow d)]$". Depois, de conformidade com o texto, escrevemos, "*p*" em lugar de "$b \rightarrow c$" e "*q*" no lugar de "$a \rightarrow d$", etc.

2 O que chamo de maior universalidade de um enunciado corresponde, grosseiramente, ao que a lógica tradicional denominava maior "extensão" do sujeito; e o que chamo de maior precisão corresponde à menor extensão ou "restrição do predicado". A regra, concernente à relação de derivabilidade, por nós examinada, pode ser vista como algo que esclarece e combina o clássico *dictum de omni et nullo* e o princípio *nota-notae*, o "princípio fundamental da predicação mediata". *Cf.* Bolzano *Wissenschaftslehre*, II, 1837, S 263, n. 1 e 4; Kulpe, *Vorlesungen uber Logik* (editada por Selz, 1923), § 34, n. 5 e 7.

*2 Consultar, ainda, seção *15 e cap. *iv de meu *Postscript*, especialmente a seção *76, texto correspondente à nota (5).

enunciado podemos denominar "*abrangência*".[1] A abrangência" que um enunciado permite à realidade é, por assim dizer, a extensão de "livre jogo" (ou grau de liberdade) que permite à realidade. Abrangência e conteúdo empírico (*cf.* seção 35) são conceitos inversos (ou complementares). Por conseguinte, as abrangências de dois enunciados relacionam-se entre si tal como se relacionam suas probabilidades lógicas (*cf.* seções 34 e 72).

Introduzi o conceito de abrangência porque ele facilita a manipulação de certas questões ligadas ao *grau de precisão em medição.* Admitamos que as consequências de duas teorias diferem tão pouco, em todos os campos de aplicação, que as pequenas diferenças entre os eventos observáveis calculados não podem ser identificados, devido a não ser suficientemente alto o grau de precisão atingível nas mensurações. Nessa hipótese, será impossível decidir entre as duas teorias através de recurso ao experimento sem, antecipadamente, aperfeiçoar a técnica de medição.[*1] Isso mostra que a técnica de medição prevalecente determina certa abrangência — região dentro da qual são permitidas, pela teoria, discrepâncias entre as observações.

Dessa forma, a regra segundo a qual as teorias devem apresentar o maior grau de testabilidade possível de atingir (permitindo, assim, apenas a menor abrangência possível) acarreta a exigência de que o grau de precisão, na medição, seja elevado tanto quanto possível.

Com frequência, diz-se que toda medição consiste na determinação de coincidências de pontos. Contudo, qualquer determinação dessa espécie só pode ser correta dentro de limites. Não há, no sentido estrito, coincidência de pontos.[*2] Dois "pontos" físicos — um sinal no instrumento de medição e outro no corpo a ser medido — podem, quando muito, ser colocados em estreita proximidade; não podem coexistir, isto é, não podem fundir-se em *um* ponto. Por mais corriqueira que essa observação pudesse parecer, noutro contexto, ela é importante no que se refere à questão de precisão na medição. Pois ela lembra-nos que a medição deve ser descrita nos termos seguintes: verificamos que o ponto do corpo a ser medido coloca-se *entre* dois pontos ou marcas do instrumento de medição ou, digamos, que o ponteiro de nosso aparelho de mensuração se põe *entre* dois determinados graus de certa escala. Podemos, então, ou encarar essas gradações ou marcas como dois limites ótimos de erro, ou passar a estimar a posição do (digamos) ponteiro dentro do intervalo das graduações, chegando, assim, a resultado mais acurado. Poderíamos referir-nos a essas gradações, ou marcas, considerando-as dois limites ótimos de erro, ou ir adiante para estabelecer a posição do (digamos) ponteiro, dentro do intervalo

1 O conceito de abrangência *(spielraum)* foi introduzido por Von Kries (1886); ideias análogas são encontradas em obras de Bolzano. Waismann *(Erkenntnis,* v. 1, 1930, pp. 228 e ss.) tenta combinar a teoria da abrangência com a teoria da frequência; cf. seção 72. * Keynes usa *(Treatise,* p. 88) "campo" como tradução de *Spielraum,* aqui traduzida por "abrangência"; ele usa também, p. 224, "escopo" com o propósito de significar o que, a meu ver, corresponde precisamente à mesma coisa.

*1 Trata-se de ponto que, segundo creio, foi erradamente interpretado por Duhem. Ver sua *Aim and Structure of Physical Theory, p,* 137 e ss.

*2 Note-se que falo de medir e não de contar. (A diferença entre as duas noções relaciona-se estreitamente com a diferença entre números reais e racionais.)

das gradações, obtendo, assim, resultado mais preciso. É procedente aludir a este último caso, dizendo que admitimos colocar-se o ponteiro entre duas gradações imaginárias. Dessa maneira, sempre permanece um intervalo, uma abrangência. É hábito dos físicos avaliar esse intervalo a cada medida. (Assim, segundo Milikan, eles consideram, por exemplo, a carga elementar do elétron, medida em unidades eletrostáticas, como equivalendo a $e = 4{,}774.10^{-10}$, acrescentando que a margem de imprecisão é $\pm$ 0,005. 10^{-10}.) Isso, contudo, faz surgir um problema. Qual seria o propósito de substituir, digamos assim, um grau da escala por *dois* — ou seja, os dois extremos do intervalo — quando, para cada um de tais extremos há de surgir a mesma indagação: quais são os limites de precisão para os extremos do intervalo?

Fornecer os extremos do intervalo é, evidentemente, inútil, a menos que esses dois extremos possam ser estabelecidos com um grau de precisão muito maior do que o grau de precisão possível de atingir com a medição original. Eles devem ser fixados dentro de seus próprios intervalos de imprecisão, que hão de ser menores, por várias ordens de grandeza, do que o intervalo que eles determinam para o valor da medição original. Em outras palavras, os extremos do intervalo não são perfeitamente determinados, mas correspondem, realmente, a intervalos muito pequenos, cujos extremos são, por sua vez, intervalos muito menores, e assim por diante. Ao longo dessas linhas, chegamos à ideia do que pode ser chamado "extremos imprecisos", ou "*extremos de condensação*" do intervalo.

Essas considerações não pressupõem a teoria matemática dos erros, nem a teoria da probabilidade. Na verdade, ocorre o contrário; através da análise da ideia de intervalo de medição, elas fornecem a base sem a qual a teoria estatística dos erros pouco significa. Se medimos repetidamente uma grandeza, obtemos valores que se distribuem com diferentes concentrações, ao longo de um intervalo — e o intervalo de precisão depende da medição técnica prevalecente. Só quando sabemos o que procuramos — ou seja, os extremos de condensação desse intervalo — temos condição de aplicar a esses valores a teoria dos erros, determinando os extremos do intervalo.[*3]

Ora, tudo isso, creio eu, fala de algum modo a respeito da *superioridade dos métodos que empregam medições* sobre *métodos puramente qualitativos*. É verdade que, mesmo no caso de apreciações qualitativas, tal como a do timbre de um som musical, torna-se possível, algumas vezes, determinar um intervalo de precisão para as estimativas; contudo, na ausência de medições, qualquer desses intervalos há de ser muito impreciso, pois, nessa circunstância, não pode ser aplicado o conceito de extremos de condensação. Só é aplicável esse conceito quando podemos falar de ordens de grandeza e, consequentemente, só quando sejam definidos métodos de medição. Farei mais amplo uso do conceito de extremos de condensação dos intervalos de precisão na seção 68, ao discutir a teoria da probabilidade.

---

*3 Essas considerações relacionam-se com alguns dos resultados discutidos nos pontos 8 e seguintes de minha "Third Note", reproduzida no apêndice *ix deste volume, e neles encontram apoio. Ver também seção *15 do *Postscript* para compreensão do significado da medição da "profundidade" das teorias.

38. GRAUS DE TESTABILIDADE, COMPARADOS EM TERMOS DE DIMENSÕES

Até agora, debatemos a comparação de teorias, relativamente a seus graus de testabilidade, tão somente no que concerne à possibilidade de aproximá-las recorrendo ao auxílio da relação de subclasse. Em alguns casos, esse método é muito conveniente para orientar nossa escolha de uma entre várias teorias. Dessa maneira, podemos dizer, a esta altura, que o princípio de exclusão de Pauli, mencionado, à guisa de exemplo, na seção 20, mostra-se indubitavelmente de grande conveniência como hipótese auxiliar. Pois ele aumenta sensivelmente o grau de precisão e, a par deste, o grau de testabilidade da antiga teoria quântica (à semelhança do enunciado correspondente da nova teoria quântica, pelo qual se assevera que os estados antissimétricos são concretizados por elétrons e os estados simétricos são concretizados por partículas não carregadas e por certas partículas de carga múltipla).

De acordo com os propósitos, entretanto, não basta a comparação por meio da relação de subclasse. Assim, Frank, por exemplo, assinalou que enunciados de alto nível de universalidade — como o princípio da conservação da energia, na formulação de Planck — mostram-se suscetíveis de se tornarem tautológicos e de perderem seu conteúdo empírico, a menos que possam ser determinadas as condições iniciais "... através de umas *poucas* medições (...), isto é, por meio de reduzido número de grandezas características do estado do sistema".[1] O problema relativo ao número de parâmetros que devem ser determinados e substituídos nas fórmulas não pode ser elucidado com auxílio da relação de subclasse, a despeito do fato de, evidentemente, manter conexão estreita com o problema da testabilidade, da falseabilidade e respectivos graus. Quanto menor o número das grandezas necessárias para determinar as condições iniciais, menos compósitos[*1] serão os enunciados básicos suficientes para o falseamento da teoria, pois um enunciado básico falseador consiste da conjunção das condições iniciais com a negação da predição deduzida *(cf.* seção 28). Assim, poderá ser possível comparar teorias quanto a seus graus de testabilidade, determinando o grau mínimo de composição que um enunciado básico deve apresentar para ter condições de contradizer a teoria; isso, sempre, contanto que haja como comparar enunciados básicos, a fim de determinar se são mais (ou menos) compósitos, isto é, constituídos de maior (ou menor) número de enunciados básicos de espécie mais simples. Todos os enunciados básicos, independentemente de seu conteúdo, cujo grau de composição não alcance o mínimo fixado, serão permitidos pela teoria, simplesmente em razão de seu baixo grau de composição.

Qualquer programa dessa ordem defronta-se, entretanto, com dificuldades. Pois, em geral, não é fácil dizer, por simples inspeção, se um enunciado é compósito, isto é, equivalente a uma conjunção de enunciados mais simples. Em todos os enunciados ocorrem nomes universais e, analisando esses nomes, pode-se, com

1 *Cf.* Frank, *Das Kausalgesetz und seine Grenzen,* 1931, e.g., p. 24.

*1 Com respeito ao termo "compósito", ver nota *1, na seção 32.

frequência, dividir o enunciado em seus componentes por conjunção. (Por exemplo, o enunciado "Há um copo com água no local k" poderia, talvez, ser analisado e dividido em dois enunciados: "Há um copo contendo um fluido, no local k" e "Há água no local k".) Por esse método, fica afastada a esperança de encontrar qualquer fim natural para a dissecção de enunciados, especialmente considerando que sempre cabe introduzir novos universais, definidos com o propósito de tornar possível uma dissecção adicional.

Com o objetivo de tornar comparáveis os graus de composição de todos os enunciados básicos, viria ao caso sugerir escolhêssemos certa classe de enunciados, dando-os como *elementares,* ou *atômicos,*[2] deles obtendo, por conjunção e por outras operações lógicas, todos os demais enunciados. Se bem sucedidos, teríamos definido, dessa forma, um "zero absoluto" de composição e a composição de qualquer enunciado passaria a poder ser expressa, por assim dizer, em graus absolutos de composição.[*2] Contudo, pela razão mencionada acima, esse processo deve ser encarado como altamente inadequado, pois que imporia sérias restrições ao livre uso da linguagem científica.[*3]

Sem embargo, é possível comparar os graus de composição dos enunciados básicos e, também, de outros enunciados, a partir dessa comparação de enunciados básicos. Isso pode ser feito através da seleção arbitrária de uma classe de enunciados *relativamente* atômicos, por nós tomados como base de comparação. Essa classe de enunciados relativamente atômicos pode ser caracterizada por meio de um *esquema gerador,* ou *matriz,* (por exemplo: "Há um aparelho de medição para (...) no local (...), cujo ponteiro se coloca entre as gradações (...) e (...)"). Caberá, então, definir como relativamente atômica, e, assim, como equicompósita, a classe de todos os enunciados obtidos a partir desse tipo de matriz (ou função-enunciado) através de substituição de valores apropriados. A classe desses enunciados, combinada com todas as conjunções que deles podem ser obtidas, admite o nome de *"campo"*. Uma conjunção de *n* enunciados relativamente atômicos de um campo pode ser

2 "Proposições elementares", no *Tractatus* de Wittgenstein, proposição 5: "Proposições são funções-verdade de proposições elementares". "Proposições atômicas" (em contraposição a "proposições moleculares" compósitas), nos *Principia,* de Whitehead e Russell, vol. 1, Introdução, na segunda edição, pp. xv e s. C. K. Ogden traduziu *elementarsatz,* de Wittgenstein, por "proposição elementar" *(Cf. Tractatus,* 4.21), mas Russell prefere "proposição atômica", expressão que adota no Prefácio que escreveu para o *Tractatus.* A expressão de Russell tornou-se mais popular.

*2 Graus absolutos de composição determinariam, é claro, graus absolutos de conteúdo e, por conseguinte, graus absolutos de improbabilidade lógica. Este programa, aqui esboçado, de consideração da improbabilidade (e, pois, da probabilidade) por meio de seleção de certa classe de enunciados absolutamente atômicos, já havia recebido a atenção de Wittgenstein, mas foi recentemente desenvolvido por Carnap, com o objetivo de elaborar uma teoria da indução (cf. seu *Logical Foundations of Probability,* 1950). Ver, contudo, o prefácio da versão inglesa, 1958, a que aludi acima, onde saliento que a terceira linguagem-modelo de Carnap (o sistema linguístico de Carnap) não admite propriedades mensuráveis (como não admite, na sua presente forma, a introdução de ordem espacial ou de ordem temporal).

*3 A expressão "linguagem científica" foi usada, aqui, de maneira intuitiva e não deve ser interpretada no sentido técnico que hoje se associa à expressão "sistema linguístico". Ao contrário, meu alvo principal era salientar que os cientistas não podem valer-se de um "sistema linguístico", porquanto são obrigados, constantemente, a alterar a linguagem que usam, em função de cada progresso alcançado. "Matéria", ou "átomo", depois de Rutherford, assim como "energia", ou "matéria", depois de Einstein, adquiriram significados bem diversos dos que anteriormente possuíam. O significado de tais palavras é função de *teorias* em permanente mutação.

denominada uma "*n-pla*" (leia-se "enupla") do campo, cabendo dizer que seu grau de composição é igual ao número *n*.

Se existir, para uma teoria *t*, um campo de enunciados singulares (mas não necessariamente básicos) tal que, para algum número *d*, a teoria *t* não possa ser falseada, por qualquer *d-pla* do campo, embora possa ser falseada por certas *(d+1)-plas*, diremos que *d é o número característico* da teoria, com respeito a esse campo. Todos os enunciados do campo, cujo grau de composição for menor do que *d* ou igual a *d*, serão compatíveis com a teoria e por ela permitidos, independentemente do conteúdo que apresentem.

Ora, é possível apoiar a comparação do grau de testabilidade de teorias nesse número característico *d*. Contudo, para evitar incoerências que poderiam surgir em razão do uso de campos diferentes, torna-se preciso recorrer a um conceito mais estrito do que o de campo, ou seja, ao conceito de *campo de aplicação*. Dada uma teoria dizemos que um campo é o *campo de aplicação da teoria t* se existir um número característico *d* da teoria *t* com respeito a esse campo e se, além disso, esse número satisfizer outras condições (que são apresentadas no apêndice I).

Ao número característico *d* de uma teoria *t*, com respeito a um campo de aplicação, denomino dimensão de *t*, com respeito a esse campo de aplicação. A expressão "dimensão" surge com naturalidade, pois podemos conceber todas as possíveis *n-plas* do campo como espacialmente acomodadas (num espaço de configuração de dimensões infinitas). Se, por exemplo, $d = 3$, então os enunciados admissíveis, porque sua composição é baixa, formam um subespaço tridimensional dessa configuração. A transição de $d = 3$ para $d = 2$ corresponde à transição de um sólido para uma superfície. Quanto mais reduzida a dimensão *d*, mais severamente se restringe a classe dos enunciados permitidos que, independentemente do conteúdo que apresentem, estão impossibilitados de contraditar a teoria, devido a seu baixo grau de composição; e mais alto será o grau de falseabilidade da teoria.

O conceito de campo de aplicação não se limita a enunciados básicos, mas tem-se admitido que enunciados singulares de todas as espécies sejam enunciados pertencentes a um campo de aplicação. Comparando suas dimensões, com recurso ao campo, podemos avaliar o grau de composição dos enunciados básicos. (Presumimos que a enunciados singulares altamente compósitos correspondam enunciados básicos altamente compósitos.) Pode-se admitir, assim, que a uma teoria de mais alta dimensão corresponda uma classe de enunciados básicos de mais alta dimensão, de tal modo que todos os enunciados dessa classe, independentemente do que asseverem, sejam permitidos pela teoria.

Isso responde à indagação de como se relacionam os dois métodos de comparação de graus de testabilidade — um que se apoia na dimensão da teoria e outro que se apoia na relação de subclasse. Haverá casos em que nenhum ou apenas um dos métodos se mostre aplicável. Em tais situações, é claro, não surgirá conflito entre os dois métodos. Contudo, num caso particular, em que ambos os métodos sejam aplicáveis, poderá ocorrer que duas teorias de iguais dimensões apresentem, apesar disso, diferentes graus de falseabilidade, se aferidos pelo método baseado na relação de subclasse. Em casos desse gênero, o resultado apresentado pelo último desses métodos deve ser aceito, pois que este se mostra o método mais preciso. Em todos os outros casos em que ambos os métodos sejam aplicáveis, deverão eles conduzir a resultados idênticos, pois é possível demonstrar, com o auxílio de um teorema simples, da teoria da dimensão, que a dimensão de uma classe há de ser superior ou igual à dimensão de suas subclasses.[3]

39. DIMENSÃO DE UM CONJUNTO DE CURVAS

Por vezes, podemos simplesmente identificar o que chamei de "campo de aplicação" de uma teoria com o *campo de sua representação gráfica,* isto é, com a área delimitada, em uma folha de papel, pela representação da teoria através de gráfico: cada ponto desse campo de representação gráfica corresponderá a um enunciado relativamente atômico. A dimensão da teoria, com respeito a esse campo (definido no apêndice I) é idêntica à dimensão do conjunto de curvas que correspondem à teoria. Discutirei essas relações recorrendo aos dois enunciados *q* e *s* mencionados na seção 36. (Nossa comparação de dimensões aplica-se a enunciados com predicados diferentes.) A hipótese *q* — a de todas as órbitas planetárias serem circulares — é tridimensional: para seu falseamento, fazem-se necessários pelo menos quatro enunciados singulares do campo, correspondendo a quatro pontos de sua representação gráfica. A hipótese *s* — a de todas as órbitas planetárias serem elípticas — é pentadimensional, pois para seu falseamento fazem-se necessários pelo menos seis enunciados singulares, correspondendo a seis pontos do gráfico. Vimos, na seção 36, que *q* é mais facilmente falseável do que *s:* devido ao fato de todos os círculos serem elipses, foi possível apoiar a comparação da relação de subclasse. O uso de dimensões habilita-nos, entretanto, a estabelecer comparação entre teorias que antes não podíamos comparar. Agora, por exemplo, podemos comparar uma hipótese-círculo com uma hipótese-parábola (que é tetradimensional). Cada uma das palavras "círculo", "elipse", "parábola" denota uma classe ou *conjunto de curvas;* e cada um desses conjuntos tem a dimensão *d* se *d* pontos forem necessários e suficientes para singularizar ou caracterizar determinada curva do conjunto. Em representação algébrica, a dimensão do conjunto de curvas depende do número de *parâmetros* cujos valores podemos escolher livremente. Podemos dizer, portanto, que o número de parâmetros livremente determináveis de um conjunto de curvas, pelo qual a teoria se representa, é característico para o grau de falseabilidade (ou testabilidade) dessa teoria.

Tendo em vista os enunciados *q* e *s* de meu exemplo, eu gostaria de tecer alguns comentários metodológicos acerca de como Kepler descobriu suas leis.[*1]

Não me abalanço a sugerir que a crença na perfeição — o princípio heurístico, que levou Kepler à sua descoberta — foi inspirada, consciente ou inconscientemente,

3 Cf. Menger, *Dimensionstheorie,* 1928, p. 81. * As condições impostas para que esse teorema seja válido podem ser dadas como verificadas nos "espaços" que aqui importa considerar.

*1 As concepções aqui introduzidas foram acolhidas — com a apropriada alusão aos meus trabalhos — por W. C. Kneale, *Probability and Induction,* 1949, p. 230, e por J. G. Kemeny, "The Use of Simplicity in Induction", *Philos. Review,* v. 57, 1953 (cf. nota de pé de página, p. 404).

por considerações de ordem metodológica, concernentes a graus de falseabilidade. Creio, porém, que Kepler deveu parcialmente seu êxito ao fato de a hipótese-círculo, da qual partiu, ser relativamente fácil de falsear. Tivesse Kepler partido de uma hipótese que, devido a sua forma lógica, não fosse tão facilmente suscetível de teste, como a hipótese-círculo, ele, talvez, não teria atingido qualquer resultado; ainda mais considerando as dificuldades de cálculo, cuja base estava "no ar" — vogando nos céus, por assim dizer, e movendo-se de maneira desconhecida. O inequívoco resultado *negativo* alcançado por Kepler, com o falseamento da hipótese-círculo, consistiu, na verdade, no seu primeiro êxito real. Seu método achava-se suficientemente justificado para autorizá-lo a prosseguir; especialmente porque a primeira tentativa já havia conduzido a certas aproximações.

Não há dúvida de que as leis de Kepler poderiam ter sido elaboradas por outra via. Acredito, contudo, não ter sido mero acidente o fato de esse caminho haver conduzido a bom termo. Ele corresponde ao *método de eliminação*, só aplicável se a teoria for suficientemente fácil de falsear — suficientemente *precisa* para ser suscetível de conflitar com a experiência observacional.

40. DUAS MANEIRAS DE REDUZIR O NÚMERO DE DIMENSÕES DE UM CONJUNTO DE CURVAS

Diferentes conjuntos de curvas podem apresentar a mesma dimensão. O conjunto de todos os círculos, por exemplo, é tridimensional; mas o conjunto de todos os círculos que passam por um ponto dado é um conjunto bidimensional (tal como o conjunto de linhas retas). Se exigirmos que todos os círculos passem por *dois* pontos dados, teremos um conjunto unidimensional, e assim por diante. Cada exigência adicional, feita no sentido de que todas as curvas de um conjunto passem por mais de um ponto dado, reduz de uma unidade a dimensão do conjunto.

Classes zerodimensionais[1]	Classes unidimensionais	Classes bidimensionais	Classes tridimensionais	Classes tetradimensionais
—	—	linha reta	círculo	parábola
—	linha reta passando por um ponto dado	círculo passando por um ponto dado	parábola passando por um ponto dado	cônica passando por um ponto dado
linha reta passando por dois pontos dados	círculo passando por dois pontos dados	parábola passando por dois pontos dados	cônica passando por dois pontos dados	—
círculo passando por três pontos dados	parábola passando por três pontos dados	cônica passando por três pontos dados	—	—

1 Poderíamos principiar, é claro, com a classe de dimensão-menos-um, que é vazia (superdeterminada).

O número de dimensões pode, também, ser reduzido por métodos outros que não o do aumento de número de pontos dados. Por exemplo: o conjunto de elipses em que é determinada a razão dos comprimentos dos eixos (tal como o das parábolas) é tetradimensional, assim como também o é o conjunto de elipses com dada excentricidade. A transição da elipse para o círculo equivale, naturalmente, a especificar uma excentricidade (a excentricidade zero) ou uma particular razão entre os comprimentos dos eixos (unidade).

Como estamos interessados em avaliar os graus de falseabilidade das teorias, indagaremos, agora, se os vários métodos de reduzir o número de dimensões são equivalentes, tendo em vista nossos propósitos, ou se importa examinar mais de perto seus méritos relativos. Ora, a estipulação de que uma curva deva passar por determinado *ponto singular* (ou pequena região) estará ligada com frequência ou corresponderá à aceitação de determinado *enunciado singular,* isto é, de uma condição inicial. De outra parte, a transição de, digamos, uma hipótese-elipse para uma hipótese-círculo corresponderá, obviamente, à redução da dimensão da *própria teoria.* De que forma, todavia, manter apartados esses dois métodos de reduzir as dimensões? Podemos chamar de *"redução material"* o método de reduzir dimensões que *não* opera com estipulações relativas à "forma" ou "configuração" da curva — através de reduções que se processam, por exemplo, pela especificação de um ou mais pontos, ou por alguma especificação análoga. O outro método, no qual a forma ou configuração da curva torna-se mais estritamente especificada, como se dá, por exemplo, ao passarmos da elipse para o círculo, do círculo para a reta, etc., será chamado de *"redução formal"* do número de dimensões.

Não é fácil, porém, traçar de maneira nítida essa distinção. Isto se constata nos comentários seguintes. Reduzir as dimensões de uma teoria significa, em termos algébricos, substituir um parâmetro por uma constante. Ora, não é clara a maneira de distinguir entre diferentes métodos para substituir um parâmetro por uma constante. A *redução formal,* levando a passar de uma equação geral de elipse para a equação de um círculo, pode ser descrita pela asserção de que um dado parâmetro foi igualado a zero e outro parâmetro foi igualado à unidade. Se, contudo, outro parâmetro (o termo absoluto) for igualado a zero, surgirá uma *redução material,* ou seja, a especificação de um ponto da elipse. Creio, todavia, que seria possível tornar clara a distinção, se tivermos em mente sua conexão com o problema dos nomes universais. Com efeito, a redução material introduz um nome individual e a redução formal introduz um nome universal na definição do conjunto de curvas em pauta.

Imaginemos que nos é dado certo plano, talvez por meio de "definição ostensiva". O conjunto de todas as elipses desse plano pode ser definido por meio da equação geral da elipse; o conjunto dos círculos, pela equação geral do círculo. Essas definições *independem de onde,* no plano, *tracemos as coordenadas (cartesianas)* a que elas se reportam. Elas independem, consequentemente, da escolha da origem e da orientação dada aos eixos coordenados. Um sistema específico de coordenadas só pode ser determinado por nomes individuais, digamos que especificando, ostensivamente, sua origem e orientação. Uma vez que a definição do conjunto de elipses (ou círculos) seja a mesma para todos os sistemas de coordenadas cartesianas, ela independe da especificação desses nomes individuais: é *invariante* com respeito a todas as transformações de coordenadas do grupo euclidiano (deslocamento e transformações de similaridade).

Se, por outro lado, desejarmos definir um conjunto de elipses (ou círculos) que tenham um ponto específico, individual, em comum, no plano, deveremos operar com uma equação que não seja invariante relativamente às transformações do grupo euclidiano, mas que se relacione com um sistema de coordenadas singular, isto é, individualmente ou ostensivamente especificado. Assim, ele se relaciona a nomes individuais.[2]

As transformações admitem acomodação hierárquica. Uma definição invariante com respeito a um grupo mais geral de transformações é também invariante com respeito a transformações mais restritas. Para cada definição de um conjunto de curvas existe um grupo de transformação — o mais geral — que é dela característico. Abre-se agora a possibilidade de dizer: a definição D_1 de um conjunto de curvas é "tão geral" quanto uma definição D_2 de um conjunto de curvas, se ela for invariante com respeito ao mesmo grupo de transformações de que D_2 é invariante; a definição será "mais geral do que" se for invariante com respeito a um grupo mais geral do que aquele de que D_2 é invariante. Podemos agora chamar de *formal* a redução de dimensão de um conjunto de curvas, se essa redução não diminuir a generalidade da definição; caso contrário, ela será chamada de *material.*

Se compararmos os graus de falseabilidade de duas teorias, considerando as suas dimensões, teremos, evidentemente, de levar em conta sua *generalidade,* isto é, sua invariância com respeito às transformações de coordenadas, ao mesmo tempo que suas dimensões.

O procedimento diferirá, naturalmente, conforme a teoria, tal como a teoria de Kepler, emita enunciados geométricos acerca do mundo ou conforme se apresente como "geométrica" tão somente no sentido de poder ser representada por um gráfico — tal como ocorre, por exemplo, com o gráfico representativo da pressão em relação à temperatura. Não seria procedente exigir dessa última espécie de teoria, ou do correspondente conjunto de curvas, que sua definição fosse invariante com respeito, digamos, a rotações do sistema de coordenadas, pois nesses casos as diferentes coordenadas podem representar coisas inteiramente diversas (uma, a pressão, e outra, a temperatura).

Assim concluo minha exposição acerca dos métodos pelos quais podem ser comparados os graus de falseabilidade. Creio que esses métodos são capazes de ajudar-nos a elucidar questões epistemológicas, tais como o *problema da simplicidade,* com que nos preocuparemos a seguir. Há, contudo, outros problemas que recebem nova luz do exame dos graus de falseabilidade, especialmente o problema da chamada "probabilidade das hipóteses", ou da *corroboração.*

2 Acerca das relações entre grupos de transformação e "individuação", *cf.* Weyl, *Philosophie der Mathematik u. Naturwissenschaft,* 1927 (p. 59; ou P. 73 e s., na versão inglesa dessa obra, onde se faz alusão ao "Erlanger Programm", traçado por F. Klein).

Adendo (1968)[*] *— da versão alemã*

Uma das ideias básicas deste livro é a de *conteúdo* (empírico) de uma teoria: "a de que um enunciado tanto mais se refere ao 'nosso mundo' quanto mais ele proíbe" (*cf.* trecho que segue a nota *3, na seção 6, e, ainda, o início da seção 31).

Aqui estão dois pontos importantes, ressaltados em 1934: (1) o *grau* de conteúdo, ou a verificabilidade, ou demonstrabilidade, ou "simplicidade", relativizam a falseabilidade; o objetivo do conhecimento — a ampliação do conhecimento — é a ampliação do conteúdo.

Essas ideias foram retrabalhadas posteriormente, e dois pontos merecem destaque: (3) nova relativização da ideia de conteúdo (ou "simplicidade"), agora com respeito à discussão de *problemas* ou "classes de problemas" *(cf.* o *adendo* de 1968, ao final do apêndice *viii); e (4) formulação das relações entre *conteúdo* e *conteúdo-verdadeiro* de uma teoria e sua "proximidade da verdade", ou "semelhança com a verdade" (verossimilhança). Estes dois aspectos foram discutidos, pela primeira vez, no capítulo 10 de *Conjectures and Refutations,* e nos adendos desse capítulo *(cf.*, ainda, o adendo de 1968, ao final da sec. 85; o final do apêndice *viii; bem como os trechos que acompanham o corolário (6) e a nota (8), no apêndice *ix).

Adendo (1971) — da edição alemã

Para exame desta relação (mencionada acima, no fim do adendo anterior), ver, também, meu artigo "Uber die Zielsetzung der Ehrfahrungswissenschaft", em *Ratio,* v. 1, 1957, n. 1, p. 21 (e em *Theorie und Realität,* obra editada por Hans Albert, Tubingen, 1964, p. 73).

> Obs. dos tradutores: A revista *Ratio* foi editada em alemão (Frankfurt am Mein) e em inglês (Oxford). Na edição alemã, o artigo de Popper está nas pp. 21-23. O artigo, em sua versão inglesa, "The Aim of Science", aparece nas pp. 24-35 da publicação de Oxford.

Adendo (1972) — da edição em inglês

Uma das ideias mais importantes deste livro é a de *conteúdo* (empírico, ou informativo) de uma teoria. ("Nem é por acaso que chamamos de "leis" às leis da natureza: quanto mais proíbem, mais dizem." *Cf.* o segundo parágrafo, após a nota (3), na seção 6, bem como o início da seção 31).

Dois pontos foram ressaltados no capítulo anterior: (1) o conteúdo ou a testabilidade (ou a simplicidade — *cf.* cap. VII) de uma teoria admite *gradação,* o que nos leva a considerar relativizada a ideia de falseabilidade (cuja base lógica ainda é o *modus tollens);* e (2) o objetivo da ciência — a saber, a ampliação do conhecimento — pode ser identificado à ampliação do conteúdo de nossas teorias. (A esse

---

* A propósito dos adendos, ver nota que acompanha os adendos do capítulo anterior, ao final do capítulo, como aqui.

respeito, ver meu artigo "The Aim of Science", *Ratio*, v. 1, 1957, pp. 24-35; e a versão refundida desse mesmo artigo, estampada no livro *Contemporary Philosophy*, organ. por R. Klibanski, 1969, pp. 129-142 — que é, agora, o capítulo 5 de meu livro *Objective knowledge: an Evolutionary Approach*, Clarendon Press, 1973.)*

Recentemente, desenvolvi mais os citados pontos. Veja-se, a propósito, o capítulo 10 de meu *Conjectures and Refutations*, 1963 (e edições posteriores, com novos *Adenda*). Dois aspectos novos de interesse podem ser lembrados: (3) ulterior relativização da ideia de conteúdo, ou de testabilidade, com respeito ao *problema* ou *problemas* em discussão. (Já em 1934 eu havia relativizado essa ideia, com respeito a um campo de aplicação; ver meu antigo apêndice i.) E (4) a introdução da ideia de *conteúdo-verdade* de uma teoria — sua aproximação, ou proximidade, em face da verdade ("verossimilhança").

* O adendo, escrito em 1972, afirmava que a obra seria lançada pela Clarendon Press; a obra já foi dada a público (N. T.).

Capítulo VII

SIMPLICIDADE

É aparentemente reduzida a margem de concordância existente quanto ao relevo do chamado "problema da simplicidade". Weyl disse, há não muito tempo, que "o problema da simplicidade é de importância central para a epistemologia das ciências naturais".[1] Contudo, ao que parece, mais recentemente, o interesse pelo problema tem declinado; talvez porque — especialmente após a penetrante análise de Weyl — se mostrasse remota a possibilidade de solucioná-lo.

Até alguns anos atrás, a ideia de simplicidade foi manipulada de maneira não crítica, como se fosse óbvio aquilo em que consiste a simplicidade e óbvia a razão de se lhe atribuir valor. Não poucos filósofos da ciência, em suas teorias, deram lugar de crucial importância ao conceito de simplicidade, sem, contudo, notar as dificuldades que o conceito faz surgir. Os adeptos de Mach, Kirchhoff e Avenarius, por exemplo, buscaram substituir a ideia de explicação causal pela de "a mais simples descrição". Omitida a locução superlativa "a mais simples", ou uma expressão análoga, essa concepção nada diria. Como se propõe explicar por que preferimos uma descrição do mundo apoiada em teorias a uma descrição do mundo alicerçada em enunciados singulares, a doutrina parece pressupor que as teorias são mais simples que os enunciados singulares. Poucos, entretanto, foram os que tentaram explicar por que seriam mais simples as teorias ou o que se pretende significar, de maneira precisa, pela palavra "simplicidade".

Se admitirmos que, por amor à simplicidade, devemos recorrer às teorias, torna-se claro que se impõe acolher as teorias mais simples. Essa é a razão por que Poincaré, para quem a escolha de teorias é uma questão de convenção, formula, nos termos seguintes, o princípio orientador: escolha da *mais simples* dentre as convenções possíveis. Quais serão, porém, as convenções mais simples?

41. ELIMINAÇÃO DOS CONCEITOS ESTÉTICO E PRAGMÁTICO DE SIMPLICIDADE

A palavra "simplicidade" é usada em muitos sentidos diferentes. A teoria de Schrödinger, por exemplo, é de grande simplicidade, em sentido metodológico, mas, em outro sentido, poderíamos considerá-la "complexa". De um problema, podemos dizer que a solução não é simples, mas difícil; de uma apresentação, ou exposição, que não é simples, mas intricada.

1 *Cf.* Weyl, *op. cit.*, pp. 115 e s.; na edição inglesa, p. 155. Ver, ainda, seção, 42, a seguir.

Desde o começo, excluirei desta discussão a aplicação do termo "simplicidade" a qualquer coisa que se assemelhe a uma apresentação ou exposição. Com frequência se diz, a propósito de duas exposições de uma e única demonstração matemática, ser a primeira mais simples ou mais elegante do que a segunda. Essa distinção tem reduzido interesse do ponto de vista da teoria do conhecimento; não se coloca dentro do campo da lógica, indicando meramente uma preferência de caráter *estético* ou *pragmático*. A situação é semelhante quando se diz que uma tarefa pode ser "executada através de meios mais simples" do que outra, pretendendo-se com isso traduzir a ideia de que pode ser executada mais facilmente ou de que, para executá-la, requer-se menos preparação ou menos conhecimento. Em todos esses casos, a palavra "simples" pode ser eliminada; seu uso é extralógico.

42. A QUESTÃO METODOLÓGICA DA SIMPLICIDADE

Que resta — se resta algo — depois que eliminamos as ideias estética e pragmática de simplicidade? Há um conceito de simplicidade que se revista de importância para o lógico? Será possível distinguir, sob o prisma lógico, teorias não equivalentes quanto a seus respectivos graus de simplicidade?

A resposta a essa questão rodeia-se de dúvidas, considerado o pouco êxito das tentativas para definir o conceito de simplicidade. Schlick, de sua parte, inclina-se por uma resposta negativa. Diz ele: "A simplicidade é... um conceito indicativo de preferências de caráter em parte prático e em parte estético".[1] Notável é que ele dê essa resposta ao escrever a propósito do conceito que nos interessa e que chamaremos de *conceito epistemológico de simplicidade;* e continua ele: "ainda que nos sintamos incapazes de explicar o que realmente se pretende dizer com 'simplicidade', importa reconhecer o fato de que todo cientista que obteve êxito ao representar uma série de observações por meio de uma fórmula bem simples (*e.g.*, por uma função linear quadrática ou exponencial) se convence imediatamente de que descobriu uma lei".

Schlick examina a possibilidade de definir o conceito de regularidade legaloide e, especialmente, a distinção entre "lei" e "acaso", recorrendo ao conceito de simplicidade. Ele termina por afastá-lo, com a observação de que "simplicidade é, obviamente, um conceito de todo relativo e vago; através dele não se pode chegar a uma definição de causalidade; nem é possível distinguir, de maneira precisa, entre lei e acaso".[2] Dessa passagem resulta claramente expresso aquilo que se espera alcançar com o conceito de simplicidade: ele deve proporcionar medida do grau em que os acontecimentos apresentam regularidade ou caráter legaloide. Posição similar é adotada por Feigl, quando fala da "ideia de definir o grau de regularidade ou do caráter legaloide com o auxílio do conceito de simplicidade".[3]

1 Schlick, *Naturwissenschaften,* v. 19, 1931, p. 148. * Traduzi livremente o termo *pragmatischer,* usado por Schlick.

2 Schlick, ibid.

3 Feigl, *Theorie und Erfahrung in der Physik,* 1931. p. 25.

A ideia epistemológica de simplicidade desempenha papel especial nas teorias de Lógica Indutiva, em conexão, por exemplo, com o problema da "curva mais simples". Adeptos da Lógica Indutiva admitem que cheguemos às leis naturais por uma generalização feita a partir de observações específicas. Se imaginarmos os vários resultados de uma série de observações como pontos que se dispõem num sistema de coordenadas, a representação gráfica da lei será uma curva que ligue todos esses pontos. Contudo, por um número finito de pontos sempre é possível traçar ilimitado número de curvas das mais diversas formas. Como, consequentemente, a lei não é determinada apenas pelas observações, a Lógica Indutiva vê-se diante da questão de decidir que curva, dentre todas as curvas possíveis, escolher.

A resposta comum é "escolher a mais simples curva". Wittgenstein, por exemplo, diz: "o processo de indução consiste em acolher *a mais simples* lei passível de harmonizar-se com nossa experiência".[4] No escolher a lei mais simples, admite-se, normal e tacitamente, que, digamos, uma função linear é mais simples do que uma função quadrática, um círculo é mais simples do que uma elipse, e assim por diante. Nenhuma razão se dá, entretanto, seja para a escolha dessa particular hierarquia de simplicidades, de preferência a qualquer outra, seja para acreditar que as leis "simples" apresentam vantagens sobre as menos simples — a não ser motivos de ordem estética e prática.[5] Schlick e Feigl mencionam[6] um trabalho de Natkin, ainda não publicado, no qual, segundo Schlick, se propõe seja dito que uma curva é mais simples do que outra quando é menor a sua curvatura média; ou, segundo Feigl, quando ela se desvia menos de uma linha reta. (Essas duas versões não são equivalentes.) A definição, ao que parece, conforma-se muito bem às nossas intuições; mas, de alguma forma, deixa de dar atendimento ao ponto crucial: ela tornaria, por exemplo, certas partes (as partes assintóticas) de uma hipérbole, digamos, muito mais simples do que um círculo, etc. Não creio que a questão possa ser resolvida por meio de tais "artifícios" (como Schlick os chama). Além disso, continuaria a ser misteriosa a razão pela qual deveríamos dar preferência à simplicidade, definida por esse modo particular.

Weyl examina e rejeita uma tentativa muito interessante para fundamentar a simplicidade na probabilidade. "Admitamos, por exemplo, que 20 pares coordenados de valores *(x, y)*, da mesma função, $y = f(x)$, colocam-se (com a precisão requerida) numa linha reta, quando assinalados num gráfico. Nesse caso, cabe conjecturar que estamos diante de uma rigorosa lei natural, dependendo *y* linearmente de *x*. Formularemos essa conjectura em razão da *simplicidade* da linha reta ou em razão de ser *extremamente improvável* que exatamente esses vinte pares de observações, arbitrariamente escolhidas, resultassem em pontos colocados praticamente em linha reta, caso a lei fosse diferente. Se usarmos a linha reta para

---

4 Wittgenstein, *op. cit.*, proposição 6.363.

5 Wittgenstein, em sua anotação acerca da simplicidade da lógica (op., *cit.*, *proposição* 5.4541), que assenta "o padrão da simplicidade", não esclarece o ponto. Também não se esclarece a questão considerando o "princípio da curva mais simples", de Reichenbach *(Mathematische Zeitschrift*, v. 34, 1932, p. 616), pois o princípio se baseia no axioma da indução, por ele introduzido (e que eu considero insustentável).

6 Ver locais citados.

interpolações e extrapolações, chegaremos a predições que se vão além do que as observações nos dizem. Essa análise, entretanto, oferece flanco à crítica. Sempre será possível definir todas as espécies de funções matemáticas... que serão satisfeitas pelas vinte observações; e algumas dessas funções se desviarão consideravelmente de uma linha reta. Com respeito a cada uma dessas funções, poderemos dizer que seria *extremamente improvável* que as vinte observações se dispusessem ao longo dessa curva, a não ser que ela representasse a verdadeira lei. Torna-se essencial, enfim, que a função, ou melhor, a classe de funções nos seja apresentada *a priori* pelos matemáticos, em razão de sua simplicidade matemática. Importa notar que essa classe de funções não deve depender de um número de parâmetros igual ao número das observações feitas".[7] Essas considerações de Weyl, segundo as quais "a classe de funções deve ser apresentada *a priori* pelos matemáticos, em razão de sua simplicidade matemática", e a referência que ele faz ao número de parâmetros estão em concordância com minha maneira de ver (que será explicada na seção 43). Weyl não diz, todavia, o que seja "simplicidade matemática"; acima de tudo, não diz que *vantagens lógicas ou epistemológicas* possui a lei mais simples, quando comparada a uma lei mais complexa.[8]

As várias passagens até agora citadas são de grande importância pela influência que têm sobre nosso presente objetivo — análise do conceito epistemológico de simplicidade. Efetivamente, esse conceito não foi ainda determinado com precisão. É consequentemente possível rejeitar qualquer tentativa (inclusive a que eu proponho) de tornar preciso esse conceito, dizendo que a noção de simplicidade pela qual os epistemologistas estão interessados é outro. A objeções dessa ordem eu responderia dizendo que não atribuo a menor importância à *palavra* "simplicidade". O termo não foi introduzido por mim e tenho consciência das desvantagens que apresenta. Assevero apenas que o conceito de simplicidade, que procurarei esclarecer, auxilia a responder às indagações que, tal como as citações que fiz o atestam, têm sido frequentemente propostas pelos filósofos da ciência com relação ao "problema da simplicidade".

43. SIMPLICIDADE E GRAU DE FALSEABILIDADE

Todas as questões epistemológicas que se colocam em conexão com o conceito de simplicidade podem ser respondidas, se igualarmos esse conceito ao de *grau*

7 Weyl, *op. cit.*, p. 116; edição inglesa, p. 156. * Eu não sabia, ao escrever meu livro (como Weyl, sem dúvida, também não sabia, enquanto redigia a sua obra), que Harold Jeffreys e Dorothy Wrinch haviam sugerido, seis anos antes de Weyl, que a simplicidade de uma função fosse medida em termos da parcimônia de seus parâmetros livremente ajudáveis. (Ver o artigo que ambos escreveram, em conjunto, para o *Phil. Magazine*, v. 42, 1921, pp. 369 e ss.) Quero aproveitar esta oportunidade para registrar que a prioridade deve ser dada a esses dois autores.

8 Neste contexto, também, são de relevo as anotações seguintes de Weyl, em que ele fixa conexões entre simplicidade e corroboração. Tais anotações estão concordes, em amplas linhas, com minhas ideias, explicitadas na seção 82 — embora meus argumentos e minha maneira de abordar a questão sejam diversas dos que Weyl usa. (*Cf.* nota I, na seção 82 * bem como a nota seguinte, isto é, *1, da seção 43.)

de falseabilidade. É de esperar que essa afirmação seja contestada;*1 assim, tentarei, antes de mais nada, torná-la intuitivamente aceitável.

Já demonstrei que teorias de dimensão mais baixa são mais facilmente falseáveis do que as de dimensão mais elevada. Uma lei que tenha a forma de uma função de primeiro grau é mais facilmente falseável, por exemplo, do que uma lei suscetível de ser expressa por meio de uma função de segundo grau. Esta, contudo, coloca-se, ainda, entre as mais facilmente passíveis de falseamento, se considerarmos as leis cuja formulação matemática toma o aspecto de uma função algébrica. Estas observações põem-se de acordo com a observação de Schlick, relativa à simplicidade: "certamente nos inclinaríamos por considerar uma função do primeiro grau mais simples do que uma função do segundo grau, embora esta última também traduza, sem dúvida, perfeitamente, uma lei...".[1]

Tal como vimos, o grau de universalidade e precisão de uma teoria cresce com o grau de falseabilidade. Assim, talvez caiba identificar o *grau de estringência* de uma teoria — o grau, por assim dizer, até o qual uma teoria impõe o rigor da lei sobre a natureza — ao grau de falseabilidade. Isso mostra que este último conceito desempenha exatamente o papel que Schlick e Feigl esperavam fosse desempenhado pelo conceito de simplicidade. Posso acrescentar que a distinção que Schlick pretendia estabelecer entre lei e acaso também ganha em claridade com o auxílio da

---

*1 Fiquei satisfeito ao constatar que essa teoria da simplicidade (inclusive as ideias expostas na seção 42) mereceu acolhida por parte de alguns epistemologistas — um, pelo menos, William Kneale, que registra o seguinte: "... é fácil ver que a hipótese mais simples, neste sentido, é também aquela que podemos ter esperanças de eliminar mais facilmente, caso falsa... Em suma, a diretriz que leva a aceitar sempre a mais simples das hipóteses que concorda com os fatos conhecidos é a diretriz que nos capacita, com mais facilidade, a eliminar as hipóteses falsas" (no livro *Probability and Induction*, 1949, pp. 229 e s.) Kneale junta uma nota ao pé da página, em que alude ao que Weyl escreve na p. 116 de seu livro, bem como às minhas concepções. Todavia, não encontrei, nessa página do excelente livro de Weyl (cujas passagens relevantes foram reproduzidas acima), nem em outras — e nem mesmo em qualquer trabalho de Weyl — a mais ligeira referência à ideia de que a simplicidade de uma teoria esteja associada à sua falseabilidade, isto é, à facilidade com que pode ser rejeitada. Eu não me teria atrevido a afirmar (como o fiz, ao final da seção precedente) que Weyl "não diz que *vantagens lógicas ou epistemológicas* possui a lei mais simples" se Weyl (ou qualquer outro autor) houvesse antecipado minha teoria.
A situação é esta: em sua discussão do problema (aqui mencionada na seção 42, texto correspondente à nota 7), Weyl fala, inicialmente, da intuitiva concepção segundo a qual uma curva simples — digamos, a linha reta — apresenta vantagens relativamente a uma curva mais complicada, *porque é possível encarar como acidente altamente improvável o fato de todas as observações se ajustarem à curva simples.* Contudo, ao invés de prosseguir ao longo dessa concepção intuitiva (o que teria permitido a Weyl concluir, segundo penso, que a teoria mais simples é a que melhor pode ser submetida a testes), Weyl *rejeita* a concepção, porque não se é imune à crítica racional: ele acrescenta que o mesmo poderia ser dito de qualquer curva dada, por mais complicada que fosse. (O argumento é correto, mas deixa de ser válido se considerarmos os *falseadores potenciais* — e seu grau de composição — em vez de considerar as instâncias verificadoras.) A seguir, Weyl discute a parcimônia dos parâmetros como critério de simplicidade, sem associar essa ideia, de algum modo, à concepção intuitiva rejeitada ou a qualquer outra noção (como a de testabilidade ou de conteúdo) que poderia explicar nossa preferência, sob o prisma epistemológico, pelas teorias mais simples.
A caracterização de Weyl, segundo a qual a simplicidade de uma curva está associada ao número de parâmetros, foi apresentada em 1921, por Harold Jeffreys e Dorothy Wrinch (*Phil. Magazine*, v. 42, pp. 369 e ss.). Mas se Weyl não percebeu o que é agora "fácil de ver" (segundo Kneale), a verdade é que Jeffreys entendeu — e ainda entende — o oposto: ele associa à lei mais simples a maior probabilidade *a priori* (e não a maior improbabilidade *a priori*). (As ideias de Jeffreys e de Kneale, juntas, podem servir de ilustração para o dito de Schopenhauer — a solução de um problema parece, de início, um paradoxo e, depois, um truísmo.) Desejo acrescentar, aqui, que minhas concepções acerca da simplicidade foram posteriormente desenvolvidas e que, nessa tarefa, tentei — com esforço e não sem algum êxito, espero — compreender algumas coisas ditas por Kneale. *Cf.* apêndice *x e seção *15 de meu *Postscript*.

1 Schlick, *Naturwissenschaften*, v. 19, 1931, p. 148 (*cf.* nota (1) da seção precedente).

ideia dos graus de falseabilidade: enunciados de probabilidade acerca de sequências que apresentam características casualoides revelam-se de dimensão infinita (cf. seção 65), não simples, porém complexos (cf. seção 58 e a última parte da seção 59) e só falseáveis em condições especiais (seção 68).

A comparação entre os graus de testabilidade foi amplamente examinada nas seções de número 31 a 40. Alguns dos exemplos, e outros pormenores lá registrados, podem ser facilmente transferidos para se aplicarem ao problema da simplicidade. Isso vale, especialmente, para o grau de universalidade de uma teoria: um enunciado mais universal pode assumir o lugar de muitos enunciados menos universais e, por esse motivo, ele tem sido frequentemente chamado "mais simples". Cabe dizer que o conceito de dimensão de uma teoria confere precisão à ideia que Weyl teve de usar o número de parâmetros para determinar o conceito de simplicidade.[*2] Por meio de nossa distinção entre redução formal e redução material de uma teoria (*cf.* seção 40), torna-se possível responder a certas objeções eventuais à teoria de Weyl. Uma dessas objeções é a de que o conjunto de elipses, cujos eixos têm comprimentos de razão dada e cuja excentricidade foi fixada, apresenta tantos parâmetros quanto o conjunto de círculos, embora seja obviamente menos "simples".

Acima de tudo, nossa teoria explica *por que a simplicidade é tão altamente desejável.* Para compreender esse ponto não se faz necessário admitir um "princípio de economia de pensamento", ou qualquer coisa do mesmo tipo. Se temos em vista o conhecimento, os enunciados simples devem ser mais altamente apreciados do que os menos simples, *porque eles nos dizem mais, porque encerram um conteúdo empírico maior e porque são suscetíveis de testes mais rigorosos.*

44. CONFIGURAÇÃO GEOMÉTRICA E FORMA FUNCIONAL

Nossa maneira de ver o conceito de simplicidade habilita-nos a resolver numerosas contradições que, até agora, haviam tornado duvidosa a utilidade desse conceito.

Poucos encarariam a *configuração geométrica* de, digamos, uma curva logarítmica, para dá-la como particularmente simples; todavia, uma *lei* passível de ser representada por uma função logarítmica é, normalmente, encarada como lei simples. Analogamente, uma *função senoidal* é comumente considerada simples, embora a configuração geométrica da *curva senoidal* talvez não seja tão simples.

---

*2 Como já foi ressaltado antes (nota 7, seção 42 e nota *1, da presente seção), foram Harold Jeffreys e Dorothy Wrinch os primeiros a propor a medida da simplicidade de uma função em termos de seus parâmetros livremente ajustáveis. Todavia, ambos procuraram, também, atribuir à teoria mais simples a maior probabilidade *a priori.* As concepções desses autores podem ser esquematicamente apresentadas desta maneira:

simplicidade = *parcimônia de parâmetros* = alta probabilidade a priori.

Minha abordagem é completamente diversa. Eu estava interessado em avaliar graus de testabilidade e concluí, em primeiro lugar, que a testabilidade pode ser medida pela improbabilidade "lógica" (que corresponde exatamente à improbabilidade "*a priori*", de Jeffreys). Concluí, a seguir, que a testabilidade e, portanto, a improbabilidade *a priori,* pode ser igualada à parcimônia de parâmetros. Somente então é que igualei a alta testabilidade à alta simplicidade. Minhas concepções podem ser resumidas no seguinte esquema:

testabilidade = alta *improbabilidade a* priori = parcimônia de *parâmetros* = *simplicidade.*

Veremos que os dois esquemas coincidem, em parte. Mas que não coincidem no ponto crucial e decisivo — probabilidade vs. improbabilidade — onde se mostram opostos. Ver, ainda, apêndice *viii.

Dificuldades como essa são removidas se lembrarmos a conexão existente entre o número de parâmetros e o grau de falseabilidade e se distinguirmos entre redução formal e redução material de dimensões. (Importa recordar, ainda, o papel da invariância com respeito às transformações dos sistemas coordenados de referência.) Quando falamos de *forma ou de configuração geométrica* reclamamos invariância com respeito a todas as transformações que pertencem ao grupo dos deslocamentos e podemos reclamar invariância com respeito a transformações de similaridade, pois não imaginamos uma figura ou configuração geométrica em termos de algo associado a uma *posição* definida. Consequentemente, se imaginamos a configuração de uma curva logarítmica uniparamétrica $(y = log_a x)$ como algo que jaz em qualquer parte do plano, essa curva seria descrita por meio de cinco parâmetros (se permitíssemos transformações de similaridade). Dessa forma, a curva não seria, de modo algum, particularmente simples. Se, de outra parte, a *teoria ou lei* é representada por uma curva logarítmica, tornam-se irrelevantes as transformações de coordenadas da espécie mencionada. Em casos desse gênero, não há sentido em efetuar rotações, deslocamentos paralelos ou transformações de similaridade. Com efeito, uma curva logarítmica é, via de regra, uma representação gráfica na qual as coordenadas não são intercambiáveis (por exemplo, o eixo x pode representar a pressão atmosférica e o eixo y a altitude em relação ao nível do mar). Por esse motivo, as transformações de similaridade também deixam de ter qualquer significado neste contexto. Considerações análogas valem para oscilações *senoidais* ao longo de um particular eixo, como por exemplo o eixo do tempo; e para muitos outros casos.

45. A SIMPLICIDADE DA GEOMETRIA EUCLIDIANA

Uma das questões que ocupou lugar relevante na maioria das discussões acerca da teoria da relatividade foi a simplicidade da Geometria euclidiana. Ninguém jamais duvidou de que a Geometria euclidiana como tal fosse mais simples do que qualquer geometria não euclidiana, de curvatura previamente fixada e mantida constante, para não mencionar as geometrias não euclidianas com curvaturas variáveis de lugar para lugar.

À primeira vista, a espécie de simplicidade aqui em pauta parece ter pouca relação com os graus de falseabilidade. Contudo, se os enunciados forem formulados como hipóteses empíricas, verificaremos que os dois conceitos, simplicidade e falseabilidade, coincidem também neste caso. Consideremos os experimentos capazes de auxiliar-nos a submeter a teste a hipótese "em nosso mundo, temos de empregar certa geometria métrica de tal ou qual raio de curvatura". Só será possível um teste se identificarmos certas entidades geométricas com certos objetos físicos — por exemplo, linhas retas com raios luminosos ou pontos com a intersecção de reticulados. Se essa identificação (definição correlativa, ou talvez definição ostensiva — *cf.* seção 17) for adotada, haverá como demonstrar que a hipótese da validez de uma Geometria euclidiana associada ao raio luminoso é falseável em mais alto grau do que qualquer das hipóteses rivais que asseveram a validez de alguma geometria não euclidiana. Com efeito, se medirmos a soma dos ângulos de um triângulo de raios luminosos, qualquer desvio significativo em relação a 180 graus falseará a hipótese euclidiana. A hipótese de uma geometria Bolyai-Lobatschewsky, de curvatura determinada, seria, de outra parte, compatível com qualquer medida particular que não excedesse 180 graus. Além disso, para falsear esta hipótese, seria necessário medir não apenas a soma dos ângulos, mas também o tamanho (absoluto) do triângulo; e isso quer dizer que, além dos ângulos, teria de ser definida outra unidade de medida, a unidade de área. Vemos, dessa maneira, que se faz necessário maior número de medidas para um falseamento; que a hipótese é compatível com variações maiores dos resultados das medidas; e que, consequentemente, é mais difícil de falsear: é falseável em menor grau. Dito de outra maneira, a Geometria euclidiana é a única geometria métrica, de curvatura definida, na qual se fazem possíveis transformações de similaridade. Assim, as figuras geométricas euclidianas podem ser invariantes com respeito a um maior número de transformações, isto é, podem ser de dimensão mais baixa, podem ser mais simples.

46. O CONVENCIONALISMO E O CONCEITO DE SIMPLICIDADE

O que o convencionalista chama de "simplicidade" *não* corresponde ao que eu chamo de "simplicidade". A ideia central e o ponto de partida do convencionalista é a de que nenhuma teoria se vê perfeitamente determinada pela experiência — ponto com o qual concordo. Acredita ele, consequentemente, que importa escolher a teoria "mais simples". Entretanto, uma vez que o convencionalista não trata as teorias como sistemas falseáveis, mas como estipulações convencionais, é óbvio que entende por "simplicidade" algo diferente do grau de falseabilidade.

O conceito convencionalista de simplicidade revela-se em parte estético e em parte prático. Dessa forma, o seguinte comentário de Schlick (*cf.* seção 42) aplica-se ao conceito convencionalista de simplicidade, mas não ao meu: "É certo que só se pode definir o conceito de simplicidade por meio de uma convenção que sempre há de mostrar-se arbitrária".[1] É curioso que os convencionalistas tenham deixado de notar o caráter convencional do conceito fundamental em que se apoiam — o de simplicidade. Que tenham deixado de notá-lo é claro, pois, de outra forma, ter-se-iam dado conta de que o apelo à simplicidade nunca poderia livrá-los da arbitrariedade, uma vez escolhido o caminho da convenção arbitrária.

De meu ponto de vista, deve-se dizer que um sistema é *complexo no mais alto grau* se, de acordo com a prática dos convencionalistas, houver apego a ele em termos de sistema estabelecido para todo o sempre, sistema que se tenha a determinação de salvar, sempre que se encontre em perigo, por meio da introdução de hipóteses auxiliares. O grau de falseabilidade de um sistema assim protegido é igual a zero. Assim, por nosso conceito de simplicidade, somos novamente levados às regras metodológicas da seção 20 e, especialmente, àquela regra ou princípio que nos impede de ter indulgência para com hipóteses *ad hoc* e hipóteses auxiliares: ao princípio da parcimônia no uso de hipóteses.

---

1 Schlick, *ibid.*, p. 148.

Adendo, 1968 (na edição alemã)

Procurei mostrar, aqui, *até que ponto a simplicidade e a testabilidade podem ser identificadas.* Não se trata de discutir o vocábulo "simplicidade". Não cabe debater palavras ou filosofar em torno de palavras (ou em torno de essências designadas por nomes). Consequentemente, *não foi aqui apresentada uma definição da essência da simplicidade.* Tento deixar indicado, a seguir, o que procurei fazer.

Vários pesquisadores de renome se manifestaram acerca da simplicidade de teorias, e todos colocaram, na condição de *regra,* que as teorias mais simples devem ser preferidas. Esta regra raramente chegou a receber fundamentação epistemológica. A propósito de *diferençar* entre teorias simples e teorias menos simples foram formuladas asserções conflitantes. Em vista disso, empenhei-me no sentido de (1) mostrar que a regra e a diferença podem tornar-se claras quando "simples" se entende como "passível de teste"; e de (2) constatar que esse modo de entender a "simplicidade" se põe em consonância com a maioria dos *exemplos* dados por Poincaré (e outros autores), embora (3) não se ponha em concordância com a *concepção* que Poincaré, tem da simplicidade.

A propósito de questões conexas, ver final do apêndice *viii.

Adendo, 1972 (na edição inglesa)

Neste capítulo, procurei mostrar até que ponto os graus de simplicidade podem identificar-se com os graus de testabilidade. Nada se põe na dependência da palavra "simplicidade": não discuto palavras e não procurei revelar a essência da simplicidade. O que tentei foi o seguinte:

Alguns cientistas e filósofos de fama se pronunciaram acerca da simplicidade e do interesse que ela tem para a Ciência. Sugeri que algumas das afirmações desses filósofos e cientistas podem ser mais bem compreendidas quando admitimos que, discorrendo a respeito da simplicidade, eles tinham em mente, muitas vezes, a testabilidade. Admiti-lo é elucidar certos *exemplos* dados por Poincaré, embora se entre em conflito com as *concepções* que ele sustentava.

Presentemente, devo ressalvar mais dois pontos: (1) só tem sentido comparar teorias, com respeito à testabilidade, se coincidem pelo menos alguns dos *problemas* que essas teorias procuram resolver; e (2) hipóteses *ad hoc* não podem ser comparadas nesses termos.

CAPÍTULO VIII

PROBABILIDADE*1

Tratarei no presente capítulo da *probabilidade dos eventos* e dos problemas por ela colocados. Surgem esses problemas em conexão com a teoria dos jogos de azar e com as leis probabilísticas da Física. Deixarei os problemas relativos ao que pode ser denominado *probabilidade de hipóteses* — tais como a questão de saber se uma hipótese frequentemente submetida à prova é mais provável que outra menos submetida à prova — para serem discutidos nas seções 79 a 85, sob o título de "corroboração".

Ideias concernentes à teoria da probabilidade desempenham papel decisivo na física moderna. Continua a faltar uma definição coerente e satisfatória de probabilidade, ou, o que vale aproximadamente a dizer o mesmo, continua a faltar um sistema axiomático satisfatório para o cálculo de probabilidades. As relações entre probabilidade e experiência também reclamam esclarecimento. Ao investigar esse problema, descobriremos o que, à primeira vista, parecerá um obstáculo quase insuperável a minhas concepções metodológicas. Com efeito, embora os enunciados de probabilidade tenham papel vitalmente importante no campo da ciência empírica, eles se mostram em princípio *impérvios ao falseamento estrito.* Não obstante, esse mesmo obstáculo se colocará como pedra de toque para submeter à prova minha teoria, assentando qual seja seu valor.

Vemo-nos, portanto, à frente de duas tarefas. *A primeira é a de proporcionar fundamentos novos para o cálculo de probabilidades.* Isso eu tentarei fazer

*1 No campo da teoria da probabilidade, sugeri, a partir de 1934, três tipos de alteração:

(1) A introdução de um cálculo de probabilidades, formal (axiomático), que pode ser interpretado de várias maneiras — no sentido, por exemplo, das interpretações lógica *e* frequencial, examinadas neste livro, e também no sentido de uma interpretação de propensão, discutida no *Postscript.*

(2) Uma simplificação da teoria frequencial da probabilidade, através da concretização, mais ampla e mais direta do que em 1934, de um programa de reconstrução da teoria frequencial que inspira o presente capítulo.

(3) A substituição da interpretação objetiva de probabilidade, em termos de frequência, por outra interpretação objetiva — *interpretação de propensão* — e substituição do cálculo de frequências pelo formalismo neoclássico (isto é, baseado na teoria da medida).

As duas primeiras alterações remontam a 1938 e são indicadas neste livro: a primeira através de alguns novos apêndices, *ii até *v, e a segunda — que diz respeito ao argumento apresentado no presente capítulo — por meio de numerosas e novas notas de pé de página, colocadas neste capítulo, e por meio de novo apêndice, *vi. A principal alteração é apresentada pela nota de pé de página *1, da seção 57.

A terceira alteração (introduzida inicialmente em caráter provisório, em 1953) é explicada e desenvolvida no *Postscript,* onde se vê aplicada a problemas de teoria quântica.

desenvolvendo a teoria das probabilidades como teoria de frequência, ao longo das linhas seguidas por Richard von Mises, sem recorrer ao que ele chama de "axioma de convergência" (ou "axioma do limite"), mas utilizando um axioma relativamente mais fraco, o "axioma do aleatório". *A segunda tarefa é a de elucidar as relações entre probabilidade e experiência.* Isso equivale a buscar solução do que chamo *problema da decisibilidade dos enunciados de probabilidade.*

Espero que essas investigações ajudem a afastar a insatisfatória situação atual em que os físicos se encontram, fazendo amplo uso das probabilidades sem estarem habilitados a dizer, coerentemente, o que pretendem dizer com "probabilidade".

47. O PROBLEMA DA INTERPRETAÇÃO DOS ENUNCIADOS DE PROBABILIDADE

Começarei distinguindo duas espécies de enunciados de probabilidade: aqueles que não enunciam uma probabilidade em termos de números e aqueles que a enunciam em termos de números — e que eu denominarei enunciados de probabilidade *numérica.*

Assim, o enunciado "A probabilidade de conseguir onze com dois dados (não viciados) é 1/18" seria um exemplo de um enunciado de probabilidade numérica. Os enunciados de probabilidade não numérica abrangem várias espécies. "É muito provável que obtenhamos um líquido homogêneo misturando água e álcool" ilustra uma espécie de enunciado que, através de interpretação adequada, poderia, talvez, transformar-se num enunciado de probabilidade numérica. (Por exemplo "A probabilidade de obter... é muito próxima de 1".) Uma espécie muito diferente de enunciado de probabilidade não numérica seria, por exemplo: "É altamente improvável a descoberta de um efeito físico que contradiga a teoria quântica"; esse enunciado, creio eu, não pode ser transformado em enunciado de probabilidade numérica, ou colocar-se em pé de igualdade com um enunciado desse gênero, sem sofrer distorção de significado. Ocupar-me-ei, inicialmente, dos enunciados de probabilidade *numérica;* os não numéricos, que tenho por menos importantes, serão examinados depois.

Associada a todo enunciado de probabilidade numérica surge a questão: "Como devemos interpretar um enunciado desse tipo e, em particular, a asserção numérica nele encerrada?"

48. INTERPRETAÇÕES SUBJETIVAS E OBJETIVAS

A teoria clássica (laplaceana) de probabilidades define o valor numérico de uma probabilidade como o quociente que se obtém dividindo o número de casos favoráveis pelos números de casos igualmente possíveis. Podemos desconsiderar as objeções lógicas levantadas contra essa definição,[1] tal como a de que "igualmente possíveis" é apenas outra forma de dizer "igualmente prováveis". Ainda assim, entretanto, dificilmente poderíamos aceitar essa definição como capaz de proporcionar uma interpretação aplicável sem qualquer ambiguidade. Com efeito, residem nela, em estado latente, várias interpretações diversas, que classificarei como subjetivas e objetivas.

Uma *interpretação subjetiva* da teoria da probabilidade é sugerida pelo uso frequente de expressões de sabor psicológico, tais como "*expectativa* matemática", ou, digamos, "lei normal de *erro*", etc.; em sua forma original, essa interpretação é *psicologística.* Ela trata o grau de probabilidade em termos de medida de sentimentos de certeza ou incerteza, de crença ou dúvida, que podem surgir em nós, despertados por certas asserções ou conjecturas. Em conexão com alguns enunciados não numéricos, a palavra "provável" pode traduzir-se muito satisfatoriamente desta maneira; todavia, uma interpretação ao longo destas linhas não me parece muito aceitável quando se refere a enunciados de probabilidade numérica.

Uma variante mais recente da interpretação subjetiva[*1] merece, contudo, uma consideração mais séria de nossa parte. Ela interpreta os enunciados de probabilidade não psicologicamente, mas *logicamente,* como asserções a propósito do que admitiria o nome de "proximidade lógica"[2] de enunciados. Os enunciados, como sabemos, podem colocar-se, uns frente aos outros, segundo várias relações lógicas, tais como a de deduzibilidade, a de incompatibilidade ou a de independência mútua; e a teoria lógico-subjetiva, da qual Keynes[3] é o expoente principal, trata a *relação de probabilidade* como um tipo especial de relação lógica entre dois enunciados. Os dois casos extremos dessa relação de probabilidade são a deduzibilidade e a contradição: um enunciado *q* "dá",[4] segundo se diz, a outro enunciado *p* a probabilidade *1* (um) se *p* decorre de *q*. No caso de *p* e *q* se contradizerem mutuamente, a probabilidade dada por *q* a *p* é zero. Entre esses extremos, colocam-se outras relações de probabilidade que, falando grosseiramente, podem ser interpretadas do modo seguinte: a probabilidade numérica de um enunciado *p* (dado *q) é* tanto maior quanto menos seu conteúdo ultrapasse aquilo que já está contido no enunciado *q*, do qual depende a probabilidade de *p* (e que "dá" a *p* uma probabilidade).

---

1 Cf., por exemplo, von Mises, *Wahrscheinlichkeit, Statistik und Wahrheit,* 1928, pp. 62 e ss.; 2ª ed., 1936, pp. 84 e ss.; versão inglesa de J. Neyman, D. Sholl e E. Rabinowitsch, *Probability, Statistics and Truth,* 1939, pp. 98 e ss. * Embora a definição clássica seja usualmente chamada "laplaceana" (também neste livro), ela é pelo menos tão antiga como a "Doutrina do acaso" de De Moivre, que data de 1718. Para uma primeira objeção contra a expressão "igualmente possíveis", ver C. S. Peirce, *Collected Papers,* v. 2, 1932, publicado originalmente em 1878, p. 417, parág. 2, 673.

*1 As razões por que apresento a interpretação lógica em termos de uma variante da interpretação *subjetiva* são mais largamente examinadas no cap. *ii do *Postscript,* onde essa interpretação subjetiva é criticada em pormenor. *Cf.* ainda, apêndice *ix.

2 Waismann, *Logische Analyse des Wahrscheinlichkeitsbegriffs, Erkenntnis,* v. 1, 1930, p. 237: "A probabilidade assim definida é então, pode-se dizer, uma medida da proximidade lógica, a conexão dedutiva entre dois enunciados." *Cf.* também Wittgenstein, *op. cit.,* proposição 5.15 e seguintes.

3 J. M. Keynes, *A Treatise on Probability,* 1921, pp. 95 e ss.

4 Wittgenstein, *op. cit.,* proposição 5.152: "Se *p* decorre de *q*, a proposição *q* dá à proposição *p* a probabilidade *1* (um). A certeza de conclusão lógica é caso limite de probabilidade."

O parentesco entre esta teoria e a teoria psicologística pode ser percebido se considerarmos o fato de que Keynes define probabilidade como "grau de crença racional". Por essa definição, ele pretende significar a quantidade de confiança que é adequado conferir a um enunciado *p*, à luz da informação ou conhecimento que obtemos do enunciado *q*, que "dá" probabilidade a *p*.

Uma terceira interpretação, a *interpretação objetiva*, considera todo enunciado de probabilidade numérica em termos de enunciado acerca da *frequência relativa* com que um evento de certa espécie se manifesta, dentro de uma *sequência de ocorrências*.[5]

Segundo essa interpretação, o enunciado "A probabilidade de obter cinco no próximo lançamento de dados é igual a 1/6" não é efetivamente uma asserção acerca do próximo lançamento; é, antes, uma asserção acerca de toda uma *classe de lançamentos*, da qual o próximo é apenas um elemento. O enunciado em pauta diz tão somente que a frequência relativa de cinco, nessa classe de lançamentos, é igual a 1/6.

Nos termos dessa concepção, os enunciados de probabilidade numérica só são admissíveis se pudermos oferecer uma interpretação frequencial para eles. Os enunciados de probabilidade para os quais não possa ser dada interpretação frequencial e, especialmente, os enunciados de probabilidade não numérica são comumente evitados pelos adeptos da teoria frequencial.

Nas páginas seguintes tentarei elaborar toda uma teoria de probabilidades, em termos de *teoria frequencial* (modificada). Manifesto, assim, a fé que tenho numa *interpretação objetiva*, acima de tudo por acreditar que somente uma teoria objetiva é capaz de explicar a aplicação dos cálculos de probabilidades em ciência empírica. Reconhecidamente, a teoria subjetiva está apta a proporcionar uma solução coerente para o problema de como apreciar os enunciados de probabilidade; e, de modo geral, defronta-se com menores dificuldades lógicas do que as encontradas pela teoria objetiva. Afirma a teoria subjetiva, porém, que os enunciados de probabilidade são não empíricos; que são tautologias. E esta solução mostra-se inteiramente inaceitável quando lembramos o uso que o físico faz da teoria das probabilidades. (Rejeito a variante da teoria subjetiva segundo a qual os enunciados objetivos de frequência devem ser deduzidos de pressupostos subjetivos — talvez utilizando o teorema de Bernoulli como "ponte":[6] por motivos de ordem lógica, considero irrealizável esse programa.)

---

5 Para a teoria frequencial mais antiga, *cf.* crítica de Keynes, *op. cit.*, pp. 95 e ss., onde se faz especial alusão a *The Logic of Chance*, de Venn. Para a concepção de Whitehead, *cf.* seção 80 (nota 2). Os principais representantes da nova teoria frequencial são: R. von Mises *(cf.* nota 1, da seção 50), Dörge, Kamke, Reichenbach e Tornier. * Uma nova interpretação objetiva, muito estreitamente relacionada com a teoria frequencial, mas dela diferindo até em seu formalismo matemático, é a *interpretação de propensão*, introduzida nas seções *53 e seguintes de meu *Postscript*.

6 Este é o maior erro de Keynes; cf. seção 62, abaixo, especialmente a nota 3. * Não alterei minha maneira de ver nesse ponto, embora creia, agora, que o teorema de Bernoulli pode servir como "ponte" *dentro* de uma teoria objetiva — como ponte que leve de propensões a estatísticas. Ver, ainda, apêndice *ix e seções *55 até *57, de meu *Postscript*.

49. O PROBLEMA FUNDAMENTAL DA TEORIA DO ACASO

A mais importante aplicação da teoria das probabilidades é a que se faz na área dos eventos ou ocorrências que poderíamos denominar "casualoides" ou "aleatórios". Estes parecem caracterizar-se por uma peculiar espécie de impossibilidade de cálculo que dispõe a acreditar — após muitas tentativas infrutíferas — que todos os métodos racionais e conhecidos de predição hão de falhar nesses casos. Temos, por assim dizer, a sensação de que não um cientista, mas tão somente um profeta poderia predizê-los. Não obstante, é exatamente essa impossibilidade de cálculo que nos leva a concluir que o cálculo de probabilidades pode ser aplicado a esses eventos.

Essa conclusão algo paradoxal, que leva da impossibilidade de cálculo à calculabilidade, (isto é, à aplicabilidade de certa espécie de cálculo), deixa de ser paradoxal, é verdade, se aceitamos a teoria subjetiva. Essa maneira de evitar o paradoxo é, contudo, extremamente insatisfatória. Com efeito, ela acarreta a concepção de que o cálculo de probabilidade não é um método de calcular predições, em oposição a todos os outros métodos de ciência empírica. Seria, segundo a teoria subjetiva, tão somente um método de efetuar transformações lógicas naquilo que já sabemos ou, melhor, naquilo que *não* sabemos, pois é justamente quando carecemos de conhecimento que efetuamos essas transformações.[1] A concepção referida sem dúvida faz desaparecer o paradoxo, mas *não explica de que modo um enunciado de ignorância, interpretado como enunciado frequencial, pode ser empiricamente submetido a teste e corroborado.* E este é, precisamente, o problema. Como explicar o fato de que, a partir da incalculabilidade — ou seja, da ignorância — cabe retirar conclusões que podemos interpretar em termos de enunciados acerca de frequências empíricas, que vemos depois brilhantemente corroboradas na prática?

Nem mesmo a teoria das frequências conseguiu, até agora, oferecer solução satisfatória para esse problema — *o problema fundamental da teoria do acaso,* como o denomino. Mostrar-se-á, na seção 67, que esse problema se relaciona ao "axioma da convergência", parte integrante da teoria em sua presente formulação. Contudo, é possível chegar a solução satisfatória, dentro das linhas da teoria das frequências, depois de eliminado esse axioma. A solução será encontrada através da análise dos pressupostos que nos permitem passar da sucessão irregular de ocorrências singulares para a regularidade ou estabilidade de suas frequências.

---

1 Waismann, *Erkenntnis,* v. 1, 1930, p. 238, onde se diz: "Não há outra razão para introduzir o conceito de probabilidade se não a insuficiência de nosso conhecimento". Concepção semelhante é sustentada por C. Stumpf (*Sitzungsberichte der Bayerischen Akademie der Wissenschaften,* filos. e hist. Klasse, 1892, P. 41). * Entendo que essa concepção, amplamente disseminada, leva às piores confusões. Isso será mostrado, em pormenor, em meu *Postscript,* caps. *ii e *v.

50. A TEORIA DE FREQUÊNCIA DE VON MISES

Uma teoria frequencial, oferecendo fundamento para todos os principais teoremas do cálculo de probabilidades, foi proposta pela primeira vez por von Mises.[1] Suas ideias básicas são expostas a seguir.

O cálculo de probabilidades é uma teoria a respeito de certas sequências de eventos ou ocorrências, casualoides ou aleatórias, isto é, de eventos iterativos, tais como uma série de lançamentos de dados. Tais sequências são definidas como "casualoides" ou "aleatórias" por força de duas condições axiomáticas: o *axioma da convergência* (ou *axioma-limite)* e o *axioma da aleatoriedade.* Quando uma sequência de eventos satisfaz ambas as condições, Richard von Mises a chama de um "coletivo".

Um coletivo é, grosseiramente falando, uma sequência de eventos ou ocorrências, suscetível, em princípio, de continuidade indefinida, como, por exemplo, uma sequência de lançamentos feita com um dado supostamente indestrutível. Cada um desses eventos apresenta certo caráter ou *propriedade;* por exemplo, o lançamento pode fazer com que apareça o número cinco e, assim, tem a *propriedade cinco.* Se tomarmos todos os lançamentos de propriedade cinco aparecidos até certa altura da sequência, e dividirmos esse número pelo número total de lançamentos até esse momento, (isto é, seu número ordinal na sequência), obteremos a *frequência relativa* de cinco até essa altura. Se determinarmos a frequência relativa de cincos até cada elemento da sequência, obteremos uma sequência nova — a *sequência das frequências relativas dos cincos.* Tal sequência de frequências é diversa da sequência original de eventos a que corresponde e que pode ser chamada de "sequência-evento" ou "sequência-propriedade".

Como exemplo simples de coletivo, aponto o que poderíamos chamar uma *"alternativa"*. Com essa expressão, denotamos uma sequência de eventos que admitimos apresentarem *apenas duas propriedades* — sendo exemplo uma sequência de lançamentos de moeda. A primeira propriedade (cara) será indicada por "1" e a outra (coroa) por "0". Uma sequência de eventos (ou sequência de propriedades) poderá ter a representação seguinte:

(A) 0 1 1 0 0 0 1 1 1 0 1 0 1 0 ....

Correspondentemente a essa "alternativa", — ou, com precisão maior, correlacionada com a propriedade "1" dessa alternativa — coloca-se a seguinte sequência de frequências relativas ou "sequência-frequência":[2]

1 R. von Mises, *Fundamentalsätze der Wahrscheinlichkeitsrechnung, Mathematische Zeitschrift,* v. 4, 1919, p. 1; *Grundlagen der Wahrscheinlichkeitsrechnung, Mathematische Zeitschrift,* v. 5, 1919, p. 52; *Wahrscheinlichkeit, Statistik und Wahrheit,* 1928. 2ª ed. 1936, versão inglesa de J. Neyman, D. Sholl e E. Rabinowitsch: *Probability, Statistics and Truth,* 1939; "Wahrscheinlichkeitsrechnung und ihre Anwendung in der Statistik und theoretischen Physik", *Vorlesungen uber angewandte Mathematik,* v. 1, 1931.

2 Podemos correlacionar a cada sequência de propriedades tantas sequências distintas de frequências relativas quantas sejam as propriedades definidas na sequência. Assim, no caso de uma alternativa, haverá duas sequências distintas. Tais sequências serão, não obstante, deriváveis uma da outra, pois que são complementares (termos correspondentes somam uma unidade). Por esse motivo, e por amor à brevidade, farei alusão "a (uma) sequência de frequências relativas, correlacionada à alternativa (a)", pretendendo, sempre, significar a sequência de frequências correlacionada à propriedade "1" dessa alternativa (a).

$$(A') \quad 0 \quad \frac{1}{2} \quad \frac{2}{3} \quad \frac{2}{4} \quad \frac{2}{5} \quad \frac{2}{6} \quad \frac{3}{7} \quad \frac{4}{8} \quad \frac{5}{9} \quad \frac{5}{10} \quad \frac{6}{11} \quad \frac{6}{12} \quad \frac{7}{13} \quad \frac{7}{14} \quad ....$$

Ora, o *axioma da convergência* (ou "axioma-limite") postula que, na medida em que a sequência-evento se prolonga, a sequência-frequência tende para um *limite* definido. Esse axioma é utilizado por von Mises, porque devemos ter segurança quanto a *um valor frequencial fixo* com que possamos operar (ainda que as frequências reais tenham valores flutuantes). Em qualquer coletivo figuram pelo menos duas propriedades e, se conhecermos os limites das frequências correspondentes a *todas* as propriedades de um coletivo, conheceremos aquilo que se denomina sua *"distribuição"*.

O *axioma da aleatoriedade*, ou, como é por vezes chamado, "princípio da exclusão do sistema de jogo", tem por objetivo dar expressão matemática ao caráter casualoide da sequência. É claro que um jogador poderia ver crescerem suas oportunidades recorrendo a um sistema de jogo se as sequências de lançamentos de moeda mostrassem regularidade (como, digamos, o regular surgimento da *coroa* após o surgimento de cada grupo de três *caras*). Ora, o axioma da aleatoriedade postula, a propósito de todos os coletivos, que não existe um sistema de jogo que se lhes possa aplicar com êxito. Postula ainda que, seja qual for o sistema de jogo a que possamos recorrer, para selecionar lançamentos supostamente favoráveis, verificaremos que, se o jogo se prolonga suficientemente, as frequências relativas de *lançamentos favoráveis* tenderão ao mesmo limite para o qual tende a sequência de *todos os lançamentos*. Assim, uma sequência que admita um sistema de jogo, pelo qual o jogador possa ver aumentadas suas possibilidades, não é um coletivo, no sentido de von Mises.

Probabilidade, no entender de von Mises, é, assim, outra palavra para designar "limite da frequência relativa num coletivo". A ideia de probabilidade, consequentemente, é aplicável apenas a *sequências de eventos*, restrição que parece inaceitável, de um ponto de vista como o de Keynes. Às críticas dirigidas contra a estreiteza de sua interpretação, von Mises replicou assinalando a diferença existente entre o uso científico de probabilidades, em Física, por exemplo, e os usos populares que se fazem da probabilidade. Assinalou que seria errôneo exigir que um termo científico, adequadamente definido, tivesse de corresponder, sob todos os aspectos, a uma utilização pré-científica, inexata.

A *tarefa do cálculo de probabilidades* consiste, segundo von Mises, simples e unicamente no seguinte: inferir certos "coletivos derivados", com "distribuições derivadas", a partir de certos dados "coletivos iniciais", com certas "distribuições iniciais" dadas; em suma, calcular probabilidades não dadas a partir de probabilidades dadas.

Os caracteres distintivos de sua teoria são resumidos por von Mises[3] em quatro pontos: o conceito de coletivo precede o de probabilidade; este último é definido como o limite das frequências relativas; formula-se um axioma de aleatoriedade; e define-se a tarefa do cálculo de probabilidades.

3 *Cf.* von Mises, *Wahrscheinlichkeitsrechnung*, 1931, p. 22.

51. PLANO DE UMA NOVA TEORIA DA PROBABILIDADE

Os dois axiomas ou postulados propostos por von Mises para definir o conceito de coletivo defrontaram-se com forte crítica — crítica, a meu ver, até certo ponto procedente. Em particular, levantaram-se objeções contra a combinação do axioma da convergência com o axioma da aleatoriedade,[1] sob a alegação de que é inadmissível aplicar o conceito matemático de limite ou de convergência a uma sequência que, por definição (ou seja, por força do axioma da aleatoriedade) não deve estar sujeita a qualquer regra ou lei matemática. Com efeito, o limite matemático nada mais é do que uma *propriedade característica da regra ou lei matemática pela qual a sequência é determinada.* É simplesmente uma propriedade dessa regra haver — para qualquer fração, arbitrariamente próxima de zero — um elemento da sequência tal que todos os elementos que o seguem se desviam menos do que essa fração de algum valor determinado, que é justamente o limite da sequência.

Para responder a objeções dessa ordem, propôs-se que não mais se combinasse o axioma da convergência com o da aleatoriedade, e que se postulasse apenas a convergência, isto é, a existência de um limite. Quanto ao axioma da aleatoriedade, a proposta surgida foi ou a de abandoná-lo completamente (Kamke) ou a de substituí-lo por um requisito menos restritivo (Reichenbach). Pressupõem tais sugestões que esteja no axioma da aleatoriedade a causa das dificuldades.

Em contraste com essas concepções, inclino-me a responsabilizar o axioma da convergência não menos que o axioma da aleatoriedade. Nesses termos, penso existir dois trabalhos a serem realizados: o aperfeiçoamento do axioma da aleatoriedade — o que é, sobretudo, um problema de Matemática; e a completa eliminação do axioma da convergência — questão que exige particular cuidado do epistemologista.[2] *(Cf.* seção 66.)

Nas linhas seguintes, proponho-me a enfrentar, inicialmente, a questão matemática e, em seguida, a epistemológica.

A primeira dessas duas tarefas citadas, a reconstrução da teoria matemática,[3] tem como objetivo principal a derivação do teorema de Bernoulli — a primeira "lei dos grandes números" — a partir de um *axioma de aleatoriedade modificado;* modificado, esclareça-se, de maneira a não exigir mais do que é necessário para alcançar o objetivo indicado. Sendo mais preciso, meu propósito é o de alcançar a derivação da *fórmula binomial* (às vezes chamada *fórmula de Newton)* sob sua "terceira forma". Com efeito, a partir dessa fórmula, podem ser obtidos, da maneira usual, o teorema de Bernoulli e os demais teoremas acerca dos limites da probabilidade.

---

1 Waismann, *Erkenntnis,* v. 1, 1930, p. 232.

2 Essa preocupação é expressa por Schlick, *Naturwissenschaften,* v. 19, 1931. * Continuo a acreditar que essas duas tarefas são relevantes. Embora, no livro, eu quase tenha conseguido alcançar o que me propus fazer, as duas tarefas só foram satisfatoriamente completadas no apêndice *vi, agora introduzido.

3 Ampla versão da construção matemática será dada a público separadamente. * *Cf.* novo apêndice *vi.

O plano que me proponho é o de elaborar, inicialmente, uma *teoria frequencial para as classes finitas,* desenvolvendo-a, dentro de suas fronteiras, tanto quanto possível, ou seja, até a dedução da ("primeira") fórmula binomial. Essa teoria frequencial para as classes finitas apresenta-se como parte elementar da teoria das classes. Será desenvolvida apenas para conseguir uma base de discussão do axioma da aleatoriedade.

Passarei, depois, às *sequências infinitas,* isto é, às sequências de eventos que podem ser continuadas indefinidamente, através do velho método de introduzir um axioma de convergência, pois necessitamos de algo semelhante a ele para debater o axioma da aleatoriedade. Após deduzir e examinar o teorema de Bernoulli, terei em consideração a maneira *como pode ser eliminado o axioma da convergência* e o tipo de sistema axiomático que nos restará como resultado.

Ao longo da dedução matemática, usarei *três* símbolos diferentes de frequência: F" para simbolizar a frequência relativa em classes finitas; F' para simbolizar o limite das frequências relativas de uma sequência-frequência infinita; e, enfim, F, para simbolizar a probabilidade objetiva, isto é, a frequência relativa de uma sequência "irregular", ou "aleatória", ou "casualoide".

52. FREQUÊNCIA RELATIVA NUMA CLASSE FINITA

Consideremos a classe α de um número *finito* de ocorrências, por exemplo, a classe de lançamentos feitos ontem, com este particular dado. Essa classe α, que se presume ser *não vazia,* serve, por assim dizer, como um sistema de referência e será denominada *classe-referência* (finita). O número de elementos que pertencem a α, isto é, seu número cardinal, é denotado por "$N(\alpha)$", que deve ser lido "o número de α". Consideremos agora outra classe, β, que pode ser finita ou não. A β chamaremos de classe-propriedade: ela poderá corresponder, por exemplo, à classe de todos os lançamentos em que se obtém *cinco* ou (como diremos) que tem a propriedade *cinco.*

A classe dos elementos que pertencem tanto a α quanto a β (por exemplo a classe de lançamentos feitos ontem, com este particular dado, apresentando a propriedade cinco) é chamada de classe-produto de α e β e denotada por "$\alpha.\beta$", que deve ser lido "α e β". Como a.β é uma subclasse de α, ela pode encerrar, quando muito, um número finito de elementos (e pode ser vazia). O número de elementos em $\alpha.\beta$ é denotado por "$N(\alpha.\beta)$".

Conquanto simbolizemos os *números* (finitos) de elementos por N, as *frequências relativas* são simbolizadas por F". Exemplificando, "a frequência relativa da propriedade β no seio da classe-referência finita α" denota-se por "αF"(β)", que podemos ler "a frequência – α de β". Podemos, agora, definir:

(Definição 1) $$_{\alpha}F''(\beta) = \frac{N(\alpha.\beta)}{N(\alpha)}$$

Em termos de nosso exemplo, isto significaria: "A frequência relativa de *cincos* nos lançamentos ontem feitos com este dado é, por definição, igual ao quociente que se obtém dividindo o número de *cincos obtidos* ontem, com este dado, pelo número total de lançamentos ontem feitos com este dado".[*1]

A partir dessa definição, um tanto trivial, os teoremas do *cálculo de frequências em classes finitas* podem ser facilmente deduzidos (mais especialmente, o teorema geral da multiplicação, o teorema da adição e os teoremas da divisão, isto é, as regras de Bayes. *Cf.* apêndice ii). Quanto aos teoremas de cálculo de frequências e do cálculo de probabilidades, de modo geral, é característico neles jamais aparecerem números cardinais (números *N*), aparecendo apenas frequências relativas, isto é, razões ou números *F*. Os números *N* somente ocorrem nas demonstrações de uns poucos teoremas fundamentais, diretamente deduzidos da definição; mas não ocorrem nos teoremas.[*2]

Um exemplo simples mostrará como entender este ponto. (Outros exemplos poderão ser encontrados no apêndice ii.) Denotemos a classe de todos os elementos que não pertencem a β por "$\overline{\beta}$ " (leia-se: "o complemento de β", ou, simplesmente, "não-β"). Podemos, então, escrever

$$_{\alpha}F''(\beta) + {}_{\alpha}F''(\overline{\beta}) = 1$$

Embora esse teorema contenha apenas números *F*, sua demonstração usa números *N*. Com efeito, o teorema decorre da definição (1), com a ajuda de um teorema simples do cálculo de classes, o qual assevera que

$$N(\alpha.\beta) + N(\alpha.\overline{\beta}) = N(\alpha).$$

53. SELEÇÃO, INDEPENDÊNCIA, INDIFERENÇA, IRRELEVÂNCIA

Dentre as operações que podem ser realizadas com as frequências relativas, em classes finitas, é de especial importância, para o que se segue, a operação de *seleção.*[1]

Seja uma classe-referência *a*, por exemplo a classe dos botões que se encontram numa caixa, e duas classes-propriedade, β, digamos os botões vermelhos, e γ, digamos os botões grandes. Agora tomar a classe produto α.β como uma *classe-referência nova,* e propor a questão de conhecer o valor de

*1 A definição 1 relaciona-se, é claro, com a definição clássica de probabilidade, como razão dos casos favoráveis para os casos igualmente possíveis; ela deve, porém, ser nitidamente distinguida da última definição: aqui não está presente o pressuposto de que os elementos de *α* sejam "igualmente possíveis".

*2 Selecionando um conjunto de fórmulas-*F*, do qual as outras fórmulas-*F* possam ser deduzidas, obtemos um *sistema de axiomas* (formal) *para a probabilidade;* compare-se apêndices ii, *ii, *iv, e *v.

1 O termo de von Mises é *"escolha" ("Auswahl").*

$$_{\alpha.\beta}F''(\gamma)$$

isto é, da frequência de y, dentro da nova classe-referência.[2] A nova classe-referência $\alpha.\beta$ pode ser chamada de "resultado da seleção de elementos-β de α", ou "seleção de α segundo a propriedade β", pois podemos considerá-la como resultante da seleção, a partir de α, de todos os elementos (botões) que têm a propriedade β (são vermelhos).

Ora, é possível que *y* ocorra nessa nova classe-referência $\alpha.\beta$ com a mesma frequência relativa com que ocorria na classe referência original α, isto é, talvez seja verdadeiro que

$$_{\alpha.\beta}F''(\gamma) = {}_{\alpha}F''(\gamma)$$

Nesse caso, podemos dizer (acompanhando Hausdorff)[3] que as propriedades β e γ são "*mutuamente independentes,* dentro da classe-referência α". A relação de independência é uma relação triádica (de três termos) e simétrica quanto às propriedades β e γ.[4] Se duas propriedades, β e γ são (mutuamente) independentes, dentro de uma classe-referência α, podemos dizer que a propriedade γ é, dentro de α, *indiferente* à seleção de elementos-β ou, talvez, que a classe-referência α é, com respeito a essa propriedade γ, indiferente à seleção, com base na propriedade β.

A independência mútua, ou indiferença de β e γ, dentro de α, poderia, também, — do ponto de vista da teoria subjetiva — receber a seguinte interpretação: informados de que um particular elemento da classe α tem a propriedade β, esta informação é *irrelevante* se β e γ forem mutuamente independentes, dentro de α. É irrelevante, entenda-se, quanto à questão de saber se esse elemento também possui ou não possui a propriedade γ.[*1] Se, por outro lado, soubermos que γ ocorre mais frequentemente (ou menos frequentemente) na subclasse $\alpha.\beta$ (que foi selecionada a partir de α, tendo em conta β), a informação de que um elemento tem a propriedade β é *relevante* para a questão de saber se esse elemento também tem, ou não, a propriedade γ.[5]

---

2 A resposta a essa questão é dada pelo teorema geral da divisão (*cf.* apêndice ii).

3 Hausdorff, *Berichte uber die Vernhandlungen der sächsischen Ges. d. Wissenschaften,* Leipzig, Mat-Fis, classe 53, 1901, p. 158.

4 É até mesmo triplamente simétrica, ou seja, para α, β e γ, se admitirmos que β e γ são também *finitas.* Para a demonstração de asserção de simetria, *cf.* apêndice ii, (I^s) e (I_s). * A condição de finitude, para a tripla simetria, tal como é asseverada nesta nota, é insuficiente. Posso ter pretendido expressar a condição de que β e γ são limitadas pela classe de referência finita α, ou melhor, que α deve ser o universo finito de nosso discurso. (Estas condições são suficientes.) A insuficiência da condição, tal como formulada em minha nota, patenteia-se através do seguinte contra-exemplo. Tomemos um universo de 5 botões; 4 são redondos *(α);* 2 são redondos e pretos *(α β)*; 2 são redondos e grandes *(α γ);* 1 é redondo, preto e grande *(α β γ);* e 1 é quadrado, preto e grande *($\overline{\alpha}$ β γ).* Não temos, então, tripla simetria, de vez que $_{\alpha}F''(\gamma) \neq {}_{\beta}F''(\gamma)$.

*1 Assim, qualquer informação acerca da posse de propriedades será relevante ou irrelevante se e somente se as propriedades em pauta forem, respectivamente, dependentes ou independentes. A relevância pode, portanto, ser definida em termos de dependência, mas o inverso não ocorre. (*Cf.* próxima nota de pé de página e nota *1, da seção 55.)

5 Keynes objetou à teoria frequencial, por acreditar ser impossível definir *relevância* no seio dessa teoria; *cf. op. cit.,* pp. 103 e ss. * De fato, a teoria subjetiva não pode definir a *independência* (objetiva) o que constitui uma objeção séria, como deixo claro em meu *Postscript,* cap. *ii, especialmente nas seções de número *40 a *43.

54. SEQUÊNCIAS FINITAS. SELEÇÃO ORDINAL E SELEÇÃO POR VIZINHANÇA

Suponhamos que os elementos de uma classe-referência finita α, são *numerados* (um número é escrito, por exemplo, em cada botão da caixa) e que eles são arranjados numa *sequência*, de acordo com esses números ordinais. Numa sequência desse gênero, cabe distinguir duas espécies de seleção com especial importância, ou seja, a seleção segundo o número ordinal de um elemento ou, mais brevemente, a seleção ordinal, e a seleção por vizinhança.

A *seleção ordinal* consiste em fazer uma seleção, a partir da sequência α, de acordo com a propriedade β, dependendo do número ordinal do elemento (cuja seleção importará decidir). Por exemplo, β poderá ser a propriedade *par*, de sorte que selecionemos, a partir de α, todos os elementos cujo número ordinal seja par. Os elementos assim selecionados constituem uma *subsequência selecionada*. Se uma propriedade γ for independente de uma seleção ordinal que se faça de acordo com β, poderemos dizer que a *seleção ordinal* é também independente com respeito a γ; ou poderemos dizer que a sequência α, com respeito a γ, *é* indiferente à seleção de elementos-β.

A *seleção por vizinhança* torna-se possível devido ao fato de que, ordenando os elementos em uma sequência numerada, criam-se certas relações de vizinhança. Isso nos permite, por exemplo, selecionar todos os elementos cujo predecessor imediato apresente a propriedade γ, ou aqueles cujos primeiro e segundo predecessores ou cujo segundo sucessor tenha a propriedade γ, e daí por diante.

Assim, se dispusermos de uma sequência de eventos (digamos de lançamentos de moeda), importará distinguir duas espécies de propriedades: suas propriedades primárias, tais como "caras" ou "coroas", próprias de cada elemento, independentemente de sua posição na sequência; e propriedades secundárias, tais como "par" ou "sucessor de coroas", etc., que um elemento adquire por força da posição que ocupa na sequência.

Uma sequência que apresente duas propriedades primárias tem sido chamada de "alternativa". Tal como demonstrou von Mises, é possível desenvolver (se formos cautelosos) os traços essenciais de uma teoria de probabilidades em termos de uma teoria de alternativas, sem sacrifício da generalidade. Denotadas as duas propriedades primárias de uma alternativa por "I" e "0", todas as alternativas podem ser representadas como uma sequência de "uns" e de "zeros".

A estrutura de uma alternativa pode ser *regular*, ou mais ou menos *irregular*. Nas páginas seguintes examinaremos mais minuciosamente essa regularidade ou irregularidade de certas alternativas finitas.[*1]

---

*1 Sugiro que as seções de número 55 a 64 ou talvez apenas as de número 56 a 64 sejam deixadas de parte, numa primeira leitura. Será quiçá conveniente passar deste ponto, ou do fim da seção 55, diretamente para o capítulo dez.

55. LIBERDADE-N EM SEQUÊNCIAS FINITAS

Tomemos uma alternativa finita α, que consiste, por exemplo, de mil uns e zeros, regularmente dispostos, da maneira seguinte:

(α) I I 0 0 I I 0 0 I I 0 0 ...

Nessa alternativa, temos uma distribuição igual, isto é, as frequências relativas de uns e zeros é a mesma. Se denotarmos a frequência relativa da propriedade um por 'F" (1)' e a de *zeros* por 'F"(0)' poderemos escrever:

(I) $$_{\alpha}F''(I) = {}_{\alpha}F''(o) = \frac{1}{2}$$

Selecionamos, agora, a partir de α, todos os termos que apresentam a propriedade-vizinhança de serem *imediatamente sucessivos a um* (dentro da sequência α). Se denotarmos essa propriedade por "β", poderemos chamar "α.β" de subsequência selecionada. Ela terá a estrutura:

($\alpha.\beta$) I 0 I 0 I 0 I 0 I 0 ...

Esta sequência é, de novo, uma alternativa com distribuição igual. Mais ainda, nem a frequência relativa de *uns* nem a de *zeros* viram-se alteradas, isto é, temos

(2) $$_{\alpha.\beta}F''(I) = {}_{\alpha}F''(I);\ {}_{\alpha.\beta}F''(o) = {}_{\alpha}F''(o).$$

Segundo a terminologia introduzida na seção 53, podemos dizer que as propriedades primárias da alternativa α são indiferentes à seleção com base na propriedade β ou, mais resumidamente, que α é indiferente à seleção segundo β.

Como todo elemento de α ou tem a propriedade β (a de ser sucessor de um *um)* ou de ser sucessor de um *zero,* podemos denotar esta última propriedade por "$\overline{\beta}$". Se, agora, selecionarmos os elementos que apresentam a propriedade $\overline{\beta}$, obteremos a alternativa:

($\alpha.\overline{\beta}$) 0 I 0 I 0 I 0 I 0 I ...

Esta sequência apresenta ligeiro desvio de uma distribuição equitativa porque começa e termina com *zero* (uma vez que α termina com "0 0", em razão de sua distribuição equitativa). Se α contiver dois mil elementos, então $\alpha.\overline{\beta}$ conterá 500 *zeros* e apenas 499 *uns*. Esses desvios de uma distribuição equitativa (ou de outras distribuições) surgem apenas com respeito ao primeiro ou último elemento: eles podem se tornar tão pequenos quanto desejemos se fizermos a sequência suficientemente ampla. Por esse motivo, não os levaremos em conta nas considerações seguintes, especialmente porque nossas investigações irão estender-se a sequências infinitas, com respeito às quais esses desvios desaparecem. Dentro dessas linhas, diremos que a alternativa $\alpha.\overline{\beta}$ tem distribuição equitativa e que a alternativa α é *indiferente* à seleção de elementos que apresentam a propriedade $\overline{\beta}$. Como consequência, α, ou melhor, a frequência relativa das propriedades primárias de α, é indiferente tanto à seleção segundo β quanto à seleção segundo $\overline{\beta}$. Podemos, consequentemente, dizer que α é indiferente a *qualquer* seleção que se faça em termos da propriedade do *predecessor imediato.*

Essa indiferença, sem dúvida, é devida a certos aspectos da estrutura da alternativa α, aspectos que a distinguem de outras alternativas. As alternativas $\alpha.\beta$ e $\alpha.\overline{\beta}$, por exemplo, *não* são indiferentes à seleção que se faça de acordo com a propriedade de um predecessor.

Estamos agora habilitados a investigar a alternativa α, para verificar se ela se mostra indiferente a outras seleções, especialmente à seleção que se faça tendo em conta a propriedade de um *par* de predecessores. Podemos, por exemplo, selecionar, a partir de α, todos os elementos que sejam sucessores de um par I, I. E verificamos, de imediato, que α *não é* indiferente à seleção do sucessor de qualquer dos quatro pares possíveis, I, I; I, 0; 0, I e 0, 0. Em nenhum desses casos, as subsequências resultantes têm igual distribuição; pelo contrário, consistem, todas, de *blocos* compactos (ou *"iterações")*, isto é, blocos de *uns* ou blocos de *zeros.*

O fato de α ser indiferente à seleção segundo predecessores singulares, mas não indiferente à seleção segundo pares de predecessores, poderia, do ponto de vista da teoria subjetiva, ser expresso da maneira seguinte: a informação acerca da propriedade de um predecessor de qualquer elemento de α é irrelevante no que concerne à propriedade desse elemento; de outra parte, a informação acerca das propriedades de um par de predecessores é da maior relevância, pois, dada a lei segundo a qual α se constrói, ficamos habilitados a *predizer* a propriedade do elemento em pauta. A informação acerca das propriedades do par de predecessores fornece-nos, por assim dizer, as condições iniciais necessárias para deduzir a predição. (A lei segundo a qual α *é* construída exige um par de propriedades como condições iniciais; ela é, assim, "bidimensional" com respeito a essas propriedades. A especificação de *uma* propriedade é "irrelevante" apenas por ser compósita em grau insuficiente para servir como condição inicial. *Cf.* seção 38.)[*1]

Recordando quão estreitamente a ideia de causalidade — de *causa* e *efeito* — se relaciona com a dedução de predições, introduzirei a terminologia indicada a seguir. A asserção feita anteriormente acerca da alternativa α, "α é indiferente à seleção segundo um único predecessor *singular*" será agora expressa por "α está livre de quaisquer efeitos ulteriores de predecessores *singulares*", ou, de maneira breve,

*1 Essa é outra indicação do fato de que os termos "relevante" e "irrelevante", que aparecem tão amplamente na teoria subjetiva, são fortemente enganadores. Com efeito, se p *é* irrelevante, e irrelevante q, surpreende um pouco saber que $p.q$ pode ser da mais alta relevância. Ver ainda apêndice *ix, especialmente os pontos 5 e 6 da primeira nota.

"α é livre-I" (ou "α é I-livre"). Em vez de dizer, como antes, que α é (ou não é) "indiferente à seleção segundo *pares* de predecessores", direi agora: "α é (ou não é) livre de efeitos ulteriores de *pares* de predecessores", ou, abreviadamente, "α é (ou não é) livre-2" — ou "2-livre".[*2]

Recorrendo à alternativa α I-livre como protótipo, poderemos construir, agora, sem dificuldade, outras sequências que apresentem igual distribuição e que sejam livres não apenas de efeitos ulteriores de um predecessor, isto é, I-livres (como α), mas que, além disso, sejam livres de efeitos ulteriores de um par de predecessores, isto é, 2-livres; e, a partir daí, poderemos passar a sequências que sejam 3-livres, e assim por diante. Dessa maneira, somos levados a uma ideia geral, que é básica para as considerações seguintes. É a ideia de liberdade em relação aos efeitos ulteriores de todos os predecessores até um número qualquer, *n,* ou, como diremos, de liberdade *n*. (Em termos mais precisos, diremos que uma sequência é "*n*-livre" se e somente se as frequências relativas de suas propriedades primárias forem "*n*-indiferentes", ou seja, indiferentes à seleção que se faça de acordo com predecessores singulares *e* de acordo com pares de predecessores *e* de acordo com tríplices predecessores *e*... *e* de acordo com *n*-plas (ênuplas) de predecessores.[1]

Uma alternativa α I-livre pode ser construída através da repetição do *período gerador*

(A) I I 0 0 ...

qualquer número de vezes. Analogamente, chegamos a uma alternativa 2-livre, com igual distribuição, se tomarmos

(B) I 0 I I I 0 0 0 ...

como período gerador. Uma alternativa 3-livre é conseguida a partir do período gerador

(C) I 0 I I 0 0 0 0 I I I I 0 I 0 0 ...

e uma alternativa 4-livre é obtida a partir do período gerador

---

*2 A ideia geral de distinguir vizinhanças, de acordo com sua amplitude, e a de operar com seleções-vizinhança bem definidas, foi proposta por mim mas a expressão "livre de efeito ulterior" *("nachwirkungsfrei")* é devida a Reichenbach. Este, porém, na ocasião, usou-a apenas em sentido absoluto, de "indiferente à seleção feita de acordo com *qualquer* precedente grupo de elemento". A ideia de introduzir um conceito de liberdade-I, liberdade-2, ..., liberdade-*n*, *recursivamente definido*, e, dessa maneira, usar o método recursivo para analisar a seleção de vizinhanças e, especialmente, para *construir sequências aleatórias,* é ideia minha. (Também utilizei o método recursivo para definir a independência mútua de *n* eventos.) Esse método é bem diverso do método de Reichenbach. Ver também a nota 4, da seção 58 e, em particular, a nota 2, da seção 60, logo a seguir. *Adendo de 1968:* Verifiquei que, muito antes de ser usado por Reichenbach, o termo foi empregado por Smoluchowski.

1 Como o doutor K. Schiff me fez notar, essa definição é passível de simplificação. Basta exigir indiferença à seleção de qualquer ênupla predecessora (para um dado *n*). A indiferença em relação à seleção de (*n*-1)-plas, etc., pode ser facilmente demonstrada.

(D) 0 I I 0 0 0 I I I 0 I 0 I 0 0 I 0 0 0 0 0 I 0 I I I I 0 0 I I ...

Nota-se que a impressão intuitiva de estar diante de uma sequência irregular torna-se mais acentuada à medida em que aumenta o número *n* da liberdade-*n* da sequência.

O período gerador de uma alternativa *n*-livre, com igual distribuição, deve incluir, pelo menos, 2^{n+1} elementos. Os períodos dados como exemplos, podem, naturalmente, iniciar-se em diferentes lugares; (C), por exemplo, pode iniciar-se com o quarto elemento, de modo que, em vez de (C) teremos

(C') I 0 0 0 0 I I I I 0 I 0 0 I 0 I ...

Outras transformações existem, que não alteram a liberdade-*n* de uma sequência. Em outro local será descrito o método de construir períodos geradores de sequências *n*-livres, para qualquer número *n*.[*3]

Se ao período gerador de uma alternativa *n*-livre acrescentarmos os primeiros *n* elementos do período seguinte, obteremos uma sequência de comprimento $2^{n+1} + n$. Esta apresenta, entre outras, a seguinte propriedade: todo arranjo de $n + 1$ *zeros* e *uns*, isto é, toda possível $(n + 1)$-pla, ocorre nessa sequência pelo menos uma vez.[*4]

56. SEQUÊNCIAS DE SEGMENTOS. A PRIMEIRA FORMA DA FÓRMULA BINOMIAL

Dada uma sequência finita α, denominamos uma subsequência de α, compreendendo *n* elementos consecutivos, um "segmento de α de comprimento *n*" ou, mais abreviadamente, um "segmento *n* de α". Se, além da sequência α, for dado algum número definido *n*, poderemos acomodar os segmentos-*n* de a numa sequência — a *sequência dos segmentos-n de* α. Dada uma sequência α, podemos construir uma nova sequência, de segmentos de α, de maneira tal que comecemos com o segmento dos primeiros *n* elementos de α. Em seguida, coloca-se o segmento dos elementos 2 até $n + 1$ de α. De modo genérico, tomamos como *x*-ésimo elemento da nova sequência o segmento que compreende os elementos que vão de *x* até $x + n - 1$ de α. A nova sequência, assim obtida, pode ser denominada "sequência

*3 Cf. nota *1, do apêndice iv. O resultado é uma sequência de comprimento $2^n + n - 1$, tal que, omitindo seus *n-I* últimos elementos, obtém-se um período gerador para a alternativa livre-*m*, com $m = n - 1$.

*4 A seguinte definição, aplicável a qualquer alternativa longa, mas finita, *A*, com equidistribuição, parece apropriada: seja N o comprimento de *A* e seja *n* o maior inteiro, tal que 2^{n+1} é menor ou igual a *N;* diremos que *A* é *perfeitamente aleatória* se e somente se o número relativo de ocorrências de qualquer par, terna, ..., ênupla, (até $m = n$) se desviar de outro qualquer par, tripla, ... ênupla, por não mais do que, digamos, $m / N^{1/2}$, respectivamente. Essa caracterização torna possível dizer que, dada alternativa *A* é aproximadamente aleatória; e permite-nos, até mesmo, definir o grau de aproximação. Uma definição mais elaborada pode basear-se no método (de maximizar minha função-*E*) descrito nos pontos 8 e seguintes de minha *terceira nota* incluída no apêndice *ix.

dos segmentos-n superpostos de α". Essa expressão mostra que quaisquer dois elementos consecutivos (isto é, segmentos) da nova sequência se superpõem de maneira tal que têm, em comum, $n - 1$ elementos da sequência original, α.

Podemos obter, agora, por seleção, outras sequências-n, a partir de uma sequência de segmentos superpostos, especialmente *sequências de segmentos-n adjacentes.*

Uma sequência de segmentos-n adjacentes contém apenas segmentos-n que se sucedem imediatamente, em α, sem superposição. Pode iniciar-se, por exemplo, com os segmentos-n dos elementos numerados de um a n, na sequência original α, seguidos pelo segmento dos elementos $n + 1$ até $2n$, $2n + 1$ até $3n$, e assim por diante. De modo genérico, uma sequência de elementos adjacentes se iniciará com o k-ésimo elemento de α, e seus segmentos conterão os elementos de α numerados de k até $n + k - 1$, $n + k$ até $2n + k - 1$, $2n + k$ até $3n + k - 1$, e assim por diante.

Nas considerações seguintes, as sequências de segmentos-n superpostos de α serão denotadas por "$\alpha_{(n)}$", e sequências de segmentos-n adjacentes serão indicadas por "α_n".

Consideremos, agora, mais diretamente, as sequências dos segmentos superpostos $\alpha_{(n)}$. Todo elemento dessa sequência é um segmento-n de α. Como propriedade primária de um elemento de $\alpha_{(n)}$, poderíamos considerar, por exemplo, a n-pla ordenada de *zeros* e *uns* de que o segmento consiste. Ou poderíamos, de modo mais simples, encarar o número de seus *uns* como propriedade primária do elemento (desconsiderando a *ordem* de *uns* e *zeros).* Se denotarmos o número de *uns* por "m", teremos, claramente, $m \leq n$.

Se escolhermos um particular m $(m \leq n)$, atribuindo a propriedade "m" a cada elemento da sequência $\alpha_{(n)}$ que apresente exatamente m *uns* (e, consequentemente, n — m *zeros)* e atribuirmos a propriedade "$\overline{\text{m}}$" (não-m) a todos os outros elementos de $\alpha_{(n)}$, então, de cada sequência $\alpha_{(n)}$ obteremos uma *alternativa.* Todo elemento de $\alpha_{(n)}$ deverá ter uma ou outra das duas propriedades citadas.

Imaginemos que nos seja dada uma alternativa finita α com as propriedades primárias "I" e "0". Admitamos que a frequência de *uns,* ${}_{\alpha}$F"(I) é igual a p e que a frequência de *zeros é* igual a ${}_{\alpha}$F"(0) e igual a q. (Não presumimos que a distribuição seja igual, isto é, que $p = q$.)

Admitamos que essa alternativa α seja pelo menos ($n - 1$)-livre (em que n *é* um número natural arbitrariamente escolhido). Cabe, então, colocar a pergunta seguinte: qual a frequência com que a propriedade m ocorre na sequência $\alpha_{(\mathrm{n})}$? Dito de outra maneira, qual será o valor de $\alpha_{(\mathrm{n})}F''(m)$?

Presumindo apenas que α é pelo menos ($n - 1$)-livre, podemos resolver essa questão com auxílio da aritmética elementar. A resposta é proporcionada pela fórmula seguinte, cuja demonstração será encontrada no apêndice iii:

(I) $$\alpha_{(\mathrm{n})}\mathrm{F}''(m) = {}^{\mathrm{n}}\mathrm{C}_m\, p^m q^{n-m}$$

O segundo membro da fórmula "binomial"[1] foi proposto — em outro contexto — por Newton. (Em razão disso, ela é por vezes chamada fórmula de Newton.) Chamá-la-ei "primeira forma da fórmula binomial".[*1]

Tendo deduzido essa fórmula, não me preocuparei mais com a teoria da frequência no que ela diz respeito a classes-referência *finitas*. A fórmula nos proporcionará fundamento para exame do axioma da aleatoriedade.

57. SEQUÊNCIAS INFINITAS. ESTIMATIVAS HIPOTÉTICAS DE FREQUÊNCIA

É fácil estender os resultados obtidos para sequências finitas *n*-livres a sequências *n*-livres infinitas, definidas por um *período gerador (cf.* seção 55). Uma sequência infinita de elementos que desempenhe o papel de classe-referência, à qual se relacionem nossas frequências relativas, pode ser chamada de "sequência-referência". Ela corresponde, aproximadamente, a um "coletivo", no sentido de von Mises.[**1]

O conceito de liberdade-*n* pressupõe o de frequência relativa; com efeito, sua definição requer que ela seja indiferente — indiferente à seleção, segundo certos predecessores — à *frequência relativa* com que uma propriedade ocorre. Em nossos teoremas, relativos a sequências infinitas, utilizarei, mas apenas provisoriamente (até a seção 64), a ideia de *limite de frequências relativas* (denotado por *F'), em lugar de frequência relativa em classes finitas (F")*. O uso desse conceito não provoca o aparecimento de qualquer problema, se nos confinarmos a sequências-referência, construídas *de conformidade com alguma regra matemática*. Com respeito a tais sequências, sempre é possível determinar se a correspondente sequência de frequências relativas é ou não convergente. A ideia de um limite de frequências relativas só faz surgir dificuldade no caso de sequências para as quais não é dada qualquer regra

---

1 Ao problema correspondente, relacionado com sequências infinitas de segmentos adjacentes, chamo de "problema de Bernoulli" (acompanhando von Mises, *Wahrscheinlichkeitsrechnung*, 1931, p. 128); e, relacionado com sequências infinitas de segmentos superpostos, chamo de "quase-problema de Bernoulli" (cf. nota 1, da seção 60). Assim, o problema aqui examinado seria o *quase-problema de Bernoulli, para sequências finitas.*

*1 No texto original, empreguei a expressão "fórmula de Newton"; entretanto, como essa expressão, segundo parece, raramente se usa em inglês, decidi substituí-la por "fórmula binomial".

**1 Chego, aqui, ao ponto em que falhei no concretizar totalmente meu programa intuitivo — o de analisar a aleatoriedade tão amplamente quanto possível, dentro do âmbito das sequências *finitas*, e de só depois passar para as sequências-referência *infinitas* (onde necessitamos de *limites* de frequências relativas), com o objetivo de chegar a uma teoria na qual a existência de limites de frequências decorresse do caráter aleatório da sequência. Eu poderia ter concretizado facilmente esse programa se considerasse, à semelhança do que fiz no antigo apêndice iv, como passo seguinte, as *mais curtas* sequências (finitas) *n*-livres para *n* crescente. Pode-se mostrar sem dificuldade que se, nessas sequências mais curtas for permitido que *n* cresça indefinidamente, as sequências se tornarão infinitas e as frequências, sem outro pressuposto, se tornam limites de frequência. (Ver nota *2, do apêndice iv e o novo apêndice *vi.) Essas considerações poderiam ter tornado mais simples as seções seguintes que, sem embargo, conservam sua importância. Ter-se-ia, resolvido inteiramente, e sem outro pressuposto, os problemas das seções 63 e 64, pois, uma vez que se torna demonstrável a existência de limites, não mais se faz preciso mencionar os pontos de acumulação.
Esses aperfeiçoamentos permanecem, contudo, dentro das linhas da teoria frequencial pura: exceto até o ponto em que definem um padrão ideal de desordem objetiva, eles se tornam desnecessários, se adotarmos uma interpretação de propensão do formalismo neoclássico (em termos de teoria da medida), tal como se explica nas seções *53 e seguintes, de meu *Postscript*. Ainda assim, continua a ser necessário falar de hipóteses de frequência — de estimativas hipotéticas e de seus testes estatísticos. Nesses termos, a presente seção conserva sua importância, como acontece com o que se diz nas seções próximas, até a seção 64.

matemática, mas apenas uma regra empírica (ligando, por exemplo, a sequência a lançamentos de moeda), pois, nestes casos, o conceito de limite não é definido (cf. seção 51).

Exemplo de regra matemática para construção de uma sequência, é o seguinte: "o n-ésimo elemento da sequência α será *zero* se e somente se n for divisível por 4". Isso define a alternativa infinita

$$(\alpha) \qquad I \quad I \quad I \quad 0 \quad I \quad I \quad I \quad 0 \quad \ldots$$

com os limites das frequências relativas ${}_{\alpha}F'(I) = 3/4$ e ${}_{\alpha}F'(0) = 1/4$. As sequências definidas dessa maneira, por meio de uma regra matemática, chamarei, por amor à brevidade, "*sequências matemáticas*".

Em contraste com isso, uma regra para a construção de uma *sequência empírica* seria, por exemplo: "o enésimo elemento da sequência α será *zero* se e somente se o enésimo lançamento da moeda for *coroa*". As regras empíricas nem sempre definem sequências de caráter aleatório. Eu consideraria empírica, por exemplo, a seguinte regra: "o n-ésimo elemento da sequência será *um* se e somente se o enésimo instante (a contar de um instante zero) encontrar o pêndulo p à esquerda dessa marca".

O exemplo indica que, por vezes, é possível substituir uma regra empírica por uma regra matemática — com base, por exemplo, em certas hipóteses e medidas relacionadas com algum pêndulo. Dessa maneira, talvez cheguemos a uma sequência matemática que se aproxime de nossa sequência empírica, dentro de um grau de precisão que nos satisfará (ou não), dependendo dos propósitos que tivermos em vista. De particular interesse, no presente contexto, é a possibilidade (que através de nosso exemplo se poderia estabelecer) de conseguir uma sequência matemática na qual as várias *frequências* se aproximassem das de uma determinada sequência empírica.

Dividindo as sequências em matemáticas e empíricas, estou recorrendo a uma distinção que poderia ser denominada "intensional", antes que "extensional". Pois, se uma sequência nos for dada "extensionalmente", isto é, por listagem de seus elementos individuais, um após o outro (de sorte que só poderemos conhecer uma porção finita da sequência, um segmento finito, embora longo) será impossível determinar, com base nas propriedades desse segmento, se a sequência de que ele é parte é sequência matemática ou empírica. Só podemos saber se uma sequência é matemática ou empírica se for dada uma regra de construção, ou seja, uma regra "intensional". Uma vez que desejamos chegar às sequências infinitas com auxílio do conceito de limite (de frequências relativas), devemos restringir a investigação às sequências matemáticas e, em verdade, àquelas cuja correspondente sequência de frequências relativas é convergente. Essa restrição importa em introduzir um axioma de convergência. (Os problemas relacionados com esse axioma só serão tratados nas seções de número 63 a 66, uma vez que é conveniente discuti-los paralelamente à "lei dos grandes números".)

Preocupar-nos-emos, portanto, apenas com *sequências matemáticas.* Daremos atenção, entretanto, tão somente às sequências matemáticas que esperamos ou imaginamos se aproximem, no que diz respeito a frequências, de *sequências empíricas, de caráter casualoide, ou aleatório,* pois que são estas as que se revestem de maior interesse para nós. Ora, esperar ou imaginar que uma sequência matemática se aproximará, no que diz respeito a frequências, de uma sequência empírica, nada mais é do que *elaborar uma hipótese* — hipótese acerca das frequências da sequência empírica.[1]

O fato de nossas estimativas de frequência em sequências empíricas aleatórias serem hipóteses não tem qualquer influência sobre a maneira de podermos calcular essas frequências. Com respeito a classes *finitas,* não tem a menor importância, é claro, a maneira como obtemos as frequências de que partem nossos cálculos. Essas frequências podem ser obtidas por contagem real, pela aplicação de uma regra matemática ou de uma hipótese desta ou daquela espécie. Ou podemos, simplesmente, inventá-las. Ao calcular as frequências, aceitamos algumas como dadas e delas derivamos outras.

O mesmo é verdade quanto a estimativas de frequências em sequências *infinitas.* Assim, a questão das "fontes" de nossas estimativas de frequências não é um problema de *cálculo* de probabilidades, o que não significa, porém, venha ele a ser excluído do exame que faremos dos problemas da *teoria* das probabilidades.

No caso de sequências empíricas infinitas podemos distinguir duas "fontes" principais de nossas hipotéticas estimativas de frequências, ou seja, duas maneiras pelas quais elas podem propor-se a nós. Uma é a estimativa baseada na *"hipótese da igual oportunidade"* (ou hipótese da equiprobabilidade); a outra é estimativa baseada em *extrapolação de verificações estatísticas.*

Por *"hipótese da igual oportunidade"* pretendo significar uma hipótese asseveradora de que são iguais as probabilidades das várias propriedades primárias: é uma hipótese asseveradora de *igual distribuição.* Hipóteses de igual oportunidade apoiam-se, normalmente, em considerações de *simetria.*[2] Um exemplo típico é a conjectura relativa a frequências iguais no lançamento de dados, baseada na simetria e equivalência geométrica das seis faces do cubo.

As estimativas de índices de mortalidade proporcionam bom exemplo de hipóteses de frequência baseadas em *extrapolação estatística.* No caso, os dados estatísticos acerca da mortalidade são empiricamente determinados e, *com base na hipótese de que tendências anteriores continuarão a manifestar-se de maneira aproximadamente estável,* ou de que não variarão muito — pelo menos durante o período imediatamente subsequente — faz-se, a partir dos casos conhecidos, extrapolação para casos desconhecidos, isto é, parte-se de ocorrências que foram empiricamente classificadas e contadas.

Pessoas com inclinação indutivista tenderão a negligenciar o caráter hipotético dessas estimativas: farão confusão entre uma estimativa hipotética, isto

---

1 Adiante, nas seções de número 65 a 68, examinarei o *problema da decisibilidade* das hipóteses de frequência, ou seja, o problema de saber se uma conjectura ou hipótese dessa espécie pode ser submetida à prova; no caso afirmativo, de que maneira; se, de algum modo, pode ver-se corroborada; e se é falseável. * *Cf.*, ainda, apêndice *ix.

2 Keynes trata dessas questões na análise que faz do *princípio da indiferença. Cf. op. cit.*, cap. 4, pp. 41-64.

é, uma predição-frequência, apoiada em extrapolação estatística, e uma de suas "fontes" empíricas — a classificação e contagem das ocorrências passadas e das frequências de ocorrências. Afirma-se, repetidamente, que "deduzimos" estimativas de probabilidade — isto é, predições de frequências — a partir de ocorrências passadas que sofreram classificação e contagem (tal como as estatísticas de mortalidade). Entretanto, de um ponto de vista lógico, não há justificação para essa afirmativa. Não houve dedução lógica. O que se fez foi adiantar uma hipótese não verificável, que nada poderá, jamais, justificar logicamente: a conjectura de que as frequências permanecerão *constantes* — e que, assim, permitem extrapolação. Alguns adeptos da lógica indutiva sustentam, mesmo, que as *hipóteses de igual oportunidade* são "empiricamente deduzíveis", ou "empiricamente explicáveis", dando-as por apoiadas em experiência estatística, ou seja, em frequências empiricamente observadas. De minha parte, entendo, contudo, que, ao formular esta espécie de estimativa hipotética de frequência, somos muitas vezes guiados apenas por nossas reflexões acerca da significação da simetria e por considerações análogas. Não vejo qualquer razão para que essas conjecturas se inspirem tão somente na acumulação de larga massa de observações indutivas. De qualquer maneira, não atribuo muita importância a essas indagações a respeito das origens ou "fontes" de nossas estimativas. (Cf. seção 2.) É mais importante, segundo creio, ter clara consciência do fato de que toda estimativa preditiva de frequências, inclusive as obtidas a partir de extrapolação estatística — e, sem dúvida, todas as que se referem a sequências empíricas infinitas — terá sempre caráter de simples conjectura, pois sempre ultrapassará, de muito, tudo quanto possamos afirmar com base em observações.

A distinção que faço entre hipóteses de igual oportunidade e extrapolações estatísticas corresponde à distinção clássica entre probabilidade *a priori* e probabilidade *a posteriori*. Contudo, uma vez que estes termos são usados em muitos sentidos diferentes,[3] e como são, além disso, fortemente marcados por associações filosóficas, é melhor evitá-los.

No exame que farei do axioma da aleatoriedade, tentarei construir sequências matemáticas que se aproximem de sequências empíricas aleatórias; isso quer dizer que estarei examinando hipóteses-frequência.[*2]

58. EXAME DO AXIOMA DA ALEATORIEDADE

Tanto o conceito de seleção ordinal (isto é, de seleção conforme a posição) quanto o conceito de seleção por vizinhança foram introduzidos e explicados na seção 55. Apoiando-me nesses conceitos, examinarei agora o axioma da aleatoriedade formulado por von Mises — o princípio do sistema de jogo excluído — na

3 Born e Jordan, por exemplo, em *Elementare Quantenmechanik,* 1930, p. 308, usam o primeiro desses termos para denotar uma hipótese de igual distribuição. A. A. Tschuprow, de outro lado, emprega a expressão "probabilidade *a priori*" para indicar todas as *hipóteses* de frequência, a fim de distingui-las de seus *testes estatísticos*, isto é, dos resultados de contagens empíricas, obtidos *a posteriori.*

*2 Esse é precisamente o programa a que faz alusão a nota *1, acima, concretizado nos apêndices iv e *vi.

esperança de determinar um requisito mais vulnerável e que, apesar disso, possa tomar-lhe o lugar. Segundo a teoria de von Mises, esse "axioma" é parte da definição do conceito de um coletivo: von Mises exige que os limites de frequência, num coletivo, sejam indiferentes a qualquer espécie de seleção sistemática. (Como ele assinala, um sistema de jogo sempre pode ser encarado como uma seleção sistemática.)

A maior parte das críticas que se levantaram contra esse axioma concentraram-se num aspecto superficial e relativamente sem importância de sua formulação. Elas se relacionam com o fato de, dentre as seleções possíveis, haver a seleção, digamos, dos lançamentos que fazem surgir o *cinco* e, dentro das fronteiras de tal seleção, obviamente, a frequência dos *cincos* será muito diferente do que na sequência original. Essa a razão por que von Mises, em sua formulação do axioma da aleatoriedade, fala do que ele chama de "seleções" ou "escolhas", "independentes do resultado" do lançamento em causa e que se veem definidas sem recurso à propriedade do elemento a ser selecionado.[1] Mas muitos dos ataques dirigidos contra essa formulação[2] podem ser rechaçados assinalando-se, simplesmente, que podemos formular o axioma da aleatoriedade de von Mises sem usar quaisquer expressões questionáveis.[3] Podemos, por exemplo, dar-lhe a forma seguinte: os limites das frequências, num coletivo, serão indiferentes às seleções, tanto ordinal quanto por vizinhança, e também a todas as combinações desses dois métodos de seleção suscetíveis de serem utilizadas como sistemas de jogo.[*1]

Diante dessa formulação, desaparecem as dificuldades acima referidas. Outras, contudo, permanecem. Assim, talvez seja impossível *demonstrar* que o conceito de coletivo, definido por meio de um axioma tão forte como o da aleatoriedade, não é autocontraditório ou, em outras palavras, que a classe dos "coletivos" não é vazia. (A necessidade de demonstrar esse ponto foi acentuada por Kamke.)[4] Pelo menos, parece impossível oferecer um *exemplo* de coletivo, para atestar, assim, que os coletivos existem. E isso porque um exemplo de uma sequência infinita, que satisfaz certas condições, só pode ser dado através de uma regra matemática. Contudo, para um coletivo, no sentido de von Mises, não pode, por definição, haver tal regra matemática, pois qualquer regra poderia ser utilizada como sistema de jogo

1 *Cf.*, por exemplo, von Mises, *Wahrscheinlichkeit, Statistik und Wahrheit*, 1928, p. 25; versão inglesa, 1939, p. 33.

2 *Cf.*, p. ex., Feigl, *Erkenntnis*, v. 1, 1930, p. 256, onde essa formulação é dada como "expressável não matematicamente". A crítica de Reichenbach, em *Mathematische Zeitschrift*, v. 34, 1932, pp. 594 e s., tem sentido muito semelhante.

3 Dörge fez observação análoga, mas não a explicou.

*1 As últimas sete palavras (que são essenciais) não figuravam no texto alemão. [N. T.: as sete palavras a que se refere a nota *(that can be used as gambling systems)* foram traduzidas por oito palavras portuguesas (suscetíveis de serem utilizadas como sistemas de jogo).]

4 *Cf.*, p. ex., Kamke, *Einfuhrung in die Wahrscheinlichkeitstheorie*, 1932, p. 147 e *Jahresbericht der Deutschen Mathem. Vereinigung*, v. 42, 1932. A objeção de Kamke também deve ser levantada contra a tentativa, feita por Reichenbach, no sentido de aperfeiçoar o axioma da aleatoriedade pela introdução de *sequências normais*, pois Reichenbach não alcançou êxito na demonstração de que esse conceito fosse *não vazio*. *Cf.* Reichenbach, "Axiomatik der Wahrscheinlichkeitsrechnung", *Mathematische Zeitschrift*, v. 34, 1932, p. 606.

ou como sistema de seleção. Essa crítica é aparentemente irrespondível, se forem rejeitados *todos os possíveis* sistemas de jogo.[*2]

Sem embargo, contra a ideia de excluir todos os sistemas de jogo, outra objeção pode ser levantada: a de que ela, em verdade, exige *demais*. Se nos dispomos a axiomatizar um sistema de enunciados — neste caso, os teoremas do cálculo de probabilidades, particularmente o teorema especial da multiplicação, ou teorema de Bernoulli — então, os axiomas escolhidos deverão não apenas bastar para a dedução dos teoremas do sistema, como ainda, (se isto se mostrar viável), ser *necessários*. Contudo, é possível demonstrar que a exclusão de *todos* os sistemas de seleção é *desnecessária* para a dedução do teorema de Bernoulli e seus corolários. Basta exigir a exclusão de uma especial classe de seleção por vizinhança; basta exigir que a sequência seja indiferente a seleções que se façam segundo *n*-plas de predecessores arbitrariamente escolhidos — ou seja, basta exigir que a sequência seja *n-livre, de quaisquer efeitos ulteriores, para qualquer n,* ou, mais resumidamente, que ela seja *"absolutamente livre"*.

Proponho, consequentemente, substituir o princípio do sistema de jogo excluído, elaborado por von Mises, pelo requisito menos restritivo da "liberdade absoluta", no sentido de liberdade-*n*, para qualquer *n;* e, nesses termos, proponho definir sequências *matemáticas* casualoides como as que preenchem esse requisito. A principal vantagem do meu procedimento é a de não excluir *todos* os sistemas de jogo, de sorte a ser possível fornecer regras matemáticas para a construção de sequências que sejam "absolutamente livres", no sentido mencionado e, em consequência, dar exemplos. (*Cf.* seção (a) do apêndice iv.) Dessa forma, responde-se à objeção de Kamke, atrás referida, pois agora podemos provar que o conceito de sequências matemáticas casualoides não é vazio, sendo, portanto, compatível.[*3]

Talvez pareça estranho que devamos tentar acompanhar os traços altamente irregulares das sequências casuais, valendo-nos das sequências matemáticas, que devem conformar-se às mais estritas regras. A primeira vista, o axioma da aleatoriedade, de von Mises, poderá parecer mais de acordo com nossas intuições. De fato, a intuição nos leva a crer que uma sequência casual há de ser inteiramente irregular, de modo que qualquer regularidade imaginada se mostrará falha em alguma parte posterior da sequência, bastando prolongá-la suficientemente na tentativa de falseá-la. Esse argumento intuitivo, entretanto, também beneficia a proposta que fiz. Com efeito, se as sequências casuais são irregulares, não serão, *a fortiori* sequências regulares de espécie particular. E nosso requisito de "liberdade absoluta" não faz mais que excluir uma espécie particular de sequência regular, embora importante.

Que se trata de uma espécie importante decorre do fato de que nosso requisito exclui, implicitamente, as três espécies seguintes de sistemas de jogo (cf. seção

*2 Entretanto, elas poderão ser respondidas se qualquer dado conjunto *enumerável* tiver de ser rejeitado, pois que se torna então viável construir um exemplo de sequência (por uma espécie de método diagonal). Ver seção *54 do *Postscript* (texto posterior à nota 5), a respeito de A. Wald.

*3 A referência ao apêndice iv é, aqui, de importância considerável. A maior parte das objeções levantadas contra minha teoria foi respondida no parágrafo seguinte do texto.

seguinte): em primeiro lugar, excluímos as seleções por vizinhança "normais" ou "puras",[*4] isto é, aquelas em que a seleção se faz de acordo com alguma *constante característica da vizinhança;* em segundo lugar, excluímos a seleção ordinal "normal", que recolhe elementos cuja distância de separação é constante, tais como os elementos numerados k, $n + k$, $2n + k$, ... e assim por diante; e, finalmente, excluímos [muitas] combinações desses dois tipos de seleção (por exemplo, a seleção de cada enésimo elemento, uma vez que sua vizinhança tenha certas [constantes] características especificadas). Uma propriedade característica de todas essas seleções é a de que elas não se referem a um primeiro elemento absoluto da sequência; podem, por isso, dar lugar à mesma subsequência selecionada se a numeração da sequência original começar com outro elemento (apropriado). Assim, os sistemas de jogo excluídos por meu requisito são os que poderiam ser usados sem conhecimento do primeiro elemento da sequência: os sistemas excluídos são invariantes com respeito a certas transformações (lineares); são os sistemas de jogo *simples* (cf. seção 43). Somente[*5] não são excluídos por meu requisito os sistemas de jogo que se referem às distâncias absolutas dos elementos, relativamente a um elemento absoluto[5] (inicial).

O requisito de liberdade-n, para todo n — de "liberdade absoluta" — parece também colocar-se de acordo com o que a maioria de nós, consciente ou inconscientemente, acredita ser verdadeiro quanto às sequências casuais, por exemplo, que o resultado do próximo lançamento do dado não depende dos resultados dos lançamentos anteriores. (A prática de sacudir o dado, antes do lançamento, tem por objetivo assegurar essa "independência".)

59. SEQUÊNCIAS CASUALOIDES. PROBABILIDADE OBJETIVA

Tendo em vista o exposto, proponho, agora, a seguinte definição:

Uma sequência-evento, ou sequência-propriedade, especialmente uma alternativa, se diz "casualoide" ou "aleatória" se e somente se os limites das frequências de suas propriedades primárias forem "absolutamente livres", isto é, indiferentes a qualquer seleção que se apoie nas propriedades de qualquer ênupla de predecessores. Um limite-frequência, correspondente a uma sequência aleatória, é chamado de *probabilidade objetiva* da propriedade em causa, no âmbito da sequência considerada; é simbolizado por F. Em outras palavras, seja a sequência a uma sequência casualoide (ou de tipo aleatório), tendo como propriedade primária β. Nesse caso, tem-se

$$_{\alpha}F(\beta) = {}_{\alpha}F'(\beta)$$

*4 *Cf.* último parágrafo da seção 60, adiante.

*5 A palavra "somente" *somente é* correta se falamos de sistemas de jogo (preditivos); *cf.* nota *3 da seção 60, adiante, e nota 6, da seção *54, de meu *Postscript.*

5 Exemplo: a seleção de todos os termos cujo número (de ordem) é primo.

Importa, agora, demonstrar que nossa definição basta para permitir a dedução dos principais teoremas da teoria matemática da probabilidade, especialmente do teorema de Bernoulli. Subsequentemente, — na seção 64 — a definição aqui fornecida será alterada de modo a que se torne independente do conceito de um *limite* de frequências.[*1]

60. O PROBLEMA DE BERNOULLI

A primeira fórmula binomial, mencionada na seção 56,

$$_{\alpha(n)}F''(m) = {}^{n}C_{m}p^{m}q^{n-m} \qquad \text{(I)}$$

vale para sequências finitas de segmentos superpostos. É deduzível a partir do pressuposto de que a sequência *finita* α seja, pelo menos, $(n-1)$-livre. Com base nesse mesmo pressuposto, obtém-se de imediato uma fórmula exatamente correspondente para sequências infinitas. Dito de outra maneira, se α for infinita e, pelo menos, $(n-1)$-livre, então

$$_{\alpha(n)}F'(m) = {}^{n}C_{m}p^{m}q^{n-m} \qquad (2)$$

Como as sequências casualoides são absolutamente livres, isto é, n-livres, para todo n, a fórmula (2), a *segunda* fórmula binomial, deve também aplicar-se a elas; e deve aplicar-se a elas para qualquer valor de n que queiramos fixar.

Nas considerações seguintes, preocupar-nos-emos *apenas* com sequências casualoides, ou sequências aleatórias (tal como definidas na seção anterior). Iremos demonstrar que, para as *sequências casualoides,* além da fórmula *(2),* deve aplicar-se uma terceira fórmula binomial, (3); é a fórmula

$$_{\alpha(n)}F(m) = {}^{n}C_{m}p^{m}q^{n-m} \qquad (3)$$

A fórmula (3) difere da fórmula (2) sob duplo aspecto: em primeiro lugar, é proposta para sequências de segmentos adjacentes α_{n}, e não para segmentos superpostos $\alpha_{(n)}$; em segundo lugar, não contém o símbolo F', mas o símbolo F. Isso quer dizer que essa fórmula afirma, por implicação, que as *sequências de segmentos adjacentes* são, por sua vez, casualoides ou aleatórias, pois F, isto é, a probabilidade objetiva, só é definida para sequências casualoides.

---

*1 Eu me inclinaria, agora, a empregar o conceito de "probabilidade objetiva" de maneira diversa, ou seja, em sentido mais amplo, de modo a englobar *todas as interpretações* "objetivas" *do cálculo formal de probabilidades,* tal como a interpretação frequencial e, mais especialmente, a interpretação em termos de propensão, examinada em meu *Postscript.* Aqui, na seção 59, o conceito é usado simplesmente como conceito auxiliar, para a construção de certa forma de teoria frequencial.

Acompanhando von Mises, chamo de "problema de Bernoulli"[1] a questão da probabilidade objetiva da propriedade *m*, numa sequência de segmentos adjacentes — isto é, a questão respondida por (3), a do valor de ${}_{\alpha_n}F(m)$. Para a solução desse problema e, consequentemente, para a dedução da terceira fórmula binomial (3), basta admitir que α é casualoide ou aleatória.[2] (Nossa tarefa equivale a de mostrar que o teorema especial da multiplicação vale para a sequência de segmentos adjacentes de uma sequência aleatória α.)

A demonstração[*1] da fórmula (3) pode ser feita em duas fases. Na primeira, mostramos que a fórmula (2) aplica-se não apenas a sequências de segmentos superpostos $\alpha_{(n)}$, mas também a sequências de segmentos adjacentes α_n. Na segunda fase, mostramos que estas últimas são "absolutamente livres". (A ordem dessas fases não pode ser invertida, porque uma sequência de segmentos superpostos $\alpha_{(n)}$ é, de maneira definitiva, *não* "absolutamente livre"; com efeito, uma sequência dessa espécie proporciona um exemplo típico do que pode ser chamado "sequência com efeitos ulteriores".)[4]

Primeira fase. Sequências de segmentos adjacentes α_n são subsequências de $\alpha_{(n)}$. Podem ser obtidas a partir dessas últimas por meio de seleção ordinal normal. É possível, assim, demonstrar que os limites das frequências superpostas, ${}_{\alpha_{(n)}}F'(m)$, são indiferentes à seleção ordinal normal; fazendo-o, teremos cumprido a primeira fase (e mesmo avançado um pouco), pois teremos demonstrado a fórmula

$$ {}_{\alpha_n}F'(m) = {}_{\alpha_{(n)}}F'(m) \qquad (4) $$

Esboçarei, inicialmente, a demonstração para o caso de $n = 2$, isto é, demonstrarei que

$$ {}_{\alpha_2}F'(m) = {}_{\alpha_{(2)}}F'(m) \qquad (m \leq 2) \qquad (4a) $$

é verdadeira; depois será fácil generalizar essa fórmula para qualquer *n*.

Com base na sequência de segmentos superpostos $\alpha_{(2)}$ podemos selecionar duas e apenas duas sequências distintas α_2 de segmentos adjacentes; uma delas, que será denotada por (A), contém o primeiro, o terceiro, o quinto, ... segmentos de $\alpha_{(2)}$,

1 A questão correspondente, para sequências de segmentos *superpostos*, isto é, o problema de ${}_{\alpha_n}F'(m)$, respondida por (2), pode ser denominada "quase-problema de Bernoulli"; *cf.* nota 1, na seção 56, bem como a seção 61.

2 Reichenbach ("Axiomatik der Wahrscheinlichkeitsrechnung", *Mathematische Zeitschrift*, v. 34, 1932, p. 603) contesta implicitamente esse ponto, ao escrever "... as sequências normais são também livres de efeitos ulteriores, *embora o inverso não ocorra necessariamente*". Contudo, as sequências normais de Reichenbach são aquelas a que se aplica a fórmula (3). (Minha demonstração torna-se possível por ter eu me afastado do processo anterior, definindo o conceito "liberdade de efeito ulterior" não diretamente, mas com o auxílio de "liberdade-*n* de efeito ulterior", tornando-o, assim, passível de ser manipulado pelo processo de indução matemática.)

*1 Somente um esboço de demonstração é aqui apresentado. Os leitores que não se interessem por ele podem passar para o último parágrafo da presente seção.

3 Von Smoluchowski baseou sua teoria do movimento browniano em sequências de efeito ulterior, isto é em sequências de segmentos superpostos.

isto é, os pares de α consistentes dos números 1, 2; 3, 4; 5, 6; ...; a outra, denotada por (B), contém o segundo, o quarto, o sexto, ... segmentos de $\alpha_{(2)}$, isto é, os pares de elementos de a consistentes dos números 2, 3; 4, 5; 6, 7; ... etc. Admitamos, agora, que a fórmula (4a) *não* se aplica a *uma* das *duas* sequências (A) ou (B), de sorte que o segmento (isto é, o par), 0, 0 ocorre *demasiadamente* na, digamos, sequência (A); então, na sequência (B) deverá manifestar-se um desvio complementar, ou seja, o segmento 0, 0 ocorrerá *insuficientemente* ("demasiadamente" ou "insuficientemente", tendo em conta a fórmula binomial). Isso, porém, contradiz a pressuposta "liberdade absoluta" de α. Com efeito, se o par 0, 0 ocorre mais vezes em (A) do que em (B), em segmentos suficientemente longos de α, *o* par 0, 0 deve manifestar-se mais vezes em certas *distâncias características* do que em outras. As distâncias mais frequentes seriam aquelas prevalecentes no caso de os pares 0, 0 pertencerem a *uma* das duas sequências-α_2. As distâncias menos frequentes seriam aquelas prevalecentes no caso de os pares 0, 0 pertencerem a *ambas* as sequências-α_2. Isso, porém, contradiria a pressuposta "liberdade absoluta" de α, pois, de acordo com a segunda fórmula binomial, a "liberdade absoluta" de α acarreta que a frequência com que uma particular sequência de comprimento *n* ocorre em qualquer sequência-$\alpha_{(n)}$ depende *apenas* do número de *uns* e *zeros* que nela aparecem — e não de sua *disposição* na sequência.*2

Isso demonstra (4a) e, como essa demonstração pode ser facilmente generalizada para qualquer *n*, segue-se a validade de (4), o que completa a primeira fase da prova.

Segunda fase. O fato de as sequências-α_n serem "absolutamente livres" pode ser demonstrada através de argumento muito semelhante. De novo, consideraremos de início apenas sequências-α_2 e, com respeito a estas, será demonstrado tão somente, de início, que são I-livres. Admitamos que uma das duas sequências-α_2, por exemplo a sequência (A), *não* seja I-livre. Então, em (A), após pelo menos *um* dos segmentos consistentes de dois elementos (um particular par-α), digamos, após o segmento 0, 0, outro segmento, digamos I, I, deve seguir-se mais repetidamente do que no caso de (A) ser "absolutamente livre". Isso quer dizer que o segmento I, I apareceria com maior frequência na subsequência selecionada a partir de (A), segundo o segmento-predecessor 0, 0, do que seria de esperar considerando a fórmula binomial.

Essa pressuposição contradiz, entretanto, a "liberdade absoluta" da sequência α. Com efeito, se, em (A), o segmento I, I seguir o segmento 0, 0 um número demasiado de vezes, por compensação, o inverso deverá ocorrer em (B). Não fosse assim, a quádrupla 0, 0, I, I apareceria demasiadamente, a certas *distâncias características,* num segmento suficientemente longo de α — ou seja, a distâncias que prevaleceriam se os pares de duplas em causa pertencessem a uma única e mesma sequência-α_2. Além disso, a outras *distâncias características,* a quádrupla não

*2 A seguinte formulação pode ser útil, do ponto de vista intuitivo: se os pares 0,0 são mais frequentes em certas distâncias características do que em outras, esse fato poderá ser facilmente usado como base de um sistema simples que, de certa maneira, aumentaria as oportunidades do jogador. Contudo, os sistemas de jogo desse gênero são incompatíveis com a "liberdade absoluta" da sequência. A mesma consideração orienta a "segunda fase" da demonstração.

ocorreria suficientemente — àquelas distâncias que prevaleceriam se as quádruplas pertencessem a *ambas* as sequências-α_2. Assim, vemo-nos diante de uma situação precisamente análoga à anterior e podemos demonstrar, através de considerações semelhantes, que a pressuposição de uma ocorrência preferencial, a distâncias características, é incompatível com a presumida "liberdade absoluta" de α.

Essa demonstração também admite generalização, de sorte que podemos dizer que as sequências-α não são apenas I-livres, mas n-livres, para todo n; são, consequentemente, *casualoides,* ou aleatórias.

Isso completa nosso esboço das duas fases da demonstração. Estamos agora habilitados a substituir, em (4), F' por F, significando isso que podemos aceitar a asserção de que a terceira fórmula binomial resolve o problema de Bernoulli.

De passagem, deixamos feita a demonstração de que as sequências $\alpha_{(n)}$ de segmentos superpostos são indiferentes à *seleção ordinal normal,* sempre que α seja "absolutamente livre".

O mesmo é verdadeiro para sequências α_n de segmentos adjacentes, pois toda seleção ordinal normal, a partir de α_n, pode ser tomada como seleção ordinal normal, a partir de $\alpha_{(n)}$ e deve, consequentemente, aplicar-se à própria sequência α, pois α é idêntica a $\alpha_{(I)}$ e α_1.

Demonstramos, dessa maneira, entre outras coisas, que da "liberdade absoluta" — ou seja, da indiferença a um especial tipo de seleção por vizinhança — decorre a indiferença a uma seleção ordinal normal. Uma consequência adicional, como se pode facilmente perceber, é a indiferença a qualquer seleção por vizinhança "pura" (ou seja, seleção de acordo com uma caracterização constante da vizinhança, caracterização que não varia com o número ordinal do elemento). Segue-se que, para terminar, a "liberdade absoluta" acarretará indiferença a todas[*3] as combinações desses dois tipos de seleção.

61. A LEI DOS GRANDES NÚMEROS (TEOREMA DE BERNOULLI)

O teorema de Bernoulli, ou (primeira)[1] "lei dos grandes números", pode ser deduzido da terceira fórmula binomial, através de argumento puramente aritmético, admitindo que é permissível fazer n tender para o infinito, $n \to \infty$. Consequentemente, ele só pode ser afirmado se estão em tela sequências infinitas, pois tão somente nesses casos os segmentos-n das sequências-α_n podem aumentar seu comprimento indefinidamente. E só pode ser afirmado das sequências α que são "absolutamente livres", pois tão somente com base no pressuposto de liberdade-n, para todo n, podemos fazer n tender para o infinito, $n \to \infty$.

---

*3 Aqui o emprego da palavra "todas" é, creio agora, errôneo; deveria ela ser substituída, no interesse de maior precisão, por "todas aquelas ... que possam ser usadas como sistemas de jogo". Abraham Wald mostrou-me a necessidade dessa correção em 1935. *Cf.* notas *1 e *5 da seção 58 e (nota 6, em que se faz alusão a A. Wald, na seção *54 de meu *Postscript).*

1 Von Mises distingue o teorema de Bernoulli — ou de Poisson — de sua recíproca, que ele chama de "teorema de Bayes" ou de "segunda lei dos grandes números".

O teorema de Bernoulli permite a solução de um problema que se relaciona, estreitamente com o problema que (acompanhando von Mises) chamei de "problema de Bernoulli", ou seja, o problema do valor de ${}_{\alpha_n}F(m)$. Tal como se referiu na seção 56, pode-se dizer que um segmento-*n* tem a propriedade *m* quando ele contém precisamente *m uns*; a frequência relativa de *uns* nesse segmento (finito) é, naturalmente, *m/n*. É possível, agora, definir: um segmento-*n* de *α* tem a propriedade "Δ *p*" se e somente se a frequência relativa de seus *uns* se desviar menos "que" do valor δ *F*(1) = *p*, isto é, da probabilidade de *uns* na sequência *α*. Aqui, δ é qualquer fração, escolhida tão próxima de zero quanto o desejarmos (porém diferente de zero). Essa condição pode ser expressa dizendo-se: um segmento-*n*

tem a propriedade "Δ*p*" se e somente se $\left| \frac{m}{n} - p \right| < \delta$; em

outras circunstâncias, o segmento terá a propriedade "$\overline{\Delta p}$". Ora, o teorema de Bernoulli responde à questão de determinar o valor da frequência ou probabilidade de segmentos dessa espécie — de segmentos que possuem a propriedade "Δ*p*" — em sequências-α_n; dá solução, pois, à questão de determinar o valor de ${}_{\alpha_n}F(\Delta p)$.

Intuitivamente, poder-se-ia adiantar que, se o valor δ (sendo δ > 0) for fixo e se *n* aumentar, então a frequência desses segmentos com a propriedade Δ*p* e, consequentemente, o valor de ${}_{\alpha_n}F(\Delta p)$, também crescerão (sendo esse crescimento monotônico). A demonstração de Bernoulli (que pode ser encontrada em qualquer manual de cálculo de probabilidades) faz-se avaliando esse crescimento através de recurso à fórmula binomial. Bernoulli mostra que, se *n* crescer indefinidamente, o valor de ${}_{\alpha_n}F(\Delta p)$ se aproximará do valor máximo um, para qualquer valor fixo, por menor que seja, atribuído a δ. Em símbolos, teríamos:

$$\lim_{n \to \infty} {}_{\alpha_n}F(\Delta p) = 1 \qquad \text{(para qualquer valor de } \Delta p\text{)} \qquad (1)$$

Essa fórmula resulta de transformações introduzidas na *terceira* fórmula binomial para sequências de segmentos *adjacentes*. A *segunda* fórmula binomial análoga, para sequências de segmentos superpostos, conduziria, de imediato, através de método semelhante, à fórmula correspondente,

$$\lim_{n \to \infty} {}_{\alpha_{(n)}}F'(\Delta p) = 1 \qquad (2)$$

que é válida para sequências de segmentos superpostos e para a seleção ordinal normal que a partir delas se faça; válida, consequentemente, para sequências com *efeitos ulteriores* (as quais foram examinadas por Smoluchowski).[2] A própria fórmula (2) leva a (1), no caso de serem selecionadas sequências que não se superpõem e que são, por isso, *n*-livres. (2) pode ser encarada como variante do teorema de Bernoulli e, assim, o que vou dizer acerca desse teorema aplica-se, *mutatis mutandis*, a essa variante.

2 *Cf.* a nota 3, da seção 60, e a nota 5, da seção 64.

O teorema de Bernoulli, isto é, a fórmula (I), admite a seguinte expressão verbal: um longo segmento finito, de comprimento determinado, colhido a partir de uma sequência aleatória α será chamado "de amostra representativa" se e somente se a frequência de *uns, neste segmento*, se desviar de p, isto é, do valor da probabilidade dos *uns na sequência aleatória* α, por não mais que alguma reduzida fração fixada (que podemos escolher arbitrariamente). Podemos dizer, então, que a probabilidade de chegar a amostra representativa se aproximará de *um* tanto quanto desejarmos, bastando que os segmentos em causa sejam suficientemente longos.[*1]

Nessa formulação, a palavra *"probabilidade"* (ou *"valor da probabilidade")* ocorre duas vezes. Como interpretá-la neste contexto? No sentido de minha definição de frequência, ela teria de ser interpretada nos termos seguintes (sublinho as duas traduções da palavra "probabilidade" em linguagem de frequência): a *esmagadora maioria* de todos os segmentos finitos, suficientemente longos, será de "amostras representativas", ou seja, sua frequência relativa se desviará do *valor da frequência p* da sequência aleatória em causa por um valor reduzido, arbitrariamente fixado. Mais resumidamente: a *frequência p* se concretiza, aproximadamente, em *quase todos* os segmentos suficientemente longos. (Como chegamos ao valor p é irrelevante na presente discussão; ele pode surgir, digamos, como resultado de uma estimativa hipotética.)

Tendo em mente que a frequência de Bernoulli ${}_{\alpha_n}F(\Delta p)$ aumenta monotonicamente, com o comprimento crescente n dos segmentos, e que decresce monotonicamente, com n decrescente, e que, portanto, o valor da frequência relativa só se concretiza de modo mais ou menos raro em segmentos curtos, podemos afirmar:

O teorema de Bernoulli enuncia que segmentos curtos de sequências "absolutamente livres", ou casualoides, mostrarão muitas vezes desvios relativamente grandes com referência a p e, assim, exibirão flutuações comparativamente grandes; ao passo que segmentos mais longos mostrarão, na maioria dos casos, à medida em que aumentam os comprimentos desses segmentos, desvios cada vez menores com respeito a p. Consequentemente, em segmentos suficientemente longos, a maioria dos desvios será tão pequena quanto o desejemos. Dito de outra maneira, os grandes desvios tornar-se-ão tão raros quanto o desejemos.

Nesses termos, se tomarmos um segmento de grande comprimento, numa sequência aleatória, para determinar as frequências em suas subsequências através de contagem ou, talvez, através do uso de outros métodos empíricos e estatísticos, chegaremos, na vasta maioria dos casos, ao seguinte resultado: há uma frequência média característica tal que as frequências relativas, no todo do segmento, e em quase todos os subsegmentos longos, só se desviarão ligeiramente dessa média, ao passo que as frequências relativas de subsegmentos menores se desviarão mais dessa média — e mais vezes — quanto mais curtos forem os subsegmentos escolhidos. A esse fato, a esse comportamento de segmentos finitos, estatisticamente verificável, podemos chamar de *"comportamento quase convergente"*, ou definir como fatos de que *sequências aleatórias são estatisticamente estáveis.*[*2]

---

*1 Esta sentença foi reformulada (sem que seu conteúdo se alterasse) na tradução, através do uso do conceito de "amostra representativa"; a sentença original aplica-se apenas ao *definiens* desse conceito.

*2 Keynes diz, a propósito da "lei dos grandes números", que melhor seria chamá-la de "estabilidade de frequências estatísticas" *(cf.* seu *Treatise*, p. 336).

Assim, o teorema de Bernoulli assevera que os segmentos mais curtos de sequências casualoides mostram, muitas vezes, grandes flutuações, enquanto que os segmentos longos sempre se comportam de modo que sugere constância ou convergência; diz o teorema, em suma, que encontramos desordem e aleatoriedade no pequeno, ordem e constância no grande. É a esse comportamento que se refere a expressão *"lei dos grandes números"*.

62. O TEOREMA DE BERNOULLI E A INTERPRETAÇÃO DOS ENUNCIADOS DE PROBABILIDADE

Acabamos de ver que, na formulação verbal do teorema de Bernoulli, a palavra "probabilidade" ocorre duas vezes.

O adepto da teoria da frequência não encontra dificuldade para interpretar essa palavra, em ambas as ocorrências, de acordo com a sua definição: ele tem meios de oferecer clara interpretação da fórmula de Bernoulli e da lei dos grandes números. Poderá fazer o mesmo o adepto da teoria subjetiva, em sua forma lógica?

O seguidor da teoria subjetiva, que deseja definir a "probabilidade" como "grau de crença racional", é perfeitamente coerente e está em seu direito, quando interpreta as palavras "a probabilidade de... aproxima-se de *um* tanto quanto desejarmos", entendendo-as como equivalentes de "é *quase certo*[1] que...". Todavia, ele apenas esconde suas dificuldades quando continua, dizendo "... que a frequência relativa se desviará de seu *valor mais provável p* por menos que uma dada quantidade...", ou, em palavras de Keynes,[2] "que a proporção das ocorrências de eventos divergirá da *proporção mais provável p*, por menos que dada quantidade...". Aparentemente, a frase é ditada pelo bom senso, ou pelo menos assim parece, quando a ouvimos pela primeira vez. Contudo se, também aqui, dermos à palavra "provável" (por vezes omitida) o sentido que lhe atribui a teoria subjetiva, então a frase seria: "é quase certo que as frequências relativas se desviam do valor p do grau de crença racional por menos que uma dada quantidade...", o que a mim parece completo absurdo.[*1] Com efeito, frequências relativas só podem ser comparadas a frequências relativas, e só podem desviar-se ou não se desviar de frequências relativas. E é claro

---

1 Von Mises também usa a expressão *"quase certo"*, mas, segundo ele, a expressão deve ser considerada como definida por "tendo uma frequência próxima (ou igual) a 1".

2 Keynes, *A Treatise on Probability*, 1921, p. 338. * A passagem *precedente*, entre aspas, teve de ser inserida aqui porque volta a traduzir a passagem, por mim citada, da edição alemã da obra de Keynes, sobre a qual se apoia meu comentário.

*1 Será oportuno explicitar melhor esse ponto. Keynes escreve (em passagem anterior à citada acima): "Se a probabilidade de ocorrência de um evento é, sob certas condições, *p*, então... a mais provável proporção de suas ocorrências, relativamente ao número total de ocasiões, é *p*..." Essa passagem é traduzível, segundo sua própria teoria, no seguinte: "Se o grau de crença racional, na ocorrência de um evento, for *p*, então *p* será também uma proporção de ocorrências, isto é, uma frequência relativa — a saber, aquela em cujo surgimento depositamos o maior grau de nossa crença racional". Não contesto o último uso da expressão "crença racional". (É uso que poderia também ser traduzido por "é quase certo que...".) Faço objeção, porém, ao fato de que *p* é, de um lado, grau de crença racional e, de outro, uma frequência; ou, em outras palavras, não vejo por que uma frequência empírica deveria ser igual ao grau de crença racional, nem vejo como isso possa ser provado por qualquer teorema. (Cf., ainda, seção 49 e apêndice *ix.)

que é inadmissível dar a *p*, *depois* da dedução do teorema de Bernoulli, um significado diferente do que lhe fora dado antes da dedução.[3]

Vemos, assim, que a teoria subjetiva é incapaz de interpretar a fórmula de Bernoulli em termos da lei *estatística* dos grandes números.

A dedução de leis estatísticas só é possível dentro das linhas da teoria frequencial. Se partirmos de uma teoria subjetiva estrita, jamais chegaremos a enunciados estatísticos — nem mesmo que tentemos construir uma ponte com o teorema de Bernoulli.[*2]

63. O TEOREMA DE BERNOULLI E O PROBLEMA DA CONVERGÊNCIA

Do ponto de vista epistemológico, a dedução que faço da lei dos grandes números, esboçada acima, mostra-se insatisfatória, pois está longe de ser clara a parte que, em nossa análise, desempenha o axioma da convergência.

Na verdade, introduzi tacitamente um axioma dessa espécie ao confinar minha investigação a sequências matemáticas, com limites de frequência. *(Cf.* seção 57.) Consequentemente, poderia alguém ver-se tentado a pensar que o resultado obtido — a dedução da lei dos grandes números — é trivial, pois o fato de sequências "absolutamente livres" serem *estatisticamente estáveis* surgiria como decorrência da convergência de tais sequências, que foi introduzida axiomaticamente, se não implicitamente.

Essa maneira de ver, entretanto, seria errônea, como von Mises claramente demonstrou. Com efeito, há sequências[1] que satisfazem o axioma da convergência, embora o teorema de Bernoulli não se aplique a elas, uma vez que, sendo a frequência próxima de *um*, nelas ocorrem segmentos de qualquer comprimento, que podem desviar-se de *p* em qualquer proporção. (A existência do limite *p* deve-se, nesses casos, ao fato de os desvios se cancelarem mutuamente, embora eles possam crescer indefinidamente.) Tais sequências *parecem* divergentes em segmentos arbitrariamente grandes, ainda que as sequências frequenciais correspondentes sejam de fato convergentes. Dessa maneira, a lei dos grandes números não é consequência trivial do axioma da convergência, e esse axioma mostra-se insuficiente para a

3 Isso foi assinalado pela primeira vez por von Mises, em contexto análogo, no *Wahrscheinlichkeit, Statistik und Wahrheit,* 1928, p. 85 (2ª ed., 1936, p. 136; as palavras relevantes estão faltando na tradução inglesa). Cabe observar, ainda, que as frequências relativas não podem ser comparadas ao "grau de certeza de nosso conhecimento", já porque a ordenação desses graus de certeza é *convencional,* não sendo necessário que se concretize através de correlação com frações situadas entre zero e a unidade. Somente se a métrica dos graus subjetivos de certeza for *definida,* correlacionando frequências relativas a essa métrica (e *somente* então) seria permissível derivar a lei dos grandes números dentro da estrutura da teoria subjetiva (*Cf.* seção 73).

*2 É possível, porém, utilizar o teorema de Bernoulli como ponte que leve da interpretação *objetiva,* em termos de "propensões", à estatística. *(Cf.* seções *49 a *57 de meu *Postscript.)*

1 Como exemplo, von Mises cita a sequência de algarismos que ocupam o último lugar numa tabela de raízes quadradas, calculadas até a sexta casa decimal. *Cf.*, p. ex., *Wahrscheinlichkeit, Statistik und Wahrheit,* 1928, pp. 86 e ss.; (2ª ed. 1936, p. 137; trad. inglesa, p. 165) e *Wahrscheinlichkeitsrechnung.* 1931, pp. 181 e seguinte.

dedução da lei. Essa é a razão por que meu axioma da aleatoriedade modificado, o requisito de "liberdade absoluta", não pode ser dispensado.

A reconstrução da teoria sugere, porém, a possibilidade de que a lei dos grandes números seja *independente* do axioma da convergência. De fato, verificamos que o teorema de Bernoulli decorre imediatamente da fórmula binomial e, mais ainda, mostramos que a primeira fórmula binomial pode ser deduzida para *sequências finitas* e, pois, sem nenhum axioma de convergência. Tudo quanto importaria presumir seria que a sequência-referência α fosse pelo menos (n-1)-livre, presunção da qual decorreria a validade do teorema especial da multiplicação e a da primeira fórmula binomial. Para efetuar a passagem para o limite, obtendo o teorema de Bernoulli, seria necessário admitir apenas que pudéssemos tornar n tão grande quanto se desejasse. Com base nessas considerações, pode-se perceber que o teorema de Bernoulli é legítimo, aproximadamente, até mesmo para sequências *finitas,* caso elas sejam n-livres, para um n suficientemente grande.

Parece, portanto, que a dedução do teorema de Bernoulli não depende de um axioma postulador da existência de um limite para as frequências, mas *apenas* de "liberdade absoluta", ou aleatoriedade. O conceito de limite desempenha tão somente um papel subordinado: é usado com o objetivo de aplicar algum conceito de frequência relativa (que, em primeira instância, só é definido para classes finitas e sem o qual o conceito de liberdade-n não pode ser formulado) a sequências suscetíveis de serem prolongadas indefinidamente.

Além disso, importa não esquecer que o próprio Bernoulli deduziu seu teorema dentro das linhas da teoria clássica, que não inclui nenhum axioma de convergência. Acentue-se, ainda, que a definição de probabilidade como *limite* de frequências é tão somente uma *interpretação* — e não a única possível — do formalismo clássico.

Tentarei justificar minha maneira de ver — independência do teorema de Bernoulli, em relação ao axioma da convergência — deduzindo este teorema sem admitir coisa alguma, exceto liberdade-n (a ser adequadamente definida).[*1] Buscarei mostrar que esse teorema se aplica mesmo àquelas sequências matemáticas em que as propriedades primárias *não possuem limites de frequência.*

Somente se isso puder ser demonstrado é que terei por satisfatória minha dedução da lei dos grandes números, vista do ângulo do epistemologista. Com efeito, é um "fato da experiência" — ou, pelo menos, assim nos dizem algumas vezes — que as sequências empíricas de gênero casualoide apresentam o comportamento peculiar que chamei de "quase-convergente", ou "estatisticamente estável". (*Cf.* seção 61.) Registrando estatisticamente o comportamento de segmentos longos, pode-se

---

*1 Continuo a considerar perfeitamente justificada minha velha dúvida a respeito de admitir um axioma de convergência e da possibilidade de atuar sem ele: justifica-se, em face dos desenvolvimentos indicados no apêndice iv, nota *2, e no apêndice *vi, onde se mostra que a aleatoriedade (se definida por "as mais curtas sequências de feição aleatória") *acarreta* convergência que, portanto, não precisa ser postulada separadamente. Minha alusão ao formalismo clássico justifica-se, além disso, pelo desenvolvimento da teoria da probabilidade neoclássica (em termos de teoria da medida) examinada no capítulo *iii do *Postscript;* verdade, ela se justifica pelos "números normais" de Borel. Contudo, não concordo mais com a concepção implícita na sentença seguinte de meu texto, embora subscreva os restantes parágrafos desta seção.

verificar que as frequências relativas se aproximam crescentemente de um valor definido e que se tornam crescentemente menores os intervalos dentro dos quais as frequências relativas sofrem flutuação. Esse chamado "fato empírico", tão discutido e analisado, muitas vezes visto como a corroboração empírica da lei dos grandes números, pode ser encarado sob vários prismas. Pensadores de inclinação indutivista consideram-no como lei fundamental da natureza, não redutível a qualquer enunciado mais simples; consideram-no como peculiaridade de nosso mundo, que, simplesmente, tem de ser aceita. Acreditam que, expressa de forma adequada, — por exemplo, sob a forma do axioma de convergência — essa lei da natureza deveria se tornar o alicerce da teoria da probabilidade, que adquiriria, assim, caráter de ciência natural.

Minha posição pessoal, diante desse chamado "fato empírico", é diferente. Inclino-me a acreditar que ele é redutível ao caráter casualoide das sequências; que pode ser derivado da circunstância de essas sequências serem *n*-livres. Vejo como a grande realização de Bernoulli e Poisson, no campo da teoria da probabilidade, precisamente o terem eles descoberto caminho para demonstrar que esse alegado "fato da experiência" é uma tautologia e que, da desordem no pequeno (contanto que ela satisfaça uma condição de liberdade-*n*, convenientemente formulada), segue-se, logicamente, uma espécie de ordem, de estabilidade no grande.

Se alcançarmos êxito no deduzir o teorema de Bernoulli sem *admitir* um axioma de convergência, teremos reduzido o problema epistemológico da lei dos grandes números a um problema de independência axiomática e, assim, a uma questão puramente lógica. Essa dedução explicará, também, por que o axioma da convergência leva a bons resultados em todas as aplicações práticas (nas tentativas de calcular o comportamento aproximado de sequências empíricas). Com efeito, se a restrição a sequências convergentes vier a mostrar-se desnecessária, não será certamente inadequado utilizar sequências matemáticas convergentes para calcular o comportamento aproximado de sequências empíricas que, sob prisma lógico, são estatisticamente estáveis.

64. ELIMINAÇÃO DO AXIOMA DA CONVERGÊNCIA. SOLUÇÃO DO "PROBLEMA FUNDAMENTAL DA TEORIA DO ACASO"

Até agora, na reconstrução que estamos fazendo da teoria da probabilidade, os limites de frequência não desempenharam função outra que não a de propiciar um conceito de frequência relativa isento de ambiguidade e aplicável a sequências infinitas, de sorte a permitir-nos definir o conceito de "liberdade absoluta" (de efeitos ulteriores). De fato, o que se requer é que a *frequência relativa* seja indiferente à seleção, em função de predecessores.

Anteriormente, restringimos nossa investigação a alternativas que apresentavam limite de frequências, introduzindo, assim, tacitamente, um axioma de convergência. Agora, para libertar-nos desse axioma, afastaremos a restrição, sem substituí-la por qualquer outra. Isso quer dizer que teremos de elaborar um conceito de frequência que possa desempenhar o papel do limite de frequência, que agora afastamos, e possa ser aplicado a *todas* as sequências-referência infinitas.[*1]

Um conceito de frequência que preenche essas condições é o conceito de *ponto de acumulação da sequência de frequências relativas.* (Diz-se que um valor *a* é ponto de acumulação de uma sequência se, após qualquer elemento dado, há elementos que se desviam de *a* por menos que uma dada quantidade, não importa quão pequena.) Que esse conceito seja aplicável sem restrição a todas as sequências-referência infinitas, decorre do fato de que, para toda alternativa infinita deve existir *pelo menos um* ponto de acumulação para as sequências de frequências relativas que lhe correspondem. Uma vez que as frequências relativas nunca podem ser maiores que 1 (um) nem menores que 0 (zero), uma sequência dessas frequências tem de ser limitada por 1 e 0. Como sequência limitada infinita, deve (segundo um famoso teorema de Bolzano e Weierstrass) apresentar *pelo menos um* ponto de acumulação.[1]

Por amor à brevidade, todo ponto de acumulação da sequência de frequências relativas, correspondente a uma alternativa a, será denominado *"frequência medial de α"*. Procede, então, dizer: se uma sequência a apresenta *uma e apenas uma* frequência medial, ela será, ao mesmo tempo, seu *limite* de frequência; e, por outro lado: se a sequência não tem limite de frequência, apresentará mais de uma[2] frequência medial.

A ideia de frequência medial mostra-se muito conveniente para nossos objetivos. Tal como anteriormente acolhemos a *estimativa* — talvez uma estimativa hipotética — de que *p* era o limite de frequência de uma sequência α, agora operaremos com a estimativa de que *p é* uma frequência medial de α. Contanto que adotemos certas precauções necessárias,[3] poderemos, com o auxílio dessas frequências mediais estimadas, efetuar *cálculos* de maneira análoga à seguida para calcular limites de frequências. A par disso, o conceito de frequência medial mostra-se aplicável a todas as possíveis sequências-referência infinitas, sem qualquer restrição.

Se, agora, tentarmos interpretar nossa expressão ${}_{\alpha}F'(\beta)$ como uma frequência medial, e não como um limite de frequências, e se, nesses termos, alterarmos a definição de probabilidade objetiva (seção 59), continuará a ser deduzível a maior porção de nossas fórmulas. Uma dificuldade, porém, se manifesta: as frequências mediais *não são únicas.* Se estimarmos ou imaginarmos que uma frequência medial é ${}_{\alpha}F'(\beta) = p$, isso não excluirá a possibilidade de que haja valores de ${}_{\alpha}F'(\beta)$ diferentes de *p*. Se postularmos que isso não irá acontecer, estaremos introduzindo, implicitamente, o axioma da convergência. Se, por outro lado, definirmos a probabilidade

*1 Para não *postular* convergência, recorri, no parágrafo seguinte, ao que pode ser *demonstrado* — a existência de pontos de acumulação. Tudo isso se torna desnecessário se acolhermos o método descrito na nota *1, da seção 57, e no apêndice *vi.

1 Fato que, surpreendentemente, não foi até agora utilizado na teoria da probabilidade.

2 Pode-se demonstrar facilmente que, se existe mais de *uma* frequência medial, numa sequência-referência, os valores dessas frequências mediais formarão um *continuum.*

3 O conceito de "seleção independente" deve ser interpretado mais estritamente do que até agora, pois, de outra maneira, não poderá ser demonstrada a validez do teorema especial da multiplicação. Para pormenores, ver meu artigo mencionado na nota 3, da seção 51. (* O artigo foi agora substituído pelo apêndice *vi.)

objetiva sem recurso a um postulado de unicidade,[4] chegaremos (em primeira instância, pelo menos) a um *conceito de probabilidade ambíguo.* Com efeito, sob certas circunstâncias, uma sequência pode apresentar, concomitantemente, várias frequências mediais "absolutamente livres" *(cf.* seção *c* do apêndice *iv).* Considerando que estamos habituados a trabalhar com probabilidades *não ambíguas, ou univocamente determinadas,* esse ponto é de difícil aceitação; de fato, estamos habituados a que, para uma e mesma propriedade, haja uma e somente uma probabilidade *p,* dentro de uma e mesma sequência-referência.

A dificuldade de definir um conceito de probabilidade inequívoco, sem o axioma do limite, pode, contudo, ser facilmente vencida. Podemos introduzir o requisito de unicidade (e este é, aliás, o procedimento mais natural) como fase última, *após* haver postulado que a sequência será "absolutamente livre". Isso nos leva a propor, para solução de nosso problema, a seguinte modificação da definição de sequências casualoides e de probabilidade objetiva.

Seja α uma alternativa (apresentando uma ou várias frequências mediais). Admitamos que os *uns* de α têm uma e apenas uma frequência medial *p,* que é "absolutamente livre"; dizemos, nesse caso, que α é casualoide ou aleatória, e que *p é* a probabilidade objetiva dos *uns,* em α.

Será conveniente dividir essa definição em dois requisitos axiomáticos.[*2]

1) Requisito de aleatoriedade: para que uma alternativa seja casualoide, deve existir pelo menos uma frequência medial "absolutamente livre", isto é, sua probabilidade objetiva *p.*

2) Requisito de unicidade: para uma e a mesma propriedade, de uma e mesma alternativa casualoide, deve existir *uma e apenas uma probabilidade p.*

A coerência do novo sistema axiomático é assegurada pelo exemplo anteriormente oferecido. *É* possível construir sequências que, embora tenham uma e apenas uma probabilidade, não possuem, entretanto, limite de frequência *(cf.* seção *b* do apêndice *iv).* Isso mostra que as novas exigências axiomáticas são realmente mais flexíveis ou menos severas que as anteriores. Esse fato se tornará ainda mais claro se enunciarmos (como é viável) os antigos axiomas da seguinte maneira:

1) Requisito de aleatoriedade: como acima.

2) Requisito de unicidade: como acima.

2') Axioma de convergência: para uma e a mesma propriedade, de uma e mesma alternativa casualoide, não existe outra frequência medial que não sua probabilidade *p.*

---

4 Estamos autorizados a agir dessa maneira porque deve ser possível aplicar imediatamente a teoria para classes finitas (com exceção do teorema da unicidade) a frequências mediais. Se uma sequência α tem frequência medial *p,* ela deverá conter — seja qual for o termo com que a contagem se inicie — segmentos de qualquer comprimento *finito,* cuja frequência se desvia de *p* por uma quantidade tão pequena quanto desejarmos. O cálculo pode ser efetuado para esses segmentos. O fato de *p* ser livre de efeitos ulteriores significará, então, que essa frequência medial de α *é* também uma frequência medial de qualquer seleção de predecessor de α.

*2 É possível combinar a abordagem descrita na nota *1, da seção 57, e nos apêndices iv e *vi, com esses dois requisitos, conservando o requisito (1) e substituindo o requisito (2) pelo seguinte: (+2) Requisito de finitude: desde o seu início, a sequência deve tornar-se tão rapidamente *n*-livre quanto possível e para o maior *n* possível; em outras palavras, ela deve ser (aproximadamente) uma das *mais curtas* sequências de feição aleatória.

A partir do proposto sistema de requisitos, podemos deduzir o teorema de Bernoulli e, com ele, todos os teoremas do cálculo clássico de probabilidades. Isso resolve nosso problema: torna-se possível, agora, deduzir a lei dos grandes números, dentro das linhas da teoria da frequência, sem utilizar o axioma da convergência. Além disso, não só permanecem inalteradas a fórmula (1) da seção 61 e a formulação verbal do teorema de Bernoulli,[5] como permanece inalterada a interpretação que lhe emprestamos: no caso de uma sequência casualoide, *sem* limite de frequência, continuará a ser verdadeiro que quase todas as sequências suficientemente longas mostrarão apenas pequenos desvios relativamente a *p*. Nessas sequências, (assim como nas sequências casualoides, com limites de frequência), ocorrerão, por vezes, segmentos de qualquer comprimento que se comportam quase-divergentemente, isto é, segmentos que se desviam de *p* por uma quantidade qualquer. Tais segmentos, todavia, serão relativamente raros, pois devem ser compensados por partes extremamente longas da *se*quência, em que todos (ou quase todos) os segmentos se comportem quase-convergentemente. Tal como o cálculo evidencia, essas partes terão de ser mais longas, por várias ordens de magnitude, por assim dizer, do que os segmentos de comportamento divergente que elas compensam.[*3]

Esta é, também, a altura adequada para resolver o *"problema fundamental da teoria do acaso"* (como foi chamado na seção 49). A inferência aparentemente paradoxal, segundo a qual, a partir da não predizibilidade e irregularidade dos eventos singulares, passamos à possibilidade de lhes aplicar as regras do cálculo de probabilidades, é indubitavelmente legítima. É legítima, contanto que possamos expressar a irregularidade, com aceitável grau de aproximação, em termos de pressuposto hipotético de que apenas uma das frequências repetidas — das "frequências mediais" — ocorre, em qualquer seleção que se faça em função de predecessores, sem provocar efeitos ulteriores. Com base nesses pressupostos, torna-se possível demonstrar que a lei dos grandes números é tautológica. É admissível e não autocontraditório (como tem sido, por vezes, asseverado),[6] defender a conclusão de que, numa sequência irregular, onde, por assim dizer, qualquer coisa pode acontecer a esta ou àquela altura, — embora algumas coisas só raramente aconteçam — certa regularidade ou estabilidade se patenteará em subsequências longas. Não é trivial essa conclusão, pois que, para chegar a ela, necessitamos de instrumentos matemáticos específicos (o teorema de Bolzano e Weierstrass, o conceito de liberdade-*n* e o teorema de Bernoulli). O aparente paradoxo de um argumento que leva da imprevisibilidade para a previsibilidade, ou da ignorância para o conhecimento, desaparece quando nos damos conta de que o pressuposto de irregularidade pode assumir a

5 A quase-fórmula de Bernoulli (símbolo *F'*) também está livre de ambiguidade para sequências casualoides (segundo a nova definição), embora "*F'*" tenha passado a simbolizar apenas uma frequência medial.

*3 Mantenho total concordância com o que se registra a seguir, embora qualquer alusão a "frequências mediais" se torne redundante, caso adotemos o método descrito na seção 57, nota *1 e apêndice iv.

6 *Cf.*, p. ex., Feigl, *Erkenntnis*, v. 1, 1930, p. 254: "Através da lei dos grandes números, faz-se tentativa de conciliar duas afirmações que, a uma análise mais acurada, revelam-se, na verdade, mutuamente contraditórias. De uma parte, ... supõe-se que cada arranjo e distribuição pode ocorrer uma vez. De outra parte, essas ocorrências... devem aparecer com a frequência correspondente." (Que de fato, nesse ponto não existe incompatibilidade fica demonstrado pela construção de sequências-modelo; *cf.* apêndice iv.)

forma de uma *hipótese de frequência* (a de liberdade em relação a efeitos ulteriores) e deve ser posto nessa forma, se desejarmos mostrar a validade desse argumento.

Torna-se claro, agora, o motivo pelo qual as teorias anteriores se mostraram incapazes de fazer justiça ao que chamo de "problema fundamental". A teoria subjetiva pode, reconhecidamente, permitir a dedução do teorema de Bernoulli; mas jamais poderá interpretá-lo coerentemente em termos de frequência, segundo o modelo da lei dos grandes números *(cf.* seção 62). Assim, ela jamais poderá explicar o êxito estatístico das predições de probabilidade. De outra parte, a velha teoria frequencial, recorrendo ao axioma da convergência, postula explicitamente regularidade "no grande". Assim, dentro das fronteiras dessa teoria, não surge o problema da inferência que conduz da irregularidade no pequeno para a estabilidade no grande, pois que ela simplesmente implica em inferência a partir da estabilidade no grande (axioma da convergência), combinada com irregularidade no pequeno (axioma da aleatoriedade), para chegar a uma forma especial de estabilidade no grande (teorema de Bernoulli, lei dos grandes números).[*4]

O axioma da convergência não é parte necessária dos fundamentos do cálculo de probabilidades. Atingido esse resultado, encerro minha análise do cálculo matemático.[7]

Voltamos, agora, à consideração de questões mais especificamente metodológicas, em particular, à consideração do problema de como colocar-nos diante de enunciados de probabilidade.

65. O PROBLEMA DA DECISIBILIDADE

Independentemente da maneira pela qual possamos definir o conceito de probabilidade, ou independentemente das formulações axiomáticas que possamos escolher, enquanto a fórmula binomial for deduzível, no interior do sistema, *os enunciados de probabilidade não serão falseáveis.* As hipóteses de probabilidade *não afastam nada que seja observável;* estimativas de probabilidade não podem contradizer nem ser contraditadas por um enunciado básico; não podem ser contraditadas por uma conjunção de qualquer número finito de enunciados básicos e, portanto, não podem ser contraditadas por qualquer número finito de observações.

Admitamos que tenhamos proposto uma hipótese em que haja equipossibilidade, hipótese referente a uma alternativa α. Admitamos, por exemplo, que

---

*4 O que se diz neste parágrafo sublinha, implicitamente, a significação de uma teoria neoclássica, *objetivamente* interpretada, para a solução do "problema fundamental". Uma teoria desse gênero é descrita no capítulo *iii de meu *Postscript.*

7 *Cf.* nota 3, da seção 51. Em retrospecto, desejo deixar claro que adotei uma atitude conservadora em relação aos quatro pontos de von Mises *(cf.* fim da seção 50). Eu também só defino probabilidade com referência a *sequências aleatórias* (que von Mises chama "coletivos"). Eu também estabeleci um axioma (modificado) de aleatoriedade e, no determinar a *tarefa do cálculo de probabilidade,* acompanho von Mises, sem qualquer reserva. Assim, a diferença que entre nós existe diz respeito apenas ao axioma do limite, que demonstrei ser supérfluo e substituí pela exigência de unicidade; e ao axioma da aleatoriedade, que modifiquei de modo a poderem ser construídas sequências-modelo. (Apêndice iv.) Como consequência, a objeção de Kamke *(cf.* nota 3, da seção 53) deixa de ser válida.

tenhamos estimado que os lançamentos de certa moeda mostrarão, com igual frequência "1" e "0", de modo que $_{\alpha}F(1) = {_{\alpha}F(0)} = 1/2$; admitamos, que tenhamos verificado empiricamente que "1" surge repetidamente, sem exceção. Então, abandonaremos sem dúvida a estimativa feita, encarando-a como falseada. Não cabe, contudo, falar em falseamento, num sentido lógico, porque só podemos observar uma sequência finita de lançamentos. Embora, de acordo com a fórmula binomial, seja extremamente reduzida a probabilidade de obter um segmento finito muito longo com grandes desvios em relação 1/2, essa probabilidade há de permanecer sempre superior a zero. Uma ocorrência rara de segmento finito, que apresente o maior dos desvios, jamais poderá, assim, contradizer a estimativa. Em verdade, podemos esperar que esse segmento ocorra — é uma consequência de nossa estimativa. A esperança de que a *raridade* calculável de qualquer segmento dessa espécie venha a ser um meio de falsear a estimativa de probabilidade mostra-se ilusória, pois mesmo a ocorrência frequente de um segmento longo, e com grande desvio, sempre poderá ser tida como nada mais do que parte de uma ocorrência de um segmento ainda maior e com maior desvio. Assim, não há sequências de eventos, dados extensionalmente; e, em consequência, não há ênupla finita de enunciados básicos, que possa falsear um enunciado de probabilidade.

Só uma sequência infinita de eventos — definida intensionalmente por uma regra — poderia contradizer uma estimativa de probabilidade. Isto significa, entretanto, à vista das considerações expendidas na seção 38, *(cf.* seção 43), que as hipóteses de probabilidade são não falseáveis, porque têm dimensão infinita. Consequentemente, deveríamos descrevê-las como empiricamente não informativas, como despidas de conteúdo empírico.[1]

Sem embargo, uma concepção desse gênero é claramente inaceitável, em face dos *êxitos* que a física tem alcançado com predições surgidas de estimativas hipotéticas de probabilidades. (Esse é argumento idêntico a outro já usado aqui anteriormente, contra a interpretação dos enunciados de probabilidade entendidos como tautologias, o que corresponde à posição da teoria subjetiva.) Muitas dessas estimativas não são inferiores, em significação científica, a qualquer outra hipótese física (a uma hipótese, por exemplo, de caráter determinista). Um físico está habitualmente apto a decidir se pode, provisoriamente pelo menos, aceitar alguma hipótese especial de probabilidade como "empiricamente confirmada" ou se, ao contrário, deve rejeitá-la como "falseada pela prática", isto é, como inútil para propósitos de predição. Claro está que esse "falseamento pela prática" só é estabelecido através da decisão metodológica de encarar os eventos altamente improváveis como eventos que devem ser rejeitados — proibidos. Com que direito, porém, serão esses eventos afastados? Onde colocar a fronteira? Onde se inicia a "alta improbabilidade"?

Uma vez que não pode haver dúvida, do ponto de vista puramente lógico, acerca do fato de os enunciados de probabilidade não serem suscetíveis de falseamento, o fato igualmente indubitável de que os utilizamos empiricamente deve

1 Mas não como destituída de "conteúdo lógico" (*cf.* seção 35), pois, é claro, nem toda hipótese de frequência é tautológica para toda sequência.

parecer um golpe fatal em minhas ideias básicas a respeito de um método que depende, crucialmente, de meu critério de demarcação. Não obstante, tentarei dar resposta às questões que levantei — e que constituem o problema da decisibilidade — através de resoluta aplicação dessas mesmas ideias. Para fazê-lo, deverei, contudo, e de início, analisar a forma lógica dos enunciados de probabilidade, considerando tanto as relações lógicas que mantêm entre si quanto as relações lógicas que mantêm para com os enunciados básicos.[*1]

66. A FORMA LÓGICA DOS ENUNCIADOS DE PROBABILIDADE

As estimativas de probabilidade *não* são falseáveis. Nem são, naturalmente, verificáveis, e isso pelas mesmas razões que se aplicam a outras hipóteses, de vez que não há resultados experimentais, por mais numerosos e favoráveis, capazes de estabelecer de maneira definitiva que a frequência relativa de "caras" é 1/2 e *sempre* será 1/2.

Assim, os enunciados de probabilidade e os enunciados básicos nem podem contradizer-se nem acarretar um ao outro. Não obstante, seria errôneo concluir, a partir daí, que nenhuma espécie de relação lógica vige entre enunciados de probabilidade e enunciados básicos. E seria igualmente errôneo acreditar que, embora relações lógicas existam entre enunciados dessas duas espécies (pois sequências de observações podem, obviamente, colocar-se em concordância mais ou menos estreita com enunciados de frequência), a análise dessas relações nos obrigue a introduzir uma lógica probabilística especial,[1] destruidora dos grilhões que nos prendem à lógica tradicional. Em oposição a essas concepções, entendo que as relações em pauta podem ser amplamente analisadas, em termos de relações lógicas "clássicas" de *deduzibilidade* e *contradição*.[*1]

A partir da não falseabilidade e da não verificabilidade dos enunciados de probabilidade, cabe inferir que estes não apresentam consequências falseáveis e não podem ser consequências de enunciados verificáveis. Contudo, não estão excluídas as possibilidades opostas, pois (a) eles podem apresentar consequências unilateralmente verificáveis (consequências puramente existenciais ou consequências-há) ou (b) podem ser consequências de enunciados universais unilateralmente falseáveis enunciados-todos).

---

*1 Creio que a ênfase que dei à irrefutabilidade das hipóteses probabilísticas — ênfase que culmina com a seção 67 — foi salutar: pôs a nu um problema que não havia sido examinado anteriormente (devido a, de modo geral, colocar-se a tônica em verificabilidade e não em falseabilidade, e devido a os enunciados de probabilidade serem, como se explica na próxima seção, de algum modo verificáveis ou "confirmáveis"). A reforma que introduzo — proposta na nota *1 da seção 57 (ver, ainda, a nota *2 da seção 64) — altera inteiramente a situação. Com efeito, essa reforma, além de outras consequências, equivale à adoção de uma regra metodológica, semelhante à proposta na seção 68, que torna falseáveis as hipóteses de probabilidade. O problema da decisibilidade transforma-se, por esse modo, na seguinte questão: uma vez que só se pode esperar que as sequências empíricas se *aproximem* das sequências de feição aleatória mais curtas, o que é aceitável e o que é inaceitável como aproximação? A resposta a essa pergunta é claramente a de que aproximação se faz por graus e a determinação do grau constitui um dos principais problemas da estatística matemática.
Adendo de 1972. Uma nova solução é proposta por D. Gillies (ver *adendo, 1972,* ao apêndice *ix).

1 *Cf.* seção 80, especialmente notas 3 e 6.

*1 Embora eu não discorde, creio agora que os conceitos probabilísticos, "quase deduzível" e "quase contraditório" são extremamente úteis, com respeito a nosso problema. Ver apêndice *ix e cap. *iii, do *Postscript.*

A possibilidade (b) é de pouca ajuda no esclarecimento da relação lógica entre enunciados de probabilidade e enunciados básicos: é óbvio que um enunciado não falseável, isto é, que um enunciado que pouco diz pode filiar-se à classe-consequência de um enunciado falseável e que, assim, diz mais.

De maior interesse para nós é a possibilidade (a), de modo algum trivial e que, na verdade, mostra-se de importância fundamental para a análise da relação entre enunciados de probabilidade e enunciados básicos. Com efeito, constata-se que de cada enunciado de probabilidade pode ser deduzida uma classe infinita de enunciados existenciais, mas não vice-versa. (Assim, o enunciado de probabilidade assevera mais do que qualquer desses enunciados existenciais.) Seja *p*, por exemplo, uma probabilidade hipoteticamente calculada para certa alternativa (e seja $0 \neq p \neq 1$); dessa estimativa podemos deduzir a consequência existencial de que, na sequência, ocorrerão *uns* e *zeros*. (Claro está que decorrem também consequências muito menos simples — por exemplo, a de que ocorrerão segmentos que se desviem de *p* apenas por uma diminuta quantidade.)

Dessa estimativa procede, todavia, deduzir muito mais, como, digamos, que se manifestará "repetidamente" um elemento com a propriedade "1" e outro elemento com a propriedade "0", ou seja, que após *qualquer* elemento *x* ocorrerá na sequência um elemento *y* com a propriedade "1", e também um elemento *z* com a propriedade "0". Um enunciado dessa forma ("para *cada x* há um *y* com a propriedade β observável ou extensionalmente passível de prova") é, ao mesmo tempo, não falseável — porque não apresenta consequência falseável — e não verificável — porque o "todo" ou "para cada" o torna hipotético.[*2] Não obstante, ele admite maior ou menor "confirmação" — no sentido de que podemos alcançar êxito na tentativa de verificar muitas, algumas ou nenhuma de suas consequências existenciais. Coloca-se ele, dessa maneira, em relação aparentemente característica dos enunciados de probabilidade, referentemente ao enunciado básico. Enunciados com a forma acima admitem o nome de "enunciados existenciais universalizados", ou *"hipóteses existenciais"* (universalizadas).

Sustento que a relação entre estimativas de probabilidade e enunciados básicos, e a possibilidade de serem eles objeto de "confirmação" maior ou menor pode ser entendida se considerarmos o fato de que hipóteses existenciais são *logicamente*

---

*2 Está claro que nunca pretendi sugerir que *todo* enunciado da forma 'para cada *x* há um *y* com a propriedade observável β' fosse não falseável e, assim, não suscetível de prova; obviamente, o enunciado "para todo lançamento de moeda que resulta em *cara* há um sucessor imediato que resulta em *coroa*" não só é falseável, como, de fato, falseado. O que gera não falseabilidade não é apenas a forma "para cada *x* há um *y* tal que...", mas a circunstância de que "há" é *não limitado* — que a ocorrência de *y* pode ser retardada para além de todos os limites: no caso probabilístico, *y pode, por assim dizer, ocorrer tão tarde quanto deseje.* O elemento "coroa" pode ocorrer de imediato, ou após um milhar de lançamentos ou após qualquer número de lançamentos: esse é o fato responsável pela não-falseabilidade. Se, por outro lado, for *limitada* a distância entre o local de ocorrência de *y* e o local de ocorrência de *x*, o enunciado "para cada *x* há um *y* tal que..." pode ser falseado.
O enunciado, até certo ponto vulnerável, que apresentei no texto (e que tacitamente supunha a seção 15) levou, para surpresa minha, em algumas rodas, à crença de que *todos* os enunciados — ou a "maioria" dos enunciados, signifique isso o que significar — da forma "para cada *x* há um *y* tal que..." são não falseáveis; e isso foi repetidamente usado como crítica ao critério de falseabilidade. Ver, p. ex., *Mind*, v. 54, 1945, pp. 119 e s. Todo o problema relativo aos "enunciados todos-e-alguns" (expressão devida a J. W. M. Watkins) é mais amplamente examinado em meu *Postscript;* ver, especialmente, seções *24 e seguintes.

deduzíveis de todas as estimativas de probabilidade. Isso leva a indagar se os enunciados de probabilidade não podem, talvez, assumir a forma de hipóteses existenciais.

Toda estimativa de probabilidade (hipotética) acarreta a conjectura de que a sequência empírica em pauta é, aproximadamente, casualoide ou aleatória, equivalendo isso a dizer que acarreta a aplicabilidade (aproximada) e a verdade dos axiomas do cálculo de probabilidades. Nosso problema equivale, portanto, à questão de saber se esses axiomas correspondem ao que denominei "hipóteses existenciais".

Se examinarmos os dois requisitos estabelecidos na seção 64, concluiremos que a exigência de aleatoriedade assume, de fato, a forma de uma hipótese existencial.[2] O requisito de unicidade, por outro lado, não tem essa forma e não pode tê-la, pois um enunciado da forma "há *apenas um*..." deve ganhar o aspecto de um enunciado universal. (Pode ser apresentado como "não há mais do que um...", ou "todos... são idênticos".)

Minha tese, a esta altura, é a de que apenas o "constituinte existencial" — como poderia ser chamado — das estimativas de probabilidade e, portanto, apenas o requisito de aleatoriedade estabelece relação lógica entre essas estimativas e os enunciados básicos. Nesses termos, o requisito de unicidade não teria, como enunciado universal, quaisquer consequências extensionais. Que existe um valor p com as propriedades exigidas é algo que, sem dúvida, pode ser extensionalmente "confirmado" — embora de modo apenas provisório, mas não que existe *apenas um* desses valores. Este último enunciado, que é universal, só assumiria significado extensional se pudesse ser *contraditado* por enunciados básicos — ou seja, só se os enunciados básicos pudessem estabelecer a existência de mais de um desses valores. Como isso não acontece (pois a não-falseabilidade, como se recordará, associa-se à fórmula binomial), o requisito de unicidade deve ser destituído de significado, sob o prisma extensional.[*3]

Essa é a razão pela qual a eliminação do requisito de unicidade do sistema não afeta as relações lógicas vigentes entre uma estimativa de probabilidade e enunciados básicos, bem como não afeta a "confirmação" maior ou menor dessa estimativa. Eliminando o requisito de unicidade, podemos dar ao sistema a forma de uma hipótese existencial pura.[3] Mas, nesse caso, é claro que também precisamos abrir mão da unicidade das estimativas de probabilidade[*4] — o que leva (na medida em

2 Pode-se colocar da forma seguinte: para todo ε positivo, para toda ênupla predecessora e para todo elemento com número ordinal x há um elemento, escolhido de acordo com a seleção de predecessor, com número ordinal y, maior do que x, tal que a frequência, até o termo y, se desvia de um valor fixo, p, por uma quantidade inferior a ε.

*3 A situação será totalmente diversa se for admitido o requisito (+2) da nota *2, da seção 64: isso é empiricamente significativo e torna falseáveis as hipóteses de probabilidade (tal como foi asseverado na nota *1 da seção 65).

3 As fórmulas do cálculo de probabilidades são também deduzíveis nessa axiomatização, devendo apenas ser interpretadas como fórmulas existenciais. O teorema de Bernoulli, p. ex., não mais afirmará que o valor de probabilidade singular, para um determinado n de $\alpha_n F(\Delta p)$ coloca-se próximo de (um), mas apenas que (para um determinado n) há, dentre os vários valores de probabilidade de $\alpha_n F(\Delta p)$, pelo menos um que se coloca próximo de um (1).

*4 Tal como se mostrou na nova nota *2 da seção 64, todo *requisito* especial de unicidade pode ser eliminado sem que se sacrifique a unicidade.

que entram em pauta as considerações referentes à unicidade) a algo diverso do cálculo usual de probabilidades.

Conclui-se, portanto, que o requisito de unicidade não é, obviamente, um requisito supérfluo. Qual é, porém, a sua função lógica?

Enquanto o requisito de aleatoriedade ajuda a fixar uma relação entre enunciados de probabilidade e enunciados básicos, o requisito de unicidade controla as relações entre os vários enunciados de probabilidade. Sem o requisito de unicidade, algumas delas, como hipóteses existenciais, poderiam ser deduzidas de outras, sem entretanto jamais poder contradizer-se. Só o requisito de unicidade assegura que os enunciados de probabilidade possam contradizer-se, de vez que, por força desse requisito, eles adquirem a forma de uma conjunção, cujos componentes constituem um enunciado universal e uma hipótese existencial — e enunciados dessa forma colocam-se, uns frente aos outros, segundo as mesmas relações lógicas fundamentais (equivalência, deduzibilidade, compatibilidade e incompatibilidade) em que se colocam os enunciados universais "normais" de qualquer teoria, como, digamos, uma teoria falseável.

Se passarmos a considerar o axioma da convergência, constataremos que ele se assemelha ao requisito de unicidade, no sentido de que reveste a forma de um enunciado universal não falseável. Ele exige, contudo, mais do que o faz o nosso requisito. A exigência adicional não pode, porém, apresentar um sentido extensional; mais do que isso, não tem um sentido lógico ou formal, mas *tão somente intensional:* trata-se de uma exigência de exclusão de todas as sequências intensionalmente definidas (isto é, matemáticas), sem limites de frequência. Do ponto de vista das aplicações, essa exclusão revela-se, entretanto, sem significação, nem mesmo intensional, pois em teoria de probabilidade aplicada não manipulamos sequências matemáticas, mas apenas estimativas hipotéticas, relativas a sequências empíricas. A exclusão das sequências que não apresentam limites de frequências só é útil, portanto, para prevenir-nos contra o tratar as sequências empíricas dando-as como casualoides ou aleatórias, com respeito às quais admitimos não haver limites de frequências. De que maneira, todavia, poderíamos responder a essa advertência?[4] Que espécie de considerações ou conjecturas, a propósito da possível convergência ou divergência de sequências empíricas, deveríamos admitir ou repelir, à vista dessa advertência, uma vez que os critérios de convergência não são mais aplicáveis a elas do que os critérios de divergência? Todas essas delicadas questões[5] desaparecem desde que seja afastado o axioma da convergência.

---

4 Tanto o axioma da aleatoriedade como o axioma da unicidade podem ser vistos como essas advertências (intensionais). O axioma da aleatoriedade por exemplo, aconselha-nos a não tratar as sequências como aleatórias, se supusermos (sem importar qual o fundamento) que certos sistemas de jogo alcançam êxito em relação a elas. O axioma da unicidade aconselha-nos a não atribuir uma probabilidade q (sendo $q \neq p$) a uma sequência que imaginemos poder ser aproximadamente descrita por meio da hipótese de que sua probabilidade *é* igual a p.

5 Dúvidas semelhantes levaram Schlick a fazer objeções ao axioma do limite (*Die Naturwissenschaften*, v. 19, 1931, p. 158).

Nossa análise lógica torna, assim, transparente tanto a forma quanto a função dos vários requisitos parciais do sistema, e mostra quais as razões que falam contra o axioma da aleatoriedade e em favor do requisito da unicidade. Ao mesmo tempo, o problema da decisibilidade parece ganhar proporções cada vez mais ameaçadoras. Embora não estejamos obrigados a dar como "sem sentido"[6] nossos requisitos (ou axiomas), parece que estaríamos obrigados a apresentá-los como não empíricos. Dar essa descrição dos enunciados de probabilidade — independentemente das palavras que usássemos para expressá-la — não contradiria, entretanto, a ideia que orienta a colocação que damos ao problema?

67. UM SISTEMA PROBABILÍSTICO DE METAFÍSICA ESPECULATIVA

O uso mais importante que se faz, em Física, dos enunciados de probabilidade é o seguinte: certas regularidades físicas, ou efeitos físicos observáveis, são interpretados em termos de "macroleis", ou seja, interpretados ou explicados como fenômenos de massa, ou como resultados observáveis de "microeventos" hipotéticos e não diretamente observáveis. As macroleis são deduzidas das estimativas de probabilidade, de acordo com o método seguinte: mostra-se que as observações concordantes com a regularidade observada apresentam uma probabilidade muito próxima de *um,* isto é, uma probabilidade que se afasta desse valor por uma quantidade que pode ver-se reduzida tanto quanto se desejar. Demonstrado esse ponto, dizemos que, através de estimativa de probabilidade, "explicamos" o efeito observável que está em causa, como se fora um macroefeito.

Contudo, se usarmos as estimativas de probabilidade para, desse modo, "explicar" regularidades observadas, e *não introduzirmos precauções especiais,* ver-nos-emos imediatamente envolvidos em especulações que, de acordo com a maneira geral de entender, caberia dar como típicas da *metafísica especulativa.*

Com efeito, uma vez que os enunciados de probabilidade não são falseáveis, deverá ser sempre possível "explicar" dessa maneira, através de estimativas de probabilidade, *quaisquer regularidades que desejemos.* Exemplifiquemos com a lei da gravidade. Podemos levar estimativas de probabilidade hipotéticas a "explicarem" essa lei procedendo da seguinte maneira: escolhemos eventos de alguma espécie, para atuarem como eventos elementares ou atômicos — o movimento de uma pequena partícula, digamos; selecionamos, também, o que há de constituir uma propriedade primária desses eventos — digamos, a direção e a velocidade do movimento de uma partícula; admitimos, em seguida, que

6 Aqui o positivista teria de reconhecer toda uma hierarquia de "ausências de significado". Para ele, leis naturais não verificáveis são "sem sentido" *(cf.* seção 6 e citações em notas 1 e 2) e, mais ainda, as hipóteses de probabilidade, que não são verificáveis nem falseáveis. Dentre nossos axiomas, o da unicidade, que não é extensionalmente significativo, seria mais destituído de sentido do que o da irregularidade (também destituído de sentido) que, pelo menos, tem consequências extensionais. Ainda mais destituído de sentido seria o axioma do limite, pois não é significativo nem mesmo intensionalmente.

esses eventos apresentem uma distribuição casualoide; finalmente, calculamos a probabilidade de que todas as partículas, dentro de certa região finita do espaço e durante certo período de tempo finito — certo "período cósmico" — se moverão com precisão especificada, mas de maneira acidental, de acordo com aquilo que é requerido por força da lei da gravidade. A probabilidade calculada será, naturalmente, muito pequena; desprezivelmente pequena, em verdade, mas, apesar disso, não igual a zero. Podemos, assim, provocar a questão de saber quão longo deveria ser um segmento-*n* da sequência (ou, em outras palavras, quão longa deveria ser a duração de todo o processo) para que pudéssemos esperar, com probabilidade próxima de *um* (ou afastada de *um* por não mais que um valor arbitrariamente pequeno ε) a ocorrência de um período cósmico no qual, como resultado de acumulação de acidentes, nossas observações viessem todas a concordar com a lei da gravidade. Para qualquer valor, tão próximo de *um* quanto queiramos, obtemos um número finito, definido, embora extremamente grande. Cabe então dizer: se admitirmos que o segmento da sequência tem essa enorme extensão — ou, em outras palavras, que o "mundo" dure suficientemente — nossa presunção de aleatoriedade autoriza-nos a esperar a ocorrência de um período cósmico no qual a lei da gravidade parecerá vigorar, embora, "na realidade", jamais ocorra qualquer coisa diferente de uma dispersão aleatória. Esse tipo de "explicação", por intermédio da hipótese da aleatoriedade, aplica-se a qualquer regularidade escolhida. De fato, é possível "explicar" desse modo tudo o que acontece no mundo, dar conta de todas as regularidades observadas, entendendo-as como fase de um caos aleatório — como *simples acumulação de coincidências puramente acidentais.*

Parece-me claro que especulações desse gênero são "metafísicas" e sem qualquer significado para a ciência. Parece igualmente claro que esse fato se associa à não falseabilidade — isto é, ao fato de que sempre parecerá lícito, em quaisquer circunstâncias, aparentar certa indulgência para com essas especulações. Meu critério de demarcação parece, pois, ajustar-se muito bem ao uso comum que se faz do vocábulo "metafísica".

As teorias que se valem da probabilidade não serão, portanto, científicas — se não forem utilizadas com certas precauções. É preciso afastar seu emprego metafísico, se queremos que tenham alguma utilidade nas aplicações práticas da ciência empírica.[*1]

---

*1 Ao redigir esse trecho, imaginei que especulações da espécie descrita seriam facilmente reconhecíveis como privadas de utilidade, exatamente por causa de sua aplicabilidade ilimitada. Elas, entretanto, parecem mais aliciantes do que pensei; com efeito, afirmou-se, por exemplo, em artigo de J. B. S. Haldane (*Nature*, v. 122, 1928, p. 808; *cf.*, ainda, seu *Inequality of man*, pp. 163 e s.) que, se aceitamos a teoria probabilística da entropia, devemos considerar certo ou quase certo que o mundo se recomporá acidentalmente, bastando que se espere um tempo suficiente. Esse argumento tem sido usado repetidamente por outros. Contudo, penso eu, é um exemplo perfeito da espécie de argumento aqui criticada e que nos permitiria esperar, com quase certeza, qualquer coisa que desejássemos. Tudo isso mostra os perigos inerentes à forma existencial que os enunciados de probabilidade partilham com os enunciados de metafísica (*cf.* seção 15).

68. PROBABILIDADE EM FÍSICA

O problema da decisibilidade só perturba o metodologista, não o físico.[*1] Se convidado a oferecer um conceito prático de probabilidade, o físico poderia, talvez, apresentar algo como uma *definição física de probabilidade*, ao longo das linhas seguintes: há certos experimentos que, se realizados sob condições controladas, conduzem a resultados variáveis. No caso de alguns desses experimentos — dos que são "casualoides", como os lançamentos de moedas — a repetição frequente conduz a resultados em que as frequências relativas, repetindo-se, aproximam-se mais e mais de um valor fixado, que admite a denominação de *probabilidade* do evento em causa. Esse valor é "... empiricamente determinável, através de uma longa série de experimentos, com qualquer grau de aproximação",[1] o que explica, de passagem, a razão por que é possível falsear uma estimativa hipotética de probabilidade.

Contra definições dessa espécie, matemáticos e lógicos levantam objeções, em particular, as seguintes:

(1) a definição não se põe de acordo com o cálculo de probabilidades, pois, segundo o teorema de Bernoulli, são estatisticamente estáveis apenas *quase* todos os segmentos muito longos, isto é, apenas eles se comportam como se fossem convergentes. Por esse motivo, a estabilidade não pode ser usada para definir a probabilidade, ou seja, a probabilidade não pode ser definida por um comportamento quase-convergente. Com efeito, a expressão "*quase* todos" — que deve ocorrer no *definiens* — não passa de sinônimo de "muito provável". A definição é, pois, viciosa, fato que pode ser facilmente oculto (mas não afastado) pela exclusão da palavra "quase". Isso é o que a definição do físico faz, tornando-se, consequentemente, inaceitável.

(2) Quando cabe dizer que uma série de experimentos é "*longa*"? Sem que haja sido estabelecido um critério para dizer que algo é "longo", não podemos dizer quando ou se atingimos uma aproximação relativamente à probabilidade.

(3) Como saber que foi efetivamente alcançada a *aproximação* desejada?

Embora eu creia que essas objeções procedem, creio, não obstante, que podemos conservar a definição do físico. Apoiarei essa posição nos argumentos esboçados na seção anterior. Mostraram eles que as hipóteses de probabilidade perdem

*1 O problema aqui examinado foi tratado de maneira clara e completa há muito tempo, pelos físicos P. e T. Ehrenfest, *Encycl. d. Math., Wiss.*, 4º tomo, fasc. 6 (12/12/1911), seção 30. Eles o trataram como um problema *conceitual e epistemológico*. Eles introduziram a ideia de "hipóteses de probabilidade de ordem 1, 2, ..., k"; uma hipótese de probabilidade de segunda ordem, por exemplo, é uma estimativa da frequência com que certas frequências ocorrem num agregado de agregados. Contudo, P. e T. Ehrenfest não manipulam algo correspondente à ideia de *efeito reproduzível*, que é aqui tida por crucial para a resolução do problema por eles tão bem formulado. Ver, especialmente, o conflito entre Boltzmann e Planck, a que os autores se referem nas notas 247 e seguinte, e que, segundo penso, pode ser dirimido invocando-se a ideia de efeito reproduzível. De fato, em condições experimentais apropriadas, as flutuações podem conduzir a efeitos reproduzíveis, como claramente o mostrou a teoria de Einstein acerca do movimento browniano. Ver, também, nota *1, da seção 65, e apêndices *vi e *ix.

1 A citação foi colhida em Born-Jordan, *Elementare Quantenmechanik*, 1930, p. 306; *cf.*, também, o início de Dirac, *Quantum Mechanics*, p. 10 da 1ª ed., 1930. Passagem correspondente (ligeiramente abreviada) encontra-se na p. 14 da 3ª ed., 1947. Ver, ainda, Weyl, *Gruppentheorie und Quantenmechanik*, 2ª ed., 1931, p. 66; trad. ingl. de H. P. Robertson, *The Theory of Groups and Quantum Mechanics*, 1931, pp. 74 e s.

todo o conteúdo informativo quando delas se faz aplicação irrestrita. O físico nunca as utiliza dessa maneira. Seguindo o exemplo que nos dá, não admitirei a aplicação irrestrita das hipóteses de probabilidade. Proponho adotemos *a decisão metodológica de nunca explicar efeitos físicos, isto é, regularidades suscetíveis de reprodução, como acumulações de acidentes.* Essa decisão modifica, naturalmente, o conceito de probabilidade: restringe-o.[*2] Nesses termos, a objeção (1) não afeta a posição que assumo, não assevero, absolutamente, que haja identidade entre os conceitos físicos e matemáticos de probabilidade; pelo contrário, nego-a. Contudo, no lugar de (1), surge nova objeção.

(1') Quando cabe falar de "acidentes acumulados"? Presumivelmente, no caso de uma probabilidade diminuta. Mas quando é *"diminuta"* uma probabilidade? Podemos admitir que a proposta por mim feita agora afasta o emprego do método (examinado na seção anterior) de elaborar uma probabilidade arbitrariamente grande a partir de uma probabilidade diminuta, através da alteração de formulação do problema de matemática. Todavia, para concretizar a decisão proposta, devemos saber o que encarar como *diminuto.*

Nas páginas seguintes, mostrarei que a regra metodológica proposta está em concordância com a definição do físico, e que pode auxiliar a responder às objeções levantadas pelas questões (1'), (2) e (3). Para começar, considerarei apenas *um* caso típico de aplicação do cálculo de probabilidades: considerarei o caso de certos macroefeitos, suscetíveis de reprodução e passíveis de descrição com o auxílio de (macro) leis precisas — como a pressão do gás — e que interpretamos, ou explicamos, como devidos a uma enorme acumulação de microprocessos, as colisões moleculares. Outros casos típicos (tais como o de flutuações estatísticas ou de estatísticas de processos individuais casualoides), sem muita dificuldade, podem ser reduzidos a esse primeiro caso.[*3]

Tomemos um macroefeito desse tipo, descrito por uma lei bem corroborada, macroefeito que deve ser reduzido a sequências aleatórias de microeventos. Admitamos que a lei assevera que, sob certas condições, determinada magnitude física tem o valor p. Presumimos ser "preciso" o efeito, de sorte que não ocorrem flutuações mensuráveis, isto é, não há desvios em relação a p para além desse intervalo, $\pm\ \varphi$ (intervalo de imprecisão, *cf.* seção 37), dentro do qual nossas medidas certamente flutuarão, devido à imprecisão inerente à técnica de medida prevalecente. Formulamos, agora, a hipótese de que p seja uma probabilidade dentro da sequência α de microeventos e, mais, que n microeventos contribuem para produzir o efeito. Então, (*cf.* seção 61), podemos calcular, para todo valor escolhido δ, a probabilidade ${}_{\alpha_n}F(\Delta p)$, isto é, a probabilidade de que o valor medido se coloque dentro do intervalo Δp. A probabilidade complementar pode ser denotada por "ε". Assim,

*2 A decisão ou regra metodológica, formulada neste contexto, restringe o conceito de probabilidade — tal como ele é restringido pela decisão de adotar as sequências de feição aleatória *mais curtas,* na condição de modelos matemáticos de sequências empíricas. (*Cf.* nota *1, da seção 65.)

*3 Tenho agora alguma dúvida acerca das palavras "sem muita dificuldade"; com efeito, em todos os casos, exceto o dos macroefeitos extremos, discutidos nesta seção, devem ser usados métodos estatísticos elaborados. Ver também apêndice *ix, especialmente minha "terceira nota".

temos, ${}_{\alpha_n}F(\Delta \overline{p}) = \varepsilon$. Segundo o teorema de Bernoulli, ε tende a zero quando *n* cresce indefinidamente.

Admitimos ε "tão diminuto" que pode ser desprezado. (A questão (1'), que diz respeito ao significado de "diminuto", nessa presunção, será, dentro em pouco, examinada melhor.) Δp deve ser interpretado como o intervalo dentro do qual as medidas se aproximam do valor *p*. Com essas observações, vemos que as três quantidades, ε, *n* e Δp, correspondem às três questões (1'), (2) e (3). Δp ou δ podem ser arbitrariamente escolhidos, o que restringe a arbitrariedade quanto a nossa escolha de ε e *n*. Como o nosso objetivo é deduzir o exato macroefeito *p* ($\pm$ φ), não admitiremos ser δ maior do que φ . No que diz respeito ao efeito reproduzível, p, a dedução será satisfatória se pudermos efetivá-la para algum valor $\delta \leq \varphi$. (Aqui, φ é dado, pois é determinado pela técnica de medida.) Escolhamos agora δ de modo que seja (aproximadamente) igual a φ. Teremos, então, que a questão (3) se resolve nas duas outras, (1') e (2).

Escolhendo δ (isto é, Δp), estabelecemos uma relação entre *n* e ε, pois para todo *n* corresponde, agora, univocamente, um valor de ε. Assim, (2), isto é, a questão "quando *n* é suficientemente grande?", resolve-se em (1'), isto é, na questão "quando ε é diminuto?" (e vice-versa).

Isso quer dizer que *todas as três questões* poderiam ser respondidas se pudéssemos decidir *qual o valor particular de* ε que deve ser desprezado "como negligenciavelmente diminuto". Ora, nossa regra metodológica leva à decisão de desprezar valores *diminutos* de ε; dificilmente, entretanto, estaríamos preparados para assentar, de maneira final, um valor definido de ε.

Se propusermos essa questão a um físico, ou seja, se lhe perguntarmos qual ε ele está disposto a desprezar, — 0,001 ou 0,000001 ou... — ele presumivelmente responderá que ε não o interessa; que escolheu *n* e não ε; e que escolheu *n* de maneira tal a tornar a correlação entre *n* e *Δp amplamente independente de quaisquer alterações* do valor atribuído a ε.

A resposta do físico se justifica, em face das peculiaridades matemáticas da distribuição de Bernoulli: para todo *n* é possível determinar a dependência funcional entre ε e Δp.[*4] Um exame dessa função mostra que, *para todo n* ("grande") existe um valor característico de Δp tal que, na vizinhança desse valor, Δp é altamente indiferente a alterações de ε. Essa indiferença cresce com o crescimento de *n*. Se tomarmos um *n* da ordem de magnitude que podemos esperar no caso de

---

*4 As observações seguintes, neste parágrafo (e algumas das discussões posteriores, contidas nesta mesma seção), estão, penso eu, esclarecidas e superadas pelas considerações que figuram no apêndice *ix; ver, em particular, pontos 8 e seguintes, de minha "terceira nota". Com o auxílio dos métodos aqui empregados, pode-se demonstrar que quase todas as possíveis amostras estatísticas de grande porte *n* comprometerão fortemente uma dada hipótese probabilística; ou seja, dar-lhe-ão alto grau *negativo* de corroboração; e podemos decidir interpretar esse ponto como refutação ou falseamento. A maioria das amostras remanescentes darão apoio à hipótese, ou seja, dar-lhe-ão alto grau *positivo* de corroboração. Um número relativamente pequeno de amostras de grande porte *n* comunicará à hipótese probabilística um grau incerto de corroboração (seja positivo ou negativo). Podemos, assim, esperar ter condição de refutar uma hipótese probabilística, no sentido aqui indicado; e podemos esperá-lo, talvez mais confiantemente do que no caso de uma hipótese não probabilística. A regra ou decisão metodológica de encarar (para *n* grande) um grau negativo de corroboração como falseamento é, sem dúvida, caso específico da regra ou decisão metodológica examinada na presente seção — a de desprezar certas improbabilidades extremas.

fenômenos extremos de massa, então, na vizinhança desse valor característico, Δp será tão altamente indiferente a modificações de ε que dificilmente se alterará, mesmo que se altere a ordem de grandeza de ε. Ora, o físico atribuirá pouca importância a uma definição mais precisa das fronteiras de Δp. No caso de fenômenos de massa típicos, aos quais essa investigação se restringe, é possível, lembremos, fazer Δp corresponder ao intervalo de precisão $\pm\ \varphi$, que depende de nossa técnica de medida; e este não tem extremidades nítidas, mas apenas o que chamei na seção 37, de "extremidades de condensação". Diremos, consequentemente, que n é grande quando a indiferença de Δp, na vizinhança de seu valor característico e passível de determinação, é pelo menos tão grande que, mesmo alterações na ordem de grandeza de ε só levam o valor de Δp a flutuar dentro das extremidades de condensação de $\pm\ \varphi$ (se $n \longrightarrow \infty$, então Δp torna-se completamente indiferente). Se assim é, entretanto, não mais precisamos preocupar-nos com a exata determinação de ε: *basta a decisão de desprezar um* ε *diminuto,* ainda que não tenhamos estabelecido exatamente o que deve ser considerado "diminuto". Equivale isso à decisão de operar com os valores característicos de Δp acima referidos, e que são indiferentes a alterações de ε.

A regra de acordo com a qual as improbabilidades extremas devem ser desprezadas (regra que só se torna suficientemente explícita à luz do que se mencionou acima), põe-se em consonância com a exigência de *objetividade científica.* A objeção óbvia a essa nossa regra é, indubitavelmente, a de que, mesmo a maior das improbabilidades sempre continua a ser uma probabilidade — ainda que reduzidíssima. Consequentemente, mesmo os processos mais improváveis — isto é, aqueles que propus desprezar — ocorrerão algum dia. Essa objeção porém, pode ser afastada, se invocarmos *a ideia de um efeito físico reproduzível* — ideia que está estreitamente relacionada à de objetividade *(cf.* seção 8). Não nego a possibilidade de ocorrência de eventos improváveis. Não assevero, por exemplo, que as moléculas de um pequeno volume de gás estejam impossibilitadas de, por um instante, se concentrarem numa parte do volume, ou que, num maior volume de gás, jamais ocorram flutuações espontâneas de pressão. Assevero, porém, que essas ocorrências não seriam efeitos físicos, pois, em razão de sua imensa improbabilidade, *não são reproduzíveis à nossa vontade.* Ainda que um físico observasse um processo desses, não teria como reproduzi-lo e, consequentemente, não poderia ter condições de decidir o que realmente haveria ocorrido no caso, nem de saber se não teria incidido num engano de observação. Se, contudo, constatarmos desvios *reproduzíveis* com relação a um macroefeito, deduzido de uma estimativa de probabilidade, segundo a via indicada, então poderemos presumir que a estimativa de probabilidade está falseada.

Considerações dessa ordem ajudam-nos a entender pronunciamentos como o seguinte, de Eddington, no qual ele distingue duas espécies de leis físicas: "Algumas coisas jamais ocorrem no mundo físico, porque são *impossíveis;* outras, porque são demasiado *improváveis.* As leis que vedam a ocorrência de coisas impossíveis são leis primárias; as que vedam a ocorrência de coisas demasiadamente improváveis são leis secundárias".[2] Embora essa formulação não esteja, talvez, isenta de

2 Eddington, *The Nature of the Physical World,* 1928, p. 75.

pontos criticáveis (eu preferiria abster-me de fazer alusão a asserções, não suscetíveis de teste, acerca de ocorrerem ou não coisas extremamente improváveis), ela se coloca em concordância com a aplicação que o físico faz da teoria da probabilidade.

Outros casos a que a teoria da probabilidade pode ser aplicada, tais como flutuações estatísticas ou estatística de eventos individuais casualoides, são redutíveis ao caso acima analisado, o do macroefeito precisamente mensurável. Por flutuações estatísticas entendo fenômenos do tipo do movimento browniano. Aqui, o intervalo de precisão de medida ($\pm\ \varphi$) é menor que o intervalo Δp característico do número n de microeventos que contribuem para o efeito; consequentemente, cabe considerar altamente prováveis desvios mensuráveis em relação a p. O fato de esses desvios se manifestarem será suscetível de teste, pois que a própria flutuação torna-se um efeito reproduzível; e, a esse efeito, aplicam-se meus argumentos anteriores: flutuações para além de certa magnitude (para além de um intervalo Δp) não devem ser reproduzíveis, segundo meus requisitos metodológicos, nem devem ser reproduzíveis longas sequências de flutuações numa e mesma direção, etc. Argumentos correspondentes se aplicariam com validez à estatística dos eventos individuais casualoides.

Estou, agora, em condições de resumir meus argumentos relativos ao problema da decisibilidade.

Nossa pergunta era: como podem as hipóteses de probabilidade — que, segundo vimos, são não falseáveis — desempenhar o papel de leis naturais, no campo da ciência empírica? Nossa resposta é esta: enunciados de probabilidade, na medida em que se revelam não falseáveis, são metafísicos e destituídos de significação empírica; e, na medida em que se vêm utilizados como enunciados empíricos, são empregados como enunciados falseáveis.

Essa resposta provoca, porém, outra pergunta: *como é possível* que enunciados de probabilidade — que são não falseáveis — se vejam *utilizados* como enunciados falseáveis? (Não se coloca em dúvida o fato de eles poderem ser usados dessa maneira; o físico sabe muito bem quando encarar como falseada uma suposição de probabilidade.) Essa questão, verificamos, apresenta dois aspectos. De uma parte, devemos tornar compreensível a possibilidade de usar enunciados de probabilidade em termos de sua forma lógica. De outra parte, devemos analisar as regras que disciplinam seu uso como enunciados falseáveis.

De acordo com a seção 66, enunciados básicos aceitos podem apresentar concordância maior ou menor com alguma proposta estimativa de probabilidade; eles podem representar melhor, ou menos bem, um típico segmento de uma sequência de probabilidades. Isso proporciona oportunidade para a aplicação de alguma espécie de *regra metodológica,* uma regra, por exemplo, que exija se coloque a concordância entre enunciados básicos e a estimativa de probabilidade em conformidade com algum padrão mínimo. Nesses termos, a regra poderá traçar alguma linha arbitrária, determinando que somente segmentos razoavelmente representativos (ou "amostras razoavelmente representativas") são "permitidos", ao passo que segmentos atípicos, ou não representativos, são "proibidos".

Uma análise mais profunda desta sugestão mostrou-nos que a linha divisória entre o que é permitido e o que é proibido não precisa ser traçada tão arbitrariamente quanto se poderia pensar à primeira vista. Em particular, que não é preciso traçá-la "tolerantemente". Com efeito, é possível formular a regra de maneira tal que a linha divisória entre o que é permitido e o que é proibido seja determinada, tal como no caso de outras leis, pela precisão que possam atingir nossas medidas.

Nossa regra metodológica, proposta de acordo com o critério de demarcação, não proíbe a ocorrência de segmentos atípicos, nem proíbe a ocorrência repetida de desvios (os quais, naturalmente, são típicos nas sequências de probabilidade). O que a regra proíbe é a ocorrência previsível e reproduzível de desvios sistemáticos, tais como os desvios numa direção específica ou a ocorrência de segmentos que são atípicos de maneira definida. Assim, a regra exige, não uma simples concordância grosseira, mas a melhor concordância possível *quanto a tudo o que é reproduzível e suscetível de teste;* em resumo, para todos os *efeitos reproduzíveis.*

69. LEI E ACASO

Por vezes, ouve-se dizer que os movimentos dos planetas obedecem a leis estritas, ao passo que o lançamento do dado abre margem para o fortuito ou para o acaso. A meu ver, a diferença está no fato de, até agora, havermos conseguido condições de predizer com êxito o movimento dos planetas, mas não os resultados do lançamento de um dado.

Para deduzir predições, fazem-se necessárias leis e condições iniciais; se não há disponibilidade de leis adequadas, ou se não é possível fixar condições iniciais, a maneira científica de predizer deixa de vigorar. No lançamento de dados o que falta é, claramente, um conhecimento suficiente das condições iniciais. Com medidas suficientemente precisas das condições iniciais, também nesse caso as previsões se tornariam possíveis, mas as regras para o correto lançamento de dados (agitá-los) são fixadas de maneira a impedir-nos de medir as condições iniciais. Às regras de jogo e a outras regras, que determinam as condições sob as quais deverão ocorrer os vários eventos de uma sequência aleatória, chamarei de *"condições delimitantes"*. Elas consistem de requisitos tais como o de que o dado seja "não viciado" (efeito de material homogêneo), seja bem sacudido antes do lançamento, etc.

Há outros casos em que a previsão pode não alcançar êxito. Talvez ainda não tenha sido possível formular leis adequadas, talvez tenham falhado as tentativas no sentido de elaborar uma lei, e todas as previsões se tenham falseado. Em casos desse gênero, talvez nos inclinemos a supor que jamais será descoberta uma lei satisfatória. (Mas não é de esperar que abandonemos as tentativas, exceto no caso de o problema não nos interessar muito — o que pode ocorrer, por exemplo, se nos dermos por satisfeitos com previsões de frequências.) Em caso algum, porém, poderemos dizer, em termos definitivos, que não existem leis num domínio particular. (Isso é uma consequência da impossibilidade de verificação.) O que registrei equivale a dizer que minha maneira de ver torna *subjetivo*[*1] o conceito de acaso. Falo em "acaso" quando nosso conhecimento não basta para formular previsões, tal como no caso dos dados, quando falamos de "acaso" por não dispormos de conhecimento acerca das condições iniciais. (É concebível que um físico, dispondo de instrumentos adequados, possa prever o resultado de um lançamento, que não poderia ser previsto por outras pessoas.)

Em oposição a essa concepção subjetiva, tem sido por vezes advogada uma concepção objetiva. Na medida em que essa concepção usa a ideia metafísica de que os eventos estão ou não determinados em si mesmos, não a examinarei mais aprofundadamente. (*Cf.* seções 71 e 78.) Se alcançarmos êxito em nossa previsão, caberá falar de "leis"; caso contrário, nada poderemos saber acerca da existência ou inexistência de leis ou de irregularidades.[*2]

Talvez, mais digna de consideração do que essa ideia metafísica seja a seguinte concepção: defrontamo-nos com o "acaso", em sentido objetivo, pode-se dizer, quando nossas estimativas de probabilidade se veem corroboradas; defrontamo-nos com regularidades causais quando se veem corroboradas as previsões que fazemos com base em leis.

A definição de acaso, implícita nessa concepção, talvez não seja inteiramente inútil, mas importa enfatizar fortemente que o conceito assim definido não se opõe ao conceito de lei; foi por esse motivo que chamei de casualoides as sequências de probabilidade. De modo geral, uma sequência de resultados experimentais será casualoide se as condições delimitantes, que definem a sequência, diferirem das condições iniciais; quando os experimentos, tomados de per si, e levados a efeito sob condições delimitantes idênticas, se realizam sob condições iniciais diversas e, assim, proporcionam resultados diferentes. Se há sequências casualoides cujos elementos não sejam, de modo algum, previsíveis, é algo que ignoro. Do fato de uma sequência ser casualoide não podemos nem mesmo inferir que seus elementos não sejam previsíveis, ou que sejam "atribuíveis ao acaso", no sentido subjetivo de conhecimento insuficiente; e, menos do que tudo, não podemos inferir desse fato o fato "objetivo" de que inexistam leis.[*3]

---

*1 Isso não quer dizer que eu faça qualquer concessão, neste contexto, à interpretação subjetiva de *probabilidade*, ou de *desordem*, ou de *aleatoriedade*.

*2 Neste parágrafo (em razão de seu caráter metafísico) afastei uma teoria metafísica, a qual, agora, em meu *Postscript*, me empenho em recomendar, porque parece abrir novos horizontes, sugerir meios de resolução de sérias dificuldades e ser, talvez, verdadeira. Embora, ao escrever o livro, eu estivesse consciente de sustentar crenças metafísicas, e embora tivesse chegado a assinalar o valor sugestivo de ideias metafísicas para a ciência, não me dava conta do fato de que algumas doutrinas metafísicas eram passíveis de abordagem racional e, a despeito de serem irrefutáveis, eram passíveis de crítica. Ver, especialmente, a última seção de meu *Postscript*.

*3 Eu teria sido mais claro, segundo penso, se houvesse argumentado da maneira seguinte: nunca podemos repetir, com precisão, um experimento — tudo quanto podemos fazer é manter constantes *certas* condições, dentro de certos limites. O fato de certos aspectos dos resultados obtidos se repetirem, enquanto outros aspectos variam de forma irregular, não é, portanto, argumento em favor do fortuito objetivo, do acaso, ou da ausência de lei, especialmente se as condições do experimento (como no caso do lançamento de moedas) são estabelecidas de modo a fazer variar as condições. Até aqui, continuo a concordar com o que disse. Todavia, podem existir *outros* argumentos em prol do fortuito objetivo; e um deles, devido a Alfred Landé (a "lâmina de Landé"), é altamente relevante no presente contexto. Examino-o amplamente em meu *Postscript*, seções 90 e seguinte.

Do caráter casualoide da sequência não é apenas impossível inferir conformidade ou não-conformidade para com a lei; da corroboração das estimativas de probabilidade não é nem mesmo possível inferir que a *própria sequência* seja completamente irregular. Sabemos, com efeito, que existem sequências casualoides construídas de acordo com uma regra matemática (*cf.* apêndice iv). O fato de uma sequência apresentar uma distribuição bernoulliana não é sintoma de ausência de lei, e muito menos equivale a ausência de lei "por definição".[1] No êxito das predições de probabilidade não devemos enxergar mais do que um indício de ausência de leis *simples* na estrutura da *sequência (cf.* seções 43 e 58) — em oposição aos eventos que a constituem. O pressuposto de liberdade em relação a efeitos ulteriores, que é equivalente à hipótese de que essas leis *simples* não podem ser descobertas, é corroborado — nada mais do que isso.

70. DEDUZIBILIDADE DAS MACROLEIS A PARTIR DAS MICROLEIS

Há uma doutrina que quase se transformou em dogma, embora haja sido recentemente criticada com severidade — a doutrina segundo a qual *todos* os eventos observáveis hão de ser explicados em termos de macroeventos, ou seja, em termos de médias ou acumulações ou somas de certos microeventos. (A doutrina assemelha-se, de algum modo, a certas formas de materialismo.) Como outras doutrinas da espécie, esta coloca-se na condição de hipóstase metafísica de uma regra metodológica que, por si mesma, não provoca objeções. Pretendo referir-me à regra de acordo com a qual cabe indagar se podemos simplificar, generalizar ou unificar nossas teorias, através do emprego de hipóteses explicativas do tipo mencionado (ou seja, de hipóteses que explicam os efeitos observáveis em termos de somas ou integrações de microeventos). Apreciando o êxito de tentativas desse gênero, seria errôneo pensar que hipóteses *não estatísticas* acerca de microeventos e de suas leis de interação poderiam ser bastantes para explicar macroeventos. Na verdade, necessitaríamos, além disso, de *estimativas de frequência* hipotéticas, pois só de premissas estatísticas podem derivar-se conclusões estatísticas. Essas estimativas de frequência correspondem, sempre, a hipóteses independentes, que podem ocorrer-nos, por vezes, quando estamos empenhados no estudo de leis relativas a microeventos, mas que jamais podem ser derivadas de tais leis. As estimativas de frequências constituem uma especial classe de hipóteses: são proibições que, por assim dizer, concernem a regularidades no todo.[1] Von Mises registrou muito claramente: "Nem mesmo o menos importante teorema da teoria cinética dos gases decorre apenas da física clássica, sem pressupostos adicionais, de caráter estatístico".[2]

---

1 Como Schlick *diz*, em "Die Kausalität in der Gegenwärtigen Physik" *Naturwissenschaften*, v. 19, 1931, p. 157.

1 A. March diz muito bem *(Die Grundlagen der Quantenmechanik*, 1931, p. 250) que as partículas de um gás não podem comportar-se "... como queiram; cada uma há de comportar-se de acordo com o comportamento das outras. O fato de o todo ser mais que a mera soma das partes deve encarar-se como um dos princípios fundamentais da teoria quântica".

2 Von Mises, "Uber kausale und statistische Gesetzmässigkeiten in der Physik", *Erkenntnis*, v. 1, 1930, p. 207 (cf. *Naturwissenschaften*, v. 18, 1930).

Estimativas estatísticas ou enunciados de frequência nunca podem ser deduzidos apenas de leis de tipo "determinista", pois que, para dessas leis deduzir qualquer previsão fazem-se necessárias as condições iniciais. Pressupostos acerca da *distribuição* estatística de condições iniciais — ou seja, específicos pressupostos estatísticos — participam de qualquer dedução em que se obtêm leis estatísticas a partir de micropressupostos de um caráter determinista ou "preciso".[*1]

Fato surpreendente é o de serem os pressupostos de frequência, da física teórica, em grande medida, *hipóteses de igual oportunidade*, mas isso não implica, de modo algum, serem eles "autoevidentes", ou válidos *a priori*. Que estejam longe de sê-lo, torna-se claro considerando as amplas diferenças entre a estatística tradicional, a estatística Bose-Einstein e a estatística Fermi-Dirac. Estas mostram como os pressupostos especiais podem combinar-se com uma hipótese da igual oportunidade, levando, em cada caso, a diferentes definições das sequências de referência e das propriedades primárias, para as quais se presume igual distribuição.

O exemplo seguinte poderá, talvez, ilustrar o fato de os pressupostos de frequência serem indispensáveis, mesmo quando possamos inclinar-nos a operar sem eles.

Imaginemos uma queda d'água. Podemos, talvez, discernir alguma estranha espécie de regularidade: o volume das correntes que compõem a queda varia; de tempos em tempos, porções maiores de água se destacam da corrente principal; não obstante, ao longo de todas essas variações, percebe-se uma regularidade que lembra fortemente um efeito estatístico. Deixando de lado alguns problemas não resolvidos no campo da hidrodinâmica (relativos à formação de vórtices, etc.), podemos, em princípio, prever a trajetória de qualquer volume de água — digamos, de um grupo de moléculas — com o grau de precisão que desejarmos, bastando que sejam dadas condições iniciais suficientemente precisas. Podemos, assim, presumir que será possível dizer, a respeito de qualquer molécula, muito antes de ela chegar ao ponto de queda, em que lugar ela transporá a borda, em que ponto se precipitará, etc. Dessa maneira, será possível calcular, em princípio, a trajetória de qualquer número de partículas e, dadas suficientes condições iniciais, estaremos aptos, em tese, a deduzir qualquer das flutuações estatísticas particulares apresentadas pela queda d'água. Contudo, somente essa ou aquela flutuação *particular* poderá ser obtida dessa maneira, não as regularidades estatísticas iterativas que descrevemos e, menos ainda, a distribuição estatística geral. Para explicá-las, fazem-se necessárias estimativas estatísticas — pelo menos o pressuposto de que certas condições iniciais se repetirão muitas vezes para muitos grupos diferentes de partículas (o que equivale

*1 A tese aqui proposta por von Mises, e por mim acolhida, foi contestada por vários físicos, entre os quais P. Jordan (ver *Anschauliche Quantentheorie*, 1936, p. 282, onde Jordan usa, como argumento contra minha tese, o fato de que certas formas da hipótese ergódica foram recentemente demonstradas). Contudo, sob o aspecto de que conclusões probabilísticas reclamam premissas probabilísticas — p. ex., premissas formuladas em termos de teoria da medida, nas quais entram certos pressupostos equiprobabilísticos — minha tese parece antes reforçada do que invalidada pelos exemplos de Jordan. Outro crítico dessa tese foi Albert Einstein, que a atacou no último parágrafo de uma interessante carta, aqui reproduzida no apêndice *xii. Creio que, na ocasião, Einstein tinha em mente uma interpretação subjetiva da probabilidade e um princípio de indiferença (que, na teoria subjetiva, aparecem como se não fosse um pressuposto acerca de equiprobabilidade). Muito posteriormente, Einstein adotou, pelo menos em caráter provisório, uma interpretação frequencial (da teoria quântica).

a um enunciado universal). Obteremos um resultado estatístico se e somente se introduzirmos pressupostos estatísticos específicos, como, por exemplo, pressupostos concernentes à distribuição de frequência de condições iniciais que se repetem.

71. ENUNCIADOS DE PROBABILIDADE, FORMALMENTE SINGULARES

Chamo de "formalmente singular" um enunciado de probabilidade que atribui uma probabilidade a uma ocorrência isolada ou a um elemento singular de certa classe de ocorrências.[*1] Exemplificando, "a probabilidade de obter 5 no próximo lançamento deste dado é igual a 1/6" ou "a probabilidade de obter 5 em qualquer lançamento singular (deste dado) é igual a 1/6". Do ponto de vista da teoria frequencial, enunciados dessa espécie são, via de regra, encarados como de formulação não inteiramente correta, pois probabilidades não podem ser atribuídas a ocorrências isoladas, mas tão somente a sequências infinitas de ocorrências ou eventos. Será fácil, contudo, entender como corretos esses enunciados, definindo, de maneira apropriada, as probabilidades formalmente singulares e, para isso, recorrendo ao auxílio do conceito de probabilidade objetiva ou frequência relativa. Uso "${}_{\alpha}P_k\,(\beta)$" para denotar a probabilidade formalmente singular de certa ocorrência k ter a propriedade β, em sua condição de elemento de uma sequência α — em símbolos:[1] $k\ \varepsilon\ \alpha$ — e, então, defino a probabilidade formalmente singular da maneira seguinte:

$${}_{\alpha}P_k\,(\beta) = {}_{\alpha}F(\beta) \qquad (k\ \varepsilon\ \alpha) \qquad \text{(definição)}$$

Traduzindo a expressão em palavras: a probabilidade formalmente singular de que o evento k tenha a propriedade β — dado que k é um elemento da sequência α — é, por definição, igual à probabilidade da propriedade β, dentro da sequência de referência α.

Essa definição simples, quase óbvia, revela-se surpreendentemente útil. Ajuda-nos a esclarecer alguns dos intrincados problemas da moderna teoria quântica (*cf.* seções 75-76).

Como mostra a definição, um enunciado de probabilidade formalmente singular estaria incompleto se não indicasse, explicitamente, uma classe-referência. Embora, muitas vezes, α não seja explicitamente mencionada, em geral sabemos, nesses casos, o que α significa. Assim, o primeiro exemplo mencionado acima não especifica qualquer sequência-referência α, sendo, não obstante, claro que alude a todas as sequências de lançamentos, com um dado não viciado.

*1 O termo "*formalistisch*", no texto alemão, tinha o propósito de veicular a ideia de um enunciado que é singular em forma (ou "formalmente singular"), embora seu significado possa, de fato, ser definido por enunciados estatísticos.

1 O símbolo "...ε...", denominado cópula, significa "... é um elemento da classe..." ou "... é um elemento da sequência...".

Em muitas circunstâncias, haverá diferentes sequências de referência para um evento k. Nessas circunstâncias, é óbvio que diferentes enunciados de probabilidade formalmente singulares podem ser formulados acerca do mesmo evento. Assim, a probabilidade de que determinado homem, k, faleça dentro de certo período de tempo, bem delimitado, admitirá valores diversos, conforme o encaremos dentro de seu grupo de idade, dentro de seu grupo ocupacional, etc. Não há como estabelecer uma regra geral para a escolha de uma dentre as várias classes-referência possíveis. (A classe-referência mais restrita pode, muitas vezes, mostrar-se a mais apropriada, contanto que seja suficientemente numerosa para permitir que a estimativa de probabilidade se apoie em razoável extrapolação estatística, e contanto que se veja alicerçada em suficiente porção de evidência corroboradora.)

Não são poucos os chamados paradoxos da probabilidade que desaparecem quando nos damos conta de que probabilidades diferentes podem ser atribuídas a uma e à mesma ocorrência ou evento, tido como elemento de classes-referência diferentes. Diz-se, por exemplo, que a probabilidade ${}_{\alpha}P_k\,(\beta)$ de um evento, *antes de sua ocorrência*, é diversa da probabilidade do mesmo evento, após ocorrido: antes seria igual a 1/6, ao passo que, depois, só pode ser igual a 1 ou 0. Essa concepção é, naturalmente, errônea. ${}_{\alpha}P_k\,(\beta)$ é sempre a mesma, tanto antes quanto depois da ocorrência. Nada se alterou exceto que, com base na informação $k \varepsilon \beta$ (ou k e $\overline{\beta}$) — informação que nos pode ser oferecida pela observação da ocorrência — escolhemos uma nova classe-referência, ou seja, β (ou $\overline{\beta}$), e indagamos qual o valor de ${}_{\alpha}P_k\,(\beta)$. O valor dessa probabilidade é, evidentemente, um; assim como ${}_{\alpha}P_k\,(\beta)$ é igual a zero. Enunciados que nos informam acerca do resultado real de ocorrências singulares — enunciados que não se reportam a alguma frequência, mas são da forma "$k \varepsilon \varphi$" — não podem alterar a probabilidade dessas ocorrências; podem, todavia, sugerir-nos a escolha de outra classe-referência.

O conceito de enunciado de probabilidade formalmente singular fornece uma espécie de ponte à teoria *subjetiva* e, por força disso, como veremos na próxima seção, também à teoria da abrangência. Com efeito, poderemos concordar em interpretar a probabilidade formalmente singular como "grau de crença racional" (acompanhando Keynes) — contanto que seja permitido que nossas "crenças racionais" se orientem por um *enunciado de frequência* objetivo. Essa é, portanto, a informação de que dependem nossas crenças. Em outras palavras, pode ocorrer que nada saibamos acerca de um evento, a não ser que ele pertence a certa classe-referência, em relação à qual alguma estimativa de probabilidade foi submetida a teste com êxito. Essa informação não nos capacitará a prever qual será a propriedade do evento em questão; habilita-nos, todavia, a expressar tudo o que sabemos a propósito dele, por meio de um enunciado de probabilidade formalmente singular, que se apresenta como *uma previsão indefinida acerca do particular evento em causa.*[*2]

---

*2 Atualmente, penso que o problema da relação entre as várias interpretações da teoria da probabilidade pode ser equacionado de maneira muito mais simples — estabelecendo um sistema formal de axiomas ou postulados e provando que ele é satisfeito pelas diversas interpretações. Assim, considero superada a maioria das considerações que figuram no restante deste capítulo (seções 71 e 72). Ver apêndice *iv e caps. *ii, *iii e *v de meu *Postscript.* Mantenho, porém, a maior parte do que escrevi, contanto que minhas *"classes de referência"* sejam determinadas pelas condições que definem um experimento, de sorte que as "frequências" possam ser consideradas como o resultado de propensões.

Assim, não faço objeção à interpretação subjetiva de enunciados de probabilidade, relativos a eventos singulares, isto é, à sua interpretação como previsões indefinidas — como confissões, por assim dizer, de nosso deficiente conhecimento acerca do particular evento em pauta (com relação ao qual, nada decorre de um enunciado de frequência). Não faço objeções, quero dizer, enquanto reconhecermos claramente que os *enunciados objetivos de frequência são fundamentais, de vez que são os únicos suscetíveis de teste empírico.* Rejeito, porém, qualquer interpretação desses enunciados de probabilidade formalmente singulares — dessas predições indefinidas — em termos de enunciados concernentes a um *estado de coisas objetivo,* diverso de um estado objetivo, estatístico, de coisas. O que pretendo expressar é que um enunciado acerca da probabilidade 1/6, no lançamento do dado, não é uma mera confissão de que nada de definido sabemos (teoria subjetiva), mas, antes, uma asserção acerca do próximo lançamento — asserção asseveradora de que seu resultado é objetivamente vago, indeterminado — algo que não se sabe em que irá redundar.[*3] Considero todas as tentativas de interpretação objetiva desse gênero (examinada longamente por Jeans, entre outros), como equivocadas. Quaisquer que sejam os ares indeterministas que essas interpretações possam assumir, todas elas prendem-se à ideia metafísica de que não somente podemos deduzir e submeter a teste previsões, como, além disso, à ideia metafísica de que a natureza é mais ou menos "determinada"" (ou "indeterminada"). Assim, o êxito (ou fracasso) de previsões deve ser explicado não pela força das leis de que são deduzidas, mas, acima e antes disso, pela força do fato de que a natureza se constitui efetivamente (ou não se constitui) de acordo com essas leis.[*4]

72. A TEORIA DA ABRANGÊNCIA

Na seção 34 afirmei que um enunciado falseável em grau maior do que outro pode ser apresentado como um enunciado logicamente mais *improvável;* o enunciado falseável será logicamente *provável.* O enunciado logicamente menos provável acarreta[1] o enunciado mais provável. Existem afinidades entre esse conceito de *probabilidade lógica* e o de *probabilidade numérica* objetiva, ou formalmente singular. Alguns dos filósofos que estudaram a probabilidade (Bolzano, von Kries, Waismann) tentaram alicerçar o cálculo de probabilidade no conceito de abrangência lógica e, assim, num conceito que (*cf.* seção 37) coincide com o de probabilidade lógica. Procedendo ao longo dessas linhas, eles tentaram também apontar as afinidades entre probabilidade lógica e probabilidade numérica.

*3 Não levanto agora objeção contra a noção de que não se sabe em que um evento redundará e chego a acreditar que a teoria da probabilidade possa ser mais bem interpretada como *teoria das propensões dos eventos* para se manifestarem desta ou daquela maneira. (Ver meu *Postscript).* Contudo, devo continuar a objetar contra a concepção de que a teoria da probabilidade *deve* ser interpretada desse modo, ou seja, encaro a interpretação em termos de propensão como uma conjectura a propósito da estrutura do mundo.

*4 Essa caracterização algo depreciativa acomoda-se, perfeitamente, às concepções que agora submeto a discussão no "Metaphysical Epilogue", de meu *Postscript,* sob a denominação de "interpretação da probabilidade por propensão".

1 Geralmente *(cf.* seção 35).

Waismann[2] propôs-se a medir o grau de inter-relacionamento entre as abrangências lógicas dos vários enunciados (suas razões, por assim dizer) por meio das frequências relativas que a eles correspondem, entendendo, portanto, que as frequências determinam um *sistema de medida para as abrangências.* Considero possível construir uma teoria de probabilidade com base nesse alicerce. Cabe dizer, em verdade, que esse plano equivale a correlacionar frequências relativas a certas "previsões indefinidas" — como fizemos na seção anterior, ao definir enunciados de probabilidade formalmente singulares.

Importa registrar, entretanto, que esse método de definir a probabilidade só é praticável depois de construída uma teoria da frequência. Não sendo assim, teríamos de indagar como as frequências usadas para definir o sistema de medida foram, por sua vez, definidas. Se, porém, houver à nossa disposição uma teoria da frequência, a introdução da teoria da abrangência torna-se supérflua. Apesar dessa objeção, considero significativa a praticabilidade da proposta de Waismann. É com satisfação que se vê uma teoria mais ampla mostra-se capaz de cobrir as lacunas — de início aparentemente intransponíveis — entre as várias tentativas de equacionar o problema, especialmente entre as interpretações objetiva e subjetiva. A despeito disso, a proposta de Waismann exige ligeira modificação. Seu conceito de razão de abrangências *(cf.* nota 2, da seção 48) não somente pressupõe que as abrangências podem ser comparadas com o auxílio de suas relações de subclasse (ou suas relações de acarretamento), mas pressupõe, ainda, de maneira mais ampla, que abrangências apenas parcialmente superpostas (abrangências de enunciados não comparáveis) podem-se tornar comparáveis. Esta última suposição, que envolve dificuldades consideráveis, é, contudo, supérflua. Pode-se mostrar que, nos casos em pauta (tal como nos casos de aleatoriedade), a comparação feita com base em subclasses e a feita com base em frequências devem conduzir a resultados análogos. Isso justifica o procedimento de correlacionar frequências a abrangências, a fim de medir estas últimas. Assim agindo, tornamos comparáveis os enunciados em causa (não comparáveis pelo método das subclasses). Darei ligeira indicação de como se pode justificar o procedimento descrito.

Se, entre duas classes de propriedades, γ e β, vigorar a relação de subclasse,

$$\gamma \subset \beta$$

então teremos

$$(k)\,[Fsv\,(k\,\varepsilon\,\gamma) \geq Fsv\,(k\,\varepsilon\,\beta)] \qquad (cf.\ \text{sec. } 33)$$

de sorte que a probabilidade lógica ou abrangência do enunciado $(k\ \varepsilon\ \gamma)$ deve ser menor ou igual à de $(k\ \varepsilon\ \beta)$. Só se terá a igualdade se houver uma classe-referência α (que pode ser a classe universal), com respeito à qual se aplique a seguinte regra que, podemos dizer, reveste a forma de uma "lei da natureza":

2 Waismann, "Logische Analyse des Wahrscheinlichkeitsbegriffes", *Erkenntnis, v.* 1, 1930, pp. 128 e s.

$$(x)\{[x \, \varepsilon \, (\alpha \, . \, \beta)] \rightarrow (x \, \varepsilon \, \gamma)\}.$$

Se essa "lei da natureza" não vigorar, de modo a podermos presumir aleatoriedade a seu respeito, então ocorre a desigualdade. Nesse caso, contudo, desde que α seja enumerável e aceitável como sequência-referência, obtém-se:

$${}_{\alpha}F(\gamma) < {}_{\alpha}F(\beta).$$

Isso quer dizer que, no caso de aleatoriedade, uma comparação de abrangências deve levar à mesma desigualdade a que leva uma comparação de frequências relativas. Nessas condições, se surgir aleatoriedade, poderemos correlacionar frequências relativas a abrangências, de maneira a tornar mensuráveis essas abrangências. Ora, isso é exatamente o que fizemos, embora indiretamente, na seção 71, ao definir o enunciado de probabilidade formalmente singular. Com efeito, dos pressupostos colocados, poderíamos ter inferido imediatamente que

$${}_{\alpha}P_k(\gamma) < {}_{\alpha}P_k(\beta).$$

Tornamos, assim, ao ponto de partida, voltamos ao problema da interpretação da probabilidade. Verificamos, agora, que o conflito entre as teorias objetiva e subjetiva, que de início parecia inevitável, pode ser inteiramente eliminado pela definição, algo trivial, da probabilidade formalmente singular.

Capítulo IX

ALGUMAS OBSERVAÇÕES A RESPEITO DA TEORIA QUÂNTICA

A análise que fizemos da questão da probabilidade colocou à nossa disposição instrumentos que, agora, podemos submeter a teste, aplicando-os a um dos problemas atuais da ciência moderna. Tentarei, através desse recurso, analisar e esclarecer alguns dos pontos mais obscuros da teoria quântica de nossos dias.

Minha tentativa, algo audaciosa, de equacionar, por meio de métodos filosóficos ou lógicos um dos problemas centrais da Física, pode provocar a suspeita do físico. Admito que seu ceticismo seja salutar e suas desconfianças bem fundadas; contudo, tenho a esperança de ver-me em condições de superá-los. Importa lembrar que, em todo ramo da ciência, surgem questões principalmente de cunho lógico. É um fato que os interessados pela Física quântica andaram participando porfiadamente de discussões epistemológicas. Isso talvez sugira que eles próprios sentiram que a solução de alguns dos problemas da teoria quântica, ainda não resolvidos, há de ser buscada na terra de ninguém que jaz entre a Lógica e a Física.

Começarei colocando, antecipadamente, as principais conclusões que emergirão de minha análise:

(1) Há algumas fórmulas matemáticas, na teoria quântica, interpretadas por Heisenberg em termos de seu princípio de incerteza, ou seja, como enunciados acerca de intervalos de incerteza, devido aos limites de precisão que nossas medidas podem atingir. Tais fórmulas, como tentarei mostrar, devem ser interpretadas em termos de enunciados de probabilidade formalmente singulares (*cf.* seção 71), o que significa que elas devem ser interpretadas estatisticamente. Assim entendidas, as fórmulas em questão asseveram que *certas relações vigem entre determinados intervalos de "dispersão" ou "variação" ou "disseminação" estatística.* (Aqui, eles serão chamados de "relações estatísticas de dispersão".)

(2) Medidas com grau de precisão mais alto do que o permitido pelo princípio de incerteza não são, como procurarei demonstrar, incompatíveis com o sistema de fórmulas da teoria quântica, ou com sua interpretação estatística. Assim, a teoria quântica não se veria necessariamente refutada, caso medidas com tal grau de precisão viessem, em algum tempo, a ser possíveis.

(3) A existência de limites de precisão atingível, asseverada por Heisenberg, não seria, portanto, uma consequência lógica, deduzível a partir das fórmulas da teoria. Seria, antes, um pressuposto distinto ou adicional.

(4) Mais ainda, esse pressuposto adicional de Heisenberg realmente contradiz, como tentarei mostrar, as fórmulas da teoria quântica, se estas forem estatisticamente interpretadas. Com efeito, medidas mais precisas não apenas são compatíveis com a teoria quântica, mas é até mesmo possível descrever experimentos imaginários que demonstram a procedência de medidas mais exatas. A meu ver, é essa contradição que gera todas as dificuldades que afetam a admirável estrutura da moderna Física quântica; a tal ponto que Thirring pôde dizer, a respeito da teoria quântica, "segundo seus próprios criadores, ela permaneceu, para eles, um impenetrável mistério".[1]

O que se dirá a seguir poderia, talvez, receber o nome de investigação em torno dos fundamentos da teoria quântica.[2] Evitarei todos os argumentos matemáticos e, com uma só exceção, todas as fórmulas matemáticas. Isto será possível porque não questionarei a correção do sistema de fórmulas matemáticas da teoria quântica. Preocupar-me-ei tão somente com as consequências lógicas de sua interpretação física, que é devida a Born.

Quanto à controvérsia acerca de "causalidade" discordarei da metafísica indeterminista que, hoje, é tão popular. O que a distingue da metafísica determinista, até recentemente em voga entre os físicos, não é tanto sua maior lucidez, mas sua maior esterilidade.

No interesse da clareza, minha crítica será frequentemente severa. Convém, portanto, registrar que encaro a realização dos criadores da moderna teoria quântica em termos de uma das de maior significação, em toda a história da ciência.[*1]

73. O PROGRAMA DE HEISENBERG E AS RELAÇÕES DE INCERTEZA

Quando procurou fundamentar a teoria atômica em base nova, Heisenberg partiu de um programa epistemológico:[1] afastar da teoria os "não observáveis", ou seja, as magnitudes inacessíveis à observação experimental; expurgar a teoria, por assim dizer, de elementos metafísicos. Essas magnitudes não observáveis ocorriam na teoria de Bohr, anterior à de Heisenberg: nada observáveis, através de um experimento, elas correspondiam às órbitas dos elétrons ou às frequências de suas

1 H. Thirring, "Die Wandlung des Begriffssystems der Physik", ensaio que se encontra em *Krise und Neuaufbau in den exakten Wissenschaften, Funf Wiener Vorträge,* por Mark, Thirring, Hahn, Nobeling, Menger; Verlag Deuticke, Viena e Leipzig, 1933, p. 30.

2 No que vem a seguir, limito-me a examinar a interpretação da Física quântica, mas deixo de lado problemas concernentes a campos de onda (teoria da emissão e absorção, de Dirac; "segunda quantização" das equações de campo, de Maxwell-Dirac). Menciono essa restrição porque, na área, surgem problemas como o da interpretação da equivalência entre um campo de onda quantizado e um gás corpuscular, a que meus argumentos só se aplicarão (se forem aplicáveis) caso adaptados a tais problemas com grande cautela.

*1 Não alterei minha maneira de pensar a propósito deste ponto, nem a propósito dos pontos principais que figuram em minha crítica. Alterei, entretanto, a interpretação dada à teoria quântica, bem como à teoria das probabilidades. Minhas atuais concepções podem ser encontradas no *Postscript,* onde, independentemente da teoria quântica, argumento em favor do *indeterminismo.* Apesar disso, excetuada a seção 77, (que se apoia num equívoco), entendo que o presente capítulo ainda seja importante — especialmente a seção 76.

1 W. Heisenberg, *Zeitschrift fur Physik,* v. 33, 1925, p. 879; nas considerações seguintes, refiro-me, sobretudo, à obra de Heisenberg *Die physikalischen Prinzipien der Quantentheorie,* 1930. Há tradução inglesa, de C. Eckart e F. C. Hoyt, *The physical principles of the quantum theory,* Chicago, 1930.

revoluções (pois as frequências passíveis de observação, como linhas espectrais, não podiam ser identificadas com as frequências das revoluções do elétron). Heisenberg esperava que, eliminando essas magnitudes não observáveis, se tornasse possível livrar a teoria de Bohr de suas insuficiências.

Há certa similaridade entre esta situação e a situação diante da qual se viu Einstein, quando procurou reinterpretar a hipótese da contração, elaborada por Lorentz-Fitzgerald. Essa hipótese tentava explicar os resultados negativos do experimento de Michelson e Morley, recorrendo a magnitudes não observáveis, como os movimentos relativos ao éter imóvel, de Lorentz, isto é, através de recurso a magnitudes inacessíveis a teste experimental. Tanto neste caso como no caso da teoria de Bohr, as doutrinas que reclamavam reforma explicavam certos processos naturais observáveis; contudo, ambas recorriam ao pressuposto insatisfatório de que existem eventos físicos e magnitudes fisicamente definidas que a natureza consegue esconder de nós, tornando-os para sempre inacessíveis a testes observacionais.

Einstein mostrou como os eventos não observáveis, presentes na teoria de Lorentz, podiam ser eliminados. Caberia dizer o mesmo em relação à teoria de Heisenberg, ou pelo menos de seu conteúdo matemático. Não obstante, parece haver oportunidade de aperfeiçoamento. Mesmo do ponto de vista da interpretação que o próprio Heisenberg dá a sua teoria, não parece que o programa estabelecido tenha sido realizado em sua totalidade. A natureza ainda consegue esconder de nós, muito manhosamente, algumas das magnitudes incorporadas à teoria.

Esse estado de coisas relaciona-se ao chamado *princípio da incerteza* enunciado por Heisenberg; e admite, quem sabe, a explicação que se proporá a seguir. Toda medida física envolve troca de energia entre o objeto medido e o aparelho de mensuração (que será, talvez, o próprio observador). Assim, um raio de luz pode ser dirigido sobre o objeto, e uma porção da luz refletida pelo objeto pode vir a sofrer absorção por parte do aparelho de medida. Qualquer troca de energia desse tipo alterará o estado do objeto que, após ter sido medido, se encontrará em condição diversa da anterior. Nesses termos, a medida, por assim dizer, proporciona conhecimento de um estado que acabou de ser destruído pelo processo de mensuração. Essa interferência do processo de mensuração no objeto medido pode ser desprezada quando se trata de objetos macroscópicos, mas não no caso de objetos atômicos, pois estes são fortemente afetados, por exemplo, pela irradiação luminosa. É impossível, pois, a partir do resultado da medida, fazer inferência acerca do preciso estado de um objeto atômico, imediatamente *após* ele ter sido medido. *Consequentemente, a medida não pode servir de base para previsões.* Segundo a opinião geral, sempre existe a possibilidade de determinar, por meio de novas medições, o estado do objeto após a medição anterior, mas o sistema volta a sofrer interferência, de um modo que escapa à avaliação. E, também segundo a opinião geral, é sempre viável fazer as medidas de "maneira tal que certas características do estado a ser avaliado — por exemplo, o momento da partícula — não sejam perturbadas. Contudo, isso só pode ser feito ao preço de interferir fortemente em outras magnitudes características do estado a ser medido (em nosso caso particular, a posição da partícula). Se duas grandezas estiverem mutuamente correlacionadas dessa maneira, então o teorema segundo o qual elas não podem ser simultaneamente medidas com precisão aplica-se a elas, embora cada qual, separadamente, possa sofrer medição precisa. Nesses termos, se aumentarmos a precisão de uma das medidas — digamos, a do momento p_x, reduzindo, assim, a extensão do intervalo de erro Δp_x — seremos levados a reduzir a precisão da medida da coordenada da posição, x, isto é, seremos levados a expandir o intervalo Δ_x. Dessa maneira, segundo Heisenberg, a maior precisão atingível está limitada pela relação de incerteza[2]

$$\Delta x \,.\, \Delta p_x \geq \frac{h}{4\pi}\,.$$

Relações similares aplicam-se a outras coordenadas. A fórmula nos diz que o produto dos dois intervalos de erro é, pelo menos, da ordem de grandeza de h, sendo h o quantum de ação de Planck. Dessa fórmula decorre que uma medida inteiramente precisa de uma das duas magnitudes terá de ser conseguida ao preço da completa indeterminação da outra.

Segundo as relações de incerteza de Heisenberg, toda medida de posição interfere com a medida da correspondente componente do momento. Assim, é impossível, em princípio, prever *a trajetória de uma partícula.* "Na mecânica nova, o conceito de 'trajetória' não tem qualquer significado definido..."[3]

Manifesta-se, aqui, a primeira dificuldade. As relações de incerteza só se aplicam a magnitudes (características dos estados físicos) próprias da partícula após efetivada a medida. A posição e o momento de um elétron, *até o instante da medida,* podem ser determinados, em princípio, com precisão ilimitada. Isso decorre do próprio fato da possibilidade de realizar várias operações de medida em sucessão. Nessas condições, combinando os resultados de (a) duas medidas de posição, (b) de uma medida de posição precedida por uma medida de momento e (c) de uma medida de posição, seguida de medida do momento, haveria como calcular, com auxílio dos dados obtidos, as coordenadas precisas de posição e momento, para o período integral de tempo *entre* as duas medidas. (Para começar, podemos restringir nossas considerações a esse período.)[4] Esses cálculos precisos são, entretanto, ao ver de Heisenberg, inúteis para fins de previsão: é portanto impossível submetê-los a teste. Assim ocorre porque os cálculos são válidos apenas para a trajetória entre os dois experimentos, caso o segundo seja o sucessor imediato do primeiro, no sentido de que interferência alguma haja ocorrido no lapso de tempo que medeia entre um e outro. Qualquer teste que se faça com o objetivo de verificar a trajetória entre os dois experimentos perturbará tanto essa trajetória que os cálculos de trajetória exata se tornam ilegítimos. A propósito desses

---

2 Para dedução dessa fórmula, *cf.* nota 2 da seção 75.

3 March, *Die Grundlagen der Quantenmechanik,* 1931, p. 55.

4 Demonstrarei, pormenorizadamente, na seção 77 e no apêndice vi, que o caso (b) nos habilitará, também, em certas circunstâncias, a calcular o passado do elétron *antes* de feita a primeira medida. (A próxima citação que faço de Heisenberg parece aludir a esse fato.) * Hoje, encaro esta nota, e também a seção 77, como equivocadas.

cálculos exatos, Heisenberg diz: "... é pura questão de gosto querer alguém atribuir qualquer realidade física à calculada história passada do elétron".[5] Com essas palavras, Heisenberg pretende claramente dizer que esses cálculos de trajetória, insuscetíveis de teste, são, do ponto de vista do físico, destituídos de significação. Schlick comenta essa passagem de Heisenberg dizendo: "eu me expressaria de maneira ainda mais incisiva, manifestando completo acordo com as concepções fundamentais, tanto de Bohr quanto de Heisenberg, que acredito serem incontestáveis. Se um enunciado concernente à posição de um elétron, em dimensões atômicas, não é verificável, não podemos atribuir-lhe qualquer sentido; torna-se impossível falar da 'trajetória' de uma partícula entre dois pontos em que foi observada".[6] (Considerações similares são feitas por March,[7] Weyl[8] e outros.)

Todavia, como, *é possível calcular* essa trajetória "sem sentido", ou metafísica, em termos do novo formalismo. E isso mostra que Heisenberg falhou na concretização do seu programa. Com efeito, esse estado de coisas só admite duas interpretações. A primeira seria a de que a partícula tem uma posição exata e um momento exato (e, portanto, uma trajetória exata), mas que é para nós impossível medi-las simultaneamente. Se assim é, a natureza continua empenhada em esconder de nossos olhos certas grandezas físicas; não a posição, não o momento da partícula, mas a combinação dessas duas magnitudes, a *"posição-cum momentum"*, ou "trajetória". Essa interpretação encara o princípio de incerteza como um limite imposto a nosso conhecimento; por conseguinte, ela é *subjetiva.* A outra interpretação possível, *objetiva,* assevera ser inadmissível, ou incorreto, ou metafísico atribuir à partícula algo como uma "posição cum momentum" ou uma "trajetória" claramente definida: a partícula simplesmente não *tem* "trajetória", mas apenas ou uma posição exata, combinada com um momento inexato, ou um momento exato, combinado com uma posição inexata. Se, porém, aceitarmos essa interpretação, o formalismo da teoria voltará a conter elementos metafísicos, pois uma "trajetória", ou "posição cum momentum" da partícula é, como vimos, exatamente calculável — para os períodos de tempo durante os quais é impossível, em princípio, submetê-la a teste observacional.

É esclarecedor ver como os defensores da relação de incerteza vacilam entre uma abordagem subjetiva e um enfoque objetivo. Schlick, por exemplo, escreve, imediatamente após defender, como vimos, uma concepção objetiva: "a respeito dos eventos naturais, é impossível asseverar significativamente algo como "confuso" ou "impreciso". Isso só se pode aplicar a nossos pensamentos (mais especialmente quando não sabemos quais enunciados... são verdadeiros)" — anotação que obviamente se dirige *contra* aquela mesma interpretação objetiva que afirma que não é

5 Heisenberg, *Die physikalischen Principien der Quantentheorie,* 1930, p. 15. (A tradução inglesa, p. 20, diz claramente: "É uma questão de crença pessoal.")

6 Schlick, "Die Kausalität in der Gegenwärtigen Physik", *Die Naturwissenschaften,* v. 19, 1931, p. 159.

7 March, *op. cit., passim (e.g.,* pp. 1 e s. e p. 57).

8 Weyl, *Gruppentheorie und Quantenmechanik,* 2ª ed., 1931, p. 68. *(Cf.* a última citação, na seção 75, adiante: "... o significado desses conceitos...".) * O parágrafo referido, me parece, foi omitido na tradução inglesa, *The theory of Groups and Quantum Mechanics,* 1931.

o nosso conhecimento, mas o momentum da partícula, que se mostra "toldado" ou "anuviado", por assim dizer, em consequência da medição precisa de sua posição.[*1] Vacilações análogas aparecem em outros autores. Quer se decida a favor da concepção objetiva ou da subjetiva, permanecerá o fato de que o programa de Heisenberg não foi concretizado e de que ele não alcançou êxito na tarefa que a si mesmo propôs, no sentido de expulsar, da teoria atômica, todos os elementos metafísicos. Nada se ganha, portanto, tentando, com Heisenberg, combinar as duas interpretações opostas através de uma consideração como "... uma Física 'objetiva', neste sentido, isto é, uma divisão nítida do mundo, em objeto e sujeito, deixou evidentemente de ser possível".[9] Heisenberg ainda não conseguiu realizar a tarefa que se impôs: não livrou a teoria quântica de seus elementos metafísicos.

74. UM BREVE ESBOÇO DA INTERPRETAÇÃO ESTATÍSTICA DA TEORIA QUÂNTICA

Ao deduzir as relações de incerteza, Heisenberg acompanha Bohr ao fazer uso da ideia de que os processos atômicos podem ser tão bem representados pela "imagem quantum-teorética em termos de partícula", como pela "imagem quantum-teorética em termos de onda".

Essa ideia relaciona-se com o fato de a moderna teoria quântica haver avançado ao longo de dois diferentes caminhos. Heisenberg partiu do elétron, entendido em termos de teoria corpuscular clássica, que ele reinterpretou, segundo linhas da teoria quântica; Schrödinger, por seu turno, partiu da (também "clássica") teoria ondulatória de De Broglie: relacionou a cada elétron um "pacote de ondas", isto é, um grupo de oscilações que, devido à interferência, se fortalecem reciprocamente dentro de uma pequena região e se aniquilam reciprocamente fora dessa região. Schrödinger demonstrou, posteriormente, que essa mecânica ondulatória levava a resultados matematicamente equivalentes aos da mecânica de partículas, elaborada por Heisenberg.

O paradoxo da equivalência entre duas imagens tão fundamentalmente diferentes, como as da partícula e da onda, foi resolvido pela interpretação estatística, dada por Born às duas teorias. Mostrou ele que a teoria ondulatória pode ser vista como uma teoria de partículas, pois a equação de onda, formulada por Schrödinger, admite interpretação tal que fornece a *probabilidade de localizar a partícula* em qualquer dada região do espaço. (A probabilidade é determinada pelo quadrado da amplitude da onda; é grande dentro do pacote de ondas, em que estas se reforçam umas às outras, e desaparece fora do alcance desse pacote.)

Vários aspectos da situação-problema sugeriam que a teoria quântica devesse ser interpretada *estatisticamente*. Sua mais importante missão — a dedução dos espectros atômicos — tinha de ser encarada como tarefa *estatística*, desde que

*1 A expressão "anuviada" é devida a Schrödinger. O problema da existência ou não existência objetiva de uma "trajetória" — seja a trajetória "anuviada" ou simplesmente não de todo conhecida — é, segundo entendo, fundamental. Sua importância foi sublinhada pelo experimento de Einstein, Podolsky e Rosen, que discuto nos apêndices *xi e *xii.

9 Heisenberg, *Physikalische Prinzipien*, p. 49.

Einstein formulou a hipótese dos fótons (ou quanta de luz). Em verdade, essa hipótese interpretava os efeitos luminosos observados em termos de fenômenos de massa, devidos à incidência de muitos fótons. "Os métodos experimentais da Física atômica... sob a orientação da experiência, passaram a preocupar-se exclusivamente com questões estatísticas. A Mecânica quântica, que oferece a teoria sistemática das regularidades observadas, corresponde, sob todos os aspectos, ao presente estado da Física experimental, pois que se restringe, desde a origem, a indagações estatísticas e a respostas estatísticas".[1]

É apenas em sua aplicação a problemas de Física atômica que a teoria quântica leva à obtenção de resultados que diferem dos alcançados pela Mecânica clássica. Em sua aplicação a processos macroscópicos, suas fórmulas proporcionam, com grande aproximação, os resultados da Mecânica clássica. "Segundo a teoria quântica, as leis da Mecânica clássica serão válidas se forem vistas como enunciados acerca das relações entre médias estatísticas" — assim se expressa March.[2] Em outras palavras, as fórmulas clássicas podem ser deduzidas em termos de macroleis.

Em algumas exposições do tema, faz-se a tentativa de *explicar* a interpretação estatística da teoria quântica recorrendo ao fato de a precisão atingível, na medida das grandezas físicas, estar limitada pelas relações de incerteza de Heisenberg. Argumenta-se que, *devido a esta incerteza* das medidas concernentes a experimentos atômicos, "... em geral, o resultado não será determinado, isto é, se o experimento for repetido várias vezes, nas mesmas condições, vários resultados diferentes serão obtidos. Se o experimento for repetido grande número de vezes, verificar-se-á que cada resultado particular será obtido uma fração definida de vezes, no total, de sorte que se pode dizer que há uma probabilidade definida de que ele seja obtido sempre que o experimento venha a ser realizado" (Dirac).[3] March também escreve, com referência à relação de incerteza: "entre o presente e o futuro vigoram... apenas relações de probabilidade, tornando-se claro que o caráter da Mecânica nova há de ser o de uma teoria estatística".[4]

Não creio que seja aceitável essa análise das relações entre as fórmulas de incerteza e a interpretação estatística da teoria quântica. Parece-me que a relação lógica é justamente a oposta. Efetivamente, podemos deduzir as fórmulas de incerteza a partir da equação de onda proposta por Schrödinger (equação que deve ser interpretada estatisticamente), mas não podemos deduzir esta equação a partir das fórmulas de incerteza. Se tomarmos na devida conta essas relações de deduzibilidade, a interpretação das fórmulas de incerteza terá de ser revista.

---

1 Born-Jordan, *Elementare Quantenmechanik*, 1930, pp. 322 e s.

2 March, *Die Grundlagen der Quantenmechanik*, 1931, p. 170.

3 Dirac, *Quantum Mechanics*, 1930, p. 10. * (Da primeira edição.) Trecho análogo, ligeiramente mais enfático, aparece na p. 14 da 3ª edição: "... em geral, o resultado não será determinado, isto é, se o experimento se repetir várias vezes, em idênticas situações, poderão ser obtidos resultados diferentes. Corresponde a uma lei da natureza, contudo, o fato de, repetido o experimento grande número de vezes, cada resultado particular ser obtido uma definida fração do número total de vezes, de modo que há uma *probabilidade* definida de que ele seja obtido".

4 March, *Die Grundlagen der Quantenmechanik*, p. 3.

75. UMA INTERPRETAÇÃO ESTATÍSTICA DAS FÓRMULAS DE INCERTEZA

A partir de Heisenberg, aceita-se como fato estabelecido que quaisquer medidas simultâneas de posição e momento, apresentando precisão maior que a permitida pelas relações de incerteza, contradiria a teoria quântica. A "proibição" de medidas exatas, acredita-se, pode ser logicamente deduzida da teoria quântica ou da Mecânica ondulatória. Sob esse prisma, a teoria — caso pudessem ser realizados experimentos que propiciassem medidas com "precisão proibida" — teria de ser vista como falseada.[1]

Creio que essa concepção é errônea. É reconhecido como verdadeiro que as fórmulas de Heisenberg ($\Delta x \Delta p_x \geq \frac{h}{4\pi}$, etc.) apresentam-se como conclusões lógicas da teoria;[2] mas a *interpretação* dessas fórmulas, como regras limitadoras da precisão de medida possível de atingir, — de acordo com Heisenberg — não decorre da teoria. Consequentemente, medidas mais exatas do que as permissíveis, segundo Heisenberg, não podem contradizer logicamente a teoria quântica ou a Mecânica ondulatória. Tratarei, portanto, uma distinção nítida entre as *fórmulas* que, para brevidade, denominarei "fórmulas de Heisenberg", e a *interpretação* dessas fórmulas em termos de incerteza, também devida a Heisenberg — interpretação que as situa como enunciados que impõem *limitações sobre a precisão de medida possível de atingir.*

Ao elaborar a dedução matemática das fórmulas de Heisenberg, temos de recorrer à equação de onda, ou a algum pressuposto equivalente, isto é, a um pressuposto que possa ser *estatisticamente interpretado* (como vimos na seção anterior). Todavia, se essa interpretação for acolhida, a descrição de uma partícula isolada, por meio de um pacote de ondas, não passará, indubitavelmente, de um *enunciado de probabilidade formalmente singular* (cf. seção 71). A amplitude de onda, como vimos, determina a probabilidade de localizar a partícula em determinado ponto; e é justamente essa espécie de enunciado de probabilidade — a espécie que se refere a uma partícula (ou evento) isolado — que denominamos "formalmente singular". Se aceitarmos a interpretação estatística da teoria quântica, seremos levados a interpretar enunciados — como as fórmulas de Heisenberg — possíveis de serem deduzidos de enunciados de probabilidade formalmente singulares próprios da teoria, entendendo-os, por sua vez, como enunciados de probabilidade e também como formalmente singulares, caso se apliquem a uma partícula isolada. Também eles devem, portanto, e em última análise, ser interpretados como *asserções estatísticas.*

Contra a interpretação subjetiva — "quanto mais precisamente medirmos a posição de uma partícula, menos saberemos acerca de seu momento" — proponho

---

1 Abstenho-me de criticar a disseminada e muito ingênua concepção de que os argumentos de Heisenberg fornecem prova conclusiva da impossibilidade de todas as medidas desse tipo; *cf.*, p. ex., Jeans, *The new background of science,* 1933, p. 233; 2ª ed., 1934, p. 237: "a ciência não encontrou meio de fugir a esse dilema. Demonstrou, ao contrário, que não há saída". É claro que nenhuma prova dessa espécie poderá jamais ser produzida e que o princípio da incerteza quando muito, poderia ser deduzido a partir de hipóteses da Mecânica quântica e ondulatória, e poderia, em conjunto com elas, ser empiricamente refutado. Em questão como esta, podemos facilmente desorientar-nos, em razão de asserções plausíveis, como a feita por Jeans.

2 Weyl oferece uma dedução lógica estrita: *Gruppentheorie und Quantenmechanik.* 2ª ed., 1931, pp. 68 e 345; trad. ingl., pp. 77 e 393 e s.

que seja aceita, como fundamental, uma interpretação objetiva e estatística das relações de incerteza. Ela poderia ser traduzida da seguinte forma: dado um agregado de partículas e feita uma seleção (no sentido de separação física) daquelas que, a certo instante e com certo grau de precisão, ocupam determinada posição *x*, verificaremos que seus momentos p_x mostrarão dispersão aleatória; e o âmbito da dispersão, Δp_x, será tanto maior quanto menor for Δx, isto é, o âmbito da dispersão ou imprecisão admitida para as posições. E vice-versa: se selecionarmos ou separarmos as partículas cujos momentos p_x se coloquem todos dentro de um âmbito estabelecido, Δp_x, verificaremos que suas posições se dispersarão de modo aleatório, dentro de um âmbito, Δx, que será tanto maior quanto menor for Δp_x, isto é, o âmbito da dispersão ou imprecisão admitida para os momentos. Finalmente: se tentarmos selecionar as partículas que tenham tanto as propriedades Δx como Δp_x, só poderemos realizar fisicamente esta seleção — isto é, separar fisicamente as partículas — se ambos os âmbitos forem suficientemente grandes para satisfazer a equação $\Delta x \,.\, \Delta p_x \geq \frac{h}{4\pi}$. Essa interpretação objetiva das fórmulas de Heisenberg entende-as como asseveradoras de que certas relações vigoram entre certos âmbitos de dispersão; a elas me referirei, quando interpretadas dessa maneira, como "*relações estatísticas de dispersão*".*1

Em minha interpretação estatística não fiz, até agora, nenhuma menção de *medida;* fiz alusão apenas à *seleção física.*[3] Importa, agora, esclarecer a relação entre esses dois conceitos.

Falo de seleção física, ou de separação física, se, por exemplo, de um conjunto de partículas retiramos todas, exceto as que passam através de uma estreita abertura Δx, ou seja, através de uma faixa Δx, permitida para a posição que ocupam. Das partículas que integram o raio assim isolado direi que foram selecionadas fisicamente, ou tecnicamente, tendo em conta a propriedade Δx que apresentam. O que denomino "seleção física" é somente esse processo, ou seu resultado, o raio de partículas, fisicamente ou tecnicamente isoladas — e isso, em oposição a uma seleção simplesmente "mental", ou "imaginada", como a feita quando falamos da classe de todas as partículas que passaram ou passarão através da faixa Δp, ou seja, de uma classe que faz parte de classe mais ampla de partículas, da qual não foi fisicamente separada.

Ora, toda seleção física pode, naturalmente, ser vista como se fora uma forma de *medida* e pode, efetivamente, ser usada como tal.[4] Se, por exemplo, um raio de partículas

*1 Continuo a sustentar a interpretação objetiva aqui exposta, incluindo, porém, uma alteração importante. Onde, neste parágrafo, falo de "um agregado de partículas" deveria falar agora de "um agregado — ou de uma sequência — de repetições de um experimento, levado a efeito com *uma* partícula (ou *um* sistema de partículas)". Analogamente, nos parágrafos seguintes; por exemplo, o "raio" de partículas deve ser reinterpretado, entendendo-se que consiste de repetidos experimentos com (uma ou algumas) partículas — selecionadas pela separação ou eliminação de partículas não desejadas.

3 Também Weyl, entre outros, fala de "seleções"; ver *Gruppentheorie und Quantenmechanik,* pp. 67 e ss., trad. ingl., pp. 76 e ss. Diversamente do que faço, Weyl não põe em contraste medida e seleção.

4 Por "medida" pretendo significar, em conformidade com o uso linguístico aceito pelos físicos, não apenas operações diretas de medida, mas também medidas obtidas indiretamente, através de cálculo (em física são praticamente estas as únicas medidas que surgem).

for selecionado por meio de um crivo, ou pelo afastamento de todas as que não atravessam determinada faixa ("seleção por lugar") e se, posteriormente, for medido o momento de uma dessas partículas, poderemos encarar a seleção por lugar em termos de medida de posição, pois, com base nela, podemos saber que a partícula passou por certo ponto (embora, por vezes, não saibamos *quando* ou só possamos sabê-lo recorrendo a outra medida). Não devemos, porém, encarar toda medida como uma seleção física. Imaginemos, por exemplo, um raio monocromático de elétrons, orientados na direção *x*. Utilizando um contador Geiger, podemos registrar os elétrons que chegam a certa posição. Pelos intervalos de tempo entre os impactos que atingem o contador, podemos medir os intervalos espaciais, ou seja, medimos as posições dos elétrons na direção *x* até o momento do impacto. Contudo, efetuando essas medidas, não fazemos uma seleção física das partículas, segundo suas posições na direção *x*. (E essas medidas geralmente levarão a uma distribuição inteiramente aleatória das posições na direção *x*.)

Dessa maneira, em sua aplicação física, nossas relações estatísticas de dispersão conduzem ao seguinte: se tentarmos, por qualquer meio físico, obter *um agregado de partículas tão homogêneo quanto possível,* essa tentativa esbarrará contra o inevitável obstáculo dessas relações de dispersão. É possível, por exemplo, obter, por meio de seleção física, um raio monocromático plano, digamos um raio de elétrons de igual momento; mas, se tentarmos tornar ainda mais homogêneo esse agregado de elétrons — talvez pela eliminação de parte dele — de modo a obter elétrons que não apenas tenham momentos idênticos, mas que também tenham passado por uma estreita fenda, determinadora do âmbito posicional Δx, nossa tentativa falhará. Falhará porque qualquer seleção baseada na posição das partículas equivale a uma interferência no sistema, resultando em aumento da dispersão dos componentes do momento p_x, de modo que a dispersão crescerá (de acordo com a lei traduzida pela fórmula de Heisenberg) com o estreitamento da fenda. Pelo contrário: se, dado um raio selecionado, com base na posição, por ter atravessado uma fenda e, se tentarmos torná-lo "paralelo" (ou "plano") e monocromático, teremos de destruir a seleção feita de acordo com a posição, pois não poderemos evitar o aumento da largura do raio. (No caso ideal, — por exemplo, se os componentes p_x das partículas se tornarem todos iguais a zero — a largura teria de tornar-se infinita.) Se a homogeneidade de uma seleção for aumentada tanto quanto possível (isto é, tanto quanto o permitem as fórmulas de Heisenberg, de modo que o sinal de igualdade dessas fórmulas prevaleça) esta seleção poderá ser denominada *um caso puro.*[5]

Empregando essa terminologia, podemos formular as relações estatísticas de dispersão nos termos seguintes: não há agregado de partículas mais homogêneo que um caso puro.[*2]

---

5 O termo é devido a Weyl (*Zeitschrift fur Physik*, v. 46, 1927, p. 1) e a J. von Neumann (*Göttinger Nachrichten*, 1927, p. 245). Se, acompanhando Weyl (*Gruppentheorie und Quantenmechanik*, p. 70; trad. ingl. p. 79; *cf.*, ainda, Born-Jordan, *Elementare Quantenmechanik*, p. 315), caracterizarmos o caso puro como "... aquele que é impossível produzir através de uma combinação de duas coleções estatísticas dele diversas", então os casos puros que satisfaçam essa descrição não precisam ser seleções puras de momento ou posição. Poderiam surgir, por exemplo, se uma seleção de posição fosse efetuada, observando-se um grau escolhido de precisão e o momento com a maior precisão ainda possível de atingir.

*2 No sentido da nota *1, este ponto naturalmente, deveria ser reformulado: "não há disposição experimental capaz de produzir um agregado ou uma sequência de experimentos com resultados mais homogêneos que um caso puro".

Até agora, não se teve suficientemente em conta o fato de que à dedução matemática das fórmulas de Heisenberg, a partir das equações fundamentais da teoria quântica, deve corresponder, de maneira precisa, uma dedução da *interpretação* das fórmulas de Heisenberg, a partir da *interpretação* dessas fórmulas fundamentais. March, por exemplo, pintou a situação de maneira totalmente oposta (como se mostrou na seção anterior): em sua apresentação, a interpretação estatística da teoria quântica surge como consequência da limitação posta por Heisenberg à precisão possível de atingir. Weyl, por outro lado, de modo estrito, deduz as fórmulas de Heisenberg a partir da equação de onda — equação por ele interpretada em termos estatísticos. Sem embargo, ele interpreta as fórmulas de Heisenberg — que deduziu de uma premissa estatisticamente interpretada — como limitações à precisão possível de atingir. Ele assim o faz, a despeito do fato de assinalar que essa interpretação das fórmulas opõe-se, sob certos aspectos, à interpretação estatística de Born. Com efeito, segundo Weyl, a interpretação de Born está sujeita a "uma correção" à luz das relações de incerteza. "Não se dá apenas que a posição e a velocidade de uma partícula estejam sujeitas a leis estatísticas, embora se vejam precisamente determinadas em todo caso singular. O significado próprio desses conceitos se põe antes na dependência das medidas necessárias para determiná-las; e uma medida exata da posição priva-nos da possibilidade de determinar a velocidade."[6]

O conflito que Weyl percebeu entre a interpretação estatística dada por Born à teoria quântica e as limitações postas por Heisenberg à precisão atingível existe, indubitavelmente; mas é mais sério do que Weyl chega a admitir. Não é apenas impossível deduzir as limitações de precisão atingível a partir da equação de onda, estatisticamente interpretada; mas também o fato (que terei ainda de evidenciar) de que nem os experimentos possíveis nem os resultados experimentais efetivos concordam com a interpretação de Heisenberg é um fato que pode ser visto como argumento decisivo, como uma espécie de *experimentum crucis,* em favor da interpretação estatística da teoria quântica.

76. UMA TENTATIVA DE ELIMINAR ELEMENTOS METAFÍSICOS, POR MEIO DA INVERSÃO DO PROGRAMA DE HEISENBERG; ALGUMAS APLICAÇÕES

Se partirmos do pressuposto de que as fórmulas peculiares à teoria quântica constituem hipóteses de probabilidade e, assim, colocam-se como enunciados estatísticos, será difícil perceber de que maneira as proibições de eventos isolados podem ser deduzidas de uma teoria estatística desse tipo (a não ser, talvez, nos casos de probabilidades iguais a um ou a zero). A crença de que medidas isoladas possam contradizer as fórmulas da Física quântica parece logicamente insustentável, tão insustentável como a crença de que certo dia se poderá apontar contradição entre um enunciado de probabilidade formalmente singular, ${}_{\alpha}P_k(\beta) = p$ (digamos, "a probabilidade de que o lançamento k resultará num cinco é igual a 1/6") e um dos dois seguintes enunciados: $k \, \varepsilon \, \beta$ ("o lançamento resulta, de fato, num cinco") ou $k \, \varepsilon \, \overline{\beta}$ ("o lançamento resulta, de fato, num não-cinco").

6 Weyl, *Gruppentheorie und Quantenmechanik,* p. 68. * O parágrafo citado, aparentemente, foi omitido na tradução inglesa.

Essas considerações simples nos proporcionam meios para refutar qualquer das alegadas demonstrações orientadas no sentido de mostrar que medidas exatas de posição e momento contradiriam a teoria quântica, ou orientadas, talvez, no sentido de mostrar que a mera suposição de que essas medidas são fisicamente possíveis deveria levar a contradições no seio da teoria. Com efeito, qualquer demonstração dessa ordem teria de fazer uso de considerações quantum-teoréticas, aplicadas a partículas *isoladas*, significando isso que teria de fazer uso de enunciados de probabilidade formalmente singulares e, mais, que deveria ser possível traduzir a demonstração — palavra por palavra, por assim dizer — em linguagem estatística. Se assim fizermos, verificaremos que não existe contradição entre medidas singulares, admitidas como precisas, e a teoria quântica, em sua interpretação estatística. Só existe uma aparente contradição entre essas medidas precisas e certos enunciados de probabilidade formalmente singulares da teoria. (No apêndice v examinaremos um exemplo desse tipo de demonstração.)

Todavia, embora seja errôneo dizer que a teoria quântica *afasta* medidas exatas, é não obstante correto dizer que, a partir de fórmulas peculiares da teoria quântica — *contanto que interpretadas estatisticamente — não é possível derivar previsões singulares precisas.* (Entre as fórmulas peculiares à teoria quântica não incluo a lei de conservação da energia, nem a lei da conservação do momento.)

Assim ocorre porque, em razão das relações de dispersão, haveremos de falhar, mais especialmente, no produzir condições iniciais precisas através de manipulação experimental do sistema (isto é, através do que chamei de seleção física). Ora, é indubitavelmente verdade que a técnica normal do experimentador consiste em *produzir* ou *construir* condições iniciais; e isso nos permite deduzir, a partir de nossas relações estatísticas de dispersão, o teorema — que, entretanto, só se aplica a essa técnica experimental *"construtiva"* — segundo o qual, da teoria quântica não podemos derivar quaisquer predições singulares, mas apenas previsões de frequência.[1]

Esse teorema resume a atitude que tomo diante de todos os experimentos imaginários discutidos por Heisenberg (que, no caso, acompanha Bohr) com o objetivo de provar a impossibilidade de efetivar medidas com uma precisão proibida pelo seu princípio de incerteza. O ponto central é o mesmo em todos os casos: a dispersão estatística torna impossível *prever* qual será a trajetória da partícula após a alteração da medida.

Talvez pareça que não se ganhou muito com minha reinterpretação do princípio da incerteza. Com efeito, o próprio Heisenberg, de modo geral (como tentei mostrar), nada mais faz do que asseverar que nossas *previsões* estão sujeitas a esse princípio; e como, nesse caso, concordo com ele até certo ponto, poder-se-ia pensar que estou mais discutindo em torno de palavras do que debatendo uma questão relevante. Isso, porém, não faria justiça a meu argumento. Penso, na verdade, que a concepção de Heisenberg e a minha são diametralmente opostas. Isso se evidenciará amplamente na próxima seção. Antes, procurarei resolver as dificuldades típicas inerentes à interpretação de Heisenberg e tentarei deixar claro como e por que surgem essas dificuldades.

---

1 A expressão "técnica experimental construtiva" é utilizada por Weyl, *Gruppentheorie und Quantenmechanik*, p. 67; trad. ingl., p. 76.

Devemos examinar, inicialmente, a dificuldade que fez com que o programa de Heisenberg, tal como vimos, malograsse. Trata-se da ocorrência de enunciados precisos de posição-cum-momentum no formalismo; dito de outro modo, trata-se de cálculos exatos de trajetória (*cf.* seção 73), cuja realidade física Heisenberg é obrigado a deixar em dúvida, enquanto outros, como Schlick, negam-na totalmente. Contudo, os experimentos em causa, (a), (b) e (c) — ver seção 73 — podem, todos, ser interpretados em termos estatísticos. Por exemplo, a combinação (c), isto é, a medida de posição, seguida pela medida de momento, pode ser realizada através de um experimento como o seguinte: selecionamos um raio, de acordo com a posição, recorrendo ao auxílio de um diafragma, com fenda estreita (medida de posição); medimos, a seguir, o momento das partículas que, a partir da fenda, caminhavam numa determinada direção (essa nova medida produzirá, naturalmente, uma segunda dispersão de posições). Os dois experimentos em conjunto determinarão precisamente a trajetória de todas as partículas que pertencem à segunda seleção, na extensão em que essa trajetória se coloque entre as duas medidas: tanto a posição quanto o momento entre as duas medidas podem ser precisamente calculados.

Ora, essas medidas e cálculos, que correspondem exatamente aos elementos vistos como dispensáveis, pela interpretação de Heisenberg, segundo a interpretação que dou à teoria podem ser qualquer coisa — mas não supérfluos. Reconhecidamente, eles não servem como condições iniciais ou como base para a dedução de previsões, mas, apesar disso, são indispensáveis: *são necessários para submeter a teste nossas previsões,* de vez que se trata de *previsões estatísticas.* Com efeito, o que nossas relações estatísticas de dispersão asseveram é que os momentos devem dispersar-se quando as posições se veem determinadas mais exatamente — e vice-versa. Essa é uma previsão que não poderia ser submetida a teste ou que não seria falseável, se não tivéssemos condição de medir e calcular, com o auxílio de experimentos da espécie descrita, os vários momentos dispersos que ocorrem imediatamente após qualquer seleção feita de acordo com a posição.[*1]

A teoria, estatisticamente interpretada, não só deixa de afastar a possibilidade de medidas isoladas exatas, como seria insuscetível de teste e, consequentemente, "metafísica", se essas medidas fossem impossíveis. Assim, a concretização do programa de Heisenberg, a eliminação de elementos metafísicos, é aqui alcançada,

---

*1 Considero este parágrafo (e a primeira sentença do parágrafo seguinte) como dos mais importantes neste debate, e continuo a concordar inteiramente com o que nele se diz. Como os mal-entendidos continuam, exporei mais amplamente o assunto. As *relações de dispersão* asseveram que, se fizermos um arranjo para uma perfeita seleção da posição (através de uma fenda numa tela, digamos), os momentos, como consequência, se dispersarão. (Em lugar de se tornarem "indeterminados", os momentos isolados se tornam "imprevisíveis", num sentido que nos permite predizer que eles se dispersarão.) Trata-se de uma previsão que devemos submeter a teste *medindo os momentos isolados,* de modo a determinar-lhes a distribuição estatística. Essas medidas dos momentos isolados (que levarão a nova dispersão — mas não precisamos importar-nos com isso) produzirão, em cada caso isolado, resultados tão precisos quanto desejados e, de qualquer modo, muito mais precisos que Δp, isto é, a largura média da região de dispersão. Ora, as medidas dos vários momentos isolados nos permitem calcular-lhes os valores, no local onde a posição foi selecionada e medida pela fenda. Esse "cálculo da história passada" da partícula (*cf.* nota 3, da seção 73) é essencial; sem ele, não poderíamos asseverar que estamos medindo os momentos imediatamente após terem sido selecionadas as posições; assim, não poderíamos asseverar que estamos submetendo a teste as relações de dispersão — o que realmente fazemos, com qualquer experimento que mostre aumento de dispersão, como consequência do decréscimo da largura de uma fenda. Dessa forma, em consequência das relações de dispersão, só se torna "toldada" ou "anuviada" a precisão da *previsão,* mas nunca a precisão da *medida.*

mas através de um método oposto ao preconizado por ele. Enquanto Heisenberg procurava excluir magnitudes que tinha por inadmissíveis (sem, todavia, conseguir inteiro êxito), eu inverto a tentativa, por assim dizer, mostrando que o formalismo no qual se contêm essas magnitudes é correto, exatamente porque *as magnitudes não são metafísicas.* Uma vez que tenhamos abandonado o dogma presente na limitação que Heisenberg põe à precisão atingível, deixa de continuar havendo qualquer motivo para duvidarmos da significação física dessas magnitudes. As relações de dispersão são previsões de frequência acerca de trajetórias; consequentemente, essas trajetórias hão de ser mensuráveis — precisamente como, digamos, lançamentos de dados que resultem em *cincos* hão de ser empiricamente determináveis — caso desejemos ter condição de submeter a teste nossas previsões de frequência acerca dessas trajetórias ou desses lançamentos.

A rejeição que Heisenberg faz do conceito de trajetória e sua afirmação acerca de "magnitudes não observáveis" mostram claramente a influência de ideias filosóficas e, em especial, a influência de ideias positivistas. Sob a mesma influência, March escreve: "Pode-se afirmar, talvez, sem temor de má interpretação... que, para o físico, um corpo só tem realidade no instante em que ele o observa. Naturalmente ninguém toma a posição tão extremada de asseverar que o corpo deixa de existir no momento em que lhe voltamos as costas; mas, nesse momento, ele efetivamente cessa de ser um objeto de investigação para o físico, porque deixa de haver possibilidade de afirmar, a respeito do corpo, qualquer coisa que se baseie em experimento".[2] Dito de outra maneira, a hipótese de que um corpo se move segundo esta ou aquela trajetória, enquanto não está sendo observado, é uma hipótese *não verificável.* Isso é óbvio, mas destituído de interesse. Importante, entretanto, é que essa hipótese e hipóteses análogas são *falseáveis:* com base na hipótese de que ele se move ao longo de certa trajetória, temos condições de prever que o corpo será observável nesta ou naquela posição; e essa previsão pode ser refutada. Que a teoria quântica não exclui esse tipo de procedimento é ponto que examinaremos na próxima seção. Contudo, o que dissemos aqui é suficiente,[*2] pois afasta as dificuldades relacionadas com a "falta de significação" do conceito de trajetória. Compreenderemos melhor até que ponto isso auxilia a esclarecer o assunto se recordarmos as conclusões drásticas retiradas, a partir da alegada deficiência do conceito de trajetória. Schlick põe assim a questão: "Talvez o modo mais conciso de descrever a situação examinada seja dizer (como dizem os mais eminentes investigadores dos problemas quânticos) que a validade dos conceitos espaço-temporais confina-se à esfera do macroscopicamente observável e que não são aplicáveis a dimensões atômicas".[3] Nessa passagem, Schlick, provavelmente, está aludindo a Bohr, que escreveu: "Consequentemente, pode-se

---

2 March, *Die Grundlagen der Quantenmechanik,* p. 1. * A posição de Reichenbach é semelhante; critico-a em meu *Postscript,* seção *13.

*2 O início desta sentença (desde "Contudo" até "suficiente", não figurava no texto original. Inseri-o porque não acredito mais no argumento da "próxima seção" (77), a que aludi na sentença anterior, e porque o que se segue é completamente independente da seção seguinte: baseia-se no argumento recém-exposto, de acordo com o qual os cálculos da trajetória passada do elétron são necessários para o teste das previsões estatísticas da teoria e, assim, esses cálculos estão longe de ser "sem sentido".

3 Schlick, "Die Kausalität in der gegenwärtigen Physik", *Die Naturwissenschaften,* v. 19, 1931, p. 159.

presumir que, no que concerne ao problema geral da teoria quântica, não se trata de uma simples questão de modificação de teorias mecânicas e eletrodinâmicas, modificação que se poderia traduzir em termos de conceitos físicos ordinários, mas de uma falha profunda das imagens espaço-temporais até agora usadas para descrição dos fenômenos naturais."[4] Heisenberg acolheu essa ideia de Bohr — ou seja, a renúncia a descrições espaço-temporais — tomando-a como base de seu programa de pesquisa. O êxito por ele alcançado pareceu demonstrar que se tratava de uma renúncia frutífera. Em verdade, porém, o programa nunca se concretizou. O frequente e inevitável, embora sub-reptício, uso de conceitos espaço-temporais parece, agora, justificável, à luz da análise que fizemos. Efetivamente, essa análise pôs claro que as relações estatísticas de dispersão correspondem a enunciados acerca da dispersão da posição-cum-momentum e, portanto, a enunciados acerca de trajetórias.

Tendo demonstrado que as relações de incerteza são enunciados de probabilidade formalmente singulares, podemos desfazer a teia emaranhada de suas interpretações objetivas e subjetivas. Aprendemos, na seção 71, que todo enunciado de probabilidade formalmente singular pode receber interpretação subjetiva, como uma previsão indefinida, como um enunciado que concerne à incerteza de nosso conhecimento. Vimos, ainda, quais os pressupostos sob cuja influência pode-se esperar que a justificada e necessária tentativa de interpretar objetivamente um enunciado dessa espécie está condenada ao fracasso. Fracassará se tentarmos substituir uma interpretação objetiva singular pela interpretação objetiva estatística, fazendo a incerteza pesar diretamente sobre o evento isolado.[*3] Contudo, se interpretarmos as fórmulas de Heisenberg (diretamente) em sentido subjetivo, a posição da Física, em sua condição de ciência objetiva, estará em perigo, pois, para sermos coerentes, também teríamos de interpretar subjetivamente as ondas de probabilidade de Schrödinger. A essa conclusão chega Jeans,[5] que diz: "Em resumo, a interpretação em termos de partícula diz que nosso conhecimento acerca de um elétron é indeterminado; a interpretação em termos de onda diz que o próprio elétron é indeterminado, independentemente de saber se os experimentos são ou não são realizados com ele. Sem embargo, o conteúdo do princípio da incerteza deve ser exatamente o mesmo nos dois casos. Só há um modo de consegui-lo: devemos supor que a interpretação em termos de onda proporciona uma representação, não da natureza objetiva, mas tão somente de nosso conhecimento da natureza..." As ondas de Schrödinger são, assim, ao ver de Jeans, *ondas de probabilidade subjetivas,* ondas de nosso conhecimento. Por essa via, toda a teoria subjetivista da probabilidade invade o campo da Física. Os argumentos que rejeitei — o uso do teorema de Bernoulli como "ponte" entre a ignorância e o conhecimento estatístico, assim como argumentos similares

4 Bohr, *Die Naturwissenschaften,* v. 14, 1926, p. 1.

*3 Esse é um dos pontos acerca dos quais alterei, depois, minha maneira de pensar. *Cf.* meu *Postscript,* cap. *v. Contudo, permanece o mesmo o principal argumento que uso em favor de uma interpretação objetiva. De acordo com minha atual maneira de ver, a teoria de Schrödinger pode e deve ser interpretada, não apenas como objetiva e singular, mas, ao mesmo tempo, como probabilística.

5 Jeans, *The new background of science,* 1933, p. 236; 2ª ed. 1934, p. 240. No texto de Jeans, um parágrafo novo começa com a segunda sentença "Sem embargo, o conteúdo...". Para a citação que se coloca ao fim desse parágrafo, ver *op. cit.*, p. 237 (2ª ed., p. 241).

(*cf.* seção 62) — tornam-se inevitáveis. Jeans apresenta a atitude subjetivista da Física moderna nos termos seguintes: "Heisenberg enfrentou o mistério do universo físico, afastando o enigma principal — a natureza do universo objetivo — dando-o como insolúvel, concentrando sua atenção no enigma secundário de coordenar nossas observações acerca do universo. Dessa forma, não é de surpreender que a interpretação ondulatória, finalmente surgida, se preocupasse apenas com nosso conhecimento do universo, tal como obtido através de observações."

Os positivistas, sem dúvida, considerarão altamente aceitáveis conclusões dessa ordem. Não obstante, minhas convicções a respeito da objetividade permanecem inabaladas. Os enunciados estatísticos da Física quântica hão de ser intersubjetivamente suscetíveis de teste, como o são quaisquer outros enunciados da Física. Minha análise simples preserva não apenas a possibilidade de descrições espaço-temporais, como também preserva o caráter objetivo da Física.

É interessante sublinhar que existe uma contraparte dessa interpretação subjetiva das ondas de Schrödinger: uma interpretação não estatística e, pois, diretamente objetiva (isto é, singular). O próprio Schrödinger, em seu famoso *Mitteilungen zur Wellenmechanik* (publicada em inglês sob o título *Collected Papers on Wave-Mechanics* — coletânea de trabalhos acerca de Mecânica ondulatória), propôs, para a equação de onda — que é, como vimos, um enunciado de probabilidade formalmente singular — uma interpretação mais ou menos nessas linhas. Ele tentou de maneira imediata, identificar a partícula com o próprio pacote de ondas. A tentativa conduziu diretamente a dificuldades características dessa espécie de interpretação — quero aludir à atribuição de incerteza aos próprios objetos físicos (incertezas objetivadas). Schrödinger viu-se forçado a admitir que a carga do elétron ficava "toldada", ou "anuviada" no espaço (com uma densidade de carga determinada pela amplitude de onda) — suposição que se mostrou incompatível com a estrutura atômica da eletricidade.[6] A interpretação estatística de Born resolveu o problema, permanecendo obscura, porém, a conexão entre a interpretação estatística e a interpretação não estatística. Ocorreu, assim, que o caráter peculiar de outros enunciados de probabilidade formalmente singulares — tais como as relações de incerteza — permaneceram não reconhecidos, de modo que podiam continuar a solapar a base física da teoria.

Caberá, talvez, concluir esta seção, aplicando o que nela foi dito a um experimento imaginário proposto por Einstein.[7] Esse experimento foi considerado por Jeans[8] "uma das mais difíceis questões da nova teoria quântica", embora eu entenda que minha interpretação o torne perfeitamente claro — se não trivial.[*4]

6 *Cf.*, p. ex., Weyl, *Gruppentheorie und Quantenmechanik*, p. 193; trad. ingl., pp. 216 e s.

7 *Cf.* Heisenberg, *Physikalische Prinzipien*, p. 29 (Ver. ingl. por C. Eckart e F. C. Hoyt, *The Physical Principles of the Quantum Theory*, Chicago, 1930, p. 39).

8 Jeans, *op. cit.*, 1933, p. 242; 2ª ed., p. 246.

*4 O problema de que me ocupo a seguir depois se tornou famoso sob a denominação de "problema da *redução* (descontínua) *do pacote de ondas*". Alguns físicos de renome, em 1934, me asseguraram que estavam de acordo com minha solução trivial, mas o problema continua a desempenhar papel perturbador na discussão da teoria quântica, passados mais de 20 anos. Examinei-o de novo e extensamente nas seções *100 e *115 de meu *Postscript*.

Imaginemos um espelho translúcido, isto é, um espelho que reflete parte da luz e permite a passagem de outra parte. A probabilidade formalmente singular de que determinado fóton (ou quantum de luz) atravesse o espelho, ${}_{\alpha}P_{k}(\beta)$, pode ser considerada igual à de que o *fóton* será refletido; teremos, pois,

$${}_{\alpha}P_{k}(\beta) = {}_{\alpha}P_{k}(\overline{\beta}\,) = \frac{1}{2}\,.$$

Essa estimativa de probabilidade, como sabemos, é definida por probabilidades estatísticas objetivas, ou seja, equivale à hipótese de que metade de determinada classe α de quanta de luz atravessará o espelho, enquanto a outra metade será refletida. Admitamos, agora, que um fóton, k, atinja o espelho e admitamos, ainda, que tenha sido experimentalmente determinada a reflexão desse fóton. Diante disso, as probabilidades parecem alterar-se subitamente e, por assim dizer, de maneira descontínua. É como se, antes do experimento, ambas tivessem sido iguais a $\frac{1}{2}$ e, após conhecida a reflexão, se tivessem de súbito transformado em zero e um, respectivamente. Este exemplo, em verdade, é o mesmo que se deu na seção 71.[*5] Pouco ajuda a esclarecer a situação descrevê-lo, como o fez Heisenberg,[9] em termos como os seguintes: "segundo o experimento (isto é, de acordo com a medida pela qual encontramos o fóton refletido), uma espécie de ação física (uma redução dos pacotes de onda) se exerce a partir do lugar onde se encontra a metade refletida do pacote de onda, atingindo outro local — tão distante quanto desejarmos — onde ocorre estar a outra metade do pacote". A essa descrição, Heisenberg acrescenta: "esta ação física é uma ação que se propaga com velocidade superior à luz". A anotação de nada vale, pois as probabilidades originais, ${}_{\alpha}P_{k}(\beta)$ e ${}_{\alpha}P_{k}(\overline{\beta}\,)$ continuam iguais a meio. Tudo quanto ocorreu foi escolher-se uma nova classe-referência — β ou $\overline{\beta}$, em vez de α — escolha fortemente sugerida pelo resultado do experimento, isto é, pela informação $k \ \varepsilon \ \beta$ ou $k \ \varepsilon \ \overline{\beta}$, respectivamente. Dizer, a respeito das consequências lógicas dessa escolha, (ou, talvez, das consequências lógicas dessa informação), que as ações físicas "se propagam com velocidade superior à da luz", quase que ajuda tanto quanto dizer que duas vezes dois se torna, com velocidade superior à da luz, igual a quatro. Uma anotação adicional de Heisenberg, no sentido de estabelecer que essa espécie de propagação de uma ação física não admite uso, para efeito de transmissão de sinais, embora verdadeira, não traz qualquer auxílio.

O ocorrido com este experimento imaginário lembra a urgente necessidade de distinguir e definir os conceitos de probabilidade estatística e probabilidade formalmente singular. Mostra, ainda, que o problema de interpretação provocado pela teoria quântica só pode ser abordado por meio de uma análise lógica da interpretação dos enunciados de probabilidade.

---

*5 Quer dizer, as probabilidades só se "alteram" na medida em que α for substituída por $\overline{\beta}$. Assim ${}_{\beta}P(\overline{\beta}\,)$ permanece o mesmo, isto é, $\frac{1}{2}$; mas ${}_{\bar{\beta}}P(\beta)$ é, naturalmente, igual a zero, assim como ${}_{\bar{\beta}}P(\overline{\beta}\,)$ é igual à unidade.

9 Heisenberg, *Physikalische Prinzipien*, p. 29 (vers. ingl., *The Physical Principles of the Quantum Theory*, Chicago, 1930, p. 39). Von Laue, de outra parte, em "Korpuskular-und-Wellentheorie", *Handbuch d. Radiologie*, v. 6, 2ª ed., p. 79 da separata, diz muito corretamente: "Talvez seja inteiramente errado correlacionar uma onda a um corpúsculo isolado. Se, por questão de princípio, admitirmos que a onda se relaciona a um agregado de corpos iguais, porém mutuamente independentes, a conclusão paradoxal desaparecerá." * Em alguns de seus últimos trabalhos, Einstein adotou interpretação semelhante: *cf.* nota seguinte.

77. EXPERIMENTOS DECISÓRIOS **

Dou por cumprida as primeiras duas partes do programa esboçado na introdução que precedeu a seção 73. Mostrei (1) que as fórmulas de Heisenberg podem ser estatisticamente interpretadas e, portanto, (2) que sua interpretação, em termos de limitações sobre a precisão atingível, não deflui logicamente da teoria quântica, a qual, consequentemente, não será contraditada pela simples circunstância de conseguirmos um grau maior de precisão em nossas medidas.*1

"Tudo bem até aqui", poderia alguém dizer: "Não nego a possibilidade de encarar a Mecânica quântica por esse prisma. Contudo, continua a parecer-me que o núcleo físico real da teoria de Heisenberg, a impossibilidade de fazer *previsões* singulares exatas, nem sequer foi tocado por seus argumentos."

Se solicitado a apresentar sua tese através de um exemplo físico, meu interlocutor poderia dizer o seguinte: "Imaginemos um feixe de elétrons, como o que surge num tubo de raios catódicos. Admitamos que a direção desse feixe seja a direção-x. A partir desse feixe, podemos fazer várias seleções físicas. Podemos, por exemplo, selecionar ou separar um grupo de elétrons segundo a posição que ocupam na direção-x (isto é, segundo suas abscissas-x em certo instante) utilizando, talvez, um obturador, que abrimos por uma fração de tempo. Dessa maneira, deveríamos obter um grupo de elétrons cuja extensão, na direção-x, é muito reduzida. De acordo com as relações de dispersão, os momentos dos vários elétrons desse grupo difeririam amplamente, na direção-x (e, consequentemente, difeririam também suas energias). Como o senhor corretamente apontou, podemos submeter a teste esses enunciados a respeito de dispersão. Cabe fazê-lo medindo os momentos ou as energias dos elétrons isolados; e, como conhecemos a posição, poderemos, dessa forma, obter posição e momento. Uma medida dessa espécie será realizada, por exemplo, deixando os elétrons incidir sobre uma lâmina, cujos átomos eles excitariam: identificaremos, entre outras coisas, alguns átomos excitados, cuja excitação exige energia superior à média desses elétrons. Admito, assim, que o senhor tinha razão ao acentuar que as medidas são possíveis e significativas. Mas — e agora coloco minha objeção — para fazer essa medida, temos de perturbar o sistema em exame, isto é, temos de perturbar ou os elétrons isolados ou, se estivermos medindo vários deles (como em nosso exemplo), todo o feixe de elétrons. A teoria não se veria logicamente contraditada se pudéssemos conhecer os momentos dos vários elétrons do grupo, antes de nele introduzir perturbação (contanto, naturalmente, que isso não nos habilitasse a utilizar o conhecimento para efetuar uma seleção proibida). Não há, contudo, um meio de chegar a esse conhecimento

** O experimento imaginário descrito na presente seção assenta-se num equívoco. (Ver, ainda, notas *3 e *4, adiante.) O equívoco foi inicialmente assinalado por von Weizsäcker (*Naturwissenschaften*, v. 22, 1934, p. 807); por Heisenberg (em cartas) e por Einstein (em carta reproduzida no apêndice *xii, ao final deste livro). Consequentemente, abandonei o experimento; aliás, eu não o considero mais "decisivo". Não só permanecem válidos meus argumentos até o início da descrição do experimento, como também podemos substituir meu experimento ilegítimo pelo famoso experimento imaginário concebido por A. Einstein, B. Podolsky e N. Rosen, *Physical Review*, v. 47, pp. 777-780. A réplica de Niels Bohr a esse experimento parece-me deslocar o problema — ver apêndice *ix, adiante, e também meu trabalho "Quantum mechanics without 'the observar'", in *Quantumtheory and reality*, publicado por M. Bunge, 1967, pp. 7-44.

*1 Na verdade, o ponto (3) de meu programa também foi abrangido.

concernente aos elétrons isolados sem perturbá-los. Concluindo, permanece verdadeira a afirmação de que previsões singulares precisas são impossíveis."

A essa objeção eu responderia dizendo, inicialmente, que não me surpreenderia fosse ela correta. É óbvio, afinal de contas, que de uma teoria estatística nunca podem ser deduzidas previsões singulares exatas, mas apenas previsões singulares "indefinidas" (isto é, formalmente singulares). O que assevero, a esta altura, é que, embora a teoria não forneça previsões desse tipo, também *não as proíbe.* Só se poderia falar da impossibilidade de previsões singulares se coubesse asseverar que perturbar o sistema ou nele interferir impediria toda espécie de medida preditiva.

"Mas é exatamente isso o que eu afirmo", dirá meu interlocutor. "Eu afirmo, precisamente, a impossibilidade de qualquer medida desse tipo. O senhor admite ser possível medir a energia de um desses elétrons móveis, sem forçá-lo a afastar-se de sua trajetória e do grupo de elétrons. *Essa* é a suposição que considero inadmissível. Com efeito, admitindo que eu possuísse um meio que me permitisse fazer essas medidas, então, valendo-me desse meio, ou de meio similar, eu poderia *produzir* agregados de elétrons que fossem todos (a) limitados quanto à posição; e tivessem (b) idêntico momento. Que a existência desses agregados contradiria a teoria quântica é, naturalmente, algo que o senhor mesmo admite, pois essa existência é impedida pelas relações que o senhor chama de relações de dispersão. Assim, só lhe resta retrucar que é possível conceber um meio que nos permita efetuar medidas, mas não fazer seleções. Concordo que essa resposta é logicamente permissível; mas, como físico, só posso dizer que minhas intuições se revoltam contra a ideia de podermos medir os momentos de elétrons, sem ter condições, porém, de eliminar, por exemplo, os elétrons cujo momento excede (ou é menor do que) determinado valor."

Minha primeira resposta seria a de que essa objeção parece muito convincente. Contudo, uma *prova* estrita da afirmação de que, se é possível uma medida preditiva, será também possível a correspondente seleção ou separação física, não foi proporcionada (e não pode sê-lo, como logo veremos). Nenhum desses argumentos prova que previsões precisas contradiriam a teoria quântica. Todos eles introduzem uma *hipótese adicional.* Com efeito, o enunciado (que corresponde à concepção de Heisenberg) segundo o qual previsões isoladas exatas são impossíveis, vem a colocar-se como equivalente à hipótese de que *medidas preditivas e seleções físicas estão inseparavelmente ligadas.* Diante desse novo sistema teorético — diante da conjunção da teoria quântica e essa *"hipótese de ligação"* auxiliar — minha concepção deve, evidentemente, ruir.[1]

Com isso, o ponto (3) de meu programa vê-se concretizado. Resta afirmar, entretanto, o ponto (4), ou seja, temos ainda de mostrar que o sistema onde se combina a teoria quântica, estatisticamente interpretada, (inclusive, admitimos, as leis de conservação do momento e da energia) com a "hipótese de ligação" é

1 A hipótese auxiliar, aqui examinada, pode, naturalmente, se revestir de uma forma diversa. A razão que apresento para escolher esta forma particular, com o objetivo de análise e discussão crítica, é a de que a objeção asseveradora de ligação entre medida e seleção física, na verdade, foi levantada (em conversas e em cartas) contra a concepção aqui exposta.

autocontraditório. Há, segundo creio, uma suposição profundamente assentada de que a medida preditiva e a seleção física estão sempre associadas. A permanência dessa suposição explicará, talvez, por que os argumentos simples, que levariam à concepção contrária, nunca foram desenvolvidos.

Desejo sublinhar que as considerações, de ordem predominantemente física, a serem agora apresentadas, não fazem parte das suposições ou premissas de minha análise lógica das relações de incerteza, embora possam ser consideradas como decorrência dessa análise. Na verdade, a análise até agora realizada é *independente* do que virá a seguir, em especial do experimento físico imaginário, adiante descrito,[*2] que se propõe a determinar a possibilidade de previsões arbitrariamente precisas a propósito da trajetória de partículas isoladas.

À guisa de introdução a esse experimento imaginário, examinarei, primeiramente, alguns experimentos mais simples. Têm estes a finalidade de mostrar que podemos, sem dificuldade, formular previsões arbitrariamente precisas acerca da trajetória e submetê-las a teste. A esta altura, terei em conta apenas previsões que não se referem a partículas isoladas definidas, mas, antes, a (todas as) partículas que se colocam no interior de uma reduzida região espaço-temporal definida (Δx . Δy . Δz . Δt). Em todos os casos, só existe uma certa *probabilidade* de que as partículas estejam presente nessa região.

Voltamos a imaginar um feixe (um elétron ou feixe de luz) de partículas que se movem na direção-x. Dessa vez, porém, admitimos que ele é monocromático, de sorte que todas as partículas estão percorrendo trajetórias paralelas, na direção-x, tendo os momentos iguais e conhecidos. Os componentes, relativos às outras direções, serão também conhecidos, isto é, saberemos que são iguais a zero. Agora, ao invés de determinar a posição, na direção-x, de um grupo de partículas, valendo-nos de seleção *física* — ou seja, ao invés de isolar o grupo de partículas do resto do feixe, usando meios técnicos (como anteriormente fizemos) — contentar-nos-emos em distinguir esse grupo do resto pelo simples fato de focalizar nele a nossa atenção. Podemos, por exemplo, focalizar nossa atenção sobre todas as partículas que têm (com dada precisão), em dado instante, a coordenada-x de posição e que, portanto, não se espalham para além de um âmbito arbitrariamente reduzido Δx. Conhecemos precisamente o momento de cada uma dessas partículas. Sabemos, consequentemente, de maneira precisa, onde estará, em cada instante futuro, esse grupo de partículas. (É claro que a simples existência de tal grupo de partículas não contradiz a teoria quântica; somente sua existência em separado, ou seja, a possibilidade de separá-lo fisicamente constituiria contradição à teoria.) Podemos realizar a mesma espécie de seleção imaginária tendo em vista as outras coordenadas espaciais. O feixe monocromático, fisicamente selecionado, teria de ser muito amplo, nas direções y e z (infinitamente amplo, no caso de um feixe monocromático ideal) porque, nessas direções, supõe-se que o momento seja estabelecido com precisão, isto é, seja igual a zero, de sorte que as posições, nessas direções, hão de estar largamente

*2 Aqueles, dentre meus críticos, que acertadamente rejeitaram a ideia inspiradora deste experimento imaginário parecem ter acreditado que estavam também refutando a análise anterior e isso, a despeito da advertência aqui feita.

dispersas. Apesar disso, podemos, de novo, focalizar a atenção sobre um raio parcial muito estreito. De novo conheceremos, não só a posição, como também o momento de cada partícula desse raio. Consequentemente, teremos condição de prever, em relação a cada partícula desse estreito raio (que selecionamos, por assim dizer, na imaginação), em que ponto e com que momento ela atingirá a placa fotográfica posta em sua trajetória e, naturalmente, poderemos submeter a teste, empiricamente, essa predição (tal como foi feito no experimento anterior).

Seleções imaginárias, análogas à que acabamos de fazer, a partir de um "caso puro" de tipo particular, podem ser feitas a partir de outros tipos de agregados. Tomemos, por exemplo, um feixe monocromático, do qual se tenha feito uma seleção física, por meio de uma reduzidíssima fenda Δy — desse modo, estaremos tomando como ponto de partida uma seleção física em correspondência com a seleção meramente imaginada no exemplo anterior. Quanto às partículas, não sabemos em que direção elas haverão de voltar-se, depois de terem atravessado a fenda; mas, se levarmos em conta uma direção definida, será possível calcular com precisão a componente do momento de todas as partículas que se voltam para essa direção particular. Assim, as partículas que, após haverem atravessado a fenda, deslocam-se numa direção definida, voltam a formar uma seleção imaginada. Temos condição de prever-lhes a posição e o momento, ou, em resumo, as trajetórias; e, interrompendo essa trajetória por meio de placa fotográfica, submeteremos a teste nossas previsões.

A situação, em princípio, é idêntica (embora os testes empíricos sejam mais difíceis) no caso do primeiro exemplo por nós considerado, isto é, no caso da seleção de partículas segundo a posição ocupada na direção do deslocamento. Se fizermos uma seleção física, em correspondência com esse caso, teremos que diferentes partículas se deslocarão a velocidades diferentes, em razão da dispersão dos momentos. O grupo de partículas se dispersará, assim e, na medida em que avança, num âmbito crescente, na direção-x. (O pacote se tornará maior.) Torna-se viável, então, determinar o momento de um parcial grupo dessas partículas (selecionadas em imaginação) que, em dado instante, ocuparão posição determinada na direção-x: o momento será tanto maior quanto mais distante se encontre o grupo parcial selecionado (e vice-versa). O teste empírico da previsão, feita dessa maneira, pode ser realizado substituindo-se a placa fotográfica por um filme fotográfico móvel. Como sabemos em que instante cada ponto do filme se expõe ao impacto dos elétrons, temos forma de *prever*, para cada ponto, em que momento ocorrerão os impactos. Essas previsões são *passíveis de teste*, através, por exemplo, da inserção de um filtro diante do filme em movimento ou, talvez, diante de um contador Geiger (um filtro, no caso de raios luminosos; no caso de elétrons, um campo elétrico colocado perpendicularmente à direção do raio), fazendo-se, a seguir, uma seleção, de acordo com a direção, de modo que só possam passar as partículas que possuam um momento mínimo, estabelecido. Podemos, então, verificar se essas partículas realmente chegam ou não no instante previsto.

A precisão das medidas, nesses testes, não é limitada pelas relações de incerteza. Estas, tal como vimos, aplicam-se principalmente a medidas utilizadas para deduzir previsões e não para submetê-las a teste. Aplicam-se, por assim dizer, a *"medidas preditivas"* e não a *"medidas não preditivas"*. Nas seções 73 e 76 examinei três casos de medidas "não preditivas", ou seja, (a) medida de duas posições, (b) medida de posição precedida ou (c) sucedida por medida de momento. A medida acima aludida, feita por meio de um filtro, colocado à frente de um filme ou de um contador Geiger, exemplifica (b), isto é, uma seleção feita de acordo com o momento, seguida de medida de posição. Tal, cabe presumir, é exatamente o caso que, segundo Heisenberg (cf. seção 73), permite o "cálculo do passado do elétron". Com efeito, enquanto nos casos (a) e (c) só é viável calcular o tempo *entre* as duas medidas, no caso (b) é possível calcular a trajetória *anterior* à primeira medida, contanto que essa medida corresponda a uma seleção feita segundo um momento dado, pois essa seleção não perturba a posição da partícula.[*3] Heisenberg, como sabemos, questiona a "realidade física" dessa medida, pois ela só nos permite calcular o momento da partícula quando de sua chegada a uma posição precisamente medida num instante precisamente medido: a medida é aparentemente vazia de conteúdo preditivo, porque dela não é possível deduzir conclusão suscetível de teste. Sem embargo, apoiarei meu experimento imaginário — destinado a estabelecer a possibilidade de predizer precisamente a posição e o momento de uma determinada partícula — nesse especial arranjo de medida que, à primeira vista, aparentemente é não preditiva.

Como pretendo derivar consequências de largo alcance do pressuposto de que medidas "não preditivas" precisas, desse tipo, são possíveis, parece-me oportuno examinar a admissibilidade desse pressuposto. É o que faço no apêndice vi.

Com o experimento imaginário apresentado a seguir, contesto frontalmente o método de argumentar usado por Bohr e Heisenberg para justificar a interpretação das fórmulas de Heisenberg, em termos de limitações sobre a precisão possível de atingir. Eles tentaram justificar essa interpretação mostrando que não se pode conceber um experimento imaginário suscetível de produzir medidas preditivas mais exatas. Contudo, esse método de argumentar não pode, é claro, excluir a possibilidade de que, um dia, venha a ser concebido um experimento imaginário que (recorrendo a efeitos e leis físicas já conhecidos) demonstrará afinal, serem possíveis aquelas medidas. Deu-se por admitido que qualquer experimento desse tipo contradiria o formalismo da teoria quântica e, aparentemente, essa ideia determinou a direção em que foram buscados esses experimentos. Minha análise, entretanto — concretização dos pontos de meu programa (1) e (2) — abriu caminho para a concepção de um experimento imaginário, que demonstra, em *total concordância* com a teoria quântica, serem possíveis as medidas precisas em questão.

---

*3 Esse enunciado (que procurei fundamentar sobre o que exponho no apêndice vi) foi criticado por Einstein (*cf.* apêndice *xii), é falso e, por isso, meu experimento imaginário cai por terra. O ponto principal é o de que medidas não preditivas só determinam a trajetória de uma partícula *entre* duas medidas, como, por exemplo, uma medida de momento, seguida por uma medida de posição (ou vice-versa); não é possível, nos termos da teoria quântica, projetar a trajetória para mais atrás, isto é, para uma região de tempo anterior à primeira dessas medidas. Desse modo, o último parágrafo do apêndice vi está errado e, a propósito da partícula que chega a *x* (ver adiante), não podemos saber se ela veio realmente de *P* ou de algum outro ponto. Ver, ainda, a nota ** no início desta seção.

Para realizar esse experimento, farei uso, como antes, da "seleção imaginária", mas escolherei um arranjo tal que, se uma partícula caracterizada pela seleção realmente existir, teremos como comprovar o fato.

Meu experimento de certa maneira, constitui uma idealização dos experimentos de Compton-Simon e Bothe-Geiger.[2] Uma vez que desejamos obter previsões singulares, não podemos operar apenas com pressuposições estatísticas. Terão de ser usadas as leis não estatísticas da conservação de energia e de momento. Podemos valer-nos do fato de que essas leis permitem calcular o que ocorre quando as partículas se chocam, desde que sejam conhecidas duas das quatro grandezas que descrevem a colisão (isto é, dos momentos $\mathbf{a}_1$ e $\mathbf{b}_1$ anteriores a $\mathbf{a}_2$ e $\mathbf{b}_2$ posteriores a coalizão) e um componente[3] de uma terceira grandeza. (O método de cálculo é bem conhecido, como parte dea teoria do efeito-Compton)[4].

Imaginemos, agora, o seguinte arranjo experimental (ver figura 2).

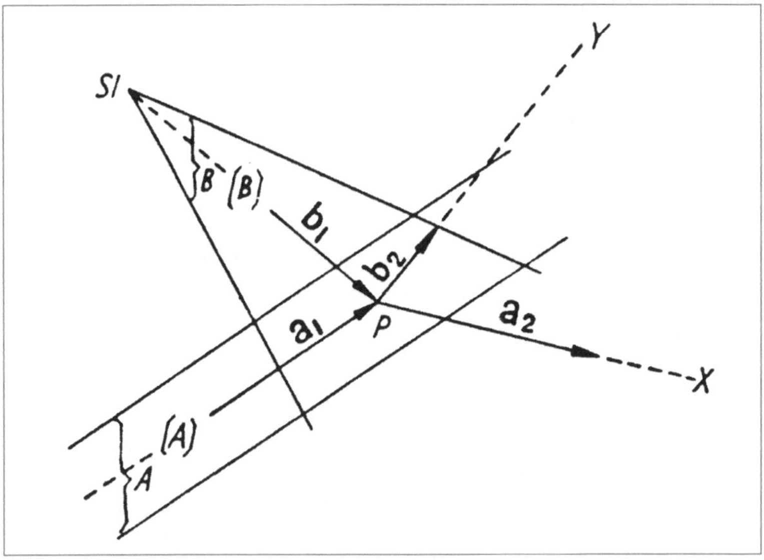

Figura 2 - Arranjo Experimental

Fazemos com que se cruzem dois feixes de partículas (dos quais um, quando muito, é um raio luminoso e o outro, quando muito, é eletricamente não neutro),[5]

2 Compton e Simon, *Physical Review, v.* 25, 1924, p. 439; Bothe e Geiger, *Zeitschrift fur Physik,* v. 32, 1925, p. 639; *cf.,* ainda, Compton, "X-rays and electrons", 1927; *Ergebnisse der exakten Naturwissenschaft,* v. 5, 1926, pp. 267 e ss.; Haas, *Atomtheorie,* 1929, pp. 229 e ss.

3 "Componente" deve ser entendido, aqui, no mais amplo dos sentidos (seja quanto à direção, seja quanto à magnitude absoluta).

4 Cf. Haas, *op. cit.*

5 Estou pensando num raio de luz e em qualquer espécie de raio corpuscular (negaton, positon ou neutron); em princípio, entretanto, dois raios corpusculares poderiam ser usados, contanto que *um,* pelo menos, fosse raio neutron. [N. T.: Popper acrescenta uma observação que, transposta para o português, diria: "incidentalmente, estão-se tornando de uso corrente as palavras 'negatron' e 'positron', que a mim parecem monstruosidades linguísticas — pois não dizemos 'positrivo' nem 'protron'".]

sendo ambos "*casos puros*", no sentido de que o feixe *A é* monocromático, ou seja, é uma seleção feita de acordo com o momento $\boldsymbol{a}_1$ ao passo que o feixe *B* atravessa uma estreita fenda *S*, estando, pois, sujeito a uma seleção física, segundo a posição. Podemos supor que as partículas *B* têm o momento (absoluto) $\boldsymbol{b}_1$. Algumas das partículas desses dois feixes colidirão. *Imaginemos*, agora, dois estreitos raios parciais *[A]* e *[B]* que se cortam no ponto *P*. O momento de *[A]* é conhecido, é $\boldsymbol{a}_1$. O momento do raio parcial *[B]* torna-se calculável tão logo tenhamos decidido atribuir-lhe uma direção definida; seja ele $\boldsymbol{b}_1$. Escolhemos, agora, a direção *PX*. Tendo em conta as partículas do raio parcial *[A]* que, após a colisão, se deslocam na direção *PX*, podemos calcular-lhes o momento $\boldsymbol{a}_2$ e, ainda, calcular $\boldsymbol{b}_2$, isto é, o momento das partículas com que se chocam, após ocorrido esse choque. A toda partícula de *[A]* que foi defletida no ponto *P*, com o momento $\boldsymbol{a}_2$, na direção-*X*, deve corresponder uma segunda partícula, pertencente a *[B]*, que foi defletida em *P*, com o momento $\boldsymbol{b}_2$ na direção calculável *PY*. Em seguida, colocamos um aparelho em *X* — por exemplo, um contador Geiger ou um filme — que registra os impactos das partículas, chegadas de *P* sobre a região arbitrariamente restrita *X*. Cabe então dizer: na medida em que notamos o registro de uma partícula, sabemos, ao mesmo tempo, que uma segunda partícula deve estar-se deslocando de P para *Y*, com o momento $\boldsymbol{b}_2$; e sabemos, também, com base no registro, onde essa partícula se encontrava num determinado instante, pois podemos calcular, a partir do instante de impacto da primeira partícula, em *X*, e a partir de sua velocidade, que é conhecida, o instante em que se dá a colisão em *P*. Usando outro contador Geiger, colocado em *Y*, ou um rolo de filme, podemos submeter a teste as previsões feitas com respeito à segunda partícula.[*4]

A precisão dessas previsões, bem como a das medidas realizadas para submetê-las a teste, *não está, em tese, sujeita a qualquer das limitações surgidas com o princípio de incerteza*, no que se refere à coordenação de posição e à componente do momento na direção *PY*. Com efeito, meu experimento imaginário reduz a questão da precisão com que podem ser feitas previsões acerca de uma partícula *B*, defletida em P, a uma questão de precisão atingível no fazer medidas em *X*. Estas, à primeira vista, parecem medidas não preditivas acerca do tempo, momento e posição da primeira partícula *[A]*. O momento dessa partícula, na direção *PX*, bem como o instante de seu impacto em *X*, isto é, de sua posição na direção *PX*, poderá ser medida com qualquer grau desejável de precisão *(cf.* apêndice vi) se fizermos uma seleção

*4 Einstein, Podolsky e Rosen usam um argumento *mais fraco*, porém *válido;* admitamos que a interpretação de Heisenberg seja correta, de modo que só podemos medir, à nossa vontade, *ou* a posição *ou* o momento da primeira partícula, em X. Se *medirmos* a posição da primeira partícula, poderemos *calcular* a posição da segunda partícula; e se *medirmos* o momento da primeira partícula, poderemos *calcular* o momento da segunda partícula. Uma vez, porém, que a escolha — quanto a medir posição ou medir momento — pode ser feita a qualquer tempo, mesmo depois de ocorrida a colisão das duas partículas, não é razoável admitir que a segunda partícula, de qualquer forma, foi afetada ou sofreu interferência devido à alteração dos arranjos experimentais resultantes de nossa escolha. Dessa forma, podemos calcular, com qualquer precisão desejada, *ou* a posição *ou* o momento da segunda partícula, *sem com ela interferir*, fato que se pode expressar dizendo que a segunda partícula "*tem*" um momento preciso e uma posição precisa. (Einstein afirmou que tanto a posição quanto o momento são "reais", o que lhe valeu a acusação de "reacionário".) Ver, ainda, a nota inicial desta seção e os apêndices *xi e *xii.

de momentos, colocando, por exemplo, um campo elétrico ou um filtro na frente do contador Geiger, antes de efetuarmos a medida de posição. Consequentemente (tal como será mostrado mais amplamente no apêndice vii) estamos habilitados a fazer previsões com qualquer grau de precisão acerca da partícula *B*, que se desloca na direção *PY*.

Esse experimento imaginário permite-nos perceber não apenas quais as previsões isoladas, precisas, que podem ser feitas, mas, também, em que condições é possível fazê-las, ou melhor, em que condições elas se mostram compatíveis com a teoria quântica. Elas só poderão ser feitas se tivermos conhecimento do estado da partícula, sem que, entretanto, possamos criar esse estado à nossa vontade. Desse modo, realmente conseguimos o conhecimento, após o evento, por assim dizer, pois no instante em que o conseguimos a partícula já terá assumido seu estado de movimento. Não obstante, poderemos fazer uso desse conhecimento para, a partir dele, deduzir previsões suscetíveis de teste. (Se a partícula-*b* for, por exemplo, um fóton, poderíamos calcular o tempo de sua chegada em Sírius.) Os impactos das partículas que chegam a *X* suceder-se-ão com intervalos de tempo irregulares, significando isso que as partículas do raio parcial *B*, acerca das quais estamos fazendo previsões, se sucederão também umas às outras, segundo intervalos de tempo irregulares. A teoria quântica ver-se-ia contraditada se pudéssemos alterar esse estado de coisas tornando, por exemplo, iguais esses intervalos de tempo. Dessa maneira, estamos aptos, por assim dizer, a dirigir e predeterminar a força do tiro; podemos, ainda (e isso *antes* de a bala atingir o alvo *Y)*, calcular o instante exato em que o tiro foi disparado de *P*. Não podemos, porém, escolher livremente o instante do disparo, mas temos de esperar até que haja a ocorrência de um disparo. E não podemos impedir que se disparem tiros incontrolados, na direção do alvo (a partir das vizinhanças de *P*).

Claro está que nosso experimento e a interpretação de Heisenberg são incompatíveis. Entretanto, uma vez que a possibilidade de realizar esse experimento decorre da interpretação estatística da Física quântica (acrescentadas as leis relativas à energia e ao momento), é de se admitir que a interpretação de Heisenberg, ao contradizê-lo, contradiz também a interpretação estatística da Mecânica quântica. Considerando os experimentos de Compton-Simon e de Bothe-Geiger, parece possível concretizar nosso experimento. Cabe encará-lo como uma espécie de *experimentum crucis*, para decidir entre a concepção de Heisenberg e uma interpretação coerentemente estatística da teoria quântica.

78. METAFÍSICA INDETERMINISTA

A missão do cientista é a de buscar leis que o habilitem a deduzir previsões. Essa missão compreende duas partes. De um lado, ele deve tentar descobrir leis que lhe deem condição para deduzir previsões isoladas (leis "causais", ou "deterministas", ou "enunciados de precisão"). De outro lado, deve tentar formular hipóteses acerca de frequências, ou seja, leis que asseverem probabilidades, a fim de deduzir previsões de frequência. Nada há, nessas duas tarefas, que as torne incompatíveis. Nada impede que, ao formular enunciados de precisão, estejamos formulando hipóteses de frequência; com efeito, como vimos, alguns enunciados de precisão correspondem a macroleis, deriváveis de pressupostos de caráter frequencial. Nada impede que, ao se verem confirmados, num campo particular, enunciados frequenciais, sejamos levados a concluir que, nesse campo, *não podem ser formulados enunciados de precisão.* A situação parece clara. Sem embargos, a segunda das conclusões que acabamos de apresentar foi repetidamente contestada. Repetidamente vemos afirmada a crença de que, onde há regras fortuitas, é impossível encontrar regularidade. Examinei criticamente essa crença na seção 69.

O dualismo que nos leva a distinguir macroleis e microleis — ou seja, o fato de que operamos com ambas — não será facilmente ultrapassado, a julgar pelo atual estado do desenvolvimento científico. Logicamente possível, porém, é a redução de todos os enunciados de precisão conhecidos a enunciados de frequência — interpretando-se os primeiros como macroleis. A redução inversa não é possível. Enunciados de frequência nunca podem ser deduzidos de enunciados de precisão, tal como vimos na seção 70. Eles requerem pressupostos próprios, que devem ser especificamente estatísticos. Probabilidades só podem ser calculadas a partir de estimativas de probabilidade.[*1]

Tal é a situação lógica. Ela não encoraja nem uma concepção determinista, nem uma concepção indeterminista. Mesmo que viesse a ser possível trabalhar, no campo da Física, apenas com enunciados frequenciais, continuaríamos sem ter condições de chegar a conclusões indeterministas, equivalendo isso a dizer que não teríamos condições de afirmar que "não existem leis naturais precisas, que não existem leis a partir das quais possam ser deduzidas previsões de processos singulares ou elementares". O cientista não deverá permitir que coisa alguma o detenha, na busca de leis, inclusive de leis desta espécie. Embora possamos conseguir êxito operando com estimativas de probabilidade, não deveremos por isso concluir que a busca de leis de precisão é vã.

Essas reflexões não são, de modo algum, o resultado do experimento imaginário descrito na seção 77; muito pelo contrário. Admitamos que as relações de incerteza não sejam refutadas por esse experimento (não importa a razão — porque, digamos, o *experimentum crucis,* apresentado no apêndice vi, colocar-se-ia contra a teoria quântica). Ainda assim, essas relações só poderiam ser submetidas a teste como enunciados relativos a frequências, e só poderiam ver-se corroboradas como enunciados relativos a frequências. De modo que, em caso algum estaríamos autorizados a retirar conclusões indeterministas do fato de elas serem corroboradas.[*2]

O mundo é ou não regido por leis estritas? Entendo que essa questão tem cunho metafísico. As leis que estabelecemos são sempre hipóteses, querendo isso dizer que sempre podem ceder passo a outras e que podem ser deduzidas de

*1 Essa concepção é contraditada por Einstein ao fim da carta reproduzida no apêndice *xii. Continuo, porém, a considerá-la verdadeira.

*2 Creio ainda que essa análise, em essência, é correta: do êxito das predições de frequência acerca dos lançamentos de moedas não podemos concluir que os lançamentos singulares são não determinados. Podemos, contudo, argumentar em favor de, digamos, uma concepção metafísica indeterminista, assinalando que essa concepção pode afastar dificuldades e contradições.

estimativas de probabilidade. Não obstante, negar a causalidade equivaleria a tentar persuadir o teorizador a abandonar a investigação. Já se mostrou que uma tentativa dessa ordem não pode apoiar-se em coisa alguma que se ponha como uma demonstração. O chamado "princípio causal", ou "lei causal", seja qual for a formulação que receba, tem caráter muito diferente do caráter de uma lei natural; e não posso concordar com Schlick quando ele diz: "... a lei causal pode ser submetida a teste, quanto à sua verdade, *em sentido precisamente igual* ao que o é qualquer outra lei natural".[1]

A crença na causalidade é metafísica.[*3] Ela não passa de uma típica hipóstase metafísica de uma bem justificada regra metodológica — a decisão de o cientista não abandonar jamais a busca de leis. A crença metafísica na causalidade parece, assim, mais fértil, em suas várias manifestações, do que qualquer metafísica indeterminista da espécie advogada por Heisenberg. Os comentários de Heisenberg tiveram efeito paralisador sobre a pesquisa. Minhas observações mostram que conexões facilmente possíveis de estabelecer poderão passar despercebidas se repetirmos, continuamente, que a busca dessas conexões é "destituída de sentido".

As fórmulas de Heisenberg — assim como enunciados semelhantes, que só podem ser corroborados por meio de suas consequências estatísticas — não levam obrigatoriamente a conclusões indeterministas. Todavia, isso não prova que não possa existir outro enunciado empírico justificador dessas ou de similares conclusões indeterministas: por exemplo, a conclusão de que a regra metodológica mencionada — decisão de nunca abandonar a busca de leis — não pode atingir seu objetivo, talvez porque seja fútil, ou sem sentido, ou "impossível" *(cf.* nota 2, da seção 12) tentar estabelecer leis e formular previsões singulares. Não pode haver, contudo, um enunciado empírico de consequências metodológicas que nos obrigue a abandonar a procura de leis. Isso porque um enunciado, isento, por hipótese, de conclusões metafísicas só admite conclusões metafísicas se estas forem falseáveis.[*4] Mas estas mostram-se falsas apenas se estamos em condições de formular leis e podemos, a partir delas, deduzir previsões que se corroboram. Consequentemente, se atribuímos caráter *empírico* às conclusões indeterministas, então é preciso tentar submetê-las a teste, isto é, tentar falseá-las. Mas isto equivale a dizer que devemos *procurar* leis e formular previsões. Logo, não podemos atender a uma solicitação que nos recomenda o abandono dessa busca sem, ao mesmo tempo, repudiar o

---

1 Schlick, "Die Kausalität in der gegenwärtigen Physik", *Die Naturwissenschaften,* v. 19, 1931, p. 155, escreve o seguinte: (cito o trecho completo; *cf.*, também, minhas notas 7 e 8 à seção 4) "Falharam nossas tentativas de encontrar um enunciado suscetível de teste e equivalente ao princípio da causalidade; nossas tentativas de formulá-lo só conduziram a pseudoenunciados. Esse resultado, todavia, não surge, afinal de contas, como uma surpresa, pois já havíamos anotado que a verdade da lei causal pode ser submetida a teste *no mesmo sentido* em que o é a de qualquer outra lei natural; mas assinalamos, também, que essas leis naturais, quando, por sua vez, estritamente analisadas, não parecem ter o caráter de enunciados verdadeiros ou falsos, apresentando-se como nada mais do que regras para a (transformação) desses enunciados". Schlick já havia sustentado anteriormente que o princípio causal deve ser colocado em pé de igualdade com as leis naturais. Contudo, como naquela ocasião ele encarava as leis naturais *como* enunciados genuínos, também encarava "o princípio causal... como hipótese empiricamente suscetível de teste". Cf. *Allgemeine Erkenntnislehre,* 2ª ed., 1925, p. 374.

*3 Comparar as concepções aqui expressas e o restante desta seção com o capítulo *iv do *Postscript.*

*4 Isto — embora válido *como réplica a um positivista* — é, nos termos em que foi colocado, desorientador; com efeito, um enunciado falseável pode apresentar todas as espécies de consequências logicamente fracas, inclusive consequências não falseáveis. *(Cf.* 4º parágrafo da seção 66.)

pressuposto de que as hipóteses possuem caráter empírico. Isso atesta que seria autocontraditório pensar na existência de qualquer hipótese empírica que nos compelisse a abandonar a busca de leis.

Não pretendo examinar, aqui, de modo minucioso, de que modo as várias tentativas de estabelecer o indeterminismo acabam revelando um pensamento subjacente, que só pode ser descrito em termos deterministas — no sentido metafísico. (Heisenberg, por exemplo, tenta oferecer uma explicação causal para explicar por que são impossíveis as explicações causais.)[*5]. Basta lembrar tentativas feitas no sentido de mostrar que as relações de incerteza bloqueiam algumas vias de pesquisa possíveis, exatamente como o princípio da constância da velocidade da luz impediria certas investigações. De fato, a analogia entre as constantes c e h, a velocidade da luz e a constante de Planck, foi interpretada como afirmação de que ambas fixam um limite, em tese, para as possibilidades de pesquisa. Problemas formulados com a intenção de superar as barreiras impostas pelas duas constantes foram sumariamente abandonados — adotando-se, para isso, a bem conhecida técnica de considerar "pseudoproblemas" as questões menos agradáveis. No meu entender, há, de fato, analogia entre as duas constantes c e h mas uma analogia que assegura, incidentalmente, que h não é barreira para a investigação, como não o é c. O princípio da constância da velocidade da luz (e da impossibilidade de exceder essa velocidade) não nos proíbe de buscar velocidades que sejam maiores do que a da luz, pois simplesmente assevera que não as encontraremos, ou seja, que estamos incapacitados de produzir sinais que se desloquem com velocidade superior à da luz. De modo semelhante, as fórmulas de Heisenberg não devem ser interpretadas como proibições de que busquemos casos "superpuros", pois só asseveram que não os encontraremos e, em particular, que não poderemos produzi-los. As leis que proíbem velocidades superiores à da luz e casos "superpuros" desafiam o investigador, como o desafiam outros enunciados empíricos, no sentido de buscar o proibido. O investigador só pode submeter a teste enunciados empíricos se procurar falseá-los.

Do ponto de vista histórico, é perfeitamente compreensível o surgimento de Metafísica indeterminista. Por longo tempo, os físicos acreditaram na Metafísica determinista. Porque não se compreendia inteiramente a situação lógica, o fracasso das várias tentativas de deduzir os espectros de luz — que são efeitos estatísticos — a partir de um modelo mecânico do átomo, levou a colocar o determinismo em crise. Hoje, vemos claramente que o fracasso era inevitável, pois é impossível deduzir leis estatísticas a partir de modelo não estatístico (mecânico) do átomo. Naquela época, entretanto (por volta de 1924, ocasião em que se esboçava a teoria de Bohr, Kramers e Slater), não podia deixar de parecer que, no mecanismo de operação de cada átomo isolado, as probabilidades estavam tomando o lugar de leis estritas. O edifício determinista estava minado — especialmente porque os enunciados de probabilidade eram expressos como enunciados formalmente singulares. Das ruínas do determinismo surgiu o indeterminismo, apoiado no princípio de incerteza,

*5 Seu argumento é, em resumo, o de que a causalidade rui devido à nossa interferência com o objeto observado, isto é, devido a certa interação causal.

formulado por Heisenberg. Ele desenvolveu-se, porém — vemo-lo agora — a partir dessa mesma incompreensão acerca do significado de enunciados de probabilidade formalmente singulares.

A lição a tirar dessas considerações é a de que devemos tentar estabelecer leis estritas — proibições — que possam apoiar-se na experiência. E a de que devemos, porém, abster-nos de colocar proibições que ponham limites às possibilidades de pesquisa.[*6]

*6 Mais recentemente, (após 33 anos), revi minha posição acerca desses assuntos em meu trabalho "Quantum Mechanics Without 'The Observer'", in *Quantum Theory and Reality,* organ. por M. Bunge, 1967, pp. 7-44.

Capítulo X

CORROBORAÇÃO OU COMO UMA TEORIA RESISTE A TESTES

As teorias não são verificáveis, mas podem ser "corroboradas".

Muitas foram as tentativas feitas no sentido de descrever as teorias como algo a que não caberia aplicar os qualificativos de "verdadeiro" e de "falso", mas como algo a que se aplicaria, ao invés, o qualificativo de "mais ou menos *provável*". A lógica indutiva, para alcançar maior precisão, desenvolveu-se como uma lógica através da qual seriam usados, relativamente aos enunciados, não apenas os dois valores, "verdadeiro" e "falso", mas, além disso, os graus de probabilidade; seria uma *lógica das probabilidades,* como poderíamos denominá-la. Segundo os adeptos da lógica das probabilidades, à indução caberia determinar o grau de probabilidade de um enunciado. Por outro lado, um princípio de indução deveria *tornar certo* que o enunciado induzido é "provavelmente válido" ou deveria *tornar provável* esse enunciado — já que o próprio princípio talvez tenha caráter apenas de algo "provavelmente válido". No meu entender, contudo, o problema da probabilidade de hipóteses está, em seu conjunto, mal formulado. Ao invés de discutir a "probabilidade" de uma hipótese, toca-nos a tarefa de averiguar que testes, que críticas essa hipótese conseguiu superar; cabe-nos tentar averiguar até que ponto a hipótese mostrou-se capaz de manter-se incólume, resistindo aos testes a que foi submetida. Em resumo, cabe-nos averiguar até que ponto ela foi "corroborada".*1

*1 Introduzi os termos *"corroboração" (Bewährung)* e especialmente *grau de corroboração (Grad der Bewährung, Bewährungsgrad)* em meu livro, porque desejava dispor de termo *neutro* para descrever o grau em que uma hipótese foi submetida a testes severos, revelando, assim, sua qualidade. Falando em "neutro", pretendo significar que o termo não prejulga a questão de saber se, resistindo a testes, a hipótese se torna "mais provável", no sentido do cálculo de probabilidades. Em outras palavras, introduzi o termo "grau de corroboração" principalmente para ter condições de discutir o problema de saber se o "grau de corroboração" pode ou não ser identificado a "probabilidade" (seja no sentido frequencial, seja, por exemplo, no sentido de Keynes).
Carnap traduziu "grau de corroboração" *("Grad der Bewährung")* que inicialmente usei em debates, no Círculo de Viena, por "grau de confirmação". (Ver Carnap, "Testability and meaning", in *Philosophy of Science,* v. 3, 1936, espec. p. 427.) Assim, em pouco tempo, a expressão "grau de confirmação" tornou-se amplamente aceita. Não gostei dessa expressão em virtude de algumas associações que ela provoca ("tornar firme"; "estabelecer firmemente", "colocar além de qualquer dúvida"; "provar"; "verificar". "Confirmar" corresponde mais a *"Erhärten",* ou a *"Bestätigen",* do que *a "Bewähren").* Em consequência, numa carta escrita a Carnap (por volta de 1939, creio eu), propus o uso do termo "corroboração" (termo que me havia sido sugerido pelo professor H. N. Parton). Como Carnap recusasse minha proposta, acomodei-me à sua terminologia, pensando que palavras não importam. Essa a razão por que eu mesmo, em muitos trabalhos, durante algum tempo, usei o termo "confirmação".
Eu, entretanto, estava errado: infelizmente, as associações provocadas pela palavra "confirmação" tinham importância e fizeram-se sentir. "Grau de confirmação" foi logo usado — pelo próprio Carnap — como sinônimo (ou "explicans") de "probabilidade". Consequentemente, abandono essa expressão em favor de "grau de corroboração". Ver também apêndice *ix e seção *29 de meu *Postscript.*

79. A PROPÓSITO DA CHAMADA VERIFICAÇÃO DE HIPÓTESES

O fato de as teorias não poderem ser verificadas passou, em geral, despercebido. Há autores que dizem que uma teoria foi verificada quando se verificaram apenas certas consequências dela deduzidas. Esses autores admitem, por vezes, que a verificação não se dá de maneira inteiramente impecável, do ponto de vista lógico, e às vezes admitem que um enunciado nunca se estabelece em caráter definitivo, por força do estabelecimento de algumas de suas consequências. Sem embargo, parece que eles encaram essas insuficiências como devidas a escrúpulos exagerados, desnecessários. E bem verdade, e mesmo trivial, dizem esses autores, que não podemos saber com certeza se o sol vai nascer amanhã; mas a incerteza pode ser desprezada: o fato de as teorias poderem ser não apenas aperfeiçoadas, mas também *falseadas por experimentos novos,* põe o cientista diante de uma possibilidade séria que pode, a qualquer momento, tornar-se real; todavia, nenhuma teoria precisou, até agora, ser tida como falseada em virtude de súbita ilegitimidade de uma lei bem confirmada. Velhos experimentos jamais conduzem a novos resultados futuros. O que acontece apenas, é que novos experimentos permitem decidir acerca de velhas teorias. E a teoria antiga, ainda que superada, frequentes vezes mantém sua validade, como uma espécie de caso limite de uma teoria nova; ela continua a ser aplicada, pelo menos com bom grau de aproximação, aos casos que abrangia no passado. Em suma, as regularidades que são diretamente submetidas a teste, por meio de experimentos, não se alteram. Pode-se admitir que seja concebível (ou logicamente possível) que tais regularidades venham a alterar-se; mas essa possibilidade é desconsiderada pela ciência empírica, e não lhe afeta os métodos. Pelo contrário, o método científico pressupõe a *imutabilidade dos processos naturais,* ou seja, pressupõe o "princípio da uniformidade da natureza".

Alguma coisa pode ser dita em prol do argumento acima, mas isso não afeta a minha tese. O argumento expressa fé metafísica na existência de regularidades em nosso mundo (uma fé de que partilho e sem a qual dificilmente se poderia conceber uma ação prática).*1 Não obstante, a questão que enfrentamos — questão que torna a não verificabilidade das teorias significativa, no presente contexto — coloca-se em plano totalmente diverso. Coerente com a atitude que adoto em relação a outras questões metafísicas, abstenho-me de tomar partido a favor ou contra a fé na existência de regularidades em nosso mundo. Tentarei, entretanto, demonstrar que *a não verificabilidade das teorias é metodologicamente importante.* É nesse plano que me oponho ao argumento acima exposto.

Consequentemente, considerarei relevante apenas um dos pontos desse argumento — a referência ao chamado "princípio da uniformidade da natureza". Esse princípio, a meu ver, expressa, de maneira muito superficial, uma importante regra metodológica, que poderia ser deduzida, com vantagens, de uma consideração da não verificabilidade das teorias.*2

---

*1 *Cf.* apêndice *x e seção *15 de meu *Postscript.*

*2 Pretendo referir-me à regra segundo a qual todo novo sistema de hipóteses deve abranger ou explicar as regularidades anteriores, corroboradas. Ver, ainda, seção *3 (3º parágrafo) de meu *Postscript.*

Suponhamos que o sol não se levante amanhã (e que, apesar disso, continuaremos a viver e a dedicar-nos a interesses de ordem científica). Ocorresse o suposto, e a ciência deveria tentar *explicá-lo,* isto é, tentar derivá-lo de leis. Presumivelmente, as teorias existentes teriam de ser objeto de drástica revisão. Contudo, as teorias revistas não deveriam limitar-se a explicar o novo estado de coisas: *as experiências antigas deveriam também ser deriváveis delas.* Percebe-se que, do ponto de vista metodológico, o princípio da uniformidade da natureza vê-se, aqui, substituído pelo postulado da *invariância das leis naturais* com respeito a espaço e tempo. Penso, pois, que seria errôneo asseverar que as regularidades naturais não sofrem alteração. (Tratar-se-ia de um tipo de enunciado que nem pode ser defendido nem contestado.) Deveríamos dizer, de preferência, que ele é parte de nossa *definição* de leis naturais, se postulamos que estas hão de ser invariantes com respeito a espaço e tempo, e se postulamos que elas não podem apresentar exceções. Assim, de um ponto de vista metodológico, a possibilidade de falsear uma lei corroborada não é, de modo algum, destituída de significação. Ajuda-nos a encontrar o que pedimos e esperamos das leis naturais. O "princípio da uniformidade da natureza" pode voltar a ser encarado como interpretação metafísica de uma regra metodológica — assim como seu parente próximo, a "lei da causalidade".

Uma tentativa de substituir enunciados metafísicos desse gênero por princípios de método conduz ao "princípio da indução" que, supostamente, governa o método da indução e, consequentemente, o da verificação de teorias. Essa tentativa falha, contudo, devido ao fato de o princípio da indução ser, ele próprio, de caráter metafísico. Tal como tive oportunidade de acentuar na seção 1, o pressuposto de que o princípio da indução é empírico leva a uma regressão infinita. Ele só pode ser introduzido como proposição primitiva (ou postulado ou axioma). Talvez isso não importasse muito se o princípio da indução não tivesse de ser tratado, em todos os casos, como um *enunciado não falseável.* Com efeito, se esse princípio — que supostamente confere validade à inferência de teorias — fosse, por sua vez, falseável, ver-se-ia falseado com a primeira teoria falseada, pois que esta se colocaria como uma conclusão deduzida com o auxílio do princípio da indução e este princípio, posto como premissa, ver-se-ia, naturalmente, falseado, por força do *modus tollens,* sempre que falseada uma teoria dele derivada.[*3] Isso, entretanto, significaria que um princípio de indução falseável ver-se-ia falseado repetidamente a cada avanço conseguido pela ciência. Faz-se necessário, portanto, acolher um princípio de indução que se presuma não falseável. Isso equivaleria a acolher a errônea concepção de um enunciado sintético, válido *a priori,* isto é, a acolher um enunciado irrefutável acerca da realidade.

Dessa maneira, se tentarmos transformar a fé metafísica, que depositamos na uniformidade da natureza e na verificabilidade das teorias, numa teoria do conhecimento apoiada na lógica indutiva, só nos restará escolher entre regressão infinita ou *apriorismo.*

---

*3 As premissas da dedução da teoria consistiriam (de acordo com a concepção indutivista aqui examinada) do princípio de indução *e* de enunciados de observação. Admite-se, aqui, serem estes últimos inatacáveis e reproduzíveis, de sorte que não podem ser responsabilizados pelo fracasso da teoria.

80. PROBABILIDADE DE UMA HIPÓTESE E PROBABILIDADE DE EVENTOS. CRÍTICA DA PROBABILIDADE LÓGICA

Admitindo, embora, que as teorias nunca podem ser verificadas em definitivo, não haveria meio de torná-las sólidas, em maior ou menor extensão — mais prováveis ou menos prováveis? Afinal de contas, talvez a questão da *probabilidade de uma hipótese* pudesse ver-se reduzida, digamos, à da *probabilidade de eventos* e, assim, tornada suscetível de manipulação matemática e lógica.[*1]

Tal como se deu com a Lógica indutiva em geral, a teoria da probabilidade de hipóteses parece ter surgido por força de uma confusão entre questões psicológicas e lógicas. Nossos sentimentos subjetivos de convicção apresentam, reconhecidamente, intensidades diversas, e o grau de confiança com o qual esperamos a concretização de uma previsão e a posterior corroboração de uma hipótese podem depender, entre outras coisas, da maneira como essa hipótese se comportou diante de testes a que tenha sido submetida — depende de sua passada corroboração. Contudo, o fato de essas questões psicológicas não se colocarem no campo da Epistemologia ou da Metodologia é admitido mesmo pelos adeptos da Lógica das probabilidades. Sustentam eles, porém, que é possível, com base em decisões indutivistas, atribuir graus de probabilidade às *próprias hipóteses* e, mais ainda, que é possível reduzir esse conceito ao da probabilidade de eventos.

A probabilidade de uma hipótese é quase sempre encarada como simples caso especial do problema geral da *probabilidade de um enunciado,* e este, por seu turno, é visto como nada mais que o problema da *probabilidade de um evento,* expresso numa terminologia particular. Em Reichenbach, por exemplo, lemos: "Atribuirmos probabilidade a enunciados ou a eventos é apenas uma questão de terminologia. Até agora, consideramos um caso de probabilidade de eventos a probabilidade de 1/6 atribuída ao surgimento de uma das faces de certo dado. Contudo, poderíamos, indiferentemente, dizer que ao *enunciado* 'surgirá a face um' é que foi atribuída a probabilidade 1/6."[1]

Essa identificação da probabilidade de eventos com a probabilidade de enunciados será mais bem entendida se recordarmos o que ficou exposto na seção 23. Ali, o conceito "evento" foi definido como uma classe de enunciados singulares. Deverá ser admissível, portanto, falar de *probabilidade de enunciados* em lugar de probabilidade de eventos. Cabe encarar esse fato como simples mudança de terminologia: as sequências-referência são interpretadas como sequências de enunciados. Se considerarmos uma "alternativa", ou melhor, seus elementos, como representados por enunciados, poderemos descrever o aparecimento de "caras" pelo enunciado "k é cara" e o seu não-surgimento pela negação desse enunciado. Dessa maneira, obtemos uma sequência de enunciados da forma $p_j, p_k, \overline{p}_l, p_m, \overline{p}_n, ..$, na qual

*1 A presente seção (80) contém principalmente uma crítica dirigida contra a tentativa que Reichenbach faz no sentido de interpretar a *probabilidade de hipóteses* em termos de *uma teoria frequencial de probabilidade de eventos.* Uma crítica à abordagem de Keynes aparece na seção 83. * Note-se que Reichenbach mostra-se ansioso para reduzir a *probabilidade de um enunciado ou hipótese* (o que Carnap, anos depois, denominou *"probabilidade-1")* a uma frequência *("probabilidade-2").*

1 Reichenbach, *Erkenntnis,* v. 1, 1930, pp. 171 e s.

um enunciado p_i *é* por vezes caracterizado como "verdadeiro" e por vezes (através da colocação de uma barra sobre sua denominação) como "falso". A probabilidade dentro de uma alternativa pode ser, assim, interpretada como a *relativa "frequência-verdade"*[2] *de enunciados dentro de uma sequência de enunciados* (de preferência a falar-se em frequência relativa de uma propriedade).

Se quisermos, poderemos denominar o conceito de probabilidade, submetido a essa transformação, de "probabilidade de enunciados", ou "probabilidade de proposições". Será possível mostrar a existência de íntima relação entre esse conceito e o conceito de "verdade". Com efeito, se a sequência de enunciados se tornar mais e mais curta, para no fim conter apenas um elemento, isto é, apenas *um* enunciado, então a probabilidade ou frequência-verdade da sequência só poderá assumir um dos dois valores um e zero, na dependência de esse único enunciado ser verdadeiro ou falso. Procede, assim, ver a verdade ou falsidade de um enunciado como caso limite de probabilidade; e, reciprocamente, procede ver a probabilidade como generalização do conceito de verdade, na medida em que inclua esta última como caso limite. É possível, afinal, definir as operações com frequências-verdade de maneira tal que as usuais operações-verdade da Lógica clássica se transformem em casos limite dessas operações. Ao cálculo dessas operações poderá ser atribuída a denominação de "probabilidade lógica".[3]

Mas poderemos, efetivamente, identificar *a probabilidade de hipóteses* com a probabilidade de enunciados, definida nesses termos, e identificá-la assim indiretamente à probabilidade de eventos? Entendo que essa identificação resulta de uma confusão. A ideia é a de que a probabilidade de uma hipótese, por ser, obviamente, uma espécie da probabilidade de um enunciado, há de colocar-se sob o rótulo de "probabilidade de enunciados", *no sentido há pouco definido.* Essa conclusão, todavia, não se justifica e a terminologia é altamente inadequada. Talvez fosse melhor nunca empregar a expressão "probabilidade de enunciados", quando temos em mente a probabilidade de eventos.[*2]

Seja como for, afirmo que as questões surgidas do conceito de *probabilidade de hipóteses* não chegam nem mesmo a ser tocadas, por considerações que se baseiam em probabilidade lógica. Afirmo que se de uma hipótese se diz que não é verdadeira, mas "provável", esse enunciado, *em circunstância alguma,* pode ser traduzido por um enunciado acerca da probabilidade de eventos.

---

2 Segundo Keynes, *A Treatise on Probability,* 1921, pp. 101 e ss., a expressão "frequência-verdade" se deve a Whitehead; *cf.* próxima nota.

3 Ofereço, aqui, um esboço da construção da lógica probabilística, desenvolvida por H. Reichenbach *(Wahrscheinlichkeitslogik, Sitzungsberichte der Preussischen Akademie der Wissenschaften, Physik-Mathematik, Klasse 29,* 1932, pp. 476 e ss.) que acompanha E. L. Post *(American Journal of Mathematics,* v. 43, 1921, p. 184) e, ao mesmo tempo, a teoria frequencial de Von Mises. É semelhante a forma da teoria frequencial de Whitehead, discutida por Keynes, *op. cit.*, pp. 101 e ss.

*2 Continuo a pensar (a) que a chamada "probabilidade de hipóteses" não pode ser interpretada por uma frequência-verdade; (b) que é melhor chamar de "probabilidade de um evento" a probabilidade definida por uma frequência relativa — trate-se de frequência-verdade ou de frequência de um evento; (c) que a chamada "probabilidade de uma hipótese" (no sentido de sua aceitabilidade) *não é* um caso especial de "probabilidade de enunciados". Passarei, agora, a encarar a "probabilidade de enunciados" como uma interpretação (a interpretação lógica) dentre as várias possíveis interpretações do cálculo formal de probabilidades, não a considerando como frequência-verdade. *(Cf.* apêndice *ii, *iv, *ix e meu *Postscript.)*

Realmente, se tentarmos reduzir a ideia de uma probabilidade de hipóteses à de uma frequência-verdade, que usa o conceito de uma sequência de enunciados, ver-nos-emos confrontados, de imediato, com a indagação: *com referência a que sequência* de enunciados pode um valor de probabilidade ser atribuído a uma hipótese? Reichenbach identifica uma "asserção de Ciência Natural" — com o que pretende significar hipóteses científicas — com uma sequência-referência de enunciados. Diz ele: "... as asserções da Ciência Natural, que nunca são enunciados singulares, constituem, de fato, sequências de enunciados aos quais, estritamente falando, devemos atribuir não o grau de probabilidade um, mas um valor menor de probabilidade. Portanto, somente a lógica das probabilidades oferece uma forma lógica suscetível de representar estritamente o conceito de conhecimento próprio da Ciência Natural".[4] Tentemos acompanhar a sugestão de que as hipóteses são sequências de enunciados. Uma forma de interpretar a sugestão feita seria tomar, como elementos de tal sequência, os vários enunciados singulares que podem contradizer a hipótese ou concordar com ela. A probabilidade dessa hipótese passaria a ser determinada pela frequência-verdade dos enunciados que se pusessem de acordo com ela. Isso, porém, daria à hipótese a probabilidade de $\frac{1}{2}$ se, em média, ela fosse refutada por enunciados alternados da sequência. Para escapar a essa devastadora conclusão, temos de tentar recorrer a dois outros expedientes.[*3] Um deles seria o de atribuir à hipótese determinada probabilidade — talvez não muito precisa — com base numa estimativa assentada na divisão do número de testes a que a hipótese já foi submetida pelo número de testes ainda não realizados. Esse caminho, contudo, também leva a nada. A estimativa a que se fez alusão pode ser calculada de modo preciso e traz como resultado igualar a probabilidade a zero. Caberia, por fim, tentar fundamentar nossa estimativa no quociente da divisão do número de testes que levaram a um resultado favorável pelo número de testes que levaram a um resultado indiferente, isto é, a um resultado que não permitiu decisão clara. (Desse modo, obter-se-ia algo semelhante à medida do sentimento subjetivo da confiança com que o experimentador encara os resultados conseguidos.) Este último expediente também não leva a nada, ainda que não consideremos o fato de que, recorrendo a essa espécie de estimativa, nos afastamos muito do conceito de uma frequência-verdade e de uma probabilidade de eventos. (Esses conceitos apoiam-se no quociente da divisão do número de enunciados verdadeiros pelo número de enunciados falsos, e não devemos igualar um enunciado indiferente com um enunciado objetivamente falso.) A razão da falha desta última tentativa está em que a definição sugerida tornaria a probabilidade de uma hipótese irremissivelmente subjetiva: a probabilidade de uma hipótese dependeria da experiência e da habilidade do experimentador e não de resultados objetivamente reproduzíveis e suscetíveis de teste.

Entendo que é totalmente impossível aceitar a sugestão de tomar uma hipótese como sequência de enunciados. Procederia agir assim se os enunciados universais

4 Reichenbach, *Wahrscheinlichkeitslogik (op. cit.*, p. 488), p. 15 da separata.

*3 Presume-se, aqui, que já tenha sido aceito o fato de que sempre que se manifeste um falseamento claro, atribuiremos probabilidade zero à hipótese; assim, a discussão limita-se, agora, aos casos em que não se alcançou esse falseamento.

tivessem a forma: "para todo valor *k* é verdade que na posição k ocorre isso e aquilo". Se os enunciados universais tivessem essa forma, poderíamos ver os enunciados básicos (os que contradizem o enunciado universal ou com ele concordam) como elementos de uma sequência de enunciados — sequência que poderíamos considerar equivalente ao enunciado universal. Todavia, segundo já se esclareceu (*cf.* seções 15 e 28), os enunciados universais não têm essa forma. Os enunciados básicos nunca são deduzíveis de enunciados universais apenas.[*4] Não podem estes, portanto, ser vistos como sequências de enunciados básicos. Se, entretanto, tentarmos considerar a sequência das negações de enunciados básicos que *são* deduzíveis de enunciados universais, então a estimativa de *toda* hipótese autocoerente conduzirá à mesma probabilidade, ou seja, à probabilidade *um.* Isso porque nesse caso, teríamos de levar em conta o quociente da divisão do número de enunciados básicos negados, *não falseados,* que podem ser deduzidos (ou outros enunciados deduzíveis) pelo número de enunciados *falseados.* Isso quer dizer que, em vez de levar em conta a frequência-verdade, deveríamos levar em conta o valor complementar de uma frequência-falsidade. Esse valor, contudo, seria igual a *um.* Com efeito, a classe de enunciados deriváveis e, mesmo, a classe de negações deriváveis de enunciados básicos são ambas infinitas e, por outro lado, não pode haver mais do que, no máximo, um número finito de enunciados básicos falseadores que podem ser acolhidos. Dessa maneira, ainda que descartemos o fato de os enunciados universais nunca serem sequências de enunciados e, ainda que tentemos interpretá-los como algo dessa espécie, correlacionando-os a sequências de enunciados singulares inteiramente decisíveis, não chegaremos a um resultado aceitável.

Cabe-nos, ainda, examinar outra possibilidade, muito diferente, de explicar a probabilidade de uma hipótese em termos de sequência de enunciados. Lembremos que chamamos "provável" (no sentido de um "enunciado de probabilidade formalmente singular") certa ocorrência singular, caso ela seja *elemento de uma sequência* de ocorrências e apresente certa probabilidade de se manifestar. Em termos análogos, poderíamos tentar dizer que uma hipótese é "provável", caso seja *elemento de uma sequência de hipóteses* e apresente uma definida frequência-verdade. Essa tentativa, contudo, também falha — independentemente da dificuldade de determinar a sequência-referência (que pode ser escolhida de variados modos; *cf.* seção 71). Com efeito, não podemos falar de uma frequência-verdade dentro de uma sequência de hipóteses, simplesmente porque jamais podemos saber se uma hipótese é verdadeira. Se *pudéssemos* sabê-lo, pouca necessidade teríamos do conceito de

*4 Tal como ficou explicado na seção 28, acima, enunciados singulares que *podem* ser deduzidos de uma teoria — "enunciados de instanciação" — não têm o caráter de enunciados básicos ou de enunciados de observação, Se, apesar disso, decidirmos tomar a sequência desses enunciados e apoiar nossa probabilidade nas frequências-verdade dessa sequência, então a probabilidade será sempre igual à unidade, independentemente de quantas vezes a teoria possa ser falseada, pois, como se mostrou na seção 28, nota *1, quase todas as teorias são "verificadas" por quase todas as instâncias (isto é, por quase todos as posições *k).* A discussão que o texto contém a seguir encerra argumento muito semelhante — também baseado em "enunciados de instanciação" (isto é, em enunciados básicos negados) — orientado no sentido de demonstrar que a probabilidade de uma hipótese, caso fundamentada nesses enunciados básicos negados, será sempre igual à unidade.

probabilidade de uma hipótese. Procede, agora, tentar, como fizemos acima, tomar como ponto de partida o complemento da sequência-falsidade, dentro de uma sequência de hipóteses. Todavia, se, digamos, definirmos a probabilidade de uma hipótese recorrendo ao quociente da divisão do número de hipóteses não falseadas pelo número de hipóteses falseadas, na sequência, teremos, como antes, que a probabilidade de *toda* hipótese, em *toda* sequência-referência *infinita*, será igual a *um*. Não estaríamos em posição melhor, ainda que escolhêssemos uma sequência-referência *finita*. Com efeito, admitamos que seja possível atribuir aos elementos de alguma sequência *(finita)* de hipóteses um grau de probabilidade entre zero e um — digamos, o valor 3/4. (Isso pode ser feito se dispusermos da informação de que foi falseada esta ou aquela hipótese pertencente à sequência.) Na medida em que essas hipóteses *falseadas* sejam elementos da sequência, teremos de atribuir-lhes, *exatamente por causa dessa informação*, não o valor zero, mas o valor 3/4. De modo geral, a probabilidade de uma hipótese decresce de $1/n$ em consequência da informação de que ela é falsa, sendo n o número de hipóteses, na sequência-referência. Tudo isso contradiz, flagrantemente, o programa de expressar, em termos de uma *"probabilidade de hipóteses"*, o grau de confiabilidade que temos de atribuir a uma hipótese para apoiar ou destruir a evidência. Ao que suponho, isso esgota as possibilidades de fundamentar o conceito de probabilidade de uma hipótese no da frequência de enunciados verdadeiros (ou frequência de enunciados falsos) e, em consequência, na teoria da frequência da probabilidade de eventos.[*5]

---

*5 Pode-se resumir da maneira seguinte as minhas tentativas anteriores de emprestar sentido à algo crítica asserção de Reichenbach, para quem a probabilidade de uma hipótese deve ser medida por uma frequência--verdade. (Para resumo semelhante, acompanhado de crítica, ver o penúltimo parágrafo do apêndice *i.)

Grosseiramente falando, existem duas maneiras possíveis de definir a probabilidade de uma teoria. Uma delas consiste em contar o número de enunciados da teoria, suscetíveis de teste experimental, determinando a frequência relativa dos que se mostrem verdadeiros; essa frequência relativa pode ser considerada medida da probabilidade de uma teoria. Podemos denominá-la *probabilidade do 1º tipo*. Cabe, por outro lado, considerar a teoria como um elemento de uma classe de entidades ideativas — digamos, de teorias propostas por outros cientistas — determinando, então, as frequências relativas dentro dessa classe. Podemos chamá-la de *probabilidade do 2º tipo*.

No meu texto procurei mostrar, além disso, que cada uma dessas duas possibilidades de emprestar sentido à ideia de Reichenbach, acerca da frequência-verdade, leva a resultados que devem parecer inaceitáveis aos adeptos da teoria probabilística da indução.

Reichenbach respondeu à minha crítica, não tanto defendendo suas concepções, mas atacando as minhas. Em seu artigo a respeito de meu livro *(Erkenntnis*, v. 5, 1935, pp. 267-284), disse ele que "os resultados desse livro são inteiramente insustentáveis", e atribuiu a falha a meu "método" — ao fracasso no "considerar todas as consequências" de meu sistema conceitual.

A seção IV do trabalho de Reichenbach (pp. 274 e s.) é devotada ao nosso problema — o da probabilidade das hipóteses. Começa assim: "Quanto a esse ponto, acrescentemos algumas observações acerca da probabilidade de teorias — observações que devem tornar mais completas minhas breves comunicações a propósito do assunto, até agora divulgadas e que, talvez, afastem certa obscuridade que ainda rodeia a questão." Segue-se uma passagem que forma o segundo parágrafo da presente nota, iniciado pelas palavras: "Há, grosseiramente falando, ..." (onde "grosseiramente" foi a única palavra por mim acrescentada ao texto de Reichenbach).

Reichenbach ficou calado acerca do fato de que sua tentativa de afastar "a obscuridade que ainda rodeia a questão" limitou-se a um sumário — reconhecidamente grosseiro — de algumas páginas do próprio livro que ele atacava. A despeito desse silêncio, entendo que posso interpretar como um grande cumprimento, de um autor tão versado em probabilidade (que, no momento de escrever a réplica a meu livro, havia publicado cerca de uma dúzia de trabalhos e dois livros a respeito do assunto), o fato de ele ter aceito os resultados de meu esforço no sentido de "considerar as consequências" de suas "breves comunicações a propósito do assunto". O êxito de meus esforços deveu-se, entendo eu, a uma regra de "método": a de que sempre devemos esclarecer e fortalecer, tanto quanto possível, a posição de nosso oponente, antes de criticá-la, se desejarmos que nossa crítica se faça digna de consideração.

Julgo que devemos considerar totalmente fracassada a tentativa de identificar a probabilidade de uma hipótese a uma probabilidade de eventos. Essa conclusão independe de aceitarmos a afirmação (de Reichenbach) segundo a qual *todas as hipóteses da Física* nada mais são "na verdade" ou "a um exame mais detido" do que enunciados de probabilidade (acerca de algumas frequências médias em sequências de observações que sempre apresentam desvios em relação a algum valor médio); a conclusão independe, ainda, de nos inclinarmos a estabelecer distinção entre dois *tipos* diferentes de lei natural — entre, de um lado, as leis "deterministas" ou "de precisão" e, de outro lado, as leis "de probabilidade" ou "hipóteses de frequência". Com efeito, ambos esses tipos correspondem às pressuposições hipotéticas que, por seu turno, nunca se podem tornar "prováveis": só podem ser corroboradas, no sentido de que podem "provar sua qualidade" sob o fogo — sob o fogo de nossos testes.

Como poderemos explicar o fato de os adeptos da lógica das probabilidades terem chegado a uma visão contrária? Onde estará o erro cometido por Jeans, por exemplo, ao escrever ele — de início em sentido com o qual posso concordar inteiramente — que "... nada podemos saber... *com certeza*" para prosseguir dizendo: "Podemos, quando muito, manipular *probabilidades.* As previsões da nova teoria quântica põem-se em concordância tão perfeita [com as observações] que se tornam *enormes* as possibilidades que falam em favor do esquema que mantém alguma correspondência com a realidade. De fato, podemos dizer que é *quase certo* ser este esquema quantitativamente verdadeiro..."?[5]

Indubitavelmente, o erro mais comum consiste em acreditar que as estimativas hipotéticas de frequências, ou seja, as hipóteses concernentes a probabilidades só podem, por seu turno, ser prováveis ou, em outras palavras, consiste em atribuir às *hipóteses de probabilidade* algum grau de uma suposta *probabilidade de hipóteses.* Talvez possamos produzir um argumento persuasivo em favor dessa conclusão errônea, caso lembremos que as hipóteses concernentes a probabilidades não são, no que diz respeito à sua forma lógica (e sem alusão a nosso requisito metodológico de falseabilidade), nem verificáveis nem falseáveis (cf. seções 65 a 68). Não são verificáveis por serem enunciados universais, e não são estritamente falseáveis por jamais poderem ver-se logicamente contraditadas por qualquer enunciado básico. São, portanto (tal como diz Reichenbach) "inteiramente indecisíveis".[6] Todavia, as hipóteses podem ser, como tentamos mostrar, *mais ou menos, bem "confirmadas"*, equivalendo isso a dizer que podem colocar-se em maior ou menor concordância com enunciados básicos aceitos. Este o ponto onde, poderia parecer, coloca-se a Lógica das probabilidades. A simetria entre verificabilidade e falseabilidade,

5 Jeans, *The New Background of Science,* 1934, p. 58 (Jeans sublinha apenas as palavras "com certeza").

6 Reichenbach, *Erkenntnis,* v. 1, 1930, p. 169 *(cf.,* ainda, a réplica de Reichenbach à minha nota, em *Erkenntnis,* v. 3, 1933, pp. 426 e s.). Ideias semelhantes, acerca de graus de probabilidade ou certeza do conhecimento indutivo, manifestam-se com grande frequência *(cf.,* p. ex., Russell, *Our Knowledge of the External World,* 1914, pp. 225 e s. e *The Analysis of Matter,* 1927, pp. 141 e 398).

aceita pelos defensores da Lógica indutivista clássica, sugere a crença de que deveria ser possível correlacionar a esses enunciados de probabilidades "indecisíveis" alguma escala de graus de validade, algo como "contínuos graus de probabilidade, cujos inatingíveis limites, superior e inferior, são a verdade e a falsidade"[7] — para, de novo, citar Reichenbach. Tal como entendo, porém, enunciados de probabilidade, exatamente por serem inteiramente indecisíveis, são *metafísicos*, a menos que decidamos torná-los falseáveis por aceitação de uma regra metodológica. Assim, o resultado simples da não-falseabilidade não é o de eles se verem mais ou menos, bem corroborados, mas o de *não poderem ser, de forma alguma, empiricamente corroborados*. De outra maneira, — de vez que eles nada afastam e, portanto, se mostram compatíveis com qualquer enunciado básico — poderíamos dizer que são "corroborados" por *qualquer enunciado básico, arbitrariamente escolhido* (compósito a qualquer grau), contanto que esse enunciado descreva a ocorrência de alguma instância relevante.

Creio que a Física só usa enunciados de probabilidade no sentido que examinei extensamente ao discutir a teoria das probabilidades; e, mais particularmente, que ela usa pressupostos de probabilidade, tal como outras hipóteses, em termos de enunciados falseáveis. Mas eu declinaria de participar de qualquer debate em torno de como os físicos "de fato" procedem, pois isso continuará a ser, em grande parte, uma questão de interpretação.

Temos, aqui, uma boa ilustração do contraste entre minha concepção e aquilo que, na seção 10, chamei de visão "naturalista". Percebe-se, de início, a consistência lógica interna de minha concepção e, em segundo lugar, o fato de ela estar imune às dificuldades que afligem outras concepções. É reconhecidamente impossível provar que minha concepção seja correta e seria fútil uma controvérsia com seguidores de outra lógica da ciência. Tudo quanto se pode demonstrar é que minha abordagem desse problema particular é uma consequência da concepção de ciência que venho defendendo.[*6]

81. LÓGICA INDUTIVA E LÓGICA PROBABILÍSTICA

A probabilidade de hipóteses não pode ser reduzida à probabilidade de eventos. Tal é a conclusão que emerge do exame levado a efeito na seção anterior. Uma abordagem diferente não conduziria, entretanto, a uma definição satisfatória da ideia de *probabilidade de hipóteses?*

Não creio que seja possível elaborar um conceito de probabilidade de hipóteses suscetíveis de ser interpretado como expressando um "grau de validade" da hipótese, em analogia com os conceitos "verdadeiro" e "falso" (e que, além disso, se coloque em relação suficientemente estreita com o conceito de "probabilidade objetiva", isto é, de frequência relativa, a ponto de justificar o uso da palavra

7 Reichenbach, *Erkenntnis*, v. 1, 1930, p. 186 (*cf.* nota 4, seção 1).

*6 Os últimos dois parágrafos foram provocados pela abordagem "naturalista", às vezes acolhida por Hans Reichenbach, O. Neurath e outros; *cf.* seção 10, acima.

"probabilidade").[1] Contudo, agora, para efeito de discussão, adotarei a *suposição* de que tal conceito foi adequadamente elaborado, a fim de formular a questão: de que modo esse fato afetaria o problema da indução?

Admitamos que certa hipótese — digamos, a teoria de Schrödinger — seja reconhecida como "provável", nalgum sentido bem definido, ou "provável até este ou aquele grau numérico", ou meramente "provável", sem especificação do grau. Ao enunciado que descreve a teoria de Schrödinger como "provável" poderíamos chamar de *apreciação.*

Uma apreciação deve, naturalmente, ser um enunciado sintético - uma asserção a respeito da "realidade" — tal como o seria o enunciado "A teoria de Schrödinger é verdadeira", ou "A teoria de Schrödinger é falsa". Todos esses enunciados, obviamente, dizem algo acerca da procedência da teoria e, por certo, não são tautológicos,[*1] Eles afirmam que uma teoria é adequada ou inadequada, ou que é adequada em certo grau. Além disso, uma apreciação da teoria de Schrödinger há de ser um enunciado sintético *não verificável,* tal como a própria teoria, pois a probabilidade de uma teoria — ou seja, a probabilidade de que a teoria permaneça aceitável — não pode, ao que parece, ser deduzida de enunciados básicos, *em termos conclusivos.* Vemo-nos, portanto, forçados a indagar: Como justificar a apreciação? Como submetê-la a teste? (Assim, ressurge o problema da indução; ver seção 1.)

---

1 (Acrescentado enquanto o livro achava-se em provas.) É concebível que, para avaliar graus de corroboração, se chegue a um sistema formal que mostre algumas limitadas analogias formais com o cálculo de probabilidades (por exemplo, com o teorema de Bayes), sem ter, contudo, nenhum ponto em comum com a teoria frequencial. Sou grato ao Dr. J. Hosiasson por sugerir-me essa possibilidade. Estou convencido, porém, de que é impossível equacionar o *problema da indução* com o auxílio de tais métodos esperando êxito. * Ver, também, nota 3 na seção *57, de meu *Postscript.*
* Desde 1938 tenho sustentado o ponto de vista de que "para justificar o uso da palavra probabilidade", tal como figura no texto, deveríamos demonstrar que ficam satisfeitos os axiomas do cálculo formal. *(Cf.* os apêndices *ii até *v e, em especial, a seção *28 de meu *Postscript.)* Inclui-se, naturalmente, a necessidade de satisfazer o teorema de Bayes. Quanto a analogias formais entre o teorema de Bayes acerca de *probabilidades* e certos teoremas acerca de *graus de corroboração,* ver apêndice *ix, ponto 9 (vii), da primeira nota, e pontos (12) e (13) da seção *32, de meu *Postscript.*

*1 O enunciado de probabilidade "$p(S,e) = r$", em palavras, "a probabilidade da teoria de Schrödinger, dada a evidência *e*, é igual a *r*" — enunciado de probabilidade lógica relativa, ou condicionada — pode certamente mostrar-se tautológico (bastando que os valores de *e* e de *r* sejam escolhidos de maneira a adequar-se um ao outro: se *e* consistir apenas de relatórios observacionais, *r* terá de ser igual a zero num universo suficientemente amplo). Contudo, a "apreciação", em nosso sentido, assumiria forma diversa (ver seção 84, adiante e, em especial, o texto correspondente à nota *2) — por exemplo, a seguinte: $p_k(S) = r$, onde *k* é a data de hoje ou, em palavras, "a teoria de Schrödinger, *hoje,* tem, em vista da evidência total e real de que agora dispomos, uma probabilidade *r*". Para chegarmos a essa igualdade, $p_k(S) = r$, a partir de (i) o enunciado tautológico de probabilidade relativa, $p(S,e) = r$, e (ii) o enunciado "*e é* a evidência total de que hoje dispomos", devemos usar um *princípio de inferência* (denominado "regra de remissão", em meu *Postscript,* seções *43 e *51). Esse princípio de inferência muito se assemelha ao *modus ponens,* podendo parecer que devamos tratá-lo como analítico. Todavia, tomá-lo como analítico equivale à decisão de considerar p_k como definido por (i) e (ii) ou, de qualquer modo, como significando não *mais do que* (i) e (ii), em conjunto. Nesse caso, porém, p_k não pode ser interpretado como tendo qualquer significação prática: *certamente* não pode ser interpretado em termos de medida prática de aceitabilidade. O ponto será mais bem percebido se considerarmos que, num universo suficientemente amplo, $p_k(t,e) \approx o$, para *toda* teoria universal *t*, contanto que *e* consista apenas de enunciados singulares *(cf.* apêndices *vii e *viii). Na prática, todavia, é certo que aceitamos algumas teorias e rejeitamos outras.
Se, por outro lado, interpretarmos p_k como *grau de adequação* ou de *aceitabilidade,* então o mencionado princípio de inferência — a "regra de remissão" (que, interpretada dessa maneira, torna-se um exemplo típico de um "princípio de indução") — será simplesmente *falso* e, portanto, claramente não analítico.

Quanto à apreciação em si, podemos asseverar que é "verdadeira" ou que é "provável". Se encarada como verdadeira, põe-se na condição de *enunciado sintético verdadeiro* que não foi empiricamente verificado — enunciado sintético verdadeiro *a priori.* Se encarada como "provável", far-se-á necessária *nova* apreciação: apreciação da apreciação, por assim dizer e, portanto, apreciação em grau mais elevado. Mas isso quer dizer que nos vemos envolvidos numa regressão infinita. O apelo à probabilidade da hipótese é incapaz de melhorar a precária situação lógica da Lógica indutiva.

A maioria dos que aceitam a Lógica probabilística defende o conceito de que se chega à apreciação por meio de um "princípio de indução", que atribui probabilidades às hipóteses induzidas. Se, contudo, por sua vez, eles atribuírem uma probabilidade a esse princípio de indução, a regressão infinita continuará. Se, por outro lado, atribuírem "verdade" a esse princípio, ver-se-ão compelidos a escolher entre regressão infinita e apriorismo. "Definitivamente", diz Heymans, "a teoria da probabilidade é incapaz de explicar argumentos indutivos, pois precisamente o mesmo problema que afeta a primeira também afeta estes últimos (na aplicação empírica da teoria das probabilidades). Em ambos os casos, a conclusão projeta-se para além do que é dado nas premissas.[2] Dessa maneira, nada se ganha com a substituição da palavra "verdadeira" pela palavra "provável" e da palavra "falsa" pela palavra "improvável". Somente se levarmos em conta a *assimetria entre verificação e falseamento* — assimetria que resulta da relação lógica entre teorias e enunciados básicos — será possível evitar as dificuldades do problema da indução.

Os que acreditam na lógica probabilística tentarão responder minha crítica dizendo que esta brota de mentalidade está "presa à estrutura da Lógica tradicional", sendo, portanto, incapaz de acompanhar os métodos de raciocínio empregados na Lógica probabilística. Admito, sem discutir, que sou incapaz de seguir esses métodos de raciocínio.

82. TEORIA POSITIVA DA CORROBORAÇÃO: COMO UMA HIPÓTESE PODE "ASSEGURAR SUA QUALIDADE"

Não poderiam as objeções que dirigi contra a teoria probabilística da indução voltarem-se, talvez, contra minha própria concepção? Aparentemente sim, pois essas objeções fundamentam-se na idea de *apreciação,* e é claro que eu também preciso valer-me dessa ideia. Falo da *"corroboração"* de uma teoria, e a corroboração só pode ser expressa por uma apreciação. (Sob esse aspecto, não há diferença entre corroboração e probabilidade.) Além disso, também eu sustento que não se pode asseverar que as hipóteses sejam enunciados "verdadeiros", mas que são apenas "conjecturas provisórias" (ou algo semelhante) e essa concepção só pode ser expressa por meio de uma apreciação dessas hipóteses.

---

2 Heymans, *Gesetze und Elemente des wissenschaftlichen Denkens* (1890/1894), pp. 290 e s.; * 3ª ed., 1915, p. 272. O argumento de Heymans foi antecipado por Hume em seu panfleto anônimo *An Abstract of a Book Lately Published, Entitled A Treatise of Human Nature,* 1740. Estou quase seguro de que Heymans não conhecia esse panfleto, que foi redescoberto e atribuído a Hume por J. M. Keynes e P. Sraffa, e por eles publicado em 1938. Eu não conhecia nem a antecipação de Hume, nem a de Heymans, em relação a meus argumentos contra a teoria, probabilística da indução, quando, em 1931, incluí-os num livro ainda inédito, que foi lido por vários elementos do Círculo de Viena. O fato de a passagem de Heymans ter sido antecipada por Hume foi-me assinalado por J. O. Wisdom; *cf.* seu *Foundations of Inference in Natural Science,* 1952, p. 218. A passagem de Hume é citada adiante, no apêndice *vii, texto correspondente à nota 6.

É fácil responder à segunda parte dessa objeção. A apreciação de hipóteses que, sem dúvida, estou compelido a fazer, e que as descreve como "conjecturas provisórias" (ou algo semelhante) tem o *status* de uma *tautologia*. Assim, ela não provoca o aparecimento de dificuldades do tipo das que a Lógica indutiva engendra. Isso porque a descrição apenas parafraseia ou interpreta a asserção (a que, por definição, equivale) de que os enunciados estritamente universais, isto é, as teorias, não podem ser deduzidas de enunciados singulares.

A situação é análoga no que respeita à primeira parte da objeção, concernente a apreciações que afirmam a corroboração de uma teoria. A apreciação da corroboração não é uma hipótese, mas pode ser deduzida, caso nos sejam dados a teoria e os enunciados básicos aceitos. Ela assevera que esses enunciados básicos não contradizem a teoria, e o faz com a devida consideração ao grau de testabilidade da teoria e à severidade dos testes a que essa teoria foi submetida até o período de tempo referido.

Dizemos que uma teoria está "corroborada" enquanto resistir a esses testes. A apreciação que assevera a corroboração (a apreciação corroboradora) estabelece algumas relações fundamentais, como, por exemplo, de compatibilidade e incompatibilidade. Consideramos a incompatibilidade como um falseamento da teoria. Contudo, não devemos apoiar-nos apenas na compatibilidade para atribuir à teoria um grau positivo de corroboração: não podemos considerar suficiente o mero fato de uma teoria ainda não ter sido falseada. Com efeito, nada mais fácil do que elaborar qualquer número de sistemas teoréticos, fazendo-os compatíveis com qualquer sistema de enunciados básicos aceitos. (Essa observação aplica-se, também, a todos os sistemas de cunho "metafísico".)

Talvez coubesse sugerir que se deve reconhecer algum grau positivo de corroboração a uma teoria, no caso de ela mostrar-se compatível com o sistema aceito de enunciados básicos e no caso de, além disso, parte do sistema poder ser deduzido da teoria. Por outro lado, considerando que enunciados básicos não são deduzíveis do sistema apenas teorético (embora dele possam ser deduzíveis suas negações), procederia sugerir que se adotasse a regra seguinte: deve-se conceder grau positivo de corroboração a uma teoria se ela for compatível com os enunciados básicos aceitos e se, além disso, da teoria, em conjunção com outros enunciados básicos aceitos, puder ser deduzida uma subclasse não vazia desses enunciados básicos.[*1]

---

*1 A definição provisória de "positivamente corroborado", aqui oferecida (mas rejeitada como insuficiente no parágrafo seguinte do texto, porque não se refere, explicitamente, a resultados de testes severos, isto é, de refutações tentadas), reveste-se de interesse pelo menos sob dois aspectos. Em primeiro lugar, associa-se estreitamente a meu critério de demarcação, especialmente à sua formulação, a que acrescentei a nota *1 da seção 21. Na verdade, ambas as definições concordam, exceto no que se refere à restrição a enunciados básicos *aceitos*, que forma parte da definição que ora apresento. Assim, se omitirmos essa restrição, a definição atual passa a equivaler a meu critério de demarcação.
Em segundo lugar, se, em lugar de omitir essa restrição, restringirmos a classe de enunciados básicos aceitos, *deduzidos*, exigindo que eles sejam aceitos como resultados de tentativas sérias de refutar a teoria, nossa definição passará a ser uma definição adequada de "positivamente corroborado", embora não, naturalmente, de "grau de corroboração". O argumento em que se apoia essa afirmação está implícito nos parágrafos seguintes do texto. Mais ainda, os enunciados básicos assim aceitos podem ser descritos como "enunciados corroboradores" da teoria.
Importa notar que "enunciados de instanciação" (isto é, enunciados básicos negados; ver seção 28) não podem ser adequadamente apresentados como enunciados corroboradores ou confirmadores da teoria de que são instanciações, pois sabemos que *toda lei universal admite instanciações* em quase todas as situações, tal como se indicou em nota *1, da seção 28. (Ver, ainda, nota *4, da seção 80, e texto correspondente.)

Não tenho objeções sérias contra esta última formulação, a não ser a de que ela me parece insuficiente para uma caracterização adequada do grau positivo de corroboração de uma teoria. Desejamos falar de teorias mais ou menos, bem corroboradas, mas o *grau de corroboração* não pode, por certo, ser estabelecido através da contagem do número de casos corroboradores, isto é, de enunciados básicos aceitos, dela deriváveis na forma indicada. Pode acontecer que uma teoria pareça muito menos bem corroborada que outra, apesar de podermos deduzir muitos enunciados básicos, mediante o uso da primeira, e apenas uns poucos mediante o uso da segunda. A título de exemplo, caberia comparar a hipótese "Todos os corvos são pretos" com a hipótese (mencionada na seção 37) "A carga eletrônica tem o valor determinado por Millikan". Embora, no caso de uma hipótese do primeiro tipo, tenhamos presumivelmente encontrado um número muito maior de enunciados básicos de corroboração, julgamos, não obstante, que, dentre as duas hipóteses, a de Millikan é a mais bem corroborada.

Isso mostra que não é tanto o número de casos corroboradores que determina o grau de corroboração, mas sim a *severidade dos vários testes* a que a hipótese em pauta pode ser e foi submetida. A severidade dos testes, por seu turno, depende do *grau de testabilidade* e, consequentemente, da simplicidade da hipótese: a hipótese falseável em maior grau ou a hipótese mais simples é, também, suscetível de corroboração em maior grau.[1] O grau de corroboração efetivamente alcançado não depende, como é claro, *apenas* do grau de falseabilidade: um enunciado pode ser falseável em alto grau e, ainda assim, estar corroborado de maneira apenas superficial, ou estar falseado. Sem ser falseado, poderá ter sido abandonado em favor de uma teoria suscetível de submeter-se a um teste melhor, da qual ele próprio — ou um enunciado suficientemente próximo — venha a ser deduzido. (Também nesse caso reduz-se o seu grau de corroboração.)

Como acontece em relação ao grau de falseabilidade, o grau de corroboração de dois enunciados nem sempre é comparável: não podemos definir um grau de corroboração numericamente calculável, mas só de modo grosseiro podemos falar em graus positivos de corroboração, em graus negativos de corroboração e assim por diante.[*2] É viável, apesar disso, estabelecer várias regras como, por exemplo, a regra de que não continuaremos a atribuir grau positivo de corroboração a uma teoria falseada por um experimento intersubjetivamente suscetível de teste, fundamentado numa hipótese falseadora (*cf.* seções 8 e *22*). (Podemos, contudo, em

1 Esse é outro ponto em que há concordância entre minha concepção de simplicidade e a de Weyl; *cf.* nota 7 da seção 42. * Essa concordância é devida à concepção, elaborada por Jeffreys, Wrinch e Weyl (*cf.* nota 7, seção 42), segundo a qual o reduzido número de parâmetros de uma função pode ser usado como forma de medir sua simplicidade posta essa concepção em conjunção com a minha concepção (*cf.* seções 38 e seguintes) de que o reduzido número de parâmetros pode ser usado como forma de medir a testabilidade, ou improbabilidade — maneira de ver que é rejeitada por esses autores. (Ver, ainda, nota *1 e *2 à seção 43.)

*2 Enquanto está em tela a aplicação prática a teorias existentes, isso continua a parecer-me correto; acredito porém, agora, ser possível definir o "grau de corroboração" de maneira que possamos *comparar* graus de corroboração (p. ex., os da teoria da gravitação, de Newton, com os da teoria da gravitação, de Einstein). Essa definição torna ainda possível atribuir graus numéricos de corroboração a hipóteses estatísticas, e talvez mesmo a outros enunciados, *contanto que* possamos atribuir graus de probabilidade lógica (absoluta e relativa) a eles *e aos enunciados de evidência*. Ver, ainda, apêndice *ix.

certas circunstâncias, atribuir grau positivo de corroboração a outra teoria, ainda que esta se coloque ao longo de uma linha de pensamento semelhante. Um exemplo é a teoria do fóton, elaborada por Einstein, e aparentada com a teoria corpuscular da luz, formulada por Newton.) Via de regra, consideramos definitiva uma falsificação intersubjetivamente passível de teste (metodologicamente assegurado). E aí é que se percebe a assimetria entre verificação e falseamento. Cada um desses aspectos metodológicos traz sua contribuição peculiar ao desenvolvimento histórico da ciência — num processo de aproximações sucessivas. Uma apreciação corroboradora posterior (ou seja, uma apreciação feita depois que novos enunciados básicos se juntam aos já aceitos) pode fazer com que um grau positivo de corroboração venha a ser substituído por um grau negativo de corroboração — mas não vice-versa. E, conquanto eu acredite que os caminhos para novos conhecimentos são sempre abertos pelas teorias e não pelos experimentos, pelas ideias e não pelas observações, também acredito que é o experimento o fator que nos leva a evitar as rotas sem saída, infrutíferas, obrigando-nos a cogitar de rumos novos.

O grau de falseamento ou de simplicidade de uma teoria contribui, portanto, para que se faça a apreciação da corroboração. A apreciação, consequentemente, pode ser vista como uma das relações lógicas que se estabelecem entre a teoria, de um lado, e os enunciados básicos aceitos, de outro lado — tendo-se em conta, na apreciação, a severidade dos testes a que a teoria foi submetida.

83. POSSIBILIDADE DE CORROBORAÇÃO, TESTABILIDADE E PROBABILIDADE LÓGICA[*1]

Ao apreciar o grau de corroboração de uma teoria leva-se em consideração seu grau de falseamento. Quanto mais passível de teste, tanto mais uma teoria poderá ser corroborada. A possibilidade de teste, entretanto, varia em razão inversa da *probabilidade lógica,* de modo que uma apreciação da corroboração leva em conta — cabe dizê-lo — a probabilidade lógica do enunciado em pauta. Esta, por sua vez, como se esclareceu na seção 72, associa-se ao conceito de probabilidade objetiva — a probabilidade de eventos. Dessa maneira, ao considerar a probabilidade lógica, associa-se, ainda que de modo indireto e ligeiro, a corroboração à probabilidade de eventos. Pode ocorrer, talvez, a ideia de que, neste ponto, há uma conexão com a doutrina da probabilidade de hipóteses, acima criticada.

Tentando apreciar o grau de corroboração de uma teoria, raciocinamos aproximadamente ao longo das linhas seguintes. O grau de corroboração crescerá com o número de instâncias corroboradoras. Geralmente, atribuímos às primeiras instâncias corroboradoras uma importância muito maior do que às subsequentes: uma vez que uma teoria se encontre bem corroborada, instâncias posteriores pouco aumentam o seu grau de corroboração. Essa regra, entretanto, não vigora caso as

*1 Se aceita a terminologia que expus, pela primeira vez, em minha nota publicada na revista *Mind,* 1938, então a palavra "absoluta" deve ser inserida em todas as passagens (como nas seções 34, etc.), depois de "probabilidade lógica" (em oposição a probabilidade lógica "relativa" ou "condicional"); *cf.* apêndices *ii, *iv e *ix.

novas instâncias sejam muito diversas das anteriores, isto é, caso elas corroborem a teoria num *novo campo de aplicação.* Nesse caso, elas podem aumentar consideravelmente o grau de corroboração. Dessa maneira, o grau de corroboração de uma teoria que apresenta maior grau de universalidade pode ser superior ao de uma teoria que apresente grau de universalidade menor (e, portanto, menor grau de falseabilidade). Analogamente, teorias de maior grau de precisão podem ser mais bem corroboradas do que teorias menos precisas. Uma das razões por que não atribuímos um grau positivo de corroboração às profecias típicas de grafólogos e cartomantes é porque suas previsões são tão cautelosas e imprecisas que a probabilidade lógica de se mostrarem corretas é extremamente alta. Se nos disserem que previsões dessa espécie, mais precisas, e, pois, logicamente menos prováveis têm sido bem sucedidas, então via de regra, não é do êxito que nos inclinamos a duvidar, mas da alegada improbabilidade lógica: uma vez que tendemos a acreditar que tais profecias são não corroboráveis, tendemos também a argumentar, nesses casos, passando do baixo grau de corroborabilidade para o baixo grau de testabilidade.

Se compararmos essas minhas concepções com o que está implícito na Lógica probabilística (indutiva), chegaremos a um resultado verdadeiramente digno de nota. Segundo minha concepção, a corroborabilidade de uma teoria e também o grau de corroboração de uma teoria que resistiu a testes severos, colocam-se, ambos, por assim dizer,[*2] na razão inversa de sua probabilidade lógica — pois ambos crescem com o grau de testabilidade e simplicidade. *A concepção que a lógica probabilística implica é, contudo, precisamente oposta a essa.* Seus defensores afirmam que a probabilidade de uma hipótese cresce na *proporção direta* de sua probabilidade lógica — embora não haja dúvida de que eles *entendem* que a "probabilidade de uma hipótese" é algo equivalente ao que tenciono indicar falando em "grau de corroboração".[*3]

---

*2 No texto, registrei "por assim dizer": agi dessa maneira porque, realmente, não creio em probabilidades lógicas (absolutas) numéricas. Em consequência disso, hesitei, ao redigir o texto, entre a concepção de que o grau de corroborabilidade é *complementar* da probabilidade lógica (absoluta) e a concepção de que lhe é inversamente proporcional. Em outras palavras, hesitei entre a definição de $C(g)$, isto é, do grau de corroborabilidade, por $C(g) = 1 - P(g)$, o que tornaria *corroborabilidade igual a conteúdo* e por $C(g) = 1 / P(g)$, onde $P(g)$ *é* a probabilidade lógica absoluta de *g*. Na verdade, podem ser adotadas definições que levam a quaisquer dessas consequências, e ambos os caminhos parecem razoavelmente satisfatórios, sob o prisma intuitivo, o que talvez explique minha hesitação. Há fortes razões militando em favor do primeiro método, ou então de uma escala logarítmica aplicada ao segundo método. Ver apêndice *ix.

*3 As últimas linhas desse parágrafo, especialmente a partir da sentença grifada (não estava grifada no original), encerram o ponto crucial de minha crítica à teoria probabilística da indução. O ponto pode ser resumido nos termos seguintes:

Desejamos hipóteses *simples* — hipóteses de alto *conteúdo,* de alto grau de *testabilidade.* Confundem-se essas hipóteses com hipóteses altamente *corroboráveis,* pois o grau da corroboração de uma hipótese depende, sobretudo, da severidade dos testes a que foi submetida e, pois, de sua testabilidade. Sabemos, hoje, que testabilidade equivale a alta *improbabilidade* lógica (absoluta), ou a baixa *probabilidade* lógica (absoluta).

Entretanto, se duas hipóteses h_1 e h_2 forem comparáveis, no que diz respeito a seu conteúdo, e, consequentemente, com respeito à sua probabilidade lógica (absoluta), aplicar-se-á o seguinte: seja a probabilidade lógica (absoluta) de h_1 menor do que a de h_2; então, seja qual for a evidência *e*, a probabilidade lógica (relativa) de h_1, dado *e*, nunca poderá exceder a de h_2, dado *e*. Assim, *a hipótese suscetível de melhores testes e mais bem corroborável nunca pode alcançar probabilidade maior do que a hipótese menos suscetível de teste, face à evidência dada.* Isso quer dizer que o *grau de corroboração não pode equivaler à probabilidade.*

Tal é o resultado crucial. As últimas observações que faço no texto referem apenas a conclusão daí decorrente: caso se atribua grande importância a probabilidades altas, teremos de dizer pouco — ou, melhor ainda, absolutamente nada — pois as tautologias sempre encerram a mais alta probabilidade.

Dentre os que se colocam nessa posição está Keynes, que usa a expressão "probabilidade *a priori*" para aludir ao que eu chamo de "probabilidade lógica". (Ver nota 1 da seção 34.) Ele faz a seguinte observação,[1] perfeitamente procedente, com respeito a uma "generalização" g (isto é, a uma hipótese) que tenha a "condição", ou o antecedente, ou a prótase φ , e a "conclusão", ou consequente, ou apódose f: "quanto mais abrangente a condição φ e menos abrangente a conclusão f, maior probabilidade *a priori* [*4] atribuímos à generalização g. Essa probabilidade cresce com o aumento de φ e diminui com o aumento de f." Isso, como afirmei, é perfeitamente procedente, embora Keynes não trace distinção nítida[*5] entre o que denomina "probabilidade de uma generalização" — correspondente ao que neste livro é chamado de "probabilidade de uma hipótese" — e sua "probabilidade *a priori*". Assim, ao contrário do que se dá com meu *grau de corroboração,* a *probabilidade de uma hipótese,* tal como Keynes a considera, cresce com sua *probabilidade lógica a priori.* Sem embargo, o que Keynes pretende dizer ao falar em "probabilidade" é o mesmo que pretendo dizer ao falar em "corroboração", tal como se deduz do fato de sua "probabilidade" crescer com o número de instâncias corroboradoras e, também, (o que é o mais importante) com sua diversidade. Keynes esquece, porém, o fato de que teorias cujas instâncias corroboradoras pertencem a campos de aplicação muito diversos apresentam, via de regra, um grau de universalidade correspondentemente alto. Em consequência, as duas exigências que ele estabelece para que se alcance alta probabilidade — a menor universalidade possível e a maior diversidade possível de instâncias — mostram-se geralmente inconciliáveis. Expressa em minha terminologia, a teoria de Keynes implica em que a corroboração (ou probabilidade de hipóteses) *decresce* com a testabilidade. Ele é levado a essa maneira de ver pela crença que tem na lógica indutiva.[*6] De fato, constitui uma tendência da lógica indutiva procurar fazer as hipóteses científicas tão *certas* quanto possível. Somente se atribui sentido científico às várias hipóteses na medida em que elas sejam passíveis de justificação pela experiência. Uma teoria só é considerada cientificamente valiosa em função da estreita *proximidade lógica (cf.* nota 2, da seção 48 e texto correspondente) entre

1 Keynes, *A Treatise on Probability,* 1921, pp. 224 e s. A condição φ e a conclusão f, de Keynes, correspondem *(cf.* nota 6, à seção 14) ao que chamamos função-enunciado-condicionante φ e função-enunciado-consequência f, respectivamente; *cf.*, também, seção 36. Importa notar que Keynes considerou a condição ou a conclusão *mais ampla* quando seu *conteúdo,* ou intensão (não sua extensão) é maior. (Estou aludindo à relação inversa que vigora entre a intensão e a extensão de um termo.)

*4 Keynes acompanha alguns eminentes lógicos de Cambridge ao escrever *"a priori"* e *"a posteriori";* só se pode dizer *à propos de rien* — ou, talvez, *à propos d'à propos.*

*5 Keynes admite, de fato, a distinção entre probabilidade *a priori* (ou "lógica absoluta", como agora a denomino) da "generalização" g e sua probabilidade com respeito a dada evidência h; nessa medida, o que incluo no texto requer correção. (Keynes estabelece a distinção admitindo, corretamente, embora talvez apenas de modo implícito — ver p. 255 do *Treatise* — que se $\varphi = \varphi_1 \varphi_2$ e $f = f_1 f_2$, então as probabilidades *a priori* dos vários g são: $g(\varphi, f_1) \geq g(\varphi, f) \geq g(\varphi_1, f)$.) E ele *demonstra,* corretamente, que as probabilidades *a posteriori* destas hipóteses g (relativas a *qualquer* evidência h) se alteram de modo semelhante ao de suas probabilidades *a priori.* Assim, embora as probabilidades de Keynes se alterem como probabilidades lógicas (absolutas), meu ponto fundamental é o de que graus de corroborabilidade (*e* de corroboração) se alteram de maneira oposta.

*6 Ver cap. *ii de meu *Postscript.* Em minha teoria da corroboração — diversamente do que ocorre nas teorias de probabilidades de Keynes, Jeffreys e Carnap — a corroboração *não decresce* com a testabilidade, mas tende a *aumentar* com ela.

a mesma teoria e enunciados empíricos. Isto, porém, não quer dizer senão que o *conteúdo* da teoria deve projetar-se *o menos possível* para além do que seja empiricamente estabelecido.[*7] Essa concepção relaciona-se intimamente com a tendência de negar valor aos prognósticos. "A virtude peculiar da previsão", escreve Keynes,[2] "... é totalmente imaginária. Os pontos essenciais são o número de instâncias e a analogia entre elas, e é irrelevante a questão de saber se uma hipótese particular foi proposta antes ou depois do exame dessas instâncias." Com respeito a hipóteses "propostas *a priori*" — ou seja, propostas antes de podermos apoiá-las suficientemente bem em bases indutivas — Keynes escreve: "... se se tratar de mera adivinhação, a circunstância afortunada de ela preceder algum ou todos os casos que a comprovam nada acrescenta a seu valor." Essa maneira de encarar o prognóstico é por certo coerente. Leva-nos, entretanto, a cogitar do por que haveríamos de, em qualquer caso, generalizar. Que razão pode existir para elaborarmos todas essas teorias e hipóteses? Sob o prisma da lógica indutiva, essa atividade torna-se incompreensível. Se o que consideramos mais importante é o conhecimento de maior segurança possível — e se as previsões, como tais, em nada contribuem para a corroboração — por que não nos contentarmos com os enunciados básicos?[*8]

Outra concepção que também levanta questões similares é a defendida por Kaila.[3] Enquanto penso que as teorias simples e as que fazem pouco uso de hipóteses auxiliares *(cf.* seção 46) são as que melhor se corroboram, precisamente em vista de sua improbabilidade lógica, a situação é interpretada de modo oposto por Kaila — com fundamentos que lembram os de Keynes. Kaila também admite que nós costumamos associar uma alta probabilidade (em minha terminologia, uma alta "probabilidade de hipóteses") às teorias *simples* e, em especial, às que necessitam de reduzido número de hipóteses auxiliares. Os motivos que o levam a tal suposição, contudo, são opostos aos meus. Ele não atribui, como eu, alta probabilidade a teorias desse gênero, por serem elas passíveis de testes severos ou por serem logicamente improváveis, ou seja, por depararem, *a priori*, por assim dizer, com *muitas ocasiões de entrar em conflito com enunciados básicos.* Kaila, ao contrário, atribui essa alta probabilidade a teorias simples, que recorrem a poucas hipóteses auxiliares, por acreditar que um sistema onde se incluem *poucas* hipóteses terá, *a priori, menos* oportunidade de entrar em conflito com a realidade do que um sistema onde se incluam hipóteses múltiplas. Aqui, de novo, não podemos evitar de perguntar-nos por que nos preocupamos em construir essas aventurosas teorias. Se tememos

---

*7 Isso pode ser expresso através da inaceitável regra: "Sempre escolher a hipótese que seja a mais *ad hoc*."

2 Keynes, *op. cit.*. p. 305.

*8 Carnap, em suas *Logical Foundations of Probability*, 1950, acredita no valor *prático* dos prognósticos; não obstante, ele delineia parte da conclusão aqui mencionada — a de que podemos contentar-nos com nossos enunciados básicos. Com efeito, ele afirma que as teorias (ele fala de "leis") "não são indispensáveis" para a ciência — nem mesmo para fazer prognósticos: podemos agir valendo-nos apenas de enunciados singulares. "Todavia", escreve ele (p. 575), "é sem dúvida conveniente enunciar leis universais em livros de Física, Biologia, Psicologia, etc.". A questão não é, contudo, de conveniência — mas de curiosidade científica. *Alguns cientistas desejam explicar o mundo:* eles têm como objetivo chegar a teorias explicativas satisfatórias — suscetíveis de teste, isto é, teorias simples — e submetê-las a teste (ver, ainda, apêndice *x e seção *15 de meu *Postscript).*

3 Kaila, *Die Principien der Wahrscheinlichkeitslogik. Annales Universitatis Aboensis,* Turku, 1926, p. 140.

o debate com a realidade, por que provocá-lo, fazendo asserções? O melhor caminho seria acolher um sistema *destituído* de hipóteses.[*9]

A regra por mim proposta, segundo a qual as hipóteses auxiliares hão de ser usadas tão parcimoniosamente quanto possível ("princípio de parcimônia no uso de hipóteses"), nada tem em comum com observações como as de Kaila. Não estou interessado apenas em manter reduzido o número de nossos enunciados; estou interessado em sua *simplicidade, no sentido de alta testabilidade.* Esse interesse é que leva, por um lado, à minha regra de que as hipóteses auxiliares devem ser usadas tão parcimoniosamente quanto possível e, por outro lado, à minha exigência de que o número de axiomas — de nossas hipóteses fundamentais — seja pequeno. Este último ponto deflui do requisito de que se deve escolher enunciados de alto grau de universalidade: um sistema que consiste de muitos "axiomas" deve, se possível, ser deduzido de (e assim explicado por) um sistema com número menor de "axiomas" e axiomas de mais alto nível de universalidade.

84. OBSERVAÇÕES A RESPEITO DO USO DOS CONCEITOS "VERDADEIRO" E "CORROBORADO"

Na Lógica da Ciência, aqui esboçada, é possível evitar o emprego dos conceitos "verdadeiro" e "falso".[*1] O lugar que lhes caberia pode ser ocupado por considerações

*9 O indutivista que se interessa por altas probabilidades deveria endossar a máxima "Falar é prata, calar é ouro". [N. T.: Na edição inglesa, ao fim do parágrafo a que se refere esta nota, figura apenas a frase "Falar é prata, calar é ouro", colocada entre colchetes, sem outra indicação. Pareceu mais adequado acompanhar, no caso, a edição alemã, em que figura a nota de pé de página acima — que não consta no inglês — e que torna o ponto mais explícito.]

*1 Não muito depois de haver escrito esta passagem, tive a feliz oportunidade de encontrar Alfred Tarski, que me expôs as ideias fundamentais de sua teoria da verdade. É lamentável que essa teoria — uma das duas grandes descobertas no campo da Lógica feitas após o aparecimento dos *Principia Mathematica* — seja tão frequentemente mal-entendida e erroneamente interpretada. Não se pode acentuar em demasia o fato de que a ideia de verdade, elaborada por Tarski (para cuja definição, com respeito às linguagens formalizadas, ele apresentou um método), é a mesma ideia que Aristóteles e a maior parte das pessoas (exceto os pragmatistas) têm em mente: a ideia de que a verdade é correspondência com os fatos (ou com a realidade). Que poderemos, entretanto, querer dizer se afirmamos, de um enunciado, que ele corresponde aos fatos (ou à realidade)? Uma vez que nos demos conta de que essa correspondência não pode referir-se a similaridade estrutural, parece tornar-se impossível a tarefa de elucidar a correspondência. Em consequência, podemos passar a suspeitar do conceito de verdade, preferindo não usá-lo. Tarski (com respeito às linguagens formalizadas) resolveu esse problema aparentemente insolúvel, recorrendo a certa metalinguagem semântica, reduzindo a ideia de correspondência à de "satisfatoriedade" ou de "preenchimento".
Em consequência dos ensinamentos de Tarski, não hesito mais em falar de "verdade" e de "falsidade". Como as concepções de todos (exceto a dos pragmatistas), minhas concepções vieram, naturalmente, a colocar-se em concordância com a teoria da verdade absoluta, proposta por Tarski. Assim, embora minhas ideias acerca da Lógica formal e de sua filosofia sofressem uma revolução, em virtude da teoria de Tarski, minhas ideias acerca da ciência e de sua filosofia permaneceram fundamentalmente inalteradas, conquanto ganhassem clareza.
Algumas das críticas atuais à teoria de Tarski parecem-me fora de propósito. Diz-se que sua definição é artificial e complexa; mas, uma vez que ele define a verdade com respeito às linguagens formalizadas, a definição há de assentar-se na definição de fórmula bem formada nessa linguagem. E isso tem precisamente o mesmo grau de "artificialidade" ou "complexidade" desta última definição. Diz-se, ainda, que só as proposições ou os enunciados podem ser verdadeiros ou falsos, mas não as sentenças. Talvez "sentença" não seja boa tradução da terminologia original de Tarski. (Pessoalmente, prefiro falar de "enunciado" e não de "sentença"; ver, p. ex., minha "Note on Tarski's Definition of Truth", *Mind*, v. 64, 1955, p. 388, nota 1.) O próprio Tarski deixou perfeitamente claro que de uma fórmula não interpretada (ou sequência de símbolos) não se pode dizer que seja verdadeira ou falsa, só sendo aplicáveis esses termos a fórmulas interpretadas — a "sentenças *significativas*" (*"meaningful sentences"*, como se diz na versão inglesa dos trabalhos de Tarski). O aperfeiçoamento da terminologia é sempre desejável; mas é puro obscurantismo criticar uma teoria apenas sob o prisma da terminologia.

lógicas acerca de relações de deduzibilidade. Assim, não precisamos dizer: "A previsão *p é* verdadeira, contanto que sejam verdadeiros a teoria *t* e o enunciado básico *b*." Em vez disso, podemos dizer que o enunciado *p* decorre da conjunção (não contraditória) de *t* e *b*. O falseamento de uma teoria pode ser expresso de maneira análoga. Não precisamos dizer que a teoria é "falsa", mas, ao invés, dizer que ela é contraditada por certo conjunto de enunciados básicos já aceitos. Não estamos obrigados a dizer que os enunciados básicos são "verdadeiros" ou "falsos", pois a aceitação que lhes damos pode ser interpretada como resultado de uma decisão convencional e os enunciados aceitos podem ser vistos como resultado dessa decisão.

Isso, é claro, não quer dizer que estejamos proibidos de usar os conceitos "verdadeiro" e "falso", ou que o uso desses conceitos crie qualquer dificuldade particular. A própria circunstância de podermos evitá-los mostra que eles não fazem surgir qualquer novo problema fundamental. O uso dos conceitos "verdadeiro" e "falso" é análogo ao uso de conceitos tais como "tautologia", "contradição", "conjunção", "implicação" e outros dessa espécie. Trata-se de conceitos não empíricos, de conceitos lógicos.[1] Eles descrevem ou fazem apreciação de um enunciado, independentemente de quaisquer alterações do mundo empírico. Embora admitamos que as propriedades dos objetos físicos (dos objetos "genidênticos", no sentido de Lewin) se alterem com a passagem do tempo, decidimos empregar esses predicados lógicos de maneira tal que as propriedades lógicas dos enunciados se façam intemporais: se um enunciado é tautológico, então é tautológico de uma vez para sempre. Essa mesma intemporalidade é também atribuída aos conceitos "verdadeiro" e "falso", em concordância com o uso comum. Não é uso comum dizer-se que um enunciado foi perfeitamente verdadeiro ontem, mas que hoje se tornou falso. Se ontem consideramos como verdadeiro um enunciado que hoje consideramos falso, estamos implicitamente asseverando, agora, que *ontem estávamos enganados*, que o enunciado, ontem, era falso — intemporalmente falso — mas que, erroneamente, o "tomamos por verdadeiro".

A esta altura, percebe-se claramente a diferença entre verdade e corroboração. Apreciar um enunciado, dando-o como corroborado ou não corroborado, é também uma apreciação lógica e, portanto, intemporal; assevera que certa relação lógica está em vigor entre um sistema teorético e um sistema qualquer de enunciados básicos aceitos. Entretanto, nunca podemos dizer que um enunciado, como tal, está, por si mesmo, "corroborado" (no sentido em que podemos dizer que ele é "verdadeiro"). Só podemos dizer que está *corroborado com respeito a algum sistema de enunciados básicos* — sistema aceito até um determinado ponto no tempo. "A corroboração que uma teoria recebeu até ontem" *não é logicamente idêntica* à "corroboração que uma teoria recebeu até hoje". Por isso, devemos colocar um indicador, por assim dizer, em cada apreciação de corroboração — indicador que caracterize o sistema de enunciados básicos a que a corroboração se associe (por exemplo, a data de sua aceitação).[*2]

1 (Acrescentada em 1934, quando o livro se encontrava em provas) Carnap falaria, provavelmente, em "conceitos sintáticos" (*cf.* sua *Logical Syntax of Language).*

*2 *Cf.* nota *1, à seção 81.

A corroboração não é, portanto, um "valor-verdade"; não pode ser colocada a par dos conceitos "verdadeiro" e "falso" (que estão livres de indicadores temporais). Para um único e mesmo enunciado, pode existir qualquer número de diferentes valores de corroboração, sendo admissível que todos se mostrem, ao mesmo tempo, "corretos" ou "verdadeiros", pois são valores logicamente deduzidos da teoria e dos vários conjuntos de enunciados básicos aceitos em tempos diversos.

As observações precedentes ajudam a colocar em evidência o contraste entre minhas concepções e as dos pragmatistas, que propõem *definir a "verdade" em termos do êxito de uma teoria — e, assim, em termos de sua utilidade, ou de sua confirmação, ou de sua corroboração.* Se a intenção dos pragmatistas fosse meramente a de asseverar que uma apreciação lógica do êxito de uma teoria não passa de apreciação acerca de sua corroboração, eu poderia concordar. Penso, porém, que está longe de ser *"útil"* identificar o conceito de corroboração ao de verdade.[*3] Isso é evitado pelo uso comum. Com efeito, pode-se dizer de uma teoria que ela foi mal corroborada até agora, ou que ainda é falsa.

85. A TRILHA DA CIÊNCIA

Na evolução da Física, pode-se discernir algo como um sentido geral — sentido que leva das teorias de menor nível de universalidade para teorias de nível mais elevado. Esse sentido, em geral, é chamado de sentido "indutivo". Caberia pensar que o fato de a Física encaminhar-se nesse "sentido indutivo" pode ser usado como argumento em favor do método indutivo.

Entretanto, um avanço, no sentido indutivo não consiste, obrigatoriamente, numa sequência de inferências indutivas. Vimos, em verdade, que esse avanço pode ser explicado em termos bem diversos — em termos de testabilidade e de corroborabilidade. Com efeito, uma teoria que mereceu ampla corroboração só pode ceder passo a uma teoria de mais alto grau de universalidade, ou seja, a uma teoria passível de submeter-se a melhores testes e que, além disso, *abranja* a teoria anterior e bem corroborada — ou, pelo menos, algo que se lhe aproxime muito. (*Cf.* seção 79).[*] Melhor seria, portanto, rotular essa tendência — a tendência de avanço em direção a teorias de nível de universalidade sempre mais elevado — como "quase indutiva".

O processo quase indutivo deve ser visto nos termos descritos a seguir. Teorias de algum nível de universalidade são propostas e dedutivamente submetidas a teste; em seguida, são propostas teorias de nível mais alto de universalidade, por sua vez submetidas a teste, com auxílio das que têm o nível anterior de universalidade; e assim por diante. Os métodos de teste são invariavelmente apoiados em inferências

*3 Assim, se definíssemos "verdadeiro" como "útil" (acompanhando sugestão de alguns pragmatistas), ou como "bem sucedido", ou "confirmado", ou "corroborado", teríamos apenas de introduzir um novo conceito "absoluto" e "intemporal" para desempenhar o papel de "verdade".

* (N .T.: a referência à seção 79 não figura na versão inglesa; aparece, entretanto, em nota de pé de página, com o número *0 (*zero), na edição alemã. Pareceu conveniente fazer a alusão constar desta edição.)

dedutivas, que levam de um nível mais alto para um nível mais baixo;*1 por outro lado, os níveis de universalidade são alcançados, em ordem cronológica, passando-se dos mais baixos para os mais altos.

Coloca-se a indagação: "Por que não inventar, diretamente, teorias do mais alto nível de universalidade? Por que águardar essa evolução quase indutiva? Não será, talvez, porque nela se contém, afinal, um elemento indutivo?" Não penso assim. Repetidamente, são adiantadas sugestões — conjecturas ou teorias — de todos os níveis imagináveis de universalidade. As teorias que se colocam em nível de universalidade demasiado alto, por assim dizer (ou seja, demasiado distante do nível alcançado pela ciência contemporânea, suscetível de teste), provocam, às vezes, o surgimento de um "sistema de caráter metafísico". Em tal caso, mesmo que deste sistema sejam deduzíveis (ou apenas semideduzíveis, como, por exemplo, no caso do sistema de Spinoza) enunciados que se integram ao sistema científico dominante, não haverá, entre eles, enunciado *novo* suscetível de teste. Isso quer dizer que não pode ser elaborado um experimento crucial para submeter a teste o sistema em pauta.*2 Se, por outro lado, puder ser elaborado um experimento crucial com esse objetivo, então o sistema conterá, como primeira aproximação, alguma teoria bem corroborada e, ao mesmo tempo, algo novo — e algo passível de teste. Nesses termos, o sistema, naturalmente, não será "metafísico". Procederá encarar o sistema em pauta como um novo passo na evolução quase indutiva da ciência. Isso explica por que uma ligação com a ciência do dia, costumeiramente, só é requerida pelas teorias propostas como tentativa de solucionar uma atual situação-problema, ou seja, dificuldades, contradições e falseamentos do dia. Ao proporem uma solução para essas dificuldades, essas teorias talvez apontem para o caminho de um experimento crucial.

Para alcançarmos um quadro ou modelo dessa evolução quase indutiva da ciência, podemos visualizar as várias ideias e hipóteses em termos de partículas suspensas num fluido. A ciência, suscetível de teste, é o precipitado dessas partículas no fundo do vaso: as partículas acomodam-se em camadas (de universalidade). A espessura do depósito aumenta com o número dessas camadas, correspondendo cada uma delas a uma teoria de maior universalidade que a teoria correspondente à camada inferior. Como resultado desse processo, ideias que anteriormente flutuavam em regiões metafísicas mais elevadas podem, algumas vezes, ser alcançadas pelo crescimento da ciência e, assim, entrar em contato com esta e precipitar-se. Exemplo de ideias dessa ordem são o atomismo; a ideia de um "princípio" físico singular, ou elemento último (de que os outros derivam); a teoria do movimento da Terra, considerada fictícia por Bacon; a antiga teoria corpuscular da luz; a teoria da eletricidade como fluido (reapresentada como hipótese da nuvem de elétrons, para explicar a condução elétrica em metais). Todos esses conceitos e ideias metafísicos,

*1 As "inferências dedutivas de nível mais alto para nível mais baixo" correspondem, é claro, a *explicações* (no sentido da seção 12); assim, as hipóteses que se colocam em nível mais alto são *explicativas* relativamente às que se colocam em nível mais baixo.

*2 Importa sublinhar que entendo por experimento crucial aquele que tem por objetivo refutar uma teoria (se possível) e, mais especialmente, o que tem por objetivo levar a uma decisão entre duas teorias rivais, através da refutação de (pelo menos) uma delas — sem, naturalmente, demonstrar a outra. (Ver, ainda, nota 1, à seção 22 e apêndice *ix.)

mesmo em suas formas primitivas, talvez tenham auxiliado o homem a introduzir ordem no quadro que ele traça do mundo e, em alguns casos, terão levado a previsões bem sucedidas. Não obstante, uma ideia desse gênero só adquire *status* científico ao ser apresentada em forma falseável, isto é, somente quando se torna possível decidir, empiricamente, entre essa ideia e uma teoria rival.

Esta investigação esboçou as várias consequências das decisões e convenções — em particular, do critério de demarcação — acolhidas no início deste livro. Reexaminando o assunto, podemos, agora, tentar conseguir uma última visão ampla do quadro da ciência e da pesquisa científica, emergido do estudo. (O que tenho em mente não é um quadro da ciência como fenômeno biológico, instrumento de adaptação ou método indireto de produção — o que tenho em mente são os aspectos epistemológicos da ciência).

A ciência não é um sistema de enunciados certos ou bem estabelecidos, nem é um sistema que avance continuamente em direção a um estado de finalidade. Nossa ciência não é conhecimento *(episteme)*: ela jamais pode proclamar haver atingido a verdade ou um substituto da verdade, como a probabilidade.

Não obstante, a ciência tem mais que um simples valor de sobrevivência biológica. Não é tão somente um instrumento útil. Embora não possa alcançar a verdade nem a probabilidade, o esforço por conhecer e a busca da verdade continuam a ser as razões mais fortes da investigação científica.

Não sabemos: só podemos conjecturar. Nossas conjecturas são orientadas por fé não científica, metafísica (embora biologicamente explicável), em leis, em regularidades que podemos desvelar, descobrir. À semelhança de Bacon, procederia descrever a ciência contemporânea — "o método de raciocínio que hoje os homens aplicam comumente à natureza" — como consistindo de "antecipações, de intentos temerários e prematuros" e de "preconceitos".[1]

Essas conjecturas ou "antecipações", esplendidamente imaginativas ousadas, são, contudo, cuidadosamente controladas por testes sistemáticos. Uma vez elaborada, nenhuma dessas "antecipações" é dogmaticamente defendida. Nosso método de pesquisa não se orienta no sentido de defendê-las para provar que tínhamos razão. Pelo contrário, procuramos contestar essas antecipações. Recorrendo a todos os meios lógicos, matemáticos e técnicos de que dispomos, procuramos demonstrar que nossas antecipações são falsas — a fim de colocar, no lugar delas, novas antecipações injustificadas e injustificáveis, novos "preconceitos temerários e prematuros", como Bacon pejorativamente as denominou.[*3]

---

1 Bacon, *Novum Organum* I., art. 26.

*3 O termo "antecipação", empregado por Bacon (" *anticipatio*", *cf. Novum Organum* I, 26), tem quase que a mesma significação de "hipótese" (em minha terminologia). Bacon afirmou que, para preparar o espírito, no sentido de ele intuir a verdadeira *essência* ou *natureza* de uma coisa, importa remover dele, meticulosamente, todas as antecipações, preconceitos e ídolos. A fonte de todo erro é a impureza de nossos espíritos: a Natureza não mente. A principal função da indução eliminadora é, como já era para Aristóteles, a de ajudar a purificação do espírito. (Ver, também, meu livro *Open Society,* cap. 24; notas 59, ao cap. 10; nota 33, ao cap. 11; pontos em que a teoria aristotélica da indução é rapidamente apresentada.) A purificação da mente em relação aos preconceitos é concebida como uma espécie de ritual, prescrito para o cientista que deseja preparar o espírito, fazendo-o capaz de interpretação (leitura correta) do Livro da Natureza; de maneira análoga, o místico purifica a alma, preparando-a para a visão de Deus. *(Cf.* introdução a minhas *Conjectures and Refutations,* 1963/1965.)

É possível interpretar os caminhos da ciência de maneira mais prosaica. Cabe dizer que o progresso "... só pode ocorrer de dois modos: colhendo novas experiências perceptuais e organizando melhor as de que já se dispõe".[2] Essa descrição do progresso da ciência, embora não efetivamente errônea, parece falhar em seu objetivo. Ela lembra de muito perto a indução de Bacon: sugere sua engenhosa colheita das "incontáveis uvas, sazonadas, maduras",[3] das quais ele esperava que escorresse o vinho da ciência; lembra seu mito de um método científico que parte da observação e do experimento para chegar a teorias. (Esse método legendário continua a inspirar algumas das ciências mais novas, que tentam pô-lo em prática em razão da crença dominante de que ele corresponde ao método da Física experimental.)

O avanço da ciência não se deve ao fato de se acumularem ao longo do tempo mais e mais experiências perceptuais. Nem se deve ao fato de estarmos fazendo uso cada vez melhor de nossos sentidos. A ciência não pode ser distilada de experiências sensoriais não interpretadas, independentemente de todo o engenho usado para recolhê-las e ordená-las. Ideias arriscadas, antecipações injustificadas, pensamento especulativo, são os únicos meios de que podemos lançar mão para interpretar a natureza: nosso único "organon", nosso único instrumento para apreendê-la. E devemos arriscar-nos, com esses meios, para alcançar o prêmio. Os que não se disponham a expor suas ideias à eventualidade da refutação não participarão do jogo científico.

Mesmo o teste cuidadoso e sóbrio de nossas ideias, através da experiência, é, por sua vez, inspirado por ideias: o experimento é ação planejada, onde cada passo é orientado pela teoria. Não deparamos com experiências, nem elas caem sobre nós como chuva. Pelo contrário, temos de ser ativos: temos de "*fazer*" nossas experiências. Somos sempre *nós* que propomos questões à natureza; somos *nós* que repetidamente procuramos formular essas questões, de modo a provocar um claro "sim" ou "não" (pois a natureza só dá uma resposta quando compelida a isso). Finalmente, somos *nós* que damos as respostas; somos nós próprios que, após intenso exame, decidimos acerca da resposta à indagação que propusemos à natureza — após tentativas longas e sérias de obter dela um inequívoco "não". "De uma vez por todas", diz Weyl,[4] com quem concordo integralmente, "desejo deixar registrada minha ilimitada admiração pelo trabalho do experimentador em sua luta para retirar *fatos interpretáveis* de uma natureza fechada, que sabe muito bem como enfrentar nossas teorias com um decisivo *Não* — ou como um inaudível *Sim*".

---

2 P. Frank, *Das Kausalgesetz und seine Grenzen*, 1932. * A concepção segundo a qual o progresso da ciência é devido à acumulação de experiências perceptuais continua a ser amplamente defendida (*cf.* meu segundo prefácio, 1958). Minha contestação dessa concepção está estreitamente ligada à rejeição da doutrina de que a ciência ou o conhecimento *tende* a avançar, uma vez que nossas experiências *tendem* a acumular-se. Em contraposição a isso, entendo que o avanço da ciência depende do livre entrechoque de ideias e, consequentemente, da liberdade; e que deixará de se manifestar se desaparecer a liberdade (embora ele possa continuar a se manifestar, por algum tempo, em alguns campos, especialmente no da tecnologia). Essa maneira de ver é mais amplamente exposta em meu *Poverty of Historicism* (seção 32). Sustento (no prefácio desse livro) que a ampliação de nosso conhecimento não pode ser prevista através de meios científicos, sendo consequentemente imprevisível o futuro curso da História.

3 Bacon, *Novum Organum*, I, 123.

4 Weyl, *Gruppentheorie und Quantenmechanik*, 1931, p. 2. Versão inglesa de H. P. Robertson, *The Theory of Groups and Quantum Mechanics*, 1931, p. xx.

O velho ideal científico da *episteme* — do conhecimento absolutamente certo, demonstrável — mostrou não passar de um "ídolo". A exigência de objetividade científica torna inevitável que todo enunciado científico permaneça *provisório para sempre.* Pode ele, é claro, ser corroborado, mas toda corroboração é feita com referência a outros enunciados, por sua vez provisórios. Apenas em nossas experiências subjetivas de convicção, em nossa fé subjetiva, podemos estar "absolutamente certos".[5]

Com a queda do ídolo da certeza (inclusive a dos graus de certeza imperfeita, ou probabilidade), tomba uma das defesas do obscurantismo que barra o caminho o avanço da ciência. Com efeito, a idolatria desse ídolo afeta não apenas a temeridade de nossas questões, mas também o rigor e a integridade de nossos testes. A visão errônea da ciência se trai a si mesma na ânsia de estar correta, pois não é a *posse do conhecimento,* da verdade irrefutável, que faz o homem de ciência — o que o faz é a persistente e arrojada *procura* crítica da verdade.

Deve então nossa atitude ser de resignação? Devemos dizer que a ciência só pode realizar sua tarefa biológica; que ela só pode, quando muito, mostrar suas qualidades em aplicações práticas, que a corroboram? São insolúveis seus problemas intelectuais? Não me parece. A ciência jamais persegue o objetivo ilusório de tornar finais ou mesmo prováveis suas respostas. Ela avança, antes, rumo a um objetivo remoto e, não obstante, atingível: o de sempre descobrir problemas novos, mais profundos e mais gerais, e de sujeitar suas respostas, sempre provisórias, a testes sempre renovados e sempre mais rigorosos.

Aqui termina o texto do livro original.
Os apêndices i-vii, adiante reproduzidos, também faziam parte da edição original.

Adendo, 1972[α]

Neste capítulo final de meu livro procurei deixar claro que o *grau de corroboração* de uma teoria é um relato sumário, em que se registra a forma pela qual a teoria resistiu aos testes a que foi submetida e a severidade desses testes.

Jamais me afastei desse ponto de vista; ver, a propósito, o início dos novos apêndices *vii e *ix e, em especial, o parágrafo *14 do apêndice *ix.

Eu gostaria de acrescentar aqui mais as seguintes considerações:

(1) O problema lógico e metodológico da indução não é insolúvel; meu livro resolve-o, apresentando uma solução negativa: (a) *Jamais podemos justificar*

5 *Cf.*, p. ex., nota 3, à seção 30. Esta última é, naturalmente, antes uma observação psicológica do que epistemológica; *cf.* seções 7 e 8.

α A edição alemã, de 1973, só contém um adendo, datado de 1968, que, aliás, difere um pouco deste. As modificações serão indicadas a seguir (N. T.).

racionalmente uma teoria, isto é, nossa crença de que seja verdadeira ou provavelmente verdadeira. Esta solução negativa é compatível com a seguinte solução positiva, contida numa *regra para preferir* teorias mais bem corroboradas que outras; (b) *É possível, algumas vezes, justificar, de modo racional, a preferência* que manifestamos por uma teoria, tendo em conta a corroboração que recebeu — isto é, tendo em conta, num dado momento, o ponto a que chegaram as discussões críticas em torno de teorias rivais, sendo essas teorias criticamente examinadas com o propósito de constatar o quanto se aproximam da verdade (verossimilhança). O estágio em que se encontram as discussões pode, em princípio, ser fixado em termos do grau de corroboração das teorias. O grau de corroboração, contudo, não é uma medida de verossimilhança (tal medida precisaria ser intemporal), mas tão somente um relatório acerca daquilo que pudemos constatar, até um dado momento histórico, a respeito das afirmações feitas por teorias rivais; sob um prisma comparativo, julgamos as razões apresentadas em favor ou contra a verossimilhança de cada uma dessas teorias.

(2) Um problema de ordem metafísica, proposto pela noção de verossimilhança, é este: existem regularidades genuínas no mundo natural? Minha resposta é "existem". Um dos argumentos em favor dessa afirmativa (não científico, mas talvez transcendental — *cf.* nota 3, no apêndice novo *vii), seria o seguinte: se as regularidades da natureza não se manifestassem, não poderiam existir observações nem linguagem — não existiria linguagem descritiva nem linguagem argumentativa.

(3) A força dessa resposta depende de algum tipo de realismo baseado no senso comum.

(4) O problema pragmático da indução resolve-se automaticamente: a preferência, de ordem prática, pela teoria que, à luz das discussões racionais, parece mais próxima da verdade, é arriscada, mas racional.

(5) O problema psicológico (por que *acreditamos* que a teoria assim escolhida continuará a merecer nossa confiança?), penso eu, é trivial: uma crença ou confiança é sempre irracional, mas pode ser importante para a ação.

(6) Nem todos os possíveis "problemas da indução" podem ser solucionados por esta via. (Ver, a propósito, meu próximo livro *Objective Knowledge: An Evolutionary Approach.)*

N. T. — Na edição alemã, as seguintes modificações podem ser dadas como relevantes — cabendo, porém, sublinhar que o adendo tem data de 1968 e que a edição é de 1973 (sendo, pois, o livro mais recente do que o editado em inglês, mas o adendo anterior ao que figura acima).

a) no início, em vez de dizer que "o grau de corroboração é", Popper dizia "por grau de corroboração entendo *nada mais* que" (grifo do autor).

b) todo o trecho que vai desde "as discussões críticas em torno de teorias rivais..." até "... aproximam-se da verdade" acha-se grifado, não se fazendo alusão à noção de "verossimilhança".

c) Todo o trecho final de (1) — a penúltima sentença e a longa sentença final — não se encontram no adendo de 1968.

d) O início do item (2) é ligeiramente diverso:

"O problema ontológico ou metafísico da indução, que se coloca em função da ideia de aproximação da verdade, poderia ser assim formulado: existem teorias verdadeiras? ou: existem leis naturais? *(Cf.* seção 79 e o parágrafo 15 do apêndice novo *x".)

Este mesmo item encerrava-se deste modo:

"...; não existiriam descrições e, em especial, não existiriam argumentos."

e) O item (3) rezava:

"(3) Esta solução positiva do problema ontológico da indução implica num *realismo ontológico.*"

f) O item (5):

"(5) O *problema psicológico* (por que acreditamos que uma teoria assim corroborada continuará recebendo corroboração no futuro?) é trivial, no meu entender: nossa "crença" é um fenômeno de adaptação *(Anpassungserscheinung),* seletivamente escolhido. (*Cada* crença é irracional; mas pode ser importante para as questões práticas.")

g) No item final não se fazia alusão ao livro *Objective knowledge* — que, aliás, foi distribuído em 1972, pela Oxford University Press — e, entre parênteses, lia-se:

("Será o futuro semelhante ao passado?" [é indagação que] coloca uma *teoria* do tempo, pela qual deve e não deve haver semelhanças. *Cf.*, ainda, seção 79, bem como o final do parágrafo 15 e o início do 16, no apêndice novo *x.)

É curioso notar que a noção de "verossimilhança" já havia sido discutida em artigos de 1956 e 1960 *(cf. Conjectures and Refutations,* coletânea de ensaios de Popper, editada em 1963, Londres, Routledge and Kegan Paul), mas que, em alemão, Popper mantém, sistematicamente, a expressão "*Wahrheitsnähe*" (aproximação da verdade) em seu lugar. Também é curioso observar que Popper tenha modificado o adendo em 1972, dando-lhe a forma que aqui recebeu, sem, contudo, ter introduzido modificações na edição alemã, que apareceu *depois* da inglesa. A omissão do longo trecho final do item (1) pode ser atribuída ao desejo de não afetar a paginação da edição alemã (já que o adendo, aí, toma a página 226 quase inteira); sem embargo, outros pontos (em especial o item 3) não foram alterados, por motivos que não se conhecem.

Apêndices

Definição da dimensão de uma teoria. *(Cf.* Sec. 38 e 39.*)*

A definição que se apresenta a seguir deve ser encarada como provisória.[*1] A tentativa é feita no sentido de definir a dimensão de uma teoria de modo que ela se ponha em consonância com a dimensão de um conjunto de curvas — que resulta quando o campo de aplicação da teoria é representado graficamente. Há uma dificuldade que se apresenta de imediato, porquanto não se pode admitir, de partida, que certa métrica ou uma topologia seja definida para o campo; em especial, não cabe admitir que esteja definida qualquer relação de vizinhança. Admito que a definição proposta apenas contorna a dificuldade, sem, a rigor, superá-la. A possibilidade de contornar a dificuldade surge em virtude do fato de que a teoria sempre coíbe alguns *eventos "homotípicos"*, como os chamamos, ou seja, proíbe uma classe de ocorrências que apenas diferem com respeito às suas coordenadas de espaço e tempo; *cf.* sec. 23 e 31). Por esse motivo, as coordenadas de espaço e tempo aparecem, em geral, no esquema que gera o campo de aplicação; consequentemente, o campo dos enunciados relativamente atômicos exibirá, via de regra, uma ordem topológica e até mesmo uma ordem métrica.

A definição proposta reza: Uma teoria *t* se diz "d-dimensional, com respeito ao campo de aplicação *F*" se e somente se estiver em vigor a seguinte relação entre *t* e *F*: existe um número *d* tal que (a) a teoria não se põe em conflito com qualquer *d*-pla do campo e (b) qualquer *d*-pla dada, em conjunto com a teoria, divide todos os restantes enunciados relativamente atômicos, sem ambiguidade, em duas subclasses infinitas, *A* e *B*, de modo a satisfazer as seguintes condições: (i) cada enunciado da classe A forma, quando em conjunção com a dada *d*-pla, uma "*(d*+1)-pla falseadora", isto é, um falseador potencial da teoria; (ii) a classe B, por outro lado, é a reunião de uma ou mais subclasses infinitas [B_i] (existindo sempre um número finito dessas subclasses infinitas) tais que a conjunção de qualquer número de enunciados

*1 Uma definição simplificada e um pouco mais geral é a seguinte. Sejam *A* e *X* dois conjuntos de enunciados. (Intuitivamente, A é o conjunto das leis universais; e *X* é um conjunto — em geral infinito — de enunciados singulares de teste.) Dizemos, então, que *X* é um campo (homogêneo) de aplicação, com respeito a *A* (em símbolos: $X = F_A$), se e somente se, para cada enunciado *a* de *A*, existe um número natural $d(a) = n$ que satisfaz as seguintes condições: (i) qualquer conjunção c_n de *n* diferentes enunciados de *X* é compatível com *a;* (ii) para cada uma dessas conjunções c_n *é* possível determinar dois enunciados, *x* e *y*, de *X*, tais que $x.c_n$ *é* incompatível com *a* e $y.c_n$ *é* deduzível de $a.c_n$, mas não é deduzível nem de *a* nem de c_n.
$d(a)$ é a dimensão de *a*, ou o grau de composição de *a*, com respeito a $X = F_A$; e $1/d(a)$ ou, digamos, $1/(d(a)+1)$, podem servir para a medida da simplicidade de *a*.
O problema é retomado e esmiuçado no apêndice viii.

pertencentes a qualquer dessas subclasses [B_i] é compatível com a conjunção da *d*-pla em pauta e a teoria.

A definição pretende afastar a possibilidade de uma teoria apresentar dois campos de aplicação, em que um deles possua enunciados relativamente atômicos, que resultem da conjunção de enunciados relativamente atômicos do outro. (Essa possibilidade precisa ser eliminada se o campo de aplicação tiver de ser identificado com o da representação gráfica — *cf.* sec. 39). Devo acrescentar que essa definição permite resolver de maneira "dedutivista" o problema dos enunciados atômicos (*cf.* nota 2, da sec. 38); com efeito, a própria teoria determina quais são os enunciados singulares que se tornam *relativamente atômicos* (com respeito à teoria). De fato, o campo de aplicação fica definido pela própria teoria — e com ele ficam definidos os enunciados que, em virtude de sua forma lógica, adquirem o mesmo *status,* com respeito à teoria. O problema dos enunciados atômicos não se resolve, pois, mediante a descoberta de enunciados que tenham certa forma elementar e a partir dos quais outros enunciados, mais complexos, sejam indutivamente construídos ou obtidos com recurso ao método das funções-verdade. Pelo contrário, os enunciados relativamente atômicos (e com eles os enunciados singulares) aparecem como um precipitado, por assim dizer, ou seja, como um depósito (relativamente) sólido, que surge dos enunciados universais da teoria.

O cálculo geral de frequências, em classes finitas. (Cf. sec. 52 e 53.)[*1]

O teorema geral da multiplicação: denotamos a classe finita de referência por "α", e as duas classes de propriedades "β" e "γ". Nossa primeira questão é a de determinar a frequência dos elementos que pertencem tanto a β como a γ.

Essa questão é respondida pela fórmula

$$(\text{I}) \qquad {}_{\alpha}F''(\beta.\gamma) = {}_{\alpha}F''(\beta) \cdot {}_{\alpha.\beta}F''(\gamma)$$

ou, notando que β e γ podem ser permutados:

$$(\text{I'}) \qquad {}_{\alpha}F''(\beta.\gamma) = {}_{\alpha.\gamma}F''(\beta) \cdot {}_{\alpha}F''(\gamma)$$

A demonstração pode ser feita sem dificuldade, a partir da definição dada na sec. 52. Por meio de substituição, de acordo com essa definição, obtém-se, de (I),

$$(\text{I, I}) \qquad \frac{N(\alpha.\beta.\gamma)}{\mathrm{N}(\alpha)} = \frac{N(\alpha.\beta)}{\mathrm{N}(\alpha)} \cdot \frac{N(\alpha.\beta.\gamma)}{\mathrm{N}(\alpha.\beta)}$$

que se revela uma identidade, após simplificação de "$N(\alpha.\beta)$". (Compare-se esta demonstração com a de *(2_s)* e com a que é dada por H. Reichenbach, no *Matematische Zeitschrift,* v. 34, p. 593.)

Admitindo-se a *independência (cf.* sec. 53), isto é,

$$(\text{I}^s) \qquad {}_{\alpha.\beta}F''(\gamma) = {}_{\alpha}F''(\gamma)$$

obtém-se, a partir de (I), *o teorema especial da multiplicação*

$$(\text{I}_s) \qquad {}_{\alpha}F''(\beta.\gamma) = {}_{\alpha}F''(\beta) \cdot {}_{\alpha}F''(y)$$

Com o auxílio da equivalência entre (I) e (I'), pode-se mostrar a simetria da relação de independência (cf. nota 4, da sec. 53).

Os *teoremas da adição* tratam da frequência dos elementos que pertencem a β ou a γ. Denotando por "$\beta + \gamma$" (onde o sinal "+" *é colocado entre designações de classes,* para indicar, não uma adição aritmética, mas o "ou" *não exclusivo)* a combinação, por disjunção, de classes, o teorema geral da adição pode assumir a forma:

*1 Este apêndice foi transformado por mim em tratamento axiomático da probabilidade. Ver apêndices *iii até *v.

(2) $$_{\alpha}F''(\beta+\gamma) = {}_{\alpha}F''(\beta) + {}_{\alpha}F''(\gamma) - {}_{\alpha}F''(\beta\,.\gamma)$$

Este enunciado deflui da definição dada na sec. 52, usando-se a fórmula universalmente válida do cálculo de classes

(2, 2) $$\alpha.(\beta+\gamma) = (\alpha.\beta) + (\alpha.\gamma),$$

e a fórmula

(2, 1) $$N(\beta+\gamma) = N(\beta) + N(\gamma) - N(\beta.\gamma)$$

que também é universalmente válida.

Admitindo que β e γ não possuem, em α, qualquer elemento em comum, condição que pode ser simbolizada pela fórmula

(2^s) $$N(\alpha.\beta.\gamma) = 0$$

obtém-se, a partir de (2), o *teorema especial da adição*

(2_s) $$_{\alpha}F''(\beta+\gamma) = {}_{\alpha}F''(\beta) + {}_{\alpha}F''(\gamma).$$

Esse teorema aplica-se a *todas* as propriedades que são *propriedades primárias*, no seio da classe α, porquanto as propriedades primárias são mutuamente excludentes. A soma das frequências relativas dessas propriedades primárias, naturalmente, é sempre igual à unidade.

Os *teoremas da divisão* enunciam a frequência de uma propriedade γ no seio de uma classe, que é selecionada de α, com respeito à propriedade β. A fórmula geral é obtida sem dificuldade, invertendo (1).

(3) $$_{\alpha.\beta}F''(\gamma) = {}_{\alpha}F''(\beta.\gamma)/{}_{\alpha}F''(\beta)$$

Transformando o *teorema geral da divisão* (3), com auxílio do teorema especial da multiplicação, obtém-se

(3^s) $$_{\alpha.\beta}F''(\gamma) = {}_{\alpha}F''(\gamma)$$

Percebe-se, nesta fórmula, a presença da condição (I^s). Consequentemente, *a independência pode ser descrita como um caso especial da seleção.*

Os vários teoremas que podem ser associados ao nome de Bayes são casos particulares do teorema da divisão. Supondo que *(α.γ)* é uma subclasse de β, ou seja, em símbolos,

(3^{bs}) $$\alpha.\gamma \subset \beta$$

obtém-se, a partir de (3), a *primeira* forma (especial) da regra de Bayes

(3_{bs}) $$_{\alpha.\beta}F''(\gamma) = {}_{\alpha}F''(\gamma)/{}_{\alpha}F''(\beta).$$

É possível evitar a suposição (3^{bs}) introduzindo, no lugar de "β", a soma das classes $\beta_1, \beta_2, ..., \beta_n$. Usaremos o signo "Σ" (tal como usamos o signo " + " *entre* designações de classes) *diante* de designações de classes; assim, pode-se escrever uma *segunda* forma (universalmente válida) do teorema de Bayes, dando-lhe este aspecto

$$(3_b) \qquad {}_{\alpha.\Sigma\beta_i}F''(\beta_i) = {}_{\alpha}F''(\beta_i)/{}_{\alpha}F''(\Sigma\beta_i).$$

Ao numerador dessa expressão é possível aplicar o teorema especial da adição (2^s), admitindo que β_i não tem elementos comuns em α.

A hipótese pode ser escrita desta maneira:

$$(3/2^s) \qquad N(\alpha.\beta_i.\beta_j) = 0. \qquad (i \neq j)$$

Fazendo tal suposição, chega-se à *terceira* forma (especial) do teorema de Bayes, que é sempre aplicável às propriedades primárias β_i.

$$(3/2_s) \qquad {}_{\alpha.\Sigma\beta_i}F''(\beta_i) = {}_{\alpha}F''(\beta_i)/(\Sigma\, {}_{\alpha}F''(\beta_i)).$$

A *quarta* e mais notável forma especial do teorema de Bayes pode ser obtida das duas últimas fórmulas, acopladas às suas correspondentes hipóteses ($3/2^s$) e (4^{bs}):

$$(4^{bs}) \qquad \alpha.\gamma \subset \Sigma\, \beta_i$$

que sempre se vê satisfeita, se $\gamma \subset \Sigma\, \beta_i$ é satisfeita.

Substituindo "β_i" por "$\beta_i\ \gamma$", em ($3/2_s$), aplica-se, à fórmula resultante, no primeiro membro, a fórmula

$$(4^{bs}.I) \qquad \alpha.\Sigma\beta_i.\gamma = \alpha.\gamma. \qquad (4^{bs})$$

No segundo membro, usa-se (I'), aplicado tanto ao numerador quanto ao denominador. Chega-se, pois, a

$$(4_s) \qquad {}_{\alpha.y}F''(\beta_i) = {}_{\alpha.\beta_i}F''(y).{}_{\alpha}F''(\beta_i)/\Sigma({}_{\alpha.\beta_i}F''(y).{}_{\alpha}F''(\beta_i))$$

Dessa maneira, se β_i *é* um sistema excludente de propriedades de classes, e γ é qualquer propriedade de classe que (em α) é parte de β_i, então (4_S) fornece a frequência de cada uma das propriedades β_i, numa seleção, com respeito a y.

Dedução da primeira forma da fórmula do binômio. (Cf. sec. 56, para exame de sequências finitas de segmentos que se superpõem.*)*

A primeira fórmula do binômio[*1]

(I) $$_{\alpha(n)}F''(m) = {}^{n}C_{m}p^{m}q^{n-m}$$

onde $p = \alpha F''(I)$, $q = \alpha F''(0)$, $m \leq n$, pode-se dizer demonstrada sob a hipótese de que α é (pelo menos) n-*1*-livre, negligenciando erros provenientes do último termo (*cf.* sec. 56), se for possível mostrar que

(2) $$_{\alpha(n)}F''(\sigma_m) = p^{m}q^{n-m}$$

em que "σ_m" denota uma particular n-pla (escolhida arbitrariamente) que contém m unidades. (O símbolo pretende indicar que é dado o completo arranjo dessa n-pla: sabe-se, não apenas quantas unidades estão presentes, como, ainda, a posição que elas ocupam nessa n-pla.)

Com efeito, admita-se que (2) vale para todo n, m e σ (isto é, os vários arranjos das unidades). Existe, então, de acordo com um bem conhecido teorema do cálculo combinatório, um conjunto de ${}^{n}C_{m}$ distintos modos de distribuir m unidades em n locais; tendo em conta o teorema especial da adição, pode-se, portanto, asseverar (I).

Imagine-se, pois, que (2) foi demonstrado, para um n qualquer, ou seja, para *um* particular n e para quaisquer m e σ que se mostrem compatíveis com esse n. Mostramos, em seguida, que, formulada essa hipótese, (2) também vale para $n + I$, isto é, mostramos que

(3,0) $$_{\alpha(n+1)}F''(\sigma_{m+0}) = p^{m}q^{n+1-m}$$

e

(3,I) $$_{\alpha(n+1)}F''(\sigma_{m+1}) = p^{m+1}q^{(n+1)-(m+1)}$$

onde "σ_{m+0}" ou "σ_{m+1}" indicam, respectivamente, as sequências de comprimento $n + I$ que resultam de σ_m mediante acréscimo, ao final, de um zero ou de uma unidade.

*1 Note-se que $\binom{n}{m}$ é forma alternativa de escrever o coeficiente binomial ${}^{n}C_{m}$, ou seja, o número de modos em que m objetos podem ser dispostos em n lugares (contanto que $m \leq n$).

Suponha-se, para cada comprimento n das n-plas (ou segmentos) em consideração, que α é (pelo menos) (n-I)-livre (de efeitos ulteriores). Dessa maneira, para um segmento de comprimento $n + \mathrm{I}$, α deve ser considerada como sendo, pelo menos, n-livre. Use-se "$\acute{\sigma}_m$" para denotar a propriedade de ser um sucessor de uma n-pla σ_m. Pode-se afirmar, portanto, que

$$(4, 0) \qquad {}_{\alpha}F"(\acute{\sigma}_m.0) = {}_{\alpha}F"(\acute{\sigma}_m).{}_{\alpha}F"(0) = {}_{\alpha}F"(\acute{\sigma}_m).q$$

$$(4, \mathrm{I}) \qquad {}_{\alpha}F"(\acute{\sigma}_m.\mathrm{I}) = {}_{\alpha}F"(\acute{\sigma}_m).{}_{\alpha}F"(\mathrm{I}) = {}_{\alpha}F"(\acute{\sigma}_m).p$$

Admitimos, em seguida, que devem existir, obviamente, tantos $\acute{\sigma}_m$, isto é, sucessores da sequência "σ_m" em α, quantas sejam as sequências σ_m em $\alpha_{(n)}$; de modo que

$$(5) \qquad {}_{\alpha}F"(\acute{\sigma}_m) = {}_{\alpha(n)}F"(\sigma_m)$$

Esta fórmula permite efetuar uma transformação no segundo membro de (4). Pela mesma razão, temos

$$(6, 0) \qquad {}_{\alpha}F"(\acute{\sigma}_m.0) = {}_{\alpha(n+1)}F"(\sigma_{m+0})$$

$$(6, \mathrm{I}) \qquad {}_{\alpha}F"(\acute{\sigma}_m.\mathrm{I}) = {}_{\alpha(n+1)}F"(\sigma_{m+1})$$

e com estas fórmulas é possível efetuar transformações no primeiro membro da mesma (4). Em outras palavras, substituindo (5) e (6) em (4) nós chegamos a

$$(7, 0) \qquad {}_{\alpha(n+1)}F"(\sigma_{m+0}) = {}_{\alpha(n)}F"(\sigma_m).q$$

$$(7, \mathrm{I}) \qquad {}_{\alpha(n+1)}F"(\sigma_{m+1}) = {}_{\alpha(n)}F"(\sigma_m).p$$

Vemos, pois, que, admitindo que (2) esteja em vigor para algum n (e todos os arranjos σ_m a ele pertencentes), torna-se possível deduzir (3), usando a indução matemática. A legitimidade de (2), para $n = 2$ e para todos os σ_m (tais que m ≤ 2), pode ser constatada fazendo $m = \mathrm{I}$ e, em seguida, $m = 0$. Consequentemente, pode-se asseverar (3) e, portanto, também (2) e (I).

Método de construção de modelos de sequências aleatórias. *(Cf. sec. 58, 64 e 66.)*

Admitimos, como na sec. 55, que é possível construir, para cada número finito n, um período gerador que é n-livre (de efeitos ulteriores) e para o qual se dá a equidistribuição. Em cada um desses períodos, todas as x-plas combinatoriamente possíveis (para $x \leq n + I$) de zeros e unidades hão de surgir pelo menos uma vez.[*1]

(a) Construímos uma sequência modelo, que é "absolutamente livre" (de efeitos ulteriores), da seguinte maneira. Escrevemos um período n-livre, para um n arbitrariamente escolhido. Esse período contém um número finito de termos, digamos n_1. Escrevemos, em seguida, um novo período, que seja pelo menos n_1-I-livre. Suponhamos que esse novo período seja do comprimento n_2. Nesse novo período, ocorre pelo menos uma sequência idêntica ao período inicialmente dado, de comprimento n_1. Reagrupa-se o novo período de tal modo que ele principie com esta sequência (e isto sempre é viável, de acordo com a análise efetuada na sec. 55). Ao resultado chamamos de segundo período. Escrevemos, depois, um novo período que seja pelo menos n_2-I-livre e procuramos, neste terceiro período, a sequência que se identifica com o *segundo período* (após o reagrupamento); o terceiro período é, então, reagrupado de modo que principie o segundo. O procedimento se repete. Chega-se, desse modo, a uma sequência cujo comprimento cresce rapidamente e cujo período inicial é o período considerado em primeiro lugar. Esse período, por sua vez, transforma-se na sequência inicial do segundo período, e assim por diante. Fixando uma sequência particular, que será tomada de início, e fixando, além disso,

---

*1 Há vários métodos de construção, que permitem completar a tarefa de construir um período gerador para uma sequência n-livre, em que se dá a equidistribuição. Um método simples seria o seguinte. Fazendo $x = n+1$, construímos, em primeiro lugar, a *tabela* de todas as 2^x possíveis x-plas contendo zeros e unidades (ordenadas segundo uma ordem lexicográfica, por meio, digamos, da magnitude). Iniciamos então o nosso período, escrevendo a última dessas x-plas, constituída por x unidades, e a retiramos da tabela. A partir daí, procedemos de acordo com a seguinte regra: sempre juntar um zero ao segmento inicial, se isso for *permissível;* se não for, juntar uma unidade; e sempre eliminar da tabela a última x-pla criada com o período inicial. (Aqui, *"se permissível"* quer dizer "se a assim criada última x-pla do período inicial ainda não ocorreu e, pois, não chegou a ser eliminada da tabela".)

Prosseguir desse modo até que todas as x-plas da lista tenham sido eliminadas. O resultado é uma sequência de comprimento $2^x + x - 1$ que consiste de (a) período gerador, de comprimento $2^x = 2^n + 1$, de uma alternativa n-livre, à qual (b) foi acrescentado o conjunto de n primeiros elementos do período seguinte. Uma sequência construída dessa maneira pode ser considerada como a *"mais curta"* sequência n-livre, pois é fácil ver que não existe período gerador mais curto numa sequência periódica n-livre, isto é, não existe período gerador mais curto que o de comprimento $2^n + 1$.

Demonstrações da legitimidade dessa regra de construção foram apresentadas pelo Dr. L. R. B. Elton e por mim. Pensamos escrever um breve artigo a respeito.

algumas condições adicionais (*e.g.*: os períodos que serão escritos a cada fase não devem ser mais longos do que o necessário — de modo que devem ser exatamente n_i-I-livres, não meramente *pelo menos* n_i-I-livres), o método de construção que acaba de ser descrito pode ser aperfeiçoado e transformar-se num método *despido de ambiguidade,* que permite definir uma sequência bem determinada, na qual é perfeitamente possível calcular, relativamente a cada termo da sequência, se se trata de um zero ou de uma unidade.[*2] Temos, portanto, uma sequência definida, isto é, bem determinada, construída de acordo com uma regra matemática, com frequências cujos limites são

$${}_{\alpha}F\,'(\mathrm{I}) = {}_{\alpha}F\,'(0) = \frac{1}{2}$$

Usando o mesmo procedimento usado na demonstração da terceira forma da fórmula do binômio (sec. 60) ou do teorema de Bernoulli (sec. 61), pode-se mostrar (com qualquer grau de aproximação) que, *para qualquer valor da frequência, arbitrariamente escolhido,* existem sequências "absolutamente livres" — desde que se imponha a restrição (que acabamos de demonstrar) de que existe pelo menos uma sequência absolutamente livre.

---

*2 A fim de ilustrar, de modo concreto, essa construção — a construção da *sequência mais curta de caráter aleatório,* como parece oportuno denominá-la — podemos principiar com o período

(0) 0 I

de comprimento $n_0 = 2$. (Caberia dizer que esse período gera uma alternativa 0-livre.) Em seguida, precisamos construir um período que seja n_0-I-livre, isto é, I-livre. O método indicado em nota precedente, *1, conduz a "II00" como período gerador de uma alternativa I-livre; esta precisa ser reagrupada de tal modo que principie com a sequência "0I", que aqui chamamos (0). Como resultado do reagrupamento tem-se

(I) 0 I I 0

com $n_1 = 4$. Constrói-se, a seguir, o período n_1-I-livre (isto é, 3-livre), determinado pelo método descrito em nota precedente, *1. Resulta

I I I I 0 0 0 0 I 0 0 I I 0 I 0

Efetua-se o reagrupamento, de modo a ter a sequência inicial (I), o que nos leva a

(2) 0 I I 0 I 0 I I I I 0 0 0 0 I 0

Tendo-se $n_2 = 16$, precisamos construir, agora, pelo método indicado em *1, um período (3), que seja 15-livre, cujo comprimento será 2^{16}, ou seja, 65 536. Obtido esse período 15-livre (3), é preciso localizar onde, nesse longo período, ocorre a sequência (2). Reagrupa-se (3), então, de modo a fazer com que principie pela sequência (2), passando a construir (4), de comprimento $2^{65\,536}$.

Uma sequência obtida dessa maneira pode ser denominada a "*mais curta* sequência de caráter aleatório", porquanto (i) cada fase de sua construção consiste de construção, para algum *n,* de um mais curto período *n*-livre (*cf.* nota *1, acima); e porquanto (ii) a sequência é construída de tal forma que, em qualquer fase de sua obtenção, ela sempre começa com um mais curto período *n*-livre. Consequentemente, o método de construção assegura que qualquer segmento inicial de comprimento

$$m = 2^{2^{\cdot^{\cdot^{\cdot^{2^{2}}}}}}$$

é um mais curto período *n*-livre, para o maior *n* possível (ou seja, para $n = (\log_2 m) - \mathrm{I}$).

A propriedade de "brevidade" (ou de ser "mais curta") é de grande importância; com efeito, sempre é possível obter sequências *n*-livres ou mesmo absolutamente livres, em que há equidistribuição, que principiam com um segmento finito de *qualquer* comprimento *m,* em que este segmento finito não tem caráter aleatório — consistindo, digamos, de apenas zeros, ou de apenas unidades ou de arranjos intuitivamente "regulares". Isso mostra que, para a aplicação, o requisito de *n*-liberdade (ou mesmo de liberdade absoluta) não é suficiente, devendo ser substituído por outro requisito como o da *n*-liberdade *manifesta desde o princípio.* E é precisamente esse o alvo atingido pela sequência aleatória "mais curta", alvo alcançado da maneira mais radical possível. São estas sequências "mais curtas", portanto, as únicas que podem fixar um padrão ideal de aleatoriedade. Com efeito, para tais sequências "mais curtas", *a convergência pode ser imediatamente assegurada* — contrariamente ao que acontece, digamos, com as sequências (b) e (c) apresentadas a seguir. Ver, ainda, o apêndice *vi.

(b) Um método análogo de construção pode ser utilizado para mostrar que existem sequências cuja frequência média (*cf.* sec. 64) é "absolutamente livre", embora lhes falte um limite de frequências. Basta alterar o procedimento indicado em (a), fazendo com que, após certo número de aumentos de comprimento, sempre se junte à sequência um "bloco" finito (ou "iteração") — digamos, de unidades. Esse bloco é tornado tão longo a ponto de atingir-se certa frequência *p*, diversa de $\frac{1}{2}$. Atingida essa frequência, a sequência agora escrita (que pode ser de comprimento m_i) é tomada como sequência inicial de um período que é m_i-I-livre (mantida a distribuição igual). E o procedimento se repete.

(c) Enfim, é possível construir, de modo semelhante, um modelo para certa sequência que admita *mais de uma* frequência medial "absolutamente livre". De acordo com (a), existem sequências que não têm igual distribuição e que são "absolutamente livres". O que se pode, então, fazer é combinar duas dessas sequências, (A) e (B) — com frequências *p* e *q* — adotando o procedimento a seguir explanado. Escrevemos alguma sequência inicial de (A); investigamos, a seguir, (B), até encontrar nela a sequência inicial escrita; damos um novo arranjo ao período de (B), de modo que principie com a sequência inicialmente escrita; usamos, então, todo esse novo período de (B) como sequência inicial. Voltamos a examinar (A), até encontrar nela esta nova sequência escrita; reagrupamos (A); e repetimos o procedimento. Dessa maneira, obtemos uma sequência em que comparecem, repetidas vezes, termos até os quais a sequência é n_i-livre, para a frequência relativa p, da sequência (A), mas em que também comparecem, repetidas vezes, termos até os quais a sequência é n_i-livre, para a frequência relativa *q*, de (B). Como, nessas condições, os números n_i, crescem indefinidamente chega-se a um modo de construção de sequência que admite duas "frequências mediais" distintas, ambas "absolutamente livres". (De fato, (A) e (B) foram determinadas de tal modo que os limites das frequências são distintos.)

Nota. A possibilidade de uso do teorema especial da multiplicação ao problema clássico do lançamento de dois dados, *X* e *Y*, jogados simultaneamente (bem como a outros problemas correlatos), está assegurada se, por exemplo, fizermos a estimativa hipotética de que é aleatória a "sequência combinada" (como caberia denominá-la) — isto é, a sequência α, cujos termos ímpares são os lançamentos do dado *X* e cujos termos pares correspondem aos lançamentos do dado *Y*.

Exame de uma objeção. O experimento das duas fendas. (Cf. seção 76.*)*[*1]

O experimento imaginário, descrito abaixo, em (a), é apresentado com o objetivo de refutar minha asserção de que são compatíveis com a teoria quântica as medidas simultâneas (não preditivas), arbitrariamente exatas, da posição e do momento de uma partícula.

(a) Seja *A* um átomo que emite radiações, imaginando-se que a luz emitida incida sobre uma tela *S*, depois de passar por duas fendas F_1 e F_2. De acordo com Heisenberg, é possível medir, de modo preciso, o momento da radiação ou a posição de *A* — mas não ambos. Se medirmos exatamente a posição (operação que vem a "toldar" ou "anuviar" o momento), é possível admitir que a luz emitida por A se propaga em ondas esféricas. Se medimos com precisão o momento, medindo, por exemplo, os refluxos devidos à emissão de fótons ("toldando" ou "anuviando" a posição), temos condições para calcular, com exatidão, a direção e o momento dos fótons emitidos. Nesta hipótese, teremos de encarar a radiação como corpuscular ("radiação agulheada"). Aos dois tipos de mensuração correspondem, portanto, dois tipos diversos de radiação, de modo que obtemos dois resultados experimentais diversos. Com efeito, se medimos exatamente a posição, obtemos, na tela, um padrão de interferência: uma fonte puntiforme (e uma fonte cuja posição pode ser medida exatamente *é* puntiforme) emite luz congruente.[*] Se, ao contrário, medimos exatamente o momento, não teremos o padrão de interferência. (Depois que os fótons passam pelas fendas, aparecem na tela as cintilações, sem padrão de interferência — em consonância com o fato de que a posição *é* "toldada" ou "anuviada", e fontes luminosas não puntiformes não emitem luz congruente.) Admitida a possibilidade de mensuração exata do momento e da posição, o átomo teria de emitir, por um lado, de acordo com a teoria ondulatória, ondas esféricas e contínuas, que provocariam padrões de interferência; e teria de emitir, por outro lado, um feixe corpuscular incongruente de fótons. (Se fôssemos capazes de determinar a trajetória de cada fóton, não obteríamos algo que se assemelhasse à "interferência", dado que os fótons não se destroem uns aos outros, nem interagem entre si de outra maneira.) A

*1 Ver, ainda, o apêndice *xi e a seção *110 (capítulo *v) do meu *Postscript*. Penso, atualmente, que o experimento das duas fendas deve ser examinado sob ângulo diverso; todavia, a interpretação apresentada neste apêndice continua a ser de interesse. As anotações feitas na parte (e) parecem-me, ainda, uma crítica legítima à tentativa de explanar o dualismo partícula-onda em termos de "complementaridade" — tentativa que parece já ter sido abandonada por alguns físicos.

* Um feixe de luz (ou qualquer outra radiação eletromagnética) diz-se coerente, ou congruente, se suas ondas estão em fase (N. T.).

hipótese de uma medida exata da posição *e* do momento leva, pois, a duas previsões contraditórias. Leva, de um lado, à previsão de que os padrões de interferência hão de se manifestar; e, de outro, à previsão de que esses padrões não se manifestarão.

(b) Passarei, agora, a reinterpretar em termos estatísticos esse experimento imaginário. Tratarei, em primeiro lugar, da tentativa de determinação exata de posições. Substituirei o átomo único por uma constelação de átomos — de modo que eles emitam uma luz coerente, a propagar-se na forma de ondas esféricas. Isso é conseguido mediante o uso de uma nova tela dotada de pequena abertura *F;* esta segunda tela é colocada entre a constelação de átomos e a primeira tela, e de tal modo que a fenda *F* fique situada precisamente no local previamente ocupado pelo átomo único *A*. O conjunto de átomos emite luz que, selecionada segundo a posição, mediante passagem pela fenda *F*, abre-se na forma de ondas esféricas e contínuas. Substituímos, portanto, o átomo único, cuja posição é determinada com exatidão, por um caso estatístico de mera seleção segundo posições.

(c) De modo análogo, o átomo cuja medida de momento era exata (mas de posição "toldada" ou "anuviada") será substituído por uma simples seleção, que depende de um dado momento; em outras palavras, será substituído por um feixe monocromático de fótons que descrevem trajetórias retilíneas paralelas, partindo de alguma fonte luminosa (não puntiforme).

Em cada caso, o resultado experimental correto é alcançado: padrões de interferência, no caso (b); ausência desses padrões, no caso (c).

(d) De que modo interpretar o terceiro caso, que, de acordo com as suposições feitas, leva a predições mutuamente contraditórias? Para descobrir isso, imaginamos ter observado exatamente a trajetória do átomo *A*, o que significa uma observação da posição e do momento. Deveríamos então concluir que o átomo emite fótons isolados, sofrendo ação de recuo em cada emissão. A cada recuo, o átomo se desloca para nova posição, e o deslocamento se faz em direções variáveis. Admitindo que o átomo emita fótons por algum tempo (sem cogitar da possibilidade de o átomo, nesse mesmo intervalo de tempo, absorver energia), ele ocupará diversas posições durante o período em pauta, posições que delineiam um volume considerável no espaço. Por esse motivo, não estamos autorizados a substituir o átomo por uma constelação puntiforme de átomos: só podemos substituí-lo por uma constelação que ocupe certo volume. Além disso, lembrados que o átomo irradia em várias direções, ele deve ser substituído por uma constelação de átomos que irradiem em todas as direções. Não se tem, por conseguinte, um caso puro, nem uma radiação coerente. E não se manifesta o padrão de interferência

Objeções semelhantes a esta que ora examinamos podem ser reinterpretadas de forma estatística, exatamente como neste exemplo.

(e) Com respeito à análise desse experimento imaginário, eu gostaria de sublinhar que o argumento (a), ao contrário do que poderia parecer a um primeiro olhar, *não* se mostra suficiente para elucidar o chamado problema da complementariedade (ou do dualismo onda-partícula). O argumento procura elucidar a questão, revelando que o átomo pode emitir ondas coerentes *ou* fótons incoerentes, *de modo que* não ocorre contradição, já que os experimentos são mutuamente excludentes. Todavia, os experimentos não se excluem, pois é possível combinar uma medida não muito exata da posição com uma medida não muito exata do momento; nesse caso, o átomo nem emite ondas completamente coerentes nem fótons inteiramente incoerentes. A interpretação estatística por mim proposta não encontra qualquer dificuldade no enfrentar esses casos intermediários, embora jamais tenha tido o propósito de solucionar o problema do dualismo ondas-partículas. Entendo que uma solução realmente satisfatória desse problema dificilmente será alcançada dentro do quadro da Física quântica estatística (a teoria das partículas elaborada por Heisenberg e Schrödinger, nos termos em que é interpretada por Born, em 1925/26), mas creio que talvez possa encontrar solução dentro da estrutura de uma Física quântica de campos de ondas, ou de "segunda quantização" (teoria da emissão e absorção proposta por Dirac e teoria do campo de onda da matéria, devida a Dirac, Jordan, Pauli, Klein, Mie, Wigner, 1927/28. *Cf.* a nota 2 à introdução da seção 73).

A propósito de um processo não preditivo de medida. (Cf. seção 77.)[*1]

Admitimos que um feixe não monocromático de partículas (por exemplo, um raio luminoso), que se move em trajetórias paralelas ao eixo dos *x*, é sujeito a um processo de seleção, quanto aos *momenta*, mediante a interposição de um filtro. (Se o feixe consiste de elétrons, usa-se, em vez do filtro, um campo elétrico, perpendicular à direção do feixe, para fazer, assim, a análise do espectro obtido.) Admitimos, com Heisenberg, que esse procedimento não provoca alteração nos *momenta* (ou, mais precisamente, não altera os componentes desses *momenta* na direção *x*) e, consequentemente, não altera as *velocidades* (ou suas componentes na direção *x*) das partículas selecionadas.

Atrás do filtro colocamos um contador Geiger (ou um filme fotográfico em movimento), com o objetivo de medir o instante em que chegam as partículas. Isso nos capacita (lembrados de que as velocidades das partículas são conhecidas) a calcular as coordenadas-*x* das partículas, em qualquer instante anterior ao da chegada. Duas hipóteses são agora possíveis. Se, de um lado, admitimos que as coordenadas-*x* das posições das partículas não sofreram alteração ao medir-se os *momenta*, então

*1 Heisenberg — que fala de *medir* ou *observar*, mas não de *selecionar* — coloca a situação na forma de descrição de um experimento imaginário, usando as seguintes palavras: se desejarmos observar a *posição* do elétron, teremos de usar luz de alta frequência, que interage fortemente com o elétron, perturbando, portanto, o seu *momento*. Se desejarmos observar o momento, teremos de usar luz de baixa frequência, e esta, conquanto mantenha (praticamente) inalterado o momento, não nos ajuda a determinar a posição do elétron. É importante notar, nessa discussão, que a *incerteza quanto ao momento é devida à perturbação, ao passo que a incerteza quanto à posição não é devida a algo desse gênero;* pelo contrário, é o resultado do desejo de *evitar-se* uma perturbação sensível do sistema. (Ver o apêndice *xi, ponto 9.)
Meu argumento inicial (que se assentava nessa anotação) prosseguia ao longo das linhas a seguir indicadas. Uma vez que a determinação do momento deixa esse momento inalterado, porque é fraca a interação com o sistema, ela também deve manter inalterada a posição, embora não permita *desvelar* a posição. Todavia, essa posição desconhecida pode, a seguir, ser desvendada através de segunda mensuração. Como a primeira mensuração manteve (praticamente) inalterado o estado do elétron, é possível calcular o passado do elétron, não apenas entre as duas mensurações, mas também no período que precedeu a primeira mensuração.
Não vejo de que maneira Heisenberg poderia evitar essa conclusão sem alterar profundamente o seu argumento. (Em outras palavras, continuo acreditando que minha argumentação e meu experimento, descritos na seção 77, podem ser utilizados para sublinhar que existe uma incongruência no que Heisenberg afirma acerca da observação do elétron.) Contudo, creio agora ter errado ao admitir que o válido para as "observações" ou "mensurações" imaginárias de Heisenberg também seria válido para as minhas "seleções". De fato, Einstein mostra (no apêndice *xii) que isso não acontece, tomando, para exemplificar, o caso de um filtro que age sobre um fóton. Também não vale para o campo elétrico perpendicular à direção de um feixe de elétrons — caso mencionado (como o do filtro) no parágrafo inicial do presente apêndice. Com efeito, a largura do feixe deve ser apreciável, se os elétrons se movem paralelamente ao eixo dos *x* e, em consequência, a posição deles, antes de terem penetrado no campo, não pode ser calculada com precisão, dada a deflexão sofrida pela ação do campo. Essas considerações tornam ilegítimo o argumento apresentado neste apêndice, e tornam ilegítimos os argumentos do próximo apêndice e da seção 77.

as medidas de posição e momento podem ser legitimamente ampliadas, abrangendo instantes anteriores ao da seleção dos *momenta* (pelo filtro). Se admitimos, por outro lado, que uma seleção segundo os *momenta* provoca, de fato, alteração das coordenadas-*x* das posições das partículas, então só é possível calcular de modo exato as trajetórias no intervalo de tempo *entre* as duas medidas.

Ora, a hipótese de que a posição das partículas, ao longo de suas trajetórias, pode ser perturbada, de modo impredizível, pela seleção em termos de momento, equivale à hipótese de que a coordenada da posição de uma partícula é alterada, de modo não passível de cálculo, por essa seleção. Todavia, recordando que a velocidade da partícula não sofreu alteração, esta hipótese deve ser equivalente à hipótese de que, em virtude da seleção, a partícula deve ter saltado, *de maneira não contínua* (com velocidade superior à da luz) para um ponto diverso da trajetória.

Essa hipótese, porém, é incompatível com a teoria quântica, tal como ela é formulada hoje. Com efeito, a teoria permite saltos não contínuos, mas apenas para as partículas situadas no interior do átomo (no âmbito de valores-próprios — *eigen-values* — descontínuos, mas não no caso de partículas livres no âmbito de valores-próprios contínuos).

É possível, presume-se, elaborar uma teoria (em que se possa escapar das conclusões expostas acima ou em que se possa preservar o princípio da indeterminação) capaz de introduzir alterações na teoria quântica, de modo a torná-la compatível com a hipótese de perturbação da posição em virtude da seleção do momento. Mesmo essa teoria, contudo (que eu poderia chamar de "teoria da indeterminação"), só permitiria obter consequências estatísticas do princípio de indeterminação — e portanto, só poderia receber corroboração estatística. Nessa teoria, o princípio de indeterminação seria um enunciado formalmente singular de probabilidade, embora seu conteúdo abrangesse mais do que aquilo que eu chamei de "relações estatísticas de dispersão". Com efeito, como poderá ver abaixo, num exemplo, essas relações são compatíveis com a hipótese de que a seleção dos *momenta* não afeta as posições. Consequentemente, *essa última suposição não nos autoriza a inferir a existência de um "caso superpuro", como os que são proibidos pelas relações de dispersão.* Este enunciado mostra que o método de mensuração, que examinei, não afeta as fórmulas de Heisenberg estatisticamente interpretadas. Ele ocupa, em minha interpretação estatística, a mesma "posição lógica" (por assim dizer) que, na interpretação de Heisenberg, é ocupado pelo enunciado (de Heisenberg) em que se nega "realidade física" às medidas exatas. Na verdade, meu enunciado pode ser considerado como tradução do enunciado de Heisenberg para a linguagem estatística.

A correção do enunciado em pauta pode ser assegurada pelas considerações que passo a fazer. Poderíamos tentar obter um "caso superpuro" invertendo a ordem dos passos, no experimento realizado; selecionaríamos, digamos, em primeiro lugar, uma posição no eixo dos *x* (direção do movimento), valendo-nos de um obturador veloz, para só então selecionar o momento, com auxílio de um filtro. Isto pode parecer viável. De fato, em vista da medida de posição, toda uma gama de momentos viria a manifestar-se, e o filtro selecionaria, entre eles — sem afetar a posição — apenas os que se situassem numa faixa diminuta. Acontece, porém, que estas suposições são errôneas. Com efeito, se um grupo de partículas é selecionado por um obturador "instantâneo", da maneira indicada, então os pacotes de ondas de Schrödinger (resultantes de superposição de ondas de frequências variadas) só nos fornecem *probabilidades*, que devem receber interpretação estatística — e probabilidades de ocorrência de partículas do grupo em questão, dotadas de determinado momento. Relativamente a qualquer dado âmbito de momenta Δp_x, essa probabilidade tende a zero, contanto que se torne infinitamente pequeno o comprimento do trem de onda — isto é, contanto que se meça a posição com precisão arbitrária (abrindo o obturador instantâneo por um período de tempo arbitrariamente diminuto). De modo análogo, a probabilidade tende a zero para qualquer período finito, durante o qual o obturador instantâneo se abre, isto é, para qualquer valor da faixa de posição Δx, contanto que Δp_x tenda a zero. Quanto mais exatamente selecionamos a posição e o momento, tanto mais improvável se torna encontrar qualquer partícula atrás do filtro. Isso quer dizer que apenas em alguns, dentre uma grande quantidade de experimentos, será possível deparar com partículas atrás do filtro — sem que se possa predizer, antecipadamente, em quais desses experimentos as partículas serão encontradas atrás do filtro. Não dispomos de meios para impedir que as partículas apareçam apenas em certos intervalos, distribuídos aleatoriamente; consequentemente, não dispomos de meios para produzir, da maneira indicada, um agregado de partículas que se mostre mais homogêneo do que no caso puro.

Parece haver um experimento crucial relativamente simples, por meio do qual se decida entre a "teoria da indeterminação" (descrita acima) e a teoria quântica. Segundo a primeira dessas teorias, os fótons continuariam a chegar a uma tela colocada atrás de um filtro altamente seletivo (ou de um espectrógrafo), mesmo depois da extinção da fonte luminosa, pelo menos durante algum tempo. Além disso, o efeito produzido pelo filtro prolongar-se-ia tanto mais quanto maior for a sua seletividade.[*2]

*2 Isto é precisamente o que acontecerá, segundo as anotações de Einstein, aqui reproduzidas no apêndice *xii. Ver, ainda, as críticas que C. F. von Weizsäcker levanta ao meu experimento imaginário, publicadas em *Die Naturwissenschaften*, v. 22, 1934, p. 807.

Observações concernentes a um experimento imaginário. (Cf. seção 77.)[*1]

Podemos partir do pressuposto de que $\mathbf{a}_1$ e $|\mathbf{b}_1|$ são medidos, ou selecionados, com um grau de precisão arbitrário. Em vista do resultado obtido no apêndice anterior, podemos admitir que o momento absoluto $|\mathbf{a}_2|$ da partícula, que chega a *X* seguindo o trajeto *PX*, pode ser medido com um grau de precisão arbitrário. Consequentemente, $|\mathbf{b}_2|$ também pode ser determinado com qualquer precisão desejada (tendo em conta o princípio de conservação da energia). Acresce que as posições de *S* e *X*, bem como os instantes de chegada, ao ponto *X*, das partículas-[A] também podem ser medidos com precisão arbitrária. Devemos, por conseguinte, investigar apenas a situação relativa às indeterminações $\Delta\mathbf{a}_2$ e $\Delta\mathbf{b}_2$, que se originam de indeterminações nas *direções* correspondentes, e ao vetor $\Delta\mathbf{P}$, associado à indeterminação da posição de *P* — que também se origina da indeterminação de uma *direção*, a saber, a direção *PX*.

Se o feixe *PX* passa por uma fenda em *X*, então uma indeterminação direcional φ se manifestará, em consequência da difração que se manifesta na fenda. O ângulo φ pode ser tornado arbitrariamente diminuto, bastando, para isso, fazer $|\mathbf{a}_2|$ suficientemente grande. Com efeito, temos

$$\text{(I)} \qquad \varphi \cong \frac{h}{r.|\mathbf{a}_2|}$$

em que *r* é a largura da fenda. Todavia, é impossível, por esse meio, diminuir $|\Delta\mathbf{a}_2|$; essa diminuição só seria alcançada mediante um aumento de *r*, que levaria a um aumento de $|\Delta\mathbf{P}|$; de fato,

$$\text{(2)} \qquad |\Delta\mathbf{a}_2| \cong \varphi\, |\mathbf{a}_2|$$

o que leva, em vista de (I), a

$$\text{(3)} \qquad |\Delta\mathbf{a}_2| \cong \frac{h}{r}$$

mostrando que $|\Delta\mathbf{a}_2|$ não depende de $|\mathbf{a}_2|$.

*1 Para uma crítica de certos pressupostos necessários para o argumento apresentado na seção 77 e neste apêndice, ver nota *1, no apêndice anterior.

Sendo possível tornar φ tão pequeno quanto se desejar, para qualquer valor fixado de r (bastando, para tanto, aumentar $|\mathbf{a}_2|$), também *é* possível tornar arbitrariamente pequeno a componente de $\Delta\mathbf{a}_2$ na direção *PX*, componente que será denotada por "$(\Delta\mathbf{a}_2)_x$". E isso pode ser conseguido sem interferir na precisão da medida da posição de *P*, uma vez que essa posição também se torna mais precisa quando se aumenta $|\mathbf{a}_2|$ e se diminui r. Pretendemos mostrar que um argumento semelhante aplica-se a $(\Delta\mathbf{a}_2)_y$, isto é, à componente *PY* de $\Delta\mathbf{b}_2$.

Considerando que é lícito fazer $\Delta\mathbf{a}_1 = 0$ (de acordo com nossas hipóteses), a conservação dos *momenta* permite concluir que

$$(4) \qquad \Delta\mathbf{b}_2 = \Delta\mathbf{b}_1 - \Delta\mathbf{a}_2$$

$\Delta\mathbf{b}_1$ depende, para quaisquer a_1 $|b_1|$ e $|a_2|$, diretamente de φ, o que significa poder-se obter arranjo tal que

$$(5) \qquad |\Delta\mathbf{b}_1| \cong |\Delta\mathbf{a}_2| \cong \frac{h}{r}$$

e, portanto, tal que

$$(6) \qquad |\Delta\mathbf{b}_1| - |\Delta\mathbf{a}_2| \cong \frac{h}{r}$$

Além disso, tendo em conta a analogia com (2), pode-se obter

$$(7) \qquad |\Delta\mathbf{b}_2| \cong \Psi \,.\, |\mathbf{b}_2|$$

onde "Ψ" denota a indeterminação da direção de b_2. Consequentemente, em vista de (4) e (5), resulta

$$(8) \qquad \frac{|\Delta b_1 - \Delta a_2|}{b_2} \cong \frac{h}{r \,.\, |\mathbf{b}_2|}$$

Todavia, isto quer dizer: não importa quão pequeno se faça r, é sempre possível tornar Ψ e, com ele, $(\Delta\mathbf{b}_2)_y$, arbitrariamente pequeno, bastando, para isso, considerar valores suficientemente grandes para o momento $|\mathbf{b}_2|$; e isso, de novo, sem interferir com a precisão na medida da posição de *P*.

Isso revela que é possível tornar tão pequeno quanto se queira qualquer dos fatores do produto

$$(\Delta\mathbf{P})_y \,.\, (\Delta b_2)_y$$

e de modo independente. Note-se, porém, que, para refutar a asserção de Heisenberg, relativa aos limites de precisão possíveis de alcançar, seria bastante mostrar que um desses fatores pode ser tornado tão pequeno quanto se queira, sem que isso obrigue o outro fator a crescer para além de qualquer limite.

Cabe notar, ainda, que uma escolha apropriada da direção *PX* permite determinar a *distância PX* de tal maneira que $\Delta\mathbf{P}$ e $\Delta\mathbf{b}_2$ sejam paralelos e, consequentemente, (para φ suficientemente pequeno) perpendiculares a *PY*.[1] Deflui daí que a precisão do momento, nessa direção (e sentido), bem como a precisão da posição (no mesmo sentido), tornam-se ambas *independentes da precisão com que se mede a posição de P.* (Esta última, quando se tomam valores elevados para $|\mathbf{a}_2|$, depende sobretudo do valor diminuto atribuído a *r*.) *A precisão das duas medidas depende apenas da precisão das medidas do momento e da posição da partícula que chega a X, vinda no sentido PX,* e do valor diminuto atribuído a Ψ.(Isso corresponde ao fato de que a precisão $(\Delta\mathbf{b}_2)_x$, da partícula que chega a *X* depende de quão pequeno seja φ.)

Percebe-se que — relativamente à precisão das mensurações — são inteiramente *simétricas* as situações de aparente impossibilidade de predição da medida da partícula [A], que chega a *X*, e de predição da trajetória da partícula [B], que deixa *P*.

---

1 O fato de que um exame do grau de precisão das mensurações feitas numa direção perpendicular a Δ^s pode ser relevante foi-me apontado por Schiff — durante uma discussão de meu experimento imaginário. Desejo, aqui, deixar registrados meus agradecimentos calorosos ao Dr. K. Schiff, pela valiosa colaboração que me prestou durante quase todo um ano.

Novos apêndices

Embora eu tenha constatado, com certa surpresa, aliás, que estava de acordo com praticamente todas as concepções filosóficas registradas nesta obra, até mesmo com aquelas que se associam ao cálculo de probabilidades — campo em que minhas ideias sofreram as alterações mais profundas — senti que era oportuno acrescentar-lhes alguma coisa do material acumulado ao longo dos anos. Como eu nunca deixei de trabalhar com os problemas apresentados no livro, esse material era extenso, de modo que se tornava impraticável incluir, nestes novos apêndices, todos os resultados relevantes que fui reunindo. Um desses resultados, em especial, precisa ser aqui mencionado, pois dele não me ocupei nos apêndices. Trata-se da *interpretação da probabilidade em termos de propensão* (como deliberei denominá-la). A exposição e discussão dessa interpretação ampliaram-se de tal maneira — contra, mesmo, as minhas próprias intenções — que acabaram por se transformar na parte central de outro livro.

Este novo livro é *Postscript: After Twenty Years.* Ele pode ser encarado como um prolongamento da presente obra e contém matéria afim à que se encontra aqui, mesmo se não se levar em conta a questão da probabilidade. Em torno deste assunto, caberia lembrar dois artigos que eu poderia ter juntado aos apêndices, não fora o temor de tornar a obra excessivamente longa: "Three Views Concerning Human Knowledge" e "Philosophy of Science: a Personal Report".[1]

Os dois primeiros novos apêndices encerram três breves notas, publicadas entre 1933 e 1938, intimamente relacionadas aos temas do livro. A leitura desses dois apêndices não é fácil — temo eu — porque eles são "compactos" e não me senti capaz de torná-los mais simples sem introduzir modificações que lhes roubariam o valor — o valor que podem ter como documentos.

Os apêndices *ii a *v têm caráter técnico — demasiado técnico, aliás, para o meu gosto. Todavia, os aspectos técnicos são indispensáveis, no meu entender, já que se trata de resolver a seguinte questão de ordem filosófica: *Seria o grau de corroboração, ou de aceitabilidade, de uma teoria equiparável à probabilidade,* como vários autores sustentam? Ou, em outras palavras: *o grau de corroboração satisfaz as regras do cálculo de probabilidade?*

---

1 Publicados, respectivamente, em *Contemporary British Philosophers,* vol. 3, obra organizada por H. D. Lewis, 1956, pp. 355-388, e em *British Philosophy in the Mid-Century,* obra organizada por C. A. Mace, 1957, pp. 153-191. Os dois artigos encontram-se, agora, em *Conjectures and Refutations,* 1963, 1965 (caps. 1 e 3).

Eu já havia abordado o tema em meu livro e minha resposta à pergunta tinha sido "*Não*". A isso, alguns pensadores retrucaram: "Contudo, o que eu entendo por probabilidade (ou corroboração, ou confirmação) é algo que difere da sua interpretação." Para justificar minha repulsa a essa réplica evasiva (que ameaça reduzir a teoria do conhecimento a mero verbalismo), pareceu-me necessário discutir o assunto em termos técnicos. Em especial, pareceu-me necessário formular as regras ("axiomas") do cálculo de probabilidades e determinar o papel de cada uma. A fim de não prejulgar a questão (ou seja, a questão de saber se o grau de corroboração é ou não uma das possíveis interpretações do cálculo de probabilidades), esse cálculo devia ser tomado em sua mais ampla acepção, só se admitindo a presença de regras que lhe fossem essenciais. Minhas investigações tiveram início em 1935 e um breve relato de certas conclusões mais antigas é encontrado no apêndice *ii. Um esboço das conclusões recentes é encontrado nos apêndices *iv e *v. Em todos esses locais assevera-se que *a ideia de probabilidade e do cálculo matemático de probabilidade admite múltiplas interpretações diferentes* — que se colocam ao lado das interpretações comuns, a clássica, a lógica, e aquela que se baseia na frequência, todas elas examinadas no livro. Os apêndices preparam, pois, o caminho para o que eu viria a chamar de *interpretação em termos de probabilidade.*[2]

Contudo, não era suficiente examinar as regras do cálculo de probabilidade: eu precisava, ainda, formular *regras para a avaliação de testes* — ou seja, para avaliar o grau de corroboração. Essa questão foi estudada numa série de três artigos, aqui reunidos no apêndice *ix. Os apêndices *vii e *viii constituem uma espécie de liame entre o tratamento que dou à probabilidade e o tratamento que dou à corroboração.

Os demais apêndices serão, espero, de interesse para filósofos e cientistas, particularmente para os que tratam da desordem objetiva e de experimentos imaginários. O apêndice *xii é uma carta de Einstein, aqui divulgada pela primeira vez, com a devida permissão dos responsáveis legais pelos trabalhos deixados pelo célebre cientista.

2 *Cf.* meu artigo "The Propensity Interpretation of Probability and the Quantum Theory", em *Observation and Interpretation,* obra organizada por S. Körner, 1957, pp. 65-70 e 88 e s. Ver, ainda, os artigos citados em nota anterior, especialmente pp. 388 e 188, respectivamente.
* Desde a primeira edição inglesa deste livro, mais dois artigos que escrevi tratam da interpretação em termos de propensão:
"The Propensity Interpretation of Probability", em *Journal for the Philosophy of Science,* v. 10, 1959, pp. 25-42; "Quantum mechanics without 'The Observer'", em *Quantum Theory and Reality,* obra organizada por Mario Bunge, 1967, pp. 7-44 (ver, em particular, pp. 28-44).

Duas notas acerca de indução e demarcação, 1933-1934.

A primeira das duas notas seguintes é uma "Carta ao Editor", enviada à direção da revista *Erkenntnis.* A segunda é uma contribuição para uma discussão em conferência filosófica, realizada em Praga, em 1934. Esta apareceu no volume de 1935 da revista *Erkenntnis,* integrando o relatório geral da conferência.

1

A carta ao Editor foi publicada em 1933, na revista *Erkenntnis,* v. 3 (ou seja, *Annalen der Philosophie,* v. II), n. 4-6, pp. 426 e s. Limitei-me, aqui, a dividir o texto em parágrafos, para facilitar a leitura.

A carta surgiu em decorrência do fato de que minhas concepções, naquela época, vinham sendo amplamente debatidas pelos integrantes do Círculo de Viena, mesmo em artigos *(cf.* nota 3), embora os meus trabalhos ainda não tivessem sido publicados, especialmente em virtude de sua extensão — meu livro *Logik der Forschung* precisou reduzir-se a uma fração do que continha, na versão original, para poder ser publicado. Todavia, meus manuscritos haviam sido examinados por alguns dos membros do Círculo, o que explica o debate.

A tônica de minha carta foi colocada sobre a diferença entre o problema da formulação de um critério de *demarcação,* de um lado, e o pseudoproblema da formulação de um critério de *significação* (e, pois, sobre o contraste que cabia fazer entre minhas ideias e as de Schlick e Wittgenstein). O meu desejo de acentuar essa diferença decorreu do fato de minhas ideias serem discutidas (mesmo antes de aparecerem em letra de forma) sob a errônea impressão de que eu advogava a substituição da verificação pelo falseamento como critério de significado — ao passo que, na verdade, eu não me preocupava com a questão do *significado,* mas com o problema da *demarcação.* Como a carta revela, já em 1933 eu tentava desfazer a impressão errônea que se tinha dos meus trabalhos. Tentei desfazer essa impressão, mais uma vez em meu *Logik der Forschung* — e venho repisando o assunto desde então, porque meus amigos positivistas, ao que parece, ainda não perceberam claramente a diferença que tentei acentuar. A má interpretação de meu pensamento levou-me, na carta, a sublinhar a diferença que havia entre meu modo de ver e as concepções defendidas pelos integrantes do Círculo de Viena, tecendo comentários em torno dessa diferença. Em consequência disso, algumas pessoas entenderam que eu havia desenvolvido minhas ideias com o intuito primordial de fazer críticas a Wittgenstein. Todavia, formulei o problema da demarcação e o critério de falseabilidade (ou de testabilidade) no outono de 1919, vários anos antes de as ideias wittgensteinianas se tornarem objeto de discussão no Círculo (*cf.* meu artigo "Philosophy of Science: a Personal Report", agora incluído no livro *Conjectures and Refutations*). Aí está a razão, assim que ouvi falar das concepções defendidas no Círculo, colocando a verificação como novo critério de significado, de eu ter procurado estabelecer o contraste entre o critério assim proposto e o meu critério de falseamento — critério de demarcação, elaborado com o propósito de traçar uma linha divisória entre sistemas de enunciados científicos e sistemas de enunciados metafísicos, mas perfeitamente significativos. (Não pretendo que meu critério se aplique ao que é destituído de significado.)

Eis minha carta de 1933:

Um critério para a determinação do caráter empírico de sistemas teóricos

(1) *Questão preliminar. O problema da indução, segundo Hume,* ou seja a questão da validade das leis naturais, apresenta-se como consequência de uma aparente contradição entre o princípio do empirismo (o princípio de acordo com o qual apenas a "experiência" é capaz de decidir da verdade ou da falsidade de enunciados factuais) e a constatação, feita por Hume, de que não são legítimos os argumentos de tipo indutivo (ou generalizantes).

Schlick,[1] sob a influência de Wittgenstein, acredita que essa contradição poderia ser eliminada, admitindo-se que as leis naturais "não são enunciados genuínos", porém, melhor dizendo, "regras para a transformação de enunciados"[*1] — ou seja, admitindo que as leis naturais são uma espécie peculiar de "pseudoenunciados".

Essa forma de resolver a questão (e essa solução, de qualquer maneira, me parece apenas verbal) parte, como várias outras tentativas anteriores — o *apriorismo,* o convencionalismo, etc. — de uma hipótese insustentável. Trata-se da hipótese de que todos os enunciados genuínos precisam ser, em princípio, inteiramente decisíveis, isto é, verificáveis e falseáveis. De modo mais preciso, uma verificação empírica (definitiva, ou decisiva) e uma falsificação empírica (decisiva) devem ser, ambas, logicamente possíveis, para todos os enunciados genuínos.

Abandonando essa hipótese, torna-se viável resolver, sem dificuldades, a contradição que se manifesta no problema da indução. Podemos, de fato, sem quebra de coerência, admitir que as leis e teorias naturais são enunciados genuínos

1 Schlick, *Die Naturwissenschaften*, v. 19, 1931, n. 7, p. 156.

*1 A fim de compreender melhor o pretendido significado que Schlick deseja alcançar, é melhor dizer "regras para a formação ou transformação de enunciados". Em alemão temos *"Anweisunger zur Bildung von Aussagen"*. Aqui, *"Anweisungen"* pode ser claramente traduzido pela palavra "regras"; todavia, *"Bildung"* não tinha, àquele tempo, as conotações técnicas que levaram, mais tarde, a uma distinção nítida entre a "formação" e a "transformação" de enunciados.

parcialmente decisíveis — isto é, enunciados que, por motivos de ordem lógica, não são verificáveis, mas, *de modo assimétrico, apenas falseáveis;* são enunciados que se submetem a teste mediante sistemáticas tentativas de falseamento.

A solução aqui sugerida apresenta a vantagem de preparar terreno para a resolução do segundo e mais importante dos dois problemas da teoria do conhecimento (ou teoria do método empírico). Eis o que tenho em mente:

(2) *Problema fundamental.* Este problema (que seria, para Kant, o da determinação dos limites do conhecimento científico), o *problema da demarcação,* pode ser encarado como o da fixação de um critério, através do qual estabelecer-se-ia a distinção entre asserções (enunciados, sistemas de enunciados) que fazem parte das ciências empíricas, e asserções que poderiam ser descritas pelo qualificativo de "metafísicas".

De acordo com sugestão de Wittgenstein,[2] a demarcação é alcançada com auxílio da ideia de "significado", ou de "sentido": cada proposição significativa, ou dotada de sentido, deve ser função-verdade de proposições "atômicas" — isto é, deve ser completamente reduzível, mediante uso da lógica, a enunciados singulares de observação (ou deve ser destes deduzível). Se alguma frase, considerada como enunciado, não se reduz a tais enunciados singulares de observação, ela é "sem significado", "sem sentido", "metafísica", ou uma "pseudoproposição". *A Metafísica,* por conseguinte, *não tem sentido.*

Pode parecer que os positivistas, traçando essa linha divisória, conseguiram aniquilar a Metafísica — e de maneira mais radical do que outros antimetafísicos anteriores. Todavia, esse procedimento não aniquila apenas a Metafísica: derruba, concomitantemente, a Ciência Natural. Com efeito, as leis da natureza não são reduzíveis a enunciados de observação, exatamente como não o são os pronunciamentos metafísicos. (Recorde-se o problema da indução!) As leis naturais, caso se aplicasse coerentemente o critério de significado proposto por Wittgenstein, também surgiriam como "pseudoproposições destituídas de significado" e seriam, portanto, "metafísicas". Consequentemente, essa tentativa de fixar uma linha demarcatória é falha.

O dogma do significado ou sentido e os pseudoproblemas que originou podem ser eliminados se adotarmos, como critério de demarcação, o *critério de falseabilidade* — isto é, de decisibilidade (pelo menos) unilateral, ou assimétrica, ou unidirecional. Segundo esse critério, os enunciados (ou sistemas de enunciados) encerram informações acerca do mundo empírico apenas no caso de poderem entrar em conflito com a experiência; de modo mais preciso, apenas se forem passíveis de *teste sistemático,* o que equivale a dizer que podem ser submetidos (em consonância com uma "decisão metodológica") a testes que *talvez* resultem em refutação.[3]

2 Wittgenstein, *Tractatus Logico-Philosophicus,* 1922.

3 Esse procedimento para o teste é relatado por Carnap em *Erkenntnis,* v. 3, pp. 223 e ss., "procedimento B". Ver, ainda, Dubislav, *Die Definition,* 3ª ed., pp. 100 e ss. * Adendo de 1957: Essa referência, como se poderá constatar, não é a Carnap, mas a um de meus trabalhos, que Carnap discutiu e acolheu, no artigo a que se faz alusão. Carnap reconheceu o fato de que eu era o autor do que ele descrevia como "procedimento B" ("*Verfahren* B").

Aceitando enunciados unilateralmente decisíveis, estamos em condições não só de resolver o problema da indução (notar que existe apenas um tipo de argumento que caminha em direção indutiva: o argumento dedutivo *modus tollens*), como de resolver o problema fundamental da demarcação — que provocou o aparecimento de quase todos os problemas de ordem epistemológica. Efetivamente, nosso critério de falseabilidade estabelece uma distinção suficientemente precisa entre os sistemas teóricos das ciências empíricas e os sistemas da Metafísica (e sistemas convencionais e tautológicos), sem, contudo, asseverar que a Metafísica é destituída de sentido (recordando que, sob uma perspectiva histórica, a Metafísica pode ser vista como a fonte de que brotam as teorias das ciências empíricas).

Parafraseando e generalizando uma bem conhecida afirmação de Einstein,[4] seria admissível caracterizar as ciências empíricas nestes termos: *Na medida em que um enunciado científico se refere à realidade, ele deve ser falseável; na medida em que não é falseável, não se refere à realidade.*

Uma análise lógica mostraria que o papel da *falseabilidade* (unilateral), como critério para caracterização da *ciência empírica*, compara-se ao papel que a *ausência de contradições* desempenha para a *ciência de modo geral*. Um sistema contraditório não permite que se forme um subconjunto próprio, partindo do conjunto de todos os enunciados possíveis; analogamente, um sistema não falseável não permite que se forme um subconjunto próprio, a partir do conjunto de todos os possíveis enunciados "empíricos" (ou de todos os enunciados singulares sintéticos).[5]

2

A segunda nota enfeixa algumas observações que tive ocasião de fazer quando se discutiu uma comunicação apresentada por Hans Reichenbach em conferência realizada em Praga, no verão de 1934 (estando meu livro, já paginado, em fase de revisão final). Posteriormente, foi publicado um relatório acerca da conferência, em *Erkenntnis* e, minha contribuição ao debate apareceu na mesma revista, v. 5, 1935, pp. 170 e ss.

A propósito da chamada "lógica da indução" e da "probabilidade das hipóteses"

Não creio que seja possível formular uma teoria satisfatória acerca do que tradicionalmente (e também pelo conferencista, Reichenbach) se chama "indução".

4 Einstein, *Geometrie und Erfahrung* pp. 3 e s. * Adendo de 1957: As palavras de Einstein foram estas: "Na medida em que os enunciados da geometria dizem respeito à realidade, eles não são certos; e na medida em que são certos, não dizem respeito à realidade."

5 Uma exposição mais minuciosa aparecerá, brevemente, em forma de livro (em *Schriften zur wissenschaftlichen Weltauffassung*, org. por Frank e Schlick, publicado por Springer, Viena). * Adendo de 1957: A referência era ao meu livro *Logik der Forschung*, em fase de impressão nessa data. (O livro foi publicado em 1934, mas — de acordo com um hábito continental — com data de "1935"; e eu mesmo tenho cometido o engano de aludir ao livro com a data errônea.)

Pelo contrário, acredito que qualquer teoria desse gênero use ela a Lógica clássica ou a Lógica probabilística — deve, por motivos puramente lógicos, levar a uma regressão infinita ou operar com base num princípio apriorístico da indução, isto é, um princípio sintético não passível de teste empírico.

Se distinguirmos, como o faz Reichenbach, um "procedimento para a descoberta" e um "procedimento para a justificação" de hipóteses, seremos compelidos a dizer que o primeiro — o procedimento adotado para descobrir hipóteses — não pode ser caracterizado racionalmente. Por outro lado, o procedimento que se adota para a justificação de hipóteses pode ser analisado, na minha opinião, sem necessidade de apelar para qualquer fator que se pretenda alegar elemento de uma Lógica indutiva. Com efeito, uma teoria da indução é supérflua — não tem papel a desempenhar numa Lógica da Ciência.

Teorias científicas jamais se "justificam", ou verificam. Apesar disso, uma hipótese A pode, em certas circunstâncias, alcançar mais do que uma hipótese B — talvez porque B põe-se em conflito com certos resultados da observação e é "falseada" por eles, ao passo que A não se vê falseada dessa maneira, ou talvez porque, com auxílio de A, deduz-se maior número de previsões do que o número possível de deduzir com o auxílio de B. O máximo que se pode afirmar acerca de uma hipótese é que ela até agora revelou-se valiosa e foi mais bem sucedida do que outras hipóteses rivais — embora, em princípio, ela nunca possa ser justificada, verificada ou mesmo mostrar-se provável. Esta apreciação da hipótese depende exclusivamente de consequências *dedutivas* (previsões) que obtemos da própria hipótese. *Não há necessidade de mencionar a indução.*

O engano que costumeiramente se comete, nesse caso, pode ser explicado em termos históricos: a Ciência foi considerada como um sistema de conhecimento — um conhecimento tão certo quanto possível. A "indução" era encarada como o elemento capaz de assegurar a verdade desse conhecimento. Mais tarde compreendeu-se que a verdade absolutamente certa não podia ser alcançada. Em vista disso, procurou-se colocar, em seu lugar, uma espécie de verdade ou certeza diluída, isto é, a "probabilidade".

Todavia, falar de "probabilidade", ao invés de falar de "verdade", não nos ajuda a escapar da regressão infinita nem do apriorismo.[1]

Sob esse ângulo, percebe-se que é inútil e desnorteador utilizar o conceito de probabilidade em conexão com as hipóteses científicas.

O conceito de probabilidade é empregado na Física e na teoria dos jogos de azar, campos em que adquire feição precisa e em que pode ser satisfatoriamente definido, com a ajuda do conceito de frequência relativa (acompanhando von Mises).[2] As tentativas de Reichenbach, no sentido de ampliar o conceito, a fim de que inclua a chamada "probabilidade indutiva" ou a "probabilidade de hipóteses", parecem-me condenadas ao fracasso — embora eu não tenha objeções a apresentar contra a ideia

1 *Cf.* Popper, *Logik der Forschung*, p. ex., pp. 188 e 195 e s. * (da edição original); melhor dizendo, seções 80 e 81.

2 *Op. cit.*, pp. 94 e ss. * (isto é, seções 47 a 51).

de cogitar de uma "frequência-verdade" numa sequência de eventos,[3] nos moldes propostos pelo próprio Reichenbach. No meu entender, as hipóteses não podem ser satisfatoriamente entendidas como sequências de enunciados;[4] mesmo aceitando essa maneira de ver, nada se ganha: somos apenas levados a várias definições completamente inadequadas da probabilidade de hipóteses. Assim, por exemplo, somos compelidos a atribuir probabilidade 1/2 (ao invés de probabilidade zero) a uma hipótese que se tenha falseado mil vezes — bastando que a hipótese venha a ser falseada apenas a cada segundo teste da série de testes a que for submetida. Talvez se pudesse considerar a possibilidade de interpretar a hipótese, não como uma sequência de enunciados, mas como um *elemento* de uma sequência de hipóteses,[5] atribuindo-lhe certa probabilidade *qua* elemento de tal sequência (não com base numa "frequência-verdade", mas com base numa "frequência-falsidade", na sequência). Mas essa tentativa também é pouco satisfatória. Certas considerações simples atestam que é impossível chegar, por esse caminho, a um conceito de probabilidade capaz de satisfazer até o modesto requisito de que uma observação falseadora deveria acarretar uma sensível baixa na probabilidade da hipótese.

Penso que nos devemos habituar à ideia de que a ciência não pode ser vista como um "corpo de conhecimentos", mas sim como um sistema de hipóteses, ou seja, um sistema de conjecturas ou antecipações que não admite, em princípio, justificação, com o qual, entretanto, operamos enquanto puder sobrepujar os testes a que for submetido — um sistema de hipóteses que não estamos em condições de declarar "verdadeiras", ou "mais ou menos certas" ou mesmo "prováveis" .

3 O conceito é devido a Whitehead.

4 Reichenbach entende que "as asserções das ciências naturais" são sequências de enunciados — *cf. Wahrscheinlichkeitslogik*, p. 15. *(Ber. d. Preuss. Akad., phys.-math., Klasse 29*, 1932, p. 488).

5 Isto corresponderia à concepção defendida por Greiling — na presente discussão. *Cf. Erkenntnis*, v. 5, pp. 168 e s.

Nota acerca da probabilidade (1938).

A nota seguinte, *"A Set of Independent Axioms for Probability"*, foi publicada, pela primeira vez, na revista *Mind,* v. 47, 1938, pp. 275 e ss. Trata-se da primeira nota que redigi em inglês. Isso explica porque, apesar de breve, deixa muito a desejar quanto ao estilo. (Acresce que provas tipográficas não me chegaram às mãos, estando eu em Christenchurch, Nova Zelândia, e não existindo, àquela época, o correio aéreo.)

O introito da nota é aqui reproduzido. Nele se afirma, de modo claro — e, segundo parece, pela primeira vez — que a teoria matemática das probabilidades deve ser construída como um *sistema "formal"*, ou seja, como um sistema capaz de receber diversas interpretações, incluindo-se entre elas, por exemplo, (1) a interpretação clássica, (2) a interpretação em termos de frequência e (3) a interpretação lógica (chamada, às vezes, na atualidade, de interpretação "semântica").

Uma das razões que me impelia a desenvolver uma teoria formal, independente de alguma particular escolha de interpretação, era a de que eu tinha esperanças de poder mostrar, em seguida, que o meu "grau de corroboração" (ou de "confirmação", ou de "aceitabilidade") não era uma "probabilidade": as propriedades daquilo que eu denominava, em meu livro, "grau de corroboração", eram incompatíveis com o cálculo formal das probabilidades. (*Cf.* o apêndice *ix, bem como as seções de número *27 a *32 do *Postscript.)*

Outra razão que me levava a escrever a nota, era o desejo de mostrar que a "probabilidade lógica", discutida em meu livro, era a interpretação lógica de uma "probabilidade absoluta" — isto é, de uma probabilidade $p(x, y)$, com um y tautológico. Recordando que uma tautologia pode assumir a forma não-(x e não-x), ou, para usar os símbolos da nota, a forma $\overline{x\bar{x}}$, *é* viável definir a probabilidade absoluta de x (que se poderia denotar por "$p(x)$" ou por "$pa(x)$") em função da probabilidade relativa; a definição seria

$$p(x) = p(x, \overline{x\bar{x}})$$

ou, alternativamente,

$$pa(x) = p(x, \overline{x\bar{x}}) = p(x, \overline{y\bar{y}})$$

Definição similar é dada nesta nota de 1938.

Ao redigir minha nota, eu desconhecia o livro de Kolmogoroff, *Grundbegriffe der Wabrschelichkeitsrechnung*, embora a primeira edição, em alemão, já tivesse aparecido em 1933. Kolmogoroff tinha objetivos semelhantes aos meus. Todavia, seu sistema é menos "formal" do que o meu, passível, pois, de menor número de interpretações. A diferença mais importante entre os dois sistemas é a seguinte: na sua interpretação, os argumentos do funtor de probabilidade são *conjuntos;* Kolmogoroff admite, pois, que eles têm "elementos". No meu sistema não há suposição análoga. *Nada se presume acerca desses argumentos* (que eu chamei de "elementos"), *em minha teoria, exceto que suas probabilidades satisfaçam os axiomas.* Sem embargo, o sistema de Kolmogoroff pode ser visto como uma das interpretações do meu. (Ver, ainda, anotações relativas a esse tema no apêndice *iv.)

O sistema axiomático apresentado em minha nota era de manejo um tanto complicado e, logo a seguir, foi substituído por outro, mais simples e elegante. Os dois sistemas (antigo e novo) se formulavam em termos de *produto* (ou conjunção) e de *complemento* (ou negação); nesses termos foram formulados todos os demais sistemas que erigi.[*1] Naquela época, eu não havia conseguido a dedução da lei da distributividade a partir de outros axiomas (axiomas simples, como, digamos, AI, A2, A3 e B2, abaixo), o que me compeliu a lhe dar, também, o *status* de axioma. Todavia, escrita em função do produto e do complemento, essa lei da distributividade assume forma complicada. Em vista disso, omiti, neste local, o fim de minha nota de 1938, em que figurava o primeiro sistema axiomático; substituí-o aqui pelo sistema novo *(cf. British Journ.* Philosophy *of Science, loc. cit.),* que, aliás, também é formulado em função de probabilidade absoluta. Este sistema pode ser deduzido, é claro, do sistema assentado em probabilidade relativa — que é formulado no apêndice *iv. Apresento o sistema, agora, obedecendo à ordem fixada em minha nota de 1938.

Al $\quad p(xy) \geqq p(yx)$ (Comutatividade)

A2 $\quad p((xy)z) \geqq p(x(yz))$ (Associatividade)

A3 $\quad p(xx) \geqq p(x)$ (Tautologia)

A4 Existe pelo menos um x e um y tais que

$$p(x) \neq p(y) \qquad \text{(Existência)}$$

B1 $\quad p(x) \geqq p(xy)$ (Monotonicidade)

B2 $\quad p(x) = p(xy) + p(x\bar{y})$ (Complementação)

B3 Para todo x existe um y tal que

$$p(y) \geqq p(x) \text{ e}$$

$$p(xy) = p(x)\, p(y) \qquad \text{(Multiplicação)}$$

1 Dois deles foram divulgados no *British Journal for the Philosophy of Science* (BJPS), v. 6, 1955, pp. 51-57, 176 e 351; com algumas simplificações, outro sistema apareceu no apêndice de "Philosophy of Science: A Personal Report", artigo que aparece na obra *British Philosophy in Mid-Century*, organ. por C. A. Mace, 1956. Meu último sistema (que não permite, julgo eu, ulterior simplificação) acha-se no apêndice *iv deste livro. [N. T. — na edição alemã o A. omite o trecho entre parênteses e acrescenta, em vez da última sentença acima, "Ver o sistema que se acha no apêndice *iv deste livro e o adendo (2), do meu livro *Conjectures and Refutations,* 1963/1965, pp. 388-390."]

A seguir, minha nota de 1938 — com algumas ligeiras correções estilísticas.

Sistema de axiomas independentes para a probabilidade

Sob o prisma formal da "axiomática", a probabilidade pode ser caracterizada como funtor binário[1] (ou seja, como função numérica de dois argumentos, que não precisam, eles mesmos, admitir valores numéricos). Os argumentos desse funtor são *nomes* variáveis ou constantes (que podem ser interpretados, p. ex., como nomes de predicados ou nomes de enunciados, segundo a interpretação dada ao sistema). Se desejarmos associar aos dois argumentos as mesmas regras de substituição e a mesma interpretação, então o funtor pode ser denotado por

$$\text{“}p\ (x_1, x_2)\text{”},$$

lendo-se "a probabilidade de x_1, com respeito a x_2".

É desejável erigir um sistema axiomático s_1 em que "$p(x_1, x_2)$" compareça na condição de funtor primitivo (não definido) e que admita qualquer das interpretações propostas. As três interpretações mais amplamente discutidas são: 1) a clássica,[2] em que a probabilidade surge como quociente da divisão dos casos favoráveis pelos casos possíveis; 2) a frequencial,[3] pela qual a probabilidade se define em termos de frequência relativa de certa classe de ocorrências, tomando por base outra classe determinada; e 3) a lógica,[4] onde a probabilidade se define como grau de uma relação lógica entre enunciados (que assume o valor 1 se x_1 é consequência lógica de x_2 e que assume o valor zero, se a negação de x_1 é consequência lógica de x_2).

Ao erigir um sistema s_1 desse gênero, capaz de admitir qualquer das interpretações mencionadas (e outras, ainda), é oportuno introduzir com auxílio de alguns axiomas, certas funções não definidas dos argumentos — *e.g.*, a conjunção, "x_1 e x_2", aqui simbolizada por "$x_1\, x_2$", e a negação, "não x_1", aqui simbolizada por "$\overline{x}_1$". Torna-se possível, dessa maneira, expressar simbolicamente uma ideia como, digamos, "x_1 e não-x_1" (que toma a forma "$x_1\, \overline{x}_1$") ou a negação dessa ideia (que toma a forma "$\overline{x_1\, \overline{x}_1}$"). No caso de preferir, digamos, a interpretação 3), indicada acima, então "$x_1\overline{x}_1$" entende-se como nome do enunciado que é a conjunção do enunciado nomeado por "x_1" e sua negação.

Admitindo que as regras de substituição possam ser adequadamente formuladas, pode-se demonstrar que, para quaisquer x_1, x_2 e x_3,

$$p(x_1\, \overline{x_2\overline{x}_2}) = p(x_1\, \overline{x_3\overline{x}_3})$$

1 Para a terminologia, ver Carnap, *Logical Syntax of Language,* 1937, e Tarski, artigo em *Erkenntnis,* v. 5, 1935, p. 175. [N. T. — na versão alemã, o título do livro de Carnap é dado em alemão, com data de 1934. No texto, de fato, a nota é referida *duas* vezes.]

2 Ver, p. ex., Levy-Roth, *Elements of Probability,* 1936, p. 17.

3 Ver Popper, *Logik der Forschung,* 1935, pp. 94-153. [N. T. — trata-se do capítulo VIII deste livro.]

4 *Cf.* Keynes, *A Treatise on Probability,* 1921. Sistema que parece mais satisfatório foi dado recentemente por Mazurkiewicz, *Comptes Rendues Soc. d. Sc. et de L.*, Varsóvia, v. 25, Classe III, 1932; ver, ainda, Tarski, *loc. cit.*

Assim, o valor de

$$p(x_1, \overline{x_2 \overline{x_2}})$$

depende apenas de uma variável, x_1. Isso justifica[5] a seguinte definição explícita de um funtor monádico, "$pa(x_1)$", que podemos chamar de "probabilidade *absoluta*",

$$Df_1 \qquad pa(x_1) = \quad p(x_1, \overline{x_2 \overline{x_2}})$$

(Exemplo de interpretação de "$pa(x_1)$", no sentido 3), acima, ou seja, no sentido da interpretação lógica, é o conceito de "probabilidade lógica", tal como eu o usei em publicação anterior.)[6]

É possível, porém, erigir o sistema de outra maneira. Ao invés de introduzir "$p(x_1, x_2)$" na condição de conceito primitivo (funtor primitivo) de um sistema axiomático s_1 para então definir, explicitamente, "$pa(x_1)$", pode-se construir um sistema axiomático s_2 em que "$pa(x_1)$" apareça como variável primitiva (não definida), definindo-se, então, de modo explícito, "$p(x_1, x_2)$", com o auxílio de "$pa(x_1)$", deste modo,

$$Df_2 \qquad p(x_1, x_2) = \frac{pa(x_1\, x_2)}{pa(x_2)}$$

As fórmulas acolhidas como axiomas, em s_1, (e também a Df_1), transformam-se em teoremas de s_2 — ou seja, podem ser deduzidas a partir dos axiomas de s_2.

Sob o prisma da axiomática formal, os dois métodos (isto é, a escolha de s_1 e Df_1 ou a escolha de s_2 e Df_2) não são igualmente convenientes. Pode-se mostrar que o segundo método, sob alguns aspectos, é melhor do que o primeiro. Um desses aspectos é o de que em s_2 formula-se um axioma de unicidade que é bem mais forte do que o axioma correspondente, de s_1 (se a generalidade de s_1 não for restringida). A razão disso está em que o valor de $p(x_1, x_2)$ torna-se indeterminado[*1] se $pa(x_2) = 0$.

Segue-se um sistema de axiomas independentes, s_2, como o descrito acima. (Não é difícil, a partir deles, construir um sistema s_1). O sistema apresentado abaixo, combinado com a Df_1, é suficiente para a dedução da teoria matemática das probabilidades. Os axiomas podem ser separados em dois grupos; o grupo *A* abrange

5 Ver Carnap, *loc. cit.*, p. 24. * Teria sido mais simples apresentar a Df_1 (sem "justificação") desta maneira: $pa(x_1) = p(x_1, \overline{x_1 \overline{x_1}})$.

6 *Cf.* Popper, *loc cit.*, pp. 71 e 151. * (Seções 34 e 72 deste livro.)

*1 O sistema absoluto (s_2) apresenta vantagens sobre o sistema relativo (s_1) apenas enquanto a probabilidade relativa $p(x,y)$ *é* dada como indeterminada se $pa(y) = 0$. Entrementes, porém, erigi um sistema (ver apêndice *iv) onde as probabilidades relativas ficam determinadas, mesmo se $pa(y) = 0$. Essa é a razão pela qual eu hoje considero o sistema relativo melhor do que o absoluto. (Eu gostaria de acentuar, ainda, que agora a expressão "axioma da unicidade" me parece impropriamente escolhida. O que eu pretendia era aludir, presumivelmente, a algo como o postulado 2 ou o axioma *A2* do sistema que se encontra no apêndice *iv.)
[N. T. — Em alemão, o trecho final é diferente. Tem-se: "Penso que eu tinha em mente algo *como* a *D1*, do apêndice *v, p. 304 deste livro"; é óbvio que "este livro" se refere à edição alemã.]

axiomas que envolvem as operações com juntores (conjunção e negação) e é simples adaptação do sistema axiomático da chamada "álgebra da lógica".[7]

O grupo *B* abrange os axiomas típicos da medida de probabilidades. Eis os axiomas:

> (Vinham, aqui, com vários senões tipográficos, os complicados axiomas que, posteriormente, foram substituídos pelos axiomas bem mais simples arrolados acima.)
>
> Christchurch, Nova Zelândia, 20 de novembro de 1937.

7 Ver Huntington, *Trans. Amer. Mathem. Soc*, v. 5, 1904, p. 292, bem como Whitehead e Russell, *Principia Mathematica*, v. 1, em que as cinco proposições 22.51, 22.52, 22.68, 24.26 e 24.1 correspondem aos cinco axiomas do Grupo A, aqui apresentados.

Acerca do valor heurístico do emprego da definição clássica de probabilidade — em especial na dedução do teorema geral da multiplicação.

A definição clássica de probabilidade — número de casos favoráveis dividido pelo número de casos igualmente possíveis — é de considerável interesse heurístico. A maior falha dessa definição está em que ela se aplica, digamos, aos dados homogêneos, ou simétricos, mas não abre margem para *pesos diferentes nos casos possíveis.* Em algumas situações especiais, existem meios de superar essa deficiência e é em tais situações que a antiga definição adquire seu valor heurístico. Na verdade, qualquer definição satisfatória deve pôr-se de acordo com a definição clássica em todas as situações onde a dificuldade de atribuição de pesos diferentes puder ser superada; *a fortiori,* deve pôr-se de acordo com a definição tradicional em todas as situações em que esta puder ser utilizada.

(1) A definição clássica será aplicável em todos os casos nos quais admitimos estar com pesos iguais, ou com iguais possibilidades e, por conseguinte, com iguais probabilidades.

(2) Será aplicável em todos os casos nos quais seja viável transformar o problema, levando-o a admitir pesos, possibilidades ou probabilidades iguais.

(3) Será aplicável, com pequenas modificações, sempre que for possível associar uma função capaz de associar pesos às várias possibilidades.

(4) Será aplicável (ou terá valor heurístico) na maioria dos casos nos quais uma estimativa grosseira, assentada na hipótese das possibilidades iguais, puder conduzir a uma solução que se aproxima das probabilidades zero ou um.

(5) Será de grande valor heurístico nos casos em que os pesos puderem ser introduzidos na forma de probabilidades. Exemplificando, considere-se o simples problema seguinte: devemos calcular a probabilidade de obter face par, lançando um dado, mas sob a condição de que a face seis *não entre em conta, sendo considerada "fora de fogo".* A definição clássica nos leva, como é óbvio, a 2/5. Podemos admitir, agora, que o dado esteja viciado, mas que nos são fornecidas as (diversas) probabilidades $p(1), p(2), \ldots, p(6)$, de obter cada uma das faces. A probabilidade na qual estamos interessados ainda pode ser calculada e é igual a

$$\frac{p(2) + p(4)}{p(1) + p(2) + p(3) + p(4) + p(5)} = \frac{p(2) + p(4)}{1 - p(6)}$$

Em outras palavras, podemos alterar a definição clássica de modo a obter a seguinte regra simples:

Dadas as probabilidades de todos os casos possíveis (mutuamente excludentes), a requerida probabilidade é igual à soma das probabilidades de todos os casos favoráveis (mutuamente excludentes) dividida pela soma das probabilidades de todos os casos possíveis (mutuamente excludentes).

É claro que essa regra pode ser ampliada para abranger casos que não sejam mutuamente excludentes. Tem-se o seguinte:

A requerida probabilidade é sempre igual à probabilidade da disjunção de todos os casos favoráveis (mutuamente excludentes ou não) dividida pela disjunção das probabilidades de todos os casos possíveis (mutuamente excludentes ou não).

(6) As regras podem ser usadas para uma derivação heurística da definição da probabilidade relativa e do teorema geral da multiplicação.

Simbolizemos, no exemplo, "par" usando "a" e "face diferente de seis" usando "b". O problema de determinar a probabilidade de obter face par, desconsiderada a face seis, é o problema da determinação de $p(a, b)$, ou seja, a probabilidade de a, dado b, ou a probabilidade de encontrar um a entre os b.

O cálculo pode ser feito ao longo das linhas indicadas a seguir. Em lugar de escrever "$p(2) + p(4)$", escreve-se, genericamente, "$p(ab)$", ou seja, probabilidade de obter face par, desconsiderada a seis. Em vez de escrever "$p(1) + p(2) + \dots + p(5)$", ou, o que vem a ser o mesmo, "$1 — p(6)$", escreve-se "$p(b)$", isto é, probabilidade de obter face diferente de seis. Está claro que os cálculos são gerais e, admitindo ter $p(b) \neq 0$, obtemos a fórmula

$$p(a, b) = p(ab) / p(b) \tag{1}$$

ou a fórmula

$$p(ab) = p(a, b)\, p(b) \tag{2}$$

que é mais geral, pois que se mantém significativa mesmo quando $p(b)$ se anula.

Esta fórmula traduz o teorema geral da multiplicação para a probabilidade absoluta do produto *ab*.

Substituindo "b" por "bc", (2) teremos:[1]

$$p(abc) = p(a, bc)\, p(bc)$$

e, aplicando a fórmula (2) *a* $p(bc)$, resulta:

$$p(abc) = p(a,bc)\, p(b, c)\, p(c)$$

ou seja, admitindo que $p(c) \neq 0$,

$$p(abc) / p(c) = p(a, bc)\, p(b, c).$$

1 Omito os parênteses em volta de "bc" porque as considerações aqui feitas são intuitivas, não formais; acresce que a questão da lei da associatividade é discutida em pormenor nos dois apêndices seguintes.

Ora, em vista de (1), esta última fórmula equivale a

(3) $$p(ab, c) = p(a, bc)\, p(b, c).$$

Aí está o teorema geral da multiplicação para a probabilidade *relativa* do produto *ab*.

(7) A derivação acima esboçada pode ser formalizada, sem grandes dificuldades. A dedução formal deve partir de axiomas e não de uma definição. Isto deflui do fato de nosso emprego heurístico da definição clássica ter consistido na introdução de possibilidades (que, afinal, são probabilidades) ponderadas no *definiens* dessa definição clássica. O resultado obtido mediante essa transformação não pode mais ser encarado como definição propriamente dita; deve, ao invés, fixar relações entre várias probabilidades — equivalendo, pois, à formulação de um sistema axiomático. Desejando formalizar a derivação, que se vale, implicitamente, da lei da associatividade e da lei da adição de probabilidades, é indispensável introduzir, no sistema axiomático, regras que autorizem tais operações. Um exemplo é fornecido pelo sistema de probabilidades absolutas, considerado no apêndice *ii.

Formalizando a derivação de (3), como se depreende de nossas considerações heurísticas, esta fórmula (3) só pode ser obtida quando se faz a restrição "contanto que $p(c) \neq 0$".

Contudo, a fórmula (3) pode ser significativa, mesmo sem essa restrição, se for viável elaborar um sistema axiomático em que $p(a, b)$ tenha significado, em geral, ainda quando $p(b) = 0$. Está claro que numa teoria desse gênero a fórmula em questão não poderá ser deduzida como o foi acima; porém (3) poderá adquirir caráter de axioma, e a presente derivação passará a ser encarada como justificativa heurística em favor da introdução desse axioma (*cf.*, ainda, a fórmula (1) de meu antigo apêndice ii). Isso é feito no sistema descrito no próximo apêndice (apêndice *iv).

Teoria formal da probabilidade.

Em vista do fato de um enunciado de probabilidade como

$$p(a, b) = r$$

admitir várias interpretações, pareceu-me desejável erigir um sistema estritamente "formal" ("abstrato", ou "autônomo"), sistema cujos "elementos" (representados por "a", "b", ...) pudessem receber muitas interpretações, sem que nos inclinássemos a preferir qualquer delas em particular. Formulei um primeiro sistema formal axiomático desse gênero em nota publicada na revista *Mind*, em 1938 (e aqui reproduzida como apêndice *ii). Posteriormente, elaborei outros sistemas análogos, porém mais simples.[1]

Três são os traços característicos principais que permitem distinguir uma teoria desse tipo de outras teorias semelhantes, (i) ela é *formal*, ou seja, não pressupõe qualquer interpretação particular, embora abra margem para todas as interpretações conhecidas, (ii) é *autônoma*, ou seja, acolhe o princípio segundo o qual conclusões probabilísticas só podem ser deduzidas de premissas probabilísticas; em outras palavras, parte do princípio de que o cálculo de probabilidades é um método para transformar probabilidades em novas probabilidades, (iii) é *simétrica*, ou seja, é erigida de tal forma que, existindo a probabilidade $p(b, a)$, *a* probabilidade de *b*, dado *a*, também existe a probabilidade $p(a, b)$ — mesmo quando a probabilidade absoluta de *b*, $p(b)$, é igual a zero; isto é, mesmo quando $p(b) = p(b, \overline{a\overline{a}}) = 0$.

1 No *British Journal for the Philosophy of Science*, v. 6, 1955, pp. 53 e 57 e s., e na primeira nota de pé de página do meu artigo "Philosophy of Science: A Personal Report", parte do livro *British Philosophy in the Mid-Century*, org. por C. A. Mace, 1956.
Cabe notar que os sistemas aqui discutidos são "formais", ou "abstratos" ou "autônomos", nos sentidos indicados; todavia, para "formalização" completa, nosso sistema teria de ser encaixado em algum formalismo de caráter matemático. (A "álgebra elementar" de Tarski seria suficiente.)
Poderíamos indagar se existe procedimento decisório para o sistema formado, por exemplo, com a álgebra elementar de Tarski e com nosso sistema, constituído por A, B e C (*cf.* adiante). A resposta é negativa, pois nada impede que se juntem ao sistema fórmulas que expressam quantos elementos *a, b, c*, ... existem em S. Tem-se, em nosso sistema, o teorema seguinte:
Existe, um elemento *a* em *S*, tal que $p(a, \overline{a}) \neq p(\overline{a}, a)$. A ele se poderia, em seguida, acrescentar, portanto,
(0) Para todo elemento *a* de *S*, $p(a, \overline{a}) \neq p(\overline{a}, a)$.
Todavia, se esta fórmula for adicionada ao sistema, demonstra-se que há *exatamente dois* elementos em *S*. Por outro lado, os exemplos, por meio dos quais estabelecemos (adiante) a compatibilidade dos nossos axiomas, atestam que *S* pode ter qualquer número de elementos. Isso mostra que (0), e fórmulas similares, que determinam o número de elementos de *S*, não podem ser deduzidas; nem podem ser deduzidas negações de tais fórmulas. Nosso sistema, por conseguinte, é incompleto.

Desconsideradas minhas próprias pesquisas nesse campo, não parece que tentativas semelhantes, dignas de nota, tenham sido feitas até o presente, visando à formulação de teorias com essas características. Outros autores (como, por exemplo, Kolmogoroff) construíram, é certo, teorias "abstratas", ou "formais", mas sempre partiram de alguma *interpretação* mais ou menos específica. Admitiram, digamos, que numa equação como

$$p(a, b) = r$$

os "elementos" *a e b* eram *enunciados* (ou sistemas dedutivos de enunciados), ou *conjuntos,* ou *propriedades* ou talvez *classes* (coleções) de objetos.

Kolmogoroff escreve:[2] "A teoria da probabilidade, na condição de disciplina matemática, deve e pode ser axiomatizada, exatamente como a geometria ou a álgebra"; e alude "à introdução de conceitos básicos da geometria", nos moldes do *Grundlagen der Geometrie,* de Hilbert, ou nos moldes de sistemas abstratos similares.

Sem embargo, ele admite que *a* e *b,* em "*p(a, b)*" — estou usando meu simbolismo, e não o de Kolmogoroff — são *conjuntos,* excluindo, pois, entre outras, a interpretação lógica, para a qual *a e b* são enunciados (ou "proposições", se isso parecer preferível). Corretamente, Kolmogoroff diz que "é irrelevante o que os elementos do conjunto representam"; mas a sua anotação é insuficiente para estabelecer o caráter formal da teoria que procura formular por que, em algumas interpretações, *a* e *b* não têm *elementos* ou qualquer coisa que pudesse corresponder a tais elementos.

Tudo isso levanta sérias dificuldades para a real construção do sistema formal.

Autores que interpretam os elementos *a* e *b* como enunciados (ou proposições, ou sentenças) admitem, muito naturalmente, que o cálculo que governa a composição de enunciados (o cálculo sentencial) também se aplica a tais elementos. Kolmogoroff, por sua vez, admite, com a mesma naturalidade, que operações de reunião, interseção e complementação podem ser aplicadas aos seus elementos, pois que estes são *conjuntos,* e essas operações são aplicáveis aos conjuntos.

Mais concretamente, sempre se pressupõe (ainda que apenas de forma tácita) que, para os elementos dos sistemas, vigoram leis algébricas como a lei da associatividade

(a) $$(ab)c = a(bc)$$

ou a lei da comutatividade

(b) $$ab = ba$$

ou a lei da idempotência

(c) $$a = aa$$

sendo *a, b* e *c* os argumentos da função *p(..,..).*

---

2 As citações são todas tiradas da p. 1 de *Grundbegriffe der Wahrscheinlichkeitsrechnung,* de Kolmogoroff, Berlim, 1933.

Partindo desse pressuposto, acolhido tácita ou explicitamente, são formulados, em seguida, alguns axiomas ou postulados aplicáveis à probabilidade relativa (ou condicionada),

$$p(a, b),$$

ou seja, à probabilidade de *a*, dada a informação *b*; ou aplicáveis à probabilidade absoluta,

$$p(a),$$

ou seja, à probabilidade de *a* (sem outras informações ou apenas com base em informações tautológicas).

Esse procedimento, porém, pode ocultar o fato, surpreendente e muito importante, de que alguns dos axiomas concernentes à probabilidade relativa, $p(a, b)$, *asseguram a validade de todas as leis booleanas para os elementos.* Como exemplo, uma forma da lei da associatividade é decorrência das duas fórmulas seguintes *(cf.* o apêndice anterior):

(d) $$p(ab) = p(a, b)\, p(b)$$

(e) $$p(ab, c) = p(a, bc)\, p(b, c)$$

a primeira das quais, aliás, também dá origem a uma espécie de definição da probabilidade relativa, em termos de probabilidade absoluta,

(d') $$\text{se } p(b) \neq 0, \text{ então } p(a, b) = p(ab) \,/\, p(b)$$

enquanto que a segunda, a fórmula correspondente para as probabilidades relativas, é a conhecida "lei geral de multiplicação".

As duas fórmulas, (d) e (e), sem mais pressupostos (além da substitutividade de *probabilidades* iguais), acarretam a seguinte forma da lei da associatividade,

(f) $$p((ab)c) = p(a(bc))$$

Este interessante fato[3] passa despercebido, porém, quando (f) é introduzida *aceitando-se* a identidade algébrica (a) — a lei da associatividade — antes mesmo de se iniciar o desenvolvimento do cálculo de probabilidades. Com efeito, partindo de

(a) $$(ab)c = a(bc)$$

chega-se a (f) mediante simples substituição na identidade

$$p(x) = p(x).$$

3 A dedução seria esta:

(1) $p((ab)c) = p(ab, c)\, p(c)$	*d*
(2) $p((ab)c) = p(a, bc)\, p(b, c)\, p(c)$	*1, e*
(3) $p(a(bc)) = p(a, bc)\, p(b\, c)$	*d*
(4) $p(a(bc)) = p(a, bc)\, p(b, c)\, p(c)$	*3, d*
(5) $p((ab)c) = p(a(bc))$	*2, 4*

Dessa maneira, fica sem ser notado o fato de que (f) é deduzível a partir de (d) e (e). Em outras palavras, não se percebe que a hipótese (a) é redundante, se operamos com um sistema axiomático no qual se acham (d) e (e), ou no qual essas duas fórmulas são deduzíveis (sem apelo à fórmula em questão); e não se percebe que, admitindo (a), ao lado de (d) e (e), ficamos sem poder encontrar as *relações que são implicadas pelos axiomas.* Sem embargo, determinar essas espécies de relações é um dos pontos principais do método axiomático.

Em consequência, também não se percebeu que (d) e (e), conquanto acarretem (f), isto é, uma equação em termos de probabilidade *absoluta,* não acarretam, sozinhas, (g) e (h), que são as correspondentes fórmulas em termos de probabilidade *relativa:*

(g) $$p((ab)c, d) = p(a(bc), d)$$

(h) $$p(a, (bc)d) = p(a, b(cd)).$$

A fim de se deduzir estas duas últimas fórmulas (ver apêndice *v, itens 41 a 62), é preciso mais do que simplesmente (d) e (e) — fato que é de considerável interesse de um ponto de vista axiomático.

Apresentei este exemplo com o intuito de mostrar que Kolmogoroff não consegue levar a cabo o seu plano. O mesmo, aliás, acontece com todos os demais sistemas que conheço. No meu sistema, contudo, todos os teoremas da álgebra de Boole podem ser deduzidos. A álgebra de Boole, por sua vez, admite várias interpretações: como álgebra de conjuntos, de predicados, de enunciados (ou proposições), etc.

Outro ponto de relevo é a questão dos sistemas "simétricos". Como se ressaltou acima, é possível definir a probabilidade relativa em função da absoluta, por meio de (d'), como segue,

(d') $$\text{se } p(b) \neq 0, \text{ então } p(a, b) = p(ab) / p(b)$$

O antecedente, "se $p(b) \neq 0$", é inevitável, aqui, porquanto a divisão por zero não é operação definida. Em decorrência disso, a maior parte das fórmulas em que surge a probabilidade relativa só pode ser asseverada (nos sistemas habituais) em forma condicional — como acontece em (d'). Assim, na maioria dos sistemas, (g) não vale e precisa ser substituída por uma fórmula condicional muito mais fraca, (g'),

(g') $$\text{se } p(d) \neq 0, \text{ então } p((ab)c, d) = p(a(bc), d)$$

devendo-se acrescentar condição análoga em (h).

Esse aspecto foi esquecido por alguns autores, como, por exemplo, Jeffreys e von Wright. Este usa condições que se condensam na exigência $b \neq 0$, mas isso não basta para assegurar que $p(b) \neq 0$, particularmente porque o seu sistema inclui um "axioma de continuidade". Os sistemas que esses autores erigiram são, pois, inconsistentes, embora em alguns casos, eles possam sofrer correções para deixarem de ser contraditórios.

Em oposição, autores há que notaram essa falha. Entretanto, seus sistemas (comparados com o meu) são muito fracos: neles pode ocorrer que a fórmula

$$p(a, b) = r$$

seja perfeitamente significativa, algumas vezes, mas completamente destituída de sentido outras vezes — não adequadamente definida e até não passível de receber definição, por ser $p(a) = 0$.

Um sistema desse gênero não é apenas fraco; para muitos propósitos, é *inadequado*. De fato, não pode ser apropriadamente aplicado a enunciados cuja probabilidade absoluta é igual a zero, embora essa aplicação tenha grande interesse, já que as leis universais, por exemplo, têm probabilidade zero (como podemos aqui admitir, em função dos apêndices *vii e *viii). Selecionando as teorias *s e t*, digamos, universais e com *s* deduzível de *t*, apreciaríamos poder afirmar que

$$p(s, t) = 1$$

Todavia, se $p(t) = 0$, não podemos fazer essa afirmação — nos sistemas usuais de probabilidades. Por motivos similares, a expressão

$$p(e, t)$$

em que *e* é a evidência em favor de uma teoria *t*, pode não ser definida — embora revista-se de grande interesse. (Trata-se, usando a terminologia de Fisher, das "possibilidades" de *t*, com base na dada evidência *e; cf.*, ainda, o apêndice *ix).

Há, portanto, necessidade de um cálculo de probabilidades em que se possa operar, usando

$$p(e, t),$$

admitindo valor zero para a probabilidade absoluta do segundo argumento, isto é, *t*. Esse cálculo é indispensável, por exemplo, em qualquer discussão acerca de corroboração ou confirmação.

Aí está a razão que, durante alguns anos, me levou a tentar construir um cálculo de probabilidades relativas em que

$$p(b, a) = r$$

teria de ser uma fórmula bem formada (isto é, verdadeira ou falsa) sempre que

$$p(a, b) = r$$

fosse bem formada — ainda quando $p(a) = 0$. Sistema desse tipo seria denominado "simétrico". Foi em 1955 que elaborei[4] um primeiro sistema simétrico — que se apresentou, aliás, muito mais simples do que imaginei viria a ser. Naquela época,

4 No *British Journal for the Philosophy of Science*, v. 6, 1955; ver acima, nota *1 do apêndice anterior.

porém, eu ainda estava preocupado com as peculiaridades dos sistemas simétricos. Especificamente, preocupava-me com o fato de que, em qualquer sistema simétrico, deviam ser legítimas regras como

$$p(a, b\bar{b}) = 1$$

se $p(\bar{b}, b) \neq 0$, então $p(a, b) = 1$

se $p(a, \bar{a}b) \neq 0$, então $p(a, b) = 1$

Essas fórmulas, contudo, são ilegítimas nos sistemas usuais; a segunda e a terceira, nestes sistemas comuns, são apenas *vacuamente* satisfeitas, porque envolvem um segundo argumento com probabilidade absoluta igual a zero. Desejando-as legítimas, parecia-me, portanto, que estava obrigado a colocá-las como axiomas. Mais tarde, entretanto, constatei que meu sistema axiomático podia ser simplificado e, no processo de simplificação, notei que as fórmulas insólitas eram deduzíveis de fórmulas de aspecto perfeitamente "normal". O sistema simétrico simplificado apareceu, pela primeira vez, no artigo "Philosophy of Science: a Personal Report".[5] É o mesmo sistema de seis axiomas que aqui se apresenta de modo mais minucioso.

O sistema é surpreendentemente simples e intuitivamente compreensível; sua força — que é muito maior do que a de outros sistemas costumeiros — deriva do fato de omitir-se, em praticamente todas as fórmulas (exceto uma, o axioma C), qualquer condição do tipo "Se $p(b) \neq 0$ ...". (Em sistemas usuais, as condições desse tipo estão presentes ou deveriam estar, para a eliminação de contradições.)

Minha intenção, agora, é a de apresentar o sistema axiomático, demonstrando compatibilidade e independência dos axiomas; em seguida, formularei algumas definições, inclusive a de campo de probabilidades, no sentido de Borel.

Em primeiro lugar, o sistema de axiomas.

Quatro conceitos primitivos (não definidos) aparecem em nossos postulados: (1) *S*, ou seja o universo do discurso, ou sistema de elementos admissíveis; os *elementos* de *S* são representados por letras minúsculas, "*a*", "*b*", "*c*", etc.; (2) uma função binária desses elementos, com valores numéricos, denotada por "$p(a, b)$", etc.; ou seja, a probabilidade de *a*, dado *b*; (3) uma operação binária de tais elementos, denotada por "ab", chamada *produto* (ou intersecção, ou conjunção) de *a* e *b*; (4) o complemento do elemento *a*, denotado por "$\bar{a}$".

A esses quatro conceitos não definidos (ou primitivos) pode ser acrescentado mais um — que, alternativamente, se apresentaria como definido. É a "probabilidade absoluta de *a*", denotada por "$p(a)$".

---

5 Em *British Philosophy in the Mid-Century*, org. por C. A. Mace, 1956, p. 191. Os axiomas ali apresentados são B1, C, B2, A3, A2 e Al, do presente apêndice; aparecem, ali, como axiomas B1, B2, B3, C1, D1 e E1.

Cada conceito primitivo é introduzido mediante um *postulado*. A fim de compreender, intuitivamente, os postulados, é útil lembrar que

$$p(a, a) = 1 = p(b, b)$$

quaisquer que sejam os elementos a e b de S (o que, naturalmente, se demonstra, formalmente, com auxílio dos postulados).

Postulado 1. S possui, no máximo, um número infinito, mas enumerável de elementos.

Postulado 2. Se a e b são elementos de S, então p(a, b) é um número real, e valem os seguintes axiomas,

A1 Existem elementos c e d, em S, tais que $p(a, b) \neq p(c, d)$ (Existência)

A2 Se $p(a, c) = p(b, c)$, para todo c de S, então, para todo d de S, $p(d, a) = p(d, b)$. (Substitutividade)[5a]

A3 $p(a, a) = p(b, b)$ (Reflexividade)

Postulado 3. Se a e b estão em S, então ab também está em S; se, além disso, c também é elemento de S (e, portanto, bc é elemento de S), então valem os seguintes axiomas,

B1 $p(ab, c) \leqq p(a, c)$ (Monotonicidade)

B2 $p(ab, c) = p(a, bc)\, p(b, c)$ (Multiplicação)

Postulado 4. Se a é elemento de S, então $\bar{a}$ também é elemento de S; se, além disso, b é elemento de S, então vale o axioma

C $p(a, b) + p(\bar{a}, b) = p(b, b)$

a menos que $p(b, b) = p(c, b)$, para todo c em S (Complementação).

Esta é a forma "elementar" do sistema de axiomas (usando-se "elementar" para fixar o contraste com as extensões do sistema, transformado em campos de Borel). Podemos, como foi indicado, acrescentar aqui a *definição de probabilidade absoluta*, encarada como novo postulado, chamado "postulado *AP*". Alternativamente, esse postulado pode ser entendido como definição explícita (e não como postulado propriamente dito).

Postulado *AP*. Se a e b são elementos de S, e se $p(b, c) \geqq p(c, b)$, qualquer que seja c, em S, então $p(a) = p(a, b)$ (Definição de probabilidade absoluta).[6]

5a Em outros trabalhos, A2 era apresentada de forma diversa, porém equivalente. (Ver a nota 0, no próximo apêndice.)

6 *AP* baseia-se em $p(b) = 1 \rightarrow p(a, b) = p(a)$; ver nota 8, logo a seguir.

Mostraremos, abaixo, que o sistema de cinco postulados e seis axiomas é *consistente* e *independente*.[7]

Cabem, aqui, alguns comentários em torno do sistema.

Além das afirmações de existência, nos postulados, o sistema contém seis *axiomas* — A1, A2, A3, B1, B2 e Cl. São eles que entram em tela, quando se discute a questão de significados, porquanto admitem alterações e diversas formas de combinação. A dedução dos teoremas, por sua vez, acha-se diretamente associada a tais axiomas. (*Cf.* apêndice *v.) As partes restantes dos postulados (em contraste com as asserções de existência) podem ser dadas como implicitamente provadas (como nos trabalhos citados acima, nota 1). Para melhor entendimento daquilo que se diz neste ponto e adiante é oportuno ver a dedução que se acha no apêndice *v — que também facilitará a compreensão da maneira efetiva de operar-se com o sistema.

O sistema de seis axiomas não depende, como facilmente se percebe, da álgebra de Boole, no sentido de que nenhum dos axiomas do sistema é deduzível de identidades booleanas. Todavia, o sistema independe da álgebra de Boole num sentido muito mais estrito, fato que será indicado pela expressão "autônomo" (o sistema é "autonomamente independente"). O termo indica o seguinte: nenhum dos axiomas é deduzível dos demais, mesmo que a estes restantes axiomas juntem-se todos os enunciados booleanos e, além deles, mais a fórmula

---

7 Formulação diversa do sistema axiomático leva a um desdobramento de nosso axioma da monotonicidade, que se apresenta em duas fórmulas, denominadas A4' e B1',

A4' $p(a, b) \geq 0$

B1' se $p(ab, c) \leq p(a, c)$, então $p(ab, c) \leq p(b, c)$.

Os postulados e demais axiomas não precisam ser alterados. Todavia, A3 ou C1, ou ambos, podem ser substituídos, respectivamente, pelos axiomas A3' e C1',

A3' $p(a, a) = 1$

C1' se $p(a, b) \neq 1$, então $p(c, b) + p(\bar{c}, b) = 1$.

O desdobramento de B1 em A4' e B1' é, no que segue, de algum interesse, pois B1' independe (intuitivamente, ou no contexto do sistema) da lei da comutatividade (b):

(b) ab = ba.

Conquanto (b) não acarrete, diretamente, B1', esta é legítima, em face dos demais axiomas. Cabe ressaltar, entretanto, que a legitimidade dos demais axiomas não acarreta B1' com toda sua força lógica, porém acarreta um corolário de B1', a saber,

B1' se $p(ab, c) \leq p(a, c)$, para todo *a*, *b* e *c*, então $p(ab, c) \leq p(b, c)$ que decorre de (b), por substituição, diretamente.

Quando A3 e C1 são substituídos por A3' e C1', respectivamente, o nosso sistema se assemelha mais aos sistemas costumeiros. Torna-se, contudo, desnecessariamente forte, ocultando o fato de que A3' e C1' podem ser deduzidos em sistemas que não encerram, *explicitamente*, constantes como 1 ou 0. (Para a dedução de A3' e C1', ver fórmula 23 do apêndice *v.)

No sistema aqui descrito, bem como no sistema que figura no texto, a conjunção dos axiomas A4' e B1' pode ser substituída pelo axioma B1 e vice-versa. Minhas demonstrações de independência, dadas a seguir, transportam-se para o presente sistema.

A dedução de B1, mediante A4' e B1', dispondo-se do axioma A3 ou do axioma A3', bem como do axioma C1 ou do axioma C1', poderia ser feita assim:

(1) $0 \leq p(a, b) \leq p(a, a)$ — A4', C1' ou C1, A1' ou A1

(2) $p(a, a) \geq p((aa)\, a, a) = p(aa, aa)\, p(a, a) = p(a, a)^2$ — 1, A3', B2; A3 ou A3',

(3) $0 \leq p(a, b) \leq p(a, a) \leq 1$

(4) $p(ab, c) \leq p(a, c)$ — B2, 3

Utilizamos, agora, B1', numa de suas duas formas,

(5) $p(ab, c) \leq p(a, c)$ — 4, B1'

Acerca da dedução de A4' e de B1', a partir de B1, ver apêndice *v. [N. T. Na edição inglesa, a nota aparece com algumas alterações.]

(*) $a = b$ se e somente se $p(a, c) = p(b, c)$ para todo c de S em que "$a = b$" traduz a identidade ou equivalência booleana entre dois elementos a e b.

A utilidade de tal fórmula é a de permitir que o nome de elemento que compareça, como *primeiro* argumento, nas expressões *p(,)*, possa ser substituído por outro nome de elemento, contanto que os dois nomes designem o mesmo elemento booleano. Isto também se alcança usando a fórmula bem menos estrita,

($\overline{*}$) se $a = b$, então $p(a, c) = p(b, c)$.

Qualquer das duas fórmulas, (*) ou ($\overline{*}$), permitiria a dedução de grande número de identidades entre expressões contendo enunciados do tipo *p(,)* e de grande número de transformadas de tais identidades.

A independência autônoma estabelece que cada axioma do sistema independe não apenas dos demais axiomas, mas também independe desses outros axiomas *fortalecidos* com todas as igualdades e transformadas a que leva a álgebra de Boole com (*) ou ($\overline{*}$).

O significado dessa autonomia seria este: quando um sistema é autônomo, podemos estar seguros de que cada axioma traz uma contribuição definida, não só para a teoria da *métrica* das probabilidades, como também para as regras da álgebra de Boole, cuja legitimidade, porém, relativamente aos elementos do sistema, é *demonstrável* — contanto, naturalmente, que *todos* os axiomas sejam admitidos.

Em seguida, desejo tecer algumas considerações a respeito de cada um dos postulados e axiomas.

O postulado 1 (que só pertence, aliás, à teoria *elementar)* é dispensável. Isso decorre do fato de que, a fim de demonstrar sua independência, podemos construir um sistema S não denumerável. (Todos os demais postulados estão satisfeitos se interpretamos S como o conjunto de todas as somas finitas de subintervalos semiabertos, (x, y) do intervalo unitário (0, 1) — onde x e y são números reais e não obrigatoriamente racionais; nesse caso, $p(a)$ pode ser entendido como o comprimento de tais intervalos; $p(a, b)$ será $p(ab) / p(b)$, se $p(b) \neq 0$, ou será igual à unidade, caso $p(b) = 0$; alternativamente, será o limite de $p(ab) / p(b)$, se esse limite existe.) O postulado 1, portanto, tem o propósito de caracterizar os sistemas *elementares.* Postulado desse tipo é frequentemente introduzido quando se trata a álgebra de Boole ou a lógica sentencial de maneira axiomática — e nosso desejo é o de mostrar que, na teoria *elementar, S é* uma álgebra de Boole. (Outro exemplo é apresentado no apêndice *vi, ponto 15.)

No postulado 2, Al é indispensável para estabelecer que *nem todas as probabilidades são iguais* (iguais, digamos, a zero ou à unidade). A existência de elementos com probabilidades diferentes pode ser fixada de vários modos. Neste contexto, vale ressaltar que a substituição do axioma condicional Cl pela correspondente equivalência implicaria na condição de que nem todas as probabilidades são iguais a zero. Nesse caso, a exigência Al poderia ser tornada mais fraca, usando-se, em seu lugar, algo como

$A1^-$ Se $p(c, d) = p(d, c)$, para todos c e d em S, então $p(a, b) = 0$ condição que permitiria (com auxílio da regra *modus tollens)* assegurar a desejada existência.

A função principal de A2 é a de permitir formulação de equivalências booleanas com os segundos argumentos de *p(,)*, sempre que legítimas para os primeiros argumentos. Sem usar A2, podemos estabelecer a comutatividade, dando-lhe a seguinte forma,

$$p(ab, c) = p(ba, c).$$

Utilizando, então, A2, obtemos, de imediato,

B3 $$p(a, bc) = p(a, cb).$$

Verifica-se que B3 é demonstrável sem uso de A2, mas apenas em forma *condicional*, isto é, com um antecedente do tipo "Se nem $p(b, c) = 0$ e nem $p(c, b)$ — 0"; todavia, A2 (ou fórmula equivalente) é indispensável para a obtenção de resultado não condicional. (Aqui, "fórmula equivalente" significa ser ela deduzível dos demais axiomas com A2 e A2 deduzível dos demais axiomas e a referida fórmula.)

Constata-se que B3 é uma de tais fórmulas equivalentes, capaz de tomar o lugar de A2. B3, todavia, tem a desvantagem de pressupor o elemento produto *ab*. De particular interesse, entre as citadas fórmulas equivalentes, é a fórmula $A2^+$, apresentada abaixo, e que é mais forte ("mais forte" no sentido de que $A2^+$ se deduz de A2 mediante o uso de quase todos os demais axiomas, ao passo que A2 se deduz de $A2^+$ mediante o uso apenas de A3; admite-se, nesses casos, que *c é* elemento de *S*).[8]

$A2^+$ se $p(a, a) = p(b, c) = p(c, b)$, então $p(a, b) = p(a, c)$

É interessante notar que A2 (ou $A2^+$, etc.) pode-se associar a A3 ou B2 ou PA, de maneira "natural" (e até "orgânica", no sentido que essa palavra recebe na Escola

---

8 $A2^+$ é mais forte do que A2, porque, em virtude de A3, o antecedente de A2 implica o de A2+ ; com efeito, de modo estritamente formal, podemos escrever,

(1) $((x)\, p(b, x)\, 5\, p(c, x)) \rightarrow p(b, c)\, p(b, b)\, 5\, p(c, b)$

e, em seguida, utilizando A3,

(2) $((x)\, p(b, x) = p(c, x)) \rightarrow p(a, a) = p(b, c) = p(c, b)$ (1), A3

Como o consequente de (2) é o antecedente de $A2^+$, obtém-se

(3) $((x)\, p(b, x) = p(c, x)) \rightarrow p(a, b) = p(a, c)$

A2 é obtida, pois, mediante substituição de *c* por *a*, de *x* por *c* e de *a* por *d*.

A fim de deduzir $A2^+$, partindo de A2, precisamos das fórmulas 64, 63, 27 e 70, do apêndice *v. (Essas fórmulas são obtidas, ali, sem recurso a A2 ou a $A2^+$.)

(4) $p(b, c) = 1 \rightarrow p(\overline{c}, c) = p(\overline{b}, c) = p(a\overline{b}, c)$ 64, 63, 27

(5) $p(b, c) = 1 \rightarrow p(ab, c) = p(a, c)$ (4), 70

(6) $p(b, c) = 1 \rightarrow p(ab, c) = p(a, bc)$ B2

Daí se obtém, mediante (5), uma forma do princípio de redundância que se põe em (7) ou em (8),

(7) $p(b, c) = 1 \rightarrow p(a, c) = p(a, bc)$ (5), (6)

(8) $p(c, b) = 1 \rightarrow p(a, b) = p(a, cb)$ (7)

Levando-se B3 a (7) e a (8) chega-se a

(9) $p(b, c) = p(c, b) = 1 \rightarrow p(a, b) = p(a, c)$ (7), (8)

o que é o mesmo que $A2^+$, tendo em conta que $p(a, a) = 1$. Conseguimos, dessa maneira, obter $A2^+$, a partir de B3. Mas, como se percebe facilmente, B3 se deduz, por sua vez, de *A2* e da lei da comutatividade, ou seja, da fórmula 40, do apêndice *v.

Usando "(d)" para significar "para todo *d* em *S*", podemos escrever

(10) $p(a, a) = p(b, c) = p(c, b) \rightarrow (d)\, p(d, b) = p(d, c)$ (9), A3

Do consequente de (10) obtém-se $p(b, b) = p(b, c)$ e $p(c, b) = p(c, c)$, por meio de substituição. Tendo em conta *A3*, pode-se, portanto, dar à fórmula (10) a forma de uma equivalência.

[N. T. — na versão inglesa, a nota 8, aqui referida, não aparece. A nota 8 da edição inglesa é nota 9 na edição alemã — isto é, a nota 9 que aparece a seguir.]

de Varsóvia). A relação entre A2 e A3 se estabelece de modo simples, notando que $A2^+$ pode ser reformulada para receber esta forma,

se $p(a, a) = p(b,c) = p(c, b)$, então $p(d, b) = p(d, c)$, para todo d em S.

Substitui-se, então, esta fórmula condicional pela correspondente equivalência, A2 + 3,

A2 + 3 $\quad p(a, a) = p(b, c) = p(c, b)$ se e somente se
$p(d, b) = p(d, c)$, qualquer que seja d em S.

que deflui de *A3* mediante substituição de *b* por *c*.

A fim de associar, organicamente, A2 e B2, pode-se escrever

BA2 $\quad p(ab, c) = p(a, d)\, p(b, c)$, admitindo-se que
$p(bc, e) = p(d, e)$, para cada e em S.

Substituindo *b* por *c*, chega-se a uma fórmula semelhante à fórmula *A2; B2 é* obtida mediante substituição de *d* por *bc*. Fórmula análoga, mas que não nos leva a A2, e sim a uma variante de $A2^+$, é

$BA2^+$ $\quad p(ab, c) = p(a, d)\, p(b, c)$, contanto que
$p(a, a) = p(bc, d)$ e $p(bc, c) = p(d, c)$

Esta última fórmula continua legítima quando se substitui, na última igualdade, "*bc*" por "*b*", recordando que se tem a fórmula demonstrável "$p(bc, c) = p(b, c)$". Se esta fórmula for deduzida com auxílio de $BA2^+$, não estando, pois, ao nosso dispor, será preciso utilizar a versão com "*bc*".

Uma das vantagens de fixar esses métodos diversos de relacionamento entre B2 e A2 (ou $A2^+$) seria a de evitar-se, nos axiomas, o produto de dois elementos ("bc") na condição de segundo argumento de *p(,)*. Alcançamos, dessa maneira, a possibilidade de introduzir o produto uma só vez — em *um* axioma — de modo que se torna viável utilizar esse mesmo axioma como definição do produto. (Ver adiante.)

Enfim, é possível associar ("organicamente", ainda) $A2^+$ ao postulado AP. O resultado pode ser indicado por AP^+,

AP^+ $\quad p(a) = p(a, b) - p(a, c) + p(a, d)$, supondo que
$p(b, c) = p(c, b) = p(d, e)$, para todo e de S.

A substituição de "b" por "c" leva-nos a uma fórmula que é claramente equivalente a AP. Mediante aplicação de AP, em relação a AP^+ , chega-se, sem maiores dificuldades, a $A2^+$.

Se associamos, dessa maneira, A2 a AP, via AP^+, então AP^+ torna-se, é claro, parte integrante do sistema axiomático (enquanto que, no sistema primitivamente considerado, a fórmula AP não é necessária — só se perdendo, com sua ausência, um procedimento para abreviar determinadas expressões).

Quando se deixa de utilizar A2, seguindo qualquer dos procedimentos acima descritos, substituindo-a (ou substituindo uma de suas variantes) por um de nossos axiomas, chegamos a um sistema que não é apenas "autonomamente independente" (no sentido já estabelecido anteriormente), como é "totalmente metrificado". Um sistema diz-se "totalmente metrificado" (ou "totalmente métrico") se tem cortados quaisquer vínculos de dependência para com a álgebra de Boole, continuando a independer dessa álgebra ainda quando o sistema, além de conter a fórmula já citada,

$(*^{+})$ $$\text{se } a = b, \text{ então } p(a, c) = p(b, c)$$

contém, a seu lado, esta outra,

$(^{-}*)$ $$\text{se } a = b, \text{ então } p(c, a) = p(c, b)$$

que autoriza a substituição de elementos equivalentes que surgem como segundos argumentos nas igualdades envolvendo probabilidades. Assim, a total independência métrica significa, justamente, que cada axioma do sistema permanece independente dos demais, mesmo se a eles se juntam $(*^{-})$ e $(^{-}*)$ e, ainda, uma completa álgebra booleana.

Em palavras intuitivas, isso equivale a dizer que cada axioma, ainda quando tomado isoladamente, tem algo a asseverar; e o que o axioma assevera não é meramente "lógico" (no mesmo sentido em que a álgebra de Boole se interpreta como sistema lógico), mas é "métrico" — de modo que *cada* axioma se introduz com o objetivo de enunciar algo bem definido acerca da medida de probabilidades. O importante a sublinhar é que, dado um sistema autonomamente independente e totalmente métrico, (por exemplo, o sistema em que se abandona A2 e se considera AP^{+}), pode-se deduzir a álgebra não-métrica de Boole — sem que qualquer dos axiomas necessite conter qualquer das regras booleanas. Isso basta, no que diz respeito a A2.

O axioma A3 é indispensável, como já se frizou, para mostrar que

$$p(a, a) = 1, \text{ para todo } a \text{ de } S.$$

Esta fórmula, naturalmente, é muito mais forte do que A3, que dela se obtém, mediante substituição, de modo direto. Mas a dedução de $p(a, a) = 1$, a partir de A3, necessita do emprego de outros axiomas (todos, salvo A2), como se percebe na dedução da fórmula 23, no apêndice *v.

Assim como A2, também A3 pode associar-se a alguns outros axiomas. Duas dessas associações já foram mencionadas acima. Outra possibilidade é o reforçar-se C1, pela introdução de uma quarta variável. A fórmula assim obtida pode ser apresentada nestas linhas:

CA1 $$p(a, b) + p(\bar{a}, b) = p(c, c), \text{ contanto que}$$
$$p(d, b) \neq p(c, c), \text{ para todo } d \text{ em } S.$$

Usando a seta ("→") para abreviar "se... então...", podemos escrever,

$$p(a, b) \neq p(c, c) \rightarrow p(c, c) = p(d, b) + p(\overline{d}, b)$$

De cada uma dessas duas fórmulas se obtém C1, diretamente, por substituição. A dedução de A3 é um pouco mais complicada.[9]

O postulado 3 assevera a existência de um produto de determinados elementos *a* e *b* de *S*. Ele caracteriza, de maneira cabal, todas as propriedades do produto (como a idempotência, a comutatividade e a associatividade), mediante dois axiomas simples — o primeiro dos quais é intuitivamente claro e o segundo já foi "deduzido" heuristicamente, no apêndice *iii.

O axioma B1, no meu entender, é o mais óbvio, intuitivamente falando, de todos quantos surgem no sistema. É preferível usá-lo, em vez de usar A4' e B1' (*cf.* nota 7, acima), embora estes dois possam substituí-lo. De fato, A4' pode ser confundido com uma convenção, o que não se dá com B1; e B1' não caracteriza (como B1) um aspecto métrico, intuitivo, da *probabilidade*, mas uma propriedade formal do produto, ou conjunção, *ab*.

É curioso notar que B1 revela-se indispensável para mostrar que as probabilidades são números não negativos (ver A4', nota 7, e a verificação da independência de B1, logo a seguir). Ao lado de B2, este B1 desempenha importante papel na demonstração da lei da comutatividade, $p(ab, c) = p(ba, c)$.

O axioma B2 é central no sistema. Seu significado já deve ter sido intuitivamente apreendido, tendo em conta sua derivação heurística, no apêndice *iii. Como se verá melhor no apêndice *v, o axioma B2 desempenha relevante papel na dedução da fórmula $p(a, b) \leqq p(a,a)$ e da fórmula $p(a, a) = 1$; também é importante para a obtenção das leis da comutatividade e da associatividade e, ainda, para a dedução das leis aditivas. A maneira aqui adotada para escrever o axioma — respeitando ordem alfabética das variáveis — é pouco usada; usualmente, o axioma apresenta-se desta outra maneira:

$$p(ab, c) = p(a, c)\, p(b, ac).$$

Preferi a ordem alfabética, nos dois membros da equação, a fim de deixar bem claro que não se acolhe, disfarçadamente, qualquer coisa parecida com a lei da comutatividade.

---

9 [N. T. — Há diferença de numeração das fórmulas, mas esta nota 9 surge como nota 8 da edição inglesa; aliás, nesta edição inglesa, a nota principia com a observação "C1 deduz-se imediatamente de A3 e C. A recíproca mostra-se deduzindo A3 de C^+, como segue:"]
Pode-se deduzir A3 partindo de CA1, desta maneira:

(1) $p(c, b) + p(\bar{c}, b) \neq p(b, b) \rightarrow p(b, b) = p(d, b) = p(c, b) = p(\bar{c}, d)$ — CA1
(2) $p(a, a) \neq p(b, b) \rightarrow p(a, a) = p(c, b) + p(\bar{c}, b) \neq p(b, b) = p(c, b) = p(\bar{c}, b)$ — CA1, 1
(3) $p(a, a) \neq p(b, b) \rightarrow p(a, a) = 2p(b, b)$ — 2
(4) $p(b, b) \neq p(a, a) \rightarrow p(b, b) = 2p(a, a) = 4p(b, b) = 0 = p(a,a)$ — 3
(5) $p(a, a) = p(b, b)$ — 4

CA1 também pode ser estabelecida com base na fórmula mais forte:
C^s $\quad p(a, a) \neq p(b, c) \rightarrow p(a, c) + p(\bar{a}, c) = p(d, d)$
[N. T. — A nota, na edição inglesa, acrescenta "B^+ é apenas uma forma 'orgânica' de escrever a fórmula
B^s $\quad p(ab, c) = p(a, bc)\, p(b, c) \leq p(a, c)$,
mais simples, mas 'não orgânica'."]

Há uma forma de combinar B2 e B1, embora isso não tenha maior interesse; poderíamos, de fato, escrever

$$p(ab, c) = p(a, bc)\, p(b, c) \leqq p(a, c).$$

De maneira análoga, B1 poderia combinar-se com BA2 e BA2$^+$. Esta última combinação poderia ser chamada BA$^+$; ela leva a uma redução do número de axiomas: passamos de seis para apenas três, a saber, A1, BA$^+$ e CA1. A combinação BA$^+$ é tão pouco orgânica, aliás, que se coloca a questão de saber como apresentar uma fórmula em que se volte a possuir certa organicidade; simultaneamente, podemos tentar reduzir à unidade o número de produtos explicitamente presentes, dando ao axioma a forma de uma definição.

Às duas fórmulas assim obtidas darei o nome de B$^+$ e B. Ambas englobam A2, A3, B1 e B2. Sendo fórmulas algo complicadas, uso algumas abreviações, "&" no lugar de "e", "$\rightarrow$" no lugar de "se... então...", "$\leftrightarrow$" no lugar de "se e somente se", "(a)" no lugar de "para todo elemento *a* de *S*" (ou "qualquer que seja *a* em *S*"), e "(Ea)" no lugar de "existe pelo menos um elemento *a* de *S* tal que".

B$^+$

$$\begin{aligned}&p(ab, d) = p(c, d) \leftrightarrow (e)(Ef)\,(p(a, d) \geqq p(c, d)\\ &\leqq p(b, d)\ \&\ (p(a, d) \geqq p(d, d) \leqq p(b, d) \rightarrow p(c, d)\\ &\geqq p(e, e)\ \&\ ((p(b, f) \geqq p(e, f) \leqq p(d, f)\ \&\ (p(bf)\\ &\geqq(p(f, f) \leqq p(d, f) \rightarrow p(e, f) \geqq p(c, c)) \rightarrow\\ &p(a, e)\, p(b, d) = p(c, d)))).\end{aligned}$$

Essa equivalência tem a forma de uma definição, já que é lícito acrescentar, nos dois membros, o operador "(d)"; isso permite (com base no que fica estabelecido no apêndice *v, D1, logo após a fórmula 100, mas ver, ainda, a fórmula (*), no texto deste apêndice, logo após a nota 7) dar esta outra forma ao primeiro membro da equivalência

$$ab = c \leftrightarrow \ldots.$$

o que lhe dá a feição de uma definição de "ab". Efetivamente, porém, só a parte correspondente a "$\rightarrow$" é usada na derivação de B$^+$: se substituímos "ab" por "c", em B$^+$, o primeiro membro torna-se tautológico, o que permite obter, no segundo membro, B1, A3, A2 e, enfim, B2. Fórmula análoga, mais breve, denominada B, será introduzida logo abaixo.

O postulado 4 requer a existência do complemento $\bar{a}$ de cada elemento *a* de S; caracteriza esse complemento por meio de (uma forma condicional fraca de) fórmula que parece óbvia, "$p(a, c) + p(\bar{a}, c) = 1$", se lembrarmos que $p(a, a) = 1$. A condição que precede a fórmula é indispensável; de fato, a fórmula perde legitimidade num caso limite, apesar de parecer "óbvia", porque, fazendo *c* igual a $a\bar{a}$ (o "elemento vazio" $a\bar{a} = 0$), chega-se a $p(a, c) = 1 = p(\bar{a}, c)$. (A propósito, ver fórmula 31', nota 1 do próximo apêndice.)

Esse postulado (ou, antes, o axioma C1) tem o caráter de uma definição de $p(\bar{a}, b)$, apresentada com recurso a $p(a, b)$ e a $p(a, a)$, como é fácil perceber escrevendo C1 desta outra maneira (notando que II é decorrência de I):

(I) $$p(\bar{a}, b) = p(a, a) - p(a, b)$$

contanto que exista um c tal que $p(c, b) \neq p(a, a)$;

(II) $$p(\bar{a}, b) = p(a, a)$$

contanto que não exista um c nessas condições.

O caráter de definição, de C1, também pode ser ressaltado por outra via, escrevendo uma equivalência (em analogia com B^+):

C' $$p(\bar{a}, c) = p(b, c) \leftrightarrow (d)(p(c, c) \neq p(d, c) \rightarrow p(a, c) + p(b, c) = p(c, c)).$$

Também aqui podemos acrescentar "(c)" nas duas partes da equivalência e, a seguir, efetuar substituição da parte à esquerda por

$$\bar{a} = b \leftrightarrow \ldots$$

Tal como no caso de B^+, também neste caso precisamos apenas da seta da esquerda para a direita — já que todas as fórmulas desejadas são obtidas mediante substituição de "$\bar{a}$" por "b" (e uso de *modus ponens).*

C', ao lado de B^+ e de A1, configura um sistema de apenas três axiomas, dois dos quais têm a forma de definições (têm, melhor dizendo, a forma de definições "criativas" ou "produtivas" — ver adiante).

A fórmula C' pode ser reforçada mediante a substituição de "→" por "↔" (o que requer troca de operadores); isso nos dá

C^+ $$p(\bar{a}, c) = p(b, c) (p(a, c) + p(b, c) \leftrightarrow (Ed)\, p(c, c) = p(d, c)$$

Esta fórmula também pode, como no caso de B^+ e de C', receber o operador "*(c)*" nas duas partes, como pode ter a parte da esquerda escrita na forma "$\bar{a} = b \leftrightarrow \ldots$". Graças a sua força lógica, pela qual torna-se possível a dedução de

(+) $$(b)\,(Ea)\, p(a, b) \neq 0,$$

podemos, aceitando C^+, substituir A1 pela fórmula mais fraca $A1^-$ (a que se fez alusão atrás) ou pela fórmula que se obtém de imediato, A. Também podemos substituir B^+ pela fórmula mais fraca B (ver adiante).

Embora C1, C' e C^+ sejam "apenas definições", elas reforçam de modo apreciável o sistema em que comparecem; várias fórmulas importantes (que não englobam a complementação) não poderiam ser deduzidas sem C^+. Exemplo seria a fórmula 7, que figura na nota 8. Esse fato revela que C^+ tem o caráter de uma "definição criativa" — como caberia chamá-la. A definição "criativa" (em oposição a definição "abreviadora") pode ser entendida como a definição que permite, ao associar-se a outras fórmulas de um sistema axiomático, a dedução de teoremas que não seriam deduzíveis sem ela — *teoremas que não contêm os termos caracterizados pela definição criativa.* (Uma definição criativa pode transformar-se em definição simplesmente abreviadora quando o sistema é reforçado, de modo que o vocábulo "criativa" é, afinal, relativo a um sistema axiomático; para as minúcias, ver meu artigo em *Synthese,* v. 15, 1963, pp. 167-186.)

Em nosso sistema, C^+ é criativa em mais alto grau do que B^+ (ao passo que AP não é criativa). Com efeito, existem fórmulas que não envolvem a conjunção e que não podem ser deduzidas sem o auxílio de B^+; exemplo importante é $p(a, a) = 1$; outros exemplos são $p(\bar{a}, a) \neq 0 \rightarrow p(\bar{a}, a) = 1$ e ainda $(Ea)\, p(\bar{a}, a) \neq p(a, a)$. Todavia, o número de fórmulas assim deduzidas é pequeno e todas elas podem ser obtidas sem o auxílio de B^+, bastando recorrer a um ou dois axiomas introduzidos com o propósito de permitir essas deduções. Assim, B^+ não é criativa no grau em que o é C^+, como se depreende das considerações abaixo.

A probabilidade, como é bem sabido, é uma *função métrica aditiva.* Explica-se, pois, a tendência, muito natural, de colocar a teoria da adição como ponto nuclear de tratamentos axiomáticos da probabilidade. Em vez de partir do produto *ab,* seria possível partir da soma booleana, $a + b$, aceitando como axioma o teorema geral da adição *(cf.* 79, do apêndice *v):

$$p(a + b, c) = p(a, c) + p(b, c) - p(ab, c).$$

Nessa fórmula, contudo, usa-se o produto *ab* (ou o complemento, caso o produto não se faça presente) e isso não se evita usando o teorema especial da adição, porque neste coloca-se a condição $p(ab, c) = 0 \rightarrow$.... Acresce — e este ponto é ainda mais importante — que o teorema geral da adição não representa economia de fórmulas, sendo indispensável que se acolham várias fórmulas que, em última análise, defluem de B2 e C1. Em outras palavras, a teoria da adição é deduzível da teoria do produto e da teoria da complementação, mas estas duas não são deduzíveis, separadamente, quando se coloca a teoria da adição entre os axiomas. O *status* do axioma da adição é, pois, nesta perspectiva, semelhante à álgebra de Boole: acolhida, ela não representa economia e não abre margem nova para a construção da teoria. (Ver *Synthese,* v. 15, 1963, pp. 177-178.)

Contudo, por outro lado, C1 ou C^+, ou seja, a teoria da complementação, é a fonte de toda a teoria da adição (acolhendo-se tão somente os rudimentos da teoria do produto), como se poderá facilmente perceber examinando as deduções que figuram no apêndice *v. Isso revela quão fortemente criativo é o caráter de C1 e também de C^+.

Vimos, acima, que o nosso sistema de seis axiomas pode ser reduzido a um sistema de *três* axiomas, a saber, o axioma existencial, $A1^-$, e as definições B^+ e C^+; pode-se acrescentar, se isso parecer oportuno, a definição AP, que se escreve de maneira mais simples (empregando, no *definiens,* expressões já anteriormente definidas):

$$(\,.\,) \qquad p(a) = p(a, \overline{a\overline{a}}).$$

Entretanto, se desejarmos axiomas breves e em número reduzido, será preferível o sistema com os axiomas A, B e C, indicados a seguir. De fato, A é mais breve do que A1$^-$ e mais fraco do que A1; também B (que se apoia em BA2$^+$, acima) e C são mais breves do que B$^+$ e C$^+$. Apesar de ser breve, C é tão forte quanto C$^+$ — como a substituição de A1 por A1$^-$ ou por A já revelou. Mediante substituição de B, no lugar de B$^+$, que é mais forte, valemo-nos de toda a força de C$^+$ ou de C, ou seja, da fórmula (+) indicada acima. Ressalte-se que B (diversamente do que acontece com B$^+$, neste caso) torna-se falsa quando se omite o primeiro operador "(d)" — mesmo que se coloque "→" no lugar de "↔" o que seria o bastante, na situação.

$$\text{A} \qquad (Ea)(Eb)\, p(a, b) \neq 1$$

$$\text{B} \qquad ((d)\, p(ab, d) = p(c, d) \leftrightarrow (d)(e)(p(a, b) \leqq p(c, b)\, p(a, d)$$
$$\geqq p(c, d) \leqq p(b, c)\; (p(b, d) \leqq p(e, d)\, p(b, e) \geqq p(e, e)$$
$$\leqq p(d, e)) \rightarrow p(a, e)\, p(b, d) = p(c, d))).$$

$$\text{C} \qquad p(\overline{a}\,, b) = p(b, b) - p(a, b) \leftrightarrow (Ec)\, p(b, b) \neq p(c, b).$$

Neste sistema, B conduz a B1 e a B2, mediante substituição — *ab* no lugar de *c* e *bd* no lugar de *e*. Substituindo *c* por *aa* e *b*, *d* e *e* por *a*, obtém-se, então, A3', a partir do último termo, à direita, bem como A2$^+$, mediante substituição de *c* por *ab* e de *d* por *c*. (Caso se substitua A por A1, basta usar C1 no lugar de C.)

Embora este sistema A, B e C pareça interessante, dada a brevidade das fórmulas e o caráter de definição que tomam os axiomas, prefiro o meu primeiro sistema, com os seus seis axiomas A1, A2, A3, B1, B2 e C1, porque, no meu entender, deixa mais claros os nossos pressupostos e permite fixar com maior precisão o papel desempenhado pelas várias hipóteses (individualmente consideradas) no seio da teoria.*

O nosso conjunto de axiomas é *consistente*. De fato, podemos construir sistemas de elementos, S, e uma função *p(a, b)* de modo a verificar cada um dos axiomas. *S* é um conjunto infinito, pois a demonstração é trivial quando *S* possui apenas um número finito de elementos. Os axiomas são, ainda, mutuamente *independentes*. Dada a simplicidade lógica dos axiomas, as demonstrações são fáceis.

Uma *demonstração trivial de consistência*, para *S* finito, pode ser dada colocando $S = \{1,0\}$, isto é, admitindo que *S* possui apenas dois elementos, zero e unidade. O produto e o complemento são o produto aritmético e o complemento aritmético (em relação à unidade). Define-se $p(0,1) = 0$ e, em todos os demais casos, $p(a,b) = 1$. Os axiomas se veem satisfeitos.

Duas outras interpretações serão apresentadas, com S finito, antes de passar-se ao caso em que *S* é conjunto infinito, mas enumerável.

* (N. T.) — Neste ponto, a edição inglesa inclui uma nota (com o número 9) em que o Autor indica as razões pelas quais prefere o sistema de seis axiomas, e não o sistema de quatro axiomas, que se acha naquela edição.

Nas duas interpretações finitas estão satisfeitos os axiomas e, ainda, a seguinte asserção de existência,

(E) Existem elementos *a, b* e *c,* em *S,* tais que

$$p(a, b) = 1 \text{ e } p(a, bc) = 0.$$

Asserção análoga seria esta:

(E') Existe um elemento *a,* em *S,* tal que

$$p(a) = p(a, \bar{a}) = p(\bar{a}, a) = 0 \neq p(a, a) = 1.$$

A asserção (E) não é verificada em nosso primeiro exemplo e nem pode ser verificada em sistemas usuais de probabilidades (só se vendo satisfeita em alguns dos meus sistemas).

O *primeiro exemplo* em que (E) e (E') são satisfeitas é aquele em que *S* possui quatro elementos. $S = \{0, 1, 2, 3\}$. O produto *ab* é definido como sendo o menor dentre os dois números *a* e *b,* exceto para $1.2 = 2.1 = 0$. Definimos $\bar{a} = 3 — a$ e $p(a) = p(a, 3) = 0$, sempre que $a = 0$ ou $a = 1$, e $p(a) = p(a, 3) = 1$, sempre que $a = 2$ ou $a = 3$; $p(a, 0) = 1$; $p(a, 1) = 0$, salvo se $a = 1$ ou $a = 3$, caso em que $p(a, 1) = 1$. Nos demais casos, $p(a, b) = p(ab) / p(b)$. Em termos intuitivos, o elemento 1 pode ser identificado com uma lei universal de probabilidade absoluta igual a zero; e o 2 pode ser identificado com a negação existencial dessa lei. A fim de satisfazer (E), fazemos $a = 2$, $b = 3$ e $c = 1$. (E') está satisfeita porque $a = 2$.

O exemplo que acabamos de considerar pode ser representado por duas "matrizes" — segundo método que foi considerado pela primeira vez, ao que parece, por Huntington, em 1904.

ab	0	1	2	3	$\bar{a}$
0	0	0	0	0	3
1	0	1	0	1	2
2	0	0	2	2	1
3	0	1	2	3	0

p(a, b)	0	1	2	3
0	1	0	0	0
1	1	1	0	0
2	1	0	1	1
3	1	1	1	1

O *segundo exemplo* generaliza o anterior. Atesta que a ideia que levou a esse primeiro exemplo pode ser aplicada mais genericamente — em todos os casos em que cresça o número de elementos, superando qualquer número previamente fixado, contanto que os elementos formem uma álgebra de Boole, querendo isso dizer que o número de elementos sempre deve ser igual a 2^n. Aqui, *n* pode ser tornado igual ao número das menores regiões, ou classes, mutuamente excludentes em que se pode dividir o universo do discurso. A cada uma de tais classes podemos associar, arbitrariamente, uma fração positiva, $0 \leqq r \leqq 1$, entendendo-a como sendo sua probabilidade absoluta — bastando fazer com que a soma das frações seja igual à unidade. A cada soma booleana fazemos corresponder a soma algébrica de suas probabilidades; a cada complemento booleano fazemos corresponder o complemento aritmético, em relação à unidade. Podemos associar a uma ou mais das regiões mutuamente excludentes (não vazias) a probabilidade zero. Sendo *b* uma de tais áreas, ou classes, fazemos $p(a, b) = 0$; caso contrário, fazemos $p(a, b) = 1$. Fazemos, ainda, $p(a, 0) = 1$ e, nos demais casos, $p(a, b) = p(ab) / p(b)$. Está claro que (E) e (E') podem ser satisfeitas.

A fim de mostrar que o sistema é consistente mesmo com *S* infinito, mas denumerável, escolhe-se a interpretação descrita a seguir. (A interpretação é de interesse, tendo em vista suas relações com a teoria frequencial.) Seja *S* a classe de frações racionais, em representação diádica, escolhidas de modo a atender as condições seguintes: se *a* é um elemento de *S*, podemos escrever $a = a_1, a_2, \ldots$, de tal modo que a_i ou é igual a zero ou é igual a unidade. Por *ab* entendemos a sequência $ab = a_1b_1, a_2b_2, \ldots$, de modo que $(ab)_i = a_ib_i$; por *a* entendemos a sequência $\bar{a} = 1 - a_1, 1 - a_2, \ldots$, de modo que $\bar{a}_i = 1 - a_i$. A fim de interpretar $p(a, b)$, introduzimos uma expressão auxiliar A_n, assim definida,

$$A_n = \sum_n a_i$$

de modo que se tem

$$(AB)_n = \sum_n a_ib_i$$

Introduzimos, ainda, a expressão auxiliar *q:*

$$q(a_n, b_n) = 1, \text{ sempre que } B_n = 0$$

$$q(a_n, b_n) = (AB)_n / B_n, \text{ sempre que } B_n \neq 0$$

Por meio dessa função auxiliar, define-se, agora,

$$p(a, b) = lim\ q(a_n, b_n).$$

Esse limite existe, quaisquer que sejam os elementos *a* e *b*, em *S*, e não é difícil mostrar que satisfaz todos os nossos axiomas. *(Cf.*, ainda, o item 15 do apêndice *vi.) **

Isso termina a discussão da consistência do nosso sistema de axiomas.

A fim de mostrar a *independência* de A1, podemos fazer $p(a, b) = 1$ para todo *a* e *b* de *S*. Todos os axiomas estão satisfeitos, exceto A1.

Para mostrar a independência de A2, admitimos que *S* consiste de cinco elementos, $S = \{0, 1, 2, 3, 4\}$. É fácil mostrar que o produto *ab* não pode ser comutativo;

** (N. T.) — Na edição inglesa, o Autor remete-nos para os itens 8 a 14 do apêndice *vi.

o produto pode ser definido assim: $1.2 = 2$; $a3 = 3a = 0$, se $a < 3$; caso contrário, $a3 = 3a = 3$; nos demais casos, incluindo 2.1, ab será igualado a $min(a, b)$, ou seja, ao menor dos dois componentes a ou b. Definimos $\bar{a} = 4 - a$, exceto se $a = 2$, caso em que fazemos $\bar{a} = 3$. Definimos $p(a, 0) = p(a, 1) = 1$; $p(0, 2) = p(3, 2) = 0$; e $p(a, 2) = 1$; e $p(a, 3) = p(a, 4) = 0$, se $a < 3$ ou, do contrário, $p(a, 3) = p(a, 4) = 1$. Verifica-se facilmente que vale a fórmula

$$p(1, b) = p(2, b)$$

qualquer que seja b, ao passo que $p(0, 1) = 1$ e $p(0, 2) = 0$. Dessa maneira, verificam-se todos os axiomas (bem como AP),[10] exceto A2.

Essa interpretação pode ser visualizada na seguinte matriz, não comutativa:

ab	0	1	2	3	4	$\bar{a}$
0	0	0	0	0	0	4
1	0	1	2	0	1	3
2	0	1	2	0	2	3
3	0	0	0	3	3	1
4	0	1	2	3	4	0

$$p(a, 0) = p(a, 1);$$
$$p(0, 2) = p(3, 2) = 0; \text{ e } p(a, 2) = 1$$
$$p(a, 3) = p(a, 4) = 0, \text{ se } a < 3;$$
$$\text{caso contrário, } p(a, 3) = p(a, 4) = 1.$$

Para mostrar que A3 é independente, fazemos $S = \{0, 1\}$, como no primeiro exemplo de consistência, tomando produto e complemento como sendo o produto aritmético e o complemento aritmético. Definimos $p(1, 1) = 1$ e, nos demais casos,

10 O exemplo aqui apresentado (matriz com cinco elementos), destinado a mostrar a independência de A2, elaborado, simultaneamente, por mim e pelo Dr. J. Agassi, substitui o exemplo de matriz com três elementos, que foi usado na primeira versão inglesa deste livro. A matriz de três elementos não dava informes acerca de AP, deixando aberta a questão de saber se A2 seria deduzível dos demais axiomas, acoplados a AP. O exemplo que aqui se acha atesta que este caso não se dá.
[N. T. — Na versão inglesa encontra-se a nota seguinte, acompanhando o exemplo de matriz com três elementos: "Tendo em conta o que se disse acima acerca de A2, é claro que o problema da independência de A2 resume-se na construção de exemplo (matriz) não comutativo, combinado com uma regra a propósito dos valores de p através da qual se assegure que a lei da comutatividade só é violada para o segundo argumento. A verificação de independência de A2, aqui descrita, foi obtida pelo Dr. J. Agassi e por mim, simultaneamente. (O exemplo satisfaz o postulado AP somente se, em AP, uma barra é colocada sobre a letra "b", em suas várias ocorrências; mas a fórmula (.) é satisfeita.) * Cf. adendo ao final do próximo apêndice." Popper refere-se ao adendo de 1964, que foi incluído, nesta edição, em língua portuguesa, no final do apêndice *v.]

p(a, b) = 0. Vale, pois, $p(1, 1) \neq p(0, 0)$, de modo que A3 perde sua validade. Os demais axiomas estão satisfeitos (salvo C, em que A3, contudo, não se apresenta) .

A fim de mostrar que B1 é independente, fazemos *S* = —1, 0, +1. Tomamos *ab* como sendo o produto de *a* por *b*; $\bar{a}$ = — *a*. E fazemos *p(a, b)* = *a* . (1 — |*b*|). Com exceção de B1, os axiomas estão verificados; B1 não é satisfeito porque *a* = —1, *b* ≠+1 e *c* = 0 são valores que não verificam esse axioma. As matrizes podem ser escritas assim:

ab	−1	0	+1	$\bar{a}$
−1	+1	0	−1	+1
0	0	0	0	0
+1	−1	0	+1	−1

p(a, b)	−1	0	+1
−1	0	−1	0
0	0	0	0
+1	0	+1	0

Este exemplo atesta, ainda, a independência de A4' (ver nota 7, acima). Outro exemplo, através do qual se estabelece a independência de B1 e, ainda, a de B1', poderia assentar-se na seguinte matriz não comutativa:

ab	0	1	2	$\bar{a}$
0	0	1	0	2
1	0	1	1	0
2	0	1	2	0

$$p(0, 2) = 0;$$

em todos os demais casos, *p(a, b)* = 1.

B1 se vê não satisfeito com os valores *a* = 0, *b* = 1 e *c* = *2*. (O postulado AP não é satisfeito, mas poderá ser verificado, se fizermos, como no caso de A2, uma ampliação da matriz, considerando cinco elementos; *cf.* nota 10, acima.)

Para mostrar a independência de B2, escolhemos *S*, como no caso de A3, e definimos p(0, 1) = 0; em todos os demais casos, *p(a, b)* = *2*. Nota-se que *B2* não está verificado, porque

$$2 = p(1.1, 1) \neq p(1, 1.1)\, p(1, 1) = 4,$$

mas todos os outros axiomas são satisfeitos.

(Outra forma de mostrar a independência de B2 é obtida quando se observa que B2 é indispensável para a dedução de "$p(ba, c) \leqq p(a, c)$", ou seja, para a dual de B1.

Daí deflui que é possível mudar o segundo exemplo dado para B1, transformando o valor de 1.0 de 0 para 1 e o valor de 0.1 de 1 para 0. Não é preciso fazer outras alterações. Notar que B2 não se vê satisfeito para $a = 1$, $b = 0$ e $c = 2$.)

A fim de mostrar a independência de C1, escolhemos S mais uma vez como no caso de A3, mas fazendo $\bar{a} = a$. Colocando, em seguida, $p(0, 1) = 0$ e, para todos os demais casos, $p(a, b) = 1$, observa-se que C1 deixa de ser válido, porque $p(\bar{0}, 1) \neq p(1, 1)$. Os demais axiomas são verificados.

Conclui-se, dessa maneira, o exame da independência dos *axiomas* operativos de nosso sistema.

No que concerne à parte não operativa dos *postulados*, notar que já foi apresentada uma demonstração da independência do postulado 1 (acima, no texto, ao falarmos de cada axioma — *cf.* o texto, pouco antes da nota 8).

Em sua parte não operativa, o postulado 2 requer que $p(a, b)$ seja um número real, sempre que a e b são elementos de S. A fim de mostrar a independência desse requisito — que podemos, por brevidade, chamar "requisito 2" — procuramos *interpretação booleana, mas não numérica,* para S. Com esse objetivo, entendemos que S *é* uma álgebra de Boole, não numérica, no máximo enumerável (fixando, por exemplo, que "a", "b", etc., são *enunciados* variáveis). Nesse caso, se x *é* um número, então "$\bar{x}$" *é* o mesmo que "$-x$"; se x, porém, é um elemento booleano (um enunciado, por exemplo), então "$\bar{x}$", assim como "$-x$" devem denotar o complemento booleano (a negação) de x. Estipulamos, ainda, que "xy", "$x + y$", "$x = y$", "$x \neq y$" e "$x \leqq y$" devem ter os correspondentes significados numéricos, *se x e y* são números, ou devem ter os conhecidos significados booleanos, se x e y são elementos booleanos. (Assim, *se x e y* são enunciados, "$x \leqq y$" deve corresponder a "x implica, logicamente, y".) Para estabelecer a independência do postulado 2, estipulamos mais o seguinte: interpretar "$p(a, b)$" como outro nome do elemento booleano $a + \bar{b}$. Assim, o requisito 2 perde sua validade, ao passo que A1, A2, A3 e todos os demais axiomas e postulados transformam-se em bem conhecidos teoremas da álgebra de Boole.[11]

As demonstrações de independência das partes existenciais dos postulados 3 e 4 são quase triviais. Introduzimos, preliminarmente, um sistema auxiliar $S' = \{0, 1, 2, 3\}$ para definir produto, complemento e probabilidade absoluta por meio da matriz:

ab	0	1	2	3	$\bar{a}$	$p(a)$
0	0	0	0	0	3	0
1	0	1	0	1	2	0
2	0	0	2	2	1	1
3	0	1	2	3	0	1

11 Uma variante desta interpretação transforma todos os axiomas em tautologias do cálculo sentencial, tautologias que satisfazem todos os postulados, salvo o postulado 2.

A probabilidade relativa é definida por

$$p(a, b) = 0 \text{ quando } p(a) \neq 1 = p(b)$$

$$p(a, b) = 1 \text{ em todos os demais casos.}$$

O sistema *S'* satisfaz os axiomas e postulados. A fim de mostrar a independência da parte existencial do postulado 3, imaginamos *S* restringido aos elementos 1 e 2 de *S'* (sem alterar qualquer outra coisa). O postulado 3 não é legítimo, pois o produto dos elementos 1 e 2 não se acha em *S;* mas são legítimos os demais resultados. A independência do postulado 4 pode ser estabelecida analogamente, restringindo *S* aos elementos 0 e 1 de *S'*. (Também é viável escolher 2 e 3, bem como outras combinações de três elementos de *S'*, excluindo, porém, a combinação 1, 2 e 3.)

A independência de AP é ainda mais trivial. Bastará tomar *S* e *p(a, b)* no sentido que adquiriram em nossa primeira verificação de independência e fazer *p(a) = constante* (constante com valor zero, meio, unidade ou dois). Tem-se, dessa maneira, uma interpretação para a qual não se verifica o postulado AP.

Mostramos, pois, que cada uma das condições colocadas em nosso sistema é independente. (Ao que me consta, não se verificou a independência dos axiomas de sistemas axiomáticos da probabilidade; presumivelmente, isso se deve ao fato de que os axiomas, nos sistemas usuais — na medida em que consistentes — não são independentes.)

A falta de independência (redundância), nos sistemas comuns, deve-se a que, implícita ou explicitamente, se admite a validade de algumas (ou de todas) as regras da álgebra de Boole, quando aplicadas aos elementos de *S*. Em nosso sistema, entretanto, como se verá ao final do apêndice *v, todas essas regras são deduzidas (a partir dos nossos postulados e axiomas), bastando definir a equivalência booleana "a = b" por meio da seguinte fórmula:

(*) $a = b$ se e somente se $p(a, c) = p(b, c)$, para todo *c* de *S*.

(*Cf.* a fórmula (*), logo no início do trecho em que são feitos comentários acerca dos postulados; e Dl, logo após a fórmula 100, no próximo apêndice.)

Cabe indagar, neste ponto, se algum de nossos axiomas se torna supérfluo, ao *postular-se* que *ab* é um produto booleano e $\bar{a}$ *é* um complemento booleano; que as duas condições satisfazem todos os resultados da álgebra de Boole; e que (*) é válida. A resposta é negativa: nenhum dos nossos axiomas se tornaria supérfluo (salvo na variante B1'). Só num caso A2 se torna supérfluo: quando se postula que dois elementos determinados (para os quais se possa demonstrar valer a equivalência booleana) são intercambiáveis como *segundos argumentos* da função *p;* de fato, A2 será, assim, superabundante, pois destina-se a permitir o mesmo que fica permitido por esse novo axioma. Que os demais axiomas sejam indispensáveis é algo que pode ser verificado mostrando sua independência (excluído A2, naturalmente) com auxílio de exemplos que satisfazem a álgebra de Boole. Já apresentei esses exemplos para os vários casos, com exceção de B1 e C1. Exemplo que permite atestar a independência de B1 e C1 (e de A4') é dado pela seguinte álgebra booleana — que muito se assemelha à do exemplo anterior:

ab	-1	0	1	2	$\overline{a}$
-1	-1	0	-1	0	2
0	0	0	0	0	0
1	-1	0	1	2	0
2	0	0	2	2	-1

B1 (e A4') — $p(a) = a; p(a, 0) = 1;$
em todos os demais casos,
$p(a, b) = p(ab) / p(b) = ab / b$

C1 — $p(a, b) = 0$, se $ab = 0 \neq b;$
em todos os demais casos,
$p(a, b) = 1.$

B1 se vê prejudicado, pois $2 = p(1.2, 1) > p(1, 1) = 1$.

C1 se vê contrariado, pois $p(2, 1) + p(\overline{2}, 1) = 2$, embora se tenha $p(0, 1) = p(1, 1)$.

O fato de que nosso sistema continua com axiomas independentes, mesmo ao postular-se a álgebra de Boole *e* (*), pode ser expresso dizendo que o sistema é "autonomamente independente". O sistema deixa de ser autonomamente independente quando se efetua a substituição do axioma B1 por A4' e B1' (ver nota 7, acima). A independência, com autonomia, é propriedade interessante (e desejável) de sistemas axiomáticos para o cálculo de probabilidades.[12]

Em conclusão, desejo definir, em termos de "autonomia", isto é, nos termos probabilísticos de nossa teoria, um "sistema admissível", *S*, e um "campo de Borel de probabilidades". Esta última expressão é devida a Kolmogoroff, mas pretendo usá-la de maneira um pouco mais ampla. Desejo sublinhar a diferença entre o tratamento que Kolmogoroff dá ao tema e o tratamento que eu lhe dou, porque isso me parece esclarecedor.

Iniciando, defino (em termos probabilísticos) o que pretendo significar ao dizer que *a* é um superelemento de *b* (que *a* é mais amplo ou é igual a *b)* ou que *b* é um subelemento de *a* (e logicamente mais forte ou igual a *a).* A definição vem apresentada a seguir. *(Cf.*, também, o final do apêndice *v, D3.)

12 Uma condição mais forte que a de independência autônoma já foi referida acima. É a exigência que leva a um sistema "completamente métrico". Outra álgebra de Boole, em que se constata a independência de C1, encontra-se na p. 176 de meu artigo publicado em *Synthese*, v. 15. (No item 10, porém, falta o sinal de negação sobre a letra "a".) [N. T. — Esta nota não se encontra na versão inglesa; aliás, já a nota 9, aqui referida, é bem diversa da nota 9 da edição inglesa, em que Popper apresenta seus motivos para preferir o sistema de seis axiomas, ao invés do sistema de quatro axiomas.]

a é um superelemento de *b,* ou *b é* um subelemento de *a* (em símbolos: $a \geqq b$), se e somente se $p(a, x) \geqq p(b, x)$, qualquer que seja *x* em *S.*

Defino, em seguida, o que pretendo significar ao dizer que *a* é um elemento produto da sequência infinita $A = a_1, a_2, \ldots$, cujos elementos são todos de *S.*

Admitamos que alguns elementos de *S* — ou mesmo todos os elementos de *S* — apareçam ordenados na *sequência infinita* $A = a_1, a_2, \ldots$, permitidas repetições. Se *S* contém apenas os elementos 0 e 1, por exemplo, então $A = 0, 1, 0, 1, \ldots$ e $B = 0, 0, 0, \ldots$ são sequências do tipo desejado. O caso mais importante, contudo, é aquele em que A é sequência infinita em que todos, ou quase todos, os elementos de *S* venham a estar presentes — sendo *S,* portanto, um conjunto que contém número infinito de elementos.

Caso de particular interesse é o de sequência *decrescente* (ou melhor, não-crescente) *infinita,* isto é, de sequência $A = a_1, a_2, \ldots$ tal que $a_n \geqq a_{n+1}$, para dois elementos consecutivos quaisquer de *A.*

Podemos definir, agora, o *elemento produto* (no sentido booleano, e não no sentido que seria próprio da teoria dos conjuntos) da sequência infinita $A = a_1, a_2, \ldots$; diremos que *a* é um elemento produto se é o maior dos elementos de *S,* que são subelementos de cada elemento a_n pertencente à *sequência A.* Usando símbolos e a terminologia probabilística:

$a = \pi a_n$ se e somente se *a* satisfaz as duas condições seguintes:

(I) $p(a_n, x) \geqq p(a, x)$ para todos os elementos a_n de *A* e para cada elemento *x* de *S;*

(II) $p(a, x) \geqq p(b, x)$ para todos os elementos *x* de *S* e cada elemento *b* de *S,* supondo que *b* satisfaz ao requisito seguinte: $p(a_n, y) \geqq p(b, y)$ qualquer que seja a_n em *S* e para cada *y* em *S.*

A fim de mostrar a diferença que existe entre o nosso elemento produto *a* de *A* (booleano) e o produto, ou intersecção de *A* (produto interno), limitaremos a discussão aos casos em que *S* satisfaz os nossos postulados de 2 a 5, tendo *S* elementos *x, y, z, ...* que são conjuntos e entendendo-se que *xy é* o produto desses conjuntos (a intersecção).

Nosso principal exemplo é aquele que denominaremos "exemplo em que falta o meio-intervalo". Ei-lo, a seguir.

S_1 é um sistema de intervalos meio abertos, selecionados no intervalo universal $u = (0, 1]$. S_l contém, mais precisamente, (*a*) a sequência decrescente *A*, tal que

$$a_n = (0, \frac{1}{2} + 2^{-n}]$$

e, além disso, *(b)* os produtos (intersecções) de dois quaisquer de seus elementos e os complementos (também entendidos em termos de teoria dos conjuntos) de quaisquer de seus elementos.

Assim, S_1 não contém o "meio-intervalo" $h = (0, \frac{1}{2}]$, assim como não contém qualquer subintervalo não vazio de *h*.

Como o intervalo $h = (0, \frac{1}{2}]$ é o produto (intersecção) da sequência *A*, é claro que S_1 não contém o produto (intersecção) de *A*. Todavia, S_1 contém o "elemento produto" (booleano) de *A*, tal como foi aqui definido. Com efeito, o intervalo vazio satisfaz trivialmente a condição (I) e como ele é o mais amplo intervalo que satisfaz (I), satisfaz, também, (II).

Além disso, é claro que vale o seguinte: se adicionamos a S_1 um dos intervalos $b_1 = (0, \frac{1}{18}]$ ou $b_2 = (0, \frac{3}{16}]$, e assim por diante, então o maior desses intervalos será o elemento produto de *A*, no sentido booleano de nossa definição; contudo, nenhum dos intervalos será produto (intersecção) de *A*.

Talvez se pudesse imaginar, por um instante, que, em virtude da presença de um elemento vazio em cada *S*, cada *S* conteria, como S_1 um elemento produto (no sentido que demos) relativo a cada *A* de *S;* com efeito, inexistindo elemento maior, que satisfaça (I), pode-se sempre recorrer ao elemento vazio. Todavia, isso não acontece, como se pode ver considerando um caso concreto S_2, que contém, ao lado dos elementos de S_1, os elementos da sequência $B = b_1, b_2, \ldots$, em que

$$b_n = (0, (2^n - 1) / 2^{n+2}]$$

(e as intersecções de dois quaisquer elementos e os complementos de quaisquer elementos). Nota-se, com facilidade, que cada b_n satisfaz a condição (I), relativa ao elemento produto *A*, mas que nenhum deles satisfaz a condição (II). Assim, inexiste, de fato, *um maior elemento* em S_2 que venha a satisfazer a condição (I) relativa ao elemento produto.

Consequentemente, S_2 não contém o produto de *A*, em termos de teoria dos conjuntos, e não contém o elemento produto, em nosso sentido booleano. Ainda assim, o sistema S_1 e todos os sistemas obtidos a partir dele mediante acréscimo de número finito de intervalos novos (mais produtos e complementos) conterá um elemento produto de *A*, em nosso sentido, mas não em sentido próprio da teoria dos conjuntos — salvo, é claro, se um dos intervalos acrescentados for o intervalo ausente $h = (0, \frac{1}{2}]$.

Recordando que a vacuidade de um elemento *a* pode ser caracterizada em nosso sistema pela relação $p(\bar{a}, a) \neq 0$, torna-se possível definir, nos termos abaixo, "sistema admissível" e "campo de probabilidades boreliano".

(I) Um sistema *S* que satisfaz nossos postulados de 2 a 4 diz-se *sistema admissível* se e somente se *S* satisfaz nosso conjunto de postulados e, em aditamento, a seguinte *condição definidora.*

Seja $bA = a_1b, a_2b, \ldots$ uma sequência qualquer, decrescente, de elementos de *S*. (Dizemos, em tal caso, que $A = a_1, a_2, \ldots$ *é* "decrescente relativamente a b".) Isso posto, se o elemento produto *ab* desta sequência se acha em *S*,[13] então

$$\lim p(a_n, b) = p(a, b).$$

(II) Um sistema admissível *S é* um campo de probabilidades de Borel se e somente se existe em *S* um elemento produto de qualquer sequência decrescente (absoluta ou relativamente) de elementos de *S*.

A parte (I) corresponde, precisamente, ao chamado "axioma da continuidade", de Kolmogoroff; a parte (II) desempenha, em nosso sistema, o papel que, em seu sistema, desempenha a definição de campos borelianos de probabilidades.

Pode-se mostrar, em seguida, que: *toda vez que S é um campo de Borel de probabilidades, no sentido de Kolmogoroff, S é também um campo de Borel de probabilidades no sentido acima introduzido — sendo a probabilidade uma função-medida contavelmente aditiva dos conjuntos que são elementos de S.*

As definições de sistemas admissíveis e de campos borelianos de probabilidades são formuladas de tal modo que todos os sistemas *S* que satisfazem nossos postulados e contêm apenas um número finito de elementos diversos são admissíveis e são campos borelianos. Consequentemente, nossas definições são interessantes apenas com respeito a sistemas que *contêm um número infinito de elementos diversos*. Tais sistemas podem satisfazer um, outro, ambos ou nenhum dos requisitos colocados pelas condições definidoras; em outras palavras, as nossas definições, aplicadas a sistemas infinitos, são independentes, ou seja, não redundantes.

A não redundância, no que concerne a (I), pode ser facilmente verificada se acolhemos a formulação apresentada na nota 13 e se usamos o exemplo do intervalo ausente, S_1 dado acima. Basta-nos definir a probabilidade *p(x)* como o comprimento do intervalo *x*, *L(x)*. Nesse caso, (I) se vê contraditada, porquanto $lim\ p(a_n) = \frac{1}{2}$, ao passo que, para o elemento produto (em *S)* de *A*, $p(a) = 0$. A parte (II), por sua vez, é contrariada pelo exemplo S_2 (que, entretanto, satisfaz, vacuamente, a primeira definição).

Embora o primeiro desses exemplos estabeleça a independência, ou, mais precisamente, a não redundância, de nossa primeira definição, porque a contradita,

---

13 Eu poderia, aqui, ter acrescentado "e se $p(ab, ab) \neq 0$, de modo a tornar *ab* vazio", fazendo com que minha apresentação se aproximasse ainda mais da versão de Kolmogoroff. Todavia, essa condição é supérflua. Desejo sublinhar, neste ponto, que muito me encorajou a leitura do interessante artigo de A. Rényi, "On a New Axiomatic Theory of Probability", *Acta Mathematica Acad. Scient. Hungaricae*, v. 6, 1955, pp. 286-335. Embora eu acreditasse, há muitos anos, que o sistema de Kolmogoroff devesse ser relativizado e conquanto eu apresentasse, em várias ocasiões, os motivos que me levavam a supor que a relativização conduziria a resultados matematicamente mais vantajosos, foi no artigo de Rényi que percebi quão fértil, afinal, poderia ser a relativização. [N. T. — Na edição inglesa há um pequeno trecho adicional, que não se encontra na edição alemã: "Os sistemas relativos que elaborei em meus trabalhos, a partir de 1955, são porém mais gerais do que o sistema de Rényi — que são, como os de Kolmogoroff, não simétricos e construídos com base na teoria dos conjuntos. É fácil notar que a generalização conduz a resultados matemáticos de maior simplicidade em sua formulação."]

esse exemplo não estabelece, tal como está, a independência do "axioma da continuidade", de Kolmogoroff, que é verificado pelo exemplo. De fato, o meio-intervalo ausente, $h = (0, \frac{1}{2}]$, esteja ou não em *S*, *é* o único produto (no sentido da teoria dos conjuntos) de A, de modo que $a = h$ vale para quem adote o ponto de vista da teoria dos conjuntos, esteja a em *S*, ou não. Mas com $a = h$, tem-se $lim\ p(a_n) = p(a)$, de modo que o axioma de Kolmogoroff está verificado, mesmo que se omita a condição $p(\bar{a}, a) \neq 0$; *cf.* nota 13.

Deve-se ressaltar que Kolmogoroff não apresenta uma demonstração de independência para o seu axioma, embora afirme que o axioma é independente. É possível, todavia, reformular nossa demonstração, de modo a torná-la aplicável ao axioma de Kolmogoroff, nas linhas de teoria de conjuntos, por ele adotadas. Isso se consegue escolhendo, no lugar de nosso S_1, um sistema de intervalos S_3, análogo a S_1, mas assentado em uma sequência $C = c_1, c_2, ...$, definida por

$$c_n = (0, 2^{-n}],$$

em vez de baseada em sequência $A = a_1, a_2, ...$, com

$$a_n = (0, \frac{1}{2} + 2^{-n}].$$

Podemos, agora, mostrar a independência do axioma de Kolmogoroff definindo as probabilidades dos elementos da sequência A desta maneira:

$$p(c_n) = L(c_n) + \frac{1}{2} = p(a_n)$$

Aqui, $L(c_n)$ é o comprimento do segmento, ou intervalo c_n. Essa definição é contraintuitiva, já que atribui a mesma probabilidade, o valor unidade, a estes dois intervalos diversos, $(0, \frac{1}{2}]$ e $(0, 1]$, o que traz como consequência o valor zero para a probabilidade associada ao intervalo $(\frac{1}{2}, 1]$. O fato de que não se verifica o axioma de Kolmogoroff está intimamente associado ao fato de a definição ter esse caráter não intuitivo. O axioma não se vê satisfeito porque $lim\ p(c_n) = \frac{1}{2}$, embora tenha-se $p(c) = 0$. Tendo em conta o aspecto contraintuitivo do exemplo, sua *consistência* está longe de ser aparente; impõe-se, pois, uma demonstração dessa ausência de contradições, a fim de estabelecer a legitimidade da demonstração de independência do axioma de Kolmogoroff.

Mas a demonstração de consistência é simples, tendo em conta a anterior demonstração de independência — a demonstração de independência em nosso primeiro exemplo, estabelecendo a independência de nossa primeira definição com auxílio de S_1. Com efeito, as possibilidades $p(c_n)$ e $p(a_n)$, nos dois exemplos, S_1 e S_3, coincidem. Como é possível, estabelecendo correlação entre as duas sequências *A* e *C*, fixar uma correspondência biunívoca entre os elementos de S_1 e de S_3, a consistência de S_1 assegura a consistência de S_3.

É claro que *qualquer* exemplo usado para provar a independência do axioma de Kolmogoroff deve ter caráter contraintuitivo, de modo que a sua consistência deverá ser demonstrada usando-se método semelhante ao nosso. Em outras palavras, a demonstração da independência do axioma de Kolmogoroff necessitará usar um exemplo que deverá assentar-se, de modo essencial, numa definição booleana de produto (como a nossa), e não numa definição que se valha das noções da teoria dos conjuntos.

Embora cada campo de Borel de probabilidades, no sentido de Kolmogoroff, também seja campo de Borel, no sentido aqui adotado, a recíproca não vale. Com efeito, podemos construir um sistema S_4, análogo a S_1 com $h = (a, \frac{1}{2}]$ ainda ausente, mas no qual ponha-se o intervalo *aberto* $g = (a, \frac{1}{2})$, fixando $p(g) = \frac{1}{2}$. Definimos, de modo um tanto arbitrário, $\bar{g} = \mathrm{u} - g = (\frac{1}{2}, 1]$ *e* $\mathrm{u} - (g + \bar{g}) = u\,\bar{u}$ (e não o ponto $\frac{1}{2}$). Verifica-se facilmente que S_4 é um campo de Borel de probabilidades, em nossa concepção, sendo *g* o elemento produto de *A*. Mas S_4 não é um campo de Borel, no sentido de Kolmogoroff, pois não contém o produto, em termos de teoria dos conjuntos, de *A:* nossa definição abre margem para uma *interpretação em termos de sistemas de conjuntos,* que não é um sistema de conjuntos de Borel e em que o produto e o complemento não são exatamente o produto e o complemento, no sentido da teoria dos conjuntos. Nossa definição, por conseguinte, é mais geral que a de Kolmogoroff.

As nossas demonstrações de independência, para (I) e (II), aclaram, entendo eu, o papel desempenhado por (I) e (II). A função de (I) é a de excluir sistemas como S_1, assegurando-se adequação (em termos de teoria da medida) para o produto (ou limite) de uma sequência decrescente: o limite das medidas deve ser igual à medida do limite. O papel de (II) é o de excluir sistemas como S_2, com sequências crescentes, sem limites. A função de (II) é a de assegurar que cada sequência decrescente possua um produto em *S* e que cada sequência crescente possua uma soma.

(N. T.) — Como já dissemos, a tradução deste apêndice foi feita a partir da edição alemã. O apêndice, nesta edição, é bem mais longo e minucioso do que o correspondente, na edição inglesa.

As deduções na teoria formal de probabilidades.

Desejo, neste apêndice, apresentar os mais notáveis resultados que podem ser obtidos no sistema de postulados introduzido no apêndice anterior, *iv. Mostrarei de que modo são obtidas as leis dos limitantes, superior e inferior, da idempotência, da comutatividade, da associatividade e da distributividade. Apresentarei, ainda, uma definição mais simples de probabilidade absoluta. Mostrarei, também, como a álgebra de Boole pode ser deduzida no sistema. (Veja-se, ainda, *Synthese*, v. 15, pp. 167-186.)

A bem da brevidade, usarei "C" em vez de "C1", como se faz no apêndice anterior (*cf.* lista de postulados e axiomas, texto que acompanha a nota 5a.)+

Serão utilizadas as abreviações costumeiras da Lógica, a seta "→" para abreviar "se... então ..."; "↔" para abreviar "se e somente se" "&" para abreviar "e"; "*(Ea)*" para abreviar "Existe, em *S*, um *a* tal que..."; e "*(a)*" para abreviar "Para todo *a* em S..." (ou "qualquer que seja *a* em S...").

Apresento, primeiramente, o Postulado 2 e os seis axiomas operativos que serão mencionados nas demonstrações. (Os demais postulados serão aplicados implicitamente; mesmo o postulado 2 será utilizado apenas uma vez, na demonstração de 5.) Examinando os axiomas *A3* e *C*, deve-se ter em mente que se demonstrará logo a seguir (ver fórmula 23) que $p(a, a) = 1$.

Postulado 2. Se *a* e *b* são elementos de *S*, então $p(a, b)$ é um número real.

A1 $\quad (Ea)\,(Eb)\; p(a, a) \neq p(a, b)$

A2 $\quad p(a, b) \neq p(a, c) \rightarrow (Ed)\; p(b, d) \neq p(c, d)$ (Ver nota*)

A3 $\quad p(a, a) = p(b, b)$

B1 $\quad p(ab, c) \leqq p(a, c)$

B2 $\quad p(ab, c) = p(a, bc)\, p(b, c)$

C $\quad p(a, a) \neq p(b, a) \rightarrow p(a, a) = p(a, a) + p(\bar{c}, a)$

(Ver C1, no apêndice anterior)

+ (N. T.) — A alusão ao periódico *Synthese* não se encontra na versão inglesa, onde se lê "Tratamento mais completo é dado em outro local". Observar, ainda, que a alusão a abreviação "C" no lugar de "C1" é dispensável, na versão inglesa, pois aí só aparece, de fato, "C".

* [N. T. — Esta nota não figura na versão inglesa.] Em edições anteriores, escrevi *A2*: $((c)\, p(a, c) = p(b, c)) \rightarrow p(d, a) = p(d, b)$. As duas formas são equivalentes.

Passo, agora, às deduções.

(1)	$p(a, a) = p(b, b) = k$	abreviação, com base em *A3*
(2)	$p((aa)a, a) \leqq p(aa, a) \leqq p(a, a) = k$	B1, 1
(3)	$p((aa) a, a) = p(aa, aa)\, p(a, a) = k^2$	B2, 1
(4)	$k^2 \leqq k$	2, 3
(5)	$0 \leqq k \leqq 1$	4 (e postulado 2)
(6)	$k \neq p(a, b) \rightarrow k = k + p(b, b)$	C, 1
(7)	$k \neq p(a, b) \rightarrow p(\bar{b}, b) = 0$	6
(8)	$p(ab, b) = p(a, \bar{b}b)\, p(\bar{b}, b)$	B2
(9)	$k \neq p(a, b) \rightarrow 0 = p(a\bar{b}, b) \leqq p(a, b)$	7, 8, B1
(10)	$k \neq p(a, b) \rightarrow 0 \leqq p(a, b)$	9
(11)	$k = p(a, b) \rightarrow 0 \leqq p(a, b)$	5
(12)	$0 \leqq p(\bar{a}, b)$	10, 11
(13)	$0 \leqq p(a, b)$	12
(14)	$k \neq p(a, b) \rightarrow k \geqq p(a, b)$	C, 1, 13
(15)	$p(a, b) \leqq k \leqq 1$	14, 5
(16)	$0 \leqq p(a, b) \leqq k \leqq 1$	12, 15
(17)	$k = p(aa, aa) \leqq p(a, aa) \leqq k$	1, B1, 15
(18)	$k = p(a(aa), a(aa)) \leqq p(a, a(aa)) \leqq k$	1, B1, 15
(19)	$k = p(aa, aa) = p(a, a(aa))\, p(a, aa) \leqq k$	1, B2, 17, 18
(20)	$k = k^2$	19
(21)	$(Ea)\, (Eb)\, p(a, b) \neq 0 \rightarrow k = 1$	16, 20
(22)	$(Ea)\, (Eb)\, p(a, b) \neq 0$	A1
(23)	$p(a, a) = k = 1$	1, 21, 22
(24)	$(Eb)\, (Ea)\, p(b, a) \neq k$	A1, 1
(25)	$(Ea)\, p(\bar{a}, a) = 0$	7, 24

Estão demonstrados, pois, todos os resultados relativos aos limitantes superior e inferior: (12) e (15) mostram, como se tem em (16), numa só fórmula, que as probabilidades são limitadas por zero e unidade. As fórmulas (23) e (25) atestam que os limitantes são efetivamente atingidos (e são, pois, extremos, superior e inferior).

(26)	$0 \leqq p(a, bc) \leqq 1$	16
(27)	$p(ab, c) \leqq p(b, c)$	B2, 26

Aí se acha o segundo teorema da monotonicidade; é análogo a B1.

(28)	$1 = p(ba, ba) \leqq p(a, ba) = 1$	23, 27, 15
(29)	$p(ab, a) = p(b, a)$	B2, 28

Esta é uma das formas do "princípio de redundância" *(cf. 29'* e 29^+ na observação da nota 1, logo adiante).

Voltamo-nos, agora, para a dedução dos teoremas "algébricos" ("algébricos", em oposição a "métricos") que, de hábito, são recolhidos da álgebra de Boole. *(Cf.* o antigo apêndice ii.)

(30)	$1 = p(ab, ab) \leqq p(a, ab) = 1$	23, B1, 15
(31)	$p(aa, b) = p(a, ab)\, p(a, b)$	B2
(32)	$p(aa, b) = p(a, b)$	30, 31

Este é o teorema da idempotência, às vezes denominado "teorema da tautologia" ou "teorema de Boole".

Passamos, agora, ao teorema da comutatividade.

(33)	$p(a(bc), a(bc)) = 1$	23
(34)	$p(bc, a(bc)) = 1$	33, 27, 15
(35)	$p(b, a(bc)) = 1$	34, B1, 15
(36)	$p(ba, bc) = p(a, bc)$	35, B2
(37)	$p((ba)b, c) = p(ab, c)$	36, B2
(38)	$p(ba, c) \geqq p(ab, c)$	37, B1
(39)	$p(ab, c) \geqq p(ba, c)$	38 (subst.)
(40)	$p(ab, c) = p(ba, c)$	38, 39

Aí está a comutatividade, para o primeiro argumento. (A fim de estender o resultado ao segundo argumento é preciso usar A2.) A comutatividade expressa em 40 foi deduzida de 23, utilizando-se B2 e os dois resultados relativos à monotonicidade (B1 e 27).

Passamos para a associatividade.

(41)	$p(ab, d((ab)c)) = 1$	35 (subst.)
(42)	$p(a, d((ab)c)) = 1$	41, B1, 15, 27
(43)	$p(a, (bc((ab)c)) = 1$	42 (subst.)
(44)	$p(a(bc), (ab)c) = p(bc, (ab)c)$	43, B2
(45)	$p(bc, (ab)c) = p(b, c((ab)c))\, p(c, (ab)c)$	B2
(46)	$p(b, c((ab)c)) = 1$	42 (subst.)
(47)	$p(c, ab)c) =$p 1	23, 27, 15
(48)	$p(a(bc), (ab)c) = 1$	44 até 47

Aí está uma forma preliminar do teorema da associatividade. 62 obtém-se de $A2^+$ (e B2), mas eu procuro evitar, onde possível, o uso de A2 e de $A2^+$.

(49)	$p(a(b(cd), d) = p(cd, b(ad))\, p(b, ad)\, p(a, d)$	40, B2
(50)	$p(a(bc), d) = p(c, (bad))\, p(b, ad)\, p(a, d)$	40, B2

(51) $p(a(bc, d) \geqq p(a(b(cd)), d)$ 49, 50, B1

Tem-se, aqui, uma generalização fraca da primeira lei de monotonicidade, B1.

(52) $p(a(b(cd)), (ab)(cd)) = 1$ 48 (subst.)

(53) $p((a(b(cd))(ab), cd) = p(ab, cd)$ 52, B2

(54) $p(a(b(cd)), cd) \geqq p(ab, cd)$ 53, B1

(55) $p((a(b(cd)))c, d) \geqq p((ab)c, d)$ 54, B2

(56) $p(a(b(cd)), d) \geqq p((ab)c, d)$ 55, B1

(57) $p(a(bc), d) \geqq p((ab)c, d)$ 51, 56

Aí está a primeira metade do teorema da associatividade.

(58) $p((bc)a, d) \geqq p((ab)c, d)$ 57, 40

(59) $p((ab)c, d) \geqq p(b(ca), d)$ 58 (subst.), 40

(60) $p((bc)a, d) \geqq p(b(ca), d)$ 58, 59

(61) $p((ab)c, d) \geqq p(a(bc), d)$ 60 (subst.)

Eis a segunda parte do teorema da associatividade.

(62) $p((ab)c, d) = p((a(bc), d)$ 57, 61

Esta é a forma completa do teorema da associatividade, com respeito ao primeiro argumento (ver, ainda, a fórmula (g) do apêndice anterior, no texto que segue a nota n. 3). A lei correspondente, relativa ao segundo argumento, pode ser obtida com auxílio de A2. (Notar que uma dupla aplicação de B2 aos dois membros da fórmula 62 levaria apenas a um condicional em que "$p(bc, d) \neq 0$" teria de figurar como antecedente.)

Passo, agora, a uma generalização do axioma da complementação, C. As deduções serão feitas, daqui em diante, de maneira um pouco mais breve.

(63) $p(\bar{b}, b) \neq 0 \leftrightarrow (c)\, p(a, b) = 1$ 7, 25

(64) $p(a, b) + p(\bar{a}, b) = 1 + p(\bar{b}, b)$ C, 23, 63

Essa é a forma não condicional do princípio C, da complementação, que passo, agora, a generalizar.

Notando que 64 não toma forma condiciona] e que "a" não aparece no segundo membro da equação, é possível colocar "c" no lugar de "a" para obter

(65) $p(a, b) + p(\bar{a}, b) = p(c, b) + p(\bar{c}, b)$ 64

(66) $p(a, bd) + p(\bar{a}, bd) = p(c, bd) + p(\bar{c}, bd)$ 65

Multiplicando por $p(b, d)$,

(67) $p(ab, d) + p(\bar{a}b, d) = p(cb, d) + p(\bar{c}b, d)$ 66, B2

Aí está a generalização de 65. Por substituição, chega-se a

(68) $p(ab, c) + p(\bar{a}b, c) = p(cb, c) + p(\bar{c}b, c)$ 67

Tendo em conta

(69) $p(\bar{c}b, c) = p(\bar{c}, c)$ 7, B1, 23, 63

é possível escrever 68 de modo mais breve, em analogia com 64,

(70) $p(ab, c) + p(\bar{a}b, c) = p(b, c) + p(\bar{c}, c)$ 68, 69, 29

Essa é a generalização da forma não condicional de C, ou seja, da fórmula 64.[1]

(71) $p(aa, b) + p(\bar{a}a, b) = p(a, b) + p(\bar{b}, b)$ 70

(72) $p(\bar{a}a, b) = p(a\bar{a}, b) = p(\bar{b}, b)$ 40, 71, 32

(73) $p(\bar{a}\bar{a}, b) = p(\overline{a\bar{a}}, b) = p(a\bar{a}, b) + p(\overline{a\bar{a}}, b) = 1 + p(b, b)$ 64

(74) $p(\overline{a\bar{a}}, b) = 1 = p(\overline{a\bar{a}}, b)$ 72, 73

Assim se mostra que elementos $\overline{a\bar{a}}$, satisfazem a condição do postulado AP. Obtém-se, pois,

(75) $p(a) = p(a, \overline{a\bar{a}}) = p(a, \overline{a\bar{a}}) = p(a, \overline{b\bar{b}}) = p(a, \overline{b\bar{b}})$ 23, 74, AP

que é forma (bem mais fácil de manejar) dá definição de probabilidade absoluta.

Passamos, em seguida, para as leis gerais da adição.

(76) $p(a\bar{b}, c) = p(a, c) — p(ab, c) + p(\bar{c}, c)$ 70, 40

(77) $p(\bar{a}\bar{b}, c) = p(\bar{a}, c) + p(\bar{c}, c)$ 76

(78) $p(\overline{\bar{a}\bar{b}}, c) = 1 — p(a, c) — p(b, c) + p(ab, c) + p(\bar{c}, c)$ 77, 76, 64, 40

(79) $p(\overline{\bar{a}\bar{b}}, c) = p(a, c) + p(b, c) — p(ab, c)$ 78, 64

---

1 [N. T. — Há ligeiras alterações na versão alemã.] Para a dedução de (70) necessitamos da fórmula (29) na forma

$p(cb, c) = p(b, c)$ 29 (subst.)

Tendo em conta (40), podemos usar esta fórmula para obter

(29’) $p(ab, b) = p(a, b)$ 29, 40

Aí está em outra forma, o princípio de redundância, cuja forma geral seria

(29⁺) $p(b, c) = 1 \rightarrow p(a\bar{b}, c) = p(\bar{c}, c)$ e, pois, $\rightarrow p(ab, c) = p(a, c)$

como se depreende de 64, 70 e 40.

A isso podemos acrescentar a lei de idempotência, relativa aos segundos argumentos,

(30) $p(ab, b) = p(a, bb) = p(a, b)$ B2, 23, 29’

De 30, mediante substituição, chega-se a

(30’) $p(a, a\bar{a}) = 1$ 30

e, da mesma forma, a partir de 28,

(32’) $p(p\bar{a}, a\bar{a}) = 1$ 28

Tendo em conta C, chega-se, daí, a

(33’) $p(a, \bar{b}b) = 1$ 32’, 31’, C

Resulta, portanto,

(34’) $(Eb)\ (a)\ p(a, b) = 1$ 33’

(35’) $(Ea)\ p(\bar{a}, a) = 1$ 34’

Ver, também, 25. As fórmulas 31’ a 35’ não aparecem como teoremas em sistemas usuais.

Esta é uma forma da lei geral da adição, como facilmente se poderá notar ao relembrar que, em nosso sistema, “$\overline{\bar{a}\bar{b}}$” tem o mesmo significado que “a + b” possui, no sentido booleano. É útil ressaltar que 79 tem a forma usual: não é um condicional e, além disso, não envolve o “+ $p(\bar{c}, c)$”. A fórmula 79 pode ser ainda mais generalizada,

(80) $p(\overline{\bar{b}\bar{c}}, ad) = p(b, ad) + p(c, ad) — p(bc, ad)$ 79

(81) $p(a\overline{\bar{b}\bar{c}}, d) = p(ab, d) + p(ac, d) — p(a(bc), d)$ 80, B2, 40

Esta última é uma generalização de 79.

Chegamos, agora, à dedução da lei da distribuição. Ela pode ser derivada usando-se 79, 81 e um lema simples, 84, que me proponho chamar “lema da distributividade” — e que é uma generalização de 32 e 62. Eis de que modo se procede,

(82) $p(a(bc), d) = p(a, (bc)d)\, p(bc, d)\, p((aa)(bc), d)$ B2, 32

(83) $p(((aa)b)c, d) = p(a(ab), cd)\, p(c, d) = p(((ab)a)c, d)$ B2, 62, 40

(84) $p(a(bc), d) = p((ab)(ac), d)$ 82, 83, 62

Esse é o “lema da distributividade”.

(85) $p(\overline{\overline{ab}\;\overline{ac}}, d) = p(ab, d) + p(ac, d) — p((ab)(ac), d)$ 79 (subst.)

A esta fórmula e à 81 é possível aplicar o “lema da distribuição” para obter

(86) $p(a\overline{\bar{b}c}, d) = p(\overline{a\bar{b}\overline{ac}}, d)$ 81, 85, 84

Aí está uma forma da lei da distributividade. Ela pode ser aplicada ao primeiro membro da fórmula seguinte,

(87) $p(\overline{\bar{b}\bar{\bar{b}}}a, c) = p(\overline{\bar{b}\bar{\bar{b}}}, ac)p(a,c) = p(a, c)$ B2, 74

Tem-se, então,

(88) $p(\overline{\overline{ab}\,\overline{\overline{ab}}}, c) = p(a, c)$ 87, 86, 40

Cabe notar que

(89) $p(\bar{a}\; b\; c,) = p(ab, c)$ 68 (subst.)

(90) $p(a, c) = p(b, c) \rightarrow p(\bar{a}, c) = p(b, c)$ 64

Consequentemente,

(91) $p(\overline{\overline{\bar{a}\;\bar{b}}\;\bar{c}}, d) = p(\overline{\bar{a}\overline{\bar{b}\;\bar{c}}}, d)$ 62, 89, 40

(92) $p(\overline{\overline{\overline{\overline{\bar{a}\;\bar{b}}}}\;\bar{c}}, d) = p(\overline{\bar{a}\;\overline{\overline{\overline{\bar{b}\;\bar{c}}}}}, d)$ 90, 91

Aí está a lei de associatividade, para a soma booleana. A substituição dos complementos de *a* e de *b* em 40, conduz a

(93) $p(\overline{\bar{a}\bar{b}}, c) = p(\overline{\bar{b}\bar{a}}, c)$ 40, 90

Esta é a lei da associatividade, para somas booleanas. De forma análoga, pode-se obter,

(94) $p(\overline{\bar{a}\,\bar{a}}, b) = p(a, b)$ 30, 89, 90

que é a lei da idempotência, para a soma booleana (lei de Boole). A partir de 87 é possível obter

(95) $p(a, b) = p(a, b\overline{c\bar{c}})$ 87, 40, A2

(96) $p(a, b)\,p(b) = p(ab)$ 95, B2, 75

Esta última fórmula pode ser escrita nesta outra forma,

(97) $p(b) \neq 0 \rightarrow p(a, b) = p(ab) / p(b)$ 96

Esta fórmula revela que nosso conceito generalizado de probabilidade relativa coincide com o conceito usual, se $p(b) \neq 0$, de modo que nosso cálculo é uma generalização do cálculo usual. Que se trata de genuína generalização é possível verificar examinando as fórmulas (31') a (35'), da nota 1, logo acima, bem como os exemplos apresentados no apêndice anterior (*iv), que mostram ser o nosso sistema compatível com a seguinte fórmula (E) (ver, também, E'):

(E) $(Ea)\,(Eb)\,(Ec)\,p(a, b) = 1$ e $p(a, bc) = 0$

Esta fórmula não é legítima, aliás, em muitas interpretações finitas de nosso *S*, mas legítima em suas interpretações normais, infinitas.

A fim de mostrar, em seguida, que *S* deve ser, em qualquer interpretação isenta de contradições, uma álgebra de Boole, notamos que

(98) $((x)\,p(a, x) = p(b, x)) \rightarrow p(ay, z) = p(by, z)$ B2

(99) $((x)\,p(a, x) = p(b, x)) \rightarrow p(y, az) = p(y, bz)$ 98, A2

É interessante notar que 99 depende de A2; a fórmula 99 não é derivada de 98, 40 e B2, porque é perfeitamente possível ter $p(a, z) = p(b, z) = 0$. (Isso acontece, digamos, quando $\bar{a} = z \neq x\,\bar{x}$.)

(100) $((x)p(a, x) = p(b, x)\ \&\ p(c, x) = p(d, x) \rightarrow p(ac, y) = p(bd, y)$ 99, B2

Com o auxílio de 90, 100 e A2, pode-se mostrar, agora, que, estando satisfeita a condição ($^*_*$),

($^*_*$) $p(a, x) = p(b, x)$, para todo x em *S*,

então qualquer nome do elemento *a* pode, em cada fórmula do cálculo, ser substituído ou substituir qualquer nome do elemento *b*, numa ou mais ocorrências, sem que se altere a verdade da fórmula. Em outras palavras, a condição ($^*_*$) assegura a *equivalência, por substituição,* entre *a e b*.

Tendo em conta o resultado obtido, definimos a equivalência booleana entre dois elementos *a e b* através de,

(Dl) $a = b \leftrightarrow (x)\, p(a, x) = p(b, x).$

Com o auxílio dessa definição obtemos, de imediato,

(A) $a = a$

(B) $a = b \rightarrow b = a$

(C) $(a = b\; b = c) \rightarrow a = c$

(D) $a = b \rightarrow a$ pode substituir *b*, em uma ou mais ocorrências, em dada fórmula, sem alterar o seu valor-verdade. (A2, 90, 100).

Podemos, ainda, introduzir uma segunda definição:

(D2) $a = b + c \leftrightarrow a = \overline{\bar{b}\bar{c}}$

Daí obtemos

(I) Se *a* e *b* são elementos de *S*, então $a + b$ *é* elemento de *S*

(Postulado 3, D2, 90, 100)

(II) Se *a é* elemento de *S*, também $\bar{a}$ *é* elemento de *S* (Postulado 4)

(III) $a + b = b + a$ 93, D2

(IV) $(a + b) + c = a + (b + c)$ 92, D2

(V) $a + a = a$ 94, D2

(VI) $ab + a\bar{b} = a$ 88, D2

(VII) $(Ea)\,(Eb)\; a \neq b$ 25, 74, 90, Dl

Todavia, o sistema que engloba as fórmulas (A) — (D2) e (I) — (VI) é um conhecido sistema axiomático para a álgebra de Boole, equivalente ao proposto por Huntington;[2] e, como se sabe, todas as fórmulas legítimas da álgebra de Boole podem ser daí deduzidas.

Mostramos, pois, que *S é* uma álgebra de Boole. Lembrando que a álgebra de Boole pode ser interpretada como lógica dedutiva, podemos asseverar que *o cálculo de probabilidades, em sua interpretação lógica, é uma legítima generalização da lógica dedutiva.*

Em especial, podemos afirmar que a fórmula "$a \geqq b$", que se pode apresentar mediante a definição

D3 $a \geqq b \leftrightarrow ab = b,$

admite, na interpretação lógica, o significado "*a* decorre de *b*" (ou "*b* acarreta *a*"). Não há dificuldades para mostrar que

($^{+}$) $a \geqq b \rightarrow p(a, b) = 1$

2 Cf. E. V. Huntington, *Transactions of American Mathematical Soc.*, v. 35, 1933, pp. 274-304. O sistema (i) a (vi) corresponde ao "*fourth set*" de Huntington e é descrito no apêndice anterior (no texto que antecede a nota 9). Nesse mesmo local encontram-se (A)-(D), assim como *(D2)*. A fórmula (v) é dispensável, como verificou Huntington, p. 557 do seu artigo; todavia, Huntington admite (vii).

Esta é uma fórmula importante,[3] asseverada por muitos autores, porém ilegítima nos sistemas comuns — na hipótese, é claro, de que sejam sistemas consistentes, não contraditórios. De fato, para tornar essa fórmula aceitável, é preciso ter

$$p(a, a\bar{a}) + p(\bar{a}, a\bar{a}) = 2$$

(ver 31' e 32', nota 1, acima), mas, de outro lado, também é preciso ter, naturalmente,

$$p(\bar{a} + a, a\bar{a}) = 1.$$

Dito de outra forma, expressões como $p(a + \bar{a}, b) = p(a, b) + p(\bar{a}, b)$ não podem ser asseveradas de maneira não condicional (*Cf.* nosso axioma C). De outra parte, como atestam nossos segundo e terceiro exemplos, na demonstração de ausência de contradições, a fórmula

$$\text{“}p(a, b) = 1 \rightarrow a \geqq b\text{”}$$

(obtida por conversão de ($^{+}$) também *não* pode ser demonstrável no sistema (*Cf.*, ainda, fórmula E, do apêndice anterior e citada há pouco). Em consequência, "$p(a, b) = 1$" entende-se como "é pelo menos quase certo que" — ou, na interpretação lógica, "a é, pelo menos, quase certamente uma decorrência de b" Todavia, há outras equivalências válidas em nosso sistema, como, por exemplo,

$$\begin{pmatrix} + \\ + \end{pmatrix} \qquad \begin{array}{l} a \geqq b \leftrightarrow p(a, \bar{a}b) \neq 0 \\ a \geqq b \leftrightarrow p(a, \bar{a}b) = 1 \end{array}$$

Estas equivalências não são válidas em sistemas usuais, onde $p(a, b)$ não se define, a menos que $p(b) \neq 0$. Percebe-se, portanto, que os sistemas usuais são erroneamente dados como generalizações da lógica: tais sistemas são formalmente inadequados para se constituírem em generalizações da Lógica, pois nem mesmo acarretam a álgebra de Boole.

Em sua interpretação lógica (e não a mais importante, vale ressaltar), as probabilidades relativas podem ser entendidas como generalização do conceito de deduzibilidade. Entretanto, é preciso não confundir a deduzibilidade de a a partir de b com a "implicação material", isto é, com o enunciado condicional "se a então b" ("$a \supset b$"); este enunciado é do mesmo tipo que a ou b, ao passo que "a é deduzível de b" e "$p(a, b) = r$" são enunciados *acerca* de a e b. Há vários anos Reichenbach

3 A fórmula é admitida, por exemplo, na *Theory of Probability*, de H. Jeffreys, "Convenção 3", do parágrafo 1.2. Contudo, isso torna o teorema 4 de Jeffreys contraditório, já que é asseverado sem a condição que corresponda ao nosso "$p(b) \neq 0$". Jeffreys melhorou, sob esse prisma, a formulação de seu teorema 2, na segunda edição (1948) de seu livro; mas o seu sistema, como se percebe analisando o teorema 4 (e vários outros), ainda não está isento de contradições — tendo o próprio Jeffreys salientado, nesta segunda edição da obra, p. 35, que dois enunciados contraditórios acarretam qualquer enunciado; (*cf.* nota *2, seção 23 e minha réplica a Jeffreys, em *Mind*, v. 52, 1943. pp. 47 e ss.). Após a publicação da versão inglesa de meu livro, Jeffreys contornou, *parcialmente*, a crítica levantada neste ponto, na terceira edição de seu livro (1961); *cf.* p. 35 de seu livro (bem como a nota de pé de página que põe na p. 36, mencionada, aliás, aqui — nota 10, apêndice *viii). Como Jeffreys não alterou o seu teorema 4, o sistema que apresenta no livro *Theory of Probability* continua sendo contraditório.

sugeriu[4] que $p(a, b)$ fosse entendido como grau em que vale $b \supset a$, isto é, sugeriu que se fizesse $p(a, b) = p(b \supset a)$. A fim de submeter a teste a sugestão, calculei, em 1938, "$Exc(a, b)$", isto *é, o* "excesso", ou "superávit", de $p(b \supset a)$ em relação a $p(a, b)$. Os cálculos permitem ver que

$$-1 \leqq Exc(a, b) \leqq +1$$

e que $Exc(a, b) = 0$ quando b é contraditório. Não sendo b contraditório, achamos

$$Exc(a, b) = p(\bar{a}, b)\, p(\bar{b})$$

Todavia, em nosso sistema, vale, *de maneira não condicional,*

$$\begin{aligned} Exc(a, b) &= (1 - p(a, b))p(\bar{b}) \\ &= p(\bar{a}, b)\, p(\bar{b})\, (1 - p(\bar{b}, b)) \geqq 0 \end{aligned}$$

Se a e b são probabilisticamente independentes, então tem-se, ainda, supondo b não contraditório,

$$Exc(a, b) = p(\bar{a})\, p(\bar{b}).$$

Nesse caso, também se tem $Exc(a, b) = 1$, se $p(a, b) = 0 = p(b)$. Esta situação se concretiza quando b não é contraditório e a *é* escolhido arbitrariamente, se $p(b) = 0$ e a independe de b, com $p(a) = 0$, ou a é compatível (ou quase compatível com b). (Exemplo, a = "Existe um coelho branco"; $b = \bar{a}$.) Consequentemente, interpretar $p(a, b)$ como $p(b \supset a)$ *é* algo inteiramente improcedente.[+]

O caráter formal de nosso sistema torna possível interpretá-lo, por exemplo, em termos de lógica proposicional multivaluada (com valores arbitrariamente escolhidos — discretos, formando conjunto denso ou mesmo formando um *continuum*) ou mesmo em termos de modalidades, formando um sistema de lógica modal.

---

4 *Mathem. Zeitschrift*, v. 34, 1932, p. 572. A proposta de Reichenbach, no sentido de assim interpretar $p(a, b)$, voltou a ser apresentada por A. H. Copeland e, mais recentemente, de maneira bem melhor, por H. Leblanc, *The Journal of Philosophy*, v. 53, 1956, p. 679. H. Leblanc afirmou em alguns trabalhos (e.g., *Journal of Symbolic Logic*, v. 24, n. 4, 1959, p. 318 — em que surgem como "regras suplementares" necessárias duas regras que, em verdade, são dispensáveis — e, no mesmo periódico, v. 25, n. 3, 1960) que eu deduzi a álgebra de Boole de minha teoria das probabilidades, sem deduzir, porém, o cálculo sentencial. Essa afirmação é improcedente; com efeito, observei, acima, que

D3 $\quad a \geqq b \leftrightarrow ab = b$

nada mais é, em interpretação lógica, do que "a decorre de b"; isto quer dizer que eu admiti a legitimidade, na interpretação lógica, da fórmula seguinte, (L):

(L) $\quad a \geqq b \leftrightarrow \vdash b \supset a,$

entendendo-se que "$\vdash$" é, aqui, o sinal de asserção, de Frege-Russell.

Utilizando a notação comum da lógica sentencial (do cálculo sentencial), a observação pode ser escrita desta outra maneira

(AL) $\quad a \geqq b \leftrightarrow \vdash p \supset q$

entendendo-se que "a" *é* o nome do antecedente e "b" o nome do consequente, na implicação que figura à direita, na fórmula (AL). Esta observação é suficiente, como se percebe sem dificuldade, para deduzir todas as implicações demonstráveis e, pois, todo o cálculo sentencial, da álgebra de Boole.

Uma fórmula análoga (que traria a mesma consequência) seria

(AL+) $\quad a = b \leftrightarrow \vdash p \equiv q$

+ N. T. — Todo este longo parágrafo (e a nota 4, nele inserida) não figura na versão inglesa. Há, além disso, várias pequenas outras alterações no texto e na maneira de numerar as fórmulas. Como já foi dito no início do livro, a tradução foi feita a partir da versão alemã.

Na verdade, há vários modos para chegar a tais interpretações. Podemos, por exemplo, definir "*a* implica necessariamente *b*" como "$p(b, a\bar{b}) \neq 0$" (o que acabamos de fazer acima) ou definir "*a é* logicamente necessário" como "$p(a, \bar{a}) = 1$". Até mesmo a questão de saber se um enunciado necessário é necessariamente necessário encontra lugar natural na teoria da probabilidade; a questão está associada intimamente à relação entre enunciados primários e secundários de probabilidade, que desempenham papel de relevo na teoria das probabilidades (o que se constata no apêndice *ix, item *13, Terceira Nota). Podemos, sem usar de muita precisão, colocando "$\vdash x$" no lugar de "*x é* necessário (ou demonstrável)" e "*h*" no lugar de "$p(a, \bar{a}) = 1$", mostrar que

$$\vdash a \leftrightarrow \vdash h,$$

e, pois, obter

$$\vdash a \rightarrow \vdash \text{“}p(h, \bar{h}) = 1\text{”}$$

o que pode ser visto como forma de asseverar que $\vdash a$ acarreta ser *a* necessariamente necessário. Como isto significa, aproximadamente, que

$$\vdash a \rightarrow \vdash \text{“}p(\text{'}p(a, \bar{a}) = 1\text{”, “}p(a, \bar{a}) = 1\text{”}) = 1\text{'}$$

chegamos a enunciados (secundários) de probabilidade, acerca de outros enunciados (primários) de probabilidade.

Existem, porém, outras (e melhores) formas de interpretar a relação entre enunciados primários e secundários de probabilidade. (Algumas interpretações exigiriam que os enunciados não fossem colocados no mesmo nível linguístico; algumas impediriam, mesmo, que fossem tratados como pertencentes à mesma linguagem.)

Adendo, 1964 ++

Verifiquei, posteriormente, que o sistema de seis axiomas (descrito no apêndice anterior e, novamente, no início deste apêndice) é equivalente ao sistema com os três axiomas seguintes, A, BD, CD,

A $\quad (Ea)\,(Eb)\,p(a, a) \neq p(a, b)$

BD $\quad ((d)\,p(ab, d) = p(c, d)) \leftrightarrow (e)\,(f)\,(p(a, b) \geqq p(c, b)\ \&\ p(a, e) \geqq p(c, e) \geqq p(b, c)\ \&\ ((p(b, e) \geqq p(f, e)\ \&\ p(b, f) \geqq p(f, f) \geqq p(e, f)) \rightarrow p(a, f)\,p(b, e) = p(c, e)))$

CD $\quad p(\bar{a}, b) = p(b, b) - p(a, b) \leftrightarrow (Ec)\,p(b, b) \neq p(c, b)$

Também encontrei, em seguida, um caso em que não se via satisfeito A2, estando, porém, satisfeitos todos os demais axiomas e o postulado AP (*cf.* nota 10,

++ N. T. — O adendo de 1964 *não* figura na versão alemã, só se encontrando na inglesa. Mas o adendo seguinte, de 1968, só se acha na versão alemã.

no apêndice anterior). O exemplo que se acha logo após a nota 11, no apêndice anterior, pode ser modificado, chegando-se a uma álgebra de Boole e mostrando-se, assim, a independência de C (basta fazer $p(2) = \frac{1}{2}$, $p(a, b) = 1$ sempre que

$p(b) = 0$ e $p(a, b) = p(ab) / p(b)$ sempre que $p(b) \neq 0$).

Veja-se, ainda, meu *Conjectures and Refutations,* 1963, pp. 388 e ss.; a terceira e a quarta edições de meu *Logik der Forschung;* e os artigos em *Synthese,* v. 15, 1963, pp. 167-186, e v. 21, 1970, p. 107.

Adendo, 1968[+++]

O penúltimo parágrafo citado neste apêndice independe de todos os resultados anteriormente obtidos (e de resultados subsequentes). O parágrafo resume, *numa só fórmula,* certa combinação de enunciados de probabilidade, primários e secundários — fato que sempre me pareceu um tanto estranho. Minhas desconfianças aumentaram quando David Miller (no *British Journal for the* Philosophy *of Science,* v. 17, 1965, pp. 59-61) deduziu um paradoxo, em certo caso particular, e, assim, segundo creio, também mostrou ser paradoxal outra observação que eu havia feito (ver o mesmo periódico, v. 10, 1959, p. 39, fórmula PP; e v. 19, 1968, p. 145, nota 2).

Diante disso, eu gostaria de considerar esse penúltimo parágrafo como uma conjectura que se poderia falsear com facilidade. (O mesmo se diga acerca da seção *13 do novo apêndice *ix, seção que se encontra no final desse apêndice.)

Eu gostaria, ainda, de acrescentar mais algumas palavras a propósito da *probabilidade absoluta* — problema que também é de importância no mesmo contexto (apêndice *ix, seção *13).

Cada função de probabilidade relativa, $p(a, b)$, conduz a uma probabilidade absoluta, $p(a)$; de fato, é válida a fórmula

$$p(a, \overline{a\bar{a}}) = p(a, a + \bar{a}) = p(a) \qquad \text{75, D2}$$

a menos que se proíba, de modo inteiramente arbitrário, a substituição de *b,* em $p(a, b)$, por uma tautologia. Essa probabilidade "absoluta", contudo, é, por seu turno, relativa ao sistema escolhido *S* (que, segundo vimos, é uma álgebra de Boole). Ora, $\overline{a\bar{a}}$, ou seja, $a + \bar{a}$, *é* simplesmente o elemento neutro dessa álgebra booleana. Esse elemento não precisa ser, obrigatoriamente, uma tautologia da Lógica, embora *possa* identificar-se às tautologias, *numa interpretação puramente lógica.*

O elemento neutro $a + \bar{a}$ corresponde, pois, a algo que se tem por não problemático, quando se seleciona o sistema *S.*

+++ Como se ressaltou acima (nota anterior), este adendo faz parte da edição alemã, não se encontrando na edição inglesa.

A propósito da desordem objetiva ou da aleatoriedade.

Para uma teoria objetiva da probabilidade e para aplicações dessa teoria a conceitos como o de entropia (ou desordem molecular), é indispensável apresentar uma caracterização objetiva da *desordem casual* ou da *ausência de regras*, para entendê-la como um *tipo de ordem*.

Neste apêndice, tenciono indicar, ainda que de modo ligeiro, alguns dos problemas gerais que essa caracterização pode permitir resolver, bem como indicar de que modo esses problemas podem ser abordados.

(1) A distribuição de velocidades das moléculas de um gás em equilíbrio é, segundo se admite (com grande aproximação), *aleatória*. Analogamente, a distribuição das nebulosas, no universo, parece ser *aleatória*, com uma densidade geral constante de ocorrência. A presença de chuva, aos domingos, é *aleatória* — a longo prazo, cada um dos dias da semana apresenta o mesmo índice pluviométrico e o fato de ter chovido numa quarta-feira (ou em outro dia qualquer) em geral não nos ajuda a saber se a chuva se fará presente ou não no domingo seguinte.

(2) Existem certos *testes* estatísticos para determinar a aleatoriedade.

(3) A aleatoriedade pode ser descrita como a "ausência de regularidades", mas esta — como veremos — não é uma descrição capaz de nos auxiliar convenientemente. Com efeito, não existem testes que determinem a presença ou a ausência de regularidades, de modo genérico, mas apenas testes que permitem determinar a presença ou a ausência de certas regularidades *específicas*. Por conseguinte, os testes nunca são testes de aleatoriedade que excluam a presença de todas as regularidades; podemos efetuar um teste para saber se há ou não certa correlação significativa entre a chuva e os domingos, ou podemos submeter a teste, para verificar se é admissível, uma fórmula que permita prever chuva aos domingos — fórmula, digamos, do tipo, "chove pelo menos uma vez a cada três semanas". Embora uma fórmula desse gênero venha a ser rejeitada, face aos testes, não estamos em condições de saber, com esses testes, se existe ou não uma fórmula mais satisfatória.

(4) Nessas circunstâncias, parece adequado dizer que a aleatoriedade, ou falta de ordem, não é um tipo de ordem capaz de descrição objetiva, mas algo que deve ser entendido como *ausência de conhecimento* relativo à ordem prevalente — se alguma ordem existe. Creio que devemos evitar a tendência para julgar assim a situação; creio, mais, que é possível elaborar uma teoria capaz de nos permitir

a formulação de tipos ideais de desordem (e, é claro, de tipos ideais de ordem, com todos os graus intermediários, situados entre esses dois extremos).

(5) O mais simples problema desse gênero — problema que, no meu entender, consegui resolver — *é* o da formulação de um *tipo ideal unidimensional de desordem,* isto é, de uma sequência idealmente desordenada.

O problema de formular uma sequência dessa espécie manifesta-se em qualquer teoria frequencial da probabilidade que opere com sequências infinitas. A questão é examinada em seguida.

(6) Segundo von Mises, uma sequência de zeros e unidades, em que há equidistribuição, é aleatória se não admite *sistema de jogo* — ou seja, se não admite um sistema que nos capacitaria a selecionar, antecipadamente, uma subsequência em que a distribuição fosse desigual. Von Mises admite, porém, é claro, que qualquer sistema de jogo pode, "acidentalmente", dar bons resultados por algum tempo; postula, apenas, que o sistema falhará *a longo prazo* — ou, mais precisamente, falhará num número infinito de tentativas.

Um coletivo de von Mises, portanto, pode ser extremamente regular no seu *segmento inicial.* A menos, pois, que os coletivos venham a tornar-se irregulares posteriormente, a regra de von Mises não pode excluir coletivos que principiem de maneira regular, digamos com

00 11 00 11 00 11 ...

manifestando-se essa regularidade ao longo de quinhentos milhões de posições iniciais.

(7) É claro que não estamos em condições de submeter a teste *esse* tipo de aleatoriedade postergada. E é claro que, ao submeter a teste a aleatoriedade de uma sequência, um tipo diverso de aleatoriedade está em nossa mente, a sequência que se comporta como casualoide, pelo menos "razoavelmente casualoide", *desde o princípio.*

Mas a frase "desde o princípio" gera problemas. A sequência 0 1 0 1 1 0 é casualoide? Ela é *demasiado breve* para um decisivo sim ou não. Mas ao dizer que precisamos de uma *sequência longa* para decidir uma questão dessa espécie, negamos o que foi dito antes: parece que abandonamos a frase "desde o princípio".

(8) A solução da dificuldade está na elaboração de uma *sequência idealmente aleatória* — sequência em que cada segmento inicial, curto ou não, é casualoide, até o ponto permitido pelo comprimento do segmento. Em outras palavras, uma sequência cujo grau *n* de aleatoriedade (ou seja, sua liberdade-*n*, relativamente a efeitos ulteriores) cresce com o comprimento da sequência tão rapidamente quanto matematicamente possível.

A maneira de obter uma sequência dessa espécie foi discutida no apêndice IV deste livro. (Ver, em especial, a nota *1 do apêndice IV, em que se alude a um trabalho ainda não divulgado, que escrevi em parceria com o Dr. L. R. B. Elton.)

(9) O conjunto infinito de todas as sequências que satisfazem a essa condição pode ser chamado de *tipo ideal de alternativas aleatórias,* com igual distribuição.

(10) Embora não se postule, acerca de tais sequências, mais do que o fato de deverem elas ser "fortemente aleatórias" (no sentido de o teste de aleatoriedade ser satisfeito pelos segmentos finitos iniciais), é *possível mostrar, sem dificuldade, que elas possuem limites de frequência,* no sentido que é requerido, usualmente, pelas teorias frequenciais. Aí está uma solução simples para um dos problemas centrais apresentados no capítulo acerca das probabilidades — a saber, o da eliminação do axioma do limite. A questão se resolve reduzindo o comportamento "tender ao limite", apresentado pelas sequências, ao comportamento "ser casualoide", apresentado pelos segmentos finitos.

(11) A construção pode ser facilmente estendida em ambos os sentidos, no caso unidimensional, associando o primeiro, o segundo, ... dos elementos ímpares, ao primeiro, segundo, ... lugares no sentido positivo; e associando o primeiro, o segundo, ... elementos pares, ao primeiro, segundo, ... lugares no sentido negativo. Métodos similares, já conhecidos, permitem estender a construção, de modo a torná-la aplicável às células de um espaço n-dimensional.

(12) Alguns estudiosos, adeptos da teoria frequencial (como von Mises, Copeland, Wald, Church, em particular), procuraram definir a sequência aleatória da maneira mais severa possível, excluindo "todos" os sistemas de jogo, tomando a palavra "todos" em sua máxima amplitude — isto é, no sentido mais amplo compatível com a demonstração de que tais sequências existem. Meu objetivo, porém, foi muito diverso. Desejei, ao iniciar as investigações, contornar a objeção comum, revelando que a aleatoriedade é compatível com *qualquer segmento finito inicial;* e procurei descrever sequências que nascem, por passagem ao infinito, de *sequências finitas casualoides.* Esperava, assim, alcançar dois objetivos: ficar próximo de sequências que poderiam suportar os testes estatísticos de aleatoriedade e *demonstrar* o teorema do limite. Os dois objetivos foram alcançados, como aqui se indicou, no item 8, utilizando a construção discutida em meu apêndice (antigo) iv.[+]

(13) Entrementes, tanto por motivos matemáticos quanto por motivos filosóficos, passei a considerar o enfoque pela "teoria da medida" muito mais adequado do que o enfoque pela teoria frequencial. (Ver capítulo *iii de meu *Postscript.)* (O ponto decisivo associa-se à minha discussão da probabilidade em termos de propensão — surgindo a probabilidade como uma espécie de medida da tendência para a verdade, o que se discute minuciosamente em meu *Postscript.)* Consequentemente, não mais atribuo grande importância à eliminação do axioma do limite, numa teoria frequencial. Todavia, essa eliminação é perfeitamente viável: podemos, em primeiro lugar, erigir a teoria frequencial com auxílio do tipo ideal de sequências aleatórias, construídas no apêndice iv; e podemos, em seguida, afirmar que uma sequência é aleatória em função de testes que revelem assemelhar-se ela, estatisticamente, a uma sequência ideal.

\+ N. T. — Conquanto o prof. Popper não tenha julgado importante assinalar o ponto, a versão alemã (1973) difere da inglesa (1972) a partir da próxima sentença — não quanto ao conteúdo, propriamente, mas quanto à forma. O item 12, em inglês, encerra-se com o que aqui se acha no item 13 (inclusive). Na edição inglesa há um *adendo, 1967,* com itens 13 e 14, que são nossos itens 14 e 15, respectivamente. (O trecho entre parênteses, em nosso item 13, está mais explícito na edição alemã.)

As sequências acolhidas por von Mises, Copeland, Wald e Church, como já foi sublinhado, não são obrigatoriamente desse gênero. Mas permanece incontestável o fato de qualquer sequência dada como não aleatória, com base em testes estatísticos, poder-se transformar, quando se prolonga, em sequência admissivelmente aleatória, no sentido que esses autores aceitam.

(14) Hoje em dia (anos depois de conseguir, para o velho problema, uma solução que me teria deixado satisfeito em 1934), não estou convencido de que seja muito importante construir uma teoria frequencial libertada de suas antigas dificuldades. Sem embargo, ainda creio que é importante poder caracterizar a aleatoriedade como um tipo de ordem e poder construir modelos de sequências aleatórias.

(15) Deve-se notar que as *sequências idealmente aleatórias*, aqui descritas nos itens 8 e 10, satisfazem o cálculo formal examinado nos apêndices *iv e *v (e também satisfazem o sistema como eu o havia formulado em 1938, e aqui apresentado no apêndice *ii). Com efeito, seja S um conjunto qualquer de sequências aleatórias de zeros e unidades tal que (i) $a = a_1, a_2, ...$; $b = b_1, b_2, ...$; e (ii) para $a \neq b$, a e b sejam independentes (de modo que ab aleatório). Imagine-se que S contenha apenas as duas sequências de zeros e unidades. Fazemos

$$p(a, b) = lim\ [(\Sigma a_n b_n) / \Sigma\ b_n]$$

$$p(ab, c) = lim\ [(\Sigma\ a_n\ b_n\ c_n) / \Sigma\ c_n]$$

$$p(\bar{a}, b) = lim\ [(\Sigma(1 - a_n)\ b_n) / \Sigma\ b_n]$$

$$p(a) = lim\ [(\Sigma a_n) / n]$$

Os axiomas e postulados dos apêndices *iv e *v estão satisfeitos (exceto o postulado 1: *cf.* lista de postulados, texto que antecede a nota 5a e os comentários acerca de cada qual, duas páginas adiante).

A probabilidade zero e a estrutura fina de probabilidade e de conteúdo.

No corpo do livro, faz-se clara distinção entre a ideia de *probabilidade* de uma hipótese e seu *grau de corroboração.* Asseverou-se que, se se afirmar que uma hipótese está bem corroborada, não se diz senão que ela foi submetida a testes severos (deverá, assim, tratar-se de hipótese com alto grau de testabilidade) e que se mostrou capaz de resistir aos testes mais exigentes que até o momento foi possível realizar. E, a par disso, deixou-se estabelecido que *o grau de corroboração não pode ser uma probabilidade,* pois não é suscetível de satisfazer as leis do cálculo de probabilidades. Com efeito, requerem tais leis que, dentre duas hipóteses — seja qual for a evidência de que se parta — a hipótese logicamente mais forte ou mais informativa ou menos passível de teste seja sempre *a menos provável.* (Ver, especialmente, as seções 82 e 83).

Dessa forma, um grau maior de corroboração aparecerá, via de regra, combinado com um grau mais baixo de probabilidade; e isso mostra não apenas que devemos distinguir nitidamente entre probabilidade (no sentido do cálculo de probabilidades) e o grau de corroboração ou confirmação, como também mostra que *a teoria probabilística da indução, ou a ideia de uma probabilidade indutiva é insustentável.*

A impossibilidade de uma probabilidade indutiva é, no livro (seções 80, 81 e 83), ilustrada por um exame de certas ideias de Reichenbach, Keynes e Kaila. Consequência desse exame é a de que *num universo infinito* (com respeito, por exemplo, ao número de coisas particularizáveis ou de regiões espaço-temporais) *a probabilidade de qualquer lei universal (não tautológica) será zero.*

(Outra consequência foi a de que não devemos pressupor, sem discussão, que os cientistas, ao elaborarem suas teorias, sempre têm por objetivo alcançar um alto grau de probabilidade. Eles veem-se compelidos a escolher entre uma alta probabilidade e um alto conteúdo informativo, de vez que, *por motivos de ordem lógica, não podem conseguir, concomitantemente, uma e outra coisa.* Diante desse dilema, têm os cientistas, até agora, preferido o alto conteúdo informativo em detrimento da alta probabilidade — contanto que a teoria se revele capaz de superar os testes a que foi submetida.

Falando em "probabilidade", pretendo, neste contexto, referir-me à probabilidade lógica absoluta da lei universal ou à sua probabilidade relativa a alguma evidência, ou seja, relativa a um enunciado singular ou a uma conjunção finita de enunciados singulares. Assim, se *a* for a lei e *b* uma evidência empírica qualquer, afirmo que

(1) $$p(a) = 0$$

e também que

(2) $$p(a, b) = 0$$

Essas fórmulas serão objeto de discussão no presente apêndice.

As fórmulas (1) e (2) são equivalentes. Como Jeffreys e Keynes observaram, se a probabilidade "anterior" (a probabilidade lógica absoluta) de um enunciado a for zero, deverá ser zero sua probabilidade relativa a uma evidência finita qualquer b, pois podemos presumir que, para qualquer evidência finita b, temos $p(b) \neq 0$. Com efeito, $p(a) = 0$ acarreta $p(ab) = 0$ e como $p(a, b) = p(ab) / p(b)$, a partir de (1) chegamos a (2). Por outro lado, a partir de (2), podemos chegar a (1), pois se (2) se aplica a qualquer evidência b — ainda que fraca ou "quase tautológica", podemos admitir que também se aplique à evidência zero, ou seja, à tautologia $t = b\bar{b}$, e $p(a)$ pode ser definida como igual a $p(a, t)$.

Há muitos argumentos possíveis de produzir em prol de (1) e (2). Cabe começar considerando a definição clássica de probabilidade, que a dá como o número das possibilidades *favoráveis* dividido pelo número de *todas* as (iguais) possibilidades. Obteremos (2) se, por exemplo, identificarmos as possibilidades favoráveis à evidência favorável. Claro está, nesse caso, $p(a, b) = 0$, pois a evidência favorável só pode ser finita, enquanto que, num universo infinito, as possibilidades hão de ser, evidentemente, infinitas. (No caso, nada depende de "infinitude", de vez que todo universo suficientemente amplo levará ao mesmo resultado e sabemos que, posto em confronto com a quantidade de evidência a que temos acesso, nosso universo é extremamente amplo).

Essa consideração simples, que talvez se afigure um tanto vaga, ver-se-á sensivelmente reforçada, se da definição clássica tentarmos deduzir (1) e não (2). Para isso, entenderemos que o enunciado universal a acarreta um produto infinito de enunciados singulares, cada qual dotado de uma probabilidade que é, naturalmente, inferior à unidade. No caso mais simples, o próprio a pode ser dado como correspondendo a um produto infinito dessa espécie, ou seja, podemos entender a = "tudo o que tenha a propriedade A" ou, simbolicamente "$(x)\,Ax$" que leremos "para qualquer valor de x, x tem a propriedade A".[1] Nessa hipótese, entenderemos a como o produto infinito $a = a_1 a_2 a_3 \ldots$ onde $a_i = ak_i$, sendo k_i o iésimo elemento de nosso infinito universo de discurso.

1 "x" é, aqui, uma variável que alcança o (infinito) universo do discurso. Podemos dizer, por exemplo, a = "Todos os cisnes são brancos = "para qualquer valor de x, x tem a propriedade A", onde "A" *é* definido como "sendo branco ou não sendo cisne". Cabe expressar o ponto de maneira ligeiramente diversa, presumindo que x cobre as regiões espaço-temporais do universo e que "A" *é* definido por "não habitado por cisne não branco". Mesmo leis de mais complexa forma — digamos uma lei da forma "$(x)(y)(xRy \to xSy)$" podem ser reduzidas a "$(x)Ax$", pois podemos definir "A" por

$$Ax \leftrightarrow (y)(xRy \to xSy)$$

Talvez possamos chegar à conclusão de que as leis naturais têm forma diversa da aqui descrita (*cf.* apêndice *x); que, logicamente, são ainda mais fortes do que se pressupõe aqui; e que, se forçadas a assumir uma forma como "$(x)Ax$", o predicado A torna-se essencialmente não-observável (*cf.* notas *1 e *2 à "Terceira Nota" reproduzidas no apêndice *ix) embora, é claro, dedutivamente suscetível de teste. Nesse caso, entretanto, nossas considerações permanecem válidas *a fortiori*.

Introduzamos, agora, "a^n" para indicar o produto dos primeiros n enunciados singulares $a_1\ a_2 \ldots a_n$, de sorte que se possa escrever

$$a = \lim_{n \to \infty} a^n$$

e (ver final do apêndice *iv)

(3) $$p(a) = \lim_{n \to \infty} p(a^n)$$

É claro que podemos interpretar a^n como asserção de que, dentro da sequência finita de elementos $k_1, k_2 \ldots k_n$, todos os elementos possuem a propriedade A. Isso torna fácil aplicar a definição clássica à avaliação de $p(a^n)$. Só há *uma possibilidade favorável* à asserção a^n: a possibilidade de que todos os n elementos k_i, sem exceção, possuam a propriedade A e não a propriedade não-A. Há, porém, no todo, 2^n possibilidades, pois devemos pressupor ser possível qualquer elemento k_i apresentar a propriedade A ou a propriedade não-A. Tendo isso em conta, a teoria clássica leva a

(4^c) $$p(a^n) = 1/2^n$$

De (3) e (4^c) resulta, imediatamente, (1).

O argumento "clássico" que leva a (4^c) não é inteiramente adequado, embora, (segundo creio) seja, em essência, correto.

A inadequação decorre simplesmente de pressupor que A e *não-A* são igualmente prováveis. Cabe, com efeito, sustentar — e de maneira correta, entendo eu — que, se a supostamente descreve uma lei da natureza, os vários a_i são enunciados de instanciação e, por isso, mais prováveis que suas negações, que são falseadores potenciais. (*Cf.* nota *1 à seção 28.) Essa objeção diz respeito, entretanto, a uma parte não fundamental do argumento. De fato, seja qual for a probabilidade — exceto a unidade — atribuída a A, o produto infinito a terá probabilidade zero (pressuposta independência, que será adiante examinada). Deparamo-nos aqui, sem dúvida, com um caso particularmente trivial de *lei de probabilidade um-ou-zero* (que também poderíamos chamar, em alusão à Neurofisiologia, de "princípio do tudo ou nada"). No caso em pauta admite ele a seguinte formulação: se a for o produto infinito de $a_1\ a_2 \ldots$, onde $p(a_i) = p(a_j)$ e onde todo a_i *é* independente de todos os demais, então teremos

(4) $$p(a) = \lim_{n \to \infty} p(a^n) = 0, \text{ exceto se } p(a) = p(a^n) = 1$$

Claro está, porém, que $p(a) = 1$ é inaceitável, não só de meu ponto de vista como também do ponto de vista de meus oponentes indutivistas que, indiscutivelmente, não podem aceitar como consequência o fato de a probabilidade de uma lei universal jamais se vet aumentada pela experiência. Com efeito "todos os cisnes são pretos" teria a probabilidade 1, tanto quanto "todos os cisnes são brancos" — e o mesmo para quaisquer outras cores; assim "existe um cisne preto", "existe um cisne branco", etc. teriam todos a probabilidade zero, a despeito de sua fraqueza lógica intuitiva. Em outras palavras $p(a) = 1$ equivaleria a asseverar com fundamentos puramente lógicos, com probabilidade 1, o vazio do universo.

Dessa forma (4) leva a (1).

Embora eu creia que esse argumento (inclusive a pressuposição de independência a ser adiante examinada) é incontestável, há numerosos argumentos muito mais fracos que, sem pressupor independência, conduzem também a (1). Poderíamos, por exemplo, argumentar ao longo das linhas seguintes:

Admitiu-se, em nossa dedução, ser logicamente possível que todo k_i apresente a propriedade A e, alternativamente, que apresente a propriedade não-A: isso leva a (4). Talvez se pudesse, entretanto, admitir que temos de considerar como possibilidades fundamentais não as possíveis propriedades de cada elemento no universo de *n* elementos, mas as proporções possíveis com que as propriedades *A* e *não-A* ocorrem em determinada amostra de elementos. Em amostra de *n* elementos, as proporções possíveis com que *A* ocorre são 0, $1/n$ ..., n/n. Se considerarmos as ocorrências de quaisquer dessas proporções como nossas possibilidades fundamentais e as tratarmos, consequentemente, como equiprováveis ("distribuição de Laplace"),[2]

(5) $$p(a^n) = 1/(n+1); \text{ de sorte que } \lim p(a^n) = 0$$

Embora, do ponto de vista da dedução de (1), a fórmula (5) seja muito mais fraca do que (4^c), ainda assim nos permite deduzir (1) — e permite-nos fazê-lo sem identificar os casos observados aos casos favoráveis e sem pressupor finito o número de casos observados.

Argumento muito similar, conducente a (1) seria o seguinte: podemos admitir que toda lei universal *a* acarreta (e é, pois, quando muito, tão provável quanto) uma hipótese estatística, a que denominaremos *h*, da forma "$p(x, y) = 1$" e podemos admitir também que a probabilidade absoluta de *h é* calculada com o auxílio da distribuição de Laplace, dando como resultado $p(h) = 0$. *(Cf. o* apêndice *ix, *Terceira Nota,* especialmente *13.) Entretanto, como *a* acarreta *h*, temos $p(a) = 0$, ou seja, chegamos à fórmula (1).

Tenho para mim que essa demonstração é a mais simples e a mais convincente: torna possível que se conserve (4) *e* (5), pressupondo que (4) se aplica a *a* e (5) a *h*.

Até este ponto, nossas considerações se basearam na definição clássica de probabilidade. Ao mesmo resultado chegaremos, porém, se adotarmos como base a interpretação lógica do cálculo formal de probabilidades. Em tal caso, o problema se transforma em problema de dependência ou independência de enunciados.

Se voltamos a considerar *a* como o produto lógico dos enunciados singulares a_1 a_2, ..., a única pressuposição razoável seria a de que, na ausência de qualquer informação (que não tautológica), devemos admitir que todos esses enunciados singulares são mutuamente *independentes* entre si, de sorte que a_i pode ser seguido por a_j ou por sua negação $\bar{a}_j$, com as probabilidades

$$p(a_j, a_i) = p(a_j)$$
$$p(\bar{a}_j, a_i) = p(\bar{a}_j) = 1 - p(a_j)$$

2 Trata-se de pressuposto em que se apoia a dedução da famosa "regra da sucessão", de Laplace; essa a razão por que dou-lhe o nome de "distribuição de Laplace". É pressuposto adequado, caso defrontemos um problema de *mera* amostragem; parece inadequado, se nos preocupamos (como se preocupava Laplace) com uma sucessão de eventos isolados. Ver também o apêndice *ix, pontos 7 e ss. de minha "Terceira Nota" e a nota 10 ao apêndice *viii.

Qualquer outra pressuposição levaria a postular *ad hoc* uma espécie de efeito ulterior ou, em outras palavras, a postular que existe entre a_i e a_j, algo que lembra uma conexão causal. Isso, entretanto, seria, obviamente, uma presunção não-lógica, sintética, a ser formulada como hipótese. Não pode, portanto, formar parte de uma teoria puramente lógica de probabilidades.

O mesmo ponto pode ser apresentado de maneira ligeiramente diversa: em presença de uma hipótese qualquer, da hipótese *h*, digamos, poderemos ter

$$(6) \qquad p(a_j, a_i h) > p(a_j, h)$$

A hipótese *h* talvez nos informe da existência de uma espécie de efeito ulterior. Devemos ter, consequentemente,

$$(7) \qquad p(a_i a_j, h) > p(a_i, h)\, p(a_j, h)$$

pois (7) é equivalente a (6). Contudo, na ausência de *h* ou no caso de *h* ser tautológica ou, em outras palavras, se estivermos interessados em probabilidades lógicas absolutas, impor-se-á que (7) seja substituída por

$$(8) \qquad p(a_i\, a_j) = p(a)\, p(a_j)$$

o que significa serem a_i e a_j, *independentes* e equivale a

$$(9) \qquad p(a_j, a_i) = p(a_j).$$

Entretanto, a suposição de independência mútua, combinada com $p(a_i) < 1$, leva, como antes, a $p(a) = 0$, ou seja, leva a (1).

Dessa forma, (8), isto é, a suposição de independência mútua dos enunciados singulares a_i conduz a (1) e alguns autores, principalmente devido a essa razão, têm, direta ou indiretamente, rejeitado (8). O argumento é, invariavelmente, o de que (8) deve ser falsa porque, se fosse verdadeira, *não poderíamos aprender com a experiência:* o conhecimento empírico seria impossível. Isso é, porém, incorreto: podemos aprender a partir da experiência ainda que $p(a) = p(a, b) = 0$; é possível, por exemplo, que $C(a, b)$ — isto é, o grau de corroboração de *a* pelos testes *b* — aumente, não obstante, com novos testes. (*Cf.* apêndice *ix.) Assim, esse argumento "transcendental" deixa de atingir seu alvo; de qualquer modo, não atinge minha teoria.[3]

3 Um argumento que invoca o fato de possuirmos conhecimento ou de podermos aprender com a experiência, concluindo, a partir daí, que o conhecimento ou que o aprendizado com apoio na experiência são possíveis e, ainda mais, concluindo que há de ser falsa toda teoria que acarrete impossibilidade de conhecimento ou de aprendizado com fundamento na experiência — pode ser chamado argumento "transcendental". (É uma alusão a Kant.) Acredito que um argumento transcendental seja válido, caso usado criticamente — contra uma teoria que acarrete impossibilidade de conhecimento ou de aprendizado com apoio na experiência. Entretanto, requer-se muita cautela. Em algum sentido do termo "conhecimento" existe o conhecimento empírico. Em outros sentidos, todavia — por exemplo, no sentido de conhecimento *certo* ou de conhecimento *demonstrável* — não existe. E não devemos admitir, sem crítica, que temos um conhecimento "provável" — um conhecimento provável no sentido do cálculo de probabilidades. Afirmo, em verdade, que, nesse sentido, não dispomos de conhecimento provável. Entendo que o que podemos chamar de conhecimento empírico, o "conhecimento científico" inclusive, consiste de conjecturas e que muitas dessas conjecturas não são prováveis (ou têm probabilidade zero), ainda que possam estar muito bem corroboradas. Ver também meu *Postscript*, seções *28 e *32.

Passemos, agora, a considerar o ponto de vista segundo o qual (8) é falsa ou, em outras palavras, que

$$p(a_i\, a_j) > p(a_i)\, p(a_j)$$

é válido e, consequentemente,

$$p(a_j, a_i) > p(a_j)$$

e também

$$(+) \qquad p(a_n, a_1\, a_2 \ldots a_{n-1}) > p(a_n)$$

Segundo esse ponto de vista, se tivermos determinado que um k_i possui a propriedade A, cresce a probabilidade de que k_j possua a mesma propriedade; e crescerá mais se tivermos identificado a propriedade A em numerosos casos. Na terminologia de Hume, (+) assevera "*ser de esperar que as instâncias*" (por exemplo, k_n) *de que não temos experiência se assemelhem àquelas de que tivemos experiência*".

A citação, excluídas as palavras "ser de esperar que" foi colhida da crítica por Hume dirigida contra a indução.[4] E a crítica de Hume aplica-se totalmente a (+) ou à sua formulação verbal sublinhada. Argumenta Hume, com efeito, "*mesmo após observar frequentemente a constante conjunção de objetos, não temos razão para tirar qualquer inferência concernente a qualquer outro objeto que não aqueles de que tivemos experiência.*[5] Se alguém sugerisse que nossa experiência nos habilita, a partir de objetos observados, a tirar inferência a respeito de objetos não observados, Hume diria: "Renovo minha indagação: *como, a partir dessa experiência, formular qualquer conclusão que ultrapasse as instâncias passadas, de que tivemos experiência?*" Em outras palavras, Hume assinala que nos enlearemos numa regressão infinita se apelarmos para a experiência com o propósito de justificar *qualquer* conclusão concernente a instâncias não observadas — *mesmo conclusões meramente prováveis,* acrescenta ele, em seu *Abstract.* Ali podemos ler: "É evidente que Adão, com toda a sua ciência, jamais teria como *demonstrar* que o curso da natureza haveria de continuar uniformemente o mesmo. ... E avançarei para afirmar que, igualmente, ele não poderia demonstrar, através de argumentos *prováveis,* que o futuro haveria de conformar-se com os termos do passado. Todos os argumentos prováveis erigem-se com base na suposição de que há conformidade entre futuro e passado e, portanto, jamais podem demonstrá-la".[6] Assim (+) não pode justificar-se pela experiência; para ser logicamente válida, teria de assumir o caráter de tautologia, válida para todo universo logicamente possível — mas, evidentemente, esse não é o caso.

Desse modo, se verdadeira, (+) revestiria o caráter lógico de um *princípio* de indução *sintético, a priori,* e não o de uma asserção analítica ou lógica; mas não se mostra bastante, nem mesmo como princípio de indução. De fato, (+) pode ser verdadeira e, não obstante, válido $p(a) = 0$. (Exemplo de teoria que admite (+) como

4 *Treatise of Human Nature,* 1739-40, livro i, parte iii, seção vi (os grifos são de Hume). Ver também meu *Postscript,* nota 1 à seção *2 e nota 2 à seção *50.

5 *loc. cit.*, seção xii (os grifos são de Hume). A citação seguinte é de *loc. cit.*, seção vi.

6 *Cf. An Abstract of a Book lately published entitled A Treatise of Human Nature,* 1740, org. por J. M. Keynes e P. Sraffa, 1938, p. 15, *Cf.* nota 2 à seção 81 (Os grifos são de Hume).

válida *a priori* — embora, como vimos, (+) deva ser sintética — e que, ao mesmo tempo, aceita $p(a) = 0$, é a de Carnap.)[7]

Um princípio de indução probabilístico e eficaz teria de ser mais forte do que (+). Teria de permitir, pelo menos, a conclusão de que, para alguma evidência singular adequada *b*, poderíamos obter $p(a, b) > 1/2$ ou, usando palavras, que, por acumulação de evidência em seu favor, *a* poderia ser tornada mais provável que sua negação. Isso, entretanto, só se faz possível se (1) for falsa, ou seja, se tivermos $p(a) > 0$.

Uma refutação mais direta de (+) e uma demonstração de (2) podem ser conseguidas com apoio num argumento que Jeffreys oferece em sua *Theory of Probability,* seção 1.6.[8] Estuda ele uma fórmula a que atribui o número (3) e que, no simbolismo por nós adotado, equivale à asseveração de que, sendo $p(b_i, a) = 1$, para todo $i \leqq n$, de sorte que $p(ab^n) = p(a)$, tem valor a seguinte fórmula

$$(10) \qquad p(a, b^n) = p(a)/p(b^n) = p(a)/p(b_1)p(b_2, b^1)...p(b_n, b^{n-1})$$

Discutindo essa fórmula, Jeffreys diz (e continuo a usar meu simbolismo e não o dele): "Dessa maneira, havendo suficiente número de verificações, deve ocorrer uma de três eventualidades: (1) a probabilidade de *a*, com respeito à informação existente, excede 1; (2) é sempre zero; (3) $p(b_n, b^{n-1})$ tenderá a 1". A essa observação acrescenta ele que o caso (1) é (trivialmente o é) impossível, de sorte que só restam (2) e (3). De minha parte, afirmo que pode ser facilmente refutada a suposição de que, por obscuras razões lógicas, o caso (3) seja universalmente válido e deveria aplicar-se universalmente e *a priori,* para ser utilizado na indução. Com efeito, a condição única — exceto a de $0 < p(b_i) < 1$ — que se faz necessária para deduzir (10), é a de *existir* algum enunciado *a* tal que $p(b^n, a) = 1$. Essa condição, entretanto, pode *sempre* ser satisfeita para qualquer sequência de enunciados b_i. Admitindo que b_i sejam relatórios acerca de lançamentos de moedas, será sempre possível construir uma lei universal *a* que acarrete os relatórios de todos os *n-1* lançamentos observados e que nos permita predizer todos os lançamentos seguintes (embora de maneira provavelmente incorreta).[9] Assim,

---

7 O requisito de Carnap, segundo o qual o seu "lambda" (que eu demonstrei ser a recíproca da medida de dependência) há de ser finito, acarreta nosso (+); *cf.* seu *Continuum of Inductive Methods,* 1952. Não obstante, Carnap aceita $p(a) = 0$, que, segundo Jeffreys, acarretaria a impossibilidade de aprender a partir da experiência. Apesar disso, Carnap apoia a exigência de que o "lambda" seja finito — e, pois, que (+) seja válido — precisamente o mesmo argumento transcendental que Jeffreys invoca: o de não podermos, sem ele, aprender com a experiência. Ver seu *Logical Foundations of Probability,* 1950, p. 565 e a colaboração que dei ao volume dedicado a Carnap na *Library of Living Philosophers*, organizado por P. A. Schilpp, especialmente nota 87. O trabalho aparece agora em meu *Conjectures and Refutations*, 1963.

8 Coloquei em meus termos os símbolos de Jeffreys, omitindo seu H, pois nada do que figura no argumento nos impede de o considerarmos tautológico ou, pelo menos, irrelevante; de qualquer modo, meu argumento pode ser facilmente reformulado sem omissão do H de Jeffreys.

9 Note-se que, nas condições postas para derivação de (10), nada exige que b_i tenha a forma "$B(k_i)$", com um predicado comum "*B*"; consequentemente, nada se levanta contra o pressuposto de que b_i = "k_i são caras" e b_i = "k_i são coroas". Não obstante, podemos construir um predicado "*B*" tal que todo b_i tenha a forma "$B(k_i)$": podemos definir *B* como "tendo a propriedade cara ou coroa, respectivamente, se e somente se o elemento correspondente da sequência determinada pela regra matemática *a* for 0 ou for 1, respectivamente". (Note-se que um predicado como esse só pode ser definido com respeito a um universo de indivíduos que estão *ordenados* ou são suscetíveis de se verem *ordenados;* esse é, naturalmente, o único dos casos que se reveste de interesse quando temos em mente aplicações a problemas de ciência. *Cf.* meu Prefácio, 1958 e a nota 2 à seção *49 de meu *Postscript.*

o a requerido sempre existe e sempre existe outra lei a', ensejando os primeiros n-1 resultados, mas prevendo, para o enésimo lançamento, resultado oposto. Seria paradoxal, portanto, aceitar o caso (3) de Jeffreys, pois, para um n suficientemente grande, sempre teríamos $p(\overline{b}_n, b^{n-1})$ próxima de 1 e também (a partir de outra lei, a') teríamos $p(b_n, b^{n-1})$ próxima de 1. Assim, o argumento de Jeffreys, que matematicamente se impõe, pode ser empregado para demonstrar seu caso (2), que coincide com minha fórmula (2), tal como enunciada no início deste apêndice.[10]

Podemos resumir nos termos seguintes a crítica por nós dirigida contra (+): algumas pessoas acreditam que, por motivos puramente lógicos, a probabilidade de ser vermelha a próxima coisa com que nos defrontarmos aumenta, de modo geral, com o aumento do número de coisas vermelhas vistas no passado. Isso, porém, é acreditar em magia — na magia da linguagem humana, pois "vermelho" é apenas um predicado. E sempre haverá predicados A e B, ambos aplicáveis a todas as coisas até agora observadas, mas levando a predições probabilísticas incompatíveis com respeito à próxima coisa a encontrar. Esses predicados talvez não ocorram na linguagem comum, mas sempre poderão ser construídos. (Muito estranhamente, a crença mágica por nós criticada é mais encontrada entre os que constroem linguagens-modelo artificiais do que entre os analistas da linguagem comum.) Criticando (+) desse modo estou, naturalmente, defendendo o princípio da *independência* (lógica absoluta) dos vários a_n em relação a qualquer combinação $a_i\, a_j$ ... ou, em outras palavras, minha crítica equivale a uma defesa de (4) e (1).

Há outras demonstrações de (1). Uma delas, fundamentalmente ligada a uma ideia de Jeffreys e Wrinch,[11] será amplamente examinada no apêndice *viii. Seu argumento central pode ser exposto (com ligeiros ajustamentos) da maneira seguinte:

Seja e um *explicandum* ou, mais explicitamente, um conjunto de fatos ou dados singulares que desejamos explicar recorrendo ao auxílio de uma lei universal. Haverá, em geral, um número infinito de explicações possíveis — e mesmo um infinito número de explicações (mutuamente excludentes, considerados os dados e) tal que a soma de suas probabilidades (dado e) não pode ser superior à unidade. Isso quer dizer que a probabilidade de quase todas as explicações deve ser zero — a menos que haja como ordenarmos as possíveis leis numa sequência infinita, de modo a atribuir a cada uma delas uma probabilidade positiva, de sorte que a soma convirja para a unidade e não a exceda. O mencionado procedimento significa ainda que às leis surgidas nas primeiras posições da sequência deve ser atribuída probabilidade maior (em geral) do que a leis que aparecem mais adiante. Devemos, pois, assegurar-nos de ver satisfeita a seguinte e importante *condição de consistência*:

Nosso método de ordenar as leis nunca nos deve levar a colocar uma lei que seja possível demonstrar ter probabilidade maior depois de uma lei que apresente probabilidade menor.

10 Jeffreys tira conclusão oposta: admite como válida a possibilidade enunciada no caso (3).

11 *Philos. Magazine*, vol. 42, 1921, pp. 369 e ss.

Jeffreys e Wrinch tiveram algumas razões intuitivas para acreditar que deveria ser estabelecido um método de ordenar leis que satisfizesse a essa condição de consistência: eles propuseram que se ordenassem as teorias explicativas segundo sua simplicidade decrescente ("postulado da simplicidade") ou segundo sua complexidade crescente, medindo-se a complexidade pelo número de parâmetros ajustáveis presentes na lei. É possível demonstrar, entretanto (e será demonstrado no apêndice *viii) que esse ou qualquer outro eventual método de ordenação viola a condição de consistência.

Desse modo, sejam quais forem os dados *e*, teremos, para todas as hipóteses explicativas $p(a, e) = 0$, isto é, obteremos (2) e, portanto indiretamente (1).

(Um aspecto interessante desta última demonstração é que ela é válida mesmo num universo finito, contanto que as hipóteses explicativas sejam formuladas em linguagem matemática, suscetível de permitir uma infinidade de hipóteses (mutuamente excludentes). Seria possível, por exemplo, construir o seguinte universo:[12] em amplíssimo tabuleiro de xadrez, alguém coloca pequenos discos ou peças, observando a seguinte regra: há uma curva, ou função matematicamente definida que esse alguém conhece e nós desconhecemos; os discos só podem ser colocados em quadrados que se achem sobre a curva; dentro dos limites determinados por essa regra, os discos podem ser colocados aleatoriamente. Nossa tarefa é a de observar a colocação dos discos e encontrar uma "teoria explicativa" ou seja, a curva matemática desconhecida, se possível, ou uma que dela se avizinhe. Haverá uma infinidade de soluções possíveis e duas quaisquer serão incompatíveis, embora algumas sejam indistinguíveis com respeito aos discos postos no tabuleiro. Qualquer dessas teorias poderá, naturalmente, ser "refutada" por discos que sejam colocados no tabuleiro após a apresentação da teoria. Conquanto o "universo" — de posições possíveis — possa, no caso, ser finito, haverá, não obstante, uma infinidade de teorias explicativas matematicamente incompatíveis. Sei, naturalmente, que instrumentalistas ou operacionalistas dirão que são "sem significado" as diferenças entre quaisquer duas teorias que apontem os mesmos quadrados. Desconsiderando o fato de que *este exemplo não constitui parte de meu argumento* — de modo que não tenho real necessidade de replicar a essa objeção — importa assinalar o seguinte: em muitas circunstâncias, será possível emprestar "significado" a essas diferenças "sem significado" tornando a malha da rede suficientemente fina, isto é, subdividindo os quadrados.)

Um exame pormenorizado do fato de não poder ser satisfeita minha condição de consistência será feito no apêndice *viii. Abandonarei, agora a discussão do problema da validez das fórmulas (1) e (2) para passar ao debate de um problema formal, que brota do fato de essas fórmulas serem válidas, de sorte que todas as teorias universais, seja qual for o conteúdo apresentado, têm probabilidade zero.

Não há dúvida de que o conteúdo ou força lógica de duas teorias universais pode diferir grandemente. Consideremos as duas leis, a_1 = "Todos os planetas se

12 Exemplo semelhante é utilizado no apêndice *viii, texto correspondente à nota 2.

movem em círculos" e a_2 = "Todos os planetas se movem em elipses". Devido à circunstância de que todos os círculos são elipses (com excentricidade zero) a_1 acarreta a_2, mas não vice-versa. O conteúdo de a_1 *é* muito maior que o de a_2. (Há, naturalmente, outras teorias, e mais fortes que a_1 como, por exemplo, "Todos os planetas se movem em círculos concêntricos, ao redor do Sol".)

O fato de o conteúdo de a_1 exceder o de a_2 reveste-se da maior importância para todos os nossos problemas. Há, por exemplo, testes de a_1 — isto é, tentativas de refutar a_1 através da descoberta de algum desvio quanto à circularidade — que não são testes de a_2; mas não pode haver teste genuíno de a_2 que não seja, ao mesmo tempo, uma tentativa de refutar a_1. Assim, a_1 pode ser mais severamente submetido a teste do que a_2, tem grau maior de testabilidade e, se resistir aos testes mais severos, atingirá um grau de corroboração maior que o que a_2 pode atingir.

Relações análogas podem estabelecer-se entre a_1 e a_2, ainda quando a_1 não acarreta logicamente a_2, acarretando, porém, uma teoria de que a_2 muito se aproxima. (Assim a_1 pode ser a dinâmica de Newton, sendo a_2 as leis de Kepler, que não decorrem da teoria de Newton, mas que simplesmente dela "defluem com boa aproximação"; ver também seção *15 de meu *Postscript.* Aqui também ocorre que a teoria de Newton é mais suscetível de teste, porque de maior conteúdo.)[13]

Ora, nossa demonstração de (1) põe claro que essas diferenças de conteúdo e testabilidade não podem ser expressas, de maneira imediata, em termos de probabilidade lógica absoluta das teorias a_1 e a_2, pois $p(a_1) = p(a_2) = 0$. E se definirmos a medida de conteúdo $(C(a)$, fazendo $C(a) = 1 — p(a)$, tal como é sugerido no livro, voltaremos a obter $C(a_1) = C(a_2)$, de modo que as diferenças de conteúdo que nos interessam continuam a não alcançar expressão nessas medidas.

---

13 Seja o que for o que C. G. Hempel pretenda dizer ao falar em "evidência confirmadora" de uma teoria, é certo que ele não pretenderá aludir a resultados de testes que corroborem a teoria. Com efeito, em trabalhos a respeito do assunto *(Journal of Symbolic Logic,* vol. 8, 1943, pp. 122 ss. e, especialmente, *Mind,* vol. 54, 1945, pp. 1 ss. e 97 ss.; vol. 55, 1946, pp. 79 ss.), enuncia ele *(Mind,* vol. 54. pp. 102 ss.), entre as condições de adequações que estabelece, a seguinte condição (8.3): se *e* for evidência confirmadora de várias hipóteses — digamos, h_1 e h_2 —, então, h_1, h_2 e *e* devem formar um conjunto coerente de enunciados.
Sem embargo, os casos mais interessantes e típicos falam contra isso. Sejam h_1 e h_2 as teorias da gravitação de Einstein e de Newton. Conduzem elas a resultados incompatíveis no que se refere a campos gravitacionais intensos e a corpos em movimento rápido e, consequentemente, colocam-se como reciprocamente contraditórias. Não obstante, toda evidência que se conhece e que dá apoio à teoria de Newton é também evidência que fala em favor da teoria de Einstein e corrobora tanto uma quanto a outra. A situação lembra muito o que se dá com as teorias de Newton e Kepler, ou com as teorias de Newton e Galileu. (Da mesma forma, toda tentativa que se faz no sentido de encontrar um cisne vermelho ou amarelo, e que fracassa, corrobora ambas as seguintes teorias, que se contradizem à vista do enunciado "existe pelo menos um cisne": (i) "Todos os cisnes são brancos" e (ii) "Todos os cisnes são negros".
De modo geral, seja *h* uma hipótese corroborada pelo resultado *e* de severos testes e sejam h_1 e h_2 duas teorias incompatíveis, cada uma das quais acarretando *h.* (h_1 pode ser ah e h_2, $\bar{a}h$.) Qualquer teste de *h* será também teste de h_1 e h_2; e se *e* for o relatório de tentativas fracassadas de refutar *h,* então *e* corroborará tanto h_1 quanto h_2. (É natural que tentaremos realizar testes cruciais entre h_1 e h_2.) No que respeita a "verificações" e "instanciações" será diferente, mas estas não estarão necessariamente relacionadas com *testes.*
Independentemente desta crítica, note-se que, na linguagem-modelo de Hempel, a identidade não pode ser expressa; ver o trabalho dele em *The Journal of Symbolic Logic,* vol. 8, 1943, último parágrafo da p. 143, especialmente a linha 5, a contar do fim do artigo, e a p. 21 de meu Prefácio, 1958. Para uma *definição de instanciação* ("semântica") simples, ver a última nota de meu artigo em *Mind,* vol. 64, 1955, p. 391.

(De maneira análoga, não chega a alcançar expressão a diferença entre um enunciado autocontraditório $a\,\bar{a}$ e uma teoria universal a, porque $p(a\bar{a}) = p(a) = 0$ e $C(a\bar{a}) = C(a) = 1$.)[14]

O exposto não equivale a afirmar que é impossível expressar a diferença de conteúdo entre a_1 e a_2 em termos de probabilidade — ao menos em alguns casos. O fato, por exemplo, de que a_1 acarreta a_2, mas não vice-versa, faria com que

$$p(a_1, a_2) = 0; p(a_2, a_1) = 1$$

ainda que tivéssemos, ao mesmo tempo, $p(a_1) = p(a_2) = 0$.

Deveríamos ter

$$p(a_1, a_2) < p(a_2, a_1)$$

que seria indicação do maior conteúdo de a_1.

O fato de existirem diferenças de conteúdo e de probabilidade lógica absoluta, não possíveis de ser imediatamente expressas pelas medidas correspondentes, pode ser enunciado dizendo-se que existe uma "*estrutura fina*" de conteúdo e de probabilidade lógica suscetível de permitir-nos diferençar entre conteúdos e probabilidades absolutas maiores e menores, mesmo nos casos em que as medidas $C(a)$ e $p(a)$ são grosseiras e insensíveis às diferenças, ou seja, nos casos em que resultam em igualdade. Para traduzir essa estrutura fina, podemos usar os símbolos "$\succ$" (é maior) "$\prec$" (é menor), em lugar dos símbolos comuns " $>$ " e " $<$ ". (Podemos também usar " $\succeq$ ou, "maior ou igual" e "$\preceq$".) O uso de tais símbolos é feito segundo as regras seguintes:

(1) "$C(a) \succ C(b)$" e seu equivalente "$p(b) \prec p(a)$" serão usados para enunciar que o conteúdo de a é maior que o de b — *pelo menos* no sentido de estrutura fina de conteúdo. Suporemos, assim, que $C(a) \succ C(b)$ acarreta $C(a) \preceq C(b)$ que, por sua vez, acarreta $C(a) \geq C(b)$, ou seja, o falseamento de $C(a) < C(b)$. Não ocorre qualquer dos acarretamentos opostos.

(2) Em conjunto, $C(a) \succeq C(b)$ e $C(a) \preceq C(b)$ acarretam $C(a) = C(b)$ mas $C(a) = C(b)$ é compatível com $C(a) \succ C(b)$ ou com $C(a) \prec C(b)$ e também, naturalmente, com $C(a) \succeq C(b)$ e com $C(a) \preceq C(b)$.

---

14 É *inevitável em qualquer teoria de probabilidades* aplicada a um infinito universo de discurso que um enunciado autocontraditório possa ter a mesma probabilidade de um enunciado sintético e coerente: trata-se de uma simples consequência da lei da multiplicação, que exige que $p(a_1, a_2 \ldots a_n)$ tenda a zero, uma vez que todos os a_i sejam mutuamente independentes. Assim, a probabilidade de n sucessivos lançamentos de moeda produzirem *cara* é, segundo *todas* as teorias de probabilidades, $1/2^n$, que se torna zero, quando o número de lançamentos se faz infinito. Um problema semelhante da teoria de probabilidades é o seguinte: coloque-se numa urna n bolas, numeradas de 1 a n, misturando-as; qual a probabilidade de se retirar uma bola que tenha número primo? A conhecida solução desse problema, tal como a do anterior, é a de que a probabilidade tende a zero quando n tende ao infinito, significando isso que a probabilidade de retirar uma bola marcada com um número não primo torna-se 1 quando $n \to \infty$, ainda que, na urna, exista um número infinito de bolas com números primos. A esse resultado se deve chegar em qualquer teoria de probabilidades aceitável. Não se deve, portanto, isolar uma específica teoria de probabilidades, como a teoria frequencial, por exemplo, e criticá-la, dando-a como "pelo menos ligeiramente paradoxal" porque leva a esse resultado perfeitamente correto. (Crítica desse tipo é encontrada em W. Kneale, *Probability and Induction*, 1949, p. 156.) Tendo em vista o último "problema de teoria de probabilidade" — o de retirar bolas numeradas — parece igualmente injustificado o ataque dirigido por Jeffreys contra os que falam da "distribuição de probabilidades dos números primos". (*Cf. Theory of Probability*, 2ª edição, p. 38, nota.)

(3) $C(a) > C(b)$ sempre acarreta $C(a) \succ C(b)$.
(4) Regras correspondentes valem para $p(a) \succ p(b)$, etc.

Surge, agora, o problema de determinar os casos para os quais é possível dizer que $C(a) \succ C(b)$ se aplica, ainda que tenhamos $C(a) = C(b)$. Há numerosos casos claros: por exemplo, o do acarretamento unilateral de b por a. Em termos gerais, sugiro a seguinte regra:

Se para todos os universos *finitos* suficientemente amplos (isto é, para todos os universos com mais de N elementos, sendo N suficientemente grande), tivermos $C(a) > C(b)$ e, assim, de acordo com a regra (3), $C(a) \succ C(b)$, mantém-se $C(a) \succ C(b)$ para um universo infinito, ainda que, para um universo infinito, tenhamos $C(a) = C(b)$.

Essa regra parece abranger a maioria dos casos de interesse, embora, talvez, não todos.[15]

O problema de a_1 = "Todos os planetas se movem em círculos" e a_2 = "Todos os planetas se movem em elipses" é indiscutivelmente coberto pela regra, como também o é a comparação entre a_1 e a_3 = "Todos os planetas se movem em elipses com excentricidade diferente de zero"; com efeito, $p(a_3) > p(a_1)$ aplicar-se-á a todos os universos suficientemente amplos (de observações possíveis, digamos), no sentido de que há mais possibilidades compatíveis com a_3 do que com a_1.

A estrutura fina de conteúdo e de probabilidade aqui discutida afeta não apenas os limites 0 e 1 do intervalo de probabilidade, mas afeta, em princípio, todas as probabilidades entre 0 e 1. Admitamos, com efeito, serem a_1 e a_2 leis universais, sendo $p(a_2) = 0$ e $p(a_1) \prec p(a_2)$; admitamos que b não é acarretada por a_1 nem por a_2, nem por suas negações; e admitamos, ainda, $0 < p(b) = r < 1$. Teremos:

$$p(a_1 \vee b) = p(a_2 \vee b) = r$$

e, ao mesmo tempo,

$$p(a_1 \vee b) \prec p(a_2 b)$$

Teremos, de outra parte,

$$p(\bar{a}_1 b) = p(\bar{a}_2 b) = r$$

e, ao mesmo tempo,

$$p(\bar{a}_1 b) \succ p(\bar{a}_2 b),$$

15 Problemas correlatos são discutidos muito pormenorizadamente no provocante artigo de John Kemeny "A Logical Measure Function", *Journal of Symbol. Logic*, vol. 18, 1953, pp. 289 ss. A linguagem modelo de Kemeny é a segunda das três a que aludi em meu Prefácio, 1958. A meu ver, é, sem comparação, a mais interessante das três. Não obstante, como Kemeny mostra na p. 294, sua linguagem é tal que teoremas infinitistas — como o princípio de que todo número tem um sucessor — nela não são demonstráveis. A linguagem não pode, portanto, abranger o sistema comum de aritmética.

pois $p(\bar{a}_1) \succ p(\bar{a}_2)$, embora, naturalmente, $p(\bar{a}_1) = p(\bar{a}_2) = 1$. Assim, teremos, para cada b tal que $p(b) = r$, um c_1 tal que $p(c_1) = p(b)$ e $p(c_1) \prec p(b)$ e ainda um c_2 tal que $p(c_2) = p(b)$ e $p(c_2) \succ p(b)$.

A situação aqui examinada é importante para tratamento da questão da *simplicidade ou dimensão de uma teoria.* A questão será aprofundada no próximo apêndice.

Adendo, 1972

No último parágrafo do apêndice acima, sugeri que a ideia de estrutura fina de probabilidades pode revestir-se de importância para a comparação entre simplicidade e dimensão de teorias. A simplicidade e, especialmente, a dimensão de uma teoria são significativas para a teoria de sua estrutura fina, como se verá nas primeiras páginas do apêndice seguinte.

A dimensão de uma teoria é relativa a um campo de aplicação e, assim, a um *conjunto de problemas* para os quais a teoria oferece alguma solução. (A mesma relativização será relevante para a estrutura fina de teorias e, assim, para a circunstância de ela mostrar-se "boa".

Conteúdo, simplicidade e dimensão.

Tal como fiz sentir anteriormente,[1] não creio que se deva tornar difícil a linguagem científica, impedindo o cientista de recorrer livremente, sempre que de conveniência, a novas ideias e predicados, conceitos "ocultos" e o que mais seja. Por essa razão não me inclino a apoiar as várias tentativas recentes de introduzir, no campo da Filosofia da Ciência, o método de cálculos artificiais ou "sistemas de linguagem" — sistemas que supostamente seriam modelos de uma simplificada "linguagem da ciência". Entendo que, até agora, essas tentativas não só fracassaram, como contribuíram para a obscuridade e confusão que reinam na Filosofia da Ciência.

Na seção 38 e no apêndice i, explicou-se brevemente que, se dispuséssemos de enunciados (absolutamente) atômicos — ou, o que seria o mesmo, de *predicados* (absolutamente) *atômicos* — poderíamos estabelecer, como forma de medida do *conteúdo* de uma teoria, a recíproca do número mínimo de *enunciados atômicos* necessários para refutar essa teoria. Com efeito, se o grau de conteúdo de uma teoria equivale a seu grau de testabilidade ou refutabilidade, a teoria que se pudesse refutar com recurso a um número mais reduzido de enunciados atômicos seria também a mais fácil de refutar ou de submeter a teste e, consequentemente, a de maior conteúdo. (Em resumo, quanto menor o número de enunciados atômicos necessários para compor um potencial falseador, maior o conteúdo da teoria.)

Não desejo, porém, recorrer à ficção dos enunciados atômicos, nem a um sistema de linguagem artificial em que os enunciados atômicos se tornam passíveis de uso. Parece-me claro, na verdade, que não existem predicados atômicos "naturais" de que possamos dispor em ciência. A alguns lógicos mais antigos, os predicados "homem" e "mortal" apresentaram-se, aparentemente, como exemplos de algo semelhante a predicados atômicos. Carnap exemplifica através de recurso a "azul" e "quente" — presumivelmente porque "homem" e "mortal" correspondem a ideias altamente complexas que (pensam alguns) podem ser definidas em termos de ideias mais simples como "azul" ou "quente". Entretanto, é uma característica dos debates científicos não tratar esses ou quaisquer outros predicados como (absolutamente) atômicos. Na dependência do problema que esteja em pauta, não apenas "homem" e "mortal", mas ainda "azul" ou "quente" podem ser tratados como altamente complexos — "azul", digamos, como cor do céu, explicável em termos de teoria atômica. Mesmo o termo fenomenal "azul" admite, em certos contextos, ser tratado como

1 Ver seção 38, especialmente o texto após a nota 2, e meu apêndice i. *Ver* também meu segundo Prefácio, 1958.

definível — como caráter de imagens visuais correlacionadas com certos estímulos fisiológicos. É típico do debate científico o desenvolver-se livremente; e a tentativa de roubar-lhe essa liberdade, atando-o ao leito de Procusto de um sistema de linguagem preestabelecido, provocaria, se bem sucedida, a destruição da ciência.

Por esses motivos, rejeito, de antemão, a ideia de usar enunciados atômicos para o fim de medir o grau de *conteúdo* ou de *simplicidade* de uma teoria; e sugiro que devemos, ao invés, recorrer à ideia de *enunciados atômico-relativos* e, avançando, à ideia de *campo de enunciados* que são atômico-relativos com respeito a uma teoria ou conjunto de teorias para cujo teste contribuem de modo relevante — campo F que poderia ser entendido como *campo de aplicação* da teoria ou do conjunto de teorias.

Se, à semelhança do que fizemos no apêndice anterior, voltarmos a tomar os exemplos das teorias a_1 = "Todos os planetas se movem em círculos" e a_2 = "Todos os planetas se movem em elipses", poderemos considerar como campo todos os enunciados da forma "No instante *x*, o planeta *y* estava na posição *z*", que serão nossos enunciados atômicos relativos. E se admitirmos como já sabido que a trajetória do planeta segue uma curva plana, poderemos tomar de papel milimetrado e nele marcar as várias posições, assinalando, em cada caso, o tempo e o nome do planeta em causa, de sorte que cada sinal represente um dos enunciados atômico-relativos. (É claro que a representação pode tornar-se tridimensional, se assinalarmos a posição com um alfinete cujo comprimento corresponda ao tempo medido a partir de um dado instante zero; diferenças na cor da cabeça dos alfinetes podem ser utilizadas para indicar os nomes dos vários planetas.)

Explicou-se, especialmente nas seções de número 40 a 46 e no apêndice i, como o número dos enunciados atômico-relativos necessários para refutar uma teoria pode ser usado com vistas a servir de medida da complexidade da teoria. E mostrou-se que a *simplicidade formal* de uma teoria poderia ser avaliada pela *limitação de seus parâmetros,* na medida em que tal limitação não se pusesse como resultado de uma redução "formal" e não "material" do número dos parâmetros. (*Cf.* especialmente as seções 40, 44 e seguinte, e o apêndice i.)

Ora, todas essas comparações de simplicidade ou de conteúdo das teorias equivalerão a comparações da "estrutura fina" de seus conteúdos, no sentido explicado no apêndice anterior, pois que suas probabilidades absolutas serão todas iguais (isto é, iguais a zero). E desejo inicialmente mostrar que o número de parâmetros de uma teoria (com respeito a um campo de aplicação) pode ser interpretado como uma forma de medir a estrutura fina de seu conteúdo.

Tendo esse objetivo, devo demonstrar que, *para um universo finito suficientemente amplo, a teoria que apresente maior número de parâmetros será sempre mais provável (no sentido clássico) do que a teoria com menor número de parâmetros.*

A demonstração pode ser feita segundo o que se expõe nas linhas seguintes. No caso de um campo de aplicações contínuo e geométrico, é, naturalmente, infinito nosso universo de eventos possíveis, cada qual deles descrito por um enunciado atômico-relativo. Em tais circunstâncias, como se mostrou nas seções 38 e seguinte, há como comparar duas teorias quanto à *dimensão*, e não quanto ao *número* das possibilidades que deixam abertas, isto é, das possibilidades que lhes são favoráveis. A dimensão dessas possibilidades vem a ser igual ao número de parâmetros. Substituímos o universo infinito dos enunciados atômico-relativos por um universo *finito* (embora muito amplo) de enunciados atômico-relativos, correspondente ao exemplo do tabuleiro de xadrez utilizado no apêndice anterior.[2] Isso equivale a admitirmos que todo enunciado atômico-relativo se refere, não a um ponto do plano, mas a um pequeno *quadrado* com o lado ε, indicativo da posição de um planeta, sendo que as posições possíveis não se superpõem.[3] Afastando-nos um pouco do exemplo dado no apêndice anterior, substituímos, agora, as várias *"curvas"*, que são as representações geométricas de nossas teorias, por "quase-curvas" (de largura aproximadamente igual a ε), isto é, por conjuntos ou cadeias de quadrados. Em consequência, o número das teorias possíveis torna-se finito.

Passamos, em seguida, a considerar a representação de uma teoria com d parâmetros e que, no caso contínuo, era traduzida por um *continuum d* — dimensional cujos pontos (d-plas) correspondiam, cada qual, a uma curva. Verificamos que é possível continuar recorrendo a uma representação semelhante, exceto o fato de que nosso continuum d-dimensional passa a ser substituído por um arranjo d-dimensional de cubos d-dimensionais (de lado ε). Cada cadeia desses cubos passa a representar uma "quase-curva" e, portanto, passa a corresponder a uma das possibilidades favoráveis à teoria; e o arranjo d-dimensional representará o conjunto de todas as "quase-curvas" compatíveis com a teoria ou a ela favoráveis.

Podemos afirmar, agora, que a teoria com menor número de parâmetros — ou seja, o *conjunto* das quase-curvas, representado por um arranjo de dimensões mais reduzidas — não apenas terá dimensões menores, mas também abrangerá um número menor de "cubos", ou seja, de possibilidades favoráveis.

Essa é, portanto, a justificativa de aplicarmos os resultados da seção anterior: se a_1 tem menos parâmetros que a_2, podemos asseverar que, num universo suficientemente amplo, mas finito

$$p(a_1) < p(a_2)$$

e, portanto,

(*) $$p(a_1) \prec p(a_2)$$

2 *Cf.* apêndice *vii, texto correspondente à nota 12.

3 A suposição de que as posições possíveis não se superpõem é feita para simplificar a exposição. Poderíamos também admitir que quaisquer dois quadrados vizinhos se superpõem — num quarto de sua área, digamos; ou poderíamos substituir os quadrados por círculos superpostos (superpostos de modo a permitir-nos cobrir com eles toda a área). Esta última suposição se aproximaria um pouco mais de uma interpretação das "posições" em termos de resultados nunca totalmente precisos de possíveis *medidas* de posições.

A fórmula (*) contudo, permanece válida quando admitimos que ε tende para zero, o que, no limite, equivale a substituir o universo finito por um universo infinito. Chegamos, consequentemente, ao seguinte teorema:

(1) Se o número de parâmetros de a_1 for menor que o número de parâmetros de a_2, a pressuposição de que

$$p(a_1) > p(a_2)$$

contradiz as leis do cálculo de probabilidades.

Escrevendo "$d_F(a)$" ou, mais simplesmente, "$d(a)$" para denotar a dimensão da teoria a (com respeito ao campo de aplicação F), podemos formular o teorema do seguinte modo:

(1) Se $d(a_1) < d(a_2)$, então $p(a_1) \prec p(a_2)$;

consequentemente, "$p(a_1) > p(a_2)$" é incompatível com "$d(a_1) < d(a_2)$"

Esse teorema (implícito nas considerações feitas no corpo do livro) põe-se em concordância com as anotações seguintes: uma teoria a requer um mínimo de $d(a) + 1$ enunciados atômico-relativos para sua refutação; seus "falseadores mais fracos — tal como poderíamos denominá-los — consistem de uma conjunção de $d(a) + 1$ enunciados atômico-relativos. Isso quer dizer que, se $n \leq d(a)$, *não* haverá conjunção de n enunciados atômico-relativos suficientemente forte para que deles se derive $\bar{a}$, isto é, a negação de a. Nesses termos, a força ou conteúdo de $\bar{a}$ torna-se suscetível de ser medida por $d(a) + 1$, de vez que a será mais forte do que qualquer conjunção de $d(a)$ enunciados atômico-relativos, mas certamente não será mais forte do que algumas conjunções de $d(a) + 1$ de tais enunciados. Com base na regra de probabilidades

$$p(\bar{a}) = 1 - p(a),$$

sabemos que a probabilidade de uma teoria a decresce com a probabilidade crescente de sua negação, $\bar{a}$, e vice-versa, e sabemos que as mesmas relações se estabelecem entre os conteúdos de a e de $\bar{a}$. A partir desse ponto, verificamos, de novo, que ser $d(a_1) < d(a_2)$ significa ser o conteúdo de a_1 maior que o de a_2, de sorte que $d(a_1) < d(a_2)$ acarreta $p(a_1) \prec p(a_2)$, o que é *incompatível* com $p(a_1) > p(a_2)$. Esse resultado, porém, nada mais é que o teorema (1) acima apontado.

Esse teorema foi estabelecido tendo-se em vista universos finitos, mas ele independe da transição para universos infinitos. É independente, portanto, das fórmulas (1) e (2) do apêndice anterior, ou seja, do fato de que, num universo infinito, temos, para qualquer lei universal a e qualquer evidência finita e,

(2) $$p(a) = p(a, e) = 0$$

Cabe, pois, utilizar legitimamente (1) para obter outra derivação de (2); e isso, indubitavelmente, pode ser feito, se recorrermos a uma ideia sugerida por Dorothy Wrinch e Harold Jeffreys.

Tal como se mencionou de passagem no apêndice anterior,[4] Wrinch e Jeffreys observaram que, se dispusermos de uma infinidade de teorias explicativas mutuamente incompatíveis, ou exclusivas, a soma das probabilidades dessas teorias não pode exceder a unidade. Assim, quase todas essas probabilidades hão de ser zero, a menos que possamos ordenar sequencialmente as teorias e atribuir a cada uma delas, como probabilidade, um valor retirado de uma sequência convergente de frações, cuja soma não seja superior a 1. Exemplificando, é possível proceder da seguinte forma: atribuir o valor $1/2$ à primeira teoria, $1/2^2$ à segunda e, de maneira geral, $1/2^n$ à enésima. É possível, também, atribuir a cada uma das primeiras 25 teorias o valor 1/50, ou seja, 1/(2, 25); a cada uma das 100 teorias seguintes, digamos, o valor 1/400, ou seja, $1/(2^2.100)$, e assim por diante.

Seja qual for a maneira de estabelecermos a ordem das teorias e seja qual for a maneira adotada para atribuir-lhes probabilidades, haverá sempre um valor *máximo* de probabilidade, P(1/2, em nosso primeiro exemplo, ou 1/50) e esse valor P será atribuído, quando muito, a n teorias (sendo n um número finito e $n.\ P < 1$). Cada uma dessas n teorias, às quais foi atribuída a probabilidade máxima P, tem uma *dimensão*. Seja D a maior dimensão presente entre essas n teorias e seja uma delas a_1, com $d(a_1) = D$. Nesse caso, é claro que nenhuma teoria com dimensão superior a D estará entre as n teorias de probabilidade máxima. Seja a_2 uma teoria com dimensão maior que D, resultando que $d(a_2) > D = d(a_1)$. A atribuição conduz a

$$(—) \qquad d(a_1) < d(a_2);\ \text{e}\ p(a_1) > p(a_2).$$

Esse resultado mostra que o teorema (1) foi violado. É, entretanto, inevitável uma atribuição da espécie que leva ao resultado descrito, se quisermos fugir a atribuir a mesma probabilidade — isto é, zero — a todas as teorias. Consequentemente, nosso teorema (1) acarreta a atribuição de probabilidades zero a todas as teorias.

Wrinch e Jeffreys chegaram a resultado muito diferente. Acreditaram que a possibilidade de conhecimento empírico exigia a possibilidade de elevar a probabilidade de uma lei através da acumulação de evidência favorável. A partir daí, concluíram que (2) deve ser falso e, mais ainda, que deve existir um método legítimo de atribuir probabilidades não-zero a uma sequência infinita de teorias explicativas. E, assim, Wrinch e Jeffreys tiraram importantes conclusões positivas a partir do argumento "transcendental" (como o denominei no apêndice anterior).[5] Acreditando, como acreditam, que aumento de probabilidade significa aumento de conhecimento (de sorte que chegar a uma alta probabilidade transforma-se em objetivo da ciência), deixaram eles de considerar a possibilidade de, *apoiando-nos na experiência, aprendermos mais e mais a respeito de leis universais, sem jamais aumentar-lhes a probabilidade;* deixaram de considerar a possibilidade de

4 *Cf.* apêndice *vii, texto correspondente à nota 11.

5 *Cf.* nota 3 ao apêndice *vii.

submetermos a teste e corroborarmos crescentemente algumas dessas leis, aumentando-lhes, assim, o *grau de corroboração,* sem alterar-lhes a *probabilidade,* cujo valor permanece igual a zero.

Jeffreys e Wrinch jamais descreveram, de maneira suficientemente clara, a sequência de teorias e a atribuição de valores de probabilidade. A principal ideia por eles defendida, e denominada "postulado da simplicidade",[6] foi a de que as teorias devem ser ordenadas de forma tal que sua complexidade, ou número de parâmetros, cresça, enquanto decrescem as probabilidades que lhes são atribuídas. Isso quer dizer, assinalemos de passagem, que *quaisquer duas* teorias da sequência violariam nosso teorema (1). A aludida forma de ordenação, entretanto, não pode ser concretizada, como o próprio Jeffreys notou, e isso porque podem existir teorias com o *mesmo número* de parâmetros. O próprio Jeffreys dá como exemplos $y = ax$ e $y = ax^2$ e diz a respeito: "podemos admitir que leis que envolvem o mesmo número de parâmetros têm a mesma probabilidade prévia".[7] Ora, é infinito o número de leis que apresentam a mesma probabilidade prévia, pois podem ser estendidos ao infinito os próprios exemplos de Jeffreys: $y = ax^3$, $y = ax^4$ ... $y = ax^n$ e assim por diante, com $n \rightarrow \infty$. Assim, para cada número de parâmetros surgiria um problema igual ao que se manifesta em relação ao todo da sequência.

O próprio Jeffreys, observemos, reconhece, na mesma seção 3, 0,[8] que uma lei a_1 pode ser obtida a partir de uma lei a_2, através da colocação de um parâmetro adicional, admitido que esse parâmetro seja igual a zero; e reconhece que, nesse caso, $p(a_1) < p(a_2)$, pois a_1 é um *caso especial* de a_2, de sorte que a_1 encerra possibilidades menores.[9] Nesse caso especial, ele aceita que uma teoria com menor número de parâmetros seja menos provável que uma teoria com maior número de parâmetros — em concordância com nosso teorema (1). Tal fato Jeffreys só reconhece, entretanto, com respeito a esse caso especial; e não faz qualquer comentário quanto à circunstância de poder surgir uma contradição entre seu postulado da simplicidade e esse caso especial. De modo algum tenta ele demonstrar que o postulado de simplicidade seja compatível com seu sistema de axiomas; e, não obstante, à vista do caso especial referido (que decorre, como é claro, do sistema de axiomas de Jeffreys) tornava-se urgentemente necessária uma prova de compatibilidade.

As considerações que fizemos evidenciam a impossibilidade de aparecer uma prova de compatibilidade e mostram que o "postulado da simplicidade" contradiz

6 Em seu livro *Theory of Probability*, parágrafo 3º, Jeffreys diz, acerca do "postulado da simplicidade", que ele "não é... um postulado distinto, mas imediata aplicação da regra 5". Entretanto, tudo o que se contém na regra 5, por força de referência à regra 4 (ambas as regras são formuladas no parágrafo 11), é uma forma extremamente vaga do princípio "transcendental". Isso, portanto, não afeta nosso argumento.

7 *Theory of Probability*, parágrafo 3º (primeira edição, p. 95, segunda edição, p. 100).

8 *Op. cit.*, primeira edição, p. 96; segunda edição, p. 101.

9 Jeffreys, *loc. cit*, observa que "metade da probabilidade prévia de $[a_2]$ concentra-se em "$\alpha_m + 1 = 0$", parecendo significar isso que $p(a_1) = p(a_2)/2$; essa regra, porém, pode levar a contradições, se o número de parâmetros de a_2 for maior do que 2.

qualquer adequado sistema axiomático elaborado com respeito às probabilidades — e assim ocorre porque o postulado viola nosso teorema (1).*

Encerrando este apêndice, gostaria de tentar algo como uma explicação do por que Wrinch e Jeffreys consideraram inofensivo o "postulado da simplicidade" — que seria insuscetível de provocar dificuldades.

Deve-se ter em mente haverem sido eles os primeiros a identificar simplicidade e baixo número de parâmetros. (Eu não identifico uma e outra coisa: distingo entre redução formal e redução material do número de parâmetros — *cf.* seções 40, 44, 45 — e, desse modo, a simplicidade intuitiva transforma-se em algo semelhante à simplicidade formal; sob outros aspectos, porém, minha teoria concorda, nesse ponto, com a de Wrinch e Jeffreys). Também eles perceberam claramente que a simplicidade é uma das coisas que os cientistas almejam — que eles preferem uma teoria mais simples a uma teoria mais complexa e que, portanto, inclinam-se, de início, pela mais simples dentre as teorias. A respeito de todos esses pontos Wrinch e Jeffreys estavam

---

* (N. T.): Popper, na edição alemã, transforma a nota 10, que vem a seguir, em nota 11, e junta neste ponto uma longa nota 10, que é a seguinte:
Na p. 36 da 3ª edição de sua *Theory of Probability* (1961), Jeffreys diz isto a propósito de sua teoria: "Precisamos fazer, ainda, a restrição adicional, de acordo com a qual todos os enunciados utilizados como: Dados [isto é, como segundos argumentos em $p(x, y)$] devem ter probabilidade positiva... em relação a H". Percebe-se que "probabilidade positiva em relação a H" tem praticamente o mesmo significado que eu atribuo a "probabilidade absoluta positiva". Em seguida, Jeffreys afirma que a restrição dá origem a uma "dificuldade" — que pode, porém, ser "evitada; em nota de pé de página, surge a observação "Prof. K. R. Popper, *Logic of Scientific Discovery* (apêndice viii) [deve-se ler apêndice *viii], mostra que ela [a dificuldade] não pode ser afastada. Todavia, não creio que tenha considerado mais atentamente o princípio da convergência, como o faremos no parágrafo 1.62".
Esta observação de Jeffreys é inaceitável, sob três aspectos.
(I) O aludido parágrafo 1.62 foi introduzido na 3ª edição da obra de Jeffreys. (Esse parágrafo, aliás, tem o objetivo de combater, até onde possível, os argumentos de meu apêndice *viii, embora não faça alusão direta à minha crítica — a não ser na citada nota de pé de página, inserida nas novas páginas que contêm o parágrafo 1.62). Tendo meu livro aparecido em 1959, quando esse parágrafo 1.62 ainda não havia sido posto no livro de Jeffreys, está claro que eu não podia ter "considerado mais atentamente" o que Jeffreys afirma nesse parágrafo.
(II) No parágrafo 1.62 não se fala do "princípio de convergência". Jeffreys fala, é certo, de "condição" *(condition,* p. 46), de "condição de convergência" *(condition of convergence,* duas vezes, p. 47); fala, adiante, acerca da "regra de convergência" *(rule of convergence,* p. 49) e, mais adiante ainda, do "princípio de convergência" *(principle of convergence,* p. 50). As expressões, todavia, não se fazem claras em qualquer ponto e nem são discutidas. Jeffreys, contudo, segundo se depreende do uso que faz das várias expressões, pretende aludir ao seguinte fato, que eu já havia considerado e expresso de maneira minuciosa: é possível atribuir a cada enunciado, numa sequência infinita (mas enumerável) de enunciados mutuamente excludentes (por exemplo, teorias), um valor de probabilidade positivo — por exemplo, o valor $(1/2)n$ associado ao n-ésimo enunciado.
(III) Jeffreys defende, no parágrafo novo 1.62, um "postulado da simplicidade" *("simplicity postulate"),* embora escreva o seguinte:
(a) "Não creio, entretanto, que a regra [= postulado da simplicidade] que nós propusemos [Jeffreys e Wrinch] seja satisfatória" (p. 48).
(b) "Não sei se o postulado da simplicidade chegará a ser formulado com a desejável precisão, a ponto de permitir que a cada enunciado [= lei natural] se possa fazer corresponder uma determinada probabilidade [= probabilidade absoluta, ou *prior probability]*" (p. 48).
As duas observações revelam a gravidade da situação. A formulação que Jeffreys e Wrinch dão ao princípio da simplicidade é tida por insatisfatória pelo próprio Jeffreys; além disso, são colocadas dúvidas (corretas) sobre a possibilidade de uma formulação satisfatória de tal princípio. Mas, nestas condições, como saber se existe um postulado da simplicidade que não se ponha em contradição, como acontece no caso de Jeffreys e Wrinch, com os demais axiomas do cálculo de probabilidades? Meu pedido, bem fundamentado, de que a ausência de contradições seja demonstrada, fica inteiramente prejudicado quando se parte do pressuposto de que é impossível formular de maneira satisfatória um postulado da simplicidade. (A propósito de meu debate com Jeffreys, ver ainda a nota 6 acima, bem como a nota n. 3, no apêndice *v; e ver o texto que acompanha a nota n. 10 do apêndice anterior, *vii).

certos. Também estiveram certos em admitir que são relativamente poucas as teorias simples e muitas as teorias complexas, cujo número cresce com o de seus parâmetros.

Este último fato, talvez, deve tê-los levado a acreditar que as teorias complexas eram as menos prováveis (de vez que a probabilidade existente haveria de distribuir-se, desta ou daquela maneira, pelas várias teorias). E como admitiram, ao mesmo tempo, que um alto grau de probabilidade era indicação de um alto grau de conhecimento e se constituía, portanto, num dos objetivos da ciência, talvez tenham considerado intuitivamente evidente que a teoria mais simples (e, consequentemente, mais desejável) identificava-se com a teoria mais provável (e, consequentemente, mais desejável) — e isso porque, de outra forma, os objetivos do cientista se tornariam incompatíveis entre si. Desse modo, e com fundamento intuitivo, o postulado da simplicidade surgiu como necessário e, portanto, *a fortiori,* compatível.

Uma vez, porém, que nos demos conta de que o cientista não tem e não pode ter por objetivo um alto grau de probabilidade e que a impressão oposta decorre de confundirmos a ideia intuitiva de probabilidade com outra ideia (aqui denominada "grau de corroboração"),[10] tomando uma pela outra, então, deverá tornar-se claro que a simplicidade, ou o reduzido número de parâmetros, relaciona-se com a improbabilidade e não com a probabilidade, e tende a aumentar com o aumento da improbabilidade e não da probabilidade. E deverá tornar-se claro, também, que um alto grau de simplicidade está, não obstante, relacionado com um alto grau de corroboração. Com efeito, um alto grau de testabilidade ou de corroboralidade equivale a uma alta improbabilidade prévia ou simplicidade.

Em toda essa discussão[**] não mais se impõe que o conceito de "probabilidade" deva satisfazer os tradicionais requisitos do cálculo de probabilidade. Como Jeffreys e Wrinch admitem que a probabilidade satisfaz esses requisitos, minha crítica aplica-se, naturalmente, ao conceito de probabilidade por eles considerado.

O problema da corroboração merecerá exame no próximo apêndice.

ADENDOS

Adendo, 1967

Se lembrarmos o que foi dito no apêndice 1 acerca da *dimensão de uma teoria* a, *com respeito a um campo* F e o que se disse, no presente apêndice, a propósito dos

10 Mostra-se, no ponto 8 de minha "Terceira Nota", reproduzida no apêndice *ix, que, se *h* for uma hipótese estatística asseverando que "$p(a, b) = 1$", após *n* testes severos sofridos pela hipótese *h*, seu grau de corroboração será $n/(n + 2) = 1 — (2/n + 2))$. Há surpreendente semelhança entre essa fórmula e a "regra de sucessão" de Laplace, segundo a qual a probabilidade de *h* ultrapassar o próximo teste é $(n + 1)/(n +2) = 1 — (1/(n + 2))$. A similaridade numérica entre esses resultados, combinada com o não distinguir entre probabilidade e corroboração, pode explicar por que os resultados de Laplace e resultados semelhantes foram intuitivamente considerados satisfatórios. Penso que são equivocados os resultados a que chegou Laplace, pois entendo que seus pressupostos (pretendo referir-me ao que denomino "distribuição laplaceana") não se aplicam aos casos que ele tinha em vista, embora se apliquem a outros casos — permitem-nos avaliar a probabilidade absoluta de um relatório a propósito de amostra estatística. *Cf.* minha "Terceira Nota" (apêndice *ix).

** Este parágrafo não figura na edição inglesa.

mais fracos falseadores de uma teoria, torna-se possível introduzir uma medida de *simplicidade ou conteúdo* de *a* relativamente a *F*, $Ct_F(a)$, nos termos seguintes:

$$Ct_F(a) = 1/(d_F(a) + 1)$$

Essa é uma medida da *estrutura fina do conteúdo* de uma teoria (relativamente a F), pois é aplicável onde as probabilidades se tornam indistinguíveis porque $p(a) = 0$.

Observe-se, aliás, que a simplicidade sempre deve ser encarada como *relativa* a dado problema de explicação (Ver nota 24 ao capítulo 10 de meu *Conjectures and Refutations*, na segunda edição (revista), 1965 (e posteriormente).

Adendo, 1968 **(da edição alemã)**

Como já sublinhei em outro adendo (*cf.* final do cap. 7), não me importa a *essência* ou a *definição* de simplicidade. Não estou interessado em palavras e em seus significados, mas em *problemas genuínos* — e, acima de tudo, em *problemas metodológicos da indução. (Cf.* o último apêndice antigo, adendo 1968, em que se fala da solução negativa e de uma parcial solução positiva desse problema.)

Desde então, relativizei ainda mais a avaliação da simplicidade:

(1) eu já havia relativizado a dimensão em 1934 — e, com isso, havia relativizado a simplicidade — tendo em conta um *campo de aplicações (cf.* o apêndice antigo, n. i, bem como a seção 38).

(2) Isto equivale a uma relativização na qual se tem em conta um *problema* (ou uma classe de problemas) e a uma relativização ulterior, na qual se tem em conta uma classe de tentativas rivais de solução (teorias).

(3) *Os problemas dependem estreitamente uns dos outros: formam famílias de problemas.* Se a teoria T_1 resolve problemas deixados em aberto na família de problemas resolvidos pela teoria T_2, então T_1 possui (relativamente) maior conteúdo que T_2.

(4) Todavia, a mútua dependência teórica entre problemas é algo que se pode *descobrir.* Essa dependência é, pois, relativa às teorias e à evolução histórica das teorias. Assim, a simplicidade de uma teoria pode depender da situação-problema, historicamente encarada; depende das teorias existentes e de sua corroboração. O problema do conteúdo ou da simplicidade de uma teoria transforma-se, portanto, *parcialmente,* numa questão histórica.

Adendo, 1972

Por vezes, *descobrimos* novas conexões entre os problemas científicos. Assim, se a simplicidade de uma teoria é relativa a problemas que a teoria tenta solucionar, então, é também relativa, até certo ponto, à situação-problema histórica. Com essa observação, ponho a claro que os problemas de conteúdo e simplicidade de uma teoria podem alterar-se ao longo do desenvolvimento histórico de uma ciência.

Corroboração, peso de evidência e testes estatísticos.

As três notas reproduzidas abaixo, como parte do presente capítulo, foram originalmente publicadas em *The British Journal for the Philosophy of Science.*[1]

Antes mesmo de publicado meu livro, senti que o problema do grau de corroboração era um desses problemas que requer estudo mais aprofundado. Por "problema do grau de corroboração" pretendo significar o problema (i) de mostrar que existe medida (a ser denominada grau de corroboração) da severidade dos testes a que a teoria foi submetida e da maneira pela qual ela ultrapassou esses testes ou falhou diante deles; e (ii) de mostrar que *essa medida não pode ser uma probabilidade* ou, mais precisamente, que ela não satisfaz as leis formais do cálculo de probabilidades.

Um esboço de solução de ambas essas questões — especialmente da segunda — estava contido em meu livro. Creio, porém, que algo deva ser acrescentado. Não bastava mostrar a insuficiência das teorias de probabilidade existentes — a de Keynes ou de Jeffreys, por exemplo, ou a de Kaila, ou a de Reichenbach, pois nenhum deles pôde assentar a doutrina central defendida: a de que uma lei universal, ou teoria, sempre tem como atingir uma probabilidade $> 1/2$. (Eles falharam inclusive no tentar assentar que uma lei universal, ou teoria, poderia apresentar probabilidade diferente de zero.) Fazia-se necessário um tratamento da questão em termos gerais. Busquei, por isso mesmo, elaborar um cálculo formal de probabilidades que admitisse uma interpretação em vários sentidos. Tive em mente (i) o sentido lógico, esquematizado em meu livro em termos de probabilidade lógica (absoluta) de enunciados; (ii) o sentido de probabilidade lógica relativa de enunciados ou proposições, tal como foi entendido por Keynes; (iii) o sentido de um cálculo de frequências relativas em sequências; (iv) o sentido de cálculo de medida de abrangências ou de predicados, de classes ou de conjuntos.

O objetivo último consistia, naturalmente, em mostrar que o *grau de corroboração não era uma probabilidade*, equivalendo isso a dizer que *não era uma das possíveis interpretações do cálculo de probabilidades*. Sem embargo, dei-me conta de que a tarefa de elaborar um cálculo formal não só era necessária para esse propósito, como era, por si mesma, interessante.

1 *B. J. P. S.*, vol. 5, 1954, pp. 143 e segs. (Ver também correções nas PP. 334 e 359); vol. 7, 1957 pp. 350 e segs.; e vol. 8, 1958, pp. 294 e segs.

Isso levou ao trabalho que publiquei em *Mind* e que reproduzo aqui como apêndice *ii e a cogitações que se estenderam por muitos anos e tiveram como objetivo simplificar meu sistema de axiomas e fazer surgir um cálculo de probabilidades em que $p(a, b)$ — a probabilidade de um determinado b — admitisse valores definidos e não 0/0, ainda que $p(b)$ fosse igual a zero. O problema surge porque a definição

$$p(a, b) = p(ab)/p(b)$$

deixa de aplicar-se quando $p(b) = 0$.

Impunha-se encontrar solução para este último problema, pois, como logo verifiquei, para definir $C(x, y)$ — o grau de corroboração da teoria x pela evidência y — tinha de operar com alguma inversa $p(y, x)$, que Fisher denominou "*verossimilhança* de x" (à luz da evidência y ou dado y). (Note-se que tanto minha "corroboração" como a "verossimilhança" de Fisher pretendem medir a aceitabilidade da hipótese x; x é, pois, o que importa, enquanto y simplesmente representa a evidência empírica variável ou, como prefiro dizer, os relatórios dos *resultados dos testes.*) Ora, eu estava convencido de que, se x é uma teoria, $p(x) = 0$. Percebi, pois, que tinha de elaborar um novo cálculo de probabilidades, em que a verossimilhança $p(y, x)$ pudesse ser um número definido, diferente de 0/0, ainda que x fosse uma teoria universal com $p(x) = 0$.

Passarei a explicar, resumidamente, como surge o problema de $p(y, x)$ — da verossimilhança de x.

Se pedirem que forneçamos um critério em prol do fato de que a evidência y apoia, ou corrobora, ou confirma o enunciado x, a mais óbvia resposta será: "y *aumenta* a probabilidade de x". Simbolicamente, podemos escrever: "$Co(x, y)$", para significar que "x é apoiado, ou corroborado, ou confirmado por y". Cabe, então, apresentar nosso critério da maneira seguinte:

(1) $Co(x, y)$ se e somente se $p(x, y) > p(x)$

Essa formulação, porém, apresenta um defeito. Se x for uma teoria universal e y uma evidência empírica, então, como vimos nos dois apêndices anteriores,[2]

(2) $$p(x) = 0 = p(x, y)$$

Daqui decorreria que, para uma teoria x e uma evidência y, $Co(x, y)$ é sempre falsa ou, em outras palavras, que uma lei universal nunca acha, pois, corroboração ou confirmação na evidência empírica.

(Isso vale não só para um universo infinito, mas também para um universo extremamente amplo, como o nosso, pois, nesse caso, $p(x, y)$ e $p(x)$ serão ambos incomensuravelmente pequenos e, assim, praticamente iguais.)

Essa dificuldade, entretanto, pode ser contornada, segundo a maneira que a seguir se indica. Sempre que $p(x) \neq 0 \neq p(y)$, temos

2 Ver especialmente o apêndice *vii, fórmulas (1) e (2) e o apêndice *viii, fórmula (2).

(3) $p(x, y) > p(x)$ se e somente se $p(y, x) > p(y)$

de sorte que podemos transformar (1) em

(4) $Co(x, y)$ se e somente se $p(x, y) > p(x)$ ou $p(y, x) > p(y)$

Ora, admitamos, novamente, que x é uma *lei universal* e que y é uma evidência empírica que, digamos, decorre de x. Nesse caso, isto é, sempre que y decorre de x, diremos, intuitivamente, que $p(y, x) = 1$. E como y *é* empírico, de sorte que $p(y)$ será certamente menor do que 1, concluímos que (4) se aplica e que a asserção $Co(x, y)$ será verdadeira. Equivale isso a dizer que, se y decorre de x, x pode ser corroborado por y, contanto apenas que $p(y) < 1$. Desse modo, (4) é, do ponto de vista intuitivo, perfeitamente satisfatório, mas, para podermos operar livremente com ele, impõe-se que possamos dispor de um cálculo de probabilidades no qual $p(y, x)$ seja um número definido — ou seja, em nosso caso, 1 — e não 0/0, ainda que $p(x) = 0$. Para alcançar esse objetivo, há que fazer uma generalização do cálculo comum, tal como ficou exposto acima.

Embora eu tivesse consciência disso quando da publicação de minha nota em *Mind* (*cf.* apêndice *ii), a premência de outras ocupações, que me pareciam mais urgentes, impediu-me de completar pesquisas nesta área. Só em 1954 dei a público resultados concernentes ao grau de corroboração, através da primeira das anotações aqui reimpressas; e outros seis meses decorreram antes de eu divulgar um sistema axiomático de probabilidade relativa[3] (equivalente ao inserido no apêndice *iv, embora mais simples) capaz de satisfazer o requisito de $p(x, y)$ ser um número definido, mesmo quando $p(y)$ é igual a zero. Esse trabalho forneceu os pré-requisitos técnicos para uma definição satisfatória de verossimilhança e de grau de corroboração, ou de confirmação.

Minha primeira nota "Grau de Confirmação", publicada em 1954, no B. J. P. S. contém uma refutação matemática de todas as teorias de indução que identificam o grau em que um enunciado é apoiado, corroborado ou confirmado por testes empíricos a seu grau de probabilidade, no sentido do cálculo de probabilidades. A refutação consiste em mostrar que, se identificarmos o grau de corroboração, ou de confirmação, com probabilidade, seremos forçados a acolher numerosas concepções altamente paradoxais e, dentre elas, a seguinte asseveração claramente autocontraditória:

(*) Há casos em que x é fortemente apoiado por z, e y é fortemente comprometido por z, enquanto, ao mesmo tempo, x é confirmado por z em grau menor do que y.

Exemplo simples, evidenciando que essa aniquiladora consequência decorrerá do fato de identificarmos corroboração, ou confirmação, com probabilidade, encontra-se no ponto 6 de minha primeira nota.[4] Por ser o trecho muito breve, convirá talvez que o ponto seja acentuado a esta altura.

---

3 Ver *B. J. P. S.*, vol. 6, 1955, pp. 56-57.

4 Em sentido oposto ao exemplo dado no texto, os exemplos oferecidos nos pontos 5 e 6 de minha primeira nota são os mais simples possíveis, ou seja, operam com o menor número possível de propriedades equiprováveis exclusivas. Vale dizer o mesmo quanto ao exemplo dado em nota correspondente ao ponto 5. (No que se refere ao ponto 5, um exemplo equivalente, porém mais complexo, parece figurar em *Logical Foundations of Probability*, de Carnap, 1950, parágrafo 71; não fui capaz de apreendê-lo, em razão de sua complexidade. Quanto a meu ponto 6, não encontrei ali, nem em qualquer outro lugar, exemplo correspondente).

Tenhamos em conta o próximo lançamento a ser feito com um dado não viciado. Seja x o enunciado "surgirá o seis"; seja y a sua negação, isto é, $y = \bar{x}$; e seja z a informação "surgirá um número par".

Contamos com as seguintes probabilidades absolutas:

$$p(x) = 1/6; p(y) = 5/6; p(z) = 1/2$$

Contamos, além disso, com as seguintes probabilidades relativas:

$$p(x, z) = 1/3; p(y, z) = 2/3$$

Vemos que x é apoiado pela informação z, pois z eleva a probabilidade de x de 1/6 para 2/6 = 1/3. Vemos, também, que y é comprometido por z, pois z reduz a probabilidade de y, fazendo-a passar de 5/6 para 4/6 = 2/3. Temos, não obstante, $p(x, z) < p(y, z)$. Esse exemplo demonstra o teorema seguinte:

(5) Existem enunciados x, y e z que satisfazem a fórmula

$$p(x, z) > p(x) \,\&\, p(y, z) < p(y) \,\&\, p(x, z) < p(y, z)$$

No caso, é claro, podemos substituir "$p(y, z) < p(y)$" por "$p(y, z) \leqslant p(y)$", que é mais fraco.

Esse teorema está longe de ser paradoxal. E o mesmo vale dizer de seu corolário (6), que obtemos substituindo "$p(x, z) > p(x)$" e "$p(y, z) \leq p(y)$", respectivamente, pelas expressões "*Co(x, z)*" e "*~Co(y, z)* — isto é, "*não-Co(y, z)*", de acordo com a fórmula (1) acima.

(6) Há enunciados x, y e z que satisfazem a fórmula

$$Co(x, z) \,\&\, {\sim}\, Co(y, z) \,\&\, p(x, z) < p(y, z)$$

Tal como (5), o teorema (6) expressa um fato que firmamos através de nosso exemplo: x pode ser apoiado, e y comprometido por z, ocorrendo, não obstante, que x, dado z, é menos provável que y, dado z.

De pronto surgirá uma clara autocontradição, caso, agora, vejamos em (6) o grau de confirmação $C(a, b)$ e a probabilidade $p(a, b)$. Em outras palavras, a fórmula

(**) $$Co(x, z) \,\&\, {\sim}\, Co(y, z) \,\&\, C(x, z) < C(y, z)$$

(isto é, "z confirma x e não y e, apesar disso, z também confirma x em menor grau do que y") mostra-se claramente autocontraditória.

Demonstramos, desse modo, que a identificação de grau de corroboração, ou de confirmação com a probabilidade (e mesmo com a verossimilhança) é absurda, tanto do ponto de vista formal quanto do ponto de vista intuitivo: conduz à autocontradição.

Aqui, "grau de corroboração ou confirmação" pode ser tomado em sentido mais amplo do que normalmente lhe atribuo. Embora, habitualmente, eu o considere sinônimo de "grau de severidade dos testes que a teoria ultrapassou", uso--o, agora, para significar simplesmente "grau em que um enunciado *x é* apoiado por um enunciado *y*".

Se examinarmos a prova referida, veremos que ela depende de dois pressupostos apenas:

(a) A fórmula (1);

(b) O pressuposto de que é autocontraditória toda asserção que tenha a seguinte forma:

(***) *x* tem a propriedade *P* (por exemplo, a propriedade "quente") e *y* não tem a propriedade *P*, e *y* tem a propriedade *P* em grau mais elevado que *x* (por exemplo *y* é mais quente do que *x*).

Todo leitor que tenha lido cuidadosamente minha primeira nota e, em especial, o exemplo dado no ponto 6, estará sabendo que todas as considerações agora feitas estão claramente implícitas naquela nota, exceto, quiçá, a formulação (***) das contradições (*) e (**). Reconheço que aqui apresentei o assunto de modo mais explícito, mas o propósito de minha nota não era tanto o de criticar e sim o de proporcionar uma definição de grau de corroboração.

A crítica, presente em minha nota, dirigia-se contra *todos* os que, explícita ou implicitamente, identificam o grau de corroboração, ou de confirmação, ou de aceitabilidade com a probabilidade; os filósofos em que eu estava pensando eram, especialmente, Keynes, Jeffreys, Reichenbach, Kaila, Hosiasson e, mais recentemente, Carnap.

Quanto a Carnap, redigi uma anotação crítica que, a meu ver, fala por si mesma. Foi motivada pelo fato de Carnap, ao enunciar critérios de adequação para os graus de confirmação, referir-se ao consenso de "praticamente todas as modernas teorias acerca de grau de confirmação", mas não aludir a meu dissentimento — a despeito de ter sido ele quem introduziu a expressão inglesa *"degree of confirmation"* para traduzir a expressão alemã por mim usada *"Grad der Bewährung" (cf.* nota de pé de página que precede a seção 79, atrás). Desejava eu, naquela ocasião, assinalar ainda que a divisão, feita por Carnap, entre probabilidade$_1$ (= grau de confirmação) e probabilidade$_2$ (= frequência estatística) era insuficiente, e isso por dois motivos: havia, pelo menos, duas formas de interpretar o cálculo de probabilidades (a lógica e a estatística) e havia, *além disso,* o grau de corroboração, nos termos por mim propostos, *que não equivale a uma probabilidade* (como, agora, demonstro aqui e como demonstrei em minha mencionada nota).

Parece que aquelas dez linhas de rodapé atraíram mais atenção do que a própria nota de que faziam parte. Levaram a um debate travado nas páginas do B. J. P. S.,[5] no qual Bar-Hillel afirmou que a crítica por mim dirigida contra o que ele denominou "atual teoria da confirmação" (isto é, a teoria de Carnap) era puramente

5 Ver *B. J. P. S.*, vol. 6, 1955, pp. 155 a 163; e vol. 7, 1956, pp. 243 a 256.

verbal e que tudo quanto eu tinha a dizer já fora antecipado por Carnap. Levaram, ainda, essas mesmas linhas, a uma recensão de meu trabalho, publicada no *Journal of Symbolic Logic*,[6] tendo Kemeny resumido aí minha nota com as seguintes palavras: "A principal tese desse trabalho é a de que as medidas de confirmação propostas por Carnap, bem como quaisquer outras formas de atribuição de probabilidade lógica, não são adequadas para medir graus de confirmação."

Essa não era, indiscutivelmente, minha tese principal. A nota representava uma continuação de um trabalho meu, publicado quinze anos antes do aparecimento do livro de Carnap; e, quanto à parte crítica, embora o ponto em causa — identificação entre corroboração, ou confirmação, ou aceitabilidade e probabilidade — correspondesse à principal tese defendida no livro de Carnap, essa tese está longe de ser uma tese original de Carnap — ele vem simplesmente acompanhando a tradição de Keynes, Jeffreys, Reichenbach, Kaila, Hosiasson e outros. Além disso, tanto Bar-Hillel quanto Kemeny sugerem que minha crítica, na medida em que se aplica à teoria de Carnap, é puramente verbal, não havendo, pois, razão para que essa teoria seja abandonada. Sinto-me, por esse motivo, compelido a declarar agora, com toda a clareza, que a teoria de Carnap é autocontraditória e que essa falha não é uma questão de somenos, possível de ver-se facilmente contornada, sendo, ao contrário, devida a erros de fundamentação lógica.

Assinalemos, inicialmente, que são explicitamente asseverados pela teoria de Carnap os pressupostos (a) e (b) que, já o vimos, bastam para evidenciar que o grau de confirmação não deve ser identificado com a probabilidade: (a) nossa fórmula (1) aparece no livro de Carnap como fórmula (4), na página 464[7]; (b) (***), ou seja, a pressuposição de que nossa (**) seja autocontraditória aparece na página 73 do livro de Carnap, onde ele escreve: "Se a propriedade Quente e a relação Mais Quente forem designadas por... digamos "*P*" e "*R*", então, "*Pa*. ~ *Pb*. *Rba*" seria autocontraditória. Ora, essa é nossa (***). Sob certo aspecto, naturalmente, é irrelevante — para o argumento que desenvolvo no sentido de demonstrar o absurdo de estabelecer identificação entre C e p — saber se (a) e (b) estão explicitamente admitidos num livro; ocorre, porém, que foram admitidos assim, no livro de Carnap.

A par disso, a contradição aqui exposta é crucial para Carnap: aceitando (1) ou, mais precisamente, definindo, na página 463 e seguinte, "x é confirmado por y" com o auxílio de "$p(x, y) > p(x)$" — em nosso simbolismo — Carnap mostra que o pretendido significado de "grau de confirmação" (seu *explicandum*) é, *grosseiramente*, o mesmo que tenho em vista. Equivale à ideia intuitiva de grau do apoio fornecido pela evidência empírica. (Kemeny, *loc. cit.*, equivoca-se quando sugere o oposto. Em verdade, "leitura cuidadosa" de meu trabalho — e do livro de Carnap, devo acrescentar — *não* "mostrará que Popper e Carnap têm em mente dois

---

6 Ver J. *S. L.*, vol. 20, 1955, p. 304. Ocorreu um erro de fato na recensão de Kemeny: na décima sexta linha a contar do fim da página, "medida do apoio dado por y a x" deve ser substituído por "medida do poder explicativo de x com respeito a y".

7 Ver também a fórmula (6) na p. 464. A fórmula (4) de Carnap, na p. 464, é posta em termos de equivalência, mas isso não traz qualquer diferença.
Note-se que Carnap usa "t" para indicar "tautologia", uso que nos permitiria escrever $p(x, t)$ em vez de $p(x)$.

diferentes *explicanda*,", porém mostrará que Carnap, ao falar em probabilidade$_1$, estava inadvertidamente considerando dois "*explicanda*" diferentes e incompatíveis: um deles era meu *C* e o outro era meu *p*. E mostrará que tenho repetidamente apontado os perigos de incidir nessa confusão — como o faço, por exemplo, no trabalho recenseado por Kemeny.) Dessa forma, será *ad hoc* toda alteração do pressuposto (a). "Puramente verbais" não são as minhas críticas e sim as tentativas de resguardar a "atual teoria da confirmação".

Para maiores esclarecimentos recomendo uma leitura do debate travado nas páginas do B. J. P. S. Confesso que esse debate e a apreciação feita por Kemeny no *Journal of Symbolic Logic* me desapontaram um pouco. De um ponto de vista racional, considero séria a situação. Nesta nossa era pós-racionalista, um número crescente de livros vem sendo escrito em linguagens simbólicas e torna-se cada vez mais difícil perceber por que: de que tratam e por que é necessário ou conveniente alguém enfastiar-se com volumes de trivialidades simbólicas? Quase parece que o simbolismo se esteja tornando um valor autônomo, a ser reverenciado por sua sublime "exatidão": nova expressão para a velha busca da certeza, novo ritual, novo substituto da religião. E, contudo, o único valor possível dessa espécie de coisa — a única escusa possível para a sua dúbia afirmativa de exatidão — é, aparentemente esta: Uma vez assinalado um equívoco ou contradição, não cabe evasão verbal: a prova pode ser produzida (Frege não tentou recorrer a manobras evasivas quando recebeu a crítica de Russell). Assim, se temos de enfrentar enfadonhos pormenores técnicos e um formalismo de complexidade desnecessária, gostaríamos, pelo menos, de ser compensados pela pronta aceitação de uma prova refutadora direta — prova que consistia no mais simples dos contra-exemplos. Desapontou-me encontrar, em vez disso, evasões meramente verbais, combinadas com a afirmação de que a crítica por mim apresentada era "puramente verbal".

Não devemos, contudo, impacientar-nos. Desde os tempos de Aristóteles o enigma da indução tem levado muitos filósofos ao irracionalismo — ao ceticismo ou ao misticismo. E, conquanto a filosofia da identidade entre *C* e *p* tenha provocado muitas tempestades, a partir de Laplace, continuo a pensar que ela um dia, será abandonada. Realmente, não posso acreditar que os adeptos dessa convicção sintam-se para sempre satisfeitos com o misticismo e o hegelianismo, considerando "$C = p$" como axioma autoevidente ou como ofuscador objeto de uma intuição indutiva. (Falo em "ofuscador", pois me parece um objeto, cujos possuidores parecem afetados de cegueira, tropeçando nas contradições lógicas a que ele conduz.)

Talvez eu possa dizer que encaro a doutrina de que *o grau de corroboração ou aceitabilidade não pode ser uma probabilidade* como uma das mais interessantes descobertas da Filosofia do Conhecimento. Podemos apresentá-la nestes termos simples: o resultado do teste a que foi submetida uma teoria pode ser resumido numa apreciação. Admite-se que essa apreciação assuma a forma de uma atribuição de certo grau de corroboração à teoria. Entretanto, ela nunca poderá corresponder a uma atribuição de grau de probabilidade, pois *a probabilidade de um enunciado (dados alguns enunciados acerca do teste) simplesmente não traduz a severidade dos testes a que a teoria resistiu ou à maneira como resistiu a esses testes.* A razão está no fato de o *conteúdo* da teoria — que equivale à sua *improbabilidade* — determinar sua *testabilidade* ou *corroborabilidade.*

Creio que essas duas ideias — *conteúdo* e *grau de corroboração* — constituem os mais importantes instrumentos lógicos desenvolvidos em meu livro.[8]

Baste isso como introdução. Nas três notas seguintes, permiti a permanência da palavra "confirmação", mesmo onde, atualmente, eu só escreveria "corroboração". Permiti, ainda, que permanecesse "$P(x)$" onde, agora, habitualmente escrevo "$p(x)$". Corrigi, porém, alguns erros de impressão;[9] e acrescentei algumas notas de pé de página, precedidas de asterisco, assim como dois novos pontos, *13 e *14 ao fim da Terceira Nota.

Grau de Confirmação

1. O objetivo desta nota é o de propor e discutir uma definição — em termos de probabilidade — do *grau em que um enunciado x é confirmado por um enunciado y.* (Claro que se trata de algo equivalente ao *grau em que um y confirma um enunciado x.)* Denotarei esse grau pelo símbolo "$C(x, y)$", a ser lido "*grau de confirmação de x por y*". Em casos particulares, x poderá ser uma hipótese, h; e y poderá ser alguma evidência empírica, e, favorável a h, ou desfavorável a h, ou neutra em relação a h. Contudo, "$C(x, y)$" será também aplicável a casos menos típicos.

A definição coloca-se em termos de probabilidade. Farei uso tanto de $P(x, y)$, isto é, da probabilidade (relativa) de x, dado y, quanto de $P(x)$, isto é, da probabilidade (absoluta) de x.[1] Bastaria, porém, usar uma delas.

---

8 Tanto quanto sei, o reconhecimento da importância, do *conteúdo empírico,* ou do poder asseverador de uma teoria, a sugestão de que tal conteúdo cresce com a classe de falseadores potenciais da teoria, isto é, com os estados de coisas que ela proíbe ou exclui (ver seções 23 e 31), e a ideia de que o conteúdo pode ser medido pela improbabilidade da teoria — não brotaram de qualquer outra fonte, de onde eu os tivesse colhido, mas foram "obra minha, em sua totalidade". Surpreendi-me, portanto, ao ler em Carnap, *Introduction to Semantics,* 1942, p. 151, em conexão com a definição de "conteúdo" por ele proposta: "... o poder asseverador de uma sentença consiste em ela excluir certos estados de coisas (Wittgenstein); quanto mais exclui, tanto mais assevera." Escrevi a Carnap, solicitando esclarecimentos e lembrando-o de certas passagens importantes de meu livro. Na resposta, disse-me ele que sua referência a Wittgenstein se devera a um lapso de memória e que tivera em mente, de fato, o meu livro; e incluiu a correção em seu *Logical Foundations of Probability,* 1950, p. 406. Menciono o fato porque em numerosos trabalhos publicados depois de 1942 a ideia de conteúdo — no sentido de conteúdo empírico ou informativo — tem sido atribuída, sem referência precisa, a Wittgenstein ou a Carnap e, por vezes a Wittgenstein e a mim. Eu, porém, não gostaria que se pensasse que eu recolhi a ideia em Wittgenstein ou em outro autor, sem a indicação devida; como estudioso da história das ideias, julgo importante que se faça alusão às fontes utilizadas. (Ver também o exame, que faço na seção 35, da distinção entre *conteúdo lógico* e *conteúdo empírico,* incluindo referências a Carnap nas notas 1 e 2).

9 Naturalmente, incorporei as correções mencionadas em B. J. P. S., vol. 5, pp. 334 e 359.

1 "$P(x)$" pode ser definido, em termos de probabilidade relativa, pelo *definiens* "$P(x, \overline{z\overline{z}})$" ou, de maneira mais simples, "$P(x, \overline{x\overline{x}})$". (Uso sempre "$xy$" para denotar a conjunção de x e y e "$\overline{x}$" para denotar a negação de x). Como, em geral, $P(y, y\overline{z\overline{z}}) = P(x, y)$ e $P(x, yz) = P(xy, z)/P(y, z)$, obtemos $P(x, y) = P(xy) /P(y)$ — uma fórmula útil para definir a probabilidade relativa em termos de probabilidade absoluta. (Ver minha nota em *Mind,* 1938, vol. 47, 275 e seg., onde identifiquei a probabilidade absoluta com o que denominei "probabilidade lógica" em meu *Logik der Forschung,* Viena, 1935, especialmente as seções 34 e seg. e 83, pois "probabilidade lógica" é a expressão que melhor se aplica à "interpretação lógica" de ambos, $P(x)$ e $P(x, y)$ em contraposição à sua "interpretação estatística", que pode ser, neste contexto, ignorada.)

2. Admite-se, frequentemente, que o grau de confirmação de x por y deve equivaler à probabilidade (relativa) de x, dado y, isto é, que $C(x, y) = P(x, y)$. Minha primeira tarefa é a de evidenciar a improcedência dessa concepção.

3. Consideremos dois enunciados contingentes, x e y. Do ponto de vista da confirmação de x por y, haverá dois casos extremos: completo apoio dado a x por y, ou apoio de x por y, quando x decorre de y; e a completa contestação, refutação ou falta de apoio de x por y, quando $\bar{x}$ decorre de y. Um terceiro caso de especial importância é o de independência ou irrelevância mútua, caracterizado por $P(x\ y) = P(x)\ P(y)$; nesse caso, o valor de $C(x, y)$ se colocará abaixo do que tem no primeiro caso e acima do que tem no segundo.

Entre esses três casos especiais — apoio, independência, contestação — haverá casos intermediários: *apoio parcial* (quando y acarreta parte do conteúdo de x) — assim, por exemplo, se o y contingente decorrer de x, mas não vice-versa, então o próprio y será parte do conteúdo de x, apoiando x; e contestação parcial (quando y apoia parcialmente x — quando, por exemplo y decorre de $\bar{x}$. Diremos, então, que y apoia x ou que refuta x, sempre que $P(x\ y)$ ou $P(\bar{x}\ y)$, respectivamente, excederem os valores que assentam a independência. (À vista dessa definição, é fácil perceber que esses três casos — apoio, contestação, independência — são exaustivos e exclusivos.)

4. Consideremos, agora, a conjectura de que há três enunciados, x_1, x_2 e y, tais que (i) x_1 e x_2 são ambos independentes de y (ou contestados por y), ao mesmo tempo em que (ii) y apoia a conjunção $x_1\ x_2$.

Em tal caso, obviamente, teríamos de dizer que y confirma $x_1\ x_2$ em grau maior do que confirma, separadamente, x_1 ou x_2; em símbolos,

(4.1) $$C(x_1, y) < C(x_1,\ x_2, y) > C(x_2, y)$$

Isso, entretanto, seria incompatível com o admitir que $C(x, y)$ é uma probabilidade, isto é, seria incompatível com

(4.2) $$C(x, y) = P(x, y)$$

uma vez que, para probabilidades, aplica-se a fórmula

(4.3) $$P(x_1, y) \geq P(x_1\ x_2, y) \leq P(x_2, y)$$

que, à vista de (4.1), contradiz (4.2). Teríamos, então, de afastar (4.2). Todavia, como $0 \leq P(x, y) \leq 1$, temos que (4.3) é uma consequência do princípio geral de multiplicação, aplicado às probabilidades. Teríamos, assim, de afastar esse princípio, no que se refere ao grau de confirmação. Aparentemente, além disso, teríamos de afastar também o princípio especial da adição. Com efeito, uma vez que $P(x, y) \geq 0$, uma consequência desse princípio é

(4.4) $$P(x_1\, x_2\ ou\ x_1\, \bar{x}_2, y) \geq P(x_1\ x_2, y)$$

Isso não poderia, entretanto, continuar válido para $C(x, y)$, se considerarmos que a alternativa $x_1\, x_2$ ou $x_1\, \bar{x}_2$ *é* equivalente a x_1 de sorte que, por substituição no primeiro membro de (4.1), obtemos

$$(4.5) \qquad C(x_1\, x_2 \text{ ou } \bar{x}_1\, x_2, y) < (x_1\, x_2, y)$$

À vista de (4.4), (4.5) contradiz (4.2).[2]

5. Esses resultados dependem da conjectura de que existem enunciados x_1, x_2 e y tais que (i) x_1 e x_2 são, de per si, independentes de y (ou contestados por y), ao mesmo tempo em que (ii) y apoia $x_1\, x_2$. Demonstrarei essa conjectura, recorrendo a um exemplo.[3]

Tomemos fichas coloridas, denominadas "*a*", "*b*", com quatro propriedades exclusivas e igualmente prováveis — azul, verde, vermelho e amarelo. Seja x_1 o enunciado "*a* é azul ou verde"; x_2 — "*a* é azul ou vermelha"; y = "*a* é azul ou amarela". Estarão satisfeitas todas as nossas condições. (Que y apoie $x_1\, x_2$ é óbvio: y decorre de $x_1\, x_2$, e sua presença eleva a probabilidade de $x_1\, x_2$ ao dobro do valor que tem na ausência de y.)

6. É possível oferecer exemplo ainda mais chocante da inadequação de identificar $C(x, y)$ e $P(x, y)$. Escolhemos x_1 de sorte que seja fortemente apoiado por y, e x_2, de sorte que seja fortemente contestado por y. Assim sendo, teremos de estabelecer que $C(x_1, y) > C(x_2, y)$. Apesar disso, x_1 e x_2 podem ser escolhidos de forma tal que $P(x_1, y) < P(x_2, y)$. O exemplo é o seguinte: seja x_1 = "*a* é azul"; x_2 = "*a* não é vermelha" e y = "*a* não é amarela". Então, $P(x_1) = 1/4$; $P(x_2) = 3/4$; e $1/3 = P(x_1, y) < P(x_2, y) = 2/3$. Que y apoia x_1 e contesta x_2 decorre claramente desses números e, ainda, do fato de y decorrer de x_1 e também de $\bar{x}_2$.[*1]

7. Por que foram $C(x, y)$ e $P(x, y)$ tão longamente confundidos? Por que não se percebeu que era absurdo dizer que uma evidência y — de que x é inteiramente independente — pode, apesar disso, "confirmar" fortemente x? É absurdo dizer que y pode "confirmar" fortemente x, ainda que y conteste x? E dizer isso, mesmo quando y é toda a evidência de que dispomos? Não conheço as respostas a essas perguntas, mas posso formular umas poucas sugestões. Em primeiro lugar, há a poderosa tendência de pensar que tudo quanto possa ser chamado "verossimilhança" ou "probabilidade" de uma hipótese há de ser uma probabilidade no sentido do

---

2 Em seu *Logical Foundations of Probability*, Chicago, 1950, p. 285, Carnap usa os princípios de multiplicação e adição como *convenções de adequação do grau de confirmação*. O único argumento por ele oferecido em favor da adequação desses princípios é o de "serem eles geralmente aceitos em quase todas as modernas teorias de probabilidade$_1$", isto é, o nosso $P(x, y)$, que Carnap identifica com o "grau de confirmação". Contudo, a expressão "grau de confirmação" *(Grad der Bewährung)* foi por mim introduzida nas seções 82 e s. de meu *Logik der Forschung* (livro a que, por vezes, Carnap faz referência) para mostrar que tanto a probabilidade lógica quanto a estatística são *inadequadas* para servir como grau de confirmação, pois a confirmabilidade deve crescer com a testabilidade e, assim, com a improbabilidade lógica (absoluta) e o conteúdo. (Ver adiante.)

3 O exemplo satisfaz (i) antes por *independência* que por *contestação*. (Para conseguir um exemplo por contestação, acrescentar o marrom como uma quinta cor e fazer y = "*a é* marrom ou azul ou amarelo".)

*1 Esse fato — ou seja, dizer que $p(y, x_1) = p(y, x_2) = 1$ — significa ser máxima, à luz de y, a "verossimilhança" de Fisher quanto a x_1 e, consequentemente, $\bar{x}_2$. Ver a introdução ao presente apêndice, onde é elaborado o argumento que agora se esboça no texto.

cálculo de probabilidades. Para desenlear os vários fios aqui emaranhados, há vinte anos, fiz distinção entre o que denominei "grau de confirmação" e o que se denomina probabilidade lógica e o que se denomina probabilidade estatística. Infelizmente, entretanto, a expressão "grau de confirmação" logo foi sendo usada por outros como uma nova denominação de probabilidade (lógica) — talvez sob influência da errônea concepção de que a ciência, incapaz de alcançar a certeza, deve ter por alvo uma espécie de *Ersatz:* a mais alta probabilidade possível de atingir.

Uma segunda sugestão é a seguinte: parece que a expressão "grau de confirmação de x por y" foi virada ao avesso, passando a ser entendida como "o grau em que y confirma x" ou "a força com que y apoia x". Sem embargo, sob essa forma, deveria ser óbvio que, no caso de y apoiar x_1 e contestar x_2, $C(x_1, y) < C(x_2, y)$ torna-se absurdo — ainda que $P(x_1, y) < P(x_2, y)$ possa mostrar-se procedente, indicando, em tal caso, que, para começar, dispúnhamos de $P(x_1) < P(x_2)$. Além disso, parece haver uma tendência para confundir medidas *de* acréscimo ou decréscimo com medidas *que* aumentam ou diminuem (o que é evidenciado pela história dos conceitos de velocidade, aceleração e força). Não obstante, a força com que y apoia x é em essência — como veremos — *uma medida do acréscimo ou decréscimo* da probabilidade de x, em razão de y. (Ver também 9 (vii), adiante.)

8. Contestando tudo quanto foi afirmado, dir-se-á, talvez, que, de qualquer forma, é legítimo atribuir a $P(x, y)$ qualquer nome, inclusive o nome "grau de confirmação". Não estamos, porém, diante de um problema de palavras.

O grau de confirmação de uma hipótese x pela evidência empírica y deve ser usado para avaliar o grau em que x é ratificado pela experiência. Todavia $P(x, y)$ não pode ser usado para esse fim, pois $P(x_1, y)$ talvez seja superior a $P(x_2, y)$, ainda que x_1 se veja contestado e x_2 apoiado por y, uma vez que isso se deve ao fato de $P(x, y)$ depender muito fortemente de $P(x)$, isto é, da probabilidade absoluta de x, que nenhuma relação tem com a evidência empírica.

Acredita-se, além disso, que o grau de confirmação deva ter influência sobre a questão de saber se cabe *aceitar* ou escolher certa hipótese x, ainda que em caráter de tentativa; admite-se que um alto grau de confirmação torne "boa" (ou "aceitável") uma hipótese, admitindo-se, ao mesmo tempo, que uma hipótese não confirmada é "má". Nesse ponto, entretanto, $P(x, y)$ não pode ajudar-nos. *A ciência não tem, como objetivo primário, as altas probabilidades. Tem como objetivo conseguir um alto conteúdo informativo, bem amparado pela experiência. Contudo, uma hipótese pode ser muito provável simplesmente porque nada nos diz ou porque nos diz pouquíssimo.* Um alto grau de probabilidade não é, portanto, indicação de "aceitabilidade" — pode ser simples sintoma de baixo conteúdo informativo. Por outro lado, $C(x, y)$ pode e deve ser definida de maneira tal que somente hipóteses dotadas de alto conteúdo informativo possam aspirar a atingir altos graus de confirmação. A *confirmatividade* de x (isto é, o grau máximo de confirmação que o enunciado x pode alcançar) deve crescer com $C(x)$, isto é, com a medida do conteúdo de x, que é igual a $P(\overline{x})$ e, portanto, o *grau de testabilidade* de x. Desse modo, sendo $P(x\overline{x}, y) = 1$, $C(x\overline{x}, y)$ deverá ser zero.

9. Uma definição de $C(x, y)$ — que satisfaça esses e outros *desiderata*, ainda mais exigentes, relacionados em minha *Logik der Forschung* — pode fundamentar-se em $E(x, y)$, isto é, numa medida não aditiva da *força explicativa de x com respeito a y*, sendo elaborada de modo a ter — 1 e + 1 como extremos superior e inferior. Seria a seguinte

(9.1) Seja x consistente[4] e $P(y) \neq 0$. Definimos, então,

$$E(x, y) = \frac{P(y, x) - P(y)}{P(y, x) + P(y)}$$

$E(x, y)$ pode também ser interpretada em termos de medida não aditiva da dependência de y em relação a x ou como apoio dado por x a y (e vice-versa). Ela satisfaz o mais importante de nossos *desiderata*, mas não satisfaz todos: por exemplo, viola (viii, *c*) adiante e só satisfaz (iii) e (iv) em casos especiais e aproximadamente. Para contornar essas deficiências, proponho definir $C(x, y)$ da maneira seguinte.[*2]

(9.2) Seja x consistente e $P(y) \neq 0$. Definimos, então,

$$C(x, y) = E(x, y)(1 + P(x)P(x, y))$$

Isso é menos simples do que, por exemplo, $E(x, y)(1 + P(xy))$ — que satisfaz a maioria de nossos *desiderata*, mas viola (iv) — enquanto que, para $C(x, y)$, vale o teorema segundo, o qual satisfaz todos os seguintes desiderata:

(i) $C(x, y) \gtreqless 0$, respectivamente, se e somente se y apoia x ou é independente de x ou contesta x

(ii) $-1 = C(\bar{y}, y) \leq C(x, y) \leq C(x, x) \leq 1$

(iii) $0 \leq C(x, x) = C(x) = P(\bar{x}) \leq 1$

Note-se que $C(x)$ e, portanto, $C(x, x)$ é uma medida aditiva do conteúdo de x, definível por $P(\bar{x})$, isto é, pela probabilidade absoluta de x ser falso ou pela verossimilhança a priori de x ser refutado. Desse modo, confirmabilidade equivale a refutabilidade ou testabilidade.[5]

4 Essa condição pode ser deixada de parte, se aceitarmos a convenção geral de que $P(x, y) = 1$, sempre que y for inconsistente.

*2 Encontra-se, a seguir, uma definição alternativa algo mais simples, que também satisfaz todas as minhas condições ou *desiderata* de adequação (enunciei-a, pela primeira vez, em *B. J. P. S.*, vol. 5, pág, 359):

(9.2*) $$C(x, y) = \frac{P(x, x) - P(y)}{P(y, x) - P(xy) + P(y)}$$

De maneira análoga, apresento agora

(10.1*) $$C(x, y, z) = \frac{P(y, xz) - P(y, z)}{P(y, xz) - P(xy, z) + P(y, z)}$$

5 Ver seção 83 de meu *Logik der Forschung*, que se intitula "Confirmabilidade, Testabilidade e Probabilidade Lógica". (Depois de "lógica" — de acordo com a terminologia de minha nota em *Mind, loc. cit.*, deveria ser inserida a palavra "absoluta.)

(iv) Se y acarreta x, então $C(x, y) = C(x, x) = C(x)$

(v) Se y acarreta $\bar{x}$, então $C(x, y) = C(\bar{y}, y) = -1$

(vi) Admitamos que x tenha conteúdo alto — de sorte que $C(x, y)$ aproxima-se de $E(x, y)$ — e admitamos que y apoia x. (Podemos admitir, por exemplo, que y é toda a evidência empírica de que se dispõe.) *Então, para qualquer dado y, C(x, y) cresce com a força que x tem para explicar y* (isto é, para explicar mais e mais acerca do conteúdo de y) e, portanto, com o *interesse científico* apresentado por x.

(vii) Se $C(x) = C(y) \neq 1$, então $C(x, u) \gtreqless C(y, w)$, sempre que $P(x, u) \gtreqless P(y, w)$ [*3]

(viii) Se x acarreta y, então: (a) $C(x, y) \geqq 0$; (b) para qualquer dado x, $C(x, y)$ e $P(y)$ crescem concomitantemente; e (c) para qualquer dado y, $C(x, y)$ e $P(x)$ crescem concomitantemente.[6]

(ix) Se $\bar{x}$ é consistente e acarreta y, então: (a) $C(x, y) \leq 0$; (b) para qualquer dado x, $C(x, y)$ e $P(y)$ crescem concomitantemente; e (c), para qualquer dado y, $C(x,y)$ e $P(x)$ crescem concomitantemente.

10. Todas as considerações feitas — sem exceção — podem ser relativizadas com respeito a alguma informação inicial z, bastando acrescentar, nos lugares adequados, expressões como "na presença de z, admitindo que $P(z, \overline{z\bar{z}}\,) \neq 0$". Relativizada, a definição de grau de confirmação passa a ser

(10.1)
$$C(x, y, z) = E(x, y, z)(1 + P(x, z)P(x, y\,z))$$

onde

(10.2)
$$E(x, y, z) = \frac{P(y, xz) - P(y, z)}{P(y, xz) + P(y, z)}$$

$E(x, y, z)$ é a força explicativa de x com respeito a y, estando presente z.[7]

11. Existem, creio eu, certos *desiderata* intuitivos, que não podem ser satisfeitos por qualquer definição formal. Exemplificando: uma teoria se vê tanto mais confirmada quanto mais engenhosas ou fracassadas tenham sido as tentativas feitas para sua refutação. Minha definição incorpora algo do que está presente

*3 A condição "$\neq$1" não fez parte do texto original, nem das correções publicadas.

6 (vii) e (viii) contêm os únicos *desiderata* importantes que são satisfeitos por $P(x, y)$.

7 Seja x_1 a teoria gravitacional de Einstein; x_2, a de Newton; y, a evidência empírica (interpretada) de que se dispõe hoje, inclusive as leis "aceitas" (não importa estarem incluídas ambas, ou apenas uma ou nenhuma das teorias em causa, contanto que estejam satisfeitas nossas condições para y); e z uma parte de y, por exemplo, uma seleção colhida a partir da evidência de que se dispunha há um ano. Podendo admitir que x_1 explica uma porção maior de y do que x_2, obtemos $C(x_1, y, z) \geq C(x_2, y, z)$ para todo z; e $C(x_1, y, z) > C(x_2, y, z)$ para qualquer z adequado, que contenha algumas das condições iniciais relevantes. Isso decorre de (vi) — *ainda que tenhamos de supor* $P(x_1, yz) = P(x_2, yz) = P(x_1) = P(x_2) = 0$.

nessa ideia — se não tudo quanto pode ser formalizado. Contudo, não se pode dar completa formalização à ideia de tentativa séria e engenhosa.[8]

Considero sem importância a particular maneira de aqui definir *C(x, y)*. Importantes talvez sejam os *desiderada* e o *fato de que podem ser satisfeitos em conjunto.*

Segunda Nota a Respeito de Grau de Confirmação

1. Pelo Professor J. G. Kemeny[1] (com uma referência à minha definição de *conteúdo)* e, independentemente, pelo Dr. C. L. Hamblin,[2] foi feita a sugestão de que o *conteúdo* de *x*, denotado por "*C(x)*" deveria ser medido por — $log_2 P(x)$ e não por 1 — *P(x)*, como originalmente sugeri. (Estou usando meu próprio simbolismo.) Se tal sugestão for acolhida, então meus *desiderata*[3] relativos ao grau de confirmação de *x* por *y*, denotados por *C(x, y)*, deverão ser ligeiramente alterados: em (ii) e em (v), teremos de substituir $\pm$ 1 por $\pm\ \infty$; e (iii) se transformará em

(iii) $$0 \leq C(x, x\,y) = C(x, x) = C(x) = -log_2 P(x) \leq +\infty$$

Os demais *desiderata* não sofrem alteração.

O Dr. Hamblin sugere[4] que a definição de grau de confirmação seja

(1) $$C(x, y) = log_2(P(xy)/P(x)P(y))$$

que, para sistemas finitos — mas não necessariamente para sistemas infinitos — equivale a

8 Há vários meios de nos aproximarmos mais dessa ideia. Podemos, por exemplo, realçar os experimentos cruciais, definindo

$$C_{a,b}(h) = (C(h, e_b) \prod_{i=1}^{n} C(h, c_i, e_a))^{1/(n+1)}$$

onde $c_1, c_2, \ldots$ é a sequência de experimentos feitos entre os instantes de tempo t_a e t_b. Temos $t_a < t_1 \leq t_i, \leq t_n = t_b$. A evidência total (que pode incluir leis) *aceita* em t_a e t_b é representada por e_a e e_b. Postulamos $P(c_i, e_b) = 1$ e (para garantir que só sejam contados experimentos novos) $P(c_i, e_a) \neq 1$ e $P(c_i U_{cj}) \neq 1$, sempre que $j < i$ ("U_{cj}" *é a universalização espaço-temporal de cj.)*

* Hoje, eu me inclinaria a tratar essa questão de maneira diferente. Podemos, muito simplesmente, distinguir entre a fórmula "*C(x, y)*" (ou "*C(x, y, z)*") e as *aplicações* dessa fórmula ao que intuitivamente entendemos por corroboração ou aceitabilidade. Basta dizer, então, que *C(x, y)* não deve ser interpretada como grau de corroboração e não deve ser aplicada a problemas de aceitabilidade, a menos que *y* represente os resultados (totais) de tentativas sérias de refutar *x*. Ver também o ponto *14 de minha "Terceira Nota", adiante.

Coloquei "totais" entre parênteses porque há outra possibilidade a considerar: podemos restringir nossos testes a certo campo de aplicação *F* (conforme o apêndice i e o apêndice *viii), dando assim caráter relativo a *C* e passando a escrever "$C_F(x, y)$". Procederá, consequentemente, dizer que a corroboração total de uma teoria corresponde simplesmente à soma de suas corroborações nos vários campos de aplicação (independentes).

1 John G. Kemeny, *Journal of Symbolic Logic*, 1953, vol. 18, p. 297 (Kemeny refere-se ao meu *Logik der Forschung*).

2 C. L. Hamblin, "Language and the Theory of Information", tese apresentada à Universidade de Londres em maio de 1955 (não publicada); ver p. 62.
"O Dr. Hamblin chegou a essa definição independentemente do trabalho do Professor Kemeny (ao qual faz referência na tese).

3 "Degree of Confirmation", neste *Journal*, 1954, vol. 5, p. 143 ss.; ver também p. 334.

4 C. L. Hamblin, *op. cit.*, p. 83. Sugestão semelhante (sem, entretanto, especificar 2 como base do logaritmo) é feita em recensão do meu "Degree of Confirmation" elaborada pelo Dr. I. J. Good; *cf. Mathematical Review*, vol. 16, 1955, p. 376.

(2) $$C(x, y) = log_2(P(y, x) / P(y))$$

fórmula que oferece a vantagem de permanecer determinada ainda quando $P(x) = 0$, como pode ocorrer, se x for uma teoria universal. Relativizada, a fórmula correspondente seria

(3) $$C(x, y, z) = log_2(P(y, x z)/P(y, z))$$

A definição (1) não satisfaz, porém, meu *desideratum* viii(c), tal como assinala o Dr. Hamblin; e o mesmo ocorre com (2) e (3). Os *desiderata* ix (b) e (c) também não são satisfeitos.

Ora, meu *desideratum* viii(c) marca, segundo entendo, a diferença entre uma medida de força explicativa e uma medida de confirmação. A primeira pode ser simétrica em x e y; a segunda, não. Com efeito, admitamos que y decorre de x (e apoia x) e admitamos que a não é confirmado por y. Nesse caso, não parece procedente dizer que ax é tão bem confirmado por y quanto o é x. (Contudo, não existe, aparentemente, qualquer razão para ax e x não terem a mesma força explicativa com respeito a y, uma vez que y é inteiramente explicado por um e por outro.) Por esse motivo, penso que viii(c) não deva ser abandonado.

Assim, prefiro encarar (2) e (3) como definições altamente convenientes de *força explicativa* — de $E(x, y)$ e $E(x, y, z)$ — e não como definições de grau de confirmação. A partir de força explicativa, pode o grau de confirmação ser definido de várias maneiras, de modo a satisfazer viii(c). Uma dessas maneiras é a seguinte (e penso que maneiras melhores podem ser encontradas):

(4) $$C(x, y) = E(x, y)/((1 + nP(x))P(x, y))$$

(5) $$C(x, y, z) = E(x, y, z)/((1 + nP(x, z))P(x, y z))$$

Aqui, podemos escolher $n \geq 1$. E, se quisermos que viii(c) tenha um efeito visível, faremos com que n seja um número grande.

No caso de x ser uma teoria universal com $P(x) = 0$ e y ser uma evidência empírica, a diferença entre E e C desaparece — como ocorria em minhas definições originais e como é exigido pelo *desideratum* (vi). Desaparecerá também a diferença, no caso de x decorrer de y. Assim, permanecem pelo menos algumas das vantagens de operar com logaritmos: o conceito definido por (1), tal como explica Hamblin, coloca-se em relação estreita com a ideia fundamental da teoria da informação. Good também faz comentários acerca desse ponto (ver nota 4).

A transição das definições antigas para as novas faz-se preservando a ordem. (Isso vale também para a força explicativa, como as anotações de Hamblin deixam implícito.) Assim, a diferença é apenas métrica.

2. As definições de força explicativa e, ainda mais, de grau de confirmação (ou de corroboração ou de aceitabilidade ou de atestação ou de qualquer denominação que se possa preferir) emprestam, naturalmente, peso completo ao "peso da evidência" (ou "peso de um argumento", como Keynes o chama, no capítulo vi de

seu livro).[*1] Isso torna-se óbvio com as novas definições, baseadas nas sugestões de Hamblin, que parecem revestir-se de vantagens consideráveis, se tivermos algum interesse por questões métricas.

3. Devemos ter em conta, entretanto, que a métrica de nosso *C* dependerá inteiramente da métrica de *P*. *Não pode, porém, haver uma métrica satisfatória de* P, *isto é, não pode haver uma métrica de probabilidade lógica baseada em considerações puramente lógicas.* Para demonstrá-lo, consideremos a probabilidade lógica de qualquer propriedade física mensurável (variável aleatória não discreta) — como o comprimento, para recorrer ao exemplo mais simples. Estabelecemos o pressuposto (favorável a nossos opositores) de que, para seus valores, sejam dados limites superior e inferior, finitos e logicamente necessários, *l e u*. Admitamos que nos é dada uma função de distribuição para a probabilidade lógica dessa propriedade — por exemplo, uma função de equidistribuição generalizada entre *l e u*. Poderemos descobrir que uma alteração empiricamente desejável de nossas teorias leva a uma correção não linear da medida de nossa propriedade física (baseada, digamos, no metro de Paris). Então, a "probabilidade lógica" terá também de ser corrigida, o que mostra que sua métrica depende de nosso conhecimento empírico, não podendo ser definida, *a priori*, em termos lógicos. Em outras palavras, a métrica da "probabilidade lógica" de uma propriedade mensurável depende da métrica da mesma propriedade mensurável; e como esta última é suscetível de correção em função de teorias empíricas, não pode haver medida de probabilidade que seja puramente "lógica".

Essas dificuldades podem ser em boa parte afastadas — mas não inteiramente — através de nosso "conhecimento prévio", *z*. Contudo, as dificuldades mostram, segundo creio, a significação da abordagem topológica tanto do problema do grau de confirmação quanto de probabilidade lógica.[*2]

Sem embargo, ainda que desejássemos afastar todas as considerações métricas, deveríamos, segundo acredito, continuar aceitando o conceito de probabilidade, tal como é implicitamente definido pelos habituais sistemas de axioma para probabilidade. Tais sistemas conservam sua integral significação, exatamente como a pura geometria métrica mantém sua importância, embora talvez não tenhamos como definir uma jarda em termos de pura geometria (métrica). Isso tem especial relevo, se considerarmos a necessidade de *identificar a independência lógica com a independência probabilística* (teorema especial da multiplicação). Se admitirmos uma linguagem como a de Kemeny (que, não obstante, falha com respeito a propriedades contínuas) ou uma linguagem com enunciados atômico-relativos (mencionados no apêndice *i* à minha *Logic of Scientific Discovery),* teremos de postular independência para as sentenças atômicas ou atômico-relativas (na medida, é claro, em que não forem "logicamente dependentes", no sentido de Kemeny). Ocorre,

---

*1 Ver "Terceira Nota", adiante.

*2 Creio, agora, haver suplantado essas dificuldades, no que diz respeito a um sistema *S* (no sentido do apêndice *iv) cujos elementos são *enunciados de probabilidade,* ou seja, no que diz respeito à métrica lógica da *probabilidade dos enunciados de probabilidade* ou em outras palavras, à métrica lógica das *probabilidades secundárias.* O método de solução é descrito na "Terceira Nota", pontos 7 e ss.; ver, especialmente, o ponto *13.
No concernente às propriedades primárias, creio que as dificuldades mencionadas no texto não são, de qualquer modo, exageradas. (Claro está que *z* pode ajudar, assinalando ou levando a supor que nos defrontamos, em certo caso, com um conjunto finito de possibilidades simétricas ou iguais.)

então que, se identificarmos a independência lógica com a independência probabilística, nos termos aqui apontados, e *tomarmos por base uma teoria probabilística da indução, não poderemos aprender;* no sentido de minhas funções-*C*, entretanto, *podemos aprender* muito bem, ou seja, podemos corroborar nossas teorias.

Cabe, a propósito, referir dois outros pontos.

4. O primeiro desses pontos é o seguinte: com base em meu sistema de axiomas para probabilidades relativas,[5] $P(x, y)$ pode ser dado como definido para qualquer valor de x e y, inclusive para valores tais que $P(y) = 0$. Mais particularmente, nos termos da interpretação lógica do sistema, sempre que x decorrer de y, $P(x, y) = 1$, ainda que $P(y) = 0$. Não há, pois, motivo para colocar em dúvida a possibilidade de aplicar nossa definição a linguagens em que se contenham tanto enunciados singulares quanto leis universais, mesmo que todas estas últimas apresentem probabilidade zero, como ocorrerá, por exemplo, se empregarmos a função de medida *m*, proposta por Kemeny, $P(x) = m(x)$. (No caso de nossas definições de *E* e *C*, não há qualquer necessidade de afastar a atribuição de igual peso aos "Modelos"; cf. Kemeny, *op. cit.*, pág. 307. Ao contrário, qualquer afastamento deve ser considerado como desvio em relação a uma interpretação *lógica*, pois violaria a igualdade da independência lógica e probabilística requerida por 3, acima.)

5. O segundo ponto é o seguinte: dentre os *desiderata* derivados, há um que não se vê satisfeito por qualquer das definições de "*x* é confirmado por *y*" propostas por outros autores. Caberia, pois, mencioná-lo, em separado, como um décimo *desideratum*:[6]

(x) Se x for confirmado ou corroborado ou apoiado por y, de sorte que $C(x, y) > 0$, então (a) $\overline{x}$ é sempre contestado por y, isto é $C(\overline{x}, y) < 0$ e (b) x é sempre contestado por $\overline{y}$, isto é, $C(x, \overline{y}) < 0$.

Parece-me claro que esse *desideratum* erige-se em condição de adequação indispensável, tornando intuitivamente paradoxal qualquer definição proposta que não o satisfaça.

Uma Terceira Nota a respeito de Grau de Confirmação ou Corroboração

Nesta nota, pretendo fazer alguns comentários acerca do problema do *peso da evidência* e dos *testes estatísticos*.

1. A teoria de corroboração ou "confirmação" proposta nas duas notas anteriores a respeito de "Grau de Confirmação"[1] pode facilmente solver o chamado *problema do peso da evidência.*

---

5 Neste *Journal*, vol. 6, pp. 56 e s. (ver também pp. 176 e 351.) Versões simplificadas aparecem em *British Philosophy in the Mid-Century* (org. por C. A. Mace), p. 191; e em meu *Logic of Scientific Discovery*, apêndice *iv.

6 Comparar com uma observação que figura neste *Journal*, 1954, vol. 5, fim do primeiro parágrafo da pág. 144.

1 Neste *Journal*, 1954, vol. 5, 143, 324 e 359; e 1957, vol. 7, 350. Ver também 1955, vol. 6 e 1956, vol. 7, 244, 249. Ao primeiro parágrafo de minha "Segunda Nota" deve ser acrescentada referência a um trabalho de R. Carnap e Y. Bar-Hillel, "Semantic Information", neste *Journal*, 1953, vol. 4, 147 ss. Além disso, a primeira sentença da nota 1 da p. 351 deveria dizer "*op. cit.*, p. 83" e não o que diz, pois a referência é à tese do Dr. Hamblin. * (Esta última correção foi feita na versão estampada neste livro.)

O problema foi levantado por Peirce e examinado, com alguma profundidade, por Keynes, que habitualmente falava de "peso de um argumento" ou de "quantidade de evidência". A expressão "peso da evidência" proveio de J. M. Keynes e de I. J. Good.[2] No âmbito da teoria subjetiva da probabilidade, considerações a propósito do "peso da evidência" conduzem a paradoxos que, em minha opinião, são insolúveis dentro da estrutura da mesma teoria.

2. Falando em teoria subjetiva de probabilidade, ou em interpretação subjetiva do cálculo de probabilidades, pretendo indicar uma teoria que interpreta a probabilidade em termos de medida de nossa ignorância, de nosso conhecimento parcial ou, digamos, do grau de racionalidade de nossas crenças, avaliado à luz da evidência a que temos acesso.

(Eu poderia mencionar, entre parênteses, que a expressão mais comum, que é "grau de crença racional", pode ser vista como um sintoma de uma ligeira confusão, pois o que se pretende significar é "grau de racionalidade de uma crença". A confusão brota do seguinte: assevera-se, inicialmente, que a probabilidade é medida da força ou intensidade de uma crença ou convicção — mensurável, digamos, por nossa disposição de aceitar vantagens numa aposta; percebe-se, em seguida, que a intensidade de nossa crença depende, frequentes vezes, de desejos ou temores nossos, e não de argumentos racionais — assim, através de ligeira alteração, a probabilidade passa a ser interpretada como a intensidade ou grau de uma crença, *na medida em que é racionalmente justificável.* A essa altura, uma referência à intensidade ou grau de uma crença torna-se claramente redundante; e "grau de crença" deveria dar lugar a "grau de racionalidade de uma crença". Essas observações não devem ser entendidas no sentido de significarem que estou disposto a admitir *qualquer* das formas de interpretação subjetiva; ver ponto 12, adiante, e o capítulo *ii de meu *Postscript: After Twenty Years.)*

3. Para poupar espaço, exporei o problema do peso da evidência, apontando simplesmente um exemplo dos paradoxos a que me referi acima. É procedente denominá-lo *"paradoxo da evidência ideal"*.

Seja *z* certa moeda e seja *a* o enunciado "o enésimo (ainda não observado) lançamento de *z* resultará em *cara*". Dentro das linhas da teoria subjetiva, cabe presumir que a probabilidade absoluta (ou anterior) do enunciado *a é* igual a 1/2, ou seja

(1) $$P(a) = 1/2$$

Ora, seja *e* uma *evidência estatística,* isto é, um *relatório estatístico* apoiado na observação de milhares, ou talvez de milhões de lançamentos de *z;* e admitamos ser *e idealmente favorável* à hipótese de que *z* é estritamente simétrica — ou seja, é moeda "boa", equilibrada. (Note-se que *e* não é um relatório integral e pormenorizado

2 *Cf.* C. S. Peirce, *Collected Papers,* 1932, vol. 2, p. 421 (a publicação original data de 1878); J. M. Keynes, *A Treatise on Probability,* 1921, pp. 71 a 78 (ver também 312 ss., "a quantidade de evidência" e o *Index);* I. J. Good, *Probability and the Weight of Evidence,* 1950, pp. 62 e s. Ver também C. I. Lewis, *An Analysis of Knowledge and Valuation,* 1946, pp. 292 e s.; e R. Carnap, *Logical Foundations of Probability,* 1950, pp. 554 e ss.

acerca de cada um dos lançamentos referidos — podemos, aliás, supor que esse relatório se perdeu — mas um *resumo estatístico* do relatório integral; exemplificando, *e* pode ser o enunciado "num milhão de lançamentos de *z* por nós observados, surgiu *cara* em 500 000 ± 20 casos". Ver-se-á, com base no ponto 8, adiante, que uma evidência *e*" que apresentasse 500 000 ± 1 350 casos continuaria a ser ideal, se adotadas minhas funções C e *E:* na verdade, do ponto de vista dessas funções, *e* é ideal precisamente porque acarreta *e*".) Diante disso, não temos alternativa, no que respeita a *P(a, e)*, senão admitir que

(2) $$P(a, e) = 1/2$$

Isso quer dizer que, à luz da evidência *e*, permanece inalterada a probabilidade de os lançamentos produzirem *cara;* com efeito, agora temos

(3) $$P(a) = P(a, e)$$

Contudo, nos termos da teoria subjetiva, a fórmula (3) equivale à afirmação de que, no todo, *e* constitui informação (absolutamente) *irrelevante* com respeito a *a*.

Ora, isso é algo surpreendente, pois significa — para falar mais explicitamente — que o chamado *"grau de crença racional" depositado na hipótese, a, não deveria ver-se de forma alguma afetado pelo acumulado conhecimento das evidências, e;* significa que a ausência de qualquer evidência estatística referente a *z* torna justificável precisamente o mesmo "grau de evidência racional" que se torna justificável pela pesada evidência resultante de milhões de observações que, *prima facie*, comprovam, confirmam ou fortalecem nossa crença.

4. Não creio que, dentro das linhas da teoria subjetiva, esse paradoxo possa desaparecer. E isso pela seguinte razão:

O *postulado fundamental da teoria subjetiva* é o de que, à luz da evidência, os graus de racionalidade das crenças se dispõem em *ordem linear:* eles podem, à semelhança dos graus de temperatura, ser medidos por uma escala unidimensional. De Peirce a Good, todas as tentativas feitas com o propósito de solver o problema do peso da evidência, segundo as linhas da teoria subjetiva, introduziram, em acréscimo à probabilidade, *outra medida de racionalidade de crença à luz da evidência.* Pouco importa que essa nova medida se chame "outra dimensão da probabilidade", "grau de confiabilidade à luz da evidência" ou "peso da evidência"; o importante é o (implícito) reconhecimento de não ser possível atribuir uma ordem linear a graus de racionalidade de crenças à luz da evidência, o reconhecimento de que pode haver *mais de um modo de a evidência afetar a racionalidade de uma crença.* Esse reconhecimento é suficiente para destruir o postulado fundamental em que a teoria subjetiva se apoia.

Assim, a ingênua crença de que realmente existem entidades de espécies intrinsecamente diversas, algumas, talvez, devendo ser chamadas de "grau de racionalidade da crença" e, outras, "grau de confiabilidade" ou "base de evidência" não abre melhor caminho para preservar a teoria subjetiva do que a crença, igualmente ingênua, de que essas várias medidas "explicam" diferentes *explicanda* — e isso porque a afirmação de existir, no caso, um *explicandum* — como, por exemplo, o "grau de crença racional — suscetível de "explicação" em termos de probabilidade, se mantém ou é rejeitado no âmbito do que chamamos "postulado fundamental".

5. Todas essas dificuldades desaparecem tão logo nossas probabilidades sejam interpretadas *objetivamente.* (Não importa saber, no contexto deste trabalho, se a interpretação objetiva é uma interpretação *puramente* estatística ou uma interpretação de propensão.)[3] De acordo com a interpretação objetiva, temos de introduzir *b,* enunciado das condições do experimento (condições definidoras da sequência dos experimentos de que colhemos nosso exemplo) — *b* poderá ser, por exemplo, a informação: "o lançamento em causa será um lançamento de *z* tornado aleatório... Temos, além disso, de introduzir a hipótese probabilística objetiva *h,* isto é, a hipótese *P(a, b)* — 1/2".[4]

Do ponto de vista da teoria objetiva, o que mais nos interessa é a hipótese *h,* ou seja, o enunciado

$$\text{“}P(a, b) = 1/2\text{”}$$

6. Se, agora, passarmos a considerar a evidência estatística idealmente favorável *e,* que nos conduziu ao "paradoxo da evidência ideal", torna-se óbvio que, do ponto de vista da teoria objetiva, *e* deve ser considerada como uma evidência referente a *h* e não como uma evidência referente a *a:* ela é idealmente favorável a *h e* neutra com respeito a *a.* Partindo da pressuposição de que os vários lançamentos são *independentes,* ou *aleatórios,* a teoria objetiva estabelece, muito naturalmente que, para *qualquer* evidência estatística *e, P(a, b e)* — *P(a, b);* e, assim, na presença de *b, e é* efetivamente irrelevante com respeito a *a.*

Uma vez que *e* constitui evidência em favor de *h,* nosso problema transforma-se na questão de saber de que modo a evidência *e* corrobora *h* (ou "confirma" *h).* Responde-se dizendo que se *e* for evidência idealmente favorável, então *E(h, e)* e *C(h, e),* isto é, o grau de corroboração de *h,* dado *e,* se aproximará de 1, se tender para o infinito a extensão da amostra em que *e* se baseia.[5] Essa evidência ideal produz um comportamento correspondentemente ideal de *E* e *C.* Consequentemente, deixa de surgir qualquer paradoxo e podemos, com naturalidade, medir o *peso da evidência* e *com respeito à hipótese* h, recorrendo a *E(h, e)* ou a *C(h, e)* ou ainda — com maior

3 Quanto à "interpretação de propensão" da probabilidade, ver meus cinco trabalhos (especialmente "Three Views Concerning Human Knowledge; Philosophy of Science: A Personal Report", ambos figurando, agora, em meu *Conjectures and Refutations)* referidos nas notas às páginas de introdução dos novos apêndices.

4 Note-se que "b" pode ser interpretado, alternativamente, não como denominação de um enunciado, mas como denominação de uma sequência de lançamentos — caso em que deveríamos interpretar "a" como o nome de uma classe de eventos e não como o nome de um enunciado; "h" permanece, porém, em qualquer circunstância, como denominação de um enunciado.

5 Ambos, *E* e *C,* são definidos em minha primeira nota. Baste lembrar que $E(h, e) = P(e, h) — (P(e))/(P(e, h) + P(e))$ e que *C* aproxima-se de *E* na maior parte dos casos relevantes. Neste *Journal,* 1954, vol. 5, p. 324, sugeri definirmos

$$C(x, y, z) = (P(y, xz) — P(y, z))/(P(y, xz) — P(xy, z) + P(y, z))$$

A partir daí, chegamos a *C(x, y,)* admitindo que *z* (o "conhecimento prévio") é tautológico ou não existente (se se preferir esta forma de expressão).

obediência à ideia de Keynes — recorrendo aos valores absolutos de qualquer dessas funções.

7. Se, como em nosso caso, *h* for uma hipótese estatística e *e* o relatório dos resultados de testes estatísticos de *h*, *C(h, e)* será medida do grau em que esses testes corroboram *h*, exatamente como no caso de uma hipótese não estatística.

Importa mencionar entretanto que, diversamente do que se passa no caso de hipótese não estatística, será, por vezes, muito fácil calcular os valores numéricos de *E(h, e)* e mesmo de *C(h, e)*, se *h* for uma hipótese estatística.[6] (No ponto 8, adiante, indicarei, resumidamente, a maneira de levar a efeito esses cálculos numéricos em casos simples, inclusive, naturalmente, no caso de h = "$p(a, b) = 1$".)

A expressão

$$(4) \qquad P(e, h) - P(e)$$

é de fundamental relevância para as funções *E(h, e)* e *C(h, e)*. Essas funções não passam, na verdade, de duas maneiras de "normalizar" a expressão (4) e, assim, aumentam ou diminuem, acompanhando (4). Isso quer dizer que, para estabelecer um *bom* enunciado-teste *e* — enunciado que, se verdadeiro, será altamente favorável a *h* — devemos elaborar um relatório estatístico *e* tal que (i) *e* torne *P(e, h)* — que é, segundo Fisher, a "verossimilhança" de *h*, dado *e* — grande, isto é, quase igual a 1, e tal que (ii) *e* torne *P(e)* pequeno, isto é, quase igual a 0. Elaborado um enunciado-teste *e*, que preencha esses requisitos, deveremos submeter o próprio *e* a testes empíricos (ou seja, deveremos *tentar* encontrar evidência que refute *e*).

Seja *h* o enunciado

$$(5) \qquad P(a, b) = r$$

e seja *e* o enunciado "Numa amostra de tamanho *n*, que satisfaz a condição *b* (ou que é colhida aleatoriamente da população *b*) *a* vê-se satisfeito em $n(r \pm \delta)$ casos."[*1] Então, para pequenos valores de δ podemos escrever

$$(6) \qquad P(e) \approx 2\,\delta.$$ [*2]

Poderíamos até escrever $P(e) = 2\,\delta$, o que significaria atribuirmos iguais probabilidades $1/(n + 1)$ — a cada uma das $n + 1$ proporções $0/n$, $1/n$... n/n com

---

6 É muito de esperar que, em casos suscetíveis de cálculo numérico, as funções logarítmicas sugeridas por Hamblin e Good (ver minha "Segunda Nota") surjam como um aperfeiçoamento quanto às funções por mim originalmente propostas. Note-se, ainda, que, de um ponto de vista numérico (mas não do ponto de vista teórico subjacente a nossos *desiderata*), minhas funções e o "grau de apoio factual", de Kemeny e Oppenheim, na maioria dos casos, levam a resultados semelhantes.

*1 Supõe-se, neste caso, que, se o tamanho da amostra é *n*, a frequência, no que se refere a essa amostra, pode ser determinada, na melhor das hipóteses, com uma imprecisão de $\pm\ 1/2n$; assim, para um *n* finito, temos $\delta \geq 1/2n$. (Em amostras grandes, isso leva simplesmente a $\delta > 0$.)

*2 A fórmula (6) é uma consequência direta do fato de o conteúdo informativo de um enunciado crescer com sua precisão, de sorte que sua probabilidade lógica absoluta aumenta com seu grau de imprecisão; ver seções 34 a 37. (A isso devemos acrescentar que, no caso de amostra estatística, o grau de imprecisão e a probabilidade apresentam mínimo e máximo iguais, ou seja, 0 e 1.)

que uma propriedade *a* pode ocorrer em amostra do tamanho *n*. Decorre daí que teremos de atribuir a probabilidade $P(e) — (2\ d + 1)/(n + 1)$ ao relatório estatístico *e* informativo de que $m + d$ membros de uma população do tamanho *n* apresentam a propriedade *a*, de sorte que, sendo $\delta = (d + (1/2))/(n + 1)$, chegamos a $P(e) = 2\delta$. (A equidistribuição aqui mencionada é a que Laplace admite para derivar sua regra de sucessão. É adequada para o estabelecimento da probabilidade absoluta *P(e)*, quando *e* é um *relatório estatístico acerca de amostra*. É entretanto, inadequada para o estabelecimento da probabilidade relativa *P(e, h)* do mesmo relatório, quando, dada uma hipótese *h*, de acordo com a qual a amostra se põe como produto de um experimento repetido *n* vezes, cujos possíveis resultados ocorrem, cada um deles, com determinada probabilidade. Neste caso, convém admitir uma distribuição combinatória, isto é, bernoulliana e não laplaceana.) Da fórmula (6) decorre que, se desejarmos tornar *P(e)* pequeno, teremos de tornar δ pequeno.

Por outro lado, *P(e, h)* — a verossimilhança de *h* — se aproximará de 1 *tanto* se δ for relativamente grande (digamos, quando $\delta \approx 1/2$), *como* — no caso de δ ser pequeno — quando *n*, *o* tamanho da amostra, for um número grande. Concluímos, portanto, que *P(e, h) — P(e)* e, consequentemente, nossas funções *E* e *C* somente poderão ser grandes se δ for pequeno e *n* for grande — em outras palavras, se for um *relatório estatístico asseverador da boa conformidade de uma grande amostra.*

Dessa maneira, o enunciado-teste *e* será tanto mais perfeito quanto maior for sua precisão (que será o inverso de 2 δ) e, consequentemente, sua refutabilidade ou conteúdo, e também quanto maior for o tamanho da amostra *n*, ou seja, o material estatístico necessário para submeter *e* a teste. Elaborado ao longo dessas linhas, o enunciado-teste *e* pode ser posto em confronto com os resultados das observações realizadas.

Percebemos, pois, que a acumulação de evidência estatística fará, se em sentido favorável, crescerem *E* e C. Ao longo das mesmas linhas, *E* ou *C* podem servir para medida do peso da evidência favorável a *h;* ou podemos tomar de seus valores absolutos para medir o peso da evidência com respeito a *h*.

8. Como o valor numérico de *P(e, h)* pode ser determinado com auxílio do teorema binomial (ou integral de Laplace) e como, especialmente para um δ pequeno, podemos, em razão da fórmula (6), igualar *P(e)* a 2 δ, surge um meio de calcular numericamente *P(e, h) — P(e)* e também *E*.

Surge, além disso, um meio de calcular, para qualquer dado *n*, um valor $\delta = P(e)/2$, para o qual *P(e, h) — P(e)* se tornaria um máximo. (Para $n = 1\ 000\ 000$, temos $\delta = 0{,}0018$.) Analogamente, podemos calcular outro valor de $\delta = P(e)/2$ para o qual *E* se tornaria máximo. (Para o mesmo *n*, temos $\delta = 0{,}00135$ e $E(h, e) = 0{,}9946$.)

Para uma lei universal *h*, em cujos termos *h* = "$P(a, b) = 1$" lei que tenha resistido a *n* testes severos, *todos* eles com o resultado *a*, obtemos, inicialmente $C(h, e) = E(h, e)$, por ser $P(h) = 0$; depois, avaliando *P(e)* com o auxílio da distribuição laplaceana e sendo $d = 0$, obtemos $C(h, e) = n/(n + 2) = 1 — (2/(n + 2))$. Lembre-se, entretanto, que teorias científicas não-estatísticas têm, via de regra, forma totalmente diversa da forma da lei *h* aqui descrita; e, mais ainda, se forçadas a assumirem essa forma, toda instância de *a* e, consequentemente, a "evidência" *e* se tornaria essencialmente não observacional.[*3]

9. Do exposto se vê que o teste de uma hipótese estatística é uma operação de caráter dedutivo — como o de todas as outras hipóteses; em primeiro lugar, elabora-se um enunciado-teste de maneira tal que ele decorra (ou quase decorra) da hipótese, embora seu conteúdo ou testabilidade seja alto; depois, ele é confrontado com a experiência.

Interessante é notar que se *e* for escolhido de modo a constituir um relatório integral de nossas observações — relatório integral, digamos, de uma longa sequência de lançamentos *cara, cara, coroa, ...* etc., uma sequência de mil elementos — *e* se tornará inútil como evidência de uma hipótese estatística, pois *qualquer* sequência real de extensão *n* terá a mesma probabilidade de qualquer outra sequência (dado *h*). Devemos, pois, chegar ao mesmo valor para $P(e, h)$ e, assim, para *E* e *C* — como, por exemplo, $E = C = 0$ — independentemente de *e* conter *apenas caras* ou de conter exatamente a metade de caras e a metade de coroas. Isso mostra que não podemos utilizar, como evidência pró ou contra *h*, nosso conhecimento observacional *total*, impondo-se que retiremos, desse conhecimento observacional, enunciados *estatísticos* suscetíveis de serem comparados com enunciados que decorram de *h* ou que, dado *h*, apresentem, pelo menos, alta probabilidade. Assim, se *e* consistir dos resultados completos de uma longa sequência de lançamentos, *e* será, *sob essa forma*, totalmente inútil como enunciado-teste de uma hipótese estatística. Poder-se-ia, porém, recorrer a um enunciado logicamente mais fraco, extraído desse mesmo *e*, e relativo à *frequência média de caras*. Isso porque uma hipótese probabilística só pode explicar dados *estatisticamente interpretados* e, consequentemente, só pode ser submetida a teste e corroborada através de recurso a resumos estatísticos — e não através de recurso, por exemplo,

---

*3 Poderíamos, entretanto, falar de grau de corroboração de uma teoria com respeito *a um campo de aplicação*, no sentido dos apêndices i e *viii; e poderíamos, portanto, usar o método de cálculo aqui apresentado. Contudo, como esse método ignora a estrutura fina de conteúdo e probabilidade, mostra-se muito grosseiro, no que respeita a teorias não estatísticas. Nesses casos, podemos recorrer ao método comparativo, exposto em nota 7 à "Primeira Nota", acima. Importa acentuar que, elaborando uma teoria da forma *"(x)Ax"*, vemo-nos, em geral, forçados a considerar "A" um predicado altamente complexo e não observacional. (Ver também o apêndice *vii, especialmente a nota 1).

Creio de algum interesse acentuar que o método explicado no texto permite-nos conseguir *resultados numéricos* — isto é, graus numéricos de corroboração — em todos os casos considerados por Laplace ou por lógicos modernos que introduziram sistemas de linguagem artificial, na vã esperança de, por esse meio, obter métrica *a priori* para a probabilidade de seus predicados — acreditando, como acreditavam, que tal se fizesse necessário para alcançar resultados numéricos.

Eu, porém, obtenho graus numéricos de corroboração em muitos casos que se colocam para além desses sistemas de linguagem, pois predicados mensuráveis não criam qualquer dificuldade para o nosso método. (E é grande vantagem não termos de introduzir métrica para a probabilidade lógica de qualquer dos *"predicados"* em causa; ver minha crítica, no ponto 3 da "Segunda Nota", acima. Ver também meu segundo Prefácio, 1958.)

à "total evidência existente", se esta consistir de um completo relatório de observação, nem mesmo que suas várias interpretações estatísticas possam ser usadas como enunciados-testes excelentes e ponderáveis. [*4]

Nossa análise mostra, pois, que os métodos estatísticos são essencialmente hipotético-dedutivos, e que operam por eliminação das hipóteses inadequadas — tal como operam todos os outros métodos da ciência.

10. Se δ e, em consequência, $P(e)$ forem muito pequenos — o que só pode ocorrer em amostras amplas —, teremos, à vista de (6)

$$P(e, h) \approx P(e, h) - P(e) \tag{7}$$

Neste caso, e somente neste caso, será possível aceitar a função de verossimilhança de Fisher como uma medida adequada do grau de corroboração. E, vice-versa, podemos interpretar nossa medida do grau de corroboração como uma *generalização da função da verossimilhança de Fisher,* generalização que abrange casos, como os de um δ relativamente grande, em que a função de verossimilhança de Fisher tornar-se-ia claramente inadequada. Com efeito, a verossimilhança de h, à luz da evidência estatística e, certamente não alcançaria um valor próximo de seu máximo, simplesmente porque (ou parcialmente porque) a evidência estatística e careceria de precisão.

É insatisfatório — para não dizer que é paradoxal — o fato de a evidência estatística e, baseada num milhão de lançamentos de moeda, sendo $\delta = 0{,}00135$, resultar numa *verossimilhança* numericamente *igual* — isto é, $P(e, h) = 0{,}9930$ — à da evidência estatística e', baseada em apenas cem lançamentos de moeda, sendo $\delta = 0{,}135$.[*5] (É, entretanto, alentador verificar que $E(h, e) = 0{,}9946$, enquanto $E(h, e') = 0{,}7606$.)

11. Vem ao caso assinalar que, num universo infinito, a probabilidade lógica absoluta de uma lei universal h — isto é, $P(h)$ — será, geralmente, zero. Por

---

*4 Este ponto é de considerável interesse em relação ao problema do valor numérico das probabilidades absolutas necessárias para determinação de $C(x, y)$, isto é, em relação ao problema discutido no ponto 3 da "Segunda Nota", e também na presente nota (ver, especialmente, a nota *1). Se nos propuséssemos a determinar a probabilidade absoluta da "evidência total disponível", consistente na conjunção de um grande número de relatórios observacionais, então, teríamos de conhecer a probabilidade absoluta (ou "extensão") de cada um desses relatórios, para determinar-lhes o produto — partindo do pressuposto (examinado no apêndice *vii acima) da independência absoluta desses relatórios. Contudo, para determinar a probabilidade absoluta de um extrato estatístico, não precisamos estabelecer quaisquer pressupostos estatísticos referentes à probabilidade absoluta dos relatórios observacionais ou à sua independência. É claro, com efeito, mesmo sem supormos uma distribuição laplaceana, que (6) deve aplicar-se a pequenos valores de δ, simplesmente porque o *conteúdo* de e há de ser sempre uma medida de sua *precisão (cf.* seção 36) e, dessa forma, a probabilidade absoluta deve ser medida pela *extensão* de e, que é $2\,\delta$. Uma distribuição laplaceana só pode ser aceita como a mais simples suposição de probabilidade conducente a (6). Assinale-se, neste contexto, que se pode afirmar que a distribuição laplaceana baseia-se antes num *universo de amostras* do que em um universo de coisas ou de eventos. O universo de amostras é escolhido, naturalmente, em função da hipótese a ser submetida a teste. É no interior de cada universo de amostras que uma suposição de equiprobabilidade leva a uma distribuição laplaceana (ou "retangular").

*5 A "verossimilhança" de Fisher mostra-se, em muitos casos, intuitivamente insatisfatória. Seja x "o próximo lançamento deste dado mostrará o lado seis". A verossimilhança de x à luz da evidência y será 1, isto é, terá o valor máximo, se y significar, por exemplo, "o próximo lançamento mostrará um número par" ou "o próximo lançamento mostrará um número > 4" ou mesmo "o próximo lançamento mostrará um número diferente de 2". (Os valores de $C(x, y)$ são satisfatórios, ao que parece: são, respectivamente, 3/8, 4/7 e 1/10.)

esse motivo, $P(e, h)$ — ou seja, a verossimilhança de h — tornar-se-á indefinida na maioria dos sistemas de probabilidade, pois, na maioria dos sistemas, $P(e, h)$ define-se como $P(e\ h)/P(h) = 0/0$. Far-se-á necessário, portanto, um cálculo formal de probabilidade, que torne definidos os valores de $P(e, h)$, ainda que $P(h) = 0$, e que, sempre e infalivelmente, torne $P(e, h) = 1$, em todos os casos em que e decorra (ou "quase decorra" de h). Um sistema que preenche esses requisitos foi divulgado por mim há algum tempo.[7]

12. Nosso E(h, e) pode ser adequadamente interpretado em termos de medida do poder explicativo de h relativamente a e, ainda que e não seja um relatório de tentativas genuínas e sérias, feitas no sentido de refutar h. Nosso $C(h, e)$, todavia, só poderá ser interpretado adequadamente como grau de corroboração de h — ou da racionalidade de nossa crença em h, à luz dos testes — se e consistir de relatórios do resultado de tentativas sérias feitas no sentido de refutar — e não de verificar — h.

Como se insinua na sentença anterior, sugiro que, embora seja errôneo pensar que a probabilidade possa ser interpretada em termos de medida de racionalidade de nossas crenças (tal interpretação é afastada pelo paradoxo da evidência perfeita), assim pode ser interpretado o grau de corroboração.[8] Quanto ao cálculo de probabilidade, admite ele grande número de interpretações diferentes.[9] Conquanto nesse número não figure o "grau de crença racional", há uma *interpretação lógica*, em cujos termos a probabilidade coloca-se como uma generalização da deduzibilidade. Essa probabilidade lógica, entretanto, pouco tem a ver com estimativas hipotéticas de fortunas ou azares, pois os enunciados de probabilidade em que exprimimos essas estimativas são sempre avaliações hipotéticas das *possibilidades objetivas* inerentes à particular situação — às condições objetivas da situação, ao contexto experimental, por exemplo. Essas estimativas hipotéticas (que resultam de livre conjectura, que *de nada são deriváveis*, embora possam ser sugeridas por considerações de simeria ou por material estatístico) serão, nos casos importantes, submetidas a testes estatísticos. Ela jamais correspondem a avaliações de nossa própria ignorância; admitir que o sejam, como Poincaré percebeu muito claramente, é consequência de uma visão determinista (quiçá inconsciente) do mundo.[10]

Desse ponto de vista, um "jogador racional" sempre procura avaliar os *azares objetivos*. Os azares que ele se dispõe a aceitar não correspondem à medida de seu "grau de crença" (como geralmente se admite), mas constituem, antes, o objetivo de sua crença. Ele acredita que esses azares existem objetivamente, acredita em h

7 Este *Journal*, vol. 6; ver, especialmente, 56 e s. Uma forma simplificada desse sistema axiomático pode ser encontrada em meus trabalhos "Philosophy of Science: a Personal Report" (p. 191) e "The Propensity Interpretation", etc., referidos acima, nota 3. (No último desses trabalhos, p. 67, nota 3, a última ocorrência de "$<$" deve ser substituída por "$\neq$" e, em (B) e (C), uma nova linha deveria começar após as segundas setas.) Ver os novos apêndices *iv e *v.

8 *Cf.* este *Journal*, 1955, vol. 6, 55 (título da seção).

9 *Cf.* minha nota em *Mind*, 1938, vol. 47, 275 e s.

10 *Cf.* H. Poincaré, *Science and Method*, 1914, IV, I. (Esse capítulo foi inicialmente publicado em *La Revue du mois*, 1907, vol. 3, pp. 257-276 e em *The Monist*, 1912, vol. 22, pp. 31-52.)

hipótese probabilística. Se quisermos avaliar, behaviouristicamente, o seu grau de crença (nesses azares ou em qualquer outra coisa), teremos, talvez de procurar saber (se isso for possível) que proporção de seus bens está ele disposto a arriscar numa aposta que depende do acerto de sua crença — de sua avaliação dos azares.

Quanto ao grau de corroboração, este não passa de uma medida do grau em que uma hipótese h foi submetida a teste e do grau em que ela resistiu aos testes. Não deve, portanto, ser interpretado como grau de racionalidade de nossa crença na *verdade* de h — sabemos, aliás, que $C(h, e) = 0$ sempre que h seja logicamente verdadeira. O grau de corroboração é uma medida da racionalidade de *aceitação,* em caráter provisório, de uma antecipação duvidosa, que se sabe ser uma antecipação — mas que sofreu exame crítico.

*13. Os doze pontos anteriores compõem a "Terceira Nota", nos termos em que foi publicada no *British Journal of the Philosophy of Science.* Duas observações são acrescentadas para dar maior clareza a algumas considerações de caráter mais formal, que estão implícitas na presente nota.

O problema que desejo inicialmente abordar é, de novo, o da *métrica* da probabilidade lógica *(cf.* segunda nota, ponto 3) e de sua relação para com a distinção entre o que chamarei enunciados de probabilidade primários e secundários. Minha tese é a de que, ao nível secundário, a distribuição de Laplace e a de Bernoulli nos proporcionaram essa *métrica.*

Imaginemos operar com um sistema $S_1 = \{a, b, c, a_1, b_1, c_1, ...\}$ de elementos (no sentido de nosso sistema de postulados do apêndice *iv). Esses elementos darão lugar a enunciados de probabilidade da forma "$p(a, b) = r$". Podemos chamá-los de "enunciados de probabilidade primários". Esses enunciados de probabilidade primários podem passar a ser considerados como elementos de um sistema secundário de elementos, $S_2 = \{e, f, g, h, ... \}$, de sorte que "$e$", "$f$", etc. passam a ser nomes de enunciados da forma "$p(a, b) = r$".

Ora, o teorema de Bernoulli nos diz, grosseiramente, o seguinte: admitamos que h seja "$p(a, b) = r$"; então, se h for verdadeira, é extremamente provável, que em longa sequência de repetições das condições b, a frequência da ocorrência de a venha a ser igual ou a colocar-se nas imediações de r. Digamos que "$\delta_r(a)_n$" denote o enunciado de que, numa longa sequência de n repetições, a ocorrerá com a frequência $r \pm \delta$. O teorema de Bernoulli estabelece que a probabilidade de $\delta_r(a)_n$, sendo n crescente, se aproximará de 1, dado h, isto é, dado que $p(a, b) = r$. (Ele também estabelece que essa probabilidade se aproximará de 0, dado que $p(a, b) = s$, sempre que s se situar fora de $r \pm \delta$, o que é importante para a refutação de hipóteses probabilísticas.)

Isso quer dizer que podemos apresentar o teorema de Bernoulli sob a forma de um enunciado (secundário) de probabilidade relativa, acerca de elementos g e h de S_2, ou seja, podemos apresentar o teorema sob a forma

$$\lim_{n \to \infty} p(g, h) = 1$$

onde $g = \delta_r(a)_n$, sendo *h* a informação de que *p(a, b)* = *r*. Em outras palavras, *h* é um enunciado de probabilidade primário e *g é* um enunciado primário de *frequência relativa.*

As considerações expendidas mostram que, em S_2, temos de admitir *enunciados de frequência,* como *g,* ou seja $\delta_r(a)_n$ e suposições probabilísticas, ou estimativas probabilísticas hipotéticas, tais como *h.* Por esse motivo, e no interesse de um S_2 homogêneo, parece conveniente identificar todos os enunciados de probabilidade que constituem os elementos de S_2 com *enunciados de frequência* ou, em outras palavras, admitir, para os enunciados de probabilidade primários *e, f, g, h* ... que constituem os elementos de S_2, alguma espécie de *interpretação frequencial de probabilidade.* Ao mesmo tempo, cabe admitir a *interpretação lógica de probabilidade* para os enunciados de probabilidade que tenham a forma

$$P(g, h) = r$$

ou seja, para os enunciados de probabilidade *secundários,* que fazem asserções acerca do grau de probabilidade dos enunciados de probabilidade primários, *g e h.*

Embora não possamos dispor de métrica lógica (ou absoluta) aplicável aos enunciados de probabilidade primários, isto é, embora não possamos ter ideia do valor de *p(a)* ou de *p(b),* dispomos de métrica lógica, ou absoluta, aplicável aos enunciados de probabilidade secundários. Essa métrica é propiciada pela distribuição laplaceana, segundo a qual *P(g),* a probabilidade absoluta de *g,* ou seja, de $\delta_r(a)_n$, é igual *a* 2 δ, tanto no caso de *g* ser empiricamente observado, como no caso de *g* ser uma hipótese. Assim, na hipótese probabilística típica, *h,* tem-se *P(h)* = 0, pois *h* tem a forma "*p(a, b)* = r", com δ = 0. Uma vez que os métodos de Bernoulli nos permitem calcular o valor de probabilidade relativa *P(g, h)* através de pura análise matemática, podemos considerar as probabilidades relativas *P(g, h)* como também determinadas por fundamentos puramente lógicos. Parece, portanto, inteiramente procedente acolher, em nível secundário, a interpretação lógica do cálculo formal de probabilidades.

Resumindo, cabe entender que os métodos de Bernoulli e Laplace orientam-se no sentido de estabelecer, em nível secundário, uma métrica puramente lógica das probabilidades, independentemente de se indagar se, a nível primário, existe ou não uma métrica lógica de probabilidades. Os métodos de Bernoulli determinam a métrica lógica das probabilidades relativas (principalmente a verossimilhança secundária das hipóteses primárias) e os métodos de Laplace determinam a métrica lógica das probabilidades absolutas (principalmente relatórios estatísticos apoiados em amostras).

Indubitavelmente, grande parte dos esforços de Bernoulli e Laplace teve o objetivo de estabelecer uma teoria probabilística da indução e tenderam, fora de dúvida, a identificar *C* com *P.* É desnecessário dizer que julgo ter havido um equívoco nesse ponto: as teorias estatísticas, como todas as demais teorias, são hipotético-dedutivas. E as hipóteses estatísticas, à semelhança de todas as outras hipóteses, são submetidas a teste através de tentativas de falseá-las — através de tentativas de reduzir-lhes a verossimilhança secundária a zero ou a quase zero. O "grau de corroboração, *C*, que apresentem só terá interesse se for resultado desses testes, pois nada mais fácil — quando queremos — do que selecionar uma evidência estatística *favorável* a uma hipótese estatística.

*14. Ao fim desta exposição, seria procedente indagar se não alterei, inadvertidamente, minha posição. Com efeito, talvez pareça que nada nos impede de dizer que *C(h, e)* é a "probabilidade indutiva de *h*, dado *e*" ou — caso isso seja considerado equívoco, pois *C* não obedece às leis do cálculo de probabilidades — que *C* é "o grau de racionalidade de nossa crença em *h*, dado *e*". Um crítico indutivista benevolente talvez me congratulasse por haver solvido, com o auxílio de minha função *C*, o velho problema da indução *em sentido positivo* — por haver finalmente estabelecido, com recurso a minha função *C*, a validez do raciocínio indutivo.

Minha resposta seria a que se contém nas linhas seguintes. Não me oponho a qualquer nome que se queira dar a *C(h, e)*, seja ele adequado ou inadequado: não me preocupa a terminologia, contanto que isso não leve a confusões. Nem me oponho — contanto que isso não leve a confusões — a uma ampliação (inadvertida ou não) do significado de "indução". Devo, porém, insistir em que *C(h, e)* só pode ser interpretada como grau de corroboração se *e* for um *relatório acerca dos mais severos testes que tenhamos podido elaborar.* Esse ponto marca a diferença entre a atitude do indutivista, ou "verificacionista" e minha própria atitude. O indutivista, ou verificacionista, deseja uma *afirmação* para sua hipótese. Espera torná-la mais firme com a evidência *e* e procura *firmeza — confirmação.* Quando muito, ele se dará conta de que não devemos ser tendenciosos no selecionar *e*, que não devemos ignorar os casos desfavoráveis e que *e* há de abranger relatórios acerca de nosso conhecimento observacional *total*, quer favorável, quer desfavorável. (Note-se que o requisito indutivista de que *e* deva abranger nosso conhecimento observacional *total* não tem como ser representado em qualquer formalismo. É um requisito não--formal, condição de adequação que deve ser satisfeita se desejarmos *interpretar p(h, e)* como *grau de nosso conhecimento imperfeito a propósito de h.)*[*6]

Opondo-me a essa atitude indutivista, assevero que *C(h, e)* há de ser interpretada como grau de corroboração de *h* por *e*, a menos que *e* traduza os resultados de *nossos intensos esforços no sentido de destruir h.* O requisito *intensos* não pode ser formalizado — assim como não admite formalização o requisito indutivista de que *e* representa nosso conhecimento observacional total. Se *e* não for um relatório acerca de nossos intensos esforços no sentido de destruir *h*, então, simplesmente, decepcionaremos a nós próprios se julgarmos poder interpretar *C(h, e)* como grau de corroboração ou como algo semelhante.

*6 Tendo-se dito (em I. Lakatos, editor, *The Problem of Inductive Logic*, 1968, p. 157, parágrafo 3) que eu não fiz referência aos *requisitos indutivistas* ("*Popper provides no quotations*"), segundo os quais e deve "encerrar a totalidade de conhecimentos observacionais", desejo salientar que eu dei a indicação, no citado livro, p. 137, aludindo à regra de Carnap e citando a fonte de maneira completa (Carnap, *Logical Foundations*, p. 201, I_6 e I_7, parágrafo 43 B). [Esta nota figura na edição alemã, com a indicação *adendo*, 1968, não se achando na edição inglesa. N. T.]

Meu benevolente crítico poderia replicar, dizendo que ainda não vê razão para que minha função *C* deixe de ser encarada como uma solução positiva para o clássico problema da indução. Minha resposta, diria ele, é perfeitamente aceitável para o indutivista clássico, pois não passa de uma exposição do chamado "método de indução eliminadora" — método indutivo muito conhecido de Bacon, Whewell e Mill, e ainda não esquecido por alguns teorizadores da indução probabilística (embora meu crítico talvez admita que esses teorizadores se mostraram incapazes de incorporar esse método, de maneira efetiva, a suas teorias).

A essa réplica, a reação seria a de lamentar minha contínua incapacidade de explicar, com suficiente clareza, o ponto básico da argumentação. Com efeito, o propósito único da eliminação advogada por esses indutivistas era o de *firmar tão solidamente quanto possível a teoria remanescente* que, julgavam eles, deveria ser a *verdadeira* (ou, talvez, apenas *altamente provável*, pois poderíamos não ter alcançado êxito completo na tarefa de eliminar todas as teorias, exceto a verdadeira).

Quanto a este ponto, creio que, por eliminação, jamais poderíamos reduzir fortemente o número das teorias rivais, número que sempre se mantém infinito. O que podemos — ou devemos — fazer é *aderir, no entretempo, à mais improvável dentre as teorias remanescentes* ou, mais precisamente, à suscetível de ser submetida aos testes mais severos. "*Aceitamos*" provisoriamente essa teoria — apenas no sentido de que a selecionamos como teoria que deve ser submetida à crítica mais profunda e aos mais severos testes que possamos imaginar.

Em sentido positivo, talvez possamos acrescentar que a teoria remanescente é a melhor — e a mais amplamente submetida a testes — dentre as teorias que conhecemos.[*7]

Adendo, 1972

(1) Ao último parágrafo do texto pode-se acrescentar um comentário. Por "melhor" teoria entendo aquela que, dentre as rivais e remanescentes, apresente o maior poder explicativo, o maior conteúdo, a maior simplicidade e seja menos *ad hoc*. Será também a que se mostre mais suscetível de teste, mas, neste sentido, a melhor teoria não será sempre e necessariamente a que foi submetida a testes mais amplos.

(2) Importantíssima contribuição ao estudo do problema da falseabilidade das teorias probabilísticas ou estatísticas e do problema do falseamento dos testes estatísticos foi publicado exatamente quando esta nova edição passa a ser impressa. Trata-se de Donald A. Gillies, "A Falsifying Rule for Probability Statements", B. J. P. S., vol. 22, 1971, pp. 231-261.

*7 Conquanto a expressão "a melhor", que aqui se encontra, seja possível de interpretação errônea — precisamente a interpretação que procuro combater neste parágrafo *14 — não pareceu necessário ressaltar, mais uma vez, neste ponto, que o qualificativo "melhor" se aplica às teorias rivais que conseguem sobreviver, tendo em conta o seu conteúdo ou sua testabilidade. Ver, a propósito, os adendos (1968), ao final do livro, antes dos apêndices; (1968), ao final do apêndice *vii; e (1968) ao final do apêndice *viii. [Esta nota acha-se na edição alemã, com a indicação *adendo*, 1968, não se encontrando na edição inglesa N. T.]

Universais, disposições e necessidade natural ou física.

(1) A doutrina fundamental subjacente a todas as teorias da indução é a *doutrina da primazia das repetições*. Tendo em mente a atitude de Hume, podemos distinguir duas variantes dessa doutrina. À primeira (criticada por Hume) podemos chamar de doutrina da primazia lógica das repetições. Segundo essa doutrina, exemplos repetidos oferecem como que uma *justificação* para a aceitação de uma lei universal. (A ideia de repetição liga-se, em geral, à de probabilidade.) À segunda variante (sustentada por Hume) podemos chamar de doutrina da primazia temporal (e psicológica) das repetições. De acordo com esta maneira de ver, as repetições, embora possam mostrar-se falhas no fornecer qualquer tipo de *justificação* para uma lei universal e para as expectativas e crenças que ela acarreta, induz e *provoca* em nós essas expectativas e crenças — por menos "justificado" ou "racional" que seja esse fato (ou essas crenças).

Ambas as doutrinas da primazia das repetições — a mais sólida, que é a doutrina da primazia lógica, e a menos sólida, que é a da primazia temporal (ou causal, ou psicológica) — são insustentáveis. E isso pode ser demonstrado através de recurso a dois argumentos inteiramente diversos.

Meu primeiro argumento contra a primazia das repetições é o seguinte: todas as repetições de que temos experiência são *repetições aproximadas*; e, ao dizer que a repetição é aproximada, pretendo dizer que a repetição *B* de um evento *A* não é idêntica a *A* ou impossível de se distinguir de *A*, mas apenas *mais ou menos semelhante* a *A*. Contudo, se a repetição se apoia na mera semelhança, ela deve apresentar uma das principais características da semelhança, ou seja, a relatividade. Duas coisas similares são sempre similares *sob certos aspectos*. O ponto pode ser ilustrado por um quadro simples.

Se observarmos essas figuras, veremos que algumas são semelhantes quanto ao sombreado (hachuras) ou ausência de sombreado; outras, quanto à forma; e outras quanto ao tamanho. O quadro poderia estender-se, para apresentar-se da maneira seguinte.

É fácil perceber que não há termo final para as possíveis espécies de similaridade.

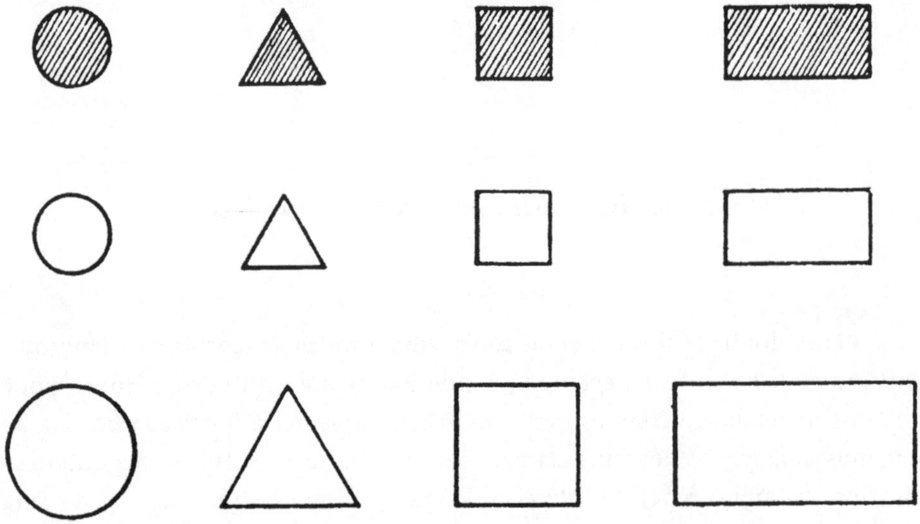

Esses quadros mostram que as coisas podem ser similares sob *diferentes aspectos* e que quaisquer duas coisas semelhantes sob certo ponto de vista podem ser dessemelhantes de um ponto de vista diverso.

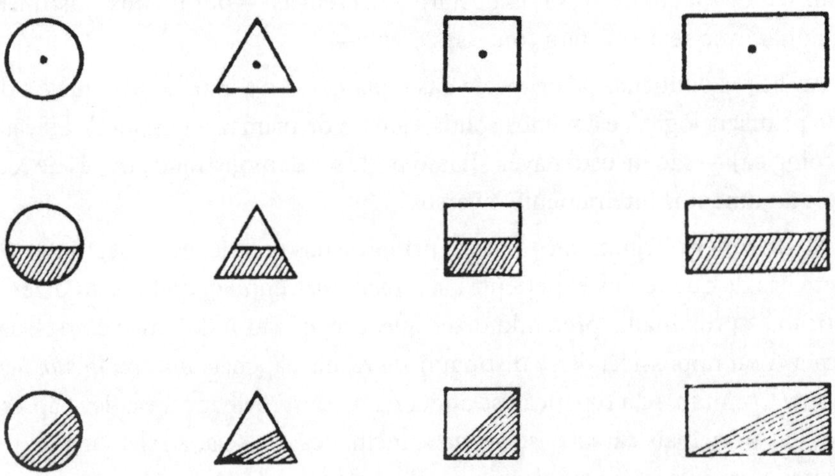

De modo geral, a similaridade e, tanto quanto ela, a repetição pressupõem a adoção de um *ponto de vista:* algumas semelhanças ou repetições hão de chamar-nos a atenção, se estivermos interessados por um problema; e outras, se nos interessarmos por outro problema. Todavia, se a semelhança e a repetição pressupõem a adoção de um ponto de vista ou a existência de um interesse ou uma expectativa, é logicamente necessário que pontos de vista, interesses ou expectativas precedam tanto logicamente quanto temporalmente (ou causalmente ou psicologicamente) a repetição. E isso destrói tanto a doutrina da primazia lógica das repetições quanto a doutrina da primazia temporal das repetições.[1]

Cabe a observação de que para qualquer grupo finito ou conjunto de coisas, por maior variedade que tenha havido ao escolhê-las, sempre podemos, com algum engenho, descobrir pontos de vista segundo os quais todas as coisas pertencentes ao conjunto são similares (ou parcialmente iguais). Significa isso que podemos dizer que qualquer coisa é repetição de qualquer coisa, bastando, para tanto, que se adote um ponto de vista adequado. Essa indicação mostra quão ingênuo é encarar a repetição como algo último, ou dado. O ponto aqui acentuado relaciona-se intimamente com o fato (mencionado no apêndice *vii, nota 9; *cf.* propriedade *B)* de podermos descobrir, para qualquer sequência finita de *zeros* e *uns,* uma regra ou "lei" matemática para construir uma sequência infinita que se inicie com a sequência finita dada.

Passo, agora, ao segundo argumento contra a primazia das repetições. É o seguinte: há leis e teorias com caráter inteiramente diverso de "todos os cisnes são brancos", embora possíveis de serem formuladas de maneira semelhante. Consideremos a antiga teoria atômica. Reconhecidamente, ela pode ser expressa (sob uma de suas formas mais simples) da maneira seguinte: "Todos os corpos materiais são compostos de corpúsculos". A forma — "todos" é relativamente despida de importância no caso dessa lei. E com isso pretendo dizer que o problema de mostrar que um corpo físico singular — digamos, uma barra de ferro — é composto de átomos ou de "corpúsculos" é pelo menos tão difícil quanto o de demonstrar que *todos* os cisnes são brancos. Em ambos os casos, as asserções transcendem a experiência observacional. O mesmo se dá com quase todas as teorias científicas. Não podemos demonstrar diretamente, nem mesmo quanto a *um* objeto físico, que, na ausência de forças, ele se desloca ao longo de uma linha reta; ou que atrai e é atraído por outro corpo físico, de acordo com a lei do inverso do quadrado. Todas essas teorias aludem ao que poderíamos chamar *propriedades estruturais do mundo* e todas elas transcendem qualquer experiência possível. Com referência a essas teorias estruturais, a dificuldade não reside tanto em estabelecer a universalidade da lei a partir de instâncias repetidas, mas em determinar que ela se aplica até mesmo a uma instância singular.

Essa dificuldade foi percebida por muitos indutivistas. A maioria dos que a perceberam tentou, como Berkeley, traçar uma distinção nítida entre generalizações observacionais puras e teorias mais "abstratas" ou "ocultas", como a teoria corpuscular ou a teoria de Newton; e essa maioria, via de regra, tentou resolver o problema dizendo, como disse Berkeley, que teorias abstratas não são asserções genuínas acerca do mundo, *não passando de instrumentos* — instrumentos para a predição de fenômenos observáveis. A essa maneira de ver dei o nome de *"instrumentalismo"* e a critiquei alhures,[2] com algum pormenor. Aqui, direi apenas que rejeito o

1 Algumas ilustrações desse argumento, na medida em que ele se levanta contra a doutrina da primazia temporal das repetições (isto é, contra Hume) encontram-se nas seções iv e v de meu trabalho "Philosophy of Science: A Personal Report", agora figurando, sob título diferente, como capítulo 1 de meu *Conjectures and Refutations,* 1963, 1965.

2 *Cf.* meus trabalhos "A Note on Berkeley as a Precursor of Mach", B. J. P. S., vol. 4, 1953 e "Three Views Concerning Human Knowledge", *in Contemporary British Philosophy* iii, org. por H. D. Lewis, 1956. Ambos figuram, agora, em meu *Conjectures and Refutations,* 1963, 1965.

instrumentalismo e adiantarei apenas uma razão: ele não resolve o problema das propriedades "abstratas", "ocultas" ou "estruturais". Essas propriedades, com efeito, não ocorrem tão somente nas teorias "abstratas", consideradas por Berkeley e seus sucessores. São mencionadas a todo momento, por todos, na linguagem comum. Quase todos os enunciados que emitimos transcendem a experiência. Não há linha divisória nítida entre uma "linguagem empírica" e uma "linguagem teorética": *a todo instante estamos teorizando,* mesmo quando emitimos o mais trivial dos enunciados. Com essa observação, chegamos ao principal problema que me proponho a examinar neste apêndice.

(2) Reconhecidamente, se dizemos "Todos os cisnes são brancos", a brancura que predicamos é uma propriedade observável. Nessa medida, um enunciado singular como "Este cisne é branco" pode ser dada como apoiada na observação. E, não obstante, transcende a experiência — não por força da palavra "branco", mas por força da palavra "cisne". Com efeito, ao dizer que algo é um "cisne" estamos a atribuir-lhe propriedades que ultrapassam, de muito, a observação — ultrapassam quase tanto quanto ao asseverarmos que o cisne se compõe de "corpúsculos".

Assim, não são apenas as teorias explicativas mais abstratas que transcendem a experiência, porém ainda os mais comuns enunciados singulares. Na verdade, os enunciados singulares comuns são sempre *interpretações dos "fatos" à luz de teorias.* (E o mesmo se aplica aos "fatos" do caso. Esses fatos encerram *universais* e os universais sempre acarretam um comportamento *legaloide.)*

Ao fim da seção 25, expliquei, rapidamente, de que modo o uso de universais tais como "copo" ou "água", num enunciado do tipo "aqui está um copo de água", transcende necessariamente a experiência. Isso se deve ao fato de que palavras como "copo" ou "água" são usadas para caracterizar o *comportamento legaloide* de certas coisas, o que se pode exprimir dando-lhes o nome de "palavras disposicionais". Ora, como toda lei transcende a experiência — o que é apenas outra maneira de afirmar não ser ela verificável — todo predicado que expresse comportamento legaloide também transcende a experiência. Essa a razão por que o enunciado "este vaso contém água" é uma hipótese suscetível de teste, mas não verificável, que transcende a experiência.[3] Dado esse motivo, é impossível "constituir" um termo verdadeiramente universal (como pretendeu Carnap), ou seja, defini-lo em termos puramente experimentais ou observacionais, ou "reduzi-lo" a termos puramente experienciais ou observacionais — uma vez que *todos os universais são disposicionais,* eles não podem ser reduzidos à experiência. Devemos introduzi-los como termos não definidos, excetuados os que possam ser definidos em termos de outros universais não experienciais ("água", por exemplo, se nos inclinarmos por definida como "um composto de dois átomos de hidrogênio e um de oxigênio").

---

3 Como se trata de um enunciado singular, é menos incorreto falar aqui, do que no caso de enunciados universais, em simetria entre não-verificabilidade e não-falseabilidade; com efeito, para falseá-lo, temos de aceitar como verdadeiro outro enunciado singular, também não verificável. Contudo, mesmo no caso presente, certa assimetria permanece. De fato, via de regra, admitindo a verdade ou falsidade de um enunciado-teste, só podemos, através de teste, determinar sua falsidade, mas não sua verdade. A razão está em que esta última acarreta um número infinito de enunciados-teste. Ver também seção 29 do livro e seção *22 de meu *Postscript.*

(3) Esquece-se, com frequência, que *todos* os universais são disposicionais, porque os universais podem ser disposicionais em grau variável. Assim "solúvel" ou "quebrável" são, indiscutivelmente, disposicionais em mais alto grau do que "dissolvido" ou "quebrado". Às vezes, contudo, não se leva em conta que "dissolvido" e "quebrado" são também disposicionais. Um químico não diria que o açúcar ou o sal se dissolveu na água, se não esperasse poder voltar a obter o açúcar ou o sal, promovendo a evaporação da água. Assim "dissolvido" denota um estado disposicional. Quanto a "quebrado" baste lembrar como procedemos *quando estamos em dúvida* sobre se uma coisa está ou não quebrada — uma coisa que se deixou cair ou um osso de nosso corpo: submetemos a teste o comportamento da coisa em questão, tentando verificar se ela mostra indevida mobilidade. Nesses termos, "quebrado", assim como "dissolvido" descreve uma disposição de comportamento de acordo com uma maneira regular ou legaloide. Analogamente, dizemos que uma superfície é vermelha ou branca se ela tem a disposição de refletir a luz vermelha ou a branca e, consequentemente, a disposição de parecer, à luz do dia, vermelha ou branca. Em geral, o caráter disposicional de qualquer propriedade universal se evidenciará, se tivermos em conta os testes que devem ser realizados, caso estejamos em dúvida quanto à presença ou não de uma qualidade, em determinado caso particular.

Desse modo, a tentativa de distinguir entre predicados disposicionais e não disposicionais está fadada ao fracasso, tal como a tentativa de distinguir entre expressões (ou linguagens) teóricas e expressões (ou linguagens) não teóricas, ou empíricas, ou observacionais, ou factuais, ou ordinárias. Talvez as coisas se passem mais ou menos assim: as pessoas tendem a encarar como "factual" ou "ordinário" o que aprenderam antes de certa idade crítica, e como teórico ou, talvez, "meramente instrumental" aquilo de que se informaram mais tarde. (A idade crítica depende, aparentemente, do tipo psicológico.)

(4) As leis universais transcendem a experiência pelo simples fato de serem universais, transcendendo, assim, qualquer número finito de instâncias observacionais oferecido pela experiência. Os enunciados singulares transcendem a experiência porque os termos universais, que neles ocorrem normalmente, acarretam uma disposição de agir de maneira legaloide, de sorte que levam a leis universais (em geral, de alguma ordem de universalidade mais baixa). Assim, as leis universais transcendem a experiência de duas maneiras, pelo menos: em razão de sua universalidade e por nelas ocorrerem termos universais ou disposicionais. E transcendem a experiência em grau maior, se os termos disposicionais que nelas ocorrem forem disposicionais em mais alto grau ou forem mais abstratos. Há níveis diferentes de universalidade e, consequentemente, de transcendência. (Na seção *15 do *Postscript,* faz-se tentativa de explicar o sentido em que há também níveis do que pode ser chamado "profundidade".)

É natural, em razão dessa transcendência, que as leis ou teorias científicas sejam não verificáveis e que a *tentabilidade* ou *reputabilidade* seja o único traço que as distingue, em geral, das teorias metafísicas.

Se se indagar por que usamos essas leis transcendentais universais, em vez de nos mantermos mais próximos da "experiência", duas espécies de resposta poderão ser oferecidas.

(a) Porque delas necessitamos: porque não há "experiência pura", mas tão somente experiência interpretada à luz da expectativa, ou teorias que são "transcendentes".

(b) Porque um teorizador é um homem que *deseja explicar* a experiência e porque a explicação envolve o uso de hipóteses explicativas que (para serem testadas de modo independente — ver seção *15 do *Postscript)* hão de transcender aquilo que se espera explicar.

A razão dada em (a) é pragmática ou instrumentalista e, embora eu acredite que seja verdadeira, não creio que tenha importância comparável à da razão aludida em (b). Com efeito, mesmo que tivesse êxito um programa destinado à eliminação, para propósitos práticos (para predição, digamos), das teorias explicativas, o objetivo do teorizador não seria afetado.[4]

(5) Em muitas passagens do livro, afirmou-se que as teorias transcendem a experiência, no sentido aqui indicado. Ao mesmo tempo as teorias foram apresentadas como enunciados estritamente universais.

William Kneale fez uma crítica penetrante da concepção segundo a qual as teorias ou leis da natureza podem ser adequadamente expressadas por meio de um enunciado universal — como "Todos os planetas se movem em elipses". Pareceu-me difícil entender a crítica de Kneale. Não estou seguro de a ter apreendido devidamente, mas espero que isso tenha acontecido.[5]

Creio que a posição de Kneale pode ser explicitada assim: embora os enunciados universais sejam *acarretados* por enunciados da lei natural, estes últimos são logicamente mais fortes que os primeiros. Não afirmam apenas que "todos os planetas se movem em elipses", mas sim algo como "Todos os planetas se movem *necessariamente* em elipses". A um enunciado desse tipo Kneale dá o nome de "princípio da necessitação". Não me parece que ele tenha conseguido êxito na tentativa de apontar a diferença entre o enunciado universal e o princípio da necessitação. Ele se refere à necessidade de mais precisa "formulação das noções de contingência

4 Que seja possível fazê-lo sem teorias é asseverado por Carnap, *Logical Foundations of Probability*, pp. 574 e segs. Não há, porém, qualquer razão para acreditar que a análise de Carnap — ainda que fosse defensável sob outros ângulos — possa ser legitimamente transferida de sua linguagem modelo para a "linguagem da ciência"; ver meu *Prefácio*, 1958. Em dois interessantíssimos artigos, W. Craig discutiu certos programas de redução (Ver *Journal of Symb. Logic*, vol. 18, 1953, pp. 30 e seg. e *Philosophical Review*, vol. 65, 1956, pp. 38 e segs.) A seus excelentes comentários críticos acerca do método que propõe para eliminar ideias "auxiliares" (ou "transcendentes"), cabe acrescentar o seguinte: (i) Ele consegue a eliminação de teorias explicativas graças, em essência, ao fato de conferir a numerosíssimos teoremas a condição de axiomas (ou graças ao fato de substituir a definição do "teorema" por uma nova definição de "axioma", que lhe é coextensiva até o ponto em que a sublinguagem "purificada" se estende). (ii) Na construção prática do sistema purificado, o autor é, naturalmente, *guiado por nosso conhecimento acerca das teorias* a serem eliminadas. (iii) O sistema purificado não permanece como um sistema explicativo nem como um sistema passível de teste, no sentido em que sistemas explicativos podem ser submetidos a teste para fins essencialmente relacionados com seu *conteúdo* informativo e *profundidade*. (Procederia dizer que os axiomas do sistema purificado têm profundidade zero no sentido da seção *15 de meu *Postscript*.)

5 Cf. William Kneale, *Probability and Induction*, 1949. Uma das menores dificuldades que senti para entender a crítica de Kneale prendeu-se ao fato de que, em algumas passagens, ele esboça muito bem certas concepções minhas, ao passo que, em outros pontos, parece não entendê-las. (Ver, por exemplo, a nota 17, adiante.)

e necessidade".[6] Pouco adiante, entretanto, para surpresa nossa, deparamos com a seguinte passagem: "Na verdade, a palavra 'necessidade' é a menos perturbadora dentre as que temos de manipular neste setor da filosofia".[7] Entre uma e outra dessas passagens, Kneale trata de persuadir-nos de que "o sentido dessa distinção" — a distinção entre contingência e necessidade — "pode ser facilmente compreendido em função de exemplos".[8] Seus exemplos, entretanto, levam à perplexidade. Partindo sempre do pressuposto de que me foi possível entender Kneale, devo dizer que sua teoria positiva das leis naturais parece-me inteiramente inaceitável. Não obstante, considero valiosa a crítica por ele feita.

(6) Passarei agora a explicar, recorrendo a um exemplo, o que tenho por ponto essencial da crítica dirigida por Kneale contra o fato de a caracterização das leis da natureza, como enunciados universais, ser *logicamente suficiente* e também *intuitivamente adequada.*

Consideremos um animal extinto, digamos o moa, pássaro de grande porte, cujos ossos são encontrados em grande quantidade em alguns pântanos da Nova Zelândia. (Eu mesmo fiz escavações, para procurá-los.) Assentemos o uso do vocábulo "moa" como nome universal (e não como nome próprio; *cf.* seção 14) de certa estrutura biológica; deveremos admitir, contudo, que é muito possível — e até crível — que jamais existiram ou existirão no universo outros moas que não aqueles que, em certa época, habitaram a Nova Zelândia; e consideraremos que esse pressuposto é correto.

Admitamos, agora, que a estrutura biológica do organismo do moa seja tal que, em condições favoráveis, ele pudesse viver sessenta anos, ou mais. Admitamos, ainda, que as condições encontradas pelo moa na Nova Zelândia estivessem longe do ideal (devido, talvez, à presença de um vírus) e que moa algum chegou a atingir cinquenta anos. Nesse caso, o enunciado estritamente universal "Todos os moas morrem antes de atingir a idade de cinquenta anos" será verdadeiro, pois, segundo nosso pressuposto, jamais houve ou haverá, no universo, um moa de mais de cinquenta anos. Esse enunciado universal não seria uma lei da natureza, porquanto, de acordo com nossos pressupostos, seria *possível* que "um moa tivesse vida mais longa e que só devido a circunstâncias *acidentais* ou *contingentes* — como a presença de certo vírus — isso deixou de acontecer.

O exemplo evidencia que podem existir *enunciados estritamente universais, verdadeiros,* que apresentam caráter acidental, e não o caráter de verdadeiras leis universais da natureza. Dentro dessas linhas, a caracterização das leis da natureza como enunciados estritamente universais é logicamente insuficiente e intuitivamente inadequada.

---

6 *Op. cit.*, p. 32.

7 *Op. cit.*, p. 80.

8 *Op. cit.*, p. 32. Uma das dificuldades está em que Kneale, por vezes, parece aceitar a posição de Leibniz ("Uma verdade é necessária quando sua negação implica em contradição; e, quando não necessária, é denominada contingente". *Die philosophischen Schriften*, org. por Gerhardt, vol. 3, p. 400; ver também vol. 7, pp. 390 e segs.) enquanto, outras vezes, aparentemente, usa "necessário" em sentido mais amplo.

(7) Mostra o exemplo, a par disso, em que sentido as leis naturais podem ser apresentadas como "princípios de necessidade" ou "princípios de impossibilidade", nos termos sugeridos por Kneale. De acordo com nossos pressupostos — pressupostos inteiramente razoáveis — seria *possível* que um moa vivesse mais do que qualquer moa efetivamente viveu. Se houvesse uma lei natural limitando a cinquenta anos a idade de qualquer organismo semelhante ao do moa, *não seria possível* que qualquer moa vivesse por tempo maior. Nesses termos, as leis naturais colocam certos limites ao que é possível.

Creio que tudo quanto se deixou dito é intuitivamente aceitável; com efeito, ao dizer, em várias passagens do livro, que as leis naturais *proíbem* a ocorrência de certos eventos, ou que têm o caráter de *proibições,* dei expressão a essa mesma ideia intuitiva. E entendo possível e mesmo útil, falar de "necessidade natural" ou de "necessidade física" para traduzir esse caráter das leis naturais e de suas consequências lógicas.

(8) Creio, porém, que é errôneo subestimar as diferenças entre essa necessidade natural ou física e outras espécies de necessidade como, por exemplo, a necessidade lógica. Em termos grosseiros, podemos dizer que é logicamente necessário aquilo que vigoraria em qualquer mundo concebível. Embora a lei de Newton acerca da gravitação possa ser uma lei natural verdadeira em algum mundo — e, em tal medida, uma lei naturalmente necessária nesse mundo — é perfeitamente *concebível* um mundo em que ela não seja válida.

Kneale criticou esse tipo de argumento, assinalando que a conjectura de Goldbach (segundo a qual todo número par maior do que dois é a soma de dois números primos) pode *concebivelmente* ser verdadeira ou concebivelmente falsa, ainda que demonstrável (ou refutável) e, neste sentido, matematicamente ou logicamente necessária (ou impossível); e sustenta que "o fato de o contraditório ser concebível não deve tomar-se como refutação da necessidade em Matemática".[9] E, assim sendo, pergunta ele por que "importa supor que leve à... uma refutação no campo da Ciência Natural?[10] De minha parte, julgo que esse argumento acentua em demasia a *palavra* "concebível"; mais ainda, recorre a um sentido de "concebível" que difere do que se tem em vista: uma vez obtida a demonstração do teorema de Goldbach, poderemos dizer que essa demonstração assenta, de maneira precisa, que é inconcebível que um número par (maior do que dois) não seja a soma de dois números primos — inconcebível no sentido de levar a resultados incoerentes: à asserção, entre outras, de que $0 = 1$, o que é "inconcebível". Noutro sentido, $0 = 1$ pode ser "concebível", pode mesmo ser usado, à semelhança de qualquer outro enunciado matematicamente falso, como pressuposto de uma demonstração indireta. Cabe apresentar uma demonstração indireta nos termos seguintes: "*Concebamos* que *a* seja verdadeiro. Teremos, então, de admitir que *b* é verdadeiro. Sabemos, porém, que *b* é absurdo. Consequentemente, é *inconcebível* que *a* seja verdadeiro." Claro está que, embora o uso de "concebível" e "inconcebível" se mostre um tanto vago e ambíguo, seria conduzir à confusão dizer que se há de considerar não válida essa

9 *Op. cit.*, p. 80.

10 *Ibid.*

maneira de argumentar, pois não pode ser inconcebível a verdade de *a*, de vez que partimos exatamente da concepção da verdade de *a*.

Assim, em Lógica e Matemática, "inconcebível" não passa de outra maneira de dizer "conducente a uma contradição óbvia". *Logicamente* possível ou "concebível" será tudo quanto não leve a uma contradição óbvia, e logicamente impossível, ou "inconcebível", será tudo quanto leve a essa contradição. Quando Kneale diz que o contraditório de um teorema pode ser "concebível", usa o vocábulo noutro sentido — sentido também aceitável.

(9) Dessa maneira, uma pressuposição será logicamente possível quando não for autocontraditória; será fisicamente possível, se não contradisser as leis da natureza. Os dois sentidos de "possível" têm muito em comum, o que explica o uso da mesma palavra; esquecer a diferença, entretanto, só pode levar a confusões.

Comparadas com as tautologias lógicas, as leis da natureza têm caráter contingente, acidental. Reconheceu-o claramente Leibniz, que ensinava *(cf. Philos. Schriften, Gerhardt,* vol. 7, pág. 390) que o mundo é obra de Deus num sentido algo similar ao em que um soneto, um rondó, uma sonata ou uma fuga é obra de um artista. O artista escolhe livremente uma forma e, com a escolha, restringe voluntariamente a própria liberdade: ele impõe, à criação, certos princípios de impossibilidade, princípios que atingem, por exemplo, o ritmo e, em menor extensão, as palavras, que, postas em confronto com o ritmo, podem parecer contingentes, acidentais. Isso não quer dizer, entretanto, que a escolha da forma ou do ritmo também não tenha sido contingente. Com efeito, outra forma e outro ritmo poderiam ter sido escolhidos.

Coisa semelhante ocorre com as leis naturais. Elas restringem a escolha (logicamente) possível dos fatos singulares. São, portanto, princípios de impossibilidade com relação a esses fatos singulares; e os fatos singulares surgem como altamente contingentes quando confrontados com as leis naturais. E, não obstante, as leis naturais, embora necessárias com respeito aos fatos singulares, aparecerão como contingentes, se as aproximarmos das tautologias lógicas. Podem existir, na verdade, *mundos estruturalmente diferentes* — mundos regidos por leis naturais diferentes.

A necessidade ou impossibilidade natural assemelha-se, pois, à necessidade ou impossibilidade musical. Assemelha-se à impossibilidade do ritmo quaternário num minueto clássico ou à impossibilidade de encerrá-lo com uma sétima reduzida, ou qualquer outra dissonância. Ela impõe ao mundo princípios *estruturais*. Sem embargo, continua a conceder ampla margem de liberdade aos fatos singulares mais contingentes — as condições iniciais.

Se cotejarmos a situação que se figura no campo da música e o exemplo do moa, poderemos dizer: não há lei musical proibindo que se escreva um minueto em sol bemol menor, mas, apesar disso, é muito possível que jamais se tenha escrito ou se venha a escrever um minueto nessa clave fora do comum. Cabe assim dizer que leis musicalmente necessárias distinguem-se de enunciados universais verdadeiros acerca dos fatos históricos da composição musical.

(10) A concepção oposta — a concepção de que as leis naturais não são, em sentido algum, contingentes — parece-me, se o entendo bem, ser a que Kneale defende. Eu a tenho como tão errônea quanto a concepção que ele critica procedentemente — a de que as leis da natureza não passam de enunciados universais verdadeiros.

A posição de Kneale, que leva a considerar as leis naturais como necessárias, no mesmo sentido em que são necessárias as tautologias lógicas, pode, talvez, ser expressa em termos religiosos, da seguinte maneira: Deus pode ter-se visto diante do escolher entre criar ou não criar um mundo físico, mas, uma vez feita a opção, não teve mais liberdade para eleger a forma ou a estrutura do mundo; com efeito, se essa estrutura — as regularidades da natureza traduzidas por leis da natureza — é necessariamente o que é, Deus não podia mais do que escolher livremente as condições iniciais.

Julgo que Descartes defendeu posição muito semelhante à mencionada. Segundo ele, todas as leis naturais decorrem necessariamente do princípio analítico (definição essencial de "corpo") segundo o qual "ser um corpo" equivale a "ser extenso", admitindo-se que isso implique em dois corpos *diferentes* não poderem ocupar a mesma extensão, ou espaço. (Na verdade, esse princípio lembra o exemplo-padrão de Kneale — "nada que é vermelho é verde".)[11] Foi, contudo, ultrapassando esses "truísmos" (como Kneale os denomina, acentuando a similaridade entre eles e as tautologias lógicas)[12] que, a partir de Newton, a teoria física pôde alcançar uma profundidade de penetração que superou completamente a abordagem cartesiana.

Entendo que a doutrina segundo a qual as leis da natureza *não são, em sentido algum, contingentes é* forma particularmente extremada de uma concepção que alhures descrevi e critiquei, chamando-a de "essencialismo".[13] Com efeito, essa doutrina acarreta a doutrina da existência de *explicações últimas,* ou seja, da existência de teorias explicativas que, de seu lado, nem reclamam explicação posterior, nem se mostram suscetíveis de receber ulterior explicação. De fato, se alcançássemos êxito na tarefa de reduzir todas as leis naturais a "princípios de necessitação" verdadeiros — a truísmos como os de duas coisas extensas, por essência, não poderem ocupar a mesma extensão, ou do que é vermelho não poder ser, ao mesmo tempo, verde — explicações adicionais se tornariam desnecessárias e impossíveis.

Não vejo razão para acreditar que seja verdadeira a doutrina da existência de explicações últimas e vejo muitas razões para crer que seja falsa. Quanto mais aprendemos acerca de teorias ou leis da natureza, menos elas nos lembram os truísmos autoexplicativos do cartesianismo ou as definições do essencialismo. A ciência não desvela truísmos. Parte da grandeza e beleza da ciência está em podermos aprender, através de nossas próprias investigações, que o mundo é inteiramente diverso do

11 *Cf.* Kneale, *op. cit.*, p. 32; ver também, por exemplo, p. 80.

12 *Op. cit.*, p. 33.

13 Cf. meu *Poverty of Historicism*, seção 10; *The Open Society*, cap. 3, seção vi; capítulo 11; "Three Views Concerning Human Knowledge" (agora em meu *Conjectures and Refutations*, 1965, capítulo 3) e meu Postscript, por exemplo, seções *15 e *31.

que imaginávamos — até nossa imaginação ter sido despertada pela refutação das teorias por nós elaboradas anteriormente. E não parece haver motivo para supor que esse processo se tenha encerrado.[14]

Todas essas considerações recebem o mais decisivo apoio de estudos acerca do conteúdo e da probabilidade lógica (absoluta). Se as leis da natureza não são apenas enunciados estritamente universais, devem ser *logicamente* mais fortes do que os correspondentes enunciados universais, pois estes são deduzíveis delas. Não obstante, a *necessidade lógica* de *a* pode, como vimos (no fim do apêndice *v) ser definida pelo *definiens*

$$p(a) = p(a, \bar{a}) = 1.$$

Por outro lado, para enunciados universais, obtemos (*cf. o* mesmo apêndice e os apêndices *vii e *viii).

$$p(a) = p(a, \bar{a}) = 0;$$

e o mesmo se aplica a qualquer enunciado logicamente mais forte. Nesses termos, uma lei da natureza, por seu grande conteúdo, está tão afastada quanto um enunciado coerente pode estar afastado de um enunciado logicamente necessário; e está muito mais próxima, em alcance lógico, de um enunciado universal "meramente acidental" do que de um truísmo lógico.

(11) A conclusão deste debate é a de que estou pronto a aceitar a crítica de Kneale na medida em que me disponho a aceitar a concepção de que existe uma categoria de enunciados, as leis da natureza, que são logicamente mais fortes do que os enunciados universais correspondentes. Tal doutrina é, na minha opinião, incompatível com qualquer teoria de indução. Pouca ou nenhuma consequência tem, contudo, no que diz respeito à metodologia que defendo. Ao contrário, é claro que um princípio, proposto ou imaginado, que declara a impossibilidade de certos eventos, teria de ser submetido a um teste, que consistiria na tentativa de mostrar que os mesmos eventos são possíveis, que consistiria na tentativa de provocá-los. E esse é precisamente o método de teste que eu advogo.

Assim, do ponto de vista aqui adotado, nenhuma alteração se faz necessária no que diz respeito à metodologia. A alteração ocorre exclusivamente a nível ontológico, metafísico. Cabe descrevê-la dizendo que, se imaginarmos que *a* é uma lei natural, estaremos imaginando que *a* expressa uma *propriedade estrutural de nosso mundo* — propriedade que impede a ocorrência de certos eventos singulares logicamente possíveis, a manifestação de certos estados de coisas (muito à semelhança do que se explicou nas seções 21 a 23 do livro e também nas seções 79, 83 e 85).

(12) Como demonstrou Tarski, é possível explicar a *necessidade lógica* em termos de universalidade: cabe dizer que um enunciado é logicamente necessário se e somente se ele for deduzível (através de particularização, por exemplo) de uma

14 *Cf.* meu *Postscript*, especialmente seção *15.

função-enunciado *"universalmente válida"*, ou seja, de uma função-enunciado que seja *satisfeita por qualquer modelo.*[15] (Isso quer dizer que ela deve ser verdadeira em todos os mundos possíveis.)

Acho que podemos explicar, por método semelhante, o que entendemos por *necessidade natural*, pois podemos adotar a seguinte definição, (N°):

(N°) *Dir-se-á que um enunciado é naturalmente ou fisicamente necessário se e somente se ele for deduzível de uma função-enunciado que seja satisfeita em todos os mundos que difiram do nosso, se diferirem, somente no que diz respeito às condições iniciais* (Ver *Adendo* ao presente apêndice).

Nunca podemos *saber, é* claro, se uma suposta lei é uma lei genuína, ou se apenas parece uma lei, dependendo, na verdade, de certas condições iniciais particulares que vigoram na região do universo por nós ocupada *(cf.* seção 79). Consequentemente, nunca podemos afirmar que certo enunciado não lógico seja, na verdade, naturalmente necessário: conjecturar que o seja, permanecerá sempre como uma conjectura (não apenas porque não podemos pesquisar todo o nosso mundo para nos certificar de que não existe contraexemplo, mas ainda pela razão mais forte de que não podemos pesquisar todos os mundos que difiram do nosso com respeito a condições iniciais). Todavia, apesar de a definição proposta excluir a possibilidade de obter um *critério positivo* de necessidade natural, podemos, na prática, aplicar a definição de necessidade natural em versão *negativa:* determinando condições iniciais, a cuja ocorrência a suposta lei se mostra não válida, estaremos demonstrando que ela não é necessária, ou seja, que não é uma lei da natureza. Assim, a definição proposta afeiçoa-se muito bem à nossa metodologia.

A definição proposta, é claro, tornaria *naturalmente ou fisicamente necessárias*[16] todas as leis da natureza e todas as suas consequências lógicas.

Ver-se-á, desde logo, que a definição proposta põe-se em perfeita consonância com os resultados a que se chegou examinando o exemplo do moa *(cf.* pontos 6 e 7, acima): precisamente por imaginarmos que, em condições diferentes — condições mais favoráveis — os moas teriam vida mais longa, foi que *consideramos* ser de caráter acidental o enunciado universal verdadeiro acerca da idade máxima por eles atingida.

(13) Introduziremos, agora, o símbolo "N" para indicar o nome da classe de enunciados necessariamente verdadeiros, no sentido de necessidade física ou natural, isto é, verdadeiros independentemente de quais possam ser as condições iniciais.

Com o auxílio de "N", podemos exprimir "$a \underset{N}{\rightarrow} b$" (ou, traduzido em palavras, "se *a*, então necessariamente *b*") recorrendo à seguinte definição, que tem algo de óbvia:

(D) $a \underset{N}{\rightarrow} b$ será verdadeira se e somente se $(a \rightarrow b) \in N$.

Em linguagem comum: "Se *a*, então necessariamente *b*" vale se e somente se "se *a*, então *b*" for necessariamente verdadeira. Aqui, "$a \rightarrow b$" *é* a denominação de um

15 *Cf.* o meu "Note on Tarski's Definition of Truth", *Mind*, vol. 64, 1955, especialmente p. 391.

16 Notemos, de passagem, que enunciados logicamente necessários tornar-se-iam (simplesmente porque decorrem de qualquer enunciado) também fisicamente necessários; mas isto, naturalmente, não vem ao caso.

condicional comum, com o antecedente *a* e o consequente *b*. Se houvesse a intenção de definir um acarretamento lógico ou uma "implicação estrita", poderíamos também usar (D), mas teríamos de interpretar "N" como "logicamente necessário" (em vez de "naturalmente ou fisicamente necessário").

Tendo em vista a definição (D), procede dizer a respeito de "$a \underset{N}{\rightarrow} b$" que indica um enunciado com as seguintes propriedades:

(A) $a \underset{N}{\rightarrow} b$ nem sempre será verdadeiro, se *a* for falso, em contraposição a $a \rightarrow b$.

(B) $a \underset{N}{\rightarrow} b$ nem sempre será verdadeiro, se *b* for verdadeiro, em contraposição *a* $a \rightarrow b$.

(A') $a \underset{N}{\rightarrow} b$ será sempre verdadeiro se *a* for impossível ou necessariamente falso, ou se sua negação, $\bar{a}$, for necessariamente verdadeira, seja por necessidade lógica ou física *(cf.* últimas páginas do presente apêndice e a nota 26, adiante).

(B') $a \underset{N}{\rightarrow} b$ será sempre verdadeiro se *b* for necessariamente verdadeiro (seja por necessidade lógica ou física).

No caso, *a* e *b* podem ser enunciados ou funções-enunciado.

A $a \underset{N}{\rightarrow} b$ cabe a denominação de "condicional necessário" ou "condicional nômico". Expressa a meu ver, o que alguns autores denominaram "condicionais subjuntivos" ou "condicionais contrafactuais". (Ao que parece, entretanto, outros autores — como Kneale — dão a "condicional contrafactual" sentido algo diverso: eles usam essa denominação para implicar que *a* é, de fato, falso.[17] Não creio que esse uso seja recomendável.)

Uma pequena reflexão mostrará que a classe *N* dos enunciados naturalmente necessários abrange não apenas a classe de todos os enunciados que, à semelhança de leis naturais universais e verdadeiras, podem ser intuitivamente dados como imunes a alterações das condições iniciais, mas abrange também todos os enunciados que decorrem de leis naturais universais e verdadeiras, ou de teorias estruturais verdadeiras acerca do mundo. Dentre esses, haverá enunciados que descrevam um conjunto definido de condições iniciais, como, por exemplo, enunciados da forma "se, neste recipiente, em condições normais de temperatura e a uma pressão de 1000 g por cm^2, forem misturados hidrogênio e oxigênio, então..." Se enunciados condicionais desse tipo são deduzíveis de leis naturais verdadeiras, sua verdade será invariante com respeito a todas as alterações das condições iniciais: ou estarão satisfeitas as condições iniciais descritas no antecedente, caso em que o consequente será verdadeiro (e, por conseguinte, todo o condicional) ou não estarão satisfeitas as condições iniciais descritas no antecedente e serão, por conseguinte, factualmente

17 Em meu "Note on Natural Laws and so-called Contrary-to-Fact Conditionals" (*Mind*, vol. 58, N. S. 1949, pp. 62-66) usei a expressão "condicional subjuntivo" para significar o que, neste livro, denomino "condicional nômico" ou "necessário"; e expliquei repetidamente que esses condicionais subjuntivos devem ser deduzíveis de leis naturais. É, portanto, difícil entender como Kneale (*Analysis*, vol. 10, 1950, p. 22) pôde atribuir-me, ainda que dando-lhe caráter provisório, a concepção de que um condicional subjuntivo ou um "condicional contrário ao fato" revestia a forma "$\sim \phi(a) . (\phi(a) \supset \psi(a))$". Não sei se Kneale se deu conta de que essa expressão sua não passa de uma maneira complicada de dizer "$\sim \phi(a)$" — pois quem jamais pensaria em asseverar que "$\sim \phi(a)$" é deduzível da lei "$(x)(\phi(x) \supset \psi(x))$" ?

não verdadeiras ("contrafactuais"). Nesta última hipótese, o condicional será verdadeiro em termos de vacuamente satisfeito. Assim, a mui debatida satisfação vácua desempenha a parte a si reservada para assegurar que os enunciados deduzíveis de leis naturalmente necessárias são também "naturalmente necessários", no sentido de nossa definição.

Com efeito, poderíamos ter definido *N* dizendo simplesmente que é a classe das leis naturais e de suas consequências lógicas. Há, porém, talvez, ligeira vantagem em definir *N* com o auxílio da ideia de condições iniciais (de uma classe de simultaneidade de enunciados singulares). Se, por exemplo, definirmos *N* como a classe dos enunciados que são verdadeiros em todos os mundos que diferem do nosso (se diferirem) somente no que diz respeito às condições iniciais, evitaremos o uso de expressão subjuntiva (ou contrafactual) tal como "que permaneceriam verdadeiras ainda que (em nosso mundo) vigorassem condições iniciais diferentes das que efetivamente vigoram".

A frase em (N°) "todos os mundos que difiram do nosso (se diferirem) somente no que diz respeito às condições iniciais" contêm implícita e indubitavelmente a ideia de leis naturais. O que pretendemos significar é "todos os mundos que tenham a mesma estrutura — ou as mesmas leis naturais — do nosso mundo". Na medida em que nosso *definiens* abrange a ideia de leis naturais, podemos dizer que (N°) é vicioso. Todas as definições, porém, terão de ser viciosas *nesse sentido* precisamente como todas as deduções (em contraposição a demonstrações),[18] todos os silogismos, por exemplo, são viciosos: a conclusão está contida nas premissas. Em sentido mais técnico, nossa definição não é, entretanto, viciosa. Seu *definiens* opera com uma ideia intuitiva perfeitamente clara — a de modificar as condições iniciais de nosso mundo, como, por exemplo, as distâncias entre os planetas, suas massas e a massa do sol. Entende o resultado dessas alterações como equivalendo à construção de uma espécie de "modelo" de nosso mundo (modelo ou "cópia", que não precisa ser fiel relativamente às condições iniciais) e recorre, então, ao conhecido artifício de chamar de "necessários" os enunciados que são verdadeiros em (o universo de) *todos* esses modelos (isto é, para todas as condições iniciais *logicamente possíveis).*

(14) O tratamento que dou, agora, ao problema difere, intuitivamente, de uma versão previamente dada a público.[19] Penso que traduz considerável aperfeiçoamento e, com satisfação, reconheço que devo esse aperfeiçoamento, em boa parte, à crítica de Kneale. Não obstante, de um ponto de vista mais técnico (e não intuitivo), as modificações são ligeiras. Com efeito, nesse trabalho, utilizo (a) a ideia de leis naturais; (b) a ideia de condicionais que *decorrem* de leis naturais — mas (a) e (b) em conjunto apresentam, como vimos, a mesma extensão de N; (c) sugiro que "condicionais subjuntivos" são os que decorrem de (a), isto é, são apenas os da classe

18 A distinção entre dedução e demonstração é examinada em meu trabalho "New Foundations for Logic", *Mind*, vol. 56, 1947, pp. 193 e seg.

19 Cf. "A Note on Natural Laws and so-called Contrary-to-Fact Conditionals", *Mind*, vol. 58, N. S. 1949, pp. 62-66. Ver também o meu *Poverty of Historicism*, 1957 (primeira edição, 1945), nota na p. 123.

(b); e (d) sugiro (no último parágrafo) que talvez tenhamos de introduzir a suposição de que todas as condições iniciais logicamente possíveis (e, portanto, todos os eventos e processos compatíveis com as leis) se concretizaram no mundo, em algum lugar, a algum tempo. E essa foi a maneira canhestra de dizer mais ou menos o que agora digo recorrendo à ideia de todos os mundos que diferem (se diferirem) do nosso apenas no que diz respeito às condições iniciais.[20]

Minha posição de 1949 poderia ser formulada com apelo à seguinte afirmação: embora nosso mundo talvez não englobe todos os mundos logicamente possíveis, pois mundos com outra estrutura — com leis diferentes — são logicamente possíveis, engloba todos os mundos fisicamente possíveis, no sentido de que todas as condições iniciais fisicamente possíveis nele se concretizam — em algum lugar, a algum tempo. Julgo, atualmente, óbvia a possibilidade de que esse pressuposto metafísico é verdadeiro — em ambos os sentidos de "possível" — mas entendo que estaremos melhor se o dispensarmos.

Sem embargo, uma vez acolhido esse pressuposto metafísico, minha concepção anterior e a atual (exceto no que respeita a diferenças apenas terminológicas) tornam-se equivalentes quanto ao que se refere ao *status das leis.* Minha concepção anterior é — se cabe a menção — mais "metafísica" (ou menos "positivista") do que a atual, ainda que não use a *palavra* "necessário" para descrever o *status* das leis.

(15) Para um estudioso de métodos, que se oponha à doutrina da indução e acolha a teoria do falseamento, não há muita diferença entre a posição que sustenta não passarem as leis universais de enunciados estritamente universais e a posição que sustenta serem elas "necessárias": em ambos os casos, só submetemos a teste a conjectura através de tentativas de refutação.

Para o indutivista, entretanto, há, no caso, uma diferença importantíssima: ele tem de rejeitar a ideia de leis "necessárias", pois estas, sendo logicamente mais fortes, devem mostrar-se ainda menos acessíveis à indução do que meros enunciados universais.

Todavia, os indutivistas nem sempre raciocinam ao longo dessas linhas. Pelo contrário, alguns parecem pensar que um enunciado que assevere que as leis da natureza são necessárias pode ser invocado para, de algum modo, justificar a indução — talvez acompanhando o que seja sugerido por um "princípio da uniformidade da natureza".

É claro, porém, que nenhum princípio dessa espécie poderá jamais justificar a indução; nenhum princípio dessa espécie poderá tornar válidas ou mesmo prováveis as conclusões indutivas.

20 Digo que minha formulação anterior é "canhestra" porque equivale a introduzir a suposição de que, certa vez, em algum lugar, viveram moas ou, em condições ideais, algum dia, viverão — o que parece algo forçado. Prefiro, agora, substituir essa suposição por outra: a de que, entre os "modelos" de nosso mundo — que não se pressupõe reais, mas que se imagina, por assim dizer, como construções lógicas — haverá pelo menos um onde, em condições ideais, vivam moas. E isso me parece não apenas admissível, mas óbvio. Deixando de lado alterações terminológicas, essa é, ao que me parece, a única modificação de minha posição com respeito ao trabalho publicado em *Mind*, no ano de 1949. Entretanto, creio eu, trata-se de uma modificação importante.

Certo é que um princípio como "há leis da natureza" poderia ser invocado, se quiséssemos justificar nossa busca de leis naturais.[21] Contudo, no contexto de minha observação, "justificar" adquire sentido diverso do que tem no contexto da indagação a propósito de saber se podemos justificar a indução. Nesta última hipótese, desejamos estabelecer certos enunciados — as generalizações induzidas. No primeiro caso, desejamos simplesmente justificar uma atividade, a procura de leis. Embora essa atividade, em certo sentido, possa encontrar justificativa no fato de sabermos que existem leis verdadeiras — que o mundo apresenta regularidades estruturais — ela poderia justificar-se independentemente desse conhecimento: a esperança de que, em determinado lugar, haja alimento "justifica" a sua procura — especialmente se estivermos famintos — ainda que essa esperança esteja muito longe de constituir conhecimento. Cabe, assim, dizer que, embora o conhecimento da existência de leis verdadeiras possa acrescentar algo à justificação de nossa procura de leis, essa procura se justificaria — ainda que o conhecimento inexistisse — por nossa curiosidade e pela simples esperança de que viéssemos a alcançar êxito.

Além disso, tendo em vista o problema que enfrentamos, não parece relevante a distinção entre leis "necessárias" e enunciados estritamente universais: necessárias ou não, o conhecimento de que as leis existem acrescentaria algo à "justificação" de nossa busca, sem ser imprescindível para essa espécie de justificação.

(16) Acredito, porém, que a ideia de que há leis naturais necessárias, no sentido da necessidade física ou natural a que aludi no ponto (12), é metafísica ou ontologicamente importante e de grande significação intuitiva no que concerne a nossas tentativas de compreender o mundo. Embora seja impossível fundamentar essa ideia metafísica em bases empíricas (porque ela não é falseável) ou em qualquer outra base, acredito que ela seja verdadeira, tal como fiz sentir nas seções 79 e nas de número 83 a 85. Estou tentando, agora, avançar para além do que registrei nessas seções e dou ênfase ao peculiar *status* ontológico das leis universais (falando, por exemplo de sua "necessidade" ou de seu "caráter estrutural") e sublinhando o fato de que o caráter metafísico ou a irrefutabilidade da asserção de existirem leis naturais não nos impede de debater racionalmente essa asserção — ou seja, de examiná-la criticamente. (Ver meu *Postscript,* especialmente as seções *6, *7, *15 e *120.)

Não obstante, e diferentemente de Kneale, encaro "necessárias" como simples palavra — rótulo útil para distinguir a *universalidade das leis* da universalidade "acidental". Qualquer outro rótulo desempenharia o mesmo papel, pois que no caso não há muita relação com a necessidade lógica. Concordo amplamente com o espírito que anima a paráfrase de Hume feita por Wittgenstein: "Não existe a necessidade de uma coisa acontecer porque outra coisa aconteceu. Só existe a necessidade lógica."[22]

21 *Cf.* "Wittgenstein, *Tractatus,* 6.36: "Se houvesse uma lei da causalidade, ela poderia rezar: 'Há leis naturais'. Mas, claro, isso não pode ser dito; é transparente." A meu ver, se há alguma coisa transparente, é que isso pode ser dito; *foi* dito, por exemplo, pelo próprio Wittgenstein. O que transparentemente não se pode fazer é *verificar* (ou falsear) o enunciado segundo o qual existem leis naturais. Contudo, o fato de um enunciado não ser verificável (ou mesmo não ser falseável) não quer dizer que ele é despido de significado ou de impossível entendimento, ou "não pode ser dito", como acreditou Wittgenstein.

22 *Cf. Tractatus,* 6.3637.

Só de um modo $a \underset{N}{\rightarrow} b$ se relaciona com necessidade lógica: a ligação necessária entre *a* e *b* não se encontra em *a* nem em *b*, mas no fato de que o condicional ordinário correspondente (ou "implicação material" $a \rightarrow b$ sem "N") decorre, *com necessidade lógica,* de uma lei da natureza — do fato de ser necessário relativamente a uma lei da natureza.[23] E cabe dizer que uma lei da natureza, por sua vez, é necessária por ser logicamente derivável de (ou explicável por) uma lei de maior grau de universalidade ou de maior "profundidade". (Ver meu *Postscript,* seção *15.) Procede supor que essa dependência logicamente necessária em relação a enunciados de maior universalidade (que se imagina existirem) é que sugeriu, inicialmente, a ideia de "conexão necessária" entre causa e efeito.[24]

(17) Na medida em que me sinto capaz de entender o debate moderno em torno de "condicionais subjuntivos" ou "condicionais contrários ao fato" ou "condicionais contrafactuais", parece-me ter ele brotado principalmente da situação-problema criada pelas dificuldades inerentes apresentadas pelo indutivismo, ou pelo positivismo, ou pelo operacionalismo, ou pelo fenomenalismo.

O fenomenalista, por exemplo, deseja traduzir enunciados acerca de objetos físicos em enunciados acerca de observações. Exemplificando: "Há um vaso de flores no peitoril da janela" seria traduzível por algo como "Se alguém, de posição apropriada, olhar em direção adequada, verá o que aprendeu a denominar vaso de flores". A objeção mais simples (e, de modo algum, a mais importante) quanto a encarar o segundo enunciado como tradução do primeiro, reside em assinalar que, embora o segundo seja (vacuamente) verdadeiro quando ninguém está olhando para o peitoril da janela, seria absurdo dizer que, quando ninguém está olhando para algum peitoril de janela deve haver nele um vaso de flores. A isso o fenomenalista é tentado a replicar dizendo que o argumento depende da definição do condicional segundo a tabela-verdade (ou da "implicação material") e que devemos reconhecer a necessidade de uma diferente interpretação de condicional — uma interpretação *modal,* que permitiria reconhecer o fato de desejarmos significar algo como "Se alguém olhar ou se alguém estivesse olhando, verá ou veria um vaso de flores".[25]

Poder-se-ia pensar que nosso $a \underset{N}{\rightarrow} b$ proporcionaria o desejado condicional modal e, em certo sentido, isso efetivamente ocorre. Ocorre de fato, em termos tão adequados quanto caberia esperar. Não obstante, mantém-se nossa objeção inicial, pois sabemos que se $\bar{a}$ é necessário — ou seja, se $\bar{a} \, \varepsilon \, N$ — então $a \underset{N}{\rightarrow} b$ vale para todo *b.* Isso quer dizer que, se por uma ou outra razão, o lugar em que está (ou não está) colocado um vaso de flores é tal que se torna fisicamente *impossível* alguém

23 Assinalei esse ponto em *Aristotelian Society Supplementary Volume*, vol. 22, 1948, pp. 141 a 154, seção 3; ver, especialmente, p. 148. Nesse trabalho, esbocei brevemente um programa que, em grande parte, concretizei depois.

24 *Cf.* meu trabalho citado em nota imediatamente anterior.

25 Foi R. B. Braithwaite quem replicou, ao longo de linhas semelhantes, à minha objeção de satisfação vazia diante de um trabalho lido por ele em seminário do professor Susan Stebbing, na primavera de 1936. Foi a primeira vez que ouvi falar, em contexto semelhante, daquilo que agora se denomina "condicional subjuntivo". Para uma crítica dos "programas de redução" fenomenalistas, ver nota 4 e texto correspondente, acima.

olhar para ele, então, "Se alguém olhar, ou se alguém estivesse olhando, verá ou veria um vaso de flores" será verdadeiro, simplesmente porque ninguém *pode* olhar para ele.[26] Isso quer dizer, por outro lado, que a tradução modal fenomenalista de "No lugar *x* há um vaso de flores" será verdadeira relativamente a todos os lugares *x* para os quais, por uma ou outra razão, ninguém *possa* olhar. (Assim, há um vaso de flores — ou seja, há o que quisermos — no centro do sol.) Isso é, porém, absurdo.

Por esse e muitos outros motivos, não creio que haja qualquer esperança de que o fenomenalismo se salve apelando para esse método.

Quanto à doutrina do operacionalismo — que exige seja a definição de termos científicos, tais como solubilidade ou comprimento, dada em termos do processo experimental adequado — pode-se demonstrar facilmente que todas as chamadas definições operacionais são viciosas. Vejamo-lo, rapidamente, para o caso de "solúvel".[27]

Os experimentos por via dos quais verificamos se uma substância como o açúcar é *solúvel em água* envolvem, por exemplo, o teste de recuperação do açúcar presente na solução (através da evaporação da água, por exemplo; *cf.* ponto 3 acima). Evidentemente, é preciso identificar a substância recuperada, ou seja, verificar se ela apresenta as mesmas propriedades do açúcar. Uma dessas propriedades é a *solubilidade em água*. Assim, para definir "x é solúvel em água" por meio do teste operacional padrão, deveremos, pelo menos, dizer qualquer coisa como o seguinte:

"x é solúvel em água se e somente se (a), quando posto em água, *x* desaparece necessariamente, e (b) quando, após evaporação da água, recupera-se (necessariamente) uma substância que também é *solúvel em água*".

É simples a razão fundamental de se mostrar viciosa essa espécie de definição: os experimentos nunca são conclusivos e devem, por sua vez, ser suscetíveis de teste por via de outros experimentos.

Os operacionalistas parecem ter acreditado que, uma vez resolvido o problema dos condicionais subjuntivos (de maneira a poder ser evitada a satisfação vazia dos condicionais definidores) não haveria mais obstáculos no caminho das definições operacionais de termos disposicionais. Parece que o grande interesse que se deu ao chamado problema dos condicionais subjuntivos (ou contrafactuais) esteve apoiado principalmente nessa crença. Penso, porém, ter mostrado que, mesmo resolvido o problema de analisar logicamente os condicionais subjuntivos (ou "nômicos") não poderíamos esperar definir operacionalmente os termos disposicionais ou termos universais. Com efeito, os termos disposicionais, ou universais, transcendem a experiência, tal como foi explicado nos pontos 1 e 2 deste apêndice e na seção 25 do livro.

---

26 Enunciação algo mais ampla dessa maneira de ver os condicionais subjuntivos encontra-se em minha nota "On Subjunctive Conditionals with Impossible Antecedents", *Mind*, N. S. vol. 68, 1959, pp. 518-520.

27 O argumento figura num trabalho com que, em janeiro de 1955, colaborei no volume dedicado a Carnap na *Library of Living Philosophers*, org. por P. A. Schilpp. Ele figura, agora, em meu Conjectures and Refutations, 1965, cap. 11, p. 278. Quanto ao caráter vicioso da definição operacional de comprimento, é possível percebê-lo tendo em vista os dois fatos seguintes: (a) a definição operacional de *comprimento* envolve correções de *temperatura* e (b) a definição operacional (comum) de *temperatura* envolve medidas de *comprimento*.

*Adendo, 1968**

Publicado pela primeira vez em 1959, este apêndice provocou uma réplica interessantíssima de William Kneale, *B. J. P. S.* vol. 12, 1961, pp. 99 e seguintes, assim como uma crítica de G. C. Nerlich e W. A. Suchting, B. J. P. S., vol. 18, 1967, pp. 233 e seguintes, a que dei resposta, *B. J. P. S.*, vol. 18, 1967, pp. 316 e seguintes. Não creio, agora, que minha contestação tenha sido muito cabível. Na verdade, só depois de reexaminar a crítica de Kneale é que me dei conta do que jaz no fundo de nossa discordância.

É, penso agora, o fato de que a maioria dos filósofos considera importantes as definições e não toma a sério a afirmação de que não as considero importantes. Não creio que as definições possam tornar definido o sentido de nossas palavras, nem creio que nos devamos preocupar com saber se um vocábulo pode ou não ser definido (embora, por vezes, possa haver interesse relativo em definir um termo com o auxílio de *certa espécie* de termos) — de qualquer forma, sempre teremos necessidade de termos primitivos não definidos.

Talvez seja possível apresentar, em síntese, minha posição dizendo que, embora as teorias e os problemas relacionados com a verdade dessas teorias tenham importância relevante, não se revestem de importância as palavras e os problemas relacionados a seus significados, *(Cf. Conjectures and Refutations,* 3ª edição, 1968, ponto (9), pág. 28.)

Por esse motivo, não tenho real interesse pela definição ou possibilidade de definição de "necessidade natural", embora esteja interessado pelo fato (creio, com efeito, constituir um fato) de a ideia não ser despida de sentido.

É o mais reduzido o meu interesse por caracterizar o fato (se for um fato, do que duvido) de um termo que seja modal poder ser definido com o auxílio de termos não modais. Se transmiti a impressão de que era isso que me interessava demonstrar, transmiti, indubitavelmente, uma impressão errônea.

* (*) Este adendo figura na edição inglesa, sem aparecer na alemã.

Sobre o uso e o mau uso de experimentos imaginários, especialmente na teoria quântica.

As críticas apresentadas nas últimas partes deste apêndice são de caráter lógico. O que pretendo não é refutar certos argumentos, alguns dos quais, ao que me consta, talvez tenham sido há muito abandonados por seus criadores. O que procuro é, antes, mostrar que são inadmissíveis certos *métodos de argumentação* — métodos usados, sem objeção, e por muitos anos, em debates acerca da interpretação da teoria quântica.

É, principalmente, ao *uso apologético* dos experimentos imaginários que faço restrições e não a qualquer particular teoria para cuja sustentação tenham sido propostos esses experimentos.[1] O que menos desejo é dar a impressão de que duvido que os experimentos imaginários sejam proveitosos.

(1) Um dos mais importantes experimentos imaginários da história da Filosofia Natural, e um dos mais simples e mais engenhosos argumentos da história do pensamento racional acerca do universo, está contido nas críticas dirigidas por Galileu contra a teoria do movimento proposta por Aristóteles.[2] Esse experimento refuta a suposição aristotélica de que a velocidade natural de um corpo mais pesado é superior à de um corpo mais leve. "Se tomarmos dois corpos que se movem", diz o porta-voz de Galileu, "e cujas velocidades naturais sejam diferentes, é manifesto que, se conjugarmos o mais lento e o mais rápido, este último será retardado pelo primeiro e o primeiro apressado pelo último". Assim, "se uma grande pedra se mover com a velocidade de oito metros, e uma pedra menor com a velocidade de quatro metros, o sistema composto, resultante da combinação das pedras, se moverá com velocidade inferior a oito metros. Ocorre, porém, que o conjunto das duas pedras forma uma pedra maior que a pedra que se movia com a velocidade de oito metros. Assim, *o corpo composto (embora maior que a primeira pedra) se moverá, apesar disso, mais lentamente que essa primeira pedra*, o que é contrário à suposição admitida.[3] E, como essa suposição aristotélica foi a que deu início ao argumento, está refutada: demonstrou-se que é absurda.

---

1 De modo especial, não pretendo criticar a teoria quântica ou qualquer particular interpretação que dela se ofereça.

2 O próprio Galileu diz, orgulhosamente, a propósito de seu argumento (pondo as palavras na boca de Simplício): "Na verdade, seu argumento foi inexcedivelmente bem desenvolvido." *Cf. Dialogues Concerning Two New Sciences*, 1638, Primeiro Dia, p. 109 (p. 66 do vol. xiii, 1855, das *Opere Complete*; pp. 64 e 62 da edição inglesa de Crew e Salvio, 1914).

3 *Op. cit., p.* 107 (1638); p. 65 (1855); p. 63 (1914).

Vejo, no experimento imaginário de Galileu, um exemplo perfeito do melhor uso que se pode fazer do experimento imaginário. Trata-se do *uso crítico.* Não desejo sugerir, porém, que dele não se possa fazer outro uso. Há, em especial, o uso *heurístico,* de grande valor. Entretanto, há também usos de valor menor.

Um velho exemplo do que chamo de uso heurístico de experimentos imaginários é o que forma a base heurística do atomismo. Imaginemos que tomamos de um pedaço de ouro, ou outra substância, e que o cortamos em pedaços cada vez menores "até chegarmos a partes tão pequenas que não possam mais ser subdivididas": um experimento mental usado para explicar "átomos indivisíveis". Experimentos imaginários heurísticos tornaram-se particularmente importantes no campo da termodinâmica (ciclo de Carnot) e, ultimamente, ficaram mais ou menos em moda, devido a seu uso pela relatividade e pela teoria quântica. Um dos melhores exemplos de experimento imaginário dessa espécie é o experimento de Einstein relativo ao elevador acelerado: esse experimento ilustra a equivalência local entre aceleração e gravidade e sugere que, num campo gravitacional, raios de luz podem observar trajetórias curvilíneas. Esse uso é importante e legítimo.

O principal objetivo desta nota é advertir contra o que pode ser chamado de *uso apologético de experimentos imaginários.* Esse uso segundo creio, remonta ao debate em torno do comportamento de aparelhos de medida e de relógios, do ponto de vista da teoria especial da relatividade. De início, esses experimentos foram feitos com o propósito de ilustrar e expor — uso inteiramente legítimo. Posteriormente, porém, quando se discutiu a teoria quântica, eles foram, por vezes, usados como argumentos, tanto no sentido crítico quanto no sentido defensivo ou apologético. (Nesse desenvolvimento, o microscópio imaginário de Heisenberg desempenhou parte importante, que permitiria observar os elétrons; ver pontos 9 e 10, adiante.)

Ora, o uso de experimentos imaginários em argumentação crítica é, indiscutivelmente, legítimo; ele equivale a uma tentativa de mostrar que certas possibilidades foram esquecidas pelo autor de uma teoria. Claro está que é igualmente legítimo contestar essas objeções críticas, mostrando, por exemplo, que o experimento imaginário proposto é, em princípio, impossível e que, pelo menos nesse caso, não se deixará de considerar possibilidade alguma.[4] Um experimento imaginário concebido com espírito crítico — concebido com o propósito de criticar determinada teoria, mostrando que certas possibilidades foram negligenciadas — é, via de regra, admissível, mas impõe-se ter muito cuidado com a réplica: numa reconstrução do experimento controverso, feita em defesa da teoria, torna-se particularmente importante não introduzir quaisquer idealizações ou quaisquer pressupostos especiais, a não ser que esses pressupostos favoreçam o oponente ou a não ser que todos os oponentes que recorram ao experimento imaginário possam aceitá-los.

(2) De maneira mais geral, penso que o uso de experimentos imaginários para fins de argumentação só é legítimo caso as concepções do oponente sejam

4 Que o experimento por mim proposto na seção 77 era, em princípio, impossível (do ponto de vista quantum-teorético) foi, por exemplo, demonstrado por Einstein, em carta reproduzida no apêndice *xii; ver nota ao título de seção 77 e as notas *3 e *4 da mesma seção.

enunciadas com clareza e caso se acolha a regra de que *as idealizações feitas devem ser concessões ao oponente ou, pelo menos, aceitáveis pelo oponente.*

No que se refere ao ciclo de Carnot, por exemplo, todas as idealizações introduzidas aumentaram a eficiência da máquina, de sorte que o contestador da teoria — asseverando que a máquina de calor pode produzir trabalho mecânico sem transferir calor de uma temperatura maior para uma temperatura menor — tem de concordar com o fato de que as idealizações são concessões. As idealizações tornar-se-ão inadmissíveis para propósitos de crítica sempre que essa regra for violada.

(3) A mesma regra pode aplicar-se, por exemplo, ao debate nascido do experimento imaginário concebido por Einstein, Podolski e Rosen. (O argumento desenvolvido por eles é sinteticamente reformulado por Einstein, em carta reproduzida no apêndice *xii, e o debate é mais extensamente comentado em meu *Postscript*, seção *109.) Einstein, Podolski e Rosen tentaram, no argumento crítico desenvolvido por eles, fazer uso de idealizações que Bohr pudesse aceitar; e, em sua réplica, Bohr não contesta a legitimidade dessas idealizações. Eles introduzem (cf. seção *109 e apêndice *xii) duas partículas, A e B, que interagem de maneira tal que, se medirmos a posição (ou momento) de B, a teoria nos permitirá calcular a posição (ou momento) de A que, no entretempo, se afasta e não pode mais ser perturbada pela medida de B. Assim, o momento (ou posição) de A não pode toldar-se — ou "anuviar-se", para usar uma expressão de Schrödinger — como Heisenberg sustentava.[5] Em sua réplica, Bohr apoia-se na ideia de que a medida de uma posição só pode ser feita por meio de "*algum instrumento rigidamente fixado ao suporte que define o sistema espacial de referência*", ao passo que a medida do momento poderia ser feita por um "diafragma" *móvel,* cujo "momento... é medido tanto antes quanto depois da passagem da partícula".[6] Bohr argumenta que, ao escolher um desses dois sistemas de referência "afastamos qualquer... possibilidade" de usar o outro com respeito ao mesmo sistema físico que está sendo objeto de investigação. Ele sugere, se bem o entendi, que, embora A não sofra interferência, suas coordenadas podem anuviar-se devido ao anuviamento do *sistema de referência.*

(4) A réplica de Bohr parece-me inaceitável, por três motivos, pelo menos:

Em primeiro lugar, anteriormente ao experimento imaginário proposto por Einstein, Podolski e Rosen, a razão dada para explicar o caráter indistinto de uma posição ou momento de um sistema era a de que, ao medi-lo, teríamos interferido com o sistema. Parece-me que Bohr, sub-repticiamente, afastou esse argumento, substituindo-o pela declaração (mais ou menos clara) de que a reação está em interferirmos com o sistema de referência ou com o sistema de coordenadas, e não

5 Heisenberg cogitou, naturalmente, do anuviamento de uma partícula isolada, a que está sendo medida. Einstein, Podolski e Rosen mostraram que se faz necessária a extensão a outra partícula — a com que a partícula medida interagiu em determinada ocasião, talvez há anos. Mas, sendo assim, como evitar que tudo se "anuvie" — o mundo inteiro — por força de uma única observação? A resposta é, presumivelmente, a de que, devido à "redução do pacote de ondas", a observação destrói o *quadro* anterior do sistema, substituindo-o por um novo. Assim, não ocorre interferência com o mundo, mas apenas com nossa maneira de representá-lo. A situação é ilustrada, como se verá, pela réplica de Bohr, que aparece, a seguir, no texto.

6 Bohr, *Physical Review*, vol. 48, 1935, pp. 696-702. As citações foram retiradas das páginas 700 e 699. (Os grifos são meus.) Ver também a nota ao título da seção 77.

com o sistema físico. A alteração é demasiado grande para que passe despercebida. Teria de ser explicitamente reconhecido que a posição anterior foi refutada pelo experimento imaginário; e teria de ser mostrado por que isso não destrói o princípio sobre que repousa.

Importa não esquecer, neste contexto, o que o experimento imaginário de Einstein, Podolski e Rosen pretendia demonstrar. Ele pretendia tão somente refutar certas *interpretações* das fórmulas de *indeterminação;* não pretendia, fora de qualquer dúvida, refutar essas fórmulas. Em certo sentido, a réplica de Bohr, embora de maneira não explícita, reconhecia que o experimento imaginário alcançava seu propósito, pois Bohr apenas tentou defender as relações de indeterminação como tais: abandonou a concepção de que a medida interferiria com o sistema A, que supostamente anuviava. O argumento usado por Einstein, Podolski e Rosen poderia ser levado um pouco adiante, admitindo que medimos a posição A (acidentalmente) no mesmo instante em que medimos o momento de B. Obtemos, então, *para esse instante,* posições e momentos tanto de A quanto de B. (O momento de A e a posição de B terão sido destruídos, ou anuviados, admite-se, por essas medidas.) Basta isso para colocar o ponto que Einstein, Podolski e Rosen pretendiam defender: é incorreto interpretar as fórmulas de indeterminação como asseveradoras de que o sistema não pode ter, ao mesmo tempo, uma posição nítida e um momento claro — embora se deva admitir que não podemos *predizer* ambos ao mesmo tempo. (Para uma interpretação que leva em conta o conjunto desses elementos, ver meu *Postscript*).

Em segundo lugar, o argumento de Bohr, de acordo com o qual "afastamos" o outro sistema de referência, parece-me um argumento *ad hoc*. Com efeito, é claramente possível medir espectroscopicamente o momento (seja de maneira direta, seja recorrendo ao efeito Doppler) e o espectroscópio estará rigidamente fixado ao mesmo sistema em que está fixado o primeiro "instrumento". (O fato de o espectroscópio absorver a partícula B é irrelevante para o argumento que diz respeito ao destino de A.) Nesses termos, a utilização de um sistema de referência móvel não pode ser aceita como parte essencial do experimento.

Em terceiro lugar, Bohr não explica a forma de medir o momento de B com o auxílio de um diafragma que se move. Em trabalho posterior, Bohr dá essa explicação, mas o método que preconiza parece-me *inadmissível.*[7] Com efeito, esse método consiste em medir (duas vezes) a *posição* de "um diafragma com uma fenda... suspenso por molas fracas numa braçadeira sólida".[8] Como a medição do momento através de um dispositivo desse tipo depende de medida de posição, ela não favorece o argumento de Bohr contra Einstein, Podolski e Rosen, nem alcança qualquer outra finalidade. Dessa maneira, não podemos determinar o momento "acuradamente, assim antes, como depois da passagem de B":[9] a primeira dessas

7 Ver Bohr, in *Albert Einstein: Philosopher-Scientist*, org. por P. A. Schilpp, 1949; ver, especialmente, o diagrama à p. 220.

8 *Op. cit.*, p. 219.

9 Bohr, *Physical Review*, vol. 48, 1935, p. 699.

medidas de momento (por utilizar medida de *posição)* interferirá com o momento do diafragma; ela será, portanto, apenas retrospectiva, e de maneira alguma mostrar-se-á útil para o cálculo do momento do diafragma no instante imediatamente anterior ao da interação com B.

Não me parece, portanto, que, em sua réplica, Bohr tenha respeitado o princípio de só fazer as idealizações ou de só admitir suposições especiais que favoreçam os oponentes (sem considerar o fato de que ele deixou longe de tornar claro o que se propunha contestar).

(5) Isso mostra que, em relação a experimentos imaginários dessa espécie, há o grave perigo de só se levar a análise até o ponto que sirva a determinado propósito — e não para além. Esse perigo somente poderá ser evitado se os princípios referidos forem estritamente observados.

Há três situações semelhantes, a que desejo aludir por me parecerem instrutivas.

(6) A fim de contestar um experimento imaginário crítico de Einstein, fundamentado na famosa fórmula $E = mc^2$, Bohr recorreu a argumentos retirados da teoria gravitacional do mesmo Einstein (ou seja, a argumentos colhidos na teoria geral da relatividade).[10] Todavia, $E = mc^2$ pode ser deduzida a partir da relatividade especial e até mesmo de argumentos não relativistas. Em qualquer caso, admitido $E = mc^2$, por certo que não estamos admitindo a validez da teoria gravitacional de Einstein. Se, portanto, como Bohr sugere, devemos admitir certas fórmulas características da teoria gravitacional de Einstein, para que se resguarde a coerência da teoria quântica (à vista de $E = mc^2$), isso equivalerá, afirmo eu, à estranha asserção de que a teoria quântica coloca-se em oposição à teoria gravitacional de Newton e, acrescente-se, à asserção ainda mais estranha de que a validade da teoria gravitacional de Einstein (ou, pelo menos, as fórmulas características usadas e que integram a teoria do campo gravitacional) podem ser deduzidas da teoria quântica. Nem mesmo os que estejam prontos a aceitar esses resultados, ao que entendo, sentir-se-ão felizes com ele.

Assim, estamos, outra vez diante de um experimento imaginário que estabelece pressupostos extravagantes, com propósito apologético.

(7) A contestação do experimento de Einstein, Podolski e Rosen, feita por David Bohm parece-me também altamente insatisfatória.[11] Ele acredita que deve demonstrar que a partícula A, referida por Einstein, e que se afasta de B e do aparelho de medição, vê, apesar disso, sua posição (ou momento) tornar-se anuviado quando o momento (ou posição) de B é medido; e, perseguindo esse objetivo, ele procura mostrar que, a despeito de ter-se afastado, A continua, de maneira

10 Bohr, in Albert Einstein: *Philosopher-Scientist*, org. por P. A. Schilpp; o assunto é discutido nas pp. 225-228. O Dr. J. Agassi chamou minha atenção para a improcedência do argumento. * Importa lembrar que a "*equivalência*" $m_i = m_g$ é parte da teoria de Newton.

11 Ver D. Bohm, *Physical Review*, vol. 85, 1952, pp. 166 e segs.; ver, especialmente, pp. 186 e seg. (Entendo que Bohm não defende mais algumas das concepções expressas nos trabalhos que estou criticando. Parece, porém, que pelo menos parte de meu argumento continua a ser aplicável a suas teorias mais recentes.)

imprevisível, a sofrer interferência. Ao longo dessas linhas, ele tenta evidenciar que sua teoria coloca-se em concordância com a interpretação dada por Heisenberg às relações de indeterminação. Bohm, contudo, não alcança êxito. E isso se tornará manifesto, se considerarmos que as ideias de Einstein, Podolski e Rosen nos permitem, com ligeira extensão do experimento, determinar simultaneamente posições *e* momentos, quer de A, quer de B, — muito embora essa determinação só tenha significação *preditiva* com respeito à posição de uma partícula e ao momento da outra. Realmente, e como foi exposto no ponto (4) acima, podemos medir a posição de B e ocorrer que, acidentalmente, alguém que se encontre afastado meça o momento de A nesse mesmo instante ou, pelo menos, antes que qualquer efeito conturbador decorrente da medição de B possa atingir A. Isso é tudo quanto se faz necessário para mostrar que está deslocada a tentativa de Bohm no sentido de salváguardar a ideia de Heisenberg concernente à interferência com A.

A réplica de Bohm a essa objeção está implícita em sua asserção de que o efeito conturbador ocorre com velocidade superior à da luz e, talvez, até mesmo instantaneamente (*cf.* a ideia de Heisenberg referente a velocidade superior à da luz, comentada na seção 76), admissão que se faz com base na admissão adicional de que esse efeito não pode ser usado para transmitir sinais. Que ocorrerá, entretanto, se as duas medições forem realizadas *simultaneamente?* A partícula que nos cabe observar no microscópio de Heisenberg começará a dançar diante de nossos olhos? E, se isso acontecer, não será um sinal? (Esse particular efeito conturbador, decorrente da concepção de Bohm, não é, como também não o é a "redução do pacote de ondas", uma porção integrante do formalismo, mas da interpretação.)

(8) Um exemplo semelhante está numa réplica de Bohm a outro experimento imaginário, de intenção crítica, proposto por Einstein (que fez reviver a crítica dirigida por Pauli contra a teoria ondulatória de de Broglie).[12]

Einstein propõe que se considere uma "partícula" macroscópica (que pode ter as dimensões, digamos, de uma bola de bilhar), movendo-se a velocidade constante — indo e voltando — entre duas paredes paralelas pelas quais é refletida. Mostra Einstein que esse sistema pode ser representado, em termos da teoria de Schrödinger, por uma onda estacionária; e mostra, além disso, que a teoria ondulatória de de Broglie, ou a chamada "interpretação causal da teoria quântica", proposta por Bohm, leva ao resultado paradoxal (pela primeira vez apontado por Pauli) de que a velocidade da partícula (ou bola de bilhar) desaparece. Em outras palavras, o pressuposto original de que a partícula se move com uma velocidade qualquer arbitrariamente escolhida, leva, no contexto dessa teoria, e para qualquer velocidade escolhida, à conclusão de que a velocidade é zero, de que a partícula não se move.

Bohm aceita essa conclusão e responde ao longo das seguintes linhas: "O exemplo considerado por Einstein", escreve ele, "é o de uma partícula *que se move livremente* entre superfícies perfeitamente lisas e refletoras".[13] (Não é necessário

12 Ver A. Einstein in *Scientific Papers Presented to Max Born*, 1953, pp. 33 e segs.; ver, especialmente, p. 39.

13 D. Bohm, no mesmo volume, p. 13; os grifos são meus.

aprofundar o exame de peculiaridades do dispositivo.) "Ora, na interpretação causal da teoria quântica" — ou seja, na interpretação de Bohm — "... a partícula está *em repouso*, escreve Bohm; e prossegue para dizer que, "se desejarmos *observar* a partícula, teremos de "disparar" um processo que fará a partícula mover-se.[14] Esse argumento a respeito de observação, independentemente de seus méritos, não vem ao caso. Interessante é que a interpretação de Bohm paralisa a partícula que se move livremente: seu argumento equivale à asserção de que, enquanto não é observada, a partícula não se pode mover entre as duas superfícies referidas. Com efeito, o pressuposto de que ela se *move* dessa maneira leva Bohm a concluir que ela se encontra *em repouso*, até que uma observação a dispare. Esse efeito paralisador é anotado por Bohm, mas simplesmente não é discutido. Em vez disso, ele passa à asseveração de que, embora a *partícula* não se mova, nossas observações no-la mostrarão em movimento (mas não era este o ponto em questão); e passa, ainda, à elaboração de um experimento imaginário inteiramente novo para descrever a maneira como nossa observação — o sinal de radar ou o fóton utilizado para assinalar a velocidade da partícula — pode deflagrar o movimento desejado. Ainda uma vez, notemos que não era esse o problema. Além disso, Bohm deixa de explicar de que modo o fóton deflagrador poderia revelar-nos a partícula em sua velocidade própria e total, e não num estado de aceleração no sentido dessa velocidade própria. Isso, na verdade, exigiria que a partícula (que pode ser tão veloz e tão grande quanto se queira) adquirisse e revelasse sua velocidade total durante o tempo extremamente curto de sua interação com o fóton estimulador. Poucos, dentre seus opositores, aceitariam todos esses pressupostos *ad hoc*.

Podemos, contudo, refinar o experimento imaginário de Einstein, operando com duas partículas (ou bolas de bilhar) uma das quais execute um movimento de ida e volta entre a parede esquerda e o centro da caixa, enquanto a outra se move entre o centro e a parede à direita; no centro, as partículas se chocam elasticamente uma com a outra. Esse exemplo, leva também a ondas estacionárias e, assim, ao desaparecimento da velocidade; e mantém-se a crítica dirigida por Pauli-Einstein contra a teoria. Agora, entretanto, o efeito estimulador, de que fala Bohm, torna-se ainda mais precário. Com efeito, admita-se que estamos observando a partícula da esquerda, por havê-la atingido com um fóton estimulador provindo da esquerda. Isso (de acordo com Bohm) alterará o balanço de forças que mantém a partícula em repouco; e a partícula começará a mover-se presumivelmente da esquerda para a direita. Contudo, embora tenhamos estimulado apenas a partícula da esquerda, a partícula da direita começará a se mover simultaneamente e na direção contrária. Pedir que um físico dê aquiescência a todos esses processos — todos admitidos *ad hoc* para evitar as consequências do argumento de Pauli e Einstein — é pedir demasiado.

Segundo creio, Einstein teria dado a Bohm a seguinte resposta:

No caso em pauta, o sistema físico era uma grande bola macroscópica. Nenhuma razão se deu para que, nesse caso, se tornasse inaplicável a concepção clássica, usual, de medida. E trata-se de uma concepção que se afeiçoa à experiência tão bem quanto se possa desejar.

---

14 *Op. cit.*, p. 14; ver também a segunda nota, na mesma página.

Colocada de parte a questão da medida — estará sendo afirmado, a sério, que uma bola em oscilação (ou duas bolas em oscilação no arranjo simétrico aqui descrito) simplesmente não pode existir, enquanto não observadas? Ou — o que é o mesmo — estará sendo afirmado, a sério, que o pressuposto de que ela se move ou oscila, enquanto não observada, deve levar à conclusão de que ela não se move? E que se dá se — uma vez que nossa observação tenha posto a bola em movimento — ela deixa de sofrer interferência assimétrica, de sorte que o sistema se torna, de novo, estacionário? A partícula se detém tão subitamente quanto começou a mover-se? Sua energia é transformada em energia de campo? Ou trata-se de um processo irreversível?

Mesmo que se admita serem essas perguntas suscetíveis de resposta, elas ilustram, penso eu, o significado das críticas feitas por Pauli e Einstein e do uso crítico dos experimentos imaginários, em especial, do experimento de Einstein, Podolski e Rosen. E creio que ilustram também o perigo de um uso apologético dos experimentos imaginários.

(9) Até esta altura discuti o problema dos *pares de partículas,* introduzido no debate por Einstein, Podolski e Rosen. Passo, agora, a me ocupar de alguns experimentos imaginários mais antigos, concebidos para partículas isoladas, tais como o famoso *microscópio imaginário* de Heisenberg, através do qual seria possível "observar" elétrons e "medir" suas posições ou momentos. Poucos experimentos imaginários exerceram maior influência do que esse, no que se refere à reflexão em torno de questões de Física.

Recorrendo a seu experimento imaginário, Heisenberg tentou assentar vários pontos, dentre os quais mencionarei três: (a) *interpretação* das fórmulas de indeterminação de Heisenberg em termos de enunciadoras da existência de *barreiras insuperáveis para a precisão das medidas;* (b) *perturbação* do objeto medido, *no que se refere a posição ou momento,* causada pelo processo de medida e (c) *impossibilidade de submeter a teste a "trajetória" espaço-temporal* da partícula. Julgo que os *argumentos* usados por Heisenberg para estabelecer esses pontos são claramente improcedentes, sejam quais forem os méritos desses três pontos. A razão disso está em que o exame feito por Heisenberg *deixa de reconhecer que as medidas de posição e de momento são simétricas* — simétricas no que diz respeito à perturbação causada no objeto medido pelo processo de medida. Com o auxílio de seu experimento, Heisenberg *mostra efetivamente* que, para medir a *posição* do elétron, teríamos de utilizar luz de alta frequência, isto é, fótons de alta energia, significando isso que transferimos para o elétron um momento desconhecido e o *perturbamos,* dando-lhe, por assim dizer, forte pancada. *Não* mostra Heisenberg, entretanto, que a situação será análoga se desejarmos medir não a posição, mas o *momento* do elétron. Nesta hipótese, diz Heisenberg, devemos observá-lo em luz de baixa frequência — tão baixa que procede admitir que *nossa observação não perturba o momento do elétron.* A observação (embora revele o momento) deixará de revelar a posição do elétron que, assim, permanecerá indeterminada.

Consideremos este último argumento. Não assevera ele que tenhamos *perturbado* (ou "anuviado") a posição do elétron. Heisenberg diz apenas que *deixamos de indicá-la.* Seu argumento implica em não havermos perturbado o sistema (ou havê-lo feito de maneira tão leve que podemos desprezar a perturbação): usamos fótons de tão baixo nível de energia que simplesmente não houve a presença de energia bastante para perturbar o elétron. Nesses termos, e de acordo com o argumento de Heisenberg, *os dois casos — medida de posição e medida de momento — estão longe de ser análogos ou simétricos.* Esse fato é, porém, obscurecido pelo habitual discurso (discurso positivista ou instrumentalista ou operacionista) acerca dos "*resultados da medida*", cuja incerteza é reconhecidamente simétrica no que concerne a posição e momento. Em incontáveis exposições acerca do experimento, a começar pela exposição do próprio Heisenberg, sempre se reconhece que esse experimento estabelece a *simetria das perturbações.* (No formalismo, é completa a simetria entre posição e momento, mas isso não significa que ela seja explicada pelo experimento imaginário de Heisenberg.) Presume-se, dessa maneira — e muito erradamente — que *perturbamos a posição do elétron* quando lhe medimos o momento com o microscópio de Heisenberg, e que esse efeito "anuviador" ficou assentado com a exposição que Heisenberg fez a propósito de seu experimento imaginário.

O experimento imaginário que esbocei na seção 77 baseou-se amplamente nessa assimetria do experimento de Heisenberg. *(Cf.* nota *1 ao apêndice vi.) Meu experimento é, não obstante, ilegítimo, simplesmente porque a assimetria invalida toda a exposição acerca da medida, feita por Heisenberg: tão somente medidas resultantes de *seleção física* (tal como as denomino) podem ser usadas para ilustrar as *fórmulas* de Heisenberg, e uma seleção física — assinalei-o no livro — deve sempre satisfazer as "relações de dispersão". (A relação física *efetivamente* perturba o sistema.)

Fossem possíveis as "medidas" de Heisenberg e haveria, inclusive, como determinar o momento de um elétron entre duas medidas de posição, sem chegar a perturbá-lo, o que também nos permitiria — contrariando o ponto (c) acima — determinar (parte de) sua "trajetória" espaço-temporal, que se torna calculável a partir dessas duas medidas de posição.

O fato de a improcedência do argumento de Heisenberg ter passado despercebida por tão longo tempo deve-se, fora de dúvida à circunstância de as *fórmulas* de indeterminação decorrerem do formalismo da teoria quântica (equação de onda) e à circunstância de também estar implícita no formalismo a simetria entre posição (q) e momento (p). Isso talvez explique por que muitos físicos deixaram de fazer, com o cuidado suficiente, um exame pormenorizado do experimento imaginário de Heisenberg: suponho que não o tomaram a sério, entendendo-o simplesmente como ilustração de uma fórmula deduzível. O que afirmo é tratar-se de ilustração imprópria — pois deixa de explicar a simetria entre posição e momento. Sendo uma ilustração imprópria, é uma base inadequada para a interpretação dessas fórmulas — para não falar da interpretação da teoria quântica.

(10) A enorme influência exercida pelo experimento imaginário de Heisenberg explica-se, estou convencido, por haver ele conseguido transmitir, através do experimento, uma nova interpretação metafísica do mundo físico, embora, ao mesmo tempo, repudiasse a metafísica. (Foi ele, assim, ao encontro de uma obsessão

curiosamente ambivalente, própria de nossa era pós-racionalista: sua preocupação com matar o Pai — ou seja, a Metafísica — mantendo-o, ao mesmo tempo, ileso, sob alguma outra forma, e imune a qualquer crítica. No que se refere a alguns especialistas de Física quântica, quase parece, algumas vezes, que o pai fosse Einstein.) A interpretação metafísica do mundo, veiculada de alguma forma da exposição de Heisenberg em torno de seu experimento — embora nunca estivesse efetivamente implícita nela — é o que se descreverá a seguir. A *coisa em si* é inacessível ao conhecimento: só podemos conhecer-lhe as aparências que hão de ser entendidas (Kant o sublinhou) como resultantes da coisa em si e de nosso próprio aparelho de percepção. As aparências resultam, portanto, de uma espécie de interação entre as coisas em si e nós mesmos. Tal o motivo por que uma coisa pode apresentar-se a nós sob diferentes formas, segundo nossas diversas vias de percebê-la — de observá-la e de interagir com ela. Tentamos, por assim dizer, chegar à apreensão da coisa em si, porém jamais alcançamos êxito: nas armadilhas por nós colocadas só encontramos aparências. Podemos colocar ou uma clássica *armadilha de partícula* ou uma clássica *armadilha de onda* ("clássicas" porque podemos construí-las e armá-las como uma ratoeira clássica) e, no processo de disparar a armadilha e interagir com ela, a coisa é induzida a assumir a aparência de uma partícula ou de uma onda. Há simetria entre essas duas aparências ou entre as duas maneiras de preparar a armadilha para a coisa. Mais ainda, preparando a armadilha, não só temos de oferecer um estímulo para induzir a coisa a assumir uma de suas duas clássicas aparências físicas, mas temos ainda de fornecer energia à armadilha — energia necessária para a clássica materialização ou concretização física da coisa impossível de conhecer em si mesma. Dessa forma, preservamos as leis de conservação.

Essa a interpretação metafísica transmitida por Heisenberg e, talvez, também por Bohr.

Estou longe de objetar a essa espécie de metafísica (embora não me sinta atraído por essa particular mistura de positivismo e de transcendentalismo). Nem faço objeção a que ela nos seja transmitida por meio de metáforas. Faço objeção, isto sim, contra a quase inconsciente disseminação da interpretação metafísica, frequentemente combinada com proclamações contrárias à Metafísica. Entendo, aliás, que essa interpretação não deveria desaparecer sem ser notada e, portanto, sem ser criticada.

É interessante, creio eu, que grande parte da obra de David Bohm pareça estar inspirada pela mesma espécie de metafísica. Caberia descrever-lhe a obra como uma valorosa tentativa de construir uma teoria física através da qual essa metafísica se tornasse clara e explícita. O propósito é louvável. Eu *gostaria* de saber, entretanto, se essa particular concepção metafísica é suficientemente válida e se realmente procede — considerando que ela não pode (já o vimos) encontrar apoio no experimento imaginário de Heisenberg, que se põe como fonte intuitiva de tudo.

Parece-me existir uma conexão óbvia entre o "princípio da complementariedade" de Bohr e essa concepção metafísica de uma realidade inacessível ao conhecimento — concepção que sugere "renúncia" (para usar a expressão favorita de Bohr) a nossas aspirações de conhecimento e limitação de nossos estudos, no campo da

Física, às aparências e suas inter-relações. Não examinarei, entretanto, essa conexão óbvia. Limitar-me-ei a debater alguns argumentos em favor da complementariedade, argumentos que se basearam em outros experimentos imaginários.

(11) Segundo linhas apologéticas semelhantes, Bohr analisou grande número de sutis experimentos imaginários relacionados com esse "princípio da complementariedade" (mais amplamente examinado em meu *Postscript; cf.* também meu trabalho "Three Views Concerning Human Knowledge" agora figurando em *Conjectures and Refutations,* 1963, cap. 3). Como são vagas e difíceis de discutir as formulações dadas por Bohr ao princípio da complementariedade, recorrerei a um livro muito conhecido e, sob vários aspectos, excelente, *Anschauliche Quantentheorie,* de P. Jordan (livro em que o meu *Logik der Forschung* foi incidental e rapidamente discutido).[15]

Jordan oferece de (parte) do conteúdo do princípio de complementariedade uma formulação que o coloca na mais estreita relação com o problema do *dualismo entre partículas e ondas.* A colocação é a seguinte: "Qualquer experimento que pusesse em evidência, *ao mesmo tempo,* tanto as propriedades ondulatórias quanto as propriedades de partículas apresentadas pela luz, não apenas contradiria as teorias clássicas (já nos habituamos a contradições dessa espécie) como também, acima e além disso, seria absurda no sentido lógico e matemático.[16]

Jordan ilustra o princípio citado através de recursos ao célebre experimento das duas fendas. (Ver o apêndice v.) "Admitamos que exista uma fonte, cuja luz monocromática atinge uma tela negra, onde há duas fendas (paralelas), próximas uma da outra. Admitamos, ainda, *por um lado,* que as fendas e a distância entre elas sejam suficientemente reduzidas (em comparação com o comprimento de onda da luz) a ponto de fazerem surgir franjas de interferência numa placa fotográfica, onde incide a luz que atravessa as duas fendas; e admitamos, *por outro lado,* que certo arranjo experimental permitisse determinar qual das fendas foi atravessada por um determinado fóton.[17]

Jordan assevera que "nessas duas pressuposições está contida uma contradição".[18]

Não contestarei esse ponto, a despeito de que a contestação não redundaria em absurdo lógico ou matemático (o que Jordan sugere, num dos trechos anteriormente citados); direi, antes, que as duas pressuposições, consideradas em conjunto, simplesmente contradiriam o formalismo da teoria quântica. Todavia, o que desejo é contestar outro ponto. Jordan vale-se do experimento para ilustrar a formulação que dá ao conteúdo do princípio da complementariedade. Pode-se mostrar, porém, que o próprio experimento com que Jordan ilustra o princípio refuta esse mesmo princípio.

---

15 Jordan, *Anschauliche Quantentheorie*, 1936, p. 282.

16 *Op. cit.*, p. 115.

17 *Op. cit.*, pp. 115 e seg. (Os grifos são de Jordan.)

18 *Op. cit.*, p. 116.

Consideremos a descrição que Jordan faz do experimento das duas fendas, omitindo, inicialmente, sua última pressuposição (a introduzida pelas palavras *"por outro lado")*. Surgem franjas de interferência na placa fotográfica. Trata-se, pois, de um experimento que "põe em evidência a natureza ondulatória da luz". Admitamos, agora, que a intensidade da luz seja suficientemente baixa para que se registrem, na placa, os distintos impactos dos fótons ou, em outras palavras, que a intensidade seja tão baixa a ponto de permitir que a análise das franjas considere-as devidas à densidade de distribuição de impactos dos fótons individuados. Teremos, então, um "experimento" que "põe em evidência, *ao mesmo tempo,* as propriedades ondulatórias e as propriedades corpusculares apresentadas pela luz" — ou, pelo menos, algumas dessas propriedades. Equivale isso a dizer que o experimento faz exatamente o que, segundo Jordan, deveria ser "absurdo em sentido lógico e matemático".

Afirma-se: houvesse como saber através de que fenda o fóton passou e teríamos, reconhecidamente, condição de determinar sua trajetória; e poderíamos, então, dizer que esse experimento (presumivelmente impossível) poria em evidência, de maneira ainda mais intensa, as propriedades de partícula apresentadas pelo fóton. Admito tudo isso; mas é irrelevante. Com efeito, o princípio defendido por Jordan não foi o de que *alguns* experimentos, possíveis à primeira vista, vêm a mostrar-se impossíveis — isso é trivial — mas foi o de que não há experimento algum que "ponha em evidência, *ao mesmo tempo,* as propriedades ondulatórias e corpusculares da luz". Essa asserção, nós o demonstramos, é simplesmente falsa: ela é refutada por *quase todos* os experimentos típicos da mecânica quântica.

Entretanto, que quereria Jordan asseverar? Quereria, talvez, asseverar que não há experimento capaz de pôr em evidência *todas* as propriedades ondulatórias e *todas* as propriedades corpusculares da luz. Evidentemente, não pode ter sido essa a sua intenção, pois que é impossível até mesmo um experimento que ponha em evidência, ao mesmo tempo, *todas* as propriedades ondulatórias — ainda que retiremos a exigência de ele evidenciar qualquer uma das propriedades corpusculares. (E o mesmo se poderá dizer se se tomar como ponto de referência as propriedades corpusculares.)

Realmente incômoda na argumentação de Jordan é a sua arbitrariedade. O que se disse torna óbvio que devem existir algumas propriedades ondulatórias e algumas propriedades corpusculares que em nenhum experimento se podem combinar. Esse fato, de início, é generalizado por Jordan e formulado como um princípio (formulação que refutamos). Logo a seguir, ele é ilustrado por um experimento imaginário que Jordan demonstra ser impossível. Não obstante, e como deixamos claro, a parte do experimento que todos admitem como possível refuta o princípio — ao menos do modo como Jordan o formulou.

Examinaremos, contudo, um pouco mais atentamente, a outra parte do experimento imaginário — a introduzida pelas palavras "por outro lado". Afirma-se que, se dispusermos de um meio de determinar a fenda através da qual a partícula passou, destruiremos as franjas. Muito bem. Estaremos, entretanto, destruindo as propriedades ondulatórias? Consideremos a operação mais simples: fechar uma das fendas. Se assim fizermos, permanecerão muitos sinais do caráter ondulatório da luz. (Mesmo com uma só fenda, temos uma distribuição de densidade que apresenta feição ondulatória.) E, não obstante, no caso, nossos oponentes admitem que as propriedades corpusculares se exibem, então, amplamente, pois, agora podemos acompanhar a trajetória da partícula.

(12) De um ponto de vista racional, são inadmissíveis todos esses argumentos. Não duvido de que, por detrás do princípio de complementariedade formulado por Bohr, exista uma interessante ideia intuitiva. Contudo, nem ele, nem qualquer adepto de sua escola conseguiu explicá-la a qualquer dos críticos que — à semelhança de Einstein, esforçaram-se, durante anos, por entendê-la.[19]

Minha impressão é a de que essa ideia possa corresponder à ideia metafísica, descrita acima, no ponto (10). Talvez eu me engane, mas, seja ela qual for, acho que Bohr nos deve uma explicação melhor.[20]

(13) (Adendo, 1968 — da edição alemã) Minha atual maneira de encarar a teoria quântica está expressa no artigo "Quantum Mechanics Without 'The Observer'", que se encontra no livro *Quantum Theory and Reality*, organizado por Mario Bunge, 1967 — e ao qual também acrescentei uma pequena bibliografia. Esse artigo coaduna-se com o que foi dito neste livro (1934), no capítulo nono. Em especial, o *problema da redução do pacote de ondas* também é resolvido como aqui *(cf.* final da seção 76). A alteração está na colocação das *probabilidades "formalistas"*: a formulação que aqui se encontra nas seções 71 e 76 foi substituída pela "interpretação em termos de propensões" — mostrando-se que as tendências para a verdade podem ser interpretadas como realidades físicas, tal como as forças ou os campos de forças.

---

19 *Cf. Albert Einstein: Philosopher-Scientist*, org. por P. A. Schilpp, 1949, p. 674.

20 (Acrescentado em 1967) Uma discussão mais ampla de alguns desses problemas encontra-se em meu trabalho "Quantum Mechanics Without 'The Observer'", in *Quantum Theory and Reality*, org. por Mario Bunge, 1967, pp. 7-44.

O experimento de Einstein, Podolski e Rosen.

Carta escrita por Albert Einstein, 1935.

A carta de Albert Einstein, aqui reproduzida em tradução, refuta, de maneira breve e decisiva, o experimento imaginário que propus na seção 77 do livro (referindo-se também a uma versão ligeiramente diversa contida em trabalho inédito) e, em prosseguimento, descreve, com admirável clareza, o experimento imaginário de Einstein, Podolski e Rosen *(Physical Review,* vol. 47, 1935, pp. 777-780; *cf.* minha nota ao título da seção 77 e a seção 3 do apêndice *xi).

Além desses dois pontos, a carta contém observações acerca da relação entre teoria e experimento, em geral, e acerca da influência das ideias positivistas sobre a interpretação da teoria quântica.

Os dois últimos parágrafos da carta dizem respeito a um problema examinado no livro (e em meu *Postscript)* — o problema das probabilidades subjetivas e do colher conclusões estatísticas a partir do não sabido. Quanto a este ponto, continuo a discordar de Einstein: entendo que retiramos essas conclusões probabilísticas a partir de conjecturas acerca de equidistribuição (conjecturas que, frequentemente, são muito naturais e, talvez por esse motivo, nem sempre conscientemente elaboradas), ou seja, de premissas probabilísticas.

Os testamenteiros literários de Einstein exigiram que, vindo a ser publicada uma tradução de carta, fosse publicado, ao mesmo tempo, o texto original. Isso me sugeriu a ideia de reproduzir o próprio manuscrito da carta.

Old Lyme. 11. IX. 35.

Lieber Herr Popper!

Ich habe Ihre Abhandlung angesehen und stimme weitgehend überein.* Nur glaube ich nicht an die Herstellbarkeit eines „überreinen Falles", der es erlauben würde, Ort und Impuls (Farbe) eines Lichtquants mit „unzulässiger" Genauigkeit zu prognostizieren. Ihr Mittel (Blende mit Momentan-Verschlussklappe in Verbindung mit selektiv durchlässigem Gläsersatz) halte ich aus dem Grunde für prinzipiell unwirksam, weil ich bestimmt glaube, dass ein solches Filter „ortsverschmierend" wirkt wie etwa ein Beugungsgitter.

Meine Begründung ist folgende. Denken Sie an ein kurzes Lichtsignal (genauer Ort). Um die Wirksamkeit des Absorptionsfilters bequem zu übersehen, denke ich mir dieses rein formal in eine grosse Anzahl von quasi-monochromatischen Wellenzügen W_n zerlegt. Der Absorptionssatz wirke auf alle W_n (Farben) zerstörend bis auf W_1. Diese Wellengruppe hat aber eine erhebliche Ausdehnung, weil sie quasi-monochromatisch ist (Ortsverschmierung); d. h. das Filter wirkt notwendig „ortsverschmierend".—

Mir gefällt das ganze modische „positivistische" Kleben am Beobachtbaren überhaupt nicht. Ich

---

* Hauptsache: Die ψ-Funktion charakterisiert eine (statistische) System-Gesamtheit, nicht ein Einzelsystem. Dies ist auch das Ergebnis der weiter unten dargelegten Betrachtung. Diese Auffassung macht es auch überflüssig, zwischen „reinen" und „nicht-reinen" Fällen besonders zu unterscheiden

halte es für trivial, dass man auf atomistischem Gebiete nicht beliebig genau prognostizieren kann und denke, dass Theorie nicht aus Beobachtungsresultaten fabriziert sondern nur erfunden werden kann (wie Sie übrigens auch).–

Ich habe keine Exemplare meiner mit den Herrn Rosen und Podolski zusammen verfassten Arbeit hier, kann Ihnen aber kurz sagen, um was es sich handelt.

~~Wie Sie schon hervorgehoben haben.~~

Man kann sich fragen, ob der statistische Charakter unserer experimentellen Befunde gemäss der heutigen Quantentheorie *erst durch die fremden Eingriffe inklusive Messungen veranlasst wird*, während die Systeme als solche – durch eine ψ-Funktion beschrieben – sich an sich deterministisch verhalten. Heisenberg liebäugelt mit einer solchen Auffassung, ohne sie konsequent zu vertreten. Man kann auch so fragen: Ist die ψ Funktion, die sich nach der Schrödingergleichung zeitlich deterministisch verändert, nicht als (vollständige) Beschreibung der physikalischen Realität aufzufassen, wobei lediglich der fremde (ungenügend bekannte) Eingriff durch Beobachtung dafür verantwortlich ist, dass die Prognosen nur statistischen Charakter haben?

Wir kommen zu dem Ergebnis, dass die ψ-Funktion nicht als vollständige Beschreibung des physikalischen Zustandes eines Systems aufgefasst werden kann.

Wir betrachten ein Gesamtsystem, das aus den Teilsystemen A und B besteht, die nur während einer beschränkten Zeit in Wechselwirkung miteinander stehen.

Die ψ-Funktion des Gesamtsystems <u>vor</u> der Wechselwirkung (z. B. Zusammenstoss zweier freier Teilchen) sei bekannt. Die Schrödinger-Gleichung liefert dann die ψ Funktion des Gesamtsystems <u>nach</u> der Wechselwirkung. (nach der Wechselwirkung)

Es werde nun am Teilsystem A eine (vollständige) Messung ausgeführt, was aber in verschiedener Weise möglich ist, je nach den Variabeln, die man (genau) misst (z. B. Impuls <u>oder</u> Koordinate). Die Quanten-Mechanik liefert dann die ψ Funktion für das Teilsystem B, <u>und zwar verschiedene, je nach der Wahl der Messung, die man an A ausgeführt hat.</u>

Da es aber ungereimt ist, anzunehmen, dass der physikalische Zustand von B davon abhängig sei, was für eine Messung ich an dem von ihm getrennten System A vornehme, so heisst dies, dass zu demselben physikalischen Zustande von B zwei verschiedene ψ-Funktionen gehören. Da eine <u>vollständige</u> Beschreibung eines physikalischen Zustandes notwendig eine <u>eindeutige</u> Beschreibung sein muss (abgesehen von Äusserlichkeiten wie Einheiten, Koordinatenwahl etc.), so kann die ψ-Funktion nicht als die <u>vollständige</u> Beschreibung des Zustandes aufgefasst werden.

Natürlich wird ein orthodoxer Quantentheoretiker sagen, es gebe eben keine vollständige Beschreibung bezw. nur die statistische Beschreibung einer Systemgesamtheit und nicht <u>eines</u> Systems. Aber erstens soll er dies <u>sagen</u> (und zweitens glaube ich nicht, dass wir uns für die Dauer mit einer so fadenscheinigen Naturbeschreibung werden begnügen müssen).

Zu beachten ist, dass die (exakten) Prognosen, zu welchen ich (je nach freier Wahl der Messungsart an A) für das System B gelangen kann, sich zu einander sehr wohl wie Impulsmessung und Ortsmessung verhalten können. Man kann also nicht wohl um die Auffassung herumkommen, dass das System B thatsächlich einen bestimmten Impuls und eine bestimmte Koordinate hat. Denn was ich nach freier Wahl prophezeihen kann, das muss auch in der Wirklichkeit existieren. —

Meiner Meinung nach ist die gegenwärtige prinzipiell statistische Beschreibung nur ein Durchgangsstadium. — Ich möchte nochmals sagen, dass ich Ihre Behauptung, dass aus einer deterministischen Theorie keine statistischen Sätze gefolgert werden können, nicht für richtig halte. Denken Sie nur an die klassische statistische Mechanik (Gastheorie, Theorie der Brown'schen Bewegung). Beispiel: ein materieller Punkt läuft gleichförmig auf einer geschlossenen Kreisbahn; ich kann die Wahrscheinlichkeit rechnerisch bestimmen, ihn zu einer bestimmten Zeit auf einem bestimmten Teil der Peripherie anzutreffen. Wesentlich ist nur, dass ich den Anfangszustand nicht oder nicht genau kenne!

Freundlich grüsst Sie Ihr

A. Einstein

Old Lyme, 11, IX, 1935.

Prezado sr. Popper

Li seu trabalho e, de modo geral *(weitgehend),* concordo.* Só não admito a possibilidade de produzir um "exemplo superpuro" que nos permitisse prever a posição e o momento (cor) de um fóton, com precisão "inadmissível". O meio que o senhor propõe (uma tela com obturador rápido, conjugado a um conjunto seletivo de filtros de vidro) parece-me, em princípio, ineficaz, pois entendo que um filtro dessa espécie agiria de maneira a "anuviar" a posição, tal como ocorre com um reticulado espectroscópico.

Minha linha de pensamento é a seguinte: consideremos um curto sinal luminoso (posição precisa); para que se tornem mais facilmente perceptíveis os efeitos de um filtro absorvente, admito que o sinal se abra num número maior de trens de ondas quase-monocromáticas, W_n. Admitamos que os filtros absorvam todas as cores W_n, exceto uma delas, W_1. Ora, esse grupo de ondas terá considerável extensão espacial ("anuviamento" de sua posição) porque é quase-monocromático; e isso quer dizer que o filtro "anuviará", necessariamente, a posição.

Não me agrada absolutamente a tendência "positivista", ora em moda *(modische),* de apego ao observável. Considero trivial dizer que, no âmbito das magnitudes atômicas, são impossíveis predições com qualquer grau desejado de precisão, e penso (como o senhor, aliás) que a teoria não pode ser fabricada a partir de resultados de observação, mas há de ser inventada.

Não disponho, no momento, de cópias do trabalho que escrevi em colaboração com o sr. Rosen e o sr. Podolski, mas posso dizer-lhe, resumidamente, do que nele se trata.

Cabe indagar se, do ponto de vista da teoria quântica atual, o caráter estatístico de nossas verificações experimentais é *simples consequência de interferirmos externamente sobre o sistema (e nisto se inclui o ato de medi-lo),* enquanto que os sistemas em si mesmos — descritos por uma função ψ — comportam-se de maneira determinista. Heisenberg corteja *(liebäugelt)* essa interpretação, sem adotá-la de todo. E a indagação pode também ser posta nos termos seguintes: devemos considerar a função ψ (cujas alterações dependentes do tempo são, de acordo com a equação de Schrödinger, de cunho determinista) como uma descrição completa da realidade e devemos, em consequência considerar a (insuficientemente conhecida) interferência externa sobre o sistema como a única responsável pelo fato de nossas predições terem caráter meramente estatístico?

A resposta a que chegamos é a de que a função não deve ser encarada como uma descrição completa do estado físico de um sistema.

Consideremos um sistema compósito, formado por sistemas parciais A e B, que só interagem durante breve período de tempo.

---

* Ponto principal: a função ψ caracteriza um agregado estatístico de sistemas, e não um sistema único. Isso é também consequência das considerações adiante expostas. Essa concepção torna desnecessário distinguir, de modo mais pormenorizado, entre casos "puros" e "não puros".

Admitamos conhecer a função ψ do sistema compósito, *antes* que a interação-colisão de duas partículas livres, por exemplo — tenha ocorrido. A equação de Schrödinger, fornecer-nos-á a função ψ do sistema compósito, *após* a interação.

Suponhamos que agora (após a interação) realiza-se, a propósito do sistema A, uma medida ótima (*vollständige*), que pode ser efetuada de vários modos, na dependência, entretanto, das variáveis que se deseje medir com precisão — por exemplo, a coordenada do momento ou da posição. A mecânica quântica nos proporcionará, então, a função ψ para o sistema parcial B e nos proporcionará *diversas funções ψ, que diferirão de acordo com a espécie de medida que tenhamos decidido efetuar em relação a A.*

Ora, é desarrazoado admitir que o estado físico de B possa depender da espécie de medida efetuada em relação a um sistema A que está, na ocasião, separado de B (de sorte que não mais interage com B) — e isso significa que duas funções diferentes ψ pertencem a um e ao mesmo estado de B. Como a descrição *completa* de um estado físico deve ser uma descrição *isenta de ambiguidade* (postos de lado aspectos superficiais, como unidades, escolha de coordenadas, etc.), não é possível considerar a função ψ uma descrição *completa* do estado do sistema.

O adepto ortodoxo da teoria quântica dirá que não existe o que mereceria o nome de descrição completa e que só podemos chegar à descrição estatística de um *agregado* de sistemas, e não à descrição de um sistema *singular*. Antes de tudo, entretanto, ele deveria dizê-lo claramente; e, em segundo lugar, não creio que devamos satisfazer-nos, para sempre, com uma descrição da natureza vazada em termos tão frouxos e imprecisos.

Importa assinalar que algumas das predições precisas que posso estabelecer para o sistema B (a partir da maneira livremente escolhida de medir A) talvez estejam relacionadas entre si, da mesma forma como se relacionam as medidas de momento e posição. À vista disso, dificilmente se pode evitar a conclusão de que o sistema B tem uma coordenada de momento e uma coordenada de posição definidas. Com efeito, se decidindo livremente agir assim (isto é, decidindo não interferir), posso predizer algo, então esse algo deve existir realmente.

Um (método de) descrição que, à semelhança do atualmente em uso, seja estatístico, em princípio, só pode ter, em minha opinião, um caráter passageiro.

Eu gostaria de repetir* que não considero correta sua tese de que é impossível retirar conclusões estatísticas a partir de uma teoria determinista. Pense tão somente na mecânica estatística clássica (teoria dos gases ou teoria do movimento browniano). Exemplo: um ponto material se move, com velocidade constante, num círculo fechado; posso calcular a probabilidade de, em dado instante, encontrá-lo em determinada parte da periferia. O que é essencial é apenas isto: que eu não conheça o estado inicial ou que não o conheça com precisão.

Atenciosamente,

seu

A. Einstein

---

* Trata-se de alusão a uma carta anterior. K. R. P.

Outros apêndices

Observação (da edição alemã, 1973)

A primeira edição alemã de *Logik der Forschung* apareceu no outono de 1934 (mas com data de 1935), publicada pela Julius Springer Verlag, em Viena. Nessa primeira edição, o livro trazia o subtítulo "Zur Erkenntnistheorie der Modernen Naturwissenschaft". A segunda edição alemã, de 1966, foi consideravelmente ampliada, com várias notas e apêndices. Os acréscimos foram mantidos (com ligeiros aperfeiçoamentos) na edição inglesa da obra, *The Logic of Scientific Discovery*, publicada em Londres (Hutchinson, 1959; 5a edição revista, 1968) e em Nova Iorque (Basic Books, 1959).

A tradução para a língua alemã dessa edição inglesa, autorizada pelo Autor, foi elaborada pelo Dr. Leonhard Walentik, de Viena. A terceira edição alemã, de 1969, foi ampliada pelo Autor, recebendo vários adendos. A quarta edição alemã, de 1971, também foi revista e melhorada pelo Autor.

Nota prévia dos editores (Edição alemã, 1973)

A quinta edição de *Logik der Forschung*, assim como a quarta (bem como a terceira, de 1969, e a segunda, de 1966), está organizada de modo a permitir uma separação clara entre o texto, as notas e os apêndices da primeira edição (1934), de um lado, e as minúcias de adendos posteriores, de outro lado. O *texto* da primeira edição só recebeu alguns poucos acréscimos, facilmente identificáveis por meio de "*Adendo", com a data correspondente.

O que foi acrescentado às notas de pé de página pode ser facilmente localizado, pois se faz preceder de um asterisco (*). Notas novas também se separam das antigas, porque receberam numeração independente, com um asterisco à frente. O asterisco também precede acréscimos introduzidos em notas antigas, cujos números foram mantidos como na primeira edição.

Doze *novos apêndices* são igualmente identificados pelos asteriscos (de *i a *xii), distinguindo-se, pois, dos seis apêndices antigos (de i a vi).*

Trechos melhorados, escritos após 1934 (e decorrentes, em parte, do preparo da edição inglesa foram incorporados à terceira e à quarta edições. Entre outros

* Cumpre notar que os apêndices numerados sem asterisco são, aliás, sete — e não seis. Estão numerados de i até vii. A primeira edição inglesa, de 1959, já continha os sete apêndices. (N. T.)

aperfeiçoamentos, releva salientar que foram acrescentadas referências a novos trabalhos do Autor e os oito** *adendos* (ao final dos capítulos 5, 6, 7, 10 e ao final dos novos apêndices *v, *vii, *viii e *xi).

Nota para a versão inglesa da obra

The Logic of Scientific Discovery é uma tradução de *Logik der Forschung*, publicado em Viena, durante o outono de 1934, mas com a indicação "1935". A tradução foi preparada pelo autor, com a colaboração do Dr. Julius Freed e de Lan Freed.

O texto original, de 1934, não foi modificado nesta versão inglesa. Como em geral acontece, a tradução é um pouco mais longa do que o original. Palavras e frases, para as quais faltavam expressões equivalentes, tiveram de ser parafraseadas. Sentenças tiveram de ser partidas e reagrupadas — o que ocorreu com frequência, pois o texto a traduzir estava escrito de maneira condensada (e havia sido cortado, de modo drástico, para atender a certas exigências da casa publicadora). Sem embargo, o autor não quis aumentar o texto e não aceitou a ideia de restaurar as passagens que haviam sido omitidas na versão alemã (com exceção de umas poucas palavras colocadas entre colchetes e de algumas notas de pé de página).

Para atualizar a obra, contudo, o autor acrescentou-lhe novos apêndices e novas notas de pé de página. Em alguns casos, há simples ampliação do texto ou correção que se impunha; em outros, porém explica-se a mudança de pensamento do autor e a maneira que hoje adotaria para refrasear seu pensamento.

Os adendos — novas notas de pé de página e novos apêndices acham-se assinalados por números com um asterisco (*). As notas de pé de página que sofreram alterações também têm essas alterações indicadas pelo mesmo sinal (salvo se consistem apenas em referência a uma edição inglesa de obra originalmente citada em alemão).

Nessas seções assinaladas encontram-se referências a um volume que deve ser continuação deste, intitulado *Postscript: After Twenty Years* (inédito, ainda). Capítulos e seções do novo livro também serão marcados com asterisco. (Como essa obra nova não tem apêndices, todas as referências a apêndices, com ou sem asteriscos, dizem respeito ao presente volume.) Os dois volumes ocupam-se dos mesmos problemas. Embora sejam reciprocamente complementares, são independentes.

Importa mencionar que, neste volume, foi alterada a numeração dos capítulos. No original, os números iam de i a ii (parte i) e de i a viii (parte ii). Agora estão numerados de i a x.

** A nota prévia diz que são *oito* adendos; todavia, há *nove*. Oito são de 1968, e se encontram nos locais indicados. Mas há ainda um adendo de 1971, junto ao adendo de 1968, ao final do capítulo 6. (N. T.)

PREFÁCIO À PRIMEIRA EDIÇÃO INGLESA, 1959

No Prefácio de 1934, tentei explicar — temo que de um modo demasiado sintético — a atitude que tomava com respeito à situação então prevalecente em Filosofia e, especialmente, em relação à Filosofia Linguística e à escola dos analistas da linguagem daqueles tempos. Neste novo Prefácio, tenciono expor minha atitude para com a situação presente e em face das duas principais escolas de análise da linguagem hoje existentes. Agora, como então, dou importância aos analistas da linguagem, não apenas como oponentes, mas também como aliados, na medida em que aparecem como quase os únicos filósofos existentes a se preocuparem com manter vivas algumas das tradições da Filosofia Racional.

Os analistas da linguagem acreditam que não existem problemas filosóficos genuínos, asseverando que os problemas de Filosofia, se existem, são problemas de uso de linguagem ou de significado de vocábulos. Eu, entretanto, acredito que exista pelo menos um problema filosófico no qual todos os homens de cultura estão interessados. É o problema da Cosmologia: *o problema de compreender o mundo — inclusive nós próprios e nosso conhecimento como parte do mundo.* Segundo entendo, toda ciência é Cosmologia e, para mim, o interesse que tem a Filosofia, assim como o que tem a Ciência, reside apenas nas contribuições que elas trazem para a Cosmologia. Tanto a Filosofia como a Ciência perderiam, a meu ver, todo o atrativo, se abandonassem esse alvo. Reconhecidamente, compreender as funções da linguagem é uma parte relevante da compreensão do mundo; não o é, contudo, descartar nossos problemas como simples "charadas" linguísticas.

Os analistas da linguagem consideram-se praticantes de um método peculiar à Filosofia. Entendo que estão enganados, pois defendo a tese apresentada a seguir.

Os filósofos são tão livres como quaisquer outros estudiosos no que concerne ao uso do método que lhes pareça mais adequado para a busca da verdade. *Não há método peculiar à Filosofia.*

Uma segunda tese, que eu gostaria de propor aqui, é esta:

O problema central da Epistemologia sempre foi e continua a ser o problema do aumento do saber. *O aumento do saber pode ser mais bem analisado se analisarmos o aumento do conhecimento científico.*

Não me parece que o estudo do aumento do saber possa ver-se substituído pelo estudo dos usos linguísticos ou dos sistemas de linguagem.

Contudo, estou pronto a admitir a existência de um método que possa ser chamado de "o método da Filosofia". Não é ele, porém, característico da Filosofia; é, antes, o método de toda *discussão racional* e, consequentemente, tanto das Ciências

Naturais como da Filosofia. O método a que me refiro é o de enunciar claramente o problema e examinar, *criticamente,* as várias soluções propostas.

Sublinhei as expressões "discussão racional" e "criticamente" para acentuar que ponho no mesmo nível a atitude racional e a atitude crítica. Importa realçar: sempre que propomos uma solução para um problema, devemos tentar, tão intensamente quanto possível, pôr abaixo a mesma solução, ao invés de defendê-la. Infelizmente, poucos de nós observamos esse preceito; felizmente, outros farão as críticas que nós deixarmos de fazer. A crítica, porém, só será frutífera se enunciarmos o problema tão precisamente quanto nos seja possível, colocando a solução por nós proposta em forma suficientemente definida — forma suscetível de ser criticamente examinada.

Não nego que algo possível de ser denominado "análise lógica" tenha como desempenhar um papel nesse processo de esclarecer e aprofundar os problemas e as soluções por nós propostas; eu não afirmo que os métodos de "análise lógica" ou de "análise linguística" sejam necessariamente inúteis. A tese por mim defendida é, antes, a de que esses métodos estão longe de se constituírem nos únicos que um filósofo possa utilizar com vantagem, e sustento que eles não são característicos da Filosofia. Não são mais característicos da Filosofia do que qualquer outra investigação científica ou racional.

Talvez se indague quais outros "métodos" poderiam ser utilizados por um filósofo. Minha resposta é que, embora existam numerosos "métodos" diferentes, não estou interessado em enumerá-los. Não me importa que método um filósofo (ou qualquer outra pessoa) use, contanto que esteja enfrentando um problema interessante e contanto que esteja sinceramente empenhado em resolvê-lo.

Dentre os vários métodos possíveis de usar — sempre dependentes, como é natural, do problema em pauta — um deles parece-me merecedor de menção. É uma variante do método histórico (hoje fora de moda). Consiste, simplesmente, em tentar saber o que outras pessoas pensaram e disseram acerca do problema em causa: por que se viram compelidas a enfrentá-lo; como o formularam; como tentaram solvê-lo. Isso me parece importante porque é parte do método geral de discussão racional. Se ignoramos o que outras pessoas pensam ou pensaram, no passado, a discussão racional se encerrará, embora cada um de nós possa prosseguir alegremente, falando consigo mesmo. Alguns filósofos fizeram do falar a si mesmos uma virtude, talvez porque lhes pareceu não existir alguém em condições de ouvi-los. Temo que a prática do filosofar, nesse plano algo rarefeito, possa ser um sintoma de declínio da discussão racional. Não há dúvida de que Deus fala principalmente consigo mesmo, porque não existe quem seja digno de ouvi-lo. Contudo, um filósofo deveria saber que não é mais divino do que qualquer outro homem.

Há várias razões históricas interessantes para explicar a crença generalizada de que o verdadeiro método da Filosofia é o da chamada "análise linguística".

Uma dessas razões é o entendimento procedente de que os *paradoxos lógicos,* como o do mentiroso ("Estou mentindo") ou os apontados por Bertrand Russell, Richard e outros, reclamam, para solução, o método da análise linguística, que traça a famosa distinção entre expressões significativas (ou "bem formadas") e expressões linguísticas sem significado. Esse correto entendimento combina-se, então, com o errôneo entendimento de que os problemas tradicionais da Filosofia surgem da tentativa de resolver *paradoxos filosóficos* que teriam estrutura análoga à dos *paradoxos lógicos,* de modo que a distinção entre o discurso significativo e o discurso destituído de significado seria também de importância vital para a Filosofia. Facilmente se mostra que essa maneira de ver é improcedente. Na verdade, pode-se demonstrá-lo através de análise lógica. Esta revela, com efeito, que certo tipo característico de reflexividade ou de autorreferência, presente em todos os paradoxos lógicos, está ausente de todos os chamados paradoxos filosóficos — e até mesmo das antinomias de Kant.

O motivo principal para a exaltação do método de análise linguística parece ter sido o seguinte: imaginou-se que o chamado *"novo rumo das ideias"* de Locke, Berkeley e Hume, ou seja, o método psicológico, ou melhor, pseudopsicológico, de analisar nossas ideias e seu alicerce sensorial, deveria ser substituído por um método mais "objetivo" e menos genético. Imaginou-se que deveríamos analisar as palavras e seus respectivos significados ou empregos, e não as "ideias" ou "concepções" ou "noções"; que deveríamos analisar proposições ou enunciados ou sentenças, e não "pensamentos" ou "crenças" ou "juízos". Admito, sem hesitação, que esta substituição do "novo rumo das ideias" de Locke por um "novo rumo das palavras" constituiu-se num avanço de que se tinha urgente necessidade.

Compreende-se que todos quantos viram no "novo rumo das ideias" o verdadeiro método da Filosofia possam assim haver adotado a crença de que o "novo rumo das palavras" é o verdadeiro método da Filosofia. Dessa provocante crença discordo fortemente. Mas, a propósito, farei apenas dois comentários críticos. Em primeiro lugar, o "novo rumo das ideias" nunca deveria ter sido considerado o principal método da Filosofia, para não falar em método verdadeiro. O próprio Locke o introduziu apenas como um método para enfrentar certas preliminares (preliminares de uma ciência da Ética) e ele foi usado por Berkeley e Hume, sobretudo como arma para ferir os opositores. A interpretação que davam ao mundo — mundo de coisas e de homens — e que se preocuparam em transmitir-nos, jamais se baseou nesse método. Berkeley não fundamentou suas concepções religiosas, nem Hume suas teorias políticas (embora tenha alicerçado nele o seu determinismo).

Minha objeção mais séria ao entendimento de que o "novo rumo das ideias" ou o "novo rumo das palavras" é o principal método da Epistemologia — ou talvez mesmo da Filosofia — resume-se no que a seguir exponho.

O problema da Epistemologia pode ser abordado de dois ângulos: 1) como problema de *conhecimento comum,* ou ordinário, e 2) como problema de *conhecimento científico.* Os filósofos que se inclinam pela primeira forma de abordagem acreditam, corretamente, que o conhecimento científico só pode ser uma extensão do conhecimento ordinário, e acreditam, ainda, erroneamente, que o conhecimento comum é, dentre os dois, o de mais fácil análise. Dessa maneira, os mencionados filósofos substituem o "novo rumo das ideias" por uma análise da *linguagem comum*

— da linguagem em que se formula o conhecimento comum. Substituem a análise da visão ou percepção ou conhecimento ou crença pela análise de frases "vejo" ou "percebo" ou "sei" ou "creio", "considero-o provável"; ou talvez pela análise da palavra "talvez".

Àqueles que se inclinam por admitir essa abordagem da teoria do conhecimento devo responder nos termos seguintes: embora eu concorde com a ideia de que o conhecimento científico constitua mero desenvolvimento do conhecimento ordinário, ou do conhecimento comum, contesto que os problemas de maior importância e mais fascinantes da Epistemologia devam permanecer completamente ocultos para os que se confinam a analisar o conhecimento comum, ou ordinário, ou sua formulação em linguagem vulgar.

Eu gostaria de aludir apenas a um exemplo do tipo de problema que tenho em mente: o problema do *desenvolvimento* de nosso conhecimento. Breve reflexão mostra que a maioria dos problemas relacionados com o desenvolvimento do nosso saber deve transcender, necessariamente, todo o estudo que se restrinja ao campo do conhecimento comum, visto como oposto ao conhecimento científico. Aliás, a mais importante forma de desenvolvimento do conhecimento comum consiste, precisamente, em ele transformar-se em conhecimento científico. E ainda, parece indiscutível que o desenvolvimento do conhecimento científico é o exemplo mais notável e interessante de desenvolvimento do saber.

Importa lembrar, neste contexto, que quase todos os problemas da Epistemologia tradicional relacionam-se com o problema do desenvolvimento do saber. Inclino-me a dizer ainda mais: de Platão a Descartes, Leibniz, Kant, Duhem e Poincaré; e de Bacon, Hobbes e Locke a Hume, Mill e Russell, a teoria do conhecimento esteve insuflada da esperança de que nos permitiria não apenas saber mais acerca do conhecimento, mas ainda contribuir para o avanço do conhecimento — no caso, do conhecimento científico. (A única exceção a essa regra, possivelmente, é, dentre os grandes pensadores, a figura de Berkeley.) A maior parte dos filósofos que acreditam que a análise da linguagem comum é o método característico da Filosofia, parecem ter perdido o admirável otimismo que inspirava a tradição racionalista. A atitude que tomam é, aparentemente, a de resignação, senão de desespero. Não se dá apenas que entreguem o avanço do conhecimento aos cuidados do cientista; chegam a definir a Filosofia de maneira tal que ela se torna, por definição, incapaz de levar a qualquer contribuição para nosso conhecimento do mundo. A automutilação que essa definição surpreendentemente persuasiva reclama é coisa que não me atrai. Não há o que possa ser chamado essência da Filosofia, a ser retirada e condensada numa definição. Uma definição da palavra "filosofia" só pode ter o caráter de convenção, de acordo; e de modo algum vejo mérito na arbitrária proposta de definir a palavra "filosofia" de maneira que possa impedir o estudioso de Filosofia de tentar contribuir, *qua* filósofo, para o avanço de nosso conhecimento acerca do mundo.

Tenho também por paradoxal o fato de os filósofos que se orgulham em especializar-se no estudo da linguagem comum acreditarem que sabem o suficiente acerca de Cosmologia para terem certeza de que esta difere tanto da Filosofia, em essência, a ponto de a Filosofia não estar em condições de oferecer qualquer contribuição para seu aperfeiçoamento. Sem dúvida, eles estão enganados. É um fato que as ideias puramente metafísicas — e, portanto, as ideias filosóficas — têm-se revelado da maior importância para a Cosmologia. De Tales a Einstein, do atomismo antigo às especulações de Descartes acerca da matéria, das considerações de Gilbert, Newton, Leibniz e Boscovic, a propósito das forças, às de Faraday e Einstein, a respeito de campos de forças — a Metafísica sempre indicou rumos.

Tais são, em resumo, as razões que tenho para acreditar que, mesmo dentro da província da Epistemologia, a primeira abordagem atrás referida — ou seja, a análise do conhecimento por meio da análise da linguagem comum — é demasiado acanhada e leva a ignorar os problemas de maior interesse.

Entretanto, estou longe de concordar com os filósofos que se inclinam por adotar a outra abordagem da Epistemologia — abordagem através da análise do conhecimento científico. Para esclarecer, mais simplificadamente, meus pontos de discordância e meus pontos de concordância, subdividirei os filósofos adeptos dessa outra forma de abordagem distribuindo-os em dois grupos.

No primeiro grupo colocam-se os que pretendem estudar "a linguagem da Ciência" e que elegem por método filosófico a construção de linguagens artificiais, ou seja, a construção do que acreditam ser modelos da "linguagem da Ciência".

O segundo grupo não se restringe ao estudo da linguagem da Ciência ou de qualquer outra linguagem, e não opta por um método filosófico determinado. Seus adeptos filosofam de muitas maneiras diversas, porque são muito diferentes os problemas que desejam resolver; adotam de boa vontade qualquer método que julguem capaz de ajudá-los a colocar mais claramente os problemas ou a apontar uma solução, ainda que provisória.

Inicialmente, farei referência àqueles que elegem o método de construção de linguagens científicas artificiais. Historicamente, também eles partem do "novo rumo das ideias". Também eles substituem o (pseudo) psicológico método do velho "rumo novo" pela análise linguística. Contudo, talvez devido às consolações espirituais oferecidas pela esperança do conhecimento que seja "exato" ou "preciso" ou "formalizado", o objeto escolhido para a análise linguística é "a linguagem da *Ciência*" e não a linguagem comum. Infelizmente, ao que tudo leva a crer, não há o que se chamaria "a linguagem da Ciência". Assim, veem-se esses filósofos diante da necessidade de construir essa linguagem. Todavia, a construção de um amplo modelo de linguagem da Ciência, capaz de operar — modelo de que se pudesse valer uma ciência real como a Física — mostra-se algo difícil na prática; por esse motivo, vemos esses filósofos empenhados na construção de intrincados modelos operativos em miniatura — vastos sistemas de pequenas miudezas.

A meu ver, esse grupo de filósofos fica tendo nas mãos o pior de ambos os mundos. Pelo método a que recorrem, para construir modelos miniaturizados de linguagens, eles mantêm-se alheios aos mais fascinantes problemas da teoria do conhecimento — os que dizem respeito a seu avanço. Com efeito, o emaranhado dos petrechos não guarda relação com sua eficácia e, praticamente, não há teoria científica de interesse possível de ser traduzida nesses vastos sistemas de minúcias. Esses modelos de linguagem não guardam conexão nem com a ciência nem com o senso comum.

Efetivamente, os modelos de "linguagens da Ciência" construídos por esses filósofos nada têm a ver com a linguagem da Ciência moderna. Pode-se percebê-lo com base nas observações que se seguirão e que se aplicam aos três modelos de linguagem mais amplamente conhecidos (esses modelos são mencionados nas notas 13 e 15 do apêndice *vii e nota *2 do número 38). O primeiro desses modelos de linguagem carece até mesmo de recursos para expressar identidade. Como consequência, não pode traduzir uma equação: não inclui a mais primitiva aritmética. O segundo modelo só opera na medida em que lhe acrescentamos os meios de demonstrar os teoremas comuns da Aritmética, como, por exemplo, o teorema de Euclides, que assevera não existir um maior número primo, ou mesmo o princípio de que todo número tem um sucessor. No terceiro modelo de linguagem — o mais refinado e famoso — vemos novamente que a Matemática não pode ser formulada e, o que é mais interessante ainda, não há possibilidade de exprimir propriedades mensuráveis. Por essas razões, e por muitas outras, os três modelos de linguagem são demasiado pobres para terem utilidade em qualquer ciência. São, ainda, naturalmente, mais pobres que as linguagens comuns, inclusive as de maior primitivismo.

As limitações mencionadas foram introduzidas nos modelos de linguagens simplesmente porque, de outra maneira, as soluções propostas pelos autores, para os problemas enfrentados, não teriam relevância. Esse fato pode ser facilmente demonstrado e, em parte, foi demonstrado por esses mesmos autores. Não obstante, todos eles parecem advogar dois pontos: a) o de que os métodos propostos, de um modo ou de outro, mostram-se capazes de solver problemas de teoria do conhecimento científico ou, em outras palavras, mostram-se aplicáveis à Ciência (embora, na verdade, só sejam aplicáveis, com alguma precisão, ao discurso de um tipo extremamente primitivo); e b) o de que os métodos propostos são "exatos", ou "precisos". É claro que esses dois pontos não podem ser simultaneamente admitidos.

O método de construir modelos artificiais de linguagem é incapaz de equacionar os problemas relativos ao crescimento de nosso saber; é menos capaz de fazê-lo do que o método de análise das linguagens comuns, simplesmente porque esses modelos de linguagem são mais pobres do que as linguagens comuns. Em consequência de sua pobreza, eles proporcionam apenas o mais primário e desorientador modelo de crescimento do saber — o modelo de um amontoado acumulativo de enunciados observacionais.

Passo agora a ocupar-me do último grupo de epistemologistas, daqueles que não se ligam, antecipadamente, a qualquer método filosófico e que, em Epistemologia, fazem uso da análise de problemas, teorias e processos científicos e, o que é mais importante, do debate científico. Esse grupo pode colocar, entre seus ancestrais, quase todos os grandes pensadores do Ocidente. (Pode colocar, inclusive, Berkeley, a despeito do fato de ele ser, sob um ângulo significativo, inimigo da própria ideia de conhecimento científico racional, cujo avanço ele temia.) Seus mais eminentes representantes, durante os últimos dois séculos, foram Kant, Whewell, Mill, Peirce, Duhem, Poincaré, Meyerson, Russell e — pelo menos em algumas de suas fases — Whitehead. A maioria dos que se colocam nesse grupo concordaria em que o conhecimento científico é resultado do desenvolvimento do saber comum. Contudo, todos eles descobriram que o conhecimento científico pode ser mais facilmente estudado do que o conhecimento vulgar, pois é *conhecimento comum em letras maiúsculas,* por assim dizer. Seus problemas são ampliações dos problemas do saber comum. Substitui, por exemplo, o problema humeano da "crença razoável" pelo problema das razões para aceitar ou rejeitar teorias científicas. Dado que dispomos de relatórios minuciosos das discussões relativas ao problema de saber se uma teoria, como a de Newton ou a de Maxwell ou a de Einstein, deve ser aceita ou rejeitada, podemos examinar essas discussões, falando, de modo figurativo, a um microscópio, que nos permite estudar minuciosa e objetivamente, alguns dos mais relevantes problemas concernentes à "crença razoável".

Essa forma de abordagem dos problemas da Epistemologia livra-se (tal como as duas outras mencionadas) do método pseudopsicológico, ou "subjetivo", do novo rumo das ideias (método ainda usado por Kant). Ela sugere que analisemos debates científicos e também situações-problema no seio da Ciência. Assim pode auxiliar-nos a compreender a história do pensamento científico.

Procurei mostrar que os mais importantes problemas tradicionais da Epistemologia — os que se relacionam com o *crescimento do saber* — transcendem os dois métodos-padrão de análise linguística e reclamam a análise do conhecimento científico. A última coisa que desejo fazer, contudo, é advogar outro dogma. Mesmo a análise da ciência — a "Filosofia da Ciência" — está ameaçando transformar-se em moda, em especialismo. E os filósofos não devem ser especialistas. Quanto a mim, interesso-me por Ciência e por Filosofia apenas porque desejo aprender algo acerca do enigma do mundo em que vivemos e do enigma que é o conhecimento do homem acerca desse mundo. Entendo que só o ressurgimento do interesse por esses enigmas pode afastar a Ciência e a Filosofia de uma especialização estreita e de uma fé obscurantista na habilidade especializada do técnico e em seu conhecimento e autoridade pessoais. Uma fé que muito bem se adapta à nossa idade "pós-racionalista" e "pós-crítica", orgulhosamente devotada a destruir a tradição da Filosofia racional e do próprio pensamento racional.

Penn., Buckinghamshire, primavera de 1958.

AGRADECIMENTOS, 1960 e 1968

Desejo agradecer o senhor David G. Nicholls por trazer a meu conhecimento o admirável trecho, agora reproduzido neste livro, por ele descoberto entre os "Acton manuscripts", na Biblioteca da Universidade de Cambridge (Add. MSS 5011: 266). A reimpressão deste volume dá-me a grata oportunidade de citar esse trecho.

Verão de 1959

Na segunda edição inglesa foram acrescentados aos apêndices quatro breves *adenda*. Erros de pouca importância foram eliminados e introduzi algumas correções estilísticas. Foram corrigidos erros de impressão, trazidos a meu conhecimento por Imre Lakatos, David Miller e Alan Musgrave. Eles sugeriram, ainda, novas referências no índice de assuntos. Muito lhes agradeço.

Meu débito maior é para com Paul Bernays que, logo depois de aparecida a edição inglesa deste livro, verificou minha axiomatização do cálculo de probabilidades, especialmente no apêndice *v. Dou à aprovação dele recebida mais importância do que eu poderia exprimir em palavras. Isso não me absolve, naturalmente, da responsabilidade exclusiva por qualquer erro que eu possa haver cometido.

Novembro, 1967

K. R. P.

PREFÁCIO DA SEGUNDA EDIÇÃO ALEMÃ

A primeira edição deste livro foi publicada em 1934, pela Julius Springer Verlag (mas com a indicação "1935" na folha de rosto). Tratava-se de abreviação mais ou menos radical de um segundo volume de obra até agora não divulgada — cujo título seria "Os Dois Problemas Fundamentais da Teoria do Conhecimento" — em que eu procurava expor a teoria do conhecimento por mim advogada. Eu procurava, pelo menos em parte, traçar uma linha divisória entre minhas concepções e as que eram sustentadas pelos adeptos do positivismo, reunidos no "Círculo de Viena" — espécie de sociedade filosófica, mantida por amigos de Moritz Schlick, catedrático da Universidade de Viena, em que se patenteava a influência de ideias tradicionalmente associadas ao nome de Ernst Mach. Victor Kraft, que sucedeu a Schlick em sua cátedra, deixou registrado em livro as atividades do Círculo de Viena — ao qual, aliás, pertencia.

Embora eu acompanhasse as exposições de Schlick, não fui membro da sociedade por ele organizada. Todavia, já em 1924 tive a oportunidade de manter contato com alguns pensadores que mais tarde se integrariam ao Círculo — como Heirich Gomperz, Victor Kraft, Edgar Zilsel e Otto Neurath. Em 1931, conheci mais um elemento do Círculo, Herbert Feigl, que me estimulou a registrar, em letra de imprensa, as ideias que vinha estudando há vários anos. Foi assim que surgiu o citado *Die beider Grundprobleme der Erkenntnistheorie*. Feigl apresentou-me a Carnap e Gödel e eu tive ocasião, em vista disso, de discutir minhas concepções — que foram objeto de exposições feitas para elementos que integravam o Círculo.

Os informes dados acima esclarecem por que existem diferenças fundamentais entre o que sustentavam os adeptos do Círculo e o que eu registrava em meu livro — diferenças que têm papel de relevo para a boa compreensão do que escrevi.

Em 1935 e 1936, tive ocasião de proferir algumas palestras na Inglaterra. Ao término do ano de 1936, aceitei convite para lecionar em Christenchurch (Nova Zelândia). Por me haver, a partir de então, utilizado da língua inglesa, compreende-se que o "Prefácio", preparado para a edição de 1959 de meu livro, editada nesse idioma, tomasse a orientação que tomou: crítica da teoria do conhecimento, tal como era encarada na Inglaterra e nos Estados Unidos da América.

Aliás, a teoria do conhecimento ainda hoje está sob a influência da grande corrente que se associa aos nomes de Locke, Berkeley, Hume e Mill. Isso é particularmente fácil de constatar nos escritos de Bertrand Russell — o incomparável mestre da clareza, da simplicidade e do humor, na Filosofia. De minha parte, oponho-me a essa tradição, porque aceito contribuições kantianas para a teoria do conhecimento, contribuições que tenho por decisivas — conquanto eu não creia na existência de enunciados sintéticos para os quais se possa oferecer fundamento *a priori* ou que possam ser legitimados *a priori*. Acredito, para dizê-lo de outro modo, que entre os enunciados sintéticos (verdadeiros) encontram-se os que podem ser empiricamente corroborados — hipóteses — e que, portanto, fazem parte da Ciência; mas que, ao lado deles, também se encontram os que *não* são passíveis de corroboração empírica e que, por conseguinte, seriam denominados "metafísicos". Todavia, no meu entender, para a fundamentação desses últimos enunciados, não será preciso dispor de argumentos fortes; ao contrário, bastam argumentos mais fracos. Com efeito, os enunciados metafísicos não são hipóteses empíricas, mas nem por isso deixam de ser "hipotéticos" (no sentido de "inseguros"), mais inseguros, pois, do que as hipóteses científicas. Todo o nosso "conhecimento" sintético é de caráter conjectural e, se a linha demarcatória que separa enunciados sintéticos e analíticos *pode* ser traçada com nitidez — pelo menos em teorias bem construídas ou formalmente apresentadas — não se deve olvidar que a separação é geralmente imprecisa no domínio das aplicações práticas da Ciência. (*Cf.*, a propósito, na seção 20, a nota acerca da "tendência convencionalista".)

Kant acreditava na existência de uma "ciência pura", que seria sintética e, ao mesmo tempo, válida *a priori* — portanto "segura". Admitia que assim fosse porque percebeu, de modo claro, que (1) a Física newtoniana era incapaz de basear-se numa coletânea de observações. Kant acreditava, ainda (como era inevitável, em seu tempo), que (2) a Física de Newton era verdadeira. As duas teses conduzem, juntas, à legitimidade apriorística da Física newtoniana, tal como delineada por Kant em, digamos, *Metaphysischen Anfangsgrunden der Naturwissenschaft* (1785). Contudo, Einstein revelou que a Física de Newton é possivelmente falsa e isto significa alteração completa da situação-problema enfrentada por Kant. O problema de Kant pode ser hoje resolvido ao reconhecer-se o caráter hipotético das teorias científicas (e, *a fortiori*, da Metafísica). Essas ideias foram mais minuciosamente comentadas em artigo que escrevi para a revista *Ratio* (v.1, n. 2).

No que diz respeito à Filosofia alemã, pós-kantiana, parece-me errôneo tudo aquilo que retorna a Fichte, Schelling e Hegel. Já debati várias vezes os pontos em que me baseio para sustentar essa ideia — por exemplo, em "Kant: der Philosoph der Aufklärung", artigo incluído no livro *Der Zauber Platons (Die offene Gesellschaft und ihre Feinde*, vol. 1). Os erros passaram para o moderno existencialismo, via existencialismo de Husserl; e permitiram que nosso tempo viesse a encarar Kant e o Iluminismo como inteiramente ultrapassados. Ao que cabe apenas acrescentar este comentário: tanto pior para o nosso tempo.

Penn., Buckinghamshire, primavera de 1963.

PREFÁCIO DA TERCEIRA EDIÇÃO ALEMÃ

A teoria do conhecimento, como, de resto, a própria Filosofia, necessita de uma *apologia pro vita sua* — uma palavra em defesa de sua existência, face às acusações que vem merecendo, por tudo quanto carrega em sua consciência, desde a morte de Kant, quer sob o prisma intelectual, quer sob o prisma ético.

Mas há um argumento em favor da Filosofia. Em suma, todas as pessoas têm a sua filosofia, saibam disso ou não. Dê-se de barato: não é grande coisa o que valem tais filosofias. Todavia, a influência que elas exercem sobre nosso pensamento e sobre nossos atos é, frequentemente, devastadora. Por esse motivo, torna-se preciso examinar nossa filosofia com olhar crítico. E esta é, justamente, a sua missão — e aí está sua defesa.

A missão, entre outros objetivos da Filosofia, toma posição menos atrevida e destacada. Mas só pode ser cumprida quando aprendemos a escrever da maneira mais clara e simples possível. O culto do obscuro — muito em voga, no presente — deve ser abandonado e o "expressionismo filosófico" precisa ser focalizado de modo racional. Afinal, não se trata de girar em torno de *palavras*. Trata-se de formular argumentos passíveis de crítica.

Assim como cada um de nós tem a sua filosofia, também acolhe (e talvez de modo inconsciente), uma teoria do conhecimento. E não se deve olvidar que as teorias do conhecimento influem em nossa filosofia. Na teoria do conhecimento, a questão fundamental é esta: "Podemos, afinal, conhecer algo?" — ou, na terminologia kantiana: "Que posso eu conhecer?"

Há 35 anos passados, procurei, neste livro, dar uma resposta a essa indagação. A resposta não é pessimista, relativista ou "cética" (no atual modo de entender o vocábulo "ceticismo" e seus cognatos). Ao contrário, afirma que estamos em condições de aprender através de nossos erros. *É possível chegar mais perto da verdade.* Esta foi a minha forma de rebater o pessimismo epistemológico. Sem embargo, também reagi contra o otimismo epistemológico: o conhecimento seguro, certo, indubitável, este nos é negado. Nosso conhecimento é fruto de um conjecturar criticamente; é uma rede de hipóteses; é uma teia de suposições. Esta maneira de ver o conhecimento reclama humildade. E, de fato, no terreno intelectual — sobretudo na Filosofia — vale, a despeito de Goethe, a advertência: "só os tratantes não são humildes".

Esta conclusão tornou-se clara, para mim, quando percebi que minha concepção da teoria do conhecimento, formulada em 1934, já havia sido considerada por Xenófanes, 2 500 anos antes de mim:

> No início, os deuses não revelaram tudo aos mortais; com o correr do tempo, todavia, procurando, encontramos o melhor. Verdades indubitáveis, o homem não alcança; e nenhum virá a alcançá-las, acerca dos deuses e das coisas a que me refiro.
>
> E se alguém viesse a proclamar a Verdade, em toda a sua perfeição, ele próprio não saberia disso: tudo é uma teia de suposições.

O fato de este livro, 25 anos depois de sua primeira publicação, ser divulgado na Inglaterra e nos Estados Unidos da América eu o devo à minha esposa. Sua decidida colaboração foi o motivo de se haver completado a tradução para o Inglês, porque eu próprio só me importava com o desenvolvimento das ideias que o livro contém.

A iniciativa de preparar-se uma segunda edição alemã deve-se, sobretudo, a Erik Boettcher e a seu coeditor, Hans Albert. A terceira edição surgiu, penso eu, em virtude do interesse de Hans Albert: se hoje não é mais tão raro, na Alemanha, encontrar-se o racionalismo crítico, isto de deve, em grande parte, aos seus trabalhos.

Cinco velhos amigos eu quero voltar a agradecer neste momento. Victor Kraft, que sempre me estimulou, desde sua aprovação inicial, em 1926. Herbert Feigl auxiliou-me, em 1931, e a divulgar meus pensamentos. Friedrich von Hayek transportou-os para o campo das Ciências Sociais e Ernst Gombrich para o território da Arte. Paul Bernays deu-se ao trabalho, logo após a primeira apresentação, de rever a dedução dos resultados que fixei para o cálculo de probabilidades (apêndices novos, ii a v) — o que, pelo que me consta, ninguém mais veio a fazer.

Penn., Buckinghamshire, outono de 1968.

ÍNDICE DE ASSUNTOS

Os números de página grifados indicam que a referência tem uma importância especial. Um número de página seguido por *t* indica uma página em que um termo é discutido; *n* significa *nota*.

A

D

E

F

N

O

P

T

U

V

Impresso por :

Graphium
gráfica e editora

Tel.:11 2769-9056